1,000,000 Books
are available to read at

Forgotten Books

www.ForgottenBooks.com

Read online
Download PDF
Purchase in print

ISBN 978-0-259-50168-8
PIBN 10648142

This book is a reproduction of an important historical work. Forgotten Books uses state-of-the-art technology to digitally reconstruct the work, preserving the original format whilst repairing imperfections present in the aged copy. In rare cases, an imperfection in the original, such as a blemish or missing page, may be replicated in our edition. We do, however, repair the vast majority of imperfections successfully; any imperfections that remain are intentionally left to preserve the state of such historical works.

Forgotten Books is a registered trademark of FB &c Ltd.
Copyright © 2018 FB &c Ltd.
FB &c Ltd, Dalton House, 60 Windsor Avenue, London, SW19 2RR.
Company number 08720141. Registered in England and Wales.

For support please visit www.forgottenbooks.com

1 MONTH OF FREE READING

at
www.ForgottenBooks.com

By purchasing this book you are eligible for one month membership to ForgottenBooks.com, giving you unlimited access to our entire collection of over 1,000,000 titles via our web site and mobile apps.

To claim your free month visit:
www.forgottenbooks.com/free648142

* Offer is valid for 45 days from date of purchase. Terms and conditions apply.

English
Français
Deutsche
Italiano
Español
Português

www.forgottenbooks.com

Mythology Photography **Fiction** Fishing Christianity **Art** Cooking Essays Buddhism Freemasonry Medicine **Biology** Music **Ancient Egypt** Evolution Carpentry Physics Dance Geology **Mathematics** Fitness Shakespeare **Folklore** Yoga Marketing **Confidence** Immortality Biographies Poetry **Psychology** Witchcraft Electronics Chemistry History **Law** Accounting **Philosophy** Anthropology Alchemy Drama Quantum Mechanics Atheism Sexual Health **Ancient History** **Entrepreneurship** Languages Sport Paleontology Needlework Islam **Metaphysics** Investment Archaeology Parenting Statistics Criminology **Motivational**

Canto 1° il Purgatorio — Terzina 39

L'alba vinceva l'ora mattutina,
Che fuggia innanzi, sì che di lontano
Conobbi il tremolar della marina.

COMMEDIA
DI
DANTE ALLIGHIERI

COMMEDIA

DI

DANTE ALLIGHIERI

CON RAGIONAMENTI E NOTE

DI

NICCOLÒ TOMMASÉO

IL PURGATORIO

MILANO
FRANCESCO PAGNONI, TIPOGRAFO EDITORE
1869

Tip. di Francesco Pagnoni.

IL PURGATORIO

IL PURGATORIO.

CANTO I.

ARGOMENTO.

Esce alla luce; rincontra Catone, il quale domanda ragione del loro cammino, e li indirizza al monte dove lo spirito umano si purga. Virgilio lava al Poeta il viso, tinto dalla fuliggine d'Inferno, e lo corona d'un ramoscello di giunco.

Nota le terzine 1, 3, 4, 5, 7, 8, 9; 11 alla 14; 17 alla 24; 26 alla 32; 34; 38 alla 41; e le ultime due.

1. Per correr miglior acqua, alza le vele
   Omai la navicella del mio 'ngegno,
   Che lascia dietro a sè mar sì crudele.
2. E canterò di quel secondo regno
   Ove l'umano spirito si purga
   E di salire al ciel diventa degno.
3. Ma qui la morta poesia risurga,
   O sante Muse; poichè vostro sono:
   E qui Calliopéa alquanto surga,
4. Seguitando il mio canto, con quel suono
   Di cui le Piche misere sentiro
   Lo colpo tal, che disperâr perdono.

---

1. (SL) *Correr.* Æn., III: *Currimus* ... — *Miglior.* A Giunone ch'e- d'Inferno: *Teque refer cœli melioris ad auras* (Ovid. Met., IV). — *Vele.* Georg., II: *Pelagoque volans da vela* ... — IV: *Vela traham, et terris* ... *advertere proram.* Ovidio ... dal *Seminiendi: Io tratto di* ... *materia, e ho dato le vele* ... *de' venti.* — *Crudele.* Æn., IV ... *æquora.*
(F) ... *La contemplazione del* male punito lo conduce all'espiazione; questa lo condurrà fino alla gioia de' giusti.
3. (SL) *Morta.* Inf., VIII, terz. 13: *Scritta morta della porta d'Inferno: Lasciate ogni speranza voi che 'ntrate* (Inf., III). — *Risurga.* Ad Ephes., V, 14: *Surgi da morte, e Cristo t'illuminerà.*
4. (SL) *Misere.* Buc., III: *Miserum... carmen:* in senso di spregio.

5. Dolce color d'oriental zaffiro,
   Che s'accoglieva nel sereno aspetto
   Doll'aer puro infino al primo giro,
6. Agli occhi miei ricominciò diletto
   Tosto ch'i' uscii fuor dell'aura morta
   Che m'avea contristati gli occhi e 'l petto.
7. Lo bel pianeta che ad amar conforta,
   Faceva tutto rider l'Oriente,
   Velando i Pesci ch'erano in sua scorta.
8. I' mi volsi a man destra, e posi mente
   All'altro polo; e vidi quattro stelle,
   Non viste mai fuor ch'alla prima gente.

5 (L) *Color:* azzurro. — *Giro* della luna.
(SL) *Zaffiro.* Ezech, I, 26: *Super firmamentum, quod erat imminens capiti eorum, quasi aspectus lapidis sapphiri similitudo throni -*
(F) *Accoglieva.* Altri avrebbe detto *spandeva;* ma nell'immensità il Nostro vede l'unità. — *Giro.* Inf, II: *Quel ciel ch'ha minor li cerchi sui*

6. (SL) *Aura.* [Ant] L'aer puro è gli strati superiori dell'aria, che diconsi puri perchè scevri di vapori e altre esalazioni, che ora chiameremmo fluidi aeriformi. Primo giro è lo strato dell'aria più dalla terra rimoto, il qual confina con la sfera del fuoco, limitata sopra dal cielo della luna; primo, rispetto agli strati aerei, cominciati a numerare di lassù, come dicevasi il *primo mobile* la sfera più lontana da noi: o è la sfera stessa del fuoco, la qual succede all'atmosfera nostra, secondo la fisica di que' tempi. Ma riman sempre che il dolce sereno era in tutta l'alta regione dell'aria. Di qui comincia la descrizione astronomica del nuovo emisfero. - Æn, VI: *Superasque evadere ad auras.* — *Contristati* Æn, X: *Laevo contristat lumine coelum.* Nella Somma: *Contristabile* è opposto a *delectabile.*

7. (L) *Pianeta:* Venere. — *Velando* di luce. — *Pesci.* Segno innanzi l'Ariete: doveva tra poco sorgere il sole.
(SL) *Conforta.* Conv, I, 12: *Confortare l'amore ch'io porto al...* Albertano: *Non è cosa che più conforti ad amare, che la virtù.* Petr.: *Già fiammeggiava l'amorosa stella Per l'Oriente.* — *Velando.* Della luce; nel Paradiso più volte.

(F) *Bel* [Ant.] Venere, pianeta così dagli antichi nominato, sicome più degli altri lucente, dopo il sole, per il volume suo, quasi uguale a quel della Terra, per il luogo che tiene rispetto a noi riguardanti e al sole illuminante, e forse per la sua superficie meglio atta a riflettere Lo splendore di Venere rendeva quasi invisibile la costellazione zodiacale de' Pesci Così accenna che questa costellazione si compone di stelle di piccola parvenza Il fatto stesso, più in grande, lo vediamo nel sole che fa sparire le stelle; e su questo fatto ottico ritornasi Par., XXX. t 46 a 51.

8 (L) *Polo:* Antartico. — *Alla:* dalla. — *Prima:* Adamo ed Eva e i primi discendenti loro.
(SL) *Alla:* Æn., V: *Nulli visa...*
(F) *Destra.* [Ant] Cominciando la contemplazione astronomica nell'emisfero antipodo ed era con guardare all'Oriente, ov'era con Venere la costellazione de' Pesci che precedeva il nascer del sole, aveva a destra il Mezzodì, il Settentrione a sinistra. Volgendosi quindi a man destra, veniva a avere in prospetto il polo antartico, il solo visibile in quell'orizzonte. — *Quattro* Le virtù cardinali, dice Pietro; e le dichiara il Poeta nel XXX di questa Cantica.
Stelle. [Int] Della costellazione del Centauro, che n'ha altre due ben lucenti; ma il Poeta non ne tenne conto, mirando al simbolo delle quattro Virtù Secondo la denominazione moderna e il procedimento in ascensione retta, le quattro più brillanti e più simmetricamente disposte, tra le quali, sarebbero α della croce australe (costellazione aggiunta dal Boyer), di prima grandezza; β d'essa croce di seconda; β

CANTO I.

9. Goder pareva il ciel di lor fiammelle.
   Oh settentrïonal vedovo sito,
   Poi che privato se' di mirar quelle!
10. Com' io dal loro sguardo fui partito,
    Un poco me volgendo all'altro polo,
    Là onde 'l Carro già era sparito;
11. Vidi presso di me un veglio solo,
    Degno di tanta riverenza in vista,
    Che più non dee a padre alcun figliuolo.
12. Lunga la barba e di pel bianco mista
    Portava, a' suoi capegli simigliante,
    De' quai cadeva al petto doppia lista.

del Centauro, di grandezza apparente tra di prim'ordine e di secondo; e α2 del Centauro, di prima grandezza. Queste stelle, quasi equidistanti dal polo australe e comprese in un arco di trenta gradi circa, debbono attrarre l'occhio a sè, specialmente alla pura aria del mattino. Ciò si può imaginare anco senza vederle. Tolomeo le registra nell'Almagesto, tradotto d'arabo in latino nel 1230, e guida al Poeta. — *Prima.* [Ant] Son visibili anco da' paesi tropicali del nostro emisfero, ma non da' settentrionali, cioè che notevolmente si scostano dal tropico di Cancro. Dal Paradiso terrestre, che, secondo il Poeta e nell'emisfero australe, dovevano i discendenti d'Adamo (*prima gentes*) non venir a abitare il settentrione del nostro se non molti secoli dopo la loro origine, ma prima dimorare in regioni meridionali.

9. (SL) *Goder.* Inf., I: *Parea che l'aer ne temesse.* [C] Bar, III, 34: *Stellae dederunt lumen in custodiis suis, et laetatae sunt.*

(F) *Sito.* Pietro qui cita Aristotele (De coelo et mundo, II): *La terra è fissa e stabile, ed è col mare il centro del cielo; e il cielo intorno a lei si volge: alla cui rivoluzione sono necessarj due poli fermi, l'uno sovrastante alla terra nostra discoperta del mare, che dicesi il polo nostro settentrionale e artico, al quale è vicino l'Orsa Maggiore che volgarmente chiamano il Carro; l'altro si dice meridionale e antartico che mai non si vede.* Conv.: *Questi due poli, l'uno manifesto quasi a tutta la terra discoverta, cioè questo settentrionale; l'altro è quasi a tutta la discoverta terra celato, cioè lo meridionale.* — *Privato.* Som.: *Il genere umano per il primo peccato meritò esser privato dell'aiuto della Grazia.*

10. (L) *Me volgendo:* volgendomi. — *Altro:* Artico.

(F) *Carro.* [Ant] Le quattro stelle, doveva allora il Poeta vederle tra Mezzodì e Ponente; e infatti e' le vede dopo aver posto mente all'altro polo, nel volgersi da Levante a Mezzogiorno. Continuando a destra col manifesto disegno di compire la perlustrazione astronomica di quel nuovo emisfero, e' si trova a faccia a faccia con Catone. E per indicarci a che punto era del suo giro in quel momento, dice che s'era volto un poco al polo boreale, cioè verso Maestro, tra Ponente o Tramontana, di dove ha a disparire il Carro di Boote o Orsa maggiore per un orizzonte su cui tramonti. Ma, perchè in quell'ora non erano più visibili le stelle australissime di quella costellazione, le sole di essa che per poco s'affaccino sull'orizzonte del Purgatorio dantesco; il P. indica la determinata direzione col luogo *onde il carro era sparito*; dimostrando e perizia astronomica, e il fermo proposito di matematicamente significare quello che sarebbesi degli astri dovuto vedere e non vedere in una data ora pervenendo realmente sopra un dato orizzonte. Nell'XI Inf, co' Pesci a Levante, egli ha il Carro tutto sul Coro, cioè tra Ponente e Maestro: senonchè ivi i pesci guizzan su per l'orizzonte, cioè sorgono; qui sono già alzati; e il Carro là non tramonta, perchè alle nostre latitudini è quasi circompolare, ma *tutto sovra il Coro giace.* Quanta perfezione di lavoro! quanta ricchezza di modi a indicare luoghi, tempi, gradazioni!

11. (L) *Più* riverenza.

13. Li raggi delle quattro luci sante
    Fregiavan sì la sua faccia di lume,
    Ch'io 'l vedea come il sol fosse davante.
14. — Chi siete voi che, contra 'l cieco fiume,
    Fuggito avete la prigione eterna?
    (Diss'ci, movendo quelle oneste piume.
15. Chi v'ha guidati? o chi vi fu lucerna,
    Uscendo fuor della profonda notte
    Che sempre nera fa la valle inferna?
16. Son le leggi d'Abisso così rotte?
    O è mutato in ciel nuovo consiglio,
    Che, dannati, venite alle mie grotte? —
17. Lo duca mio allor mi diè di piglio,
    E, con parole e con mani e con cenni,
    Reverenti mi fe' le gambe e 'l ciglio.
18. Poscia rispose lui: — Da me non venni:
    Donna scese dal ciel, per li cui preghi
    Della mia compagnia costui sovvenni.
19. Ma, dacch'è tuo voler che più si spieghi
    Di nostra condizion, com'ella è vera,
    Esser non puote il mio che a te si nieghi.

(SL) *Veglio*. Catone morì d'anni cinquanta.
(F) *Solo*. Simbolo di singolarità nel bene o nel male (Inf., IV, XII). — *Dee*. Som.: *Debetur patri reverentia et obsequium*. Monar.: *Reverentia quam pius filius debet patri*.
13. (L) *Luci*: stelle.
(F) *Faccia*. Eccl., VIII, 1: *La sapienza dell'uomo riluce nel volto di lui*. — *Soli*. [Ant.] La lucentezza di quelle fiammelle, le ottime condizioni del clima e dell'aria e dell'ora, non bastano a far visibile il vecchio come in luce di sole, se non vi si aggiunga il significato allegorico.
14. (L) *Contra*: a ritroso del corso del ruscelletto di cui nella fine dell'Inferno. — *Piume*: barba.
(SL) *Contra*. Æn., VIII: *Adversum remis superes subvectus ut amnem*. — *Fiume*. Inf., XXXIV. — *Oneste*. Georg., IV. D'una stella *os honestum*. — *Piume*. Inf., III: *Fur quete le lanose gote Al nocchier*. Petr. *Le penne usate Mutai per tempo e la mia prima labbia*.
15. (SL) *Inferna*. Æn., VII: *Infernis.... tenebris*.
(F) *Lucerna*. Psal. CXVIII, 105: *Lucerna pedibus meis verbum tuum*. — *Profonda*. Æn., IV: *Umbras Erebi noctemque profundam*. - X: *Æternam... noctem*. Job, X, 22: *Sempiternus horror inhabitat*.
16. (L) *Grotte* del monte del Purgatorio
(SL) *Leggi*. Lucan., VI: *Cessissent Leges Erebi*. — *Rotte*. Georg., IV: *Immitis rupta tyranni Foedera*. — *Grotte* Inf., XXXIV, terz. 3.
17. (L) *Fe'*: mi fece inginocchiare e chinare gli occhi.
(SL) *Piglio*. Inf., IX. E' gli chiude gli occhi con le mani alla vista della Gorgone.
18. (L) *Lui*: a lui.

CANTO I.

20. Questi non vide mai l'ultima sera;
    Ma, per la sua follia, le fu sì presso,
    Che molto poco tempo a volger era.
21. Sì com'i' dissi, fu' mandato ad esso
    Per lui campare: e non c'era altra via
    Che questa per la quale i' mi son messo.
22. Mostrata ho lui tutta la gente ria:
    E ora intendo mostrar quegli spirti
    Che purgan sè sotto la tua balìa.
23. Com'i' l'ho tratto, saria lungo a dirti.
    Dell'alto scende virtù che m'aiuta
    Conducerlo a vederti e a udirti.
24. Or ti piaccia gradir la sua venuta.
    Libertà va cercando; ch'è sì cara,
    Come sa chi per lei vita rifiuta.
25. Tu 'l sai: chè non ti fu, per lei, amara
    In Utica la morte, ove lasciasti
    La veste, che al gran dì sarà sì chiara.
26. Non son gli editti eterni, per noi, guasti:
    Chè questi vive, e Minós me non lega;
    Ma son del cerchio ove son gli occhi casti
27. Di Marzia tua, che in vista ancor ti prega,
    O santo petto, che per tua la tegni.
    Per lo su' amore, adunque, a noi ti piega.

---

20. (L) *Sera:* morte. — *Era,* perch'e' morisse.
(SL) *Sera.* L'Ariosto, d'Enoch e d'Elia: *Che non han visto ancor l'ultima sera.*
(F) *Presso.* Ad Corint., I, XV, 56: *Stimolo della morte il peccato.* Psal. CXIV, 3: *Pericoli d'inferno mi colsero.*
21. (L) *Questa:* il timor della pena.
(F) *Via.* Conv.: *Questo cammino si perde per errore come le strade della terra.* Psal. I, 1: *Via peccatorum,* e simili, nella Bibbia spesso.
22. (L) *Lui:* a lui. — *Balìa:* podestà.
(SL) *Balìa.* Som.: *La potestà del balio è governata da quella del re.* I sette regni di Catone non sono dunque di lui; ma come il governatore suol dire: *la mia provincia.*
23. (SL) *Virtù.* Inf., XII: *Ma, per* quella Virtù, per cu' io muovo Li passi miei per sì selvaggia strada.
— *Aiuta.* Omesso l'a. Cavalca: *M'aiuta lodare Iddio.* — *Conducerlo.* Æn., VI: *Sed me cum lucis Hecate praefecit Avernis, Ipsa Deûm poenas docuit, perque omnia duxit.*
24. (L) *Sa:* sai tu.
25. (L) *Veste:* corpo. — *Dì* del giudizio
(SL) *Gran.* Inf., VI, t. 35: *Dopo la gran sentenza;* e Purg., X, t. 23
(F) [C.] *Gran.* Joël, II, 31: *Dies Domini magnus.* — *Chiara.* [C.] Ad Philipp., III, 21: *Reformabit corpus humilitatis nostrae, configuratum corpori claritatis suae.*
26. (L) *Questi:* Dante. — *Lega* in Inferno. — *Cerchio...:* Limbo.
27. (L) *Vista:* pare ti preghi.
(SL) *Marzia.* Per comando di Catone, suo malgrado, andò moglie di

28. Lasciune andar per li tuo' sette regni:
   Grazie riporterò di te a lei,
   Se d'esser mentovato laggiù degni. —
29. — Marzïa piacque tanto agli occhi miei
   Mentre ch' i' fui di là (diss'egli allora),
   Che quante grazie volle da me, fei.
30. Or che di là dal mal fiume dimora,
   Più muover non mi può, per quella legge
   Che fatta fu quand' i' me n' uscii fuora.
31. Ma se Donna del ciel ti muove e regge,
   Come tu di'; non c'è mestier lusinga:
   Bastiti ben, che per lei mi richegge.
32. Va dunque, e fa che tu costui ricinga
   D' un giunco schietto, e che gli lavi 'l viso
   Sì ch'ogni sucidume quindi stinga:
33. Chè non si converria, l' occhio sorpriso
   D'alcuna nebbia, andar davanti al primo
   Ministro, ch' è di quei di Paradiso.
34. Questa isoletta intorno, ad imo ad imo,
   Laggiù colà dove la batte l'onda,
   Porta de' giunchi sovra 'l molle limo.
35. Null'altra pianta che facesse fronda
   O indurasse, vi puote aver vita,
   Però ch'alle percosse non seconda.

Ortensio, il quale, di concordia con Catone, ripudiò la sua come sterile. Di Marzia ebbe prole: morì, ed ella, resigli i funebri onori, tornò pregando Catone la ripigliasse. Lucan., II, 341: *Da foedera prisci Illibata tori: da tantum nomen inane Connubii: liceat tumulo scripsisse: Catonis Martia.* - V. Inf., IV. — *Piega.* Georg., IV: *Orando flectes.*
28. (L) *Regni*, che purgano i sette peccati. — *Grazie*: ti ringrazierò innanzi a Marzia.
29. (L) *Là*: al mondo.
(F) [*Occhi* Judic., XIV, 3: *Hanc mihi accipe, quia placuit oculis meis.* Jer., XXVII, 5 - XVIII, 4]
30. (L) *Fiume*: Acheronte.
31. (L) *Richegge*: richiedà tu.
(SL) *Regge. Muove* dice il primo impulso; *regge*, l'ispirazione continua. — *Mestier.* In risposta a preghiera non dissimile, Ovidio (Met., IV): *Non longis opus est ambagibus.*

— *Lusinga.* Sacrate *lusinghe* chiama un antico le preci miste di lode.
32. (L) *Quindi*: dal viso. — *Stinga.* Contrario di *tinga.*
(SL) *Schietto.* Inf., XIII: *Non rami schietti, ma nodosi e 'nvolti.*
33. (L) *Sorpriso*: sorpreso. — *Ministro*: Angelo.
(SL) *Sorpriso.* Lo dicono i Napoletani; e gli antichi Toscani: *priso, miso, commiso.* — *Primo* Purg., IX, t. 26. — *Ministro.* Psal. CII, 21: *Ministri ejus, qui facitis voluntatem ejus.*
34. (L) *Isoletta*, ov'è il monte. — *Imo*: apple
(SL) *Ad imo ad imo.* Inf., XVII: *A piede a piè della stagliata rocca.* — *Batte* Buc., V: *Percussa fluctu litora.* Æn, V: *Tunditur... Fluctibus.* — *Porta.* Di piante, *ferre*, in Virgilio e in altri. — *Limo.* Buc., 1: *Limosoque palus obducat... junco.*
35. (L) *Seconda*: cede.

36. Poscia, non sia di qua vostra reddita
(Lo sol vi mostrerà, che surge omai):
Prendete il monte a più lieve salita. —
37. Così, sparì. Ed io su mi levai
Senza parlare; e tutto mi ritrassi
Al duca mio, e gli occhi a lui drizzai.
38. Ei cominciò: — Figliuol, segui i miei passi;
Volgiamci indietro: che di qua dichina
Questa pianura a' suoi termini bassi. —
39. L'alba vinceva l'ôra mattutina,
Che fuggía innanzi, sì che di lontano
Conobbi il tremolar della marina.
40. Noi andavam per lo solingo piano,
Com' uom che torna alla smarrita strada,
Che infino ad essa gli par ire invano.
41. Quando noi fummo dove la rugiada
Pugna col sole, e, per essere in parte
Ove adorezza, poco si dirada;
42. Ambo le mani in su l'erbetta, sparte,
Soavemente il mio maestro pose:
Ed io, che fui accorto di su' arte,
43. Porsi vêr lui le guance lagrimose:
Quivi mi fece tutto discoverto
Quel color che l'inferno mi nascose.

(SL) *Fronda*. Per ramo con foglia. Il *giunco* detto *sottile* dal Crescenzio, non la proprio rami — *Seconda*. Æn., VI: *Lento vimine ramus.*
36. (L) *Reddita:* ritorno. — VI: ve lo.
(SL) *Reddita* È negli opuscoli di Cicerone, traduzione del trecento. — *Sol*. Un inno della Chiesa:

Jam lux refulget aurea:
Pallens facessat cœcitas:
Quae nosmet in praeceps diu
Errore traxit devio.

— *Mostrerà.* Æn, I: *Corripuere viam.. qua semita monstrat.* — *Prendete.* La Sibilla ad Enea che s'avvii col ramo alle porte d'Eliso: *Sed jam age: carpe viam, et susceptum perfice munus* (Æn., VI). — *Monte.* Æn., VI: *Tumulum capit.*
(F) *Sorge.* [Ant] La contemplazione del cielo, il colloquio con Catone, avevan già preso tanto di tempo, ch'era ormai spuntata l'aurora, e al volger del sole mancava poco.
38. (L) *Dichina* verso il mare.
(SL) *Dichina.* Buc, IX : *Quà se subducere colles Incipiunt, mollique jugum demittere clivo.* Inf., XXVIII: *Lo dolce piano Che da Vercelli a Marcabò dechina.*
39 (L) *Ora:* aura.
(SL) *Ora* Quello che gli antichi chiamavano *mattutino*, avanzava di quasi tre ore il nascer del sole. — *Tremolar.* Æn, VII: *Splendet tremulo sub lumine pontus.*
41 (L) *Pugna:* resiste, e non si distrugge — *Adorezza:* è ombra.
(SL) *Pugna.* Anche qui ci vedeva battaglia. Buc, VIII : *Frigida vix coelo noctis decesserat umbra, Cum ros in tenera pecori gratissimus herba est.* Ov. Met., IV: *Solque pruinosas, radiis siccaverat herbas.*

44. Venimmo poi in sul lito diserto
Che mai non vide navicar sue acque
Uom che di ritornar sia poscia esperto.
45. Quivi mi cinse, sì come altrui piacque.
Oh maraviglia! chè qual egli scelse
L'úmile pianta, cotal si rinacque
Subitamente là onde la svelse.

45. (L) *Lagrimose* di penitenza. — *Color* di sanità e di virtù.
44. (SL) *Vide.* Æn., VIII: *Mirantur et undae... innare carinas.* Georg., II: *Casus abies visura marinos.*

45. (L) *Altrui:* Catone.
(SL) *Maraviglia.* Georg., II: *Mirabile dictu! Truditur e sicco radix oleagina ligno.*

———◆———

La seconda a non pochi pare delle tre Cantiche la più bella; certo è la più mite e serena; quella, dove l'ingegno e l'animo di Dante, tra le memorie, tuttavia fresche, della giovanezza, e le non appassite speranze, tra gl'impeti della fantasia e i riposi ardui della meditazione, si trovavano composti in più tranquilla armonia. Il contrapposto coll'Inferno, rende il Purgatorio più bello: e quel dolce colore del cielo, quell'aura mattutina che fa splendere di lume tremulo le acque, quel giunco schietto che cinge l'isoletta, quella rugiada, e ogni cosa, sembrano come, dopo i rigori del verno, l'alito di primavera. E a me bellezza, delle più rare il verso: *Noi andavam per lo solingo piano.* Il Poeta presago vuole a ogni modo popolati gli antipodi, e ivi colloca il regno della speranza. Facendo col Salmo cantare alle anime liberate *in exitu Israel,* egli non prevedeva che ai perseguitati d'Europa sarebbe rifugio di libertà quella terra, e poi nido di schiavitù disumana; quella terra che avrebbe, due secoli dopo scoperta, il discendente di quegli uomini i quali e' voleva *spersi dal mondo;* e il re di Spagna in colesto servi fedelmente l'esule fiorentino.

Per quanto s'aguzzi l'ingegno a scoprire un simbolo in Catone suicida e in Marzia sua moglie; il concetto non lascia d'essere strano. Ma almeno è prova ch'egli era uomo da riconoscere una qualche virtù anco nei nemici di Cesare e di sua parte. E il cenno di Marzia, cenno che rammenta la preghiera in cui Beatrice promette a Virgilio di lodarsi a Dio di lui in grazia dell'aiuto da porgere a Dante; quel cenno ha bellezza morale, perchè tocca gli affetti domestici, di cui, più che le altre, questa Cantica è consolata. Le parlate di Catone e di Virgilio, lunghe oltre al solito; ma la seconda ha per iscusa l'affetto.

Altre bellezze morali sono l'imagine del vecchio ambilmente dipinta; e i tre atti d'umiltà a cui l'altero Poeta s'inchina: l'inginocchiarsi a Catone, il porgere le guance lagrimose a Virgilio che gliele terga, il cingersi della cedevole pianta la fronte, egli che si farà dire fra poco *Sta come torre.*

LE MUSE. — IL PARADISO.

Nell'entrare dell'Inferno, il Poeta assomiglia sè a chi, uscito con lena affannata dalla tempesta de' flutti alla riva, si volge all'acqua del pericolo e guata: poi assomiglia il primo cerchio dell'Inferno al mare che mugghia per tempesta; e la vita mutata, a navigante che cala le vele e raccoglie le sarte. Qui la navicella del suo ingegno alza le vele per correre acque migliori, che le crudeli varcate già. E nel Paradiso, del suo canto dice con meno eleganza: *Non è poleggio da picciola barca Quel che fendendo va l'ardita prora Nè da noechier ch'a sè medesmo parca* (1). E nel principio del Canto secondo si dilata questa imagine in ben sei terzine contro il solito del Poeta: ma pure essa non è così rettoricamente lavorata come nel seguente passo del Convivio, il quale dimostra quanto più difficile sia del verso la prosa virile, e come l'affettare gli ornamenti poetici sia pericoloso alla prosa: *Lo tempo chiama e dimanda la mia nave uscire di porto perchè, dirizzato l'artimone della ragione all'óra del mio desiderio, entro in pelago con isperanza di dolce cammino, e di salutevole porto e laudabile.*
La miglior acqua e canterò e la poesia risurga rammenta quel di Virgilio (2): *Sicelides Musae, paulo majora canamus;* e l'altro (3): *Nunc, veneranda Pales, magno nunc ore sonandum;* che è più parco di quello di Stazio (4): *Non mihi jam solito vatum de more canendum; Major ab Aoniis sumenda audacia lucis. Mecum omnes audete Deae.* Ma il *risurgere* e il *surga* ancor più direttamente rammentano quel de' Salmi: *Cantabo, et psalmum dicam. Exsurge gloria mea, exsurge, psalterium et cithara, exsurgam diluculo* (5); nel qual medesimo salmo e' trovava forse, al proposito del suo viaggio: *Mandò dal cielo e mi liberò* (6); *abbandonò a obbrobrio que' che mi conculcavano* (7). *Mandò Iddio la sua misericordia e la sua verità* (8); *e' trasse l'anima mia di mezzo a' leoncelli* (9). *Dormii conturbato. I figliuoli degli uomini, i loro denti armi e saette, e la lingua spada acuta* (10). A queste parole del salmo cinquantesimo sesto altre ne

(1) Par., XXIII.
(2) Buc., IV.
(3) Georg., III.
(4) Theb., X.
(5) Psal. LVI, 8, 9.
(6) Inf., II: *Donna è gentil nel ciel, che si compiange Di questo impedimento su'io ti mando; Sì che duro giudicio lassù frange.*

(7) In questo Canto, t. 4: *Con quel suono Di cui le Piche misere sentiro Lo colpo tal, che disperàr perdono.*
(8) Forse in Beatrice la misericordia e la grazia; la luce del vero in Lucia.
(9) Inf., I, XXVII; Par., VI.
(10) Psal. LVI, 4, 5.

aggiunge il censettesimo, a cui sarà corso il pensiero di Dante: *Sopra tutta la terra la gloria tua acciocchè i tuoi diletti siano liberati.... Chi condurrà me nella città munita?.... Non tu forse, o Dio, tu che ci avevi respinti?* (1) Così quella libertà di cui tocca Virgilio a Catone, intesa in senso e morale e civile e religioso, acquista la debita ampiezza.

Egli invoca Calliope (2), che Ovidio dice la prima nel coro delle Muse (3), e altrove la *massima* (4), e dice che nel certame con le Piche fu essa che per tutte l'altre cantò e vinse: *Calliope quaerùlas praetentat pollice chordas* (5). Nè il *quaerùlas* sara sfuggito al Poeta, che in questa Cantica segnatamente si compiace in pensieri mestamente pietosi. Calliope in Orazio (6) è detta regina, ma non per la ragione che Esiodo la dice *seguire i re;* le quali parole di per sè sole segnano distanza che corre tra Esiodo e le più antiche, cioè le più poetiche, parti de' poemi d'Omero. Ma in questa invocazione non avrà Dante dimenticato quel di Virgilio (7): *Vos, o Calliope, precor, adspirate canenti;* dove in una musa son tutte, e la sconcordanza è bellezza, e spiega l'intima ragione perchè dal *tu* siano le lingue moderne passate al *voi.* Qui Calliope, altrove (8) Clio è nominata a modo di citazione forse perchè invocata anche da Stazio; altrove Dante in nome suo proprio invoca Urania in cima al monte sacro (9) già prossimo al cielo; ma giunto in Paradiso, *nuove Muse mi dimostran l'Orse* (10); dacchè quelle Donne che *ajutaro Anfione a chiuder Tebe* (11), più non fanno per esso. E, volato più su nella gloria, per modo d'esclusione egli nomina Polinnia, quasi la musa di tutti gl'inni delle umane religioni, per dire che quante lingue cantassero nutrite da lei e dall'altre sorelle, non giungerebbero al millesimo del vero cantando la bellezza della suá Beatrice (12).

Altri nomi di muse Dante non ha, ch'io rammenti; ma leggendo nell'egloga sesta nominata Talia, musa della commedia, da Virgilio, che non è punto comico, si sarà Dante pensato, o confermatosi nel pensiero, di chiamare *commedia* la sua. Del qual titolo è altresì ragione la forma, drammatica in gran parte, del sacro poema, a similitudine delle rappresentazioni sacre che facevansi fin nelle chiese. E la lettera a Cane prova ch'egli aveva anco la mente all'origine greca attribuita alla parola, da *borgo,* intendendo che la sua poesia dovess'essere popolare (13).

Il principio di questo Canto ci fa ben certi che Dante conosceva d'Orazio non sole le satire ma le odi altresì. Nell'ode che invoca Calliope sono i versi: *Vester Camoenae, vester in arduos Tollor Sabinos* (14), a che corrisponde: *O sante Muse, poi che vostro sono* (15) Se non che più rettorica al solito in Orazio l'andatura, e le amplificazioni abbondano in quello stile che pare a taluni si parco. Il *longum melos* è già una minaccia; poi vengono dopo la *tibia, fidibus citharave Phoebi;* poi *l'amabilis insania* che lo fa *pios errare per lucos,*

(1) Psal. CVII, 6, 7, 11, 12.
(2) In Virgilio (Buc., IV), detta *Calliopea,* ed in Ovidio.
(3) Fast., V.
(4) Met., V.
(5) Ivi.
(6) Carm., III, 4.
(7) Æn., IX.
(8) Purg., XXII, t. 20.
(9) Purg., XXIX, t. 14.
(10) Par., II.
(11) Inf., XXXII.
(12) Par., XXIII.
(13) Nella lettera a Cane egli nota che la Tragedia è poema con esito tristo, Commedia con lieto: ma questa non sarebbe stata ragione a così intitolare il suo, senza le altre accennate.
(14) Hor., Carm., III, 4.
(15) Terz. 3.

Canto VI. il Purgatorio. Terzina 25.

*Surse vêr lui del loco ove pria stava;
Dicendo: O Mantovano, io son Sordello
Della tua terra: E l'un l'altro abbracciava.*

amoenae Quós et aquae subeunt et aurae (1). Ma quest'ode sarà forse a Dante piaciuta perchè sotto la guerra de' giganti ci si adombrano le lodi dell'*alto Cesare* (2), e di Giove è detto quel che Dante dell'imperatore, imagine di Giove, intendeva: *Qui terram inertem, qui mare temperat Ventosum, et urbes, regnaque tristia, Divosque, mortalesque turmas Imperio regit unus aequo* (3). Nè senza perchè questo del Purgatorio dicesi secondo regno e i giri di lui sette regni; e il poema incominciato in latino diceva: *Infera regna canam*. E anche per questo Virgilio era il suo maestro e autore in cui questa imagine del regno ritorna sovente a proposito e dell'Interno (4) e della vita pastorale (5) e delle api (6) e de' tori (7).

Nè senza intenzione son qui rammentate le Piche, figlie d'un Macedone, del paese che ha dati i giganti, perchè l'un simbolo si congegna con l'altro; e gli abusi della mente, non men che quelli della forza, paiono dannabili al Poeta, anzi più (8) Le Piche sfidano al canto le muse; una di quelle canta appunto i giganti, *falsoque in honore gigantas.... Ponit, et extenuat magnorum facta Deorum* (9). Poi canta Calliope, e i suoi canti sono in onore di Cerere, che Virgilio chiama *leggifera* (10), e ricordano atti d'ospitale pietà premiati, e di inciviltà spietata corretti da memorabile pena. Le Ninfe danno il vanto alle muse: le Piche si sfogano in vituperii, e allora le dee: *Non est patientia libera nobis. Ibimus in pomax: et, quo vocat ira, sequemur* (11): i quali versi saranno allo sdegnoso Poeta non sempre ma in qualche momento d'impazienza, piaciuti. Le cantatrici vane, da ultimo, diventano gazze *nemorum convicia*, e dallo scherno passano alla querela: *sua fata querentes*; onde Dante avrà tolto l'aggiunto di *piche misere*, che sparge sui colpevoli stessi una stilla di pietà generosa. Men pio nel Paradiso è l'accenno a Marzia scorticato, e dimostra come l'animo del Poeta si venisse esasperando cogli anni. Nel Purgatorio i concetti e i sensi di gentile mestizia, di compassione amica, e di speranza serena, sono più cari ed umani che nell'altre due Cantiche: e qui stesso egli ha nominato le Piche non solo per accennare la vendicatrice forza del canto, ma e per pregare che nulla sia in quello di profano e ingiusto ai veri Celesti.

Altri poneva il Purgatorio sul Libano. Isidoro nell'opposto emisfero dov'è il Paradiso terrestre Gregorio. (12): *Questa vita del mondo è posta quasi tra il cielo e l'inferno... Siccome le anime degli assai buoni al cielo volano, e le anime degli assai tristi discendono all'abisso della terra, così le anime de' mediocremente buoni tengono il luogo di*

(1) Rammenta il XXVIII del Purgatorio: *Vago già di cercar dentro e d'intorno La divina foresta.. Un'aura dolce.... un rio Che 'nver sinistra con sue picciole onde....Sotto l'ombra perpetua.*

(2) Par., XXX: *Dell'alto Arrigo, ch'a drizzare Italia verrà*. Il singolare si è nell'ode la strofe: *Vos lene consilium et datis, et data Gaudetis almae. Scimus ut impios Titanas, immanemque turbam Fulmine sustulerit caduco*. Dopo il *mite consiglio* il *fulmine caduco*, è volo o caduta, un po' più che lirico.

(3) Inf., I: *In tutte parti impera, e quivi regge*. Par, XII: *Lo 'mperador che sempre regna*.
(4) Georg., IV; Æn., VI.
(5) Georg., III
(6) Georg., IV
(7) Georg., III, Georg., IV: *Humida regna*; Æn., VIII: *Regnator aquarum*. - I: *Ventorum carcere regnet*.
(8) Inf., XXXI.
(9) Ovid. Met., V.
(10) Æn, IV.
(11) Ovid., Met., V.
(12) Nelle Decretali citate da Pietro.

mezzo. Virgilio è anche qui guida a Dante. Virgilio che Orazio dice *optimus*, e della cui dottrina Servio (1): *Tutto Virgilio è pieno di scienza; e molte cose ci si dicono per alta sentenza di Filosofi, di Teologi, di Savii d'Egitto.*

Da Virgilio egli avrà forse non tolta, ma confermata, l'idea delle stelle nell'un polo vedute, all'altro no; che negli Elisi: *Largior hic campos aether, et lumine vestit Purpureo, solemque suum, sua sidera norunt* (2). «Una lettera del Fracastoro accenna che le quattro stelle si veggon da Meroe e da ogni luogo che non sia più di quattordici a quindici gradi di qua della linea equinoziale (3).» Cicerone (4): *Ecce stellae quas nunquam ex hoc loco videmus.* Io per me credo potersi la spiegazione astronomica collegare con l'allegorica; ch'è noto uso di Dante. Un comento inedito osserva qui che le quattro virtù cardinali erano il retaggio dell'umanità innanzi a Cristo, le quattro teologali poi. Cicerone (5) pone l'onestà in quattro uffizii; e Pietro li numera a suo modo: *cogitationis, comitatis, magnanimitatis, moderationis.*

Anche per questo piaceva Virgilio a Dante, che ne' concetti di lui e' vedeva potere adombrare concetti più alti e più veri, sì per essere Virgilio osservatore religioso delle antiche tradizioni, che sono delle prime verità monumento e delle nuovissime germe; sì perchè la bellezza, quand'è propriamente tale, è di sua natura rappresentazione non solo di quelle cose che stavano nel pensiero di chi l'ha creta, ma d'altre moltissime che si vengono per differente esperienza rivelando a' coetanei ed a' posteri. Nell'entrare al Purgatorio, è lavato al Poeta il viso con la rugiada mattutina; in cima al monte egli è tuffato nel fiume: prima terse le vestigia più sordide, poi levata fin la memoria della colpa (6). Le abluzioni erano rito di tutta l'antichità (7): onde all'esequie di Miseno: *Ter socios pura circumtulit unda, Spargens rore levi et ramo felicis olivae* (8). Hai qui fino il nome della rugiada che avrà data a Dante l'imagine di quella abluzione, la quale potevasi fare anco con acqua viva, potuta trovare alle falde: senonchè più bello è il detergere il sudiciume d'Inferno con l'umore che stilla dal cielo; com'è bello in Virgilio l'epiteto: *aërii mellis coelestia dona.* Enea nell'entrare all'Eliso, *corpus recenti spargit aqua* (9); e allorchè Giunone esce d'Inferno: *quam coelum intrare parantem Roratis lustravit aquis Thaumantias Iris* (10); e Mercurio nella Tebaide: *Exsilit ad Superos; infernaque nubila vultu Discutit et vivis afflatibus ora serenat* (11).

Il giunco, del quale è imposto che Dante si cinga, simboleggia, dice Pietro, l'umiltà semplice e paziente. Guido Cavalcanti: *Quando con vento e con fiume contende Assai più si difende La mobil canna... Che dura querce che non si difende.* Ne' Bollandisti (12): *Inondando il fiume, l'erba che in lui cresce si china, e senza lesione di quella,*

(1) Ad VI Æn.
(2) Æn., VI.
(3) In quel che spetta ad astronomia, io non fo che ripetere le altrui parole.
(4) Somn., Scip.
(5) De Off.
(6) Purg.. XXXIII.
(7) Æn., II: *Tu, genitor, cape sacra manu... Me bello e tanto digressum et caede recenti Attrectare nefas, donec me flumine vivo Abluero.* — VIII: *Rite cavis undam de flumine palmis Sustulit, et tales effundit ad aethera voces.*
(8) Æn., VI.
(9) Æn., VI.
(10) Ov., Met., IV.
(11) Stat., II. — *Dolce color... Che s'accoglieva nel sereno aspetto Dell'aer puro...* (terz. 5).
(12) Vita di s. Elena.

l'acqua inondante trapassa. Così noi talora conviene chinarci e umiliarci. E però Dante la dice da ultimo *umile pianta*: e chi sa non gli venisse insieme col giunco alla mente quella divina parola data come segno a riconoscere il salvatore vero: *La canna scrollata egli non spezzerà?*

Anco in Virgilio è un ramo che Enea deve côrre dalla selva che mette all'Inferno, coglierlo perchè e' possa entrare all'Eliso: e parlasene lungamente, e pare che il Poeta ci voli intorno come le colombe che son guida all'eroe, e ci si fermi sopra invescato dalla sua propria eleganza. La cara imagine delle colombe avrà forse ispirato a Dante quella gentile similitudine che è nel Canto secondo, dacchè ne' tre mondi tre similitudini rincontriamo dalla colomba: qui le anime che fermate all'armonia di Casella, al rimprovero di Catone corrono verso la costa; in Interno i due amanti che volano all'affettuoso grido di Dante; in Paradiso, l'apostolo della speranza che si pone accanto all'apostolo della fede: *Sì come quando 'l colombo si pone Presso al compagno, l'uno e l'altro pande, Girando e mormorando, l'affezione: Così vid'io l'un dall'altro grande Principe glorioso essere accolto Laudando il cibo che lassù si prande* (1). E ognun sente come la similitudine nell'Inferno sia, quanto a dicitura, più delicatamente condotta; quella del Purgatorio più nuova e più semplice; in questa del Paradiso il *grande principe* e il *cibo che si prande* non bene si vengano co' colombi, e come i suoni stessi non abbiano la delicatezza che porta l'idea, s'altri forse non sentisse ne' suoni *colombo, pone, affezione, quando, pande, girando, mormorando,* la voce della colomba: come Virgilio, ma ben meglio, con due suoni soli alquanto cupi rende il gemito della tortora, e con gli altri che precedono più leggieri e più gai, ne rende l'affetto: *Nec gemere aeria cessavit turtur ab ulmo* (2).

In Virgilio la Sibilla è che tiene il ramo d'oro nascoso sotto la veste e lo mostra a Caronte, ed Enea poi, come dono a Proserpina, l'appende alla soglia dell'Eliso. Più bello, in Dante, che questo color d'oro tenuto quasi in borsa dalla vecchia, il giunco che incorona al Poeta le tempie e gli è ghirlanda più degna dell'alloro sperato nel suo *bel San Giovanni* (3). In Virgilio, del ramo fatale è detto in prima: *Ipse volens facilisque sequetur, Si te fata vocant: aliter, non viribus ullis Vincere, nec duro poteris convellere ferro* (4). Poi d'Enea che lo coglie. *Avidusque refringit Cunctantem* (5), che par contradire al già detto dalla Sibilla in Virgilio. *Primo avulso, non deficit alter Aureus et simili frondescit virga metallo* (6). E in Dante il simile; ma con intenzione simbolica, perchè, nota il Poggiali, i mezzi dell'espiazione sono sempre alla mano, chi pure li voglia, e perchè nell'anima che si pente è messa dalla Grazia una forza rigeneratrice che rinnova ed amplifica il miracolo della creazione.

(1) Par., XXV.
(2) Buc., I.
(3) Inf., XIX; Par., XXV.
(4) Æn., VI.
(5) In Ovidio, che imita da Virgilio:

Et auro Fulgentem ramum silva Junonis avernae Monstravit, jussitque suo divellere trunco (Met., XIV).
(6) Æn., VI.

CANTO II.

ARGOMENTO.

Appare un Angelo che conduce su leggiera barchetta le anime nuove. Il Poeta riconosce Casella; questi gli canta. Le anime si arrestano alla dolcezza del canto; ma Catone sgridando le spinge al monte.

Qui cominciano le apparizioni degli Angeli; e si badi alle varie pitture che il Poeta ne fa; si badi ai varii modi di raffigurare gli oggetti veduti da più o men grande distanza. Inf., IV, V, VIII, IX, XII, XV, XVII, XXI, XXIII, XXVI, XXXI, XXXIV. E sempre d'ora in poi si ponga mente a quest'arte di varietà. Poi s'osservi nell'Inferno il graduar delle tenebre e del gelo e del fuoco; nel Purgatorio il graduar della luce; nel Paradiso, dello splendore e dell'armonia.

Nota le terzine 2, 4; 6 alla 9; 11 alla 16; 18, 19, 23, 24; 26 alla 30, 33, 37, 38, 42; le ultime tre.

1. Già era il sole all'orizzonte giunto,
    Lo cui meridian cerchio coverchia
    Gerusalem col suo più alto punto:

1. (L) *Coverchia:* copre.
(F) *Gia Recherò* la materiale ma evidente dichiarazione di Pietro. Consideriamo il cielo siccome due scodelle che copronsi l'una con l'altra, e in mezzo di loro sia sospesa una pallottola di terra, e sia questa la nostra terra con l'acque: e la mezza concavità cioè l'una delle due scodelle, sarà l'emisfero della detta pallottola, cioè della terra nostra; l'altra scodella, cioè l'altra mezza concavità, sarà l'altro emisfero dell'altra metà della pallot ola stessa. Or s'imagini un circolo per lo mezzo dell'una delle due scodelle, cioè da settentrione a mezzogiorno: e sotto il colmo di detto cerchio, cioè nel più alto punto della pallottola. Gerusalemme. Nel punto opposto della terra è il monte del Purgatorio: or se in Gerusalemme era la prima ora del giorno, nel monte doveu'essere un'ora di notte: il sole in Ariete, la notte in Libra E come il sole in equinozio sorge alla foce del Gange, il qual corre di contro al moto del sole, onde Lucano cantò: Ganges, toto qui solus in orbe Ostia nascenti contraria solvere Phoebo Audet, et adversum fluctus impellit in Eurum (Phars, III); così per contrario la notte nasceva in Libra Poichè il Poeta disse nell'altro Canto che nell'oriente si velavano i Pesci (nell'oriente di laggiù ch'è a noi occidente), ciò mostra essere gia passate due ore, dacchè ciascun segno dello zodiaco inchiude due ore - Per più chiarezza citiamo anche il P Lombardi: *Ogni punto del nostro emisfero ha il suo proprio orizzonte e il suo meridiano, il quale è un arco che passando per lo zenit del luogo, e pel punto del cielo dove il sole ad esso luogo fa il mezzodì, va a terminare da ambe le parti al-*

2. E la notte, che, opposita a lui, cerchia,
Uscía di Gange fuor, con le bilance;
Che le caggion di man quando soverchia;

3. Sì che le bianche e le vermiglie guance,
Là dov'i' era, della bella Aurora
Per troppa etate divenivan rance.

4. Noi eravam lunghesso il mare ancora,
Come gente che pensa suo cammino,
Che va col cuore, e col corpo dimora.

5. Ed ecco, qual, sul presso del mattino,
Per li grossi vapor Marte rosseggia
Giù nel ponente sopra 'l suol marino;

6. Cotal m'apparve (s'i' ancor lo veggia!)
Un lume per lo mar venir sì ratto,
Che 'l mover suo nessun volar pareggia.

---

l'orizzonte del medesimo luogo. Onde ciascun orizzonte non ha per suo meridiano che quello il quale col suo più alto punto copre esso luogo: sicchè dire l'orizzonte di Gerusalemme è il medesimo che dire l'orizzonte il cui cerchio meridiano copre col suo punto più alto Gerusalemme. - Dice il Poeta *la notte uscia di Gange*, perchè, secondo la geografia de' suoi tempi (Rog. Bacon., *Opus Majus*, dist. 10), l'orizzonte orientale di Gerusalemme credevasi un meridiano dell'Indie Orientali, distante, dice Solino, dalla Palestina, quanto n'è distante la Francia. Ma le distanze dagli antichi date a' meridiani de' luoghi son troppo maggiori delle reali. Dante fa i due meridiani del Gange e dell'Ibero distanti per gradi cent'ottanta, e fa il meridiano di Gerusalemme equidistante da que' due: doppio sbaglio anco secondo la geografia tolemaica. — Veggansi alla fine del volume le dotte osservazioni del P. Antonelli.

2. (L) *Soverchia*: cresce.
(SL) *Bilance*. Georg, I: *Libra die somnique pares ubi fecerit horas, Et medium luci atque umbris jam dividet orbem*.
(F) *Bilance* Dall'equinozio, quando luce il segno della Libra, le notti cominciano a crescere: però l'uguaglianza tra il dì e la notte è finita: e dacchè il sole è in Ariete, fino alla Vergine, crescono i dì. — *Soverchia*. Se l'Ariete discende, la Libra ascende: è dunque giorno fatto, e l'oriente è già rancio (Arist, Met.).

3. (SL) *Bianche*. Ov., Met., VI: *Ut solet aer Purpureus fieri, cum primum Aurora movetur; Et breve post tempus candescere Solis ab ictu* — *Rance* Bocc: *L'aurora già di vermiglia cominciava a divenir rancia.* L'Ariosto nomina le *chiome gialle* dell'Aurora: oggidì non diremmo. Notisi però che *rancie* in antico non sonava punto *rancide*, ma rammentava l'origine *aurantius.* Georg, I; Æn., IV, IX: *Tithoni croceum linquens Aurora cubile.* - VI: *Roseis Aurora quadrijis.*

5 (L) *Presso.* Sostantivo.
(SL) *Presso.* In Toscana tuttora *sui pressi d'un paese* vale: nei luoghi vicini a quello. — *Suol.* Inf, XXVI, l. 45: *Marin suolo.* — *Marte*, sul mare, dove più sono i vapori; di mattina, quand'e' non siano diradati dal sole; e a ponente, dove pe' detti vapori rosseggia più che mai.
(F) *Marte.* Conv.: *Marte dissecca e arde le cose, perchè il suo calore è simile a quello del foco; e questo è quello perch'esso appare affocato di colore, quando più e quando meno, secondo la spessezza e rarità delli vapori che'l seguono; li quali per loro medesimi molte volte s'accendono, siccome nel primo della Meteora (d'Aristotele) è determinato.*

6. (L) *S'i'*: Così torn'io dopo morte a vederlo, nè sia dannato! — *Volar.* Regge il verbo.

7. Dal qual com' i' un poco ebbi ritratto
   L'occhio, per dimandar lo duca mio,
   Rividil, più lucente e maggior fatto.
8. Poi, d'ogni lato ad esso, m'appario
   Un, non sapea che, bianco; e di sotto,
   A poco a poco, un altro, a lui, n'uscio.
9. Lo mio maestro ancor non fece motto
   Mentre che i primi bianchi apparser ali:
   Allor che ben conobbe il galeotto,
10. Gridò: — Fa fa che le ginocchia cali.
    Ecco l'angel di Dio: piega le mani:
    Omai' vedrai di sì fatti ufficiali.
11. Vedi che sdegna gli argomenti umani,
    Sì che remo non vuol; nè altro velo
    Che l'ale sue, tra liti sì lontani.
12. Vedi come le ha dritte verso 'l cielo,
    Trattando l'aere con l'eterne penne
    Che non si mutan come mortal pelo. —
13. Poi, come più e più verso noi venne
    L'uccel divino, più chiaro appariva:
    Perchè l'occhio dappresso nol sostenne;
14. Ma china' 'l giuso. E quei sen venne a riva
    Con un vasello snelletto, e leggiero
    Tanto, che l'acqua nulla ne 'nghiottiva.

8. (L) *Sotto a lui un altro non so che bianco.*
9. (L) *Mentre:* fin che. — *Primi:* i primi eran l'ali, l'altro la veste. — *Galeotto:* reggitor della barca.
(SL) *Apparser.* Altri legge *aperser*, cioè il primo bianco ch'lo aveva visto, si scoperse esser l'ali dell'Angelo. Questo modo avrebbe dichiarazione dal virgiliano: *Leucatae nimbosa cacumina montis. Et formidatus nautis aperitur Apollo* (Æn., III) E nel VI: *Aperit ramum qui veste latebat.* Ma l'altra lezione mi pare più schietta.
10. (L) *Cali a terra.* — *Piega:* giungi. — *Ufficiali:* ministri: non più demoni.
11. (L) *Argomenti:* mezzi. — *Velo:* vela.
(SL) *Argomenti.* Per istrumenti è nel Boccaccio e nel Casa. — *Velo.* [C.] In monete greche, il Genio della città è figurato, sopra una nave, avere il proprio manto per vela.

(F) *Umani.* Arist., de Incess. anim.: *Negli animali che usano di parti come di strumento al moto, cioè di piedi o d'ali.*
12. (SL) *Trattando.* Ariosto, men felice: *Tratta l'aure a volo.*
13. (SL) *Uccel.* Mercurio è detto da Stazio *Volucer Tegeaticus; impiger ales* (Silv., I, 2, 102; Theb., II. — *Sostenne.* Lucan., IX: *Lumine recto Sustinuere diem coeli.*
(F) *Venne.* Nel Convivio dipinge l'apparenza contraria: *Come chi guarda col viso per una retta linea, che prima vede le cose chiaramente; poi, procedendo, lo viso disgiunto nulla vede.*
14. (L) *Vasello:* vascello.
(SL) *Vasello.* Inf., XXVIII, t. 27. — *Snello* dice la forma e il ratto moto; *Leggiero* il non toccar le acque tuttochè tanti fossero i naviganti sovra essa. — *Nulla.* Contrapposto a quel dell'VIII dell'Inferno: *Segando*

CANTO II.

15. Da poppa stava il celestial nocchiero,
    Tal, che parea beato per iscritto:
    E più di cento spirti entro sediero.
16. *In exitu Israel de Egitto*,
    Cantavan tutti insieme ad una voce,
    Con quanto di quel salmo è poi scritto.
17. Poi fece il segno, lor, di santa croce;
    Ond' ei si gittâr tutti in sulla piaggia:
    Ed el sen gio, come venne, veloce.
18. La turba che rimase lì, selvaggia
    Parea del loco, rimirando intorno,
    Come colui che nuove cose assaggia.
19. Da tutte parti saettava il giorno
    Lo sol, ch'avea con le saette conte,
    Di mezzo 'l ciel, cacciato il Capricorno;
20. Quando la nuova gente alzò la fronte
    Vê. noi, dicendo a noi: — Se vo' sapete,
    Mostratene la via di gire al monte. —

*se ne va l'antica pro- Dell'acqua
più che non suol con rui.*
15. (L) *Parea:* gli leggeva il beato in viso. — *Sediero* sedevano.
(SL) *Iscritto.* Ov. Me. VI: *Sua quemque Deorum Inscrit facies.* — *Sediero.* La per la come per per fieno. Purg., VII. M. può intendere anco sederono.
16. (F) *Egitto.* Per mondo. XXV. - Aug. Confess., IX: L'ar. Gerusalemme a cui sospirà il po... pellegrinante. Som.: Celebrat... fase era segno della liberazi... d'Egitto (e questa della libertà dal servitù della colpa). Psal. CXIII, ivi nel versetto 17: *Non i morti lo-deranno Id. o Signore; nè q anti di... abitano nell' Inferno.* Conv.: In quel... del Profeta che dice che nell'uscita del popolo d'Israel d'Egitto, la Giudea è fatta santà e libera: che avvegnaché vero secondo la lettera, non meno è vero quello che spiritualmente s'intende, cioè che nell'uscita dell'anima dal peccato essa sia fatta santa e libera in sua potestate. e nella lettera i Can.: Se guardiamo il senso morale, per l'uscita d'Egitto, spiritualmente è nel la conversione dell'anima dal tutto a dalla miseria del peccato e stato di grazia; se l'anagogici significasi

l'uscita dell'anima santa dalla servitù di questa corruzione all'eterna libertà della gloria.
17. (SL) *El:* egli.
(SL) *Croce.* Paragonisi il passaggio dell'Angelo a quel di Caronte.
18. (L) *Selvaggia:* nuova. — *Assaggia:* comincia a provare.
(SL) *Assaggia:* Arios.: Per assaggiare i Paladin di Francia Davanz, Ann., II, 4: *Assaggiarono la signoria d'una donna.* Risponde al πεῖρα γευόμενος d'Eunapio.
19. (L) *Da tutte parti:* non solo d'Oriente: chè il sole era già alto. — *Conte:* chiare.
(SL) *Saettava:* Lucr., I, 148; II, ; *Lucida tela diei.* Ov Met., V: *gebeos ictus* Boet.: *Emicat et suavibratus lumine Phoebus.* Milan oculos radiis ferit. — Conte. terz. 13: *Parole... conte.* Qui con co valere: che fa conoscere una luce le cose.
Capricorno. Discosto dall'Aquario ve allora era il sole, un essere circolo: ond' e' non può l'Ariete ato di mezzo il cielo se rizzonte. sia già montato sull'o-

21. E Virgilio rispose: — Voi credete
 Forse, che siamo sperti d'esto loco:
 Ma noi sem peregrin, come voi sete.
22. Dianzi venimmo, innanzi a voi un poco,
 Per altra via, che fu sì aspra e forte
 Che lo salire omai ne parrà giuoco. —
23. L'anime, che si fur di me accorte,
 Per lo spirar, ch'i' era ancora vivo,
 Maravigliando diventaro smorte.
24. E come a'messaggier che porta olivo,
 Tragge la gente per udir novelle,
 E di calcar nessun si mostra schivo;
25. Così al viso mio s'affisar quelle
 Anime fortunate tutte quante,
 Quasi obbliando d'ire a farsi belle.
26. I' vidi, una di lor trarresi avante
 Per abbracciarmi, con sì grande affetto
 Che mosse me a far lo simigliante.
27. O ombre vane fuor che nell'aspetto!
 Tre volte dietro a lei le mani avvinsi,
 E tante mi tornai con esse al petto.
28. Di maraviglia, credo, mi dipinsi,
 Perchè l'Ombra sorrise, e si trasse;
 Ed io, seguendo lei, oltre mi pinsi.
29. Soavemente disse ch'i' posasse:
 Allor conobbi chi era; e pregai
 Che, per parlarmi, un poco s'arrestasse.

---

21. (L) *Sperti*: esperti.
23. (L) *Spirar*: respirare.
 (SL) *Spirar* Non vedevano il fiato, come il Castelvetro vuole, ma l'atto della gola. Inf, XXIII [E ammirabile fra quest'anime, che parli cantino, ridano, e non respirin's — *Smorte*. Æn., VI: *Adrasti pallentis imago*.
24 (L) *Calcar*: s'affollano.
 (SL) *Olivo*. In S Caterina ma è non solo il segno di quegli la pace stessa. Vettori: *pace e che andavano a dimandar amici, cercavano d'esser ricevuti, e d'o portavano in mano un ra*mo; e così quegli che, lontani ancora, significavano portar nuove di vittoria. Il qual costume s'è mantenuto infino a' nostri tempi: Æn., VIII: *Pacifercæque manu ramum praetendit olivæ* - XI: *Jamque oratores aderant. Velati ramis oleae, veniamque rogantes*.
25 (SL) *Obbliando* Inf., XXVIII. Per maraviglia obliando il martiro
26. (SL) *Fur*. Bocc.: Facevano il somigliante.
27 (SL) *Vane*. Inf, VI: Lor vanità che par persona
28. (L) *Pinsi*: spinsi.
29. (L) *Posasse*: posassi.

CANTO II.

30. Risposemi: — Così com' io t' amai
    Nel mortal corpo, così t'amo sciolta:
    Però m'arresto. Ma tu perchè vai? —
31. — Casella mio, per tornare altra volta
    Là dove io son, fo io questo viaggio
    (Diss' io). Ma a te come tant'ora è tolta? —
32. Ed egli a me: — Nessun m' è fatto oltraggio,
    Se quei che leva e quando e cui gli piace,
    Più volte m'ha negato esto passaggio:
33. Chè di giusto voler lo suo si face.
    Veramente, da tre mesi egli ha tolto
    Chi ha voluto entrar con tutta pace:
34. Ond' io, che era alla marina vòlto
    Dove l'acqua di Tevere s'insala,
    Benignamente fu' da lui ricolto
35. A quella foce ov'egli ha dritta l'ala:
    Perocchè sempre quivi si ricoglie
    Qual verso d'Acheronte non si cala. —
36. Ed io: — Se nuova legge non ti toglie
    Memoria o uso all'amoroso canto
    Che mi solea quetar tutte mie voglie;
37. Di ciò ti piaccia consolare alquanto
    L'anima mia, che, con la sua persona,
    Venendo qui, è affannata tanto. —
38. — *Amor che nella mente mi ragiona,* —
    Cominciò egli allor sì dolcemente
    Che la dolcezza ancor dentro mi suona.

---

30. (L) *Sciolta:* anima.
31. (L) *Tornare...:* per non ire all'Inferno — *Ora:* tempo — *Tolta?* Se morto da un pezzo perchè non prima d'ora vieni a purgarti?
    (SL) *Tolta.* Contrario del *datum... tempus* di Virgilio (Æn., VI).
32. (L) *Quei:* l'Angelo. — *Leva* per passarlo. — *Cui:* chi.
33. (L) *Giusto:* il volere dell'Angelo dipende dal giusto volere di Dio. — *Veramente:* ma — *Tolto:* lavato seco. Da tre mesi il perdono è agevolato.
    (SL) *Tre.* Del giubbileo del 1300 alla visione di Dante corrono tre mesi, co' quali appunto l'anno fiorentino si compie. — *Con.* Per condurlo in luogo di pace. Ma dice anco che l'Angelo con pace l'accolse, per contrapposto ai corrucci di Caronte.
34. (SL) *Ricolto* Bocc.: *Fatto il corpo della donna ricoglier di mare.*
35. (L) *Qual?* chi. I non dannati. — *Ala.* Singolare, come in Virgilio (Æn., III): *Praepetis omina pennae.*
36. (SL) *Quetar* Vita Nuova, pag. 23.
37. (L) *Persona:* corpo.
    (SL) *Persona.* Bocc.: *Non solo l'avere ci ruberanno, ma ci torranno oltre ciò le persone.*
38. (SL) *Amor.* Canzone di Dante comentata da lui nel Convivio.

39. Lo mio maestro, ed io, e quella gente
   Ch'eran con lui, parevan sì contenti
   Come a nessun toccasse altro la mente.
40. Noi eravam tutti fissi e attenti
   Alle sue note: ed ecco il veglio onesto
   Gridando: — Che è ciò, spiriti lenti?
41. Qual negligenzia, quale stare è questo?
   Correte al monte a spogliarvi lo scoglio
   Ch'esser non lascia a voi Dio manifesto. —
42. Come quando, cogliendo biada o loglio,
   Gli colombi adunati alla pastura,
   Queti, senza mostrar l'usato orgoglio;
43. Se cosa appare ond'egli abbian paura,
   Subitamente lasciano star l'esca,
   Perch'assaliti son da maggior cura;
44. Così vid'io quella masnada fresca
   Lasciare il canto, e gire invèr la costa
   Com' uom che va, nè sa dove riesca.
   Nè la nostra partita fu men tosta.

---

39 (SL) *Contenti.* Georg., IV; *At cantu commotae... Umbrae ibant tenues.* — *Toccasse.* Æn., 1: *Mentem... langunt.*
40. (L) *Veglio:* Catone.
   (SL) *Gridando.* Lucano, di Catone: *Durae..... virtutis amator.* (Phars, IX).
41. (L) *Scoglio:* scorza.
   (SL) *Qual.* Æn., XII: *Quae nunc deinde mora est?* - II: *Festinate, viri; nam quae tam sera moratur Segnities?* — *Scoglio.* Da *spolium.* - *Scoglio del serpente* disse l'Ariosto (XVII, 11). Crescenzio, V, 3: *Le avellane manifestano la loro maturitade quando de' loro scogli si partono.*
   (F) *Scoglio.* Ad Coloss, III, 9: *Expoliantes vos veterem hominem cum actibus suis.*
42. (L) *Orgoglio:* lieta vivacità.

44. (L) *Fresca:* giunta di corto.
   (SL) *Fresca.* Virgilio, di Didone scesa allora allora in Inferno: *Recens a vulnere* (Æn., VI). Semint.: *O voi fresche anime de' miei fratelli, ricevete la purgazione apparecchiata con grande dolore.* — *Sa.* Vita Nuova: *Come colui che non sa per qual via pigli il suo cammino, che vuole andare e non sa onde si vada.* — *Nè.* Æn.; VIII, X: *Nec... segnior.*
   (F) *Partita.* Ott: Si può ricogliere per senso tropologico di questi due capitoli: che se l'uomo si vuole partire dal peccato, e di quello fare penitenzia, per meritare vita eterna, in prima conviene essere umile...; poi conviene essere sollicito... e lasciare la dilettazione corporale.

Segnare il riscontro degli Antipodi col suolo e col cielo nostro, e il corso qua e là della luce, era necessità di questo poema: senonchè Dante (come accade agl'ingegni e agli animi forti, che si fanno vanto e trastullo d'insolite difficoltà superate pare ci si compiaccia troppo, e non sempre ci riesca con pari felicità. Il cominciamento del Canto non è dell'usata franchezza e evidenza. L'apparire, l'appressarsi, l'arrivare dell'Angelo è maestrevolmente descritto se si riguardi all'atto corporeo del vedere; e rammenta le Virgilio il venire de' serpenti sulle acque, che prima discernonsene le giubbe e i petti sporgenti; poi, più presso alla proda, gli occhi e le lingue. Ma questo stesso riscontro ci dà animo a notare, nella bellezza della pittura di Dante, una certa, se è lecito dire, sconvenienza; perchè troppo lungo, nelle molte parole, si fa il tragitto; più non è volo, molto men volo d'Angelo. I suoni però, qua e là corrono con bell'arte leggeri. Ed è ispirazione di sapienza, più ch'arte, la parsimonia ch'egli usa in queste apparizioni degli Angeli per tutta la Cantica, facendoli operare col cenno, parlare poco, e il più, con parole tolte da' libri santi.

La lieta e docile maraviglia, o l'umile dubbio, per la novità delle cose, sono altresì molto convenientemente ritratti. Bello il riconoscere alla voce soave l'amico, il cantore; più semplicemente bello che il riconoscere alla voce Forese, trasfigurato dal penale digiuno. Se tolgasi un po' di lunghezza in qualche parlata (le brevi interrogazioni e risposte tra Casella e il Poeta ben mostrano come egli sappia il maneggio del dialogo), il Canto ha freschezza di stile, degna dell'arte musicale e dell'amicizia.

CATONE. — CASELLA.

Quis te, magne Cato, tacitum... relinquat? A queste parole di Virgilio (1) corrispondono quelle del Convivio di Dante: *O sacratissimo petto* (2) *di Catone, chi presumerà di te parlare?* Certo maggiormente parlare di te non si può, che tacere, e seguitare Jeronimo, quando nel proemio della Bibbia, là dove di Paolo tocca, dice che meglio è tacere che poco dire. Così quel santo che in carne fu visitatore del secolo immortale (3), è da Dante, per amore d'una citazione, messo accanto a Catone. Lucano di lui: *Ecce parens verus patriae* (4), *dignissimus aris, Roma, tuis; per quem numquam jurare pudebit, Et quem, si steteris unquam cervice soluta, Tunc olim factura deum* (5). Con questo passo e con altri spiegasi, se non si scusa, il concetto di Dante che dà luogo tale al suicida nemico di Cesare (6). Spiegano a qualche modo il suo concetto le parole di Sallustio, così tradotte da un del trecento: *Catone e Cesare, gentilezza, tempo, bel parlare ebbono quasi egualmente.*

Catone, simbolo della virtù, dice Pietro, e dell'onestà. Lo pone in principio del Purgatorio, accennando al virgiliano: *Secretosque pios, his dantem jura Catonem* (7). Lucano: *Nam cui crediderim Superos arcana daturos.. magis, quam sancto, vera, Catoni?* (8) Seneca a Lucilio, *Catonem certius exemplar viri sapientis nobis Deos dedisse* (9). Un comento inedito nella Laurenziana (10) dice: *Tutta questa Cantica è costrutta in costumi; e però parla qui di Catone come d'uomo costumato e virtuoso, perocchè Cato fu padre di costumi, e massimamente delle virtù cardinali.* Queste smodate lodi della virtù di Catone danno a conoscere l'opinione del tempo, e dichiarano l'idea del Poeta. Nel Convivio egli dice: *nullo uomo terreno più degno di seguitare Iddio, di lui.*

Dante non loda il suicidio, ma qui non lo condanna, ed è male; nè Catone, morto, poteva giovare alla libertà, quanto avrebbe, vivo. Qui

---

(1) Æn., VI.
(2) Purg, I, terz. 27: *O santo petto.* Æn., II: *Juvenes, fortissima frustra Pectora.* - Som., 1, 2, 102: *Il petto significava la sapienza, siccome difesa del cuore.*
(3) Inf, II.
(4) Purg., I: *Degno di tanta riverenza in vista, Che più non dee a padre alcun figliuolo.*

(5) Phars., IX.
(6) Vedi le osservazioni nostre al Canto XIII dell'Inferno.
(7) Æn., VIII.
(8) Phars, IX.
(9) Di Catone vedi Agostino (De Civ. Dei, I, 23).
(10) Plut. XC della Gaddiana sup. cod. 115.

convien dare a libertà un senso più ampio di quello che il virgiliano: *Æneadae in ferrum pro libertate ruebant* (1); e intendere in generale che l'*onore virtuoso è a preferire alla vita del corpo* (2). Se la libertà politica a te fu sì cara, or quanto più la morale? Così spiega il comento del codice Caetano. Qui vedesi, più che altrove, come nella mente di Dante si congiungessero le due libertà. Promette il Poeta a Catone che la veste del corpo suo nel *gran dì sarà sì chiara* 3), non di gloria celeste, ma di quella luce che, secondo Dante, è dovuta anco alle virtù naturali, della qual luce è simbolo il lume delle quattro stelle che gl'illustrano il viso. O forse lo fa salvo con Rifeo e con Traiano? Ma lo direbbe più chiaro.

Chiaro dice le lodi di Marzia, e pare ch'e' si compiaccia in quello strano ripudio; che, sebbene quelle parole siano in bocca di Virgilio pagano, non è da sconoscere ch'anco la ragion naturale, in Virgilio personificata, siffatto sciogliere e riappiccare di matrimoni, riprovava. La più spedita è confessare che Dante s'è lasciato prendere alle lodi di Virgilio e di Lucano, e che l'imitazione ha fatto gabbo alla fede. C'è innoltre la comoda scusa del simbolo. E notisi, per attenuare il difetto, che, custode all'entrata del Purgatorio, Catone non è guida alle anime, nè tocca pure le falde del monte: è, dopo la morte di Cristo chè prima purgatorio non v'era ma i non dannati scendevano al limbo), destinato ad invitare le anime a correre verso l'espiazione. La virtù naturale di lui non è mezzo, ma incitamento al ben operare.

L'Inferno a Dante è l'orrore naturale del vizio; il Purgatorio, l'amor naturale della virtù; il Paradiso, l'amore del bene sopra natura. Però nell'Inferno ha duca Virgilio; e chiama di Catone i regni del Purgatorio, e sola Beatrice gli è guida nel Cielo. Le tre persone sono in parte simboliche, ognun sel vede: non è Virgilio l'amante d'Alessi, nè Catone il suicida, nè Beatrice la moglie di Simone. A ogni modo non chiamare i gironi del Purgatorio *regni* di Catone, era meglio: e Dante ci si lasciò forse andare mettendo insieme il virgiliano *piis dantem jura* e i *durissimi regni* di Radamanto (4); ma principalmente perchè la fisima del regno lo perseguitava, infelice, per tutto.

Ecco la costruzione del fuogo ove ci trasporta il Poeta. Escono dall'emisfero australe in un'isola circondata dall'Oceano, alla quale nel mezzo è un monte antipodo a Gerusalemme: il monte ha forma di cono tronco alla cima, e ha intorno intorno undici ripiani a' quali si sale per via faticosa. L'idea degli antipodi confusa e falsa, era però famigliare agli antichi, i quali vedevano talvolta l'opposto emisfero anche laddove non era. Onde non solo in Virgilio: *Hic vertex nobis semper sublimis; at illum sub pedibus Styx atra videt, Manesque profundi* (5); ma in Lucano, Catone trovandosi in Africa: *Nunc forsitan ipsa est Sub pedibus jam Roma meis* (6). E l'idea di Gerusalemme centro della terra abitata veniva dal prendere alla lettera quello d'Ezechiele: *Jerusalem, in medio gentium posui eam, et in circuitu ejus terras* (7). E siccome in questo concetto, al monte ove Cristo espiò i peccati degli uomini si contrappone il monte ove Adamo peccò e dove le anime espiano le colpe loro per la grazia di Cristo; così Dante imagina che le anime non dannate s'adunino alla foce del Tevere, per il quale simboleggiasi la sede della credenza cattolica, come le dannate a Acheronte; che l'Angelo, secondo i meriti di ciascuna, le tragitti; appunto come in Virgilio Caronte *nunc hos, nunc accipit il.*

(1) Æn., VIII.
(2) Som., 2, 2, 110.
(3) Purg., I, terz. 25.
(4) Æn., VI.

(5) Georg., I.
(6) Phars., IX.
(7) Ezech., V, 5.

los; Ast alios longe submotos arcet arena (1), e siccome le anime già purgate, perchè ritornino, secondo la dottrina pittagorica, a nuova vita nel mondo, *Deus evocat agmine magno* (2). Anco nelle tradizioni del popolo bretone gli angeli compiono tale uffizio.

In un canto del popolo slavo: *Crebbe un albero nel mezzo del paradiso, un gentile alloro: gentile fruttò; aurei rami mise; la foglia è a lui argentea; sott'esso un santo letto di tutti fiori conserto, il più, di basilico, e di vermiglia rosa.* Ivi riposa san Niccolò. Sant'Elia viene, e gli dice d'alzarsi: *Che andiamo pel monte, che prepariam navi; che voghiamo le anime da questo mondo a quello.* Niccolò si scusa con dire che è dì di Domenica, e non di lavoro; dì da battesimi e da nozze, e da adornare la persona e pulirla; ma al nuovo invito d'Elia, se ne vanno e fanno le barche, e conducono le anime: *ma tre anime non possono; l'una anima rea l'amico in giudizio chiamò; l'altr'anima rea col vicino ebbe rissa; la terza anima vieppiù rea disonorò una fanciulla.*

Il Caronte virgiliano *Ratem conto subigit velisque ministrat* (3): qui l'angelo *remo non vuol nè altro velo che l'ale sue.* Il legnetto ove seggono più di cento spiriti, è leggiero tanto che *l'acqua nulla ne inghiottiva,* come Nettuno *caeruleo per summa levis volat aequora curru* (4).

Le anime, nuove del luogo, a' Poeti domandano della via; siccome in Ovidio: *Novique, Qua sit iter, Manes, Stygiam quod ducat ad urbem, Ignorant* (5) Egli rincontra un amico, e fa per volerlo abbracciare. Come in Virgilio delle visioni dell'ombre, più volte: *Ter conatus ibi collo dare brachia circum: Ter frustra comprensa manus effugit imago, Par levibus ventis, volucrique simillima somno* (6). In versi più brevi dice non men bene il medesimo; senonchè la bella imagine del sogno in Dante manca. Nell'Inferno non aveva tentato d'abbracciar ombre; ma Virgilio, ombra anch'esso, l'aveva portato in ispalla. Or perchè questa differenza di Virgilio, di Bocca al quale e strappa i capelli, e dell'Argenti ch'ei respinge nel fango, da Casella e dagli altri? Forse perchè qui, come più pure, le ombre son meno gravate della mole terrena, hanno più sottili apparenze. Matilde però trae Stazio e Dante per l'onda di Lete, e Virgilio con Sordello s'abbracciano. Il Poeta, a quel che pare, fa l'ombre de' non probi ora palpabili, ora no, come Cristo risorto: l'ombre de' dannati, palpabili sempre (7).

Quella era l'anima del cantore Casella. Il Crescimbeni dice aver trovata nella Vaticana una ballata del secolo XIII, il cui titolo è: *Lemmo da Pistoia; e Casella diede il suono.* Dice il Boccaccio, che Dante *sommamente si dilettò in suoni ed in canti nella sua giovinezza, e ciascuno che a que' tempi era ottimo cantore e sonatore, fu suo amico, ed ebbe sua usanza: ed assai cose da questo diletto tirato, compose, le quali di piacevole e maestrevol nota a questi cotali faceva rivestire.* L'Ottimo: *Fu Casella finissimo cantatore: e già intonò delle parole dell'autore.* E qui appunto egli canta la canzone del nostro Poeta, che abbiamo, e comincia: *Amor che nella mente mi ra-*

(1) Æn., VI.
(2) Æn., VI.
(3) Æn., VI.
(4) Æn., V. - Di Camilla (Æn. VII): *Vel mare per medium, fluctu suspensa tumenti, Ferret iter, celeres nec tingeret aequore plantas.* Purg., XXXI: *Sen giva Sovresso l'acqua, lieve come spola.*

(5) Met., IV.
(6) Æn., II, VI.
(7) Ma nel VI dell'Inferno: *Sopra lor vanità che par persona;* che corrisponde all'altro del XXI del Purgatorio: *Dimento nostra vanitate Trattando l'Ombre come cosa salda.*

giona: che con quegli altri versi: *Amor che nella mente la sentia S'era svegliato nel distrutto core,* dimostra quanto dell'intellettuale tenessero o volessero tenere gli amori di Dante. Virgilio (1) paragona a uccelli raccolti sulla sera l'ombre ascoltanti il canto d'Orfeo: e in altro rispetto imitando Omero: *Nec quisquam aeratas acies ex agmine tanto Misceri putet, aëriam sed gurgite ab alto Urgeri volucrum raucarum ad litora nubem* (2).

Di fuor delle mura che cingono la montagna sono punite cinque specie di negligenti, punite in quanto non vanno a purgarsi e induciano la gioia eterna. E sono coloro che per vanità differirono il bene; coloro che per mera negligenza; coloro che furono per forza uccisi, e peccatori infino a quel punto, e in quel punto pentiti; coloro che operarono virtù mondane; coloro che da Dio furono distolti per signorie temporali.

(1) Georg., IV.   (2) En., VII.

ANNOTAZIONI ASTRONOMICHE DEL P. G. ANTONELLI,

« *Già era il sole all'orizzonte giunto* » (T. 1.)

Qui Dante fa sfoggio di scienza astronomica solo per dirci, che il sole stava per sorgere al nuovo orizzonte in cui prospetto trovavansi i due Poeti. L'orizzonte di Gerusalemme opposto a quello del Purgatorio, è qui determinato per il suo meridiano. Quest'unico meridiano è per l'appunto quello che passa per il polo superiore o zenit d'esso orizzonte; e questo polo è il punto più elevato e dell'emisfero e del meridiano in rispetto al relativo circolo orizzontale. Se dunque il sole era giunto all'orizzonte, il cui cerchio meridiano soprasta col più alto suo punto a Gerusalemme; tale orizzonte era quello di Gerusalemme stessa, perchè il più elevato punto d'esso meridiano passava per lo zenit di questa città. Ma l'astronomo nostro non avrebbe soddisfatto all'assunto suo d'esattezza matematica, dicendo soltanto che il sole era giunto all'orizzonte di Gerusalemme, perchè potevasi domandargli: da qual parte giunto? giacchè il sole nel corso diurno giunge all'orizzonte due volte in due luoghi quasi opposti; eccetto alcuni casi speciali che non fanno per le latitudini concernenti il proposito nostro. Ecco perchè la seconda terzina determina, soggiungendo che la Notte, la quale circola o fascia oppositamente al sole, sorgeva dal Gange, cioè ad oriente. Dunque il sole toccava all'occaso l'orizzonte gerosolimitano. Il Gange sta qui a denotare la parte orientale, non l'estremo confine della terra a levante, com'altri intese; perchè molto prima del 1300 sapevasi che oltre al Gange per ben trenta gradi era terra abitata; siccome leggesi nel libro VII di Tolomeo.

Le bilance della Notte ci mostrano un'altra relazione astronomica, propria del tempo che descrivesi qui. Se ammettasi che la visione è nel plenilunio ecclesiastico precedente la Pasqua del 1300, la mattina di cui in questo luogo si parla, sarebbe la sera del dì 10 d'aprile nel nostro emisfero. E, avuto riguardo allo spostamento dei segni dalle costellazioni zodiacali, il sole si trovava al principio di quella d'Ariete, come accennasi nel principio della cantica prima; nonostantechè il tredici di marzo fosse stato l'equinozio. Dunque, tramontando il sole con questa costellazione, sorgeva la notte con l'opposta costellazione, la Libra. Ma, soggiungendo il Poeta che le bilance *cadono alla Notte di mano quand'ella soverchia*, ci si presenta un altro rapporto astronomico, e insieme una grave difficoltà. I più de' comentatori intendono che il soverchiar della notte valga il farsi più lunga del giorno; altri prendono soverchiare per crescere, che segue dal solstizio estivo a quel dell'inverno. Ma, perché *soverchiare* è più di *crescere*, potendosi crescere senza soverchiare, io alla prima interpretazione m'attengo; e ciò anco perchè, rimanendo le bilance in mano alla Notte dal solstizio estivo all'equinozio autunnale non le cadon di mano quand'ella cresce. Inteso dunque che il fatto di cui parla il Poeta si riferisca al nostro emisfero (perchè le parole *là dov'io era* riguardano precisamente l'aurora); i versi recati dicono: La notte sorgeva d'oriente col sorgere della costellazione delle Bilance, le quali alla Notte cadon di mano, cioè escono dal dominio di lei, quando la sua durata supera la metà dell'intero giorno, ovvero eccede il tempo che il sole rimane sopra il nostro orizzonte: il qual cadere avviene dopo l'equinozio d'autunno: nel qual tempo la Libra, cominciando a essere immersa nel vicino fulgore dei raggi solari, viene a essere sottratta dal dominio della notte, e sorge e tramonta in pieno giorno, tanto che per circa due mesi non si fa a noi visibile nè la sera nè la mattina. E ciò è d'ogni costellazione alla volta sua; ma il dotto Poeta ha colto la circostanza esclusiva per le Bilance nel nostro emisfero, e, in generale, nei paesi di latitudine boreale, quella cioè dello sfuggire di mano alla Notte allorchè questa soverchia; accennando così che il soverchiare della notte sta colla giustizia di cui sono simbolo le bilance. Così, nel ritrarre la verità delle cose corporee, egli ha l'occhio alla morale verità, che dello scrittore è il fine supremo.

Dicendo che l'aurora mutava in rancio colore il suo bianco e il vermiglio, egli dice che il sole era per sorgere già Se il sole è giunto al ponente di Gerusalemme, il ponente di questa corrispondeva al levante del luogo dov'ora è il Poeta. Era comune l'orizzonte ai due luoghi; ma l'uno stava all'altro di contro; siccome poi dirà espressamente.

« *Ed ecco, qual, sul presso del mattino.* » (T. 5.)

Marte, il quinto de' pianeti, che ha un volume minore della sesta parte di quel della terra, ci riflette una luce alquanto rossastra; la quale si fa più cupamente rosseggiante nelle circostanze dal Poeta indicate. Presso al mattino suole abbassarsi la temperatura dell'aria; onde i vapori condensansi, e fatti grossi, son più parventi. Giù nel ponente all'appressar del mattino, regna ancora la notte; ed è bello il contrasto tra il cupo dell'occaso e il limpido dell'oriente: onde la luce dell'astro tanto più risalta a occidente quanto più verso levante verrebbe illanguidendosi. *Sovra il suol marino* è altresì particolarità rilevante, perchè denota che l'astro è poco discosto dall'orizzonte, dove i vapori sono in maggior copia che in alto, come nel canto precedente si accenna; e perchè dalla superficie del mare in condizioni calorifere uguali si solleva il più di vapori,

Canto XXX, il Purgatorio — Terzina 11

Sovra candido vel cinta d'oliva,
Donna m'apparve, sotto verde manto,
Vestita di color di fiama viva.

« *Un lume per lo mar venir sì ratto.* » (T. 6.)

Descrive una nuova straordinaria celerità, sì che nessun volo le sia pareggiabile. Infatti, secondo la differenza di longitudine tra Roma e Gerusalemme, differenza che Dante faceva di men di due ore, e secondo la posizione del Purgatorio diametralmente opposto a Gerusalemme, e' non poteva computar minore di 155 gradi, in arco di cerchio massimo, il viaggio dalla foce del Tevere, all'isola dov'è il monte Santo; ch'è lo spazio di miglia italiane novemila e trecento. E Casella lascia intendere ch'e' son venuti dall'una all'altra riva forse in men tempo di quel che occorre per leggere la pittura del loro venire.

« *Da tutte parti saettava il giorno.* » (T. 19.)

Il sole, essendo nel principio della costellazione d'Ariete, sorgendo con questa, conveniva che fosse levata tutta la costellazione de' Pesci, che, in ordine al moto generale delle sfere celesti, precedeva all'altra nell'apparire sull'orizzonte: e siccome con tre costellazioni giungesi dall'orizzonte al meridiano, ne segue che il Capricorno, la terza costellazione, precedente al principio d'Ariete, era già pervenuta al meridiano. Essendo la costellazione del Capricorno la più australe delle zodiacali, era poco distante dal polo dell'orizzonte sul quale si figura collocato il Poeta. Dunque sta bene che il Capricorno sia sorpreso dal dì nel mezzo del cielo; perché nel linguaggio astronomico si chiama *mezzo del cielo* il punto del meridiano, che corrisponde al polo superiore di un particolare orizzonte, essendo veramente un tal punto il mezzo della superficie dell'emisfero celeste, determinato da quell'orizzonte. Le saette conte del sole sono i suoi raggi fulgidissimi; i quali togliendo il Capricorno alla vista del Poeta, questi efficacemente dice che il sole aveva cacciata di mezzo il cielo la detta costellazione.

CANTO III.

ARGOMENTO.

S'avviano al monte. Dante che vede l'ombra sua, non di Virgilio, segnata di contro al sole, si turba temendosi abbandonato. Questo gioco della luce e dell'ombra ritornerà frequente in tutta la Cantica. Rincontrano anime, che addittan loro la strada; fra queste Manfredi re morto nel 1265 alla battaglia di Benevento, vinta da Carlo d'Angiò.

Affettuose le parole del re ghibellino, lodato nella Volgare Eloquenza. Bello in cenno di Costanza sua figlia.

Nota le terzine 1 alla 8; 10; 12 alla 15; 17 alla 20; 22, 23, 24, 26, 27, 28, 30, 31, 34; 36 alla 45, con la 47.

1. Avvegnachè la subitana fuga
   Dispergesse color per la campagna,
   Rivolti al monte ove Ragion ne fruga;
2. I' mi ristrinsi alla fida compagna.
   E come sare' io, senza lui, corso?
   Chi m'avria tratto su per la montagna?
3. Ei mi parea da sè stesso rimorso.
   Oh dignitosa coscïenza e netta,
   Come t'è picciol fallo amaro morso!
4. Quando li piedi suoi lasciàr la fretta,
   Che l'onestate ad ogni atto dismaga;
   La mente mia, che prima era ristretta,

---

1. (L) *Ragion:* giustizia divina. — *Fruga:* ricerca l'anima e purga.
(F) *Ragion.* Per diritto o giustizia e frequente nel Convivio. Però vuol forse intendere insieme, che all'espiazione del fallo la stessa ragione umana ci guida. Quindi sceglie a guida Virgilio.
2. (L) *Compagna:* compagnia; Virgilio.
(SL) *Compagna.* Vill., XII, 8.
3. (L) *Rimorso* dell'indugio.
(F) *Morso!* Petr.: Vergogna ebbi di me: che a cor gentile Basta ben tanto: ed altro spron non volli.
Som.: La coscïenza dicesi che attesta, che lega, che muove, che accusa, riprende, rimorde.
4. (L) *Dismaga:* turba. — *Ristretta* in un oggetto.
(SL) [*Fretta.* Arist. Phis.; III; Sophocl., Electra, 878.] — *Onestate.* Purg., VI, t. 21: *E nel muover degli occhi onesta e tarda!* — *Ristretta.* Inf., VI, t. 1: *Della mente, che si chiuse Dinnanzi alla pietà.*

CANTO III.

5. Lo intento rallargò, sì come vaga;
E diedi 'l viso mio incontro 'l poggio
Che 'nverso 'l ciel, più alto si dislaga.
6. Lo sol, che dietro fiammeggiava roggio,
Rotto m'era dinnanzi, alla figura,
Ch'aveva in me de' suoi raggi l'appoggio.
7. I' mi volsi dallato, con paura
D'essere abbandonato, quand'io' vidi
Solo dinnanzi a me la terra oscura.
8. E il mio conforto: — Perchè pur diffidi?
(A dir mi cominciò, tutto rivolto)
Non credi tu, me teco, e ch'io ti guidi?
9. Vespero è già colà dov'è sepolto
Lo corpo dentro al quale i' facev' ombra:
Napoli l'ha; e da Brandizio è tolto.
10. Ora, se innanzi a me nulla s'adombra,
Non ti maravigliar, più che de' cieli,
Che, l'uno all'altro, raggio non ingombra.
11. A sofferir tormenti, e caldi e geli,
Simili corpi la Virtù dispone,
Che, come fa, non vuol ch'a noi si sveli.

5. (L) *Vaga* di sapere. — *Diedi*: volsi. — *Dislaga*: si leva dal gran lago.
(SL) *Rallargò*. Par., X, t. 21: *Mia mente, unita, in più cose divise.* — *Diedi* Eccli., VIII, 9: *Dedi cor meum* (per osservare) *in cunctis operibus, quae fiunt sub sole* Simile in Virgilio. — *Dislaga*. Par., XXVI, t. 47: *Nel monte che si leva più dall'onda*.
6. (L) *Roggio*: rosso. — *Rotto* dall'ombra. — *Alla figura*: secondo la figura. L'ombra aveva la figura del corpo mio.
(SL) *Roggio*. Nelle iscrizioni del Grutero trovasi *robio*; e il Caro: *Il foco più roggio*. Il sole al nascere e' al tramontare è più rosso che mai. — *Alla*. Dopo *dinnanzi* fa ambiguità.
7. (L) *Solo*. Virgilio è spirito.
8. (L) *Conforto*: Virgilio. — *Pur*: ancor. — *Rivolto* a me. — *Me teco*: ch'io sia teco.
(SL) *Pur*. Dopo tante sicurtà che t'ho date.
9. (L) *Brandizio*: Brindisi.
(SL) *Ha*. Virgilio, di corpo naufrago: *Nunc me fluctus habet* (Æn., VI). — *Brandizio*. (*Brundusium*) Bocc.: *Brindizio*. L'epitafio di Virgilio: *Mantua me genuit: Calabri rapuere; tenet nunc Parthenope.* Tradizioni popolari facevano andare s. Paolo al sepolcro di Virgilio come a poeta che presentì il cristianesimo e come a cantore del *secolo immortale* veduto da Paolo, vivente, in una visione.
(F) *Vespero*. Qui, come nel XV (t. 2) del Purgatorio. *Vespero* è il resto del dì dopo nona. Nel Canto XV dice che in Italia è mezza notte quando in Purgatorio restano tre ore di giorno; perchè ne' primi d'aprile in equinozio il sole all'Italia doveva nascere nov'ore prima che nel monte del Purgatorio. Onde se il punto nel quale ora siamo, in Purgatorio era due ore di giorno (già disse nel precedente che il sole avea cacciato il Capricorno dall'alto del cielo); se quivi era due ore circa di giorno, in Italia doveva essere vespro.
10. (L) *Ingombra*: il raggio passa libero tra' cieli che sono trasparenti.
(SL) *Ingombra*. Par., XXXI, t. 7.
11. (L) *Simili* al mio. — *Virtù* divina.

12. Matto è chi spera che nostra ragione
    Possa trascorrer l'infinita via
    Che tiene una Sustanzia in tre Persone.
13. State contenti, umana gente, al *quia:*
    Chè, se potuto aveste veder tutto,
    Mestier non era partorir Maria.
14. E disïar vedeste senza frutto
    Tai, che sarebbe lor disio quetato,
    Ch'eternalmente è dato lor per lutto.
15. I' dico d'Aristotele e di Plato,
    E di molt'altri. — E qui chinò la fronte,
    E più non disse; e rimase turbato.
16. Noi divenimmo intanto appiè del monte:
    Quivi trovammo la roccia sì erta,
    Che indarno vi sarien le gambe pronte.
17. Tra Lerici e Turbía, la più deserta,
    La più romita via, è una scala,
    Verso di quella, agevole e aperta.
18. — Or chi sa da qual man la costa cala
    (Disse il maestro mio, fermando 'l passo),
    Sì che possa salir chi va senz'ala? —

(SL) *Geti.* Inf., III, t. 29: *Nelle tenèbre eterne, in caldo e 'n gielo.*
(F) *Sofferir.* Dottrina di Platone accennata da Virgilio (Æn., VI), accettata da alcuni de' Padri S. Tommaso (*Cont. Gent.*) dice che la pena corporea non verrà se non dopo risorti i corpi.
12. (F) *Via.* Is., LV, 8: *I pensieri miei non sono i pensieri vostri, nè le vie vostre le mie.* Arist. Phis, III: *Infinitum non est pertransibile.* — *Sustanzia.* Conv., II: *La maestà divina sia in tre persone che hanno una sostanza.*
13. (L) *Mestier:* nè Adamo avrebbe peccato, nè ci sarebbe limbo.
(SL) *State.. Stare al quia* è nel Lippi, e vive nel linguaggio famigliare.
(F) *Quia.* Ad Rom., XII, 3: *Non plus sapere, quam oportet sapere.* Secondo Aristotele, la dimostrazione *propter quod* è *a priori;* l'altra, *quia*, è *a posteriori.* [C] Nel XXXII del Paradiso dice che la varia beatitudine de' bambini *non è sine causa;* perchè Dio le anime *a suo piacer di grazia dota Diversamente:*

e qui basti l'effetto. — *Mestier.* Gli uomini sarebbero *sicut Dii* (Gen., III, 5). Nelle cose teologiche insegna Dante a sottomettere l'intelletto; ma quanto a' morali ragionamenti e' dice che *sogliono* dare desiderio di vedere l'origine loro.
14 (L) *Tai:* filosofi antichi.
(SL) *Dato.* Apoc., XVIII, 7: *Date illi tormentum, et luctum.*
15 (SL) *Plato.* Se tali ingegni non videro la verità, or come il volgo? — *Molti.* Intende anco sè: onde si turba.
16 (L) *Divenimmo:* venimmo.
17. (L) *Verso:* a paragone.
(SL) *Lerici e Turbia.* Terre a due capi della riviera di Genova, piena di monti scoscesi; l'una a levante verso Sarzana, l'altra a ponente vicino a Monaco.
(F) *Scala.* Ott.: *La penitenza.... è molto disforme alle dilettazioni sensitive*
18. (L) *Cala :* è men ripida.
(SL) *Cala.* Buc, IX: *Qua se subducere colles Incipiunt.* Psal. CIII, 8: *Ascendunt montes, et descendunt campi.*

19. E mentre che, tenendo il viso basso,
    Esaminava, del cammin, la mente,
    E io mirava suso intorno al sasso;
20. Da man sinistra m'apparì una gente
    D'anime, che moviéno i piè vêr noi,
    E non parevan; sì venivan lente.
21. — Leva (dissi al maestro) gli occhi tuoi:
    Ecco di qua chi ne darà consiglio,
    Se tu da te medesmo aver nol puoi. —
22. Guardommi allora, e con libero piglio
    Rispose: — Andiamo in là; ch'ei vengon piano.
    E tu ferma la speme, dolce figlio. —
23. Ancora era quel popol di lontano
    (I' dico, dopo i nostri mille passi),
    Quanto un buon gittator trarria con mano;
24. Quando si strinser tutti a' duri massi
    Dell'alta ripa, e stetter fermi e stretti,
    Come, a guardar chi va, dubbiando stassi.
25. — Oh ben finiti, oh già spiriti eletti
    (Virgilio incominciò), per quella pace
    Ch'i' credo che per voi tutti s'aspetti,
26. Ditene dove la montagna giace,
    Sì che possibil sia l'andare in suso:
    Chè 'l perder tempo, a chi più sa, più spiace. —

(F) *Or*. Nella domanda vedesi l'uomo conturbato tuttavia Più volte nel Purgatorio Virgilio rimane incerto del cammino; perchè all'espiazione la ragion sola può avviare; non sempre guidare certamente (Purg., XII, XXII, XXVII, XXVIII).

19. (L) *Mente:* pensava fra se della via.
(SL) *Mente*. Guinicelli: *Deliberar mi pare infra la mente*. Arios. XVIII, 21: *Col pensier discorre Dove....*
20. (SL) *Gente*. Lucr, I, 120: *Gentes Italas hominum* — *Lente*. Lente già al ravvedersi Forse tutti come Manfredi scomunicati.
22 (L) *Libero:* serenato. — *Ferma:* conforta.
(SL) *Ferma* Æn., III: *Animum... firmat*. - II: *Haec animo firma*. — *Libero*. Si riscuote e accetta docilmente il consiglio del discepolo, egli sua guida, egli che ai rimproveri di Catone sente rimorso della breve negligenza. Bellezze morali tanto più vere quanto son più modeste.
23. (L) *Trarria pietra*.
(SL) *Trarria*. Luc, XXII, 41: *Quantum jactus est lapidis*. Æn., XI: *Intra jactum teli progressus uterque*.
25. (L) *Finiti:* morti. — *Già:* sin d'ora. — *Per da*.
(SL) *Pace*. Scongiuro degno d'un luogo di speranza beata. Io Virgilio, Palinuro: *Maria aspera juro* (Æn, VI) Enea a Didone: *Per sidera juro, Per Superos, et si qua fides tellure sub ima est* (Æn., VI).
26. (L) *Giace* men erta.
(SL) *Giace*. Georg., III: *Tantum campi jacet*. Inf., XIX, t. 12: *Quella ripa che più giace*.
(F) *Tempo*. Seneca: *Nulla più prezioso del tempo... le altre cose sono non nostre; nostro solo il tempo*.

27. Come le pecorelle escon del chiuso,
    Ad una, a due, a tre; e l'altre stanno,
    Timidette, atterrando l'occhio e'l muso;
28. E ciò che fa la prima, e l'altre fanno,
    Addossandosi a lei s'ella s'arresta,
    Semplici e quete, e lo 'mperchè non sanno;
29. Sì vid'io muovere, a venir, la testa
    Di quella mandria fortunata, allotta;
    Pudica in faccia, e nell'andare onesta.
30. Come color, dinnanzi, vider rotta
    La luce in terra dal mio destro canto,
    Sì che l'ombra era da me alla grotta;
31. Restâro, e trasser sè indietro alquanto:
    E tutti gli altri che veniano appresso,
    Non sappiendo 'l perchè, fêro altrettanto.
32. — Senza vostra dimanda, i' vi confesso
    Che questo è corpo uman, che voi vedete;
    Per che 'l lume del sole in terra è fesso.
33. Non vi maravigliate; ma credete
    Che, non senza virtù che dal ciel vegna,
    Cerchi di soverchiar questa parete. —
34. Così 'l maestro. E quella gente degna:
    — Tornate, disse; intrate innanzi dunque, —
    Co' dossi delle man' facendo insegna.

27. (L) *Atterrando:* abbassando.
28. (L) *'Mperchè:* perchè.
    (SL) Fa. Conv.: *Se una pecora si gittasse da una ripa di mille passi, tutte l'altre le andrebbono dietro: e se una pecora, per alcuna cagione, al passare d'una strada, salta, tutte l'altre saltano, eziandio nulla veggendo da saltare. E i' ne vidi già molte in un pozzo saltare, per una che dentro vi saltò, forse credendo saltare uno muro, non ostante che il pastore piangendo e gridando, colle braccia e col petto dinnanzi si parava.*
29. (L) *Sì:* così. — *Testa:* i primi. — *Allotta:* allora.
    (SL) *Testa.* Cron. As. Montalcino: *Marciando innanzi con una testa di cavalli.* — *Mandria.* Ott.: *Dio non vuole se non della sua mandria.* — *Pudica.* Delicato elogio a Manfredi ch'è della mandria; ma di lui, vivente, non vero.
30. (L) *Ombra:* il sole gli era a manca, la rupe a destra: l'ombra adunque verso la rupe.
    (SL) *Rotta.* Poi (terz. 32): *Il lume del sole in terra è fesso.*
31. (L) *Restaro:* si fermarono.
    (SL) *Sappiendo.* G. Villani. — *Altrettanto.* Purg., II, t.-26: *Che mosse me a far lo simigliante.* Questi modi famigliari sono il terrore degli scrittori piccoli e l'amore de' grandi.
32. (L) *Confesso:* affermo. — *Fesso* dall'ombra.
    (SL) *Confesso:* Inf., XXIV, t. 56: *Per li gran Savii si confessa.* Æn., II: *Parens, confessa Deam.*
33. (L) *Soverchiar:* montare — *Parete:* monte.
    (SL) *Senza.* Æn., V: *Haud equidem sine mente, reor, sine numine Divûm.* — *Soverchia* Æn., VI: *Hoc superate jugum.* — *Parete.* Nei Salmi, *muro* sta per ostacolo qualunque sia (Psal. XVII, 30).
34. (L) *Tornate* con noi. — *Inse-*

CANTO III. 39

35. E un di loro incominciò: — Chiunque
Tu se', così andando, volgi il viso;
Pon mente se di là mi vedesti unque. —
36. I' mi volsi vêr lui, e guardai 'l fiso.
Biondo era, e bello, e di gentile aspetto:
Ma l'un de' cigli un colpo avea diviso.
37. Quand' i' mi fui umilmente disdetto
D'averlo visto mai, mi disse: — Or vedi; —
E mostrommi una piaga a sommo il petto.
38. Poi disse sorridendo: — I' son Manfredi,
Nipote di Gostanza imperadrice.
Ond' i' ti prego, che quando tu riedi,
39. Vadi a mia bella figlia, genitrice
Dell'onor di Cicilia e d'Aragona;
E dichi a lei il ver, s'altro si dice.
40. Poscia ch'i' ebbi rotta la persona
Di duo punte mortali, i' mi rendei,
Piangendo, a Quei che volentier perdona.

---

qna: facendo indizio coll'allungare la mano.
(SL) *Insegna.* Purg., XXII, t. 12: *L'usanza fu lì nostra insegna.*
35. (L) *Unque:* mai.
(SL) *Unque.* Manfredi morì nell'anno in cui nacque Dante: ma Manfredi quando gli fa la domanda non l'aveva peranco guardato bene; e il viso di Dante mostrava più vecchio.
— *Unquemai.* Davanz, Ann, III, 12.
36. (L) *'L:* lui.
37. (SL) *Disdetto.* Disdire in antico valeva non solo *ritrattare il già detto,* ma pur *negare.* — *Mostrommi.* Æn, VI: *Crudelis nati monstrantem vulnera cernit.* Fu ferito e morto a Ceperano. Inf, XXVIII. — *Sommo.* Semint.: *A sommo d'una rocca.*
38. (L) *Riedi* al mondo.
(SL) *Sorridendo* con affetto, per disporlo a fare la sua preghiera e per isperanza della gioia immortale. — *Manfredi.* Benvenuto da Imola: *Corpore pulcher, probus et prudens; et fuit bulsator, cantor, amator, joculator, et cupidus et pulcrorum puellarum omnium... Magnopere studuit cohaerere et confirmare amicitiam fidelium Imperii in Thuscia et Lombardia.* — *Gostanza. Per Costanza* anco il Boccaccio. *Figlia di Ruggeri*

re di Sicilia, moglie dell'Imperatore Arrigo VI, il padre di Federigo II, a cui Manfredi fu figliuolo illegittimo. E però dice un'antica postilla: E' non nomina l'illegittimo padre, ma sì Costanza.
39. (SL) *Figlia.* Altra Costanza, unico germe di casa sveva, moglie di Pietro re d'Aragona e madre a Federico re Sicilia, e a Jacopo re d'Aragona. Pietro d'Aragona, marito di lei, liberò Sicilia da' Francesi l'anno 1282. Onde l'*onor di Cicilia e d'Aragona* non sono i due figli de' quali dirà male nel Canto VII, ma la conquista di Pietro marito di lei: ed ella generò quell'onore, dandone occasione al marito S'altri intendesse *genitrice* in senso proprio, de' due re, converrebbe interpretarla come ironia, che non mi pare abbia luogo. Dal terzo Canto al settimo non è poi credibile che il Poeta mutasse opinione, come gli accadde altre volte. [Gio. Villani, VI, 47; VII, 9; VIII, 18. Dante, de Vulg. Eloq, I, 12.]
40. (SL) *Rotta.* Æn, IX: *Pectora rumpit.* Lucan.; VI: *Ruptas letali vulnere fibras.*
(F) *Perdona.* [C.] Is., LV: *Multus est ad ignoscendum.*

41. Orribil' furon li peccati miei;
   Ma la Bontà 'nfinita ha sì gran braccia
   Che prende ciò che si rivolge a lei.
42. Se 'l pastor di Cosenza, che alla caccia
   Di me fu messo per Clemente allora,
   Avesse in Dio ben letta questa faccia;
43. L'ossa del corpo mio sarieno ancora
   In co' del ponte presso a Benevento,
   Sotto la guardia della grave mora.
44. Or le bagna la pioggia e muove il vento
   Di fuor dal Regno, quasi lungo 'l Verde,
   Ove la trasmutò a lume spento.
45. Per lor maladizion sì non si perde,
   Che non possa tornar l'eterno Amore,
   Mentre che la speranza ha fior del verde.
46. Vero è, che quale in contumacia muore
   Di santa Chiesa, ancor ch'al fin si penta,
   Star gli convien da questa ripa in fuore,

---

41. (SL) *Orribil'*. Fu dissoluto e ambizioso, e dicesi uccidesse Federigo il padre e Corrado fratello (Vill., VI, VII): ma non è ben provato.
(F) *Gran.* [C] Is., L, 2: *Numquid abbreviata et parvula facta est manus mea ut non possim redimere?* — *Prende* [C.] Ps. XXXI, 10: *Multa flagella peccatoris, sperantem autem in Domino misericordia circumdabit.* — *Rivolge.* [C.] Eccli., XVII, 28: *Quam magna misericordia Domini et propitiatio illius convertentibus ad se*.
42. (L) *Per*: da. — *In*: nel libro di Dio.
(SL) *Clemente* quarto, che ricevè trionfalmente in Roma Carlo d'Angiò, vincitor di Manfredi. Vill., VII, 9: Perchè (Manfredi) era scomunicato, non volle lo re Carlo fosse recato in luogo sacro, ma appiè del ponte di Benevento fu seppellito, e sopra la sua fossa per ciascuno dell'oste fu gittata una pietra; onde si fece una grande mora di sassi Ma per alcuni si disse che poi, per mandato del papa, il vescovo di Cosenza il trasse da quella sepoltura e mandollo fuori del regno, perchè era regno della Chiesa: e fu seppellito lungo il fiume del Verde a' confini del Regno e di Campagna. L'Ottimo aggiunge che il Legato lo fece disseppellire per adempiere il giuramento fatto di cacciarlo dal regno. — *Faccia*. Simile figura nel Canto IX del Paradiso.
43. (L) *Co'*: capo — *Mora*: mucchio.
(SL) *Ossa.* Æn., VI: *Sedibus ossa quierunt.*
44. (L) *Spento*: così portavansi i corpi scomunicati.
(SL) *Or.* Æn., VI: *Nunc me fluctus habet, versantque in litore venti.* — *Verde*. Tra la Puglia e la Marca: mette Tronto, non lontano da Ascoli.
45. (L) *Si perde* Impersonale. — *Mentre*: sino — *Fior*: punto vive.
(SL) *Verde* Buonarroti: *D'ogni mia speme il verde è spento.*
(F) *Lor.* Non nomina i suoi nemici, e non li chiama *costoro*: ma, così in ombra, più li risparmia e più li condanna. — *Perde* Maestro delle sentenze citato da Pietro: *Talvolta chi è messo fuori è pure dentro* — *Tornar*. Ne' Salmi sovente *convertere* della misericordia di Dio. — *Verde*. [C.] Job XIV: *Lignum habet spem; si præcisum fuerit, rursum virescit.*
46. (L) *Quale*: chiunque. — *Contumacia*: separato. — *Fuore*: alle falde.

47. Per ogni tempo ch'egli è stato, trenta,
   In sua presunzïon; se tal decreto
   Più corto per buon' prieghi non diventa.
48. Vedi oramai se tu mi puoi far lieto
   Revelando alla mia buona Gostanza
   Come m'ha' visto, e anco esto divieto.
   Chè qui per quei di là molto s'avanza. —

47. (L) *Trenta:* star fuori trenta volte il tempo ch'egli è stato in sua presunzione. — *Prieghi.* Suffragi de' vivi.

(SL) *Trenta* Costrutto intricato. — Buon. Purg., IV, t. 43.

48. (L) *Quei:* i vivi. — *Avanza:* guadagna di Grazia.

Sul principio del Canto è confessata e dall'inscienza di Virgilio e dalle parole sue espresse, l'insufficenza della ragione a conoscere la verità pienamente: nella fine, è professata come ragionevole, la credenza alla necessità d'una espiazione, che, al di là della vita, ci renda degni della beatitudine prima; e tale necessità è posta accanto al concetto della bontà infinita d'Dio, anzi questo concetto è argomento alla ragionevolezza di quella credenza. Virgilio, nell'eletto suo stile, non avrebbe detto *stare al quia:* ma questa di Dante è commedia; e pare ch'egli, usando qui un modo famigliare tra i tanti nobilissimi del presente Canto, intenda all'ingegno umano insegnare umiltà, così come Virgilio qui stesso a lui insegna docilità.

Siccome in questa Cantica il senso morale è più puro, così l'osservazione della natura esteriore è più nuova insieme è più lieta e più variata. Col salire del monte, il Canto si leva e si appura E anco le osservazioni della natura morale, significata dagli atti esteriori della persona, qui si fanno più e più pellegrine, senza punto perdere verità; ch'anzi la semplicità aggiunge ad esse bellezza. Diresti che nell'Inferno il Poeta tiene più degli spiriti latini ed etruschi, nel Purgatorio de' Greci, degli Orientali nel Paradiso Le ultime terzine del Canto, per quel che concerne lo stile, son di minore bellezza. Ma non è senza bellezza (forse inavvertita a lui stesso) il collocare cotesto re Tedesco, reo di peccati orribili, tra due suoi famigliari Belacqua e Casella; tutti e tre musicanti.

MANFREDI. — IL PERDONO DI DIO.

Una sorella della *buona Costanza*, la figlia di re Manfredi, fu moglie a Corrado Malaspina, l'antico, ch'e' nomina nel Canto ottavo. E i Malaspina erano lontani parenti di Dante: onde questi avrebbe avuti vincoli d'affinità con la casa di Svevia. Di qui anco l'affetto pio che Dante dimostra alla memoria di lui; ma più alle credenze politiche; e credenze le chiamo, perchè tali erano le speranze del Poeta nel potere e nel volere della casa di Svevia, e d'altri tali. Non si dica, però, che il verso *Biondo era e bello e di gentile aspetto* sia concesso all'amore di parte e molto meno a rettorica eleganza; dacchè il guelfo Villani de' Tedeschi dice: *Belli uomini e di gentile aspetto*, che vale nel senso antico non leggiadro, ma nobile. E notisi come singolarità storica, dagli storici trasandata, che Elena, figlia d'un Michele despota d'Epiro (questo titolo ci viene di Grecia, come *tiranno*), moglie a Manfredi, altrimenti nominata nelle cronache, gli portò in dote Corfù ed altre terre, ond'egli ebbe titolo di duca di Romania, titolo comune con quello Stefano Dusciano di Serbia che tanta parte dell'impero greco aveva con le sue armi occupata. E Manfredi, imperatore accademico, che aveva un po' del tedesco e un po' del francese, condito con dell'italiano, avrà con questo matrimonio, come i conquistatori sogliono, inteso di fare un negozio: e le sue mire tendevano fino a Bisanzio. Dopo la rotta di Benevento, Elena si chiude in Nocera co' Saraceni, e per opera di frati travestiti, messi di Clemente, è data a Carlo, e rinchiusa in un castello per anni sei; muor di trenta.

Orribili, dice Dante, i peccati di re Manfredi: parola in tal bocca di grave senso, e che se non conferma tutte le accuse date al Ghibellino da' Guelfi, lascia imaginare più di quello che dice. Senonchè l'idea che succede della misericordia divina, onora in doppio modo l'anima del Poeta, ed è condanna tanto più forte quanto più mansueta alla severità de' nemici. Bene aveva Dante e letto e inteso le parole del profeta, che non senza perchè l'Autore della nuova legge ricorda: *Non vo' la morte del peccatore, ma ch' e' si converta, e ch' e' viva* (1). E i Salmi: *Soave il Signore a tutti, e le misericordie di lui sopra tutte le opere sue* (2). E ne' Treni: *Buono è il Signore a chi in lui sperano, all'anima che cerca lui* (3). E Isaia: *Lasci l'empio la sua via, e l'uomo ingiusto i suoi pensieri, e ritorni al Signore, e avrà misericordia; perchè Iddio nostro è grande al perdono* (4). Il Grisostomo citato da

---

(1) Ezech., XXXIII, 11.
(2) Psal. CXLIV, 9. Vedasi tutto il Salmo CII, pieno dello spirito di misericordia cristiano, e tra' più be' passi della Bibbia, cioè tra più alti di tutta la poesia di tutti i popoli e i secoli.
(3) Thren., III, 25.
(4) Isai., LV, 7.

Pietro: *La bontà di Dio non dispregia mai il penitente.* Nel Convivio nomina *le braccia di Dio* (1), che è voce biblica come l'ombra delle ali (2); ma non come il Foscolo dice: *Le ali del perdono di Dio.*

Sapeva Dante che *anco de' buoni* può essere la sepoltura vietata (3), e rammentava forse le parole d'Agostino (4): *Corpori humano quicquid impenditur, non est praesidium salutis, sed humanitatis officium.* E qui giova recare le belle parole del Supplemento alla Somma, le quali dicono cose e più vere e più alto e più liete, e però più poetiche, de' Sepolcri del Foscolo: *La sepoltura fu trovata e pe' vivi e pe' morti; pe' vivi, non gli occhi loro dalla sconcezza de' cadaveri siano offesi, e i corpi dalle esalazioni ammorbati. Ciò quanto al corpo: ma spiritualmente altresì giova a' vivi, in quanto la fede nella risurrezione così si rafferma. A' morti poi giova in questo, che gli uomini riguardando i sepolcri, ritengono la memoria dei defunti, e orano a Dio per essi: onde monumento prese nome da memoria, come dire ammonimento* (5). *Fu errore de' Pagani che al morto la sepoltura giovi acciocchè l'anima di lui abbia pace. Ma che la sepoltura in sagrato giovi al morto non diviene dall'opera in sè, sibbene dall'animo dell'operante in quanto o il defunto o altri disponendo la sepoltura in luogo sacro, la commette al patrocinio e alla speciale preghiera di qualche santo, e all'amore e alle preghiere di quelli che servono al sacro luogo, che pe' quivi sepolti orano in più special modo e più di frequente. Quelle cose poi che usansi all'ornamento de' sepolcri, giovano ai vivi, in quanto che sono ad essi consolazione: e possono anco a' morti giovare non di per sè, ma in quanto per que' segni gli uomini sono eccitati a commemorare e compiangere, e quindi a pregare; o in quanto da quel che è dato alla sepoltura o i poveri ricevono frutto, o la chiesa ne riceve a' suoi riti decoro, e la sepoltura viene ad essere tra le elemosine annoverata. E però gli antichi Padri curarono della sepoltura de' corpi proprii a fine di dimostrare, che i corpi de' morti cadono anch'essi sotto le leggi della divina, e però dell'umana provvidenza; non già che i corpi morti abbiano sentimento, ma per raffermare la fede nella risurrezione* (6). *Onde volevan anco essere nella terra di promissione sepolti, ove di fede credevano che Cristo nascerebbe e morrebbe, autore della risurrezione nostra. E perchè la carne è parte dell'umana natura, naturalmente l'uomo alla propria carne ha affezione e per questo istinto il vivente ha una certa sollecitudine di quel che sarà del suo corpo anche dopo la morte, e si dorrebbe se presentisse che quelle spoglie avessero a patire cosa non degna. E però coloro che amano l'uomo conformandosi all'affetto di lui che amano, intorno al corpo suo adoprano le cure che insegna l'umanità. Perchè, come dice Agostino* (7), *se la veste o l'anello del padre o altra tale memoria, è tanto più cara a' discendenti quanto maggiore è l'affetto loro verso di quello, non sono da non curare i corpi stessi, i quali tanto più famigliarmente e più congiuntamente che veste o adornamento, portiamo. Onde colui che seppellisce, col soddisfare all'affetto del defunto, ch'e' non si può soddisfare da sè, dicesi che in certa guisa gli faccia carità.* E all'uomo

(1) Il Montaigne: *Il n'est rien si aisé, si doux, et si favorable, que la loi divine... Elle nous tend ses bras, et nous reçoit en son giron, pour vilaines, ords et borheux que nous soyons, et que nous ayons à l'être à l'avenir.*

(2) Psal., XVI, 8; XXXV, 8; LVI, 2.

(3) Som. Supl., 71.
(4) Decur. pro mort. ag.
(5) Aug., de Civ. Dei, et lib. de cur. pro mort. ag.
(6) Aug., de Civ. Dei, I.
(7) Ivi.

stesso non buono la sepoltura in luogo sacro non nuoce se non in quanto egli intese fare a sè sepoltura non degna per gloria vana (1). I riti sepolcrali sono in tutta l'antichità cosa sacra; e gran parte dell'epopea e del dramma greco, e dell'epopea virgiliana, s'aggira intorno a' sepolcri. Non dirò dell'ode oraziana ad Archita, la quale avrebbesi a tenere come un'esercitazione giovanile, se forse non è accenno a fatti ignorati da noi: il che del resto sarebbe scusa, ma non si potrebbe convertire in bellezza. L'ode però attesta anch'essa la religione de'sepolcri; e come il pio uffizio reso agli estinti credessesi ridondare in merito a'vivi, e il negletto, in grave pena (2), e al trasgressore e a'suoi figli innocenti. In Virgilio, Mesenzio stesso, il disprezzatore degli dei e lo sfidator della morte, con parole che vanno all'anima prega il suo vincitore gli conceda sepoltura allato al figliuolo diletto e lo salvi dall'ire superstiti de'suoi nemici: *Corpus humo patiare tegi. Scio acerba meorum Circumstare odia; hunc, oro, defende furorem; Et me consortem nati concede sepulcro. Haec loquitur, juguloque haud inscius accipit ensem....* (3). Ma i versi a cui in questo Canto di Dante si accenna, sono: *Haec omnis, quam cernis, inops, inhumataque turba est... centum errant annos, volitantque haec litora circum. Tum demum admissi stagna exoptata revisunt* (4). E l'altro ancora: *Distulit in seram commissa piacula-mortem* (5).

Il dare, in pena della presunzione contro la Chiesa, moltiplicato per trenta nel Purgatorio il tempo dell'indugio per salire all'espiazione desiderata, è idea conforme alla pena della presunzione giudaica; che per quaranta giorni d'indocilità stettero quarant'anni gli ebrei nel deserto (6). Severo a que' ch'egli credeva o fraintendessero i precetti della Chiesa o li violassero, il Poeta dimostra verso la Chiesa stessa pietà riverente e punisce gl'inobbedienti. Qui parlasi della presunzione verso la Chiesa; ma quanto alla presunzione in genere, quest'è la dottrina della Somma, dottrina al solito sapientemente temperata di severi e di miti pensieri: *Siccome per disperazione altri dispregia la divina misericordia a cui la speranza s'appoggia; così per la presunzione dispregia la divina giustizia che punisce i colpevoli: siccome la disperazione è aversione da Dio, così la presunzione è inordinata conversione ad esso. Par ch'ella importi certa smoderatezza nella speranza. Or l'oggetto della speranza è un bene arduo ma possibile. E possibile è all'uomo la cosa in due maniere: l'una per virtù sua propria, l'altra per sola virtù divina. Nell'una e nell'altra speranza, se smoderata, può essere presunzione. Chi troppo spera di sè, ha presunzione contraria alla magnanimità: troppo spera della virtù divina e pecca di presunzione chi pretende avere perdono senza penitenza, e senza meriti avere gloria. Appoggiarsi alla virtù divina per voler ottenere da Dio quel che a Dio non conviene, gli è un detrarre alla divina virtù* (7). *Peccare con proposito di persistere nel peccato con la speranza del perdono è presunzione: e questo aggrava il peccato; ma peccare con isperanza di perdono ed insieme con proposito di astenersi dal peccato e pentirsene, questo scema il peccato perchè dimostra volontà meno ferma in esso.* — *La presunzione è peccato minore della disperazione perchè è più proprio a Dio usare misericordia e perdono che punire, per la sua infinita bontà* (8).

(1) Som. Supl, 71.
(2) Hor. Carm., I, 28: *Sic.... multaque merces.... tibi defluat aequo Ab Jove.... Negligis immeritis nocituram... natis fraudem committere.*
(3) Æn., X.
(4) Æn., VI.
(5) Ivi.
(6) Num. XIV, 33; Deut., II, 7; VIII, 2.
(7) Som., 2, 2, 21.
(8) Som., l. c.

Il Canto spira freschezza e quiete come di sera estiva serena; e qui, come sovente cade la lode del Tasso: *Dante agguaglia quasi Omero nell'accurata diligenza di descrivere le cose minutamente.* Cade segnatamente nella comparazione delle pecorelle, che nessuno avrebbe forse osato dedurla con accuratezza tanto minuta, e pochi saputo con sì schietta e conveniente eleganza. Qui viene il bel verso: *Pudica in faccia, e nèll' andare onesta* (1); e nel principio è quell' altro: *La fretta. Che l' onestate ad ogni atto dismaga* (2). Che rammenta quegli altri: *Genti v' eran con occhi tardi e gravi* (3). — *E nel muover gli occhi onesta e tarda!* (4). — *Duo vecchi in abito dispari, Ma pari in atto d'onestate sodo* (5). Tommaso: *All' onestà e gravità nuoce la fretta* (6). Seneca tradotto da un antico: *Sia il tuo andare senza disordinamento.* Il Boccaccio, di Dante: *Era il suo andare grave e mansueto.*

(1) Terz. 29.
(2) Terz. 4.
(3) Inf., IV. - Æn., I: *Pietate gravem ac meritis.*
(4) Purg., VI.
(5) Purg., XXIX.
(6) Som., 1, 2, 102, *Onestà*, e nella Somma e in Dante e in que' del suo tempo e di poi, ha senso più pieno che ne' moderni, i quali per essa appena intendono l'astinenza dalle furfanterie. La Somma (2, 2, 83) *Onesto* chiama l'intelligibile bellezza che noi propriamente diciamo *spirituale*. Som., 1, 2, 101: *Le cose che fannosi al culto di Dio debbono avere onestà, orrevolezza e decoro.* Nel Convivio, *onestà* vale *decoro virtuoso*. Sacchetti: *Senza alcuna pompa, che piuttosto tenea costume e apparenze con onestà di grande cittadino, che di signore.*

ANNOTAZIONI ASTRONOMICHE DEL P. G. ANTONELLI.

« *Lo sol, che dietro fiammeggiava roggio* . . . . » (T. 6.)

Qui dico che il sole non era molto elevato sull'orizzonte, giacchè fiammeggiava di luce rossa, come avviene allorchè i suoi raggi attraversano i vapori, che più densi stanno verso la superficie terrestre, massime se marina; e che esso Dante camminava in direzione opposta a quell'astro, avendo egli l'ombra dinnanzi. Vedesi di qui come egli ben conoscesse la teoria delle ombre, se le definisce « una intercezione de' raggi lucidi, fatta da corpo opaco. »

« *Vespero è già colà dov' è sepolto...* » (T. 9.)

Ci dà un'idea della differenza di longitudine tra l'Italia e il monte sul quale egli colloca il Purgatorio. Ammesso che la visione abbia principio nel plenilunio ecclesiastico del 1300, e che quindi questo giorno corrisponda a quello di Pasqua, 10 aprile; ammesso che il Purgatorio sia antipodo a Gerusalemme, e perciò abbia una latitudine australe di gradi 31 e minuti 40, giusta Tolomeo; ammesso che Dante supponesse con Tolomeo per Napoli una latitudine di gradi 40 e minuti 36 boreale; ammesso che nel momento in cui parla fosse almeno un'ora di sole all'orizzonte dei due Poeti; e che *Vespero* abbia il proprio significato di *sera*, ossia l'estrema parte del giorno, e che quindi mancasse poco più d'un'ora al tramonto del sole a Napoli: poichè in tal dì avevansi ivi 13 ore di sole e circa 16 minuti, e prossimamente ore 11 al Purgatorio; segue che qua, ove è sepolto il corpo di Virgilio, correva il dì 10 aprile 5 ore e circa 30 minuti, e là, ove si supponeva il Poeta, era il dì 9, a 19 ore e 30 minuti prossimamente, contando i giorni dal rispettivo meridiano. Dunque se in un medesimo istante correvano presso a poco quelle due diverse ore ne' due siti posti a confronto, la differenza della loro longitudine era di circa 10 ore, e di tanto perciò stava a ponente dell'Italia il Purgatorio, contandosi ivi tempo minore.

« *Non ti maravigliar, più che de' cieli* .... » (T. 10.)

Qui richiama la dottrina astronomica di Tolomeo, per la quale credevasi che i cieli, nove spere concentriche, fossero insieme solide e perfettamente diafane, per modo che niuna di esse ingombrasse le altre, cioè nessun raggio trasmesso da una di quelle fosse neppure in minima parte dalle altre assorbito: e perchè il nostro autore filosofo conosce esser ciò fuori dell'ordine naturale, secondo che sperienza mostra ne' corpi che reputiamo i più diafani, passa alla considerazione che stoltezza è voler comprendere i misteri della fede o del soprannaturale, quando non arriviamo ad intendere neppure quelli, che nell'ordine della natura si ammirano.

« *Sì che l'ombra era da me alla grotta* .... » (T. 30.)

In principio di questo canto è detto che il Poeta camminava incontro al poggio col sole dietro alle spalle, indi ci fa sapere che giunse appiè del monte; poi ci narra che mirando suso intorno al sasso, vide gente a sinistra per dove andò più che mille passi: dunque, allorchè si volse in quella direzione, porse l'omero sinistro al sole, e quindi aveva l'ombra dal destro lato verso la grotta, e il vivo e erto sasso della montagna, fino all'incontro di quelli spiriti, che vide di lontano. Se il Poeta ci avesse fatto intendere a che distanza stava rispetto alla scoscesa ripa, dalla lunghezza dell'ombra avremmo potuto argomentare con assai approssimazione l'altezza del sole e l'ora di quell'incontro: ma, tutto considerato, si può tenere che molto non mancasse a due ore di sole.

CANTO IV.

ARGOMENTO.

Salgono per via malagevole. Virgilio spiega perchè ririsplenda da manca il sole mentre che, se fosse nel nostro emisfero, verrebbe a diritta. Trova delle anime che aspettano di purgarsi, perch' hanno, per pigrizia, differita la conversione all'estremo: onde tanto aspettano, quanto vissero impenitenti.

Nota le terzine 6, 7, 9, 11, 12, 17, 18, 19, 21, 24, 30, 31; 33 alla 36; 38 alla 44, con l'ultima.

1. Quando, per dilettanze ovver per doglie
   Che alcuna virtù nostra comprenda,
   L'anima bene ad essa si raccoglie;
2. Par ch'a nulla potenzia più intenda:
   E questo è contra quello error, che crede
   Ch'un'anima sovr'altra in noi s'accenda.
3. E però, quando s'ode cosa o vede
   Che tenga forte a sè l'anima vòlta,
   Vassene 'l tempo, e l'uom non se n'avvede:
4. Ch'altra potenzia è quella che ascolta,
   E altra è quella ch'a l'anima intera;
   Questa è quasi legata, e quella è sciolta.

---

1. (L) *Quando:* quando, per piaceri o dolori che occupino una potenza dell'anima, l'anima in quella potenza si concentra, le altre paiono inoperose.
   (F) *Dilettanze.* Som., 1, 118, 1.]
2. (St.) *Intenda.* Conv., 1, 11: Dirizzano li lo loro animo a quello... che ad altro non intendono.
   (F) *Anima.* Som.: L'una operazione dell'anima quand'è intensa, impedisce l'altra: il che non potrebbe accadere se il principio delle azioni non fosse per essenza uno.
3. (L) *Forte:* fortemente.
4. (L) *Ascolta:* dà retta alla cosa. — *Legata* dall'attenzione che assorbe tutta l'anima.
   (F) *Legata.* Arist., De somn. et vig.: *Il sonno è vincolo del senso, e la veglia lo scioglie e rimette.* — *Sciolta.* La potenza che riceve l'im-

5. Di ciò ebb'io esperïenzia vera,
   Udendo quello Spirto, e ammirando
   Chè ben cinquanta gradi salit'era
6. Lo Sole, ed io non m'era accorto, quando
   Venimmo dove quell'anime ad una
   Gridâro a noi: — Qui è vostro dimando. —
7. Maggiore aperta molte volte impruna
   Con una forcatella di sue spine
   L'uom della villa quando l'uva imbruna,
8. Che non era la calla onde saline
   Lo duca mio, ed io appresso, soli,
   Come da noi la schiera si partine.
9. Vassi in Sanléo, e discendesi in Noli,
   Montasi su Bismantova in cacume,
   Con esso i piè: ma qui convien ch'uom voli;
10. Dico, con l'ale snelle e con le piume
    Del gran disio; dietro a quel condotto
    Che speranza mi dava e facea lume.
11. Noi salivam per entro il sasso rotto;
    E d'ogni lato ne stringea lo stremo;
    E piedi e man' voleva il suolo di sotto.

pressione dal senso rimane come sciolta dall'uffizio suo e inerte, perchè l'attenzione dell'anima è altrove tutta.
5. (L) *Cinquanta:* tre ore.
(F) *Gradi*, nel grado equinoziale, di tre ore. Ogni ora ne conta quindici.
6 (L) *Una: voce.*—*Dimando:* quel che chiedete.
(SL) *Ad una.* Par., XII, t. 19: *Ad una militàro* — *Dimando* Psalm. XXXVI., 4: *Dabit tibi petitiones cordis tui.* Bocc.: *Senza la sua dimanda di qui partisse.* Arios., XXX, 76: *E nuova le arrecò del suo desire.*
7. (L) *Aperta:* apertura di campo. — *Imbruna* d'autunno.
(SL) *Uva:* Buc, IX: *Duceret apricis in collibus uva colorem.*
(F) *Spine* Prov., XV, 19: *La via de' pigri quasi siepe di spine.* Job, XIX, 8: *Il mio sentiere assiepò, e passare non posso*
8 (L) *Calla:* viottola. — *Saline:* sali. — *Partine:* partì
9. (L) *Sanléo.* In quel d'Urbino. — *Noli.* Nel Genovesato: città molto in basso. — *Bismantova.* Erto masso, non altissimo, in fondo a una valletta che ha di contro non lontano Terra di Castelnuovo; detto così perchè a vederlo dalla pianura, rende qualche somiglianza della città di Mantova, ch'ha di faccia oltrepò. Breve l'erta ma scabrosa (Gargiolli). — *Cacume:* cima. — *Esso* Riempitivo.
10 (L) *Condotto:* guida.
(SL) *Condotto* Albertano: *La tema di Dio è condotto ad avere parte della gloria* Convivio: *Questi adulteri, al cui condotto vanno li ciechi.*
(F) *Lume.* Psal. CXVIII, 105: *Lucerna a' miei piedi la tua parola, e lume a' miei sentieri.*
11. (L) *Stringea:* appena ci si passava. — *Man'* per arrampicarsi.
(F) *Salivam* Un padre: *La lunga consuetudine del peccare ci fece il cammino della virtù essere insoave e aspro* — *Stremo.* Matth., VII, 14: *Angusta è la via che conduce alla vita.* Arist. Eth., II: *Virtus est circa difficile et bonum* Som.: *La speranza che merita il nome di virtù è di un bene arduo ma maggior dell'umano.*

Canto XXXIII. il Purgatorio — Terzina 46.

S'i' avessi, lettor, più lungo spazio
Da scrivere, io pur canterei 'n parte
Lo dolce ber che mai non m'avria sazio;

CANTO IV.

12. Quando noi fummo in sull'orlo supremo
   Dell'alta ripa, alla scoverta piaggia,
   — Maestro mio, diss'io, che via faremo? —
13. Ed egli a me: — Nessun tuo passo caggia.
   Pur su al monte, dietro a me, acquista;
   Fin che n'appaia alcuna scorta saggia. —
14. Lo sommo era alto, che vincea la vista.
   E la costa superba più assai
   Che, da mezzo quadrante al centro, lista.
15. Io era lasso; quando i' cominciai:
   — O dolce padre, volgiti, e rimira
   Com' i' rimango sol, se non ristai. —
16. — Figliuol mio, disse, infin quivi ti tira, —
   Additandomi un balzo poco in sue,
   Che da quel lato il poggio tutto gira.
17. Sì mi spronaron le parole sue
   Ch' i' mi sforzai carpando appresso lui,
   Tanto che il cinghio sotto i piè mi fue.
18. A seder ci ponemmo ivi amendui,
   Vôlti a levante, ond' eravam saliti;
   Chè suole, a riguardar, giovare altrui.

13. (L) *Acquista:* sali.
(SL) *Caggia* Labi ai Latini valeva scorrere in giù e cadere. — *Acquista* Æn., XI: *Arripuitque locum, et sylvis insedit iniquis.*
(F) *Caggia* Un antico inedito: Cioè torni addietro: perocchè chi nuovamente si dà a virtù, non debba subito tornare adrieto ne' vizii.
14. (L) *Superba:* alta.
(SL) *Superba* Æn., VII: *Tibur superbum.* — *Vincea* Georg., II: *Aëra vincère summum Arboris haud ullae jactu potuere sagittae.*
(F) *Lista* — La costa faceva colla perpendicolare un angolo minore di gradi quarantacinque. Si tiri sopra un'orizzontale una perpendicolare: tra le due linee un arco e dal mezzo dell'arco una linea all'angolo delle due prime. L'angolo della linea di mezzo all'orizzontale sarà di gradi quarantacinque: ma se si tiri un'altra linea più alta di quella che si parte dal mezzo del cerchio, questa farà coll'orizzontale un angolo maggiore e sarà più ripida alla salita. –

15. (F) *Lasso.* Antico inedito: *A dimostrare che ciascuno quando si dà a virtù di nuovo, tosto s'allassa, se Virgilio, cioè la ragione vera, non conforta ed aiuta ciascuno.*
16. (L) *Gira,* e fa strada
(SL) *Sue* L'ha il Novellino (XLIII), e usa in Toscana
17. (L) *Carpando:* andando carponi. — *Appresso:* dietro. — *Cinghio:* la via che gira il monte.
(F) *Tanto.* Antico inedito: *La ragione s'allarga a chi nuovamente è dato a virtù; acciò che non paia sì aspra la via della virtù.*
18. (L) *Ond':* di dove.
(SL) *Levante.* Æn., VIII: *Surgit, et aetherii spectans, orientia Solis Lumina*
(F) *Saliti* Lact, VI, 3: *Quella via è migliore che è volta al nascer del sole.* Som: *La virtù del primo movente, che è Dio, appare in prima nelle parti d'Oriente di dove comincia il primo moto.* — *Giovare.* Fatta la fatica dello studio e della virtù, giova poi riguardare la via percorsa.

DANTE. *Purgatorio.* 4

19. Gli occhi prima drizzai a' bassi liti,
    Poscia gli alzai al Sole: ed ammirava
    Che da sinistra n'eravam feriti.
20. Ben s'avvide il Poeta che ïo stava,
    Stupido tutto, al carro della luce,
    Ove tra noi e Aquilone intrava.
21. Ond' egli a me: — Se Castore e Polluce
    Fossero in compagnia di quello specchio
    Che su e giù del suo lume conduce;
22. Tu vedresti il Zodïaco rubecchio
    Ancora all' Orse più stretto rotare,
    Se non uscisse fuor del cammin vecchio.
23. Come ciò sia, se 'l vuoi poter pensare;
    Dentro raccolto, imagina, Sión
    Con questo monte in sùlla terra stare
24. Sì ch'amendue hanno un solo orizzon,
    E diversi emisperi; ond' è la strada
    Che, mal, non seppe carreggiar Feton.

19 (F) *Bassi.* Guardò a quell'oriente che per il nostro emisfero è occidente. L'ombra del corpo suo gli cadeva a sinistra. Così Lucano, degli Arabi venuti ad aiutare Pompeo: *Ignotum vobis, Arabes, venistis in orbem, Umbras mirati nemorum non ire sinistras* (Phars., III). In Europa e in tutti i paesi di qua dal tropico di Cancro, chi è volto a levante vede il sole alla destra.
20 (L) *Carro:* sole. — *Ove:* dalla parte dove.
(SL) *Carro.* Georg., III: *Praecipitem Oceani rubro lavit aequore currum.*
(F) *Noi.* Il Purgatorio antipodo a Gerusalemme posto di qua dal tropico del Cancro: e in Gerusalemme il sole nasce tra noi e austro, punto contrario all'aquilone.
21. (L) *Castore e Polluce;* i Gemini. — *Specchio:* sole.
(F) *Specchio.* Il sole è specchio della luce che dalle intelligenze celesti riceve, e conduce il suo lume or sotto or sopra al nostro emisfero. Il senso intero è; se il sole che illumina di su Giove e Saturno, di giù Venere e Mercurio e la Luna e l' oriental mondo, fosse in Gemini, cioè nel giugno, sarebbe ancora più lontano da te, sempre verso sinistra.
22. (F) *Rubecchio.* Altri spiega per

rosseggiante: Pietro dice che *Rubecchio* in Toscana valeva *rota dentata di mulino*, e spiega le rote dello zodiaco: non bene, parmi. *Rubecchio* forse è forma diminutiva, per il positivo, come azzurrino e simili. Le Orse contigue al nostro polo artico son più vicine a' Gemini che all' Ariete, onde se fosse stato in Gemini, ed esso sole e la porzione dello zodiaco da lui tocca, sarebbe più prossima all'Orse. Lucan., IX: *Zona rubens. Georg.*, I: *Quinque tenent coelum zonae, quarum una corusco Semper Sole rubens.*
23. (L) *Dentro:* in te. — *Monte* del Purgatorio.
(F) *Sion.* Il monte del Purgatorio è perpendicolarmente opposto al monte di Sion, ch' è, secondo Dante, nel mezzo della terra abitabile, onde i due monti hanno emisferi diversi, e un solo orizzonte; e quel ch'a noi è oriente, nel monte del Purgatorio è occidente, e al contrario. Psal. II, 6: *Sion montem sanctum ejus*. Una linea passante per il centro della terra congiunge l'altezza da cui l'uomo cadde con l'altezza a che Dio lo levò.
24. (L) *La strada:* l'Eclittica.
(SL) *Orizzon.* Arios., XXXI, 22: *Dell'orizzon fin all'estreme sponde.* Petr.: *Automedon.* — *Strada* di Fe-

25. Vedrai come a costui convien che vada
   Dall'un, quando a colui dall'altro, fianco,
   Se lo intelletto tuo, ben chiaro, bada. —
26. — Certo, maestro mio (diss'io), unquanco
   Non vid'io chiaro sì com'io discerno,
   Là dove mio ingegno parea manco.
27. Chè 'l mezzo cerchio del moto superno,
   Che si chiama Equatore in alcun'arte,
   E che sempre riman tra 'l Sole e il verno,
28. Per la ragion che di', quinci si parte
   Verso Settentrion, quando gli Ebrei
   Vedevan lui verso la calda parte.
29. Ma, se a te piace, volentier saprei
   Quanto avemo ad andar: chè il poggio sale
   Più che salir non posson gli occhi miei. —

tonte. Ovid. Met., II. - Cic., de Off., III, 25: De nat. Deor., III, 51. - Inf., XVII. - Georg., I: *Via secta per ambas, Obliquus qua se signorum verteret ordo* — Feton. In Semintendi.
25. (L) *Costui:* Purgatorio. — *Colui:* Sion.
(SL) *Costui.* Di cose inanimate l'usa il Boccaccio ed altri. Simile pittura è nel I delle Georgiche di Virgilio.
(F) *Fianco.* Arist., de An., II: *A parte australe è la dritta del mondo, la settentrionale a manca.*
26. (L) *Unquanco:* mai. — *Manco:* incapace.
27. (L) *Alcun':* una. Nella geografia astronomica.
(F) *Mezzo. Circulus medius.* Tra i due poli e l'equatore. Tra i poli e l'equatore il tropico estivo, e il tropico iemale: il sole gira obliquamente per lo zodiaco; quand'è all'un de' tropici fa state, verno all'altro; quando tocca l'equatore, e lo tocca in due parti, i giorni sono uguali alle notti. Quella regione del cielo ch'è fra' tropici, Dante la chiama *verno: in tutta la spera,* dice l'Ottimo, *è una state e due verni.* — *Equatore,* Conv., II, 4: (Ciascuno cielo) *sì lo nono come gli altri, hanno un cerchio che si puote chiamare equatore del suo cielo proprio: il quale ugualmente in ciascuna parte della sua rivoluzione è rimoto dall'uno polo e dall'altro. - Nel mezzo del moto celeste è un cerchio imaginario che va da oriente a occidente, e si chiama equatore, perchè quando il sole è ivi, i giorni allora sono uguali alle notti. Allora è l'equinozio che segue nel segno dell'Ariete e della Libra. Il circolo dell'equatore è sempre tra il sole cioè mezzogiorno, e 'l verno cioè tramontana. Di là dal circolo equinoziale si stende un circolo, ch'è là dove il sole a lungo risplende nel cielo, e si chiama solstizio; e quel circolo è il tropico detto del Cancro. Il tropico del Capricorno è quello dove il sole più declina da noi, e i dì son più corti. La Libia e l'Arabia son poste tra il detto circolo equinoziale o equatore, e il tropico detto del Cancro. Noi siamo al di qua: e però riguardando verso il nostro oriente vediam sempre a destra l'ombra del corpo nostro. Non così que' d'Arabia e di Libia, massimamente allorchè il sole è nel tropico del Cancro.* Così Pietro di Dante. Il Purgatorio e Gerusalemme son dunque ugualmente distanti dall'equatore, e l'equatore rimane sempre tra la parte ove il sole venendo fa la state, e quella ove il sole trovandosi fa l'inverno.
28. (L) *Quinci:* nel Purgatorio. — *Calda:* Mezzodì.
(F) *Ebrei:* Sul monte Sion l'hanno verso austro; il Purgatorio, a tramontana. La parte australe è la calda ai popoli posti fra il tropico del Cancro e il polo artico. Ottimo: *Quando il popol d'Isdrael andava d'Egitto in terra di promessione, e vedea il sole verso la state, e lo equatore verso settentrione.* Verso si tolle qui per contra ovvero dall'altra parte.
29. (SL) *Sale.* Terz. 44: *Vincea la vista.*

30. Ed egli a me: — Questa montagna è tale,
Che sempre, al cominciar, di sotto è grave;
E quanto uom più va su, e men fa male.
31. Però, quand'ella ti parrà soave
Tanto, che 'l su andar ti fia leggiero,
Come a seconda giù l'andar per nave;
31. Allor sarai al fin d'esto sentiero:
Quivi di riposar l'affanno aspetta.
Più non rispondo: e questo so per vero. —
33. E, com'egli ebbe sua parola detta,
Una voce di presso suonò: — Forse
Che di sedere in prima avrai distretta. —
34. Al suon di lei ciascun di noi si torse;
E vedemmo a mancina un gran petrone,
Del qual nè io ned ei prima s'accorse.
35. Là ci traemmo: ed ivi eran persone
Che si stavano all'ombra dietro al sasso,
Come l'uom per negghienza a star si pone.
36. E un di lor, che mi sembrava lasso,
Sedeva, e abbracciava le ginocchia,
Tenendo 'l viso giù tra esse basso.
37. — O dolce signor mio (diss'io), adocchia
Colui, che mostra sè più negligente
Che se pigrizia fosse sua sirocchia. —

30. (F) *Men. Lact.*, VI, 3. Albertino Mussato, in una orazione: *E così fatta di questi gradi si è la natura, che quale ben posa il piede sorr'uno, può tutti sormontare agevolissimamente.*
31. (SL) *Soave.* Un Padre: *Viam insuavem*
32. (SL) *Più.* La mia naturale scienza non va più oltre. -
33. (L) *Distretta:* necessità.
34. (SL) *Suon. Æn*, III: *Ad sonitum vocis vestigia torsit.*
35. (L) *Negghienza:* negligenza.
(SL) *Persone.* Antico - inedito: *Altre specie di negligenti, i quali, offuscati di ricchezza mondana, indugiarono il virtuosamente vivere sino all'ultim'ora.*
36. (F) *Abbracciava* Prov., VI, 10. *Un po' dormirai, un po' sonnecchierai, un po' starai con mano in mano per prendere sonno.* - XIX, 24: *Nasconde il pigro la sua mano sotto l'ascella.*

37. (L) *Sirocchia:* sorella.
(SL) *Sirocchia* Albertano dai Prov., VII, 4: *Di' alla sapienza, mia suora.* Job, XVII, 14: *Dissi alla putredine: padre mio sei; madre mia e sorella mia, a' vermini.* Dante ad una canzone: *Figliuola di tristizia.* Un animale del Brasile dai Portoghesi è detto *Pigrizia.* Questo illustra il III dell'Inferno, dove gl'inetti hanno vermi a' piedi, che raccolgono il sangue loro, misto di lagrime.
(F) *Pigrizia* Anco nel Convivio (I, 1) la condanna: *Alli loro piedi si pongano tutti quelli che per pigrizia si sono stati, che non sono degni di più alto sedere.* Som: *La negligenza è difetto dell'interiore atto della volontà; e quindi appartiene al poco o mal uso della libera elezione: la pigrizia e il torpore piuttosto riguardano l'eseguire* [C,] Prov, XVIII, 9: *Qui mollis et dissolutus est in opere suo, frater est sua opera dissipantis.*

CANTO IV.

38. Allor si volse a noi, e pose mente,
    Movendo il viso pur su per la coscia,
    E disse: — Va su, tu che se' valente. —
39. Conobbi allor chi era. E quell'angoscia
    Che m'avacciava un poco ancor la lena,
    Non m'impedì l'andare a lui: e poscia
40. Ch'a lui fu' giunto, alzò la testa appena,
    Dicendo: — Hai ben veduto come 'l Sole
    Dall'omero sinistro il carro mena? —
41. Gli atti suoi pigri, e le corte parole
    Mosson le labbra mie un poco a riso;
    Poi cominciai: — Belacqua, a me non duole
42. Di to omai. Ma dimmi, perchè assiso
    Quiritta se'? Attendi tu iscorta?
    Oppur lo modo usato t'ha' ripriso? —
43. Ed ei: — Frate, l'andar in su, che porta?
    Chè non mi lascerebbe ire a' martìri
    L'uscier di Dio, che siede in sulla porta.
44. Prima convien che tanto il ciel m'aggiri
    Di fuor da essa, quanto fece in vita
    (Perch'io 'ndugiai al fin li buon' sospiri),
45. Se orazïone in prima non m'aita,
    Che surga su di cuor che in Grazia viva:
    L'altra che val? che 'n ciel non è gradita: —

---

39. (I.) *Lena:* mi faceva frequente il respiro.
40. (SL) *Appena.* Virgilio, di Palinuro aggravato dal sonno: *Vix attollens... lumina* (Æn., V). — *Hai.* I pigri si riduno delle cure de' saggi.
41. (L) *Mosson:* mossero. — *Non duole* ora che ti so salvo.
    (SL) *Poco.* Antico inedito: *Conciosiacosachè non fosse suo atto; ma per dimostrare che tal gente è di poco prezzo* — *Belaqua.* Antico postillatore: *Fu ottimo maestro di cetere e di liuti, e pigrissimo uomo nelle opere del mondo e nelle opere dello spirito* — *Duole.* Purg., VIII, t. 18: *Nin gentil, quanto mi piacque Quando ti vidi non esser tra' rei !*
42. (L) *Quiritta:* qui. — *Iscorta:* scorta. — *Modo:* la pigrizia l'ha ripreso.
    (SL) *Quiritta.* In Semintendi e nel Canto XVII, t. 29 del Purgatorio. *Liviritta* è nel Lippi.

43. (L) *Porta:* giova. — *Uscier:* angelo. — *Porta* del Purgatorio.
44. (L) *M'aggiri:* giri intorno a me. — *Sospiri* di penitenza
    (SL) *Aggiri* Se il Poeta tenesse il sistema pittagorico o copernicano, potremmo intendere meglio: *mi porti con sè ne' suoi giri* Qui vale: *Mi si aggiri intorno;* come nel XXXIV dell' inferno: *D'un ruscelletto che quivi discende.. Col corso ch'egli avvolge* (per cui s'avvolge). — *Buon.* Purg., XXIII: *Del buon dolor che a Dio ne rimarita*
    (F) *Tanti.* Decret.: *Quanto tempo conosci d'avere peccato, tanto umiliati a Dio.*
45. (F) *Val Som. Sup.,* 71: *Il valore dei suffragi misurasi secondo la condizione di quello per cui si fanno.* — *Gradita.* Joan., IX, 31: *Peccatores Deus non audit.* Is., 1, 15: *Cum multiplicaveritis orationem, non exaudiam: manus enim vestrae sanguine*

46. E già 'l Poeta innanzi mi saliva,
E dicea: — Vieni omaj. Vedi ch'è tocco
Meridïan dal Sole; e dalla riva
Cuopre la notte già col piè Marrocco.

plenae sunt Eccli., XXXV, 21: *Oratio humiliantis se, nubes penetrabit.* - V. Som., 3, 73, 3.
46. (SL) *Tocco*. Æn., V: *Mediam coeli nox humida metam Contingerat.* Ov. Met., II: *Dum loquor, Hesperio positas in littore metas Humida nox tetigit.* Petrarca, con abbondanza soverchia: *Perchè s'attuffi in mezzo l'onde E lasci Ispagna dietro le sue spalle, E Granata e Marocco e le Colonne.* — *Piè.* Imagine più gigantesca del virgiliano: *Nox ruit, et fuscis tellurem amplectitur alis* (Æn. VIII). Georg., IV, della Pleiade: *Oceani spretos pede reppulit amnes.*
(F) *Meridian*. Quivi meridiano, dunque a Gerusalemme mezzanotte, e crepuscolo notturno a Marocco, ch'è nell'occidente della parte meridionale della terra abitabile.

Il proemio psicologico, e l'esposizione tra astronomica e geografica, sono notabili non per la poesia, ma per le difficoltà, vinte più d'una volta valentemente. Quel che potrebbe additarsi d'alquanto incerto e contorto, è compensato dalla precisione di parecchi luoghi (qualità oggimai rara e ne' poeti e negli scienziati), dalla pittura della salita, e del pigro sedente. Questi muove Dante al sorriso: la prima volta ch'e' rida. L'altra sarà alle parole di Stazio: l'uno sorriso di sdegno, ma, amico, l'altro d'affetto, ma riverente; le due ale di Dante. Nel Purgatorio le passioni decrescono: s'innalzan gli affetti.

LE POTENZE DELL'ANIMA.

Non si ferma il Poeta a raccontare i lunghi discorsi tenuti con re Manfredi, ma dalle cose dette li lascia imaginare, e ancora meglio dalla attenzione chè dice avervi prestata, tanto da non s'accorgere del lungo tempo e della lunga via fatta seco. Reticenze che dimostrano ingegno maturo e artista maestro.

Questa nota riguarda solamente le prime terzine, le quali meritano illustrazione distinta, perchè accennano a una dottrina che sotto varie forme ritorna nelle due Cantiche; e però i passi a questo luogo recati ne dichiarano altri parecchi. Lungo sarebbe spiegare come le sentenze d'Aristotele svolte e ampliate nella Somma portino luce nella tenebrosa storia del pensiero, e possano fecondare anco la scienza moderna. Chi medita, può vederlo.

Le potenze sono proprietà naturali conseguenti alla speciale essenza dell'anima (1). *Le potenze dell'anima sono i principii delle operazioni della vita* (2). — *La potenza dell'anima è il principio prossimo dell'operazione dell'anima: onde le azioni che non si possono ridurre a un solo principio richiedono diverse potenze.* — *Facoltà in potenza non è in Dio, puro atto: le creature più perfette sono meno in potenza* (3). *L'anima ha diverse potenze, perch'è nel confine delle creature spirituali e corporali; e però in lei concorrono le virtù di queste e di quelle.* — *Tutte le potenze dell'anima sono a lei concreate.* — *L'anima, in quanto è sostanza della sua propria potenza, dicesi atto primo ordinato ad un atto secondo.* — *La potenza è all'anima come il calore alla forma del fuoco.* — *L'emanazione degli accidenti dal soggetto non si fa per trasmutazione ma per naturale risultanza; al modo che naturalmente una cosa dall'altra risulta, come dalla luce il calore* (4).

Una è l'essenza dell'anima, ma le potenze più (5). *Nell'anima altro è l'essenza, altro la virtù ossia potenza* (6). *Le potenze dell'anima procedono dall'essenza di lei siccome da causa.* — *Siccome la potenza dell'anima procede dall'essenza di lei e tuttavia coesiste ad essa anima, così l'una potenza procede dall'altra e pur coesistono nell'anima insieme tutte.* — *Il senso e la ragione sono potenze dell'anima.* — *Le potenze conosconsi per gli atti; or l'atto dell'una potenza è causato dall'altro, come l'atto della fantasia dall'atto del senso.* — *Agli oggetti di genere diverso, diverse potenze dell'anima*

Som., 2, 1, 110.
Som., 1, 78.
Som., 1, 72.

(4) Som., 1, 77.
(5) Som., 1, 72.
(6) Som., 1, 77.

sono ordinate (1). — *Le potenze non si diversificano secondo la materiale distinzione degli oggetti, ma secondo la distinzione formale che concerne la ragione dell'oggetto* (2). — *La ragione è potenza dell'anima non legata ad organo corporale* (3).

E qui, come una delle solite note nel testo, o se si vuole piuttosto come parentesi, ma di quelle per le quali il Poeta faceva il testo dell'intero poema, egli accenna all'*errore* che metteva più anime in un uomo solo; errore confutato da Aristotele (4), ripetuto da Averroe Dicevano che in noi sono tre anime, l'intellettiva nel cerebro, la nutritiva o vegetativa nel polmone, la sensitiva nel cuore. La prima infusa nel feto per farlo crescere, la terza nel feto organizzato per farlo sentire, la seconda nel feto vicino a nascere. Se, dice Aristotele, l'anima nel corpo si pone per forma, com'è, gli è impossibile che in un corpo siano più anime, d'essenza differenti. Se l'uomo dall'anima vegetativa ha la vita, dalla sensitiva il sentimento, dalla razionale l'essere umano, la non è più un ente solo L'ottavo Concilio (5): *Appare taluni essere venuti in tale empietà che impudentemente insegnano gli uomini avere due anime*. Credevano anco i Manichei che oltre all'anima razionale fosse la sensitiva, da cui gli atti della concupiscenza venissero.

Quel che è nel soggetto è il medesimo, può distinguersi nell'umana ragione E però può concernere diverse potenze dell'anima (6). *Le potenze dell'anima non sono opposte tra loro se non come il più perfetto al meno perfetto, siccome le specie de' numeri e delle figure: ma tale opposizione non impedisce che l'una potenza dall'altra abbia origine; perchè le cose imperfette naturalmente dalle più perfette procedono.* — *Potenze dell'anima sono la vegetante, la sensitiva, l'appetitiva, la motrice, l'intelligente* (7). *Le potenze distinguonsi in ordine di dignità, intellettiva, sensitiva, nutritiva, e in ordine di tempo, che è inverso* (8). *Le potenze dell'anima che sono prime in ordine di perfezione e di natura, sono principio delle altre potenze, come principio attivo di quelle e come fine loro.* — *Le potenze sensitive riguardano l'oggetto meno comune, che è il corpo sensibile; e le intellettive l'oggetto comunissimo che è l'essere universale. Questo, secondo l'oggetto; secondo il modo, poi, che l'anima tende alle cose esteriori le potenze appetitive in quanto l'intenzione ci mira siccome a fine, e le motrici in quanto l'animo tende a esse siccome a termine delle proprie operazioni* (9). *Non le potenze sono per gli organi, ma questi per quelle; e però non sono tante le potenze quanti gli organi: ma la natura istituì diversità negli organi acciocchè alla diversità delle potenze eglino fossero congruenti.* — *Diversi oggetti appartengono a diverse potenze inferiori dell'anima, i quali però cadono sotto a una sola superiore potenza, la quale comprende gli oggetti più universali* (10). *Le potenze sono nell'anima tutte non come in soggetto ma come in principio.* — *Tutta la natura corporale soggiace all'anima e le è come materia e strumento* (11).

L'anima sebbene non sia composta di materia e di forma, ha in sè del potenziale, cioè che può svolgersi in atto ma non è sempre in atto (12). Non'

(1) Arist. Eth., VI.
(2) Som., 1, 59.
(3) Som, 1, 2, 3.
(4) Agostino ha un libro *delle due anime*.
(5) Can., XI.
(6) Som., 1, 77.

(7) Arist., de An., II.
(8) Som., l. c.
(9) Som, 1, 78.
(10) Som., 1, 71.
(11) Som., 1, 78.
(12) Som., 1, 77.

CANTO IV. 57

sempre l'ente che ha anima esercita in atto le operazioni della vita, onde anco nella definizione l'anima è detta *l'atto del corpo avente la vita in potenza*. — *Quando l'intenzione dell'anima è fortemente tratta all'operazione dell'una potenza, è ritratta dall'operazione d'un'altra*. — *Quella virtù dell'anima che è sciolta dall'organo del corpo è in certo modo infinita per rispetto al corpo stesso* (1) *Il diletto estraneo impedisce l'operazione, perchè mentre all'una cosa intendiamo forte, forza è che dall'altra l'intenzione sia ritratta* (2). *Quando noi non mutiamo pensiero, o mutandolo, non ce ne avvediamo, non ci pare che sia trascorso alcuno spazio di tempo* (3).

Recheremo da ultimo un passo de' Bollandisti, che congiunge la tradizione filosofica colla ascetica: *L'astrarsi che fa la mente dell'uomo da' sensi corporei, è naturale o sopranaturale. Quella che chiamiam naturale è prodotta da forte applicazione dell'anima ad un pensiero. Perchè, sebbene siano varie le potenze dell'anima, una però è l'intensione per cui nell'attendere alla contemplazione delle cose umane e delle divine, si fa vano* (4) *l'acume degli occhi e gli atti dell'udito e degli altri sensi. L'astrazione oltre natura, dalle divine lettere chiamasi ratto. Il qual ratto o proviene da malattia, o da malo spirito, o da nume divino* (5).

Di tali astrazioni il Poeta non so s'io abbia a dire pativa o che n'era potente: *Cominciò il naturale mio spirito ad essere impedito nelle sue operazioni; perocchè l'anima era tutta data nel pensare di questa gentilissima* (6)... *Mentr'io*.... *disegnava, volsi gli occhi, e vidi lungo me uomini*.... *e, secondo che mi fu detto poi, egli erano stati già alquanto anzi che io me ne accorgessi* (7). Il simile seguì, narra il Boccaccio, al Poeta *quando essend'egli in Siena, statogli recato un libro e non avendo spazio di portarlo altrove, sopra la panca si pose col petto; e benchè in questa contrada per festa pubblica si facesse armeggiata e rumore con istrumenti e con versi e balli di vaghe donne e giuochi di giovani, mai non si mosse, nè levò gli occhi dal libro, e quivi stette da nona a vespro finchè tutto non l'ebbe percorso*. Di visione soprannaturale, venutagli, canterà: *Oh imaginativa, che ne rube Talvolta sì di fuor, ch'uom non s'accorge Perchè d'intorno suonin mille tube!* (8)

(1) Som, 1, 2, 2. Abbiamo qui il modo di Dante: *Questa è quasi legata e quella è sciolta*. Nei Bollandisti (I, 194): *Io sono* (dice Dio) *il solo che posso legare la mente*.
(2) Som., 1, 2, 4.
(3) Arist. Fis , IV.

(4) Purg., VIII, t. 3: *Render vano l'udire*.
(5) Bolland. 901, Vita di Veronica di Binasco, lib. III, cap. I.
(6) Vita Nuova.
(7) Ivi.
(8) Purg., XVII.

ANNOTAZIONI ASTRONOMICHE DEL P. G. ANTONELLI.

« *Chè ben cinquanta gradi salit'era*
Lo sole.... » (T. 5.)

Dei tre modi generali che possonsi usare per determinare la posizione degli astri e risolvere una questione di tempo, pare che il Poeta qui voglia assumere quella che si riferisce all'orizzonte, parlando qui manifestamente, di una determinata *salita;* e il salire di un astro essendo proprio per rispetto al piano o al cerchio orizzontale. Però nella Pasqua del 1300 il sole non avrebbe potuto raggiungere l'altezza di ben cinquanta gradi al Purgatorio, neppure quando fosse stato alla sua massima altezza nel meridiano; il che favorirebbe l'opinione di coloro che ritengono doversi porre il 1301 come l'anno della Visione poetica. Ciò non ostante può credersi che Dante dia il numero tondo più prossimo, dicendo cinquanta, invece di quarantasei o quarantasette gradi d'altezza, avendone avuti ivi il sole quasi quarantotto a mezzogiorno in quel dì, stando al 1300; e così avrebbe accennato a circa le ore 11 della mattina.

Quando poi si volesse prendere quella solare salita non a tutto rigore astronomico, ma in significato di moto che si fa comunque ascendendo, inquanto nella prima metà dell'arco diurno ogni astro va salendo sull'orizzonte; allora quel movimento di ben cinquanta gradi c'indicherebbe tre ore e mezzo di sole, e così le ore dieci della mattina. Onde il colloquio con Manfredi sarebbe durato circa due ore.

« *E la costa superba più assai*
Che, da mezzo quadrante.... » (T. 14.)

Il quadrante è un istrumento astronomico rappresentante una quarta parte di circolo. Uno dei due raggi estremi, che determinano l'angolo retto, si colloca verticalmente, l'altro rimane allora orizzontale; e una riga, o *lista*, imperniata nel centro, si può fare scorrere con l'esteriore sua estremità sull'arco del quadrante, il quale, colla graduazione segnatavi, ci fa conoscere l'altezza angolare d'un oggetto, cui siasi diretta la lista, sull'orizzonte. Il Poeta adopra l'imagine di questo istrumento per dirci in modo geometrico qual fosse la ripidezza del monte; e poiché la costa di quello era superba più assai che *lista* da mezzo quadrante al centro, segue che la pendice si avvicinava più alla verticale che all'orizzontale, cioè faceva con questa un angolo assai maggiore di 45 gradi, ed era perciò molto difficile a superarsi.

« *Poscia gli alzai al sole: ed ammirava....* » (T. 19.)

Alle nostre latitudini, ed in generale a una latitudine boreale, maggiore di ventitré o ventiquattro gradi, quanto è l'obliquità dell'ec-

CANTO IV.

clittica, chi guardi a levante quando il sole si appressa al meridiano, ha quest'astro a mano destra in qualunque tempo dell'anno. Quindi il Poeta, che veniva da regioni settentrionali, poste al di sopra di 35 gradi rispetto all'equatore, fu colto da maraviglia allorchè, sedendo in prospetto dell'oriente, si vide ferire a sinistra dal sole, che non era lungi dal meridiano. Virgilio s'accorge che lo stupore di Dante nasceva dal vedere il carro della luce tra la posizione che ambedue occupavano e aquilone, cioè tramontana, invece che tra loro ed austro, siccome era solito; e si fa a spiegargli l'apparente contradizione, dicendogli: se il sole che, quasi specchio lucidissimo riflettente la Luce increata, illumina e questo e il superiore emisfero, invece di essere nella costellazione di Ariete fosse ne' Gemelli, e quindi con Castore e Polluce, i quali oggi corrispondono all'estivo solstizio, e perciò a quella parte dell'ecclittica, che è più remota dall'equatore dalla parte di Borea; vedresti quell'arco dello zodiaco, il quale rosseggia per la solare presenza, rotare ben più prossimo alle Orse e all'artico polo, di quello che ora tu vegga, se il supremo Legislatore non disponesse altrimenti. Quando poi tu voglia vedere come ciò avvenga, per poterti rendere ragione di questi fatti, raccogli la tua potenza intellettiva, e imagina che il monte di Sion a Gerusalemme sia collocato in guisa rispetto a questo del Purgatorio sulla superficie terrestre, che ambedue abbiano un medesimo orizzonte e diversi emisferi, cioè uno da una faccia, uno dall'altra: vedrai allora, se poni mente con attenzione anche alla situazione di Gerusalemme, per cui è fuori della zona torrida, che questi due monti sono gli estremi di quel diametro della terra, il quale è normale al comune orizzonte; o che il corso diurno del sole (cui disgraziatamente non seppesi attenere Fetonte), rimane sempre di necessità da opposta parte, a chi nei due luoghi distinti fosse egualmente orientato. — Da questa dichiarazione del maestro, rimane così persuaso il Poeta, che protesta di non aver visto mai così chiaro come su questo punto, al quale gli pareva di non poter giungere col suo ingegno; perciocchè, conchiude egli, la ragione della rispettiva situazione dei due monti antipodi, mi fa capire che la metà dell'equatore celeste la quale è sopra l'orizzonte, e sempre rimane tra il sole e il verno (perchè dove è il sole è estate, e l'estate e l'inverno sono da opposta parte rispetto all'equatore) di qui, cioè dal Purgatorio, si vede dalla parte di settentrione, mentre gli Ebrei a Gerusalemme vedevano quel mezzo cerchio dalla parte di ostro, ove da noi si reputa essere la regione del caldo.

« .... *Vedi ch' è tocco*
Meridïan dal sole .... » (T. 14.)

Annunziandosi con queste parole esser già l'ora del mezzogiorno, segue che tutto quell'emisfero era rischiarato dai raggi del sole; e però su tutto l'opposto, che è quello di Gerusalemme, regnava la notte. Questa dunque aveva steso i suoi passi fino agli estremi confini a occidente, segnati qui col regno o città di Marocco, che occupava una delle parti più occidentali di terra ferma, allora conosciuto.

CANTO V.

ARGOMENTO.

S'incontrano in altri negligenti a pentirsi, e morti di morte violenta: gli parla un Fanese, un Montefeltrano, una donna di Siena.

Il Canto spira serena malinconia: de' più belli dell'intero Poema.

Nota le terzine 1; 2 alla 6; 8, 9, 10, 13, 14, 15, 17; 19 alla 22; 26 alla 28; 30 alla 35; 28 alla fine.

1. I' era già da quell' ombre partito,
   E seguitava l'orme del mio duca;
   Quando, diretro a me drizzando il dito,

2. Una gridò: — Ve' che non par che luca
   Lo raggio da sinistra a quel di sotto,
   E, come vivo, par che si conduca. —

3. Gli occhi rivolsi al suon di questo motto,
   E vidile guardar per maraviglia
   Pur me, pur me, e il lume ch' era rotto.

4. — Perchè l'animo tuo tanto s'impiglia
   (Disse 'l maestro), che l'andare allenti?
   Che ti fa ciò che quivi si pispiglia?

5. Vien' dietro a me, e lascia dir le genti.
   Sta come torre ferma, che non crolla
   Giammai la cima per soffiar de' venti.

---

2. (L) *Non*: getta ombra. — *Di sotto*. Salivano, Dante dietro più basso.
(SL) *Sinistra*. Se volti a Levante, avevano il sole a sinistra (Purg. III, t. 30): ora ripigliando il cammino devono averlo alla destra, e a sinistra l'ombra del corpo.
3. (L) *Rotto* dall'ombra.
4. (L) *Impiglia*: confonde. — *Pispiglia*: bisbiglia.

(F) *Impiglia*. Dino: *Impigliano le ragioni*. Som: *Animos hominum implicent vanitati et falsitati*.
5. (F) *Torre* Conv., II, 2: *Quello amore il quale tenea ancora la rocca della mia mente*. Per indicare che le ricchezze nulla possono sulla virtù, dice in una canzone: *Nè la diritta torre Fa piegar rivo che da lungi corre*. Vite ss. Padri, II, 318: *Rocca della*

CANTO V. 61

6. Chè sempre l'uomo in cui pensier rampolla
Sovra pensier, da sè dilunga il segno,
Perchè la foga l'un dell'altro insolla. —
7. Che potev'io ridir, se non: « I' vegno »?
Dissilo, alquanto del color consperso,
Che fa l'uom di perdon talvolta degno.
8. E intanto per la costa, da traverso,
Venivan genti, innanzi a noi un poco,
Cantando *Miserere* a verso a verso.
9. Quando s'accorser ch'i' non dava loco
Per lo mio corpo al trapassar de' raggi,
Mutâr lor canto in un *Oh* lungo e roco.
10. E duo di loro in forma di messaggi,
Corsero incontra noi, e dimandârne:
— Di vostra condizion fatene saggi. —

buona coscienza. Psal. CXXIV, 1: *Que' che confidano nel Signore, come il monte di Sion, non sarà smosso mai.* Æn, X: *Ille, velut rupes, vastum quae prodit in aequor, Obvia ventorum furiis, expostaque ponto, Vim cunctam atque minas perferl coelique marisque Ipsa immota manens.* — VII: *Ille, velut pelagi rupes immota, resistit; Ut pelagi rupes, magno veniente fragore. Quae sese, multis circumlatrantibus undis, Mole tenet.* — IV: — *Sed nullis ille movetur. Fletibus. . Ac veluti annoso validam cum robore quercum Alpini Boreae nunc hinc, nunc flatibus illinc Eruere inter se certant... Ipsa haeret scopulis...* Haud secus assiduis hinc atque hinc vocibus heros Tunditur, et magno persentit pectore curas Mens immota manet Cypr : *La pianta bene fondata in radici, per soffiare de' venti non si svelle.* Som : *La perseveranza per cui l'uomo fermamente sta Non si smove chi a cosa immobile attiene sè fermamente.* Ho abbondato in citazioni perchè la cosa lo merita, e perchè questo discorso ritrae l'animo del Poeta. Senonchè lo *sta come torre dopo il vien dietro a me*, rammenta la sentenza d'un certo Rubbi presidente d'una certa assemblea, che, dovendo i deputati col levarsi o no in piedi risolvere se seguitare o differire le deliberazioni, disse: *Chi vuole andarsene rimanga seduto* - Tre similitudini ha questo Canto. Il Purgatorio ne ha men dell'Inferno d'assai.

6. (L) *Dilunga*: s'allontana dal segno a cui mira. — *L'un* pensiero. — *Insolla*: allenta.

(SL) *Insolla*. Sotto, soffice, quindi molle. Fr *souple*.
(F) *Rampolla*. Par., IV: *Nasce.... a guisa di rampollo*, Appiè del vero il dubbio: ed è natura Ch'al sommo pinge noi .. Pare sentenza contraria a questa Ma altro è il dubbio che nasce dal vero, e al vero move; altro è l'ingombrarsi del pensiero sopra pensiero che toglie la forza del fare. La figura del *rampollo* sta meglio nel Paradiso che qui: e non s'accorda coll'altre del *segno* e della *foga*. — *Dilunga*. *Pluribus intentus minor est ad singula sensus*. Bello che non il segno del pensiero si allontani dall'uomo svagato, ma che egli stesso lo allontani da sè. — *Insolla*. Montaigne: *L'âme qui n'a point de but établi, se perd*.

7 (L) *Color*: rossore.
(SL) *Talvolta* V'è pure una *trista* vergogna (Inf., XXIV, t. 11). Il Poeta arrossisce più volte.
8. (L) *Traverso*: in lunga schiera che prendeva tutto il cammino di contro a Dante — *A verso*: a vicenda.
(SL) *Miserere*. I canti de' purganti sono frequenti, e dispongono l'animo alle celesti armonie.
9 (SL) *Oh*. Arios., XVIII, 78: *E con quell'oh che, d'allegrezza, dire Si suole*, incominciò Meno elegante. — *Lungo*. Buc, III: *Longum... vale... inquit.* — *Roco*. La sorpresa, e ogni affetto subito, muta e ingrossa la voce, il che è più sensibile se si passi dal canto al grido.
10 (L) *Saggi*: che sappiamo chi siete.
(SL) *Saggi*: Da *sapio*.

11. E il mio maestro: — Voi potete andarne,
E ritrarre a color che vi mandaro,
Che il corpo di costui è vera carne.
12. Se per veder la sua ombra restaro,
Com'io avviso; assai è lor risposto.
Faccìangli onore; ed esser può lor caro. —
13. Vapori accesi non vid'io sì tosto
Di prima notte mai fender sereno,
Nè, Sol calando, nuvole d'agosto,
14. Che color non tornasser suso in meno:
E giunti là, con gli altri a noi diêr volta,
Come schiera che corre senza freno.
15. — Questa gente che preme a noi, è molta:
E vengonti a pregar (disse il Poeta);
Però pur va, ed in andando ascolta. —
16. — O anima che vai, per esser lieta,
Con quelle membra con le quai nascesti
(Venian gridando), un poco il passo queta.
17. Guarda s'alcun di noi unque vedesti,
Sì che di lui, di là, novella porti.
Deh perchè vai? deh perchè non t'arresti?
18. Noi fummo già tutti per forza morti,
E peccatori infino all'ultim'ora:
Quivi lume del Ciel ne fece accorti,

11. (L) *Ritrarre:* dire.
(SL) *Ritrarre.* Inf, II, t. 2. - Dino, II: *Ritrarre sua ambasciata.*
(F) *Carne.* Som.: *Corpus carneum et terrenum.* - Dell'umana natura è proprio avere vero corpo.
12 (L) *Caro:* pregherà per loro, dirà di loro.
13 (L) *Vapori:* lampi fendere il sereno o la nuvola estiva.
(SL) *Vapori* Georg., I: *Saepe etiam stellas, vento impendente, videbis Praecipites coelo labi, noctisque per umbram Flammarum longos a tergo albescere tractus — Fendere.* Æn., XII: *Auras .. secat.* — *Nuvole.* Nè vapori accesi fendon sì tosto le nuvole estive sul calar del sole, quando i lampi son più sensibili e spessi. L'Ultimo intende che le nuvole fendono il sereno: *Le nuvole che per la calura dell'aere discendono alla terra quasi cacciate dal* detto calore. Isai., LX, 8: *Qui sunt isti, qui ut nubes volant?*
(F) *Vapori* Aristotele (Meteor.) distingue i vapori che, dalla terra saliti nella seconda regione dell'aria, ivi gelano; altri si risolvono in vento, altri s'alzano al cerchio del fuoco e nel movimento s'accendono.
14. (L) *Meno* tempo.
(SL) *Volta.* A invocare la preghiera d'un vivo. — *Freno.* Stat. IV: *Effrenae... Lynces.*
15. (L) *Preme* con calca frettolosa.
(SL) *Preme.* Nel senso del virgiliano: *Spumantis apri cursum clamore prementem* (Æn.,1). Di nave che segue dappresso altra nave: *Rostro premit* (Æn., V); altrove: *Premit agmine turba* (XI); *Urgeri volucrum... ad litora nubem* (VII).
17. (L) *Unque:* mai. — *Di là:* nel mondo.
18. (SL) *Ultima.* Buc., VIII: *Extrema moriens... alloquor hora.*

19. Sì che, pentendo e perdonando, fuora
 Di vita uscimmo, a Dio pacificati,
 Che del disio di sè veder ne accora. —
20. Ed io: — Perchè ne' vostri visi guati,
 Non riconosco alcun. Ma, se a voi piace
 Cosa ch'io possa, spiriti bennati,
21. Voi dite, ed io farò; per quella pace
 Che, dietro a' piedi di sì fatta guida,
 Di mondo in mondo cercar mi si face. —
22. E uno incominciò: — Ciascun si fida
 Del beneficio tuo, senza giurarlo,
 Purchè 'l voler non-possa non ricida.
23. Ond' io, che solo innanzi agli altri parlo,
 Ti prego, se mai vedi quel paese
 Che siede tra Romagna e quel di Carlo,
24. Che tu mi sie de' tuoi prieghi cortese
 In Fano, sì che ben per me s'adori,
 Perch' i' possa purgar le gravi offese.
25. Quindi fu' io: ma li profondi fori
 Ond' uscì 'l sangue in sul quale io sedea,
 Fatti[1] mi furo in grembo agli Antenóri,

19. (L) *Pentendo:* pentendoci. — *Perdonando* la morte dataci. — *Sè:* Lui.
 (SL) *Pentendo. Pentere* per *pentirsi* nel XXVII Inf (terz. 40).
 (F) *Accora.* Conv.: *Il sommo desiderio di ciascuna cosa e primo dalla natura dato è di ritornare al suo principio: e, perocchè Iddio è principio delle nostre anime ... essa anima naturalmente desidera tornare a quello.*
20. (L) *Perchè:* per quanto.
21. (L) *Per...* Lo prometto in nome del cielo e di Dio — *Guida:* Virgilio.
22. (L) *Ricida:* purchè tu possa tornare a pregare.
 (SL) *Non-possa* Albertano, I, 43: *La non-giustizia.* Così *noncuranza.* Ma lo quasi starei per la vecchia lezione del latinismo scolastico *non posse,* che è conforme al *velle* (Par, IV, t. 9), e all'*esse* (Par., III, t. 57). Aug: *Amittat. posse cum velit.* Som.: *Pro suo posse.* - Anselmo: *Peccare est potius non posse quam posse.* E oltre all'essere forma non inusitata toglie l'ambiguità di quel possa che pare verbo e dipendere dal perchè.
23. (L) *Paese:* la Marca. — *Carlo* II di Napoli.

21. (L) *Adori:* ori. — *Offese:* colpe mie.
 (SL) *Adori.* Som.: *I gentili adoravano a Oriente.* Sacchetti: *Adorava dinnanzi a S. Giovanni.* — *Offese.* Purg., XXVI. Ed è del linguaggio sacro
25. (L) *Quindi:* della Marca. — *Fori:* ferite. — *Io* anima. — *Antenóri:* in quel di Padova fondata da Antenore.
 (SL) *Fori.* Æn., X: *Hasta... laevum perforat inguen.* — *Sul.* Æn., X: *Una eademque via sanguisque animusque sequuntur.* - *Undantique animam diffundit in arma cruore.* - Le ombre Virgilio dice esangui. — *Sedea* Dello starsi in genere, è degli aurei Latini. Æn., VI delle colombe: *Venere volantes, Et viridi sedere solo.* — *Antenóri.* Inf, XXXII. t. 30. - Æn., I. - Comento inedito della Laurenziana (Pl 90, Gad sup cod. 30): *M. Jacopo del Cassero, di Fano, il quale fu eletto podestà di Bologna, al tempo ch'essi Bolognesi avevano briga col marchese Azzo terzo da Este, ed elessero esso M. Jacopo, sapendo lui essere inimico del detto marchese. Il qual marchese il fece tagliare a pezzi, sapendo che al tempo della*

26. Là dov'io più sicuro esser credea.
 Quel da Esti il fe' far, che m'avea in ira
 Assai più là che dritto non volea.
27. Ma s'i' fossi fuggito invêr la Mira
 Quand'io fui sovraggiunto ad Oriáco,
 Ancor sarei di là dove si spira.
28. Corsi al palude; e le cannucce e il braco
 M'impigliâr sì, ch'io caddi: e lì vid'io
 Delle mie vene farsi in terra laco. —
29. Poi disse un altro: — Deh se quel disio
 Si compia, che ti tragge all'alto monte,
 Con buona pïetate aiuta il mio.
30. Io fui di Montefeltro; i' son Buonconte.
 Giovanna, o altri, non ha di me cura;
 Perch'i' vo tra costor con bassa fronte. —
31. Ed io a lui: — Qual forza o qual ventura
 Ti travïò sì fuor di Campaldino,
 Che non si seppe mai tua sepoltura? —

podesteria esso M. Jacopo aveva molto schernito il detto marchese Questo Jacopo, combattè contr'Arezzo co' Fiorentini guelfi nel 1288 (Vill., VII, 120): e fu ucciso quand'andava podestà di Milano. Il fatto sì e che Azzo III ambiva la signoria di Bologna, e si guadagnava in Bologna stesso fautori i quali furono per giusto sospetto cacciati, e chiamato Jacopo a podestà Il qual Jacopo incrudeli contro i fautori di Azzo e spacciò che quest'Azzo era giaciuto colla matrigna, ch'era figliuolo di lavandaja, scellerato e codardo: onde i satelliti di Azzo lo seguitarono sempre.
(F) *Sedea* Levit. XVII, 11: *Anima... carnis in sanguine est* E Lact.
26. (SL) *Là.* Æn, XII: *Ulterius ne tende odiis.* - X: *Justae quibus est Mesentius irae.* - *Esti.* Per *Este* in Gio. Villani. — *Più* Il Tasso, de' principi d'Este: *animi celesti;* che messo insieme con l'*ira* di Dante la ripensare a quel di Virgilio: *Tantaene animis coelestibus irae!* (Æn, I)
27 (L) *Mira,* tra Venezia e Padova. — *Di là:* in vita. — *Spira:* respira.
(SL) *Spira* Arist., de Part An.: *Data animalibus spiratio* Virgilio: *Spirantem* per *vivo* (Æn., VIII) Tasso: *Mentre spirano non godono dell'aria.*
28. (L) *Braco:* pantano
(SL) *Palude.* Mascolino nel Crescenzio e nel Veneto — *Cannucce.* Giambul.: *Pantano pieno di cannucce selvatiche.* Georg. II: *Ripis fluvialis arundo Caeditur.* — *Laco.* Inf., XXV: *Di sangue fece... laco.*
29. (SL) *Disse.* Il Poeta cammina tra loro: quei che gli parla lo segue un poco, poi lo lascia ire: e un altro sottentra Rammentiamo che la schiera purgante viene di contro ai due pellegrini. — *Buona.* C'è anco una trista pietà.
30 (L) *Giovanna*, sua moglie. — *Bassa,* perche destinato a più lungo indugio.
(SL) *Montefeltro. Fui di Montefeltro,* come vivo; son *Buonconte,* perchè la persona rimane Nel XXXIII dell'Inferno: *I' fu' 'l conte Ugolino,* perche all'altro mondo nessuno è conte. Par., VI: *Cesare fui; e son Giustiniano.* — *Buonconte* Figlio del conte Guido di Montefeltro (di cui nel XXVII dell'Inferno) valoroso; peri nella sconfitta ch'ebbero gli Aretini da' Fiorentini non lontano da Poppi, nel pian di Campaldino, la mattina del dì 11 di giugno del 1289, dove combatte Dante stesso. Dice il Villani (VII, 131) che i due eserciti s'affrontarono più ordinatamente che mai s'affrontasse battaglia in Italia. — *Cura* Som, Suo: *Pro defunctis nulla cura haberetur* — *Bassa.* In Virgilio, l'ombra di Marcello nell'Eliso: *Sed frons laeta parum, et dejecto lumina vultu* (Æn, VI).
31 (SL) *Forza* Æn., I: *Quae vis immanibus applicat oris?* — *Campaldino.* Presso a Poppi (Dino).

Canto XII il Purgatorio   Terzina 10.

Vedeva Briareo, fitto dal telo
Celestial, giacer dall'altra parte,
Grave alla Terra per lo mortal gelo.

32. — Oh (rispos'egli), appiè del Casentino
    Traversa un' acqua ch' ha nome l'Archiano,
    Che, sovra l'Ermo, nasce in Apennino.
33. Là 've 'l vocabol suo diventa vano,
    Arriva' io, forato nella gola,
    Fuggendo a piede, e sanguinando il piano.
34. Quivi perdei la vista e la parola:
    Nel nome di Maria finii: e quivi
    Caddi, e rimase la mia carne sola.
35. I' dirò 'l vero; e tu 'l ridi' tra' vivi,
    L'Angel di Dio mi prese; e quel d'Inferno
    Gridava: « Oh tu dal ciel, perchè mi privi?
36. » Tu te ne porti di costui l'eterno
    » Per una lagrimetta che 'l mi toglie;
    » Ma io farò dell'altro altro governo. »
37. Ben sai come nell' aër si raccoglie
    Quell' umido vapor che in acqua riede
    Tosto che sale dove 'l freddo il coglie.

32. (L) *Ermo* di Camaldoli.
(SL) *Acqua*. Per *fiume*. modo famigliare ed eletto. Buc., IX: *Usque ad aquam*.
33. (L) *Vano:* là dove mette in Arno e perde il nome.
(SL) *Vocabol*. Per nome proprio usa tuttora in Toscana: per esempio, *Podere di vocabolo Poggiolino*. — *Vano* Modo non imitabile. — *Fuggendo* Ov. Met. XII: *Ipse suo madefactus sanguine fugit*. — *Sanguinando* Non meno bello, e più schietto, di que' di Virgilio: *Cadit, utque cruentam Mandit humum, moriensque suo se in vulnere versat* (Æn., XI). *Et terram hostilem moriens petit ore cruento* - *Infractaque tela cruentat* (Æn., X) Tutti più belli di quel di Stazio (Theb., VIII): *Terga cruentantem concussi vulneris unda*.
34. (L) *Sola:* senz'anima.
(SL) *Vista*. Æn., XI: *Vulnus acerbum Conficit, et tenebris nigrescunt omnia circum*. — *Nel nome* Apoc., XIV, 13: *Beati mortui, qui in Domino moriuntur*. Georg., IV: *Gurgite cum media portans Oeagrius Hebrus Volveret, Eurydicen vox ipsa et frigida lingua, Ah! miseram Eurydicen anima fugiente, vocabat: Eurydicen toto referebant flumine ripae*. — *Finii*. Bocc.: *Di dì e di notte finivano*. Altri punteggia: *Perdei la vista; e la parola Nel nome... finii*. Ma il primo inciso rimarrebbe in tronco; il secondo allungherebbe; e c'è un'idea di più, che il morente nel nome di Maria, parlato non colle labbra ma coll'anima, finisce il terreno pensiero; in quel nome si salva.
35. (L) *Tu*. Dante.
36. (L) *Eterno:* l'anima. — *Dell'altro:* del corpo.
(SL) *Eterno*. Petr.: *Tu te ne vai col mio mortal sul corno*. Caro: *Col suo mortal sì strettamente avvinta*. Dante, che pare tanto meno delicato del Petrarca, non avrebbe infilato il suo mortale sul corno d'un fiume.
(F) [*Lugrimetta*. Alberici Visio, SS. 18: *Visum est quod angelus Domini lacrymas quas dives ille fuderat, in ampulla teneret*]
37. (SL) *Raccoglie*. Georg, I: *Imbribus atris Collectae ex alto nubes*. Æn., V: *In nubem cogitur aër*.
(F) *Acqua* Arist. Fis., VIII: *Ex gravi fit leve ut ex aqua aër*. - IV: *Ciò che era aria ora è acqua*. — *Vapor*. La pioggia, anco in Aristotele, è vapore umido, che, condensato dal freddo, cade.

DANTE. *Purgatorio.*

38. Giunse quel mal Voler che pur mal chiede
   Con lo 'ntelletto; e mosse il fumo e 'l vento
   Per la virtù che sua natura diede.
39. Indi la valle, come 'l dì fu spento,
   Da Pratomagno al gran giogo, coperse
   Di nebbia; e il ciel di sopra fece intento
40. Sì, che 'l pregno aere in acqua si converse.
   La pioggia cadde; e a' fossati venne,
   Di lei, ciò che la terra non sofferse.
41. E come ai rivi grandi si convenne,
   Vêr lo fiume real, tanto veloce
   Si ruinò, che nulla la ritenne.
42. Lo corpo mio, gelato, in sulla foce
   Trovò l'Archian rubesto; e quel sospinse
   Nell'Arno, e sciolse al mio petto la croce
43. Ch' i' fei di me quando il dolor mi vinse:
   Voltommi per le ripe e per lo fondo;
   Poi di sua preda mi coperse e cinse. —
44. — Deh quando tu sarai tornato al mondo,
   E riposato della lunga via
   (Seguitò 'l terzo spirito al secondo),
45. Ricorditi di me, che son la Pia.
   Siena mi fe'; disfecemi Maremma:
   Sàlsi colui che innanellata pria,
   Disposando, m'avea con la sua gemma. —

38. (L) *Quel:* il demonio. — *Pur:* sempre. — *Chiede:* cerca.
(SL.) *Diede.* Georg., II: *Hos natura modos primum dedit.*
(F) *Natura.* Aug., Quest V: *Gli spiriti peccatori sono relegati nell'aere caliginoso, chiamato inferno per rispetto alla regione degli angeli.*
39. (L) *Pratomagno.* Ora Pratovecchio; divide il Valdarno dal Casentino. — *Giogo:* Apennino. — *Intento:* teso di nubi
(SL) *Coperse.* Psal., CXLVI, 8: *Operit coelum nubibus, et parat terrae pluviam.* — *Intento.* Georg, I: *Obtenta densantur nocte tenebrae.* Æn., XI: *Toros obtentu frondis inumbrant.* IV: *Intenditque locum sertis.* Lucan., IX: *Pilaque contorsit violento spiritus actu: Intentusque tulit magni pondera coeli.* Hor. Epod., XIII: *Tempestas coelum contraxit.*

40. (L) *Non sofferse:* perchè declive.
41. (L) *Convenne* l'acqua. — *Fiume:* Arno.
(SL) *Rivi.* Semint.: *La valle era cava nella quale capitavano e' rivi dell'acqua che pioveva.* — *Real.* Georg., I: *Fluviorum rex.*
43 (L) *Rubesto:* violento. — *Quel* corpo.
(SL) *Sospinse.* Æn., X: *Saxa rotantia late Impulerat torrens, arbustaque dirutaripis* Horat Carm, III, 29: *Fluminis... lapides adesos Stirpesque rapias, et pecus, et domos Volventis una, non sine montium Clamore, vicinaeque sylvae, Cum Fera diluvies quietos Irritat amnes.* — *Sciolse.* Stat., V: *Solvit brachia collo.*
45. (L) *Di me:* delle braccia. — *Preda:* erbe e sassi.
45. (L) *Fe':* nacqui. — *Disfecemi:*

morii. — *Salsi:* sel sa. — *Innanellata:* datomi l'anello.
(SL) *Ricorditi.* Anche nella prosa d'allora. — *Pia.* Moglie di Nello conte della Pietra, che la uccise, dicesi, per gelosia, quand'era rettore in Maremma, dov'aveva un castello. Ella Senese, dei Tolomei; un comento inedito, dice de' Salimbeni. Soggiunge: *La fece un dì gittare a terra dalla torre, sedendo ella su una finestra.* Di ciò grave odio fra le due famiglie, dice il Postillatore Caetano. Della sua morte piange forse un sonetto di Muccio Piacenti. Il Tommasi nella storia di Siena vuole che Nello la facesse gettare dal servo per isposarsi colla contessa Margherita di Santafiora: e la sposò, e n'ebbe un figlio, Banduccio; morto in Massa nel 1300. La morte della Pia fu nel 1295. L'Ottimo: *Per alcuni falli che trovò in lei, sì la uccise; e seppelo fare sì segretamente che non si seppe.* Però dice: *Salsi colui.* — *Disfecemi.* Inf., VI: *Tu fosti, prima ch'io disfatto, fatto.* — Quello è verso da Ciacco, questo da Pia. — *Innanellata.* Æn., IV: *Ille meos, primus qui me sibi junxit, amores Abstulit.* — *Disposando.* Nelle Vite de' ss. Padri e nella Vita Nuova, e nel Convivio (II, 2). — *Sua.* Non per mandato, come il marito di Francesca da Rimini.

Il cominciamento del Canto è tirato un po' dalla lunga, per larsi da Virgilio consigliare la noncuranza delle dicerie: consiglio che non pare cadesse qui per l'appunto. Ma almeno l'esule, nojato più forse dalle dicerie che dalle calunnie, se lo fa porgere con parole efficaci.

La similitudine delle nuvole d'Agosto non è così schietta e spedita come in lui sogliono, e come il luogo portava; ma il correre e il ricorrere de' due messaggi è bello a vedere. La morte di quel di Fano non così potentemente narrata come l'altra di quello di Montefeltro. Né senza intenzione forse e' fa alla battaglia di Campaldino, dove assaggiò anch'egli il sangue, seguitare un'operazione diabolica. La piena del fiume è dipinta come una battaglia; e il verso: *Poi di sua preda mi coperse e cinse,* richiama, anche nell'empito de' suoni: *Illidique vadis atque aggere cingit arenae.* Ma a Virgilio, anima affettuosa pur tanto, non era dato pensare quest'altro, ispirato veramente da Dio: *Che del desio di sè veder ne accora.* Il giuro: *per quella pace Ch'io credo che per voi tutti s'aspetti,* ricorda la riconoscente parola della donna dannata: *Se fosse amico il re dell'universo, Noi pregheremmo lui per la tua pace;* ricorda la risposta di Dante a frate Ilario: *pace!;* ricorda il detto di Cacciaguida: *E venni dal martirio a questa pace;* ricorda l'esclamazione negli altissimi del Paradiso: *Oh vita intera d'amore e di pace!* Ma il lungo *Oh!* in cui prorompono le anime purganti non è così roco, che non ci si senta della celestiale armonia.

LE POTENZE DELL'ARIA.

Dicono che alla poesia cristiana manchi quel mirabile, che i facitori di precetti nel poema e nel dramma chiamano macchina; e dicono bene: chè alla poesia cristiana manca il mirabile-macchina, ma quel maraviglioso che viene dal sublime e dall'ampio dell'idea, non le manca. Senonchè a lei non è lecito perdersi in amplificazioni di questo mirabile, e, idoleggiandolo e facendolo materiale, snaturarlo: felice impotenza che provvede alla dignità dell'arte e all'efficacia sua vera. Ecco, qui in pochi versi abbiamo uno di que' concetti ove il soprannaturale penetra per il naturale; penetra ma non amplificato e quasi rarefatto come in Omero, o in Virgilio, il quale in ciò segue Omero, ma con intenzioni più pensate che nel Tasso, paganeggiante, per imitazione e di questo e di quello.

L'angelo d'Inferno che vorrebbe l'anima di Buonconte, e, per essergli tolta, si vendica sul cadavere facendo tempesta e travolgendolo nel torrente; tuttochè paia imaginazione strana, è fondata in tradizioni religiose, che del resto credenze non sono Dante chiama il demonio *quel mal Voler che pur mal chiede Con l'intelletto* (1); accennando alla dottrina della Somma, che dimostra, negli angeli, santi o perduti, essere volontà. *L'appetito negli spiriti, buoni o no, non si distingue in irascibile o concupiscibile; ma rimane indiviso e chiamasi volontà* (2). *Ne' demonii non è alcuna volontà buona deliberata* (3); *ma sempre* (4) *ostinati nella malizia persistono* (5). E quasi per iscusare la vendetta che piglia questo demonio dantesco contro un cadavere, mettendo a soqquadro cielo e terra, l'autore de' libri attribuiti all'Areopagita, viene e dice: *Ne' demonii è furore irrazionale e concupiscenza forsennata* (6); e la Somma dichiara: *Furore e concupiscenza figuratamente diconsi essere in quelli* (7).

A illustrare quell'altre parole *mal chiede con l'intelletto* viene l'autorità della Somma che insegna come nell'uomo sia la ragione procedente per discorso, cioè deduzione e induzione; nell'angelo l'intelletto dotato d'intuito, non già neppur esso dell'intuito diretto di Dio per natura, come taluno affermava della povera ragione umana, ma dell'intuito della verità, alla

---

(1) Terz. 38.
(2) Som., 1, 59.
(3) Ivi, 2, 2, 5.
(4) Il *sempre* è reso dal *pur* di Dante.
(5) Som., 1, 64.
(6) Dionys. de Div. nom., IV.
(7) Som., 1, 59.

CANTO V.

qual vedere non gli bisogna serie di raziocinii. *In Dio solo la volontà e l'intelletto son uno, cioè l'essenza sua stessa. — Gli angeli anche buoni coll'intelletto conoscono il bene e il male, ma vogliono il bene* (1).

Angeli anco nel Vangelo sono detti i demonii (2): e alla lotta de' non buoni co' buoni angeli per la sorte delle anime umane accenna questo passo di un Padre tra gli altri: *Viene l'avarizia e dice: tu se' parte mia Io t' ho mio soggetto; a me vendesti te stesso in quell'oro. Non dice il traditore: Cristo è la parte mia; perchè subito lo invade la nequizia del male, e dice: Signore Gesù, costui ti inganna: egli è mio* (3).

La divina giustizia richiede che' per mezzo de' demonii alcune cose facciansi o a punizione de' cattivi o ad esercizio de' buoni (4). Tommaso aggiunge che per esercizio appunto dell'uomo, e acciocché la virtù data in origine alle potenze angeliche sull'ordine mondiale non sia inoperosa (5), nè anco dopo la loro caduta, è concessa a' demonii sopra quest'ordine una certa influenza; non già ch'eglino possano fare ad arbitrio (6), ma si muovere certe forze per ottenere tale o tale effetto, al modo che (lo reco queste due similitudini del filosofo perchè ambedue sono in Dante), al modo che i cuochi usano il fuoco per cuocere le carni, e il fabbro l'usa per ammollire la durezza del ferro (7).

Più prossime ancora alle imagini di questo Canto sono le autorità che rechiamo nel testo latino per tema di punto alterarle. *Est nobis colluctatio... adversus principes et potestates, adversus mundi rectores tenebrarum harum, contra spiritualia nequitiae in coelestibus* (8). — *Daemones ubique vagentur orbe toto et celeritate nimia ubique praesentes sint* (9). — *Possibile est quod daemones animas ad loca poenarum deducant: et etiam ipsi daemones qui de poenis hominum laetuntur, eos comitantur, et assistunt purgandis: tum ut eorum poenis satientur, tum ut in eorum exitu a corpore aliquid suum ibi reperiant* (10).

In quest'ultimo voi vedete la fantasia del Poeta quasi condotta per mano all'imagine del presente Canto; vedete ogni passo di lui posare sopra le tradizioni come sopra saldo terreno È eziandio tradizione, anzi domma, che nel mondo umano il mondo degli spiriti dolenti e promotori di corporeo e moral dolore possa continuamente, non però più degli spiriti che fruiscono di Dio e a' quali è gioia la gioia e la perfezione nostra. Della prima parte di questa credenza sono testimonianza quei passi del Vangelo ne' quali le forze malefiche pregano non essere fuor della sfera umana scacciati (11). Della seconda, le parole d'Ambrogio tra gli altri: *Chi innalza gli occhi della mente, vedrà*

---

(1) Som., 1, 59,
(2) Matth , XXV, 41: *Diabolo, et angelis ejus.*
(3) Vedi l' illustrazione al Canto XXVII dell' Inferno.
(4) Som., 1, 109.
(5) Damasc., de Fide ort., II, 4: *Il demonio era di quelle Virtù angeliche che presiedevano all' ordine terrestre.*
(6) Aug., de Trin., III: *Non è da pensare che al cenno di cotesti angeli trasgressori serva questa materia delle cose visibili, ma a Dio solo.* Som., 1, 110: *Gli angeli possono fare alcune cose oltre all'ordine della natura corporea, non però possono fare cosa oltre alle leggi di tutto il creato.*
(7) Som., 1, 110; Inf.; XXI; Par., II.
(8) Ad Eph., VI, 12.
(9) Hier., lib. cont. vigil.
(10) Som. Sup.
(11) Matth., VIII. Luc., VIII.

essere pieno ogni cosa d'angeli; l'aria, la terra... (1). Ed Origene: *Gli angeli presiedono alla natività degli animali, e alle piantagioni, e agl' incrementi di tutte le cose* (2).

Ma perchè l'operazione di quel mal-Volere che qui abbiamo dinnanzi è segnatamente nell'aria; qui cade il noto passo di Paolo: *Il principe della potestà di quest'aère* (3); cade il detto d'Agostino: *Aer caliginosus est quasi carcer demonum usque ad tempus judicii* (4).

Non a caso dice il Poeta che il mal-Volere dell'angelo reo *mosse il vento per la virtù che sua natura diede*. Perchè *l'angelo muove gli oggetti corporali siccome causa superiore* (5). — *In questo mondo visibile nulla può essere disposto se non per mezzo di creatura invisibile* (6). — *Le cose corporali hanno azioni determinate: ma tali azioni esse non esercitano, se non in quanto son mosse: e però la creatura corporale dalla spirituale dee essere mossa* (7). — *L'angelo ha virtù di maggiore espansione che l'anima; perchè la virtù motrice dell'anima è raccolta nel corpo unito ad essa, mediante il quale ella può muovere altri corpi: ma la virtù dell'angelo non è contratta in un corpo onde può muovere da luogo a luogo i corpi a lei non congiunti*. Agostino: *Spargere altius quaslibet aquas difficile daemonibus non est... et aerem vitiando morbidum reddere* (8). — *Omnis transformatio corporalium rerum quae fieri potest per aliquam virtutem rationalem, per daemonem fieri potest* (9). E la Somma: *L'ordine della divina provvidenza non solo negli angeli ma in tutto eziandio l'universo si è che le cose inferiori siano amministrate per le superiori. Ma da quest'ordine nelle cose corporali alcune volte per divina permissione si fa eccezione, secondo un più alto ordine... Anco gli angeli buoni e i non buoni possono nei corpi inferiori operare oltre all'azione dei corpi celesti, condensando le nuvole in pioggia e altre simili cose facendo* (10). *Gli spiriti mali per invidia si sforzano impedire il bene degli uomini, e per superbia usurparsi sembianza della divina potestà, deputando tra loro ministri determinati a impugnazione degli uomini, come e gli angeli ministrano a Dio per la salute degli uomini in certi uffizii determinati.* (11).

La morte di Buonconte gli rammenta la battaglia di Campaldino; e que'

(1) Ambr., in Psal. CXVIII.
(2) Orig., in Num. XXII.
(3) Ad Eph., II, 2.
(4) Aug., in Gen, III. Agostino li pone nell'aria più bassa. Girolamo (in Eph., III, 12) dice l'aria piena *contrariis fortitudinibus*. V. Chris. in Eph.; Greg., Mor., XIII, 17; Beda in Pet., II, 1; Som. Sup., 69. Quest'aere caliginoso non è assegnato a' demonii quasi luogo dove ricevano la retribuzione degli atti loro, ma quasi competente all'uffizio loro in quanto sono deputati a esercitare noi uomini. - Del turbine suscitato per provare la virtù di Giobbe, così spiega la Somma (1, 114).
(5) Som., 1, 110.
(6) Greg., Dial., IV.

(7) Som., 1, 110.
(8) Aug., de Civ. Dei, XVIII.
(9) Ivi, VIII. - Greg., Mor., II: *Etsi beatitudinem perdidit, naturam tamen angelis similem non amisit*. V. Alb. Magn., de Pot. daem. Ne' Bollandisti, 1, 555: *Il demonio suscita una tempesta per impedire la conversione di Lorenzo Giustiniani.*
(10) Som., 1, 112. - Ivi, 1, 114, 4: *Gli spiriti buoni e i mali non possono trasmutare la materia d'una in altra forma* (qui *forma* vale *l'intima virtù*), *ma possono adoperare certi germi che trovansi negli elementi del creato*, come dice Agostino (De Trin., III).
(11) Som., 1, 114, 4.

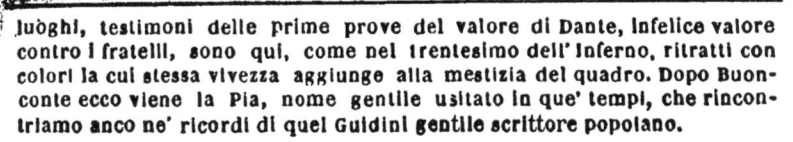

luòghi, testimoni delle prime prove del valore di Dante, infelice valore contro i fratelli, sono qui, come nel trentesimo dell'Inferno, ritratti con colori la cui stessa vivezza aggiunge alla mestizia del quadro. Dopo Buonconte ecco viene la Pia, nome gentile usitato in que' tempi, che rincontriamo anco ne' ricordi di quel Guidini gentile scrittore popolano.

LA PIA.

Il concedere tre versi alla preghiera e tre alla narrazione del fatto, è bellezza di quelle che si trovano, ma non cerche, e le manda quel Dio che manda i poeti. Aggiungo che il toccar della morte in due sole parole *disfecemi Maremma*, è bellezza, al sentir mio, più profonda del tanto lodato: *Quel giorno più...* (1). Distendersi dopo ciò nell'imagine dell'amore, è tanto più pio quant'è delicata la modestia di quel *Salsi colui..* (2) che accenna e non accusa; e rammenta l'altro: *Dio lo si sa qual poi mia vita fùsi* (3), che dice un'altra cara donna e bella del Paradiso, Piccarda. La già beata, e la destinata a salire, il male ricevuto toccano quasi con pudore; la dannata ci calca: *Noi che tingemmo... Se fosse amico... Nostro mal perverso .. Che mi fu tolta, e 'l modo ancor mi offende... Ad una morte... Caina attende...* (4).

Aggiungo che quel *pria* è come un rimprovero alla seconda moglie del marito uccisore; che il rammentare lo sposalizio di lei vergine è un accennare al secondo matrimonio a cui la gioia schietta di quella cerimonia fu dal peccato negata; nè poteva Nello dare con tranquillo animo a Margherita la gemma non più sua, se la Pia l'aveva portata nella sepoltura con seco. Delle voluttà coniugali non tocca l'anima tradita; ma di quel ch'ogni amore ha più puro, e più lungamente a' pii memorabile, la speranza. Così nel Vangelo Maria ci si presenta *disposata ad un uomo che aveva nome Giuseppe*; così nel quadro di Raffaello il sacerdote avvicina la destra di Giuseppe per innanellare Maria. In quattro versi un'elegia, una storia, un dramma, ed un quadro ! -

(1) Inf., V, t. 46.
(2) Terz. 45.
(3) Par., III.
(4) Inf., V.

ANNOTAZIONI ASTRONOMICHE DEL P. G. ANTONELLI.

« .... *Ve' che non par che luca*
Lo raggio da sinistra. » (T. 2.)

Vuol farci intendere che riprese il cammino ascendente col sole a destra, e perciò aveva l'ombra a sinistra, e la fronte volta a ponente.

« *Vapori accesi non vid' io sì tosto.* » (T. 13.)

Credo anch'io con parecchi dei comentatori, che abbiasi a intendere: *Io non vidi mai vapori accesi fendere sì tosto il sereno aere di prima notte, nè nuvole d'agosto, calando il sole...* manifesta l'opinione che tanto il fenomeno delle *stelle cadenti*, quanto il frequente e silenzioso lampeggiare in seno alle nuvole nel pomeriggio di caldissima giornata di estate, provenga da accensione di vapori. Che tale opinione manchi d'appoggio nella verità si è saputo soltanto dopo cinque secoli; ma è molto ingegnosa; e alle stelle cadenti accenna più rettamente di quel che parrebbe fare il suo maestro Virgilio, se intendessersi que'versi alla lettera: *Saepe etiam stellas, vento impendente, videbis Praecipites coelo labi, noctisque per umbram Flammarum longos a tergo albescere tractus.* Pare che fossero stelle per Virgilio (quando però non si creda ch'egli usi una locuzione popolare, non la affermando come dottrina, al modo che il Galileo stesso diceva: *Sorgere e cader del sole*); erano vapori accesi per Dante; per noi di presente corpi ponderabili, bolidi o aeroliti circolanti nello spazio, ubbidienti alle leggi della gravitazione come tutti gli astri, e incontrati dalla terra nel suo movimento annuo; nell'atmosfera della quale, trovando una resistenza per la grande loro velocità, si riscaldano fortemente, s'infiammano e talvolta esplodono.

Quanto all'altro fenomeno, che oggi sappiamo essere di natura elettrica, come la folgore, il nostro Poeta lo riguardò come distinto non si sentendo il fragore che segue al lampo di un fulmine: ma non s'ingannò pensando che il calorico vi avesse gran parte. Osservisi come al Poeta non isfuggano neppure le specie e le gradazioni di uno stesso fenomeno, parlando egli de' baleni folgoranti al XXXII del Purgatorio, e al I del Paradiso, accoppiando in modo distinto e propriissimo le due voci: *dentro al vivo seno Di quello incendio, tremolava un lampo Subito e spesso, a guisa di baleno.*

« *Ben sai come nell' aër si raccoglie.* » (T. 37.)

In questa e nelle tre seguenti terzine è da ammirare la retta cognizione del Poeta circa alle cause della pioggia, richiamando specialmente il vapore acqueo, l'abbassamento di temperatura, il vento e la prossimità di grandi montagne. Ed è pure dottrinalmente insieme e poeticamente descritto quel che concerne le piene fluviali, nelle terzine seguenti.

CANTO VI.

ARGOMENTO.

Molte anime lo pregano, preghi e faccia pregare per loro. E' pone un dubbio a Virgilio sull' efficacia della preghiera. Salgono un poco: trovan Sordello, mantovano poeta, uomo famoso del secolo XIII. Al nome di Mantova questi abbraccia Virgilio, dal quale atto d'amore fraterno trae Dante occasione a gridare contro gli odii d'Italia. E in lui pure è alla pietà misto l'odio, perchè nessun uomo, per alto che sia, è franco in tutto dal vizio de' tempi.

Questo capitolo, dice Pietro, è *pulcrum, clarum, facile, absque allegoria*. Bello; ma più bello d'assai il precedente.

Nota le terzine 8, 12, 15, 17; 19 alla 27; 29, 30, 36, 37, 39; 41 alla 46; 48 con le ultime.

1. Quando si parte il giuoco della zara,
   Colui che perde, si riman dolente,
   Ripetendo le volte, e tristo impara;
2. Con l'altro se ne va tutta la gente;
   Qual va dinnanzi, o qual dirietro il prende,
   E qual da lato gli si reca a mente;
3. Ei non s'arresta, e questo e quello 'ntende:
   A cui porge la man, più non fa pressa;
   E così dalla calca si difende.

1. (L) *Zara:* giuoco di dadi. — *Volte:* i punti. — *Impara a sue spese.*
2. (L) *Va per mancia.*
3. (L) *Man,* per dare.

4. Tal era ïo in quella turba spessa,
Volgendo a loro, e qua e là, la faccia;
E, promettendo, mi scioglìea da essa.
5. Quivi era l'Aretin che dalle braccia
Fiere di Ghin di Tacco ebbe la morte;
E l'altro ch'annegò correndo in caccia.
6. Quivi pregava con le mani sporte
Federigo Novello, e quel da Pisa,
Che fe' parer lo buon Marzucco forte.
7. Vidi cont'Orso, e l'anima divisa
Dal corpo suo per astio e per inveggia,
Come dicea, non per colpa commisa;
8. Pier dalla Broccia, dico. E qui provveggia,
Mentr'è di qua, la donna di Brabante,
Sì che però non sia di peggior greggia.

4. (L) *Promettendo* pregare e far pregare.
(SL) *Qua*. Æn., VI: *Circumstant animae dextra laevaque frequentes... Juvat usque morari.*
5. (L) *Correndo*, inseguito.
(SL) *Aretin*. Benincasa di Laterina, giudice del distretto d'Aretino. Ghino era d'Asinalunga del Senese: e perchè Benincasa, assessore a Siena, sentenziò a morte Tacco fratel di Ghino , e Turrino da Turrita nipote di Ghino, assassini, questi andò a Roma dove Benincasa era auditore, gli tagliò il capo e lo portò seco. Ghino era nobile e nella fierezza generoso, nemico de' conti di Santafiora, e co' suoi assassini teneva tutta Toscana in riguardo. Di lui in una novella il Boccaccio. — *Altro*. Guccio de' Tarlati di Pietramala, che avend'ordinata una cavalcata nella terra di Laterina contro certuni di Boscoli ivi dimoranti, e nemici a lui, i detti Boscoli con gente fiorentina l'assalsero, e inseguirono tanto che affogò in Arno. — *Caccia*. Dino: *Messo in caccia.*
6. (SL) *Quivi* Modo simile in Virgilio: *Hic illi occurrit Tydeus, hic inclytus armis.. Hic multum fleti ad superos, belloque caduci Dardanidae. - Stabant orantes primi transmittere cursum. Tendebantque manus* (Æn., VI). — *Federigo* Figliuolo del conte Guido Novello, il qual Federigo combattendo co' Tarlati fu morto da uno de' Boscoli (Com. ined. della Lau-

renziana). — *Marzucco*. Degli Scornazzani o Scornigiani di Pisa: « ucciso gli un figliuolo di nome Farinata, da Buezio di Capranico, Marzucco, già reso de' frati minori, con altri frati , ne accompagnò le esequie cantando, e quanti trovò testimoni al fatto perdonò virilmente, congedandoli con nobili parole e generose lagrime. » Il Postillatore Caetano narra altrimenti: che il conte Ugolino fece decapitare Federigo, per astio, e ordinò che nessuno gli desse sepoltura: ma il padre venne di notte al conte: e gli disse senza pianto: « Signore, consenti che quel misero sia seppellito. » E Ugolino, ammirando, consenti.
7. (L) *Inveggia:* invidia. — *Commisa:* commessa.
(SL) *Orso* Ucciso a tradimento da' suoi consorti e parenti, de' conti Alberti. Altri lo fa figliuolo del conte Napoleone da Cerbaia, e morto dal conte Alberto da Mangona suo zio.
8. (L) *Proveggia* espii. — *Di qua:* viva. — *Greggia:* dannata.
(SL) *Broccia*. Barone di Francia, segretario e consigliere di Filippo l'Ardito; impiccato a istanza della regina Maria figlia del duca di Brabante, per invidia di lei e de' cortigiani. La regina l'accusò d'avere insidiato alla sua castità. Altri vuole ch'egli accusasse Maria d'avere avvelenato il figliastro. — *Greggia*. Inf., XV.

9. Come libero fui da tutte quante
   Quell'ombre, che pregâr, pur, ch'altri preghi,
   Sì che s'avacci il lor divenir sante;
10. Io cominciai: — E' par che tu mi nieghi,
    O luce mia, espresso in alcun testo,
    Che decreto del Ciel orazion pieghi.
11. E questa gente pregan pur di questo.
    Sarebbe dunque loro speme vana?
    O non m'è 'l detto tuo ben manifesto? —
12. Ed egli a me: — La mia scrittura è piana;
    E la speranza di costor non falla;
    Se ben si guarda con la mente sana.
13. Chè cima di giudicio non s'avvalla
    Perchè fuoco d'amor compia in un punto
    Ciò che dee soddisfar chi qui s'astalla.
14. E là dov'io fermai cotesto punto,
    Non s'ammendava, per pregar, difetto,
    Perchè 'l prego da Dio era disgiunto.
15. Veramente, a così alto sospetto
    Non ti fermar, se Quella nol ti dice
    Che lume fia tra 'l vero e l'intelletto.
16. Non so se intendi: i' dico di Beatrice.
    Tu la vedrai di sopra in sulla vetta
    Di questo monte, ridente e felice. —

---

9 (L) *Avacci:* affretti.
10. (L) *Luce:* Virgilio. — *Alcun:* un. — *Testo* dell'Eneide.
(SL) *Luce.* Æn. II: *O lux Dardaniae.* — *Testo.* Æn., VI: *Desine fata Deûm flecti sperare precando.* Quando Palinuro chiede passare lo Stige innanzi tempo.
12 (SL) *Sana.* Hor. Sat., I, 9: *Mentis bene sanae.*
13. (L) *Cima:* la giustizia non perde se in poco tempo l'anima espia. — *Astalla:* sta.
(F) *Cima.* I giureconsulti: *Apex juris.* Ben nota l'Ottimo che l'orazione è causa seconda, la quale non toglie gli effetti finali della causa prima. — *Avvalla.* Greg. Mor., XXVI, XXVII: *Deus mutat sententiam sed non consilium.* Som. Sap., 71: *Non è sconveniente, che per moltiplicati suffragi la pena di que' che sono in Purgatorio sia rimessa. Non però ne segue che i peccati restino impuniti, perchè la pena dall'uno assunta per l'altro è in favore di questo computata.*
14. (L) *Là:* in Inferno. — *Difetto:* colpa.
(SL) *Fermai.* Dino: *Fermare una legge.* — *Difetto* Per colpa anco grave in S. Caterina e in altri.
(F) *Disgiunto.* La grazia, dice Pietro, non dava alla preghiera de' Pagani il valore che la fede nella redenzione le dà.
15. (L) *Veramente:* ma. — *Sospetto:* dubbio.
(SL) *Veramente. Verumtamen.* L'usa nel Convivio.
(F) *Quella.* Ott.: *La questione è più teologica che naturale.*

17. Ed io: — Buon ducà, andiamo a maggior fretta;
    Chè già non m'affatico come dianzi:
    E vedi omai che il poggio l'ombra getta. —
18. — Noi anderem con questo giorno innanzi
    (Rispose), quanto più potremo omai:
    Ma il fatto è d'altra forma che non stanzi.
19. Prima che sii lassù, tornar vedrai
    Colui che già si cuopre della costa,
    Sì che i suo' raggi tu romper non fai.
20. Ma vedi là un'anima che, a posta,
    Sola soletta, verso noi riguarda:
    Quella ne insegnerà la via più tosta. —
21. Venimmo a lei. O anima lombarda,
    Come ti stavi altera e disdegnosa,
    E nel muover degli occhi onesta e tarda!
22. Ella non ci diceva alcuna cosa,
    Ma lasciavane gir; solo guardando,
    A guisa di leon quando si posa.
23. Pur Virgilio si trasse a lei, pregando
    Che ne mostrasse la miglior salita:
    E quella non rispose al suo dimando,
24. Ma di nostro paese e della vita
    C'inchiese. E il dolce duca incominciava:
    — Mantova. — E l'ombra, tutta in sè romita,
25. Surse vèr lui del luogo ove pria stava,
    Dicendo: — O Mantovano, io son Sordello
    Della tua terra. — E l'un l'altro abbracciava.

---

17. (SL) *Getta*. Buc., I: *Majoresque cadunt altis de montibus umbrae.* Salgono il monte dalla parte orientale (Purg., IV, t 18): dunque voltando verso ponente dovevano avere l'ombra del monte dal lato loro.
18 (L) *Stanzi:* pensi, stabilisci in pensiero.
(SL) *Stanzi* Inf, XXV, t 4.
19. (L) *Lassù*, da Beatrice — *Colui:* il sole — *Cuopre:* tramonta. — *Fai* coll'ombra
20. (L) *Posta:* quasi appostandoci. — *Tosta:* pronta.
21. (SL) *Altera* Petr.: *Ed in donna amorosa ancor m'aggrada Che in vista vada altera e disdegnosa Non superba o ritrosa.* — *Onesta*. Georg.,

IV: *Os terris ostendit honestum.* — *Tarda!* Petr.: *L'atto mansueto, umile e tardo.*
22 (SL) *Guardando*. Malespini, d'un leone: *Guatò e ristettesi* Plinio, de' leoni: *Nec limis intuentur oculis; aspicique simili modo volunt.* Così Solino. — *Posa.* [C] Gen, XLIX, 9: *Requiescens accubuisti ut leo.*
(F) *Diceva*. Seneca: *Niuna cosa fa tanto pro all'anima come posare, e pochissimo con altrui parlare e molto con seco*
24 (L) *Inchiese:* domandò. — *Romita:* raccolta.
(SL) *Romita*. Petr.: *In sè raccolta e sì romita.*

26. Ahi serva Italia, di dolore ostello;
   Nave senza nocchiero, in gran tempesta;
   Non donna di provincie, ma bordello!
27. Quell'anima gentil fu così presta,
   Sol per lo dolce suon della sua terra,
   Di fare al cittadin suo quivi festa;
28. E ora in te' non stanno senza guerra
   Li vivi tuoi; e l'un l'altro si rode,
   Di quei ch'un muro e una fossa serra.
29. Cerca, misera, intorno dalle prode
   Le tue marine, e poi ti guarda in seno,
   Se alcuna parte in te di pace gode.
30. Che val, perchè ti racconciasse il freno
   Giustiniano, se la sella è vòta?
   Senz'esso, fora la vergogna meno.
31. Ahi gente, che dovresti esser devota,
   E lasciar seder Cesar nella sella,
   Se bene intendi ciò che Dio ti nota;
32. Guarda com'esta fiera è fatta fella
   Per non esser corretta dagli sproni,
   Poi che ponesti mano alla predella.
33. Oh Alberto Tedesco, che abbandoni
   Costei, ch'è fatta indomita e selvaggia,
   E dovresti inforcar li suoi arcioni;

---

26. (SL) *Nave.* Bocc.: *Al timone di sì gran legno in tanta tempesta faticante son posti.* Maggi: *Giace l'Italia addormentata in questa Sorda bonaccia.* — *Donna* Guittone: *Non già rema, ma ancilla conculcata e posta a tributo* Jer. Thren., I, 1: *Domina gentium, princeps provinciarum. facta est sub tributo.*
27. (L) *Terra:* Mantova.
28. (SL) [Viri Milton, Parad. perd., lib. II, v. 496.]
29. (L) *Seno:* infra terra.
   (SL) *Gode* Lucret., I: *Tranquilla pace fruatur.*
30. (L) *Freno,* co' codici. — *Vòta* d'imperante. — *Fora:* sarebbe minore.
   (SL) *Vòta* Purg., XVI, t. 33 *Le leggi son; ma chi pon mano ad esse?*

31. (L) *Gente:* Guelfi.
32. (L) *Corretta:* guidata.
   (SL) *Fella.* Inf., VIII, t. 6. — [*Sproni* Del correggere persona o Stato i poeti e prosatori usano l'allegoria del cavallo] — *Predella.* La parte della briglia che va alla guancia del cavallo sopra il morso, per la quale suol pigliare il cavallo chi non cavalca, o per condurlo o per arrestarlo Or i Guelfi avevano preso per la predella il cavallo, e volevano così guidarlo non permettendo che il cavaliere montasse. Trat. II, Comper. Cav : *Lo piglia per la predella del freno, e ragguardalo negli occhi....*
33. (L) *Inforcar:* montare.
   (SL) *Tedesco.* Vill., VIII, 62, 94. — *Indomita.* Hor. Epist., I, 3: *Indomita cervice feros.*

34. Giusto giudizio dalle stelle caggia
    Sovra il tuo sangue: e sia nuovo e aperto,
    Tal che 'l tuo successor temenza n'aggia.
35. Ch'avete, tu e 'l tuo padre, sofferto,
    Per cupidigia di costà distretti,
    Che 'l giardin dell'imperio sia diserto.
36. Vieni a veder Montecchi e Cappelletti,
    Monaldi e Filippeschi, uom senza cura;
    Color già tristi, e costor con sospetti.
37. Vien', crudel, vieni, e vedi la pressura
    De' tuoi Gentili; e cura lor magagne:
    E vedrai Santafior, com' è sicura.
38. Vieni a veder la tua Roma, che piagne,
    Vedova, sola; e dì e notte chiama:
    « Cesare mio, perchè non m'accompagne? »
39. Vieni a veder, la gente quanto s'ama.
    E, se nulla di noi pietà ti muove,
    A vergognar ti vien' della tua fama.
40. E (se licito m'è), o sommo Giove,
    Che fosti in terra per noi crucifisso,
    Son lì giusti occhi tuoi rivolti altrove?

34. (L) *Caggia.* Cada. — *Aggia.* Abbia.
(SL) *Giudicio.* [C] Psal. LXXV, 9: *De coelo auditum fecisti judicium.* — *Caggia.* Alberto fu morto dal suo nipote nel 1308. Il Poeta qui gli augura la morte seguita già, e ne trae augurio di spavento al suo successore, o non ancora eletto, o eletto di poco. Questo Canto dunque fu scritto tra il 1308 e il 1309. Alberto figlio di Rodolfo gli successe nel 1298: ma solo nel 1303 Bonifazio gli diede la bolla d'imperatore. Mai non volle venire in Italia, ma ne voleva l'omaggio. Dante noi numera nè anco fra gl' imperatori romani. Nel 1303 invase Boemia (Par., XIX).
35. (L) *Distretti:* rattenuti. — *Giardin:* Italia.
(SL) *Avete* Da sessant'anni gli imperatori germanici non erano calati in Italia quand'Arrigo ci venne. — *Cupidigia* Vill., VII, 115: *Rodolfo sempre intese ad accrescere suo stato e signoria in Alemagna, lasciando le imprese d'Italia, per accrescere terra e podere a' figliuoli.* — *Distretti.* Liv.: *Distretta dentro i confini dell'Africa.*
36. (L) *Montecchi e Cappelletti:* Ghibellini nobili di Verona. — *Monaldi e Filippeschi:* Ghibellini d'Orvieto. — *Costor.* I Veronesi oppressi da' Guelfi.
37. (L) *Gentili:* nobili.
(SL) *Pressura* [C] Modo biblico. Luc., XXI, 25: *Pressura gentium.* — *Cura.* In Virgilio *securus* ha senso di *non curante.* — *Santafior.* Contea nel Senese: i quali conti erano ricchi in Maremma: ma il paese tutto infestato di ladrocinii.
38. (SL) *Piagne.* Jer. Thren , I, 2: *Plorans ploravit in nocte, et lacrimae ejus in maxillis ejus: non est qui consoletur eam ex omnibus charis ejus.* — *Vedova* Baruch, IV, 12: *Nemo gaudeat super me viduam et desolatam: a multis derelicta sum propter peccata filiorum meorum.* — *Sola.* Jer Thren, I, 1: *Quomodo sedet sola civitas?.... Facta est vidua.* — *Chiama.* Luc., XVIII, 7: *Clamantium ad se die ac nocte.*
39. (L) *Nulla:* nessuna.
(SL) *Muove.* Æn., IV: *Neque enim specie famave movetur.* E IX: *Non infelicis patriae, veterumque deorum..... segnes miseretque pudetque?*
40. (L) *Licito:* lecito dire. — *Giove:* Gesù Cristo.

41. O è preparazion che nell'abisso
   Del tuo consiglio fai, per alcun bene,
   In tutto, dall'accorger nostro scisso?
42. Chè le terre d'Italia tutte piene
   Son di tiranni; e un Marcel diventa
   Ogni villan che parteggiando viene.
43. Fiorenza mia, ben puoi esser contenta
   Di questa digression, che non ti tocca,
   Mercè del popol tuo che sì argomenta!
44. Molti han giustizia in cor; ma tardi scocca,
   Per non venir senza consiglio all'arco;
   Ma 'l popol tuo l'ha in sommo della bocca.
45. Molti rifiutan lo comune incarco;
   Ma 'l popol tuo sollecito risponde
   Senza chiamare, e grida: « I' mi sobbarco. »
46. Or ti fa lieta; chè tu hai ben onde:
   Tu ricca, tu con pace, tu con senno:
   S'io dico ver, l'effetto nol nasconde.
47. Atene e Lacedemona, che fenno
   Le antiche leggi, e furon sì civili,
   Fecero al viver bene un picciol cenno

(SL) *Se.* [C.] Atti XXI, 37: *Si licet mihi loqui aliquid ad te.* — *Licito.* Semint.: *E se m'è licito.* — *Sommo* Æn, I: *Jove summo.* Petr. a Dio vivo Giove (Son. 208). - *Eterno Giove* (Son. 133). Consuona con Jeova. — *Occhi.* [C.] Is., I, 15: *Avertam oculos meos a vobis.* Psal, XXI, 25: *Nec avertit faciem suam a me.*
44. (L) *Accorger:* vedere e giudicare. — *Scisso:* diviso.
(SL) *Scisso.* Psal. LXXVI, 9: *Misericordiam suam abscindet.* Aristotele (Pis. III): *Sciso per separato.*
(F) *Preparazion.* Psal LXXXVIII, 15: *Justitia et judicium praeparatio sedis tuae.* Som.; *Preparazione al fine.* — *Abisso.* Psal. XXXV, 7: *Judicia tua abyssus multa.*
42. (SL) *Tiranni.* Anco la democrazia, sola Pietro, può tornare in tirannide. — *Marcel.* Vincitore de' Cartaginesi e de'Galli. Æn., VI: *Insignis spoliis Marcellus optimis.* O forse intende il nemico di Cesare. Come dire: Ogni villano si reputa forte per contrastare all'impero. Ott.; *Marcello.....*

mato contro a Cesare, che continovo si levava in consiglio a dire contro a lui; e......, le più volte, dicea contro ragione e giustizia. Così pareva all'Ottimo più forse che a Dante.
43. (L) *Sì bene.*
(SL) *Tuo* Molti Fiorentini scrissero contro Firenze; e il Boccaccio le rimprovera i suoi peccati.
44. (L) *Arco:* parola e opra. — *Bocca,* non altrove.
(SL) *Scocca.* Psal., CXIX, 3, 4: *Quid opponatur tibi ad linguam dolosam? Sagittae potentis acutae.*
(F) *Bocca.* Eccli., IV, 34: *Non volere esser avventato nella lingua, e rimesso e inutile nelle opere.* - *Cuore a bocca* contrapponesi e nel biblico e nel comune linguaggio. [C.] Is., XXIX, 13: *Populus iste ore suo, et labiis suis glorificat me, cor autem ejus longe est a me.*
45 (L) *Chiamare:* esser chiamato. — *Sobbarco;* entro a sostenerlo.
(SL) *Sobbarco.* Da βάρος, peso.
46. (SL) *Effetto.* Giambull.: *Come non molto dopo mostrò l'effetto.*
47. (L) *Fenno:* fecero.

48. Verso di te, che fai tanto sottili
Próvvedimenti; ch'a mezzo novembre
Non giunge quel che tu d'ottobre fili.
49. Quante volte, del tempo che rimembre,
Legge, monèta, e uficii, e costume
Hai tu mutato, e rinnovato membre!
50. E, se ben ti ricorda e vedi lume,
Vedrai te simigliante a quella inferma
Che non può trovar posa in sulle piume,
Ma con dar vôlta suo dolore scherma.

48. (L) *Verso :* a paragone.
49. (SL) *Membre ?* L'usa in prosa Guidotto da Bologna. Inf, XXIV: *Pistoia in pria di neri si dimagra; Poi Fiorenza rinnova genti e modi.*
50. (L) *Scherma:* schermisce, crede ingannare.
(SL) *Vedi lume.* Vive in Toscana.
— [*Inferma.* Ha questa similitudine lo Schmit nel primo capo della *Legislazione universale Ceu lectum peragrat membris languentibus aeger,*
In latus alterne laevum dextrumque recumbens : Nec juvat : inde oculos tollit resupinus in altum : Nusquam invenia quies ; semper quaesita : quod illi Primum in deliciis fuerat, mox torquet et angit ; Nec morbum sanat, nec fallit taedia morbi. Polignac, Anti-Lucret., 1, 1047] — *Trovar.* Jer Thr., I, 3 : *Nec inveni requiem.* — Dar. Bocc. : *Dar tali volte per lo letto.* Æn., III : *Fessum,... mutet latus.*

La similitudine degli accattatori attorno a chi vince il giuoco, dipinge con evidenza la brama e la pressa; ma non a tutti non parrà bene appropriata al desiderio del premio celestiale, nè alla condizione di Dante, il quale si trovava tuttavia nel forte del duro giuoco in questo povero mondo.
Sciogliesi l'obbiezione che certe menti volgari ripetono contro la credenza del Purgatorio; e notasi come da essa sia conciliata la giustizia con la misericordia di Dio, invigorita la speranza de' viventi e de' morti, data una virtù liberatrice al prego degli uomini, resa più intima la comunione de' meriti, più sereno il consorzio della visibile coll'invisibile società L'elocuzione non ha l'usata evidenza; ma *cima di giudicio,* e *fuoco d'amor che compie in un punto* sono espressioni potenti.
Al nome di Beatrice il Poeta si sente rinvigorito dal desiderio, e già ascende coll'anima le altezze del monte; perchè il desiderio di vedere lei si confonde col bisogno di conoscere la verità. Virgilio gli addita un'anima che sta e guarda. I due poeti di due secoli così diversi, si sentono attratti l'un verso l'altro; Sordello con lo sguardo intento lo chiama a sè; e siccome uomo che dal molto osservare gli uomini e le cose è fatto sempre più voglioso di conoscere uomini e cose degne, prima di rispondere, interroga. Nessun'altra città che Mantova, non la sua stessa Firenze e non Roma, avrebbe a Dante ispirato il concetto di questo Canto, che può dirsi dettato dalla voce di Virgilio viva Virgilio non avrebbe trovata la pittura di Sordello, nè il verso: *A guisa di leon quando si posa;* ma Virgilio, Cristiano, avrebbe dato al proprio dolore e allo sdegno un accento di più mite, e però più potente, pietà.
Tanto più notabili, tra la ruvida indegnazione, le schiette parole della terzina: *Quell'anima gentil,* a me più bella dell'altra che la precede: *Ahi serva Italia!* Ma poi il Ghibellino tre e quattro volte grida al Tedesco, *vieni,* tra l'altre cose, *a veder la pressura de' tuoi gentili.* Tutta la storia d'Italia è in quel *tuoi.* I gentiluomini italiani, salvo i Veneti, o erano razza germanica; o

Canto XVII il Purgatorio — Terzina 23.

*Sentimi presso quasi un mover d'ala,
E ventarmi nel volto, e dir: Beati
Pacifici, che son senz'ira mala.*

coll'invocare e col respingere gl'imperatori germanici, li provocavano contro di sè.

De' più belli è anche il verso: *Vieni a veder, la gente quanto s'ama;* e dimostra come possa esserci un'ironia piena d'alletto e di lagrime. Più acre l'altra al popolo che a pesi inuguali *sollecito si sobbarca.* Il rivivere che fa da circa vent'anni negli scritti di taluni questa vecchia parola, colle *ambagi* e colle *improntitudini*, è augurio tristo a me, che non esulto del duellare che fanno tra loro, come già gli Dei dell'Iliade, *egemonia* e *autonomia*. Ma riprendendo il popolo fiorentino, Dante non lo condannava in quanto repubblica, se gli rinfaccia gli esempi d'Atene e di Lacedemone, *che furon sì civili.* Nè solo le repubbliche in Italia mutarono spesso *Leggi e moneta e uffizio e costume:* e il proverbio: *legge fiorentina basta da sera a mattina* (che è meno che da ottobre a mezzo novembre) l'ha non solamente Milano (memoria non so se della repubblica o del ducato o del regno) ma l'ha anche Torino delle leggi piemontesi nel suo dialetto.

L' Italia, *ostello e nave e bordello*, poi diventa cavalla: e la metafora piace al Poeta tanto che la strascica in allegoria, come Achille fa del cadavere d'Ettore, e il Paladino di quell'altra cavalla: *racconciare il freno, sella vuota, fiera sella, non corretta dagli sproni, non por mano alla predella, inforcare negli arcioni.* Il verso: *E lasciar se ter Cesar nella sella* ha troppo invero armonia imitativa, e rammenta lo scricchiolare della *Daneja* agghiacciata, e *Austerlich.* Che direbbegli se a' dì nostri sentisse una Roma entro Roma ripetere il verso: *Cesare mio, perchè non m'accompagne?*; e l'Italia pregare il successore d'Alberto, non d'altro se non che la *abbandoni?* La *cupidigia* che teneva Alberto e Rodolfo distretti in Germania, ubbidì finalmente alle imprecazioni di Dante e venne a *stringere* noi i versi: *Giusto giudizio dalle stelle caggia.*
— A vergognar ti vien' della tua fama, non sono nè di politico nè di profeta; ma avverano la sentenza adombrata nelle due men felici terzine del Canto: che non solo il bene, ma il male, nella storia de' popoli, sono sovente *scissi dall'accorgere* e degli animi più retti e degli ingegni più acuti.

BEATRICE. — SORDELLO. — L'ITALIA.

Il canto incomincia dal giuoco de'dadi che piglia ben tre terzine; e, passando per l'anima d'un assassino, Ghino di Tacco, e d'una duchessa di Brabante, sale sul monte alla luce di Beatrice, e quindi scende all'Italia, e finisce contro Firenze con una delle solite ironie accoratamente feroci. In mezzo al calore del resto, giunge più penetrante la freddezza del cenno alla donna di Brabante che ammendi il suo misfatto *Sì che però non sia di peggior greggia:* e più quindi risalta l'imagine di *Quella... che lume fia tra 'l vero e l'intelletto.*
Omnis manifestatio fit per lumen (1). E Aristotele stesso: *Cosa astratta dalla materia non può da alcuna scienza naturale essere contemplata* (2). E però la questione dell'efficacia della preghiera, in quanto ne pare mutato il consiglio divino, Virgilio la serba da risolvere a Beatrice, che nelle rime è chiamata *nobile intelletto;* e nel Convito, *Sapienza felicissima e suprema* (3): e ivi stesso di lei: *Negli occhi di quella donna, cioè nelle sue dimostrazioni, dimora la verità;* queste parole rammentano quelle di Cicerone, le quali Dante poteva leggere e in Cicerone e in più autori al tempo suo conosciuti: *Vedi la forma stessa è quasi la faccia dell'onestà, che, se con gli occhi fosse veduta, maravigliosi amori, come dice Platone, ecciterebbe verso la sapienza* (4).
Il desiderio che Dante dimostra di tosto salire alla visione di Beatrice richiama al pensiero le parole d'Enea alla Sibilla: *Ire ad conspectum cari genitoris et ora Contingat: doceas iter, et sacra ostia pandas. Illum ego per flammas et mille sequentia tela Eripui his humeris, medioque ex oste recepi: Ille meum comitatus iter, maria omnia mecum, Atque omnes pelagique minas coelique ferebat Invalidus, vires ultra sortemque senectae. Quin, ut te supplex peterem, et tua limina adirem, Idem orans mandata dabat. Natique patrisque, Alma, precor, miserere...* (5). Le quali parole rammentano e quelle con che si conchiude il terzo libro, ove Enea piange la morte d'Anchise, e il principio del quinto, e ivi stesso la visione del padre che gli consiglia venire a' suoi colloqui nell'Eliso. Siffatte preparazioni nel poema virgiliano ebbe in mira e seguì nel suo l'Allighieri; senonchè guida a Enea è sola la Sibilla e per il mondo dolente e per le sedi beate: a Dante per le due regioni dell'immortalità, Virgilio, poi lassù, Beatrice. Che se la pietà

(1) Som., 1, 64.
(2) Arist., par. an., I.
(3) In questo Canto: *Tu la vedrai di sopra in su la vetta Di questo monte, ridente e felice.*
(4) Cic., de Off., I.
(5) Æn., VI.

di padre e di figlio è nel poema latino cosa più santa dell'amore di donna, nell'italiano questa donna elevata sopra tutte le cose mortali e tutte le umane idee, fatta imagine della eterna contemplazione, e la gloria che in lei si riflette è tanto più alta della gloria d'Enea quanto Roma cristiana di Roma pagana, anzi l'universo tutto di Roma; e quanto de'carmi sibillini la parola di Gesù e di Giovanni.

Ma perchè in tanta altezza, a quanta non s'era mai levato poeta, non si poteva costantemente tenere l'imitatore di Virgilio, l'uomo di parte, intoscato l'anima spesso o da odii crudeli o da dolori superbi o da non degni amori; le contradizioni al poema non mancano; e contradizioni sono, chi ben riguarda, anco certe malaugurate conformità. Per esempio, in questo Canto accennasi in due luoghi al passo di Geremia, laddove dell'Italia *donna di provincie*, e di Roma, *che piange vedova, sola:* ma lasciando stare che questa Roma è detta cosa d'Arrigo di Lucemburgo, e ch'ella piange perchè questo Arrigo non la *accompagna;* in una lettera latina, parlando, forse simbolicamente, della morte di Beatrice, citansi i Treni medesimi del profeta Geremia. E così i Treni paiono l'anello che lega in questo Canto Sordello il poeta iracondo, l'amante e rapitore della sorella d'Ezzelino con la pura e mansueta e umile Beatrice. Senonchè quelle che ai più paiono contradizioni negl'ingegni e nelle anime singolari, talvolta sono semplici contrapposti, originati dalla potenza e dal bisogno di comparare più o meno felicemente le idee disparate, e di più o meno legittimamente congiungerle. Di contrapposti si compiace e la natura morale e la corporea, e la scienza e l'arte; dacchè chi non vede le differenze, non vede neanco le conformità; e chi non sa da lontano chiamare a sè e imperiosamente stringere le idee sparse e vaganti, non otterrà altro mai che triviali e impotenti consonanze d'affetti e d'idee. In questo Canto vediamo da una similitudine famigliare il Poeta passare ad accenni storici che pigliano Toscana e Romagna e Brabante; poi da una sentenza di Virgilio, a proposito di Palinuro piloto, salire a una delle più ardue questioni che agitano e acquetino lo spirito umano; e, dopo un'aspirazione d'amore tra terreno e celeste a Beatrice, venire la dipintura viva e vera d'un cittadino poeta; e l'amore della verità essere via all'amore di patria, e l'amore far più acuto lo sdegno, e lo sdegno più pungente il dolore, e il dolore il sorriso più amaro; e da una vincita al giuoco, il pensiero attraverso memorie d'omicidio e di lagrime, attraverso al monte del Purgatorio e all'Italia e alla Germania, cadere sopra un letto ove giace una inferma che non conosce il suo male, *E con dar volta suo dolore scherma.*

Sordello, del Mantovano, d'un castello ch'ha nome Goito; gentil cattano: fu avvinente omo della persona, e grande amatore. Ma molto egli fu scaltro e falso verso le donne e verso i baroni da cui elli stava. E s'intese in madonna Cunizza sorore di ser Eccelino e de ser Alberico da Romano ch'era mogliera del conte di S. Bonifazio. E per volontate di ser Eccelino elli involò madonna Cunizza, e menolla via (1). Altri narra il fatto altrimenti. Ma Sordello fu certamente valoroso poeta provenzale; e rime di lui conservansi nel Codice Vaticano. La sua canzone in morte di Blacasso, vigorosa poesia scritta nel 1180, fu stampata da Giulio Perticari, ed è canzone politica al modo di certe invettive di Dante. Molte favole raccontansi di Sordello: le più certe notizie trasse dai suoi versi Claudio Fauriel, dotto delle cose

(1) Un commento inedito.

Italiane, siccome di patrie. Benvenuto lo dice *nobilis et prudens miles et curialis;* altri lo dice eccellente in politica (1).

Siccome nell'Eliso Orfeo, tra guerrieri, canta al suono della cetera, e Museo in mezzo alle ombre riverito passeggia, e all'altre sovrasta del capo e degli omeri, e si fa guida ad Enea e alla Sibilla; similmente qui Sordello poeta, anima altera e disdegnosa, come anima superba è chiamata ambiguamente in Virgilio quella di Bruto. *Ella non ci diceva alcuna cosa*, è verso d'antica semplicità, a cui rispondono le famigliari paròle del Sacchetti men belle: *Non ardiva quasi dirne alcuna cosa* (2) Ma quello che vien poi, ricorda l'apparizione dell'ombra d'Ettore nella notte suprema della patria; che al concittadino con lunghi lamenti interrogante: *Ille nihil* (3). Il passo forse più bello nel Canto è la parola *Mantova*, alla quale, senz'altro sentire, succedono gli abbracciamenti di Sordello a lui che non è ancora conosciuto per la *gloria de' Latini* e per il *pregio eterno* di Mantova (4). Onde l'ira scoppia dall'amore; e allo sfogo dell'ira si fa scusa e pretesto la necessità della pace e dell'amore fratellevole, dei quali il Poeta disperando, si rivolge allo straniero per invocarlo quasi inevitabile cavalcatore Son dunque e scusa ed illustrazione al resto le parole: *Se alcuna parte in te di pace gode Vieni a veder, la gente quanto s'ama*; alla quale ironia consuonano i quasi mitologici vanti dell'antica concordia di Firenze: *A così riposato, a così bello Viver di cittadini* (5).

Il *serva Italia* risuona ne' noti sonetti del Guidiccioni: *E disdegnosa le tue piaghe mira, Italia mia, non men serva che stolta.* L'*ostello di dolore* risuona in quel del Petrarca *albergo d'ira*. Della nave antichissima imagine de' governi dei popoli, sulla quale pare che scherzi la nota ode d'Orazio satiro: *Nuper sollicitum quae mihi taedium* (6), leggesi nella Monarchia: *O genus humanum, quantis procellis atque jacturis quantisque naufragis agitari te necesse est, dum, bellua multorum capitum factum, in diversa conaris.* Il bordello è interpretato, in due vecchi comenti, così: *Ad Italiam concurrunt omnes barbarae nationes cum horriditate, ad ipsam conculcandam, tamquam meretricem prostitutam* (7). — *Quia ibi concurrunt omnes nationes barbarae, et aliae... dimittunt et ponunt in Italia omnes paupertates et miserias. Quia vendunt Italicos sicut venditur caro humana in postribulo.* La bella terzina, che è tra le più schiette e pietose del Canto, *Cerca, misera..* è da un antico illustrata dolorosamente così: *La prima (provincia) che ha capo in sul mare di Vinegia si è Romagna nella quale si è Ravenna; fuori n'è parte (in esilio). Poscia quelli che rimasero dentro, si sono insieme cacciati e morti a Rimino sotto la tirannica signoria de' Malatesti. Poi si è la Marca anconitana e Pesaro: cacciati, più parte. Fanno quello medesimo Sinigaglia; simile, Ancona; più che più, Fermo; il simigliante, le Grotte; quello stesso, Fabbriano e Pesaro, morti insieme. Poscia si è la Puglia, la quale si è sotto la tirannia della Casa di Francia; la quale signoria la rode, e tiene in mala ventura; e tiene quella stanza tutta infino ad Otranto... Poscia si è terra di Roma, e Roma. Le quali contrade, tra per*

(1) Dante lo nomina nella Volgare Eloquenza, pag. 270, 271.
(2) Inf., IV: .... *Per ficcar lo viso a fondo, Io non vi discernea veruna cosa.* Altrove più breve: *Nè per me li potea cosa vedere* (Purg., XX).
(3) Æn., II.
(4) Purg., VII, terz. 6.
(5) Par., XV.
(6) Hor. Carm., I, 14.
(7) Benvenuto.

CANTO VI. 85

parte e per nimistade, sono tutte in mala ventura. Poscia si è Toscana, Pisa, Portovenere, la riviera di Genova, e tiene fino al principio di Provenza: le quali stanze sono tutte universalmente in tribolazione. Infra terra si è Lombardia, nella quale similmente sono discordie, brighe e tirannie. Lo simile è nella Marca Trevigiana infino a Vinegia (1).

Alle parole del ghibellino Poeta contro Firenze, ripetute dallo storico guelfo Giovanni Villani, fa doloroso comento quel dì Giovanni Boccaccio. *La nostra città, più che altra, è piena di mutamenti, in tanto che per esperienza tuttodì veggiamo verificarsi il verso del nostro Poeta: Ch'a mezzo novembre Non giunge quel che tu d'ottobre fili* - Dante qui nega a Firenze non solo la pace ed il senno, ma fin la ricchezza, dacché le tre cose congiunge in un'ironia, egli che altrove dice cagione de' mali di lei i *subiti guadagni* (2), e dice le magnificenze de' colli romani vinte da quelle d'un poggio fiorentino (3). Intendeva forse che la ricchezza sùbita di pochi era avviamento a rovina; e' si figurava sotto governo migliore Firenze ancora più ricca: non credo per altro ch'egli desiderasse equabilmente distribuite a tutti o a' più de' cittadini le ricchezze e gli agi, e i diritti di quelle, desiderio maggiore del suo tempo; egli che due volte qui nomina quasi con ischerno il *popolo*, ed altrove contrappone il *cieco toro*, che sono i plebei, al *cieco agnello*, che sono i gentiluomini mansueti. Nel Convivio egli esclama accorato: *Oh misera; oh misera patria mia!* .. E dice, che ogniqualvolta pensa cose che al governo di Stati riguardano, piange su lei. Dalle cose toscane vedeva il Poeta dipendere le lombarde, e lo dice nella lettera a Enrico VII sua suprema speranza.

E in quella medesima lettera si duole dell'indugiare di lui all'assedio di Brescia, così come in questo Canto si duole del non calare d'Alberto. *E se nulla di noi pietà ti muove, A vergognar ti vien' della tua fama*. Parole che consuonano a certe altre di Giove in Virgilio e notisi che nella terzina seguente Dante si volge al *sommo Giove*, Cristo crocifisso, e gli dimanda se gli occhi suoi sono altrove rivolti; ma poi ammenda il dubbio irriverente con un pensiero degno di filosofo cristiano che sente, il male essere preparazione di beni maggiori. Giove dunque per iscuotere Enea dall'amor di Didone, gli fa dire per Mercurio: *Si nulla accendit tantarum gloria rerum, Nec super ipse sua molitur laude laborem, Ascanione pater romanas invidet arces?* (4). Il Poeta che dappertutto vedeva i fati dell'aquila, e nel sesto del Paradiso ne tesse la vita, avrà forse riconosciuto Didone nella Germania, che involava Alberto e Rodolfo all'Italia e vedova Roma. Ma Rodolfo dal venire in Italia s'astenne *praeteritorum Caesarum infortuniis admonitus* (5).

Quasi dire si può dello imperadore .. ch'elli sia il cavalcatore della umana volontà; lo qual cavallo, come vada sanza il cavalcatore per lo campo, assai è manifesto; e spezialmente nella misera Italia (6). La protezione dell'impero accompagnata di consigli e minaccie, di lancie e di patiboli a lui pareva rimedio necessario alle discordie italiane, tuttochè violento: e dei Guelfi diceva: *Ut flagitia sua exequi possint, matrem prostituunt, fratres expellunt, et denique jud-cem habere nolunt* (7). Il verso: *Se bene intendi ciò che Dio ti nota*, da Pietro comentasi recando il virgiliano: *Regemque dedit*

(1) Ottimo.
(2) Inf., XVI.
(3) Par., XV.
(4) En., IV.

(5) Patarol., Ser., Aug., II, 107.
(6) Conv.
(7) De Monar.

qui foedere certo Et premere et laxas sciret dare jussus habenas (1), dove l'imagine delle redini ci rimanda al cavallo e al cavalcatore; e dove Eolo re de' venti è soggetto all'impero di Giove, anch'egli *jussus;* come Giove stesso è soggetto all'imperio de' Fati. Poi Pietro soggiunge un passo di Boezio, e gli evangelici: *Reddite... quae sunt Caesaris Caesari,* e quel *subditi estote.*., passi che Dante conciliava con le franchigie municipali, e lo dice nella Monarchia chiaramente. Siccome il cielo, nota Pietro, è retto da un solo motore, così dev'essere il mondo da un principe: mà tale principato non doveva distruggere, anzi assodare le italiane repubbliche: *Non sic intelligendum est ut ab alio prodire possint municipia et leges municipales.* Passo notabile senza il quale sono enimma gli scritti e la vita di Dante (2). E le dottrine di lui avevano conferma in quell'autorità della Somma che distingue *il principato despotico come è mosso il servo dal padrone, dal principato regale o politico, come i liberi uomini sono retti da chi governa* (3); dove per principato intendesi tutta sorte reggimento.

In questo Canto; come nel diciannovesimo dell'Inferno, e nel sesto, undecimo, quindicesimo, sedicesimo, decimosettimo, decimottavo, diciannovesimo, ventunesimo, ventisettesimo e ventinove mo del Paradiso, abbiamo una forma d'eloquenza poetica, diversa dalla sentenziosità di Lucano e di certi moderni; forse più lirica che certe odi d'Orazio. Paragonisi a questo Canto, non dico l'ode *Delicta majorum* (4), che è tra le più belle e d'Orazio e d'ogni lingua, ma l'altra *Intactis opulentior* (5), che è anch'essa una riprensione de' corrotti costumi civili del tempo suo, e nelle parole del Fiorentino si sentirà non pur dolore più sincero e più alto, ma impeto d'ispirazione più vera. E pongasi mente alle mosse, e alle intonazioni che nella somiglianza stessa vengono variando il Canto e rafforzando l'affetto: *O anima lombarda, come ti stavi altera! — O Mantovano, io son Sordello della tua terra. — Ahi serva Italia! — Cerca, misera... — Che val... — Ahi gente... — Guarda com'esta fiera .. — O Alberto Tedesco... — Giusto giudizio dalle stelle caggia. — Vieni a veder... — Vien', crudel, vieni e vedi .. — Vieni a veder la tua Roma. — Cesare mio. — Vieni a veder, gente quanto s'ama. — O sommo Giove... — Fiorenza mia .. — Tu ricca, tu con pace. — Quante volte!...* Ma nell'impeto è pondo; nè ricercati con ismania rettorica i voli; e ad ogni tratto il dire si posa per rilevarsi più forte come la natura stessa richiede, e come insegna l'arte consumata a' veri maestri (6).

(1) Æn., I.
(2) Del municipio tratta nella Monarchia, pag. 17, 19, 21, 22, 23, 24, 28.
(3) Som , 1, 2, 9.
(4) Hor., Carm., III, 6.
(5) Ibid., III, 24.

(6) Riposi nell'impeto: *Quell'anima gentil... — Senz'esso fora la vergogna meno. - Se bene intendi .. — E, se licito m'è.... — Mercè del popol tuo che si argomenta. - S'io dico ver, l'effetto nol nasconde. — E se ben ti ricorda....*

CANTO VI.

ANNOTAZIONE ASTRONOMICA DEL P. G. ANTONELLI.

« *E vedi omai che il poggio l'ombra getta.* » (T. 17.)

Al principio del Canto V era già passato il mezzodì; e ne' colloqui sin qui tenuti, era scorso tanto tempo, che il sole era ormai occultato dalla costa a destra de' Poeti, i quali salivano nella direzione di prima; sì che rimanevano essi nell'ombra, e Dante non faceva quindi rompere col suo corpo i raggi del grand'astro diurno; come ne' versi 56 e 57 è detto più espressamente. A suo luogo vedremo come da questa indicazione si possa dedurre l'ora corrente; ma per quello che ci dice il Poeta al verso 43 del seguente Canto VII, e poi al verso 85 del medesimo, è da credere che fossero passate le *tre* pomeridiane, tramontando ivi il sole in questo giorno circa le ore cinque e mezzo.

CANTO VII.

ARGOMENTO.

Trova in una valle coloro che indugiarono penitenza, perchè li sviò il regno e le dignità della terra. Li pone in luogo fiorente com' uomini di bella fama. Comincia il Canto dal dire che fa Virgilio il suo nome a Sordello. La dichiarazione che dà Virgilió della sua pena nel Limbo, illustra il quarto dell' Inferno ed il terzo del Purgatorio. Il non poter le anime salire al monte mentrechè il sole è sotto, simboleggia il sole della Grazia necessario ad ogni opera buona, e all' espiazione dell' opere ree.

Nota le terzine 1, 4, 5, 6, 9, 12, 14, 16; 18 alla 22; 24 alla 28; 30, 31, 33 sino all'ultima.

1. Posciachè le accoglienze oneste e liete
 Furo iterate tre e quattro volte,
 Sordel si trasse, e disse: — Voi chi siete? —
2. — Prima ch'a questo monte fosser vôlte
 L'anime degne di salire a Dio,
 Fur l'ossa mie per Ottavian sepolte.
3. I' son Virgilio. E per null'altro rio
 Lo ciel perdei, che per non aver fè. —
 Così rispose allora il duca mio.

---

1. (L) *Trasse* indietro.
 (SL) *Tre.* Ne' Latini sovente: *terque quaterque.* Georg., 1: *Ter quatuor voces Aut quater ingeminant..*
2. (L) *Prima* di Cristo — *Per:* da
 (SL) *Prima* Virgilio morì nell'anno XLII d'Augusto innanzi che Cristo nascesse — *Sepolte.* Donat: *Furono per comando d'Augusto le ossa di Virgilio traslate a Napoli.*
3. (L) *Rio:* reità
 (F) Fè Maestro delle sentenze, lib. III, dict 25: *Chè senza la fede del Mediatore nessun uomo o innanzi o dopo l'avvenimento di Cristo fosse salvo, l'autorità de' Santi unanime attesta.*

CANTO VII.

4. Qual è colui che cosa innanzi a sè
Subita vede, ond'ei si maraviglia,
Che crede e no, dicendo; « Ell' è, non è »;

5. Tal parve quegli: e poi chinò le ciglia;
E umilmente ritornò vêr lui,
E abbracciollo ove 'l minor s'appiglia.

6. — O gloria de' Latin' (disse), per cui
Mostrò ciò che potea la lingua nostra;
O pregio eterno del luogo ònd' io fui;

7. Qual merito o qual grazia mi ti mostra?
S' i' son d'udir le tue parole degno,
Dimmi se vien' d'Inferno, e di qual chiostra. —

8. — Per tutti i cerchi del dolente regno
(Rispose lui) son io di qua venuto:
Virtù del ciel mi mosse; e con lei vegno.

9. Non per far, ma per non fare, ho perduto
Di veder l'alto Sol che tu disiri,
E che fu tardi, per me, conosciuto.

10. Luogo è laggiù, non tristo da martiri,
Ma di tenebre, solo; ove i lamenti
Non suonan come guai, ma son sospiri.

11. Quivi sto io, co' parvoli innocenti,
Da' denti morsi della morte avante
Che fosser dell' umana colpa esenti:

5. (L) *Ove*: i ginocchi.
(SL) *Minor*. Purg., XXI, t 41: *Già si chinava ad abbracciar li piedi Al mio dottor*. Arios: *E l'abbracciava ove 'l maggior s'abbraccia*.
6. (L) *Luogo*: Mantova.
(SL) *Gloria* Æn., VI: *Trojanae gloria gentis*. — *Nostra*. Del latino, dell'italiano e del provenzale fa tutt'una lingua. — *Fui*. Notisi la semplicità di questi modi che i maestri d'adesso fuggirebbero come volgarità.
7. (L) *Merito*: mio. — *Chiostra*: bolgia.
9. (L) *Far male*. — *Non fare* il bene supremo. — *Sol*: Dio.
10. (L) *Luogo*: Limbo.
(SL) *Luogo*. V. Inf., IV, t 25. — *Tenebre* Nel IV dell'Inferno il luogo luminoso è pe' soli spiriti illustri e buoni, non già per gli altri. Virgilio, che era pure di quelli, dopo accennato alle tenebre, dice: *quivi sto io*, quella luce alla celeste, era tenebre.

(F) *Tristo* Som. Sup.: *I Padri nel limbo innanzi la venuta di Cristo non vederano Dio*. - Aug., in Euch. XCIII: *Mitissima è la pena de' Padri che con sola la colpa originale morivano* Som : *Nel limbo de' Padri era dolore per la dilazione della gloria, non pena sensibile per il peccato*. Sup. 69: *Manca la pace del desiderio*. — *Tenebre* Som Sup : *Secondo che in più gravi peccati sono avvolti, i dannati più oscuro luogo e più profondo tengono in inferno: onde i Padri aspettanti, ne' quali era il minimo della colpa avevano il luogo più alto e men tenebroso*.
11. (L) *Esenti*: battezzati
(SL) *Denti* Osea, XIII. 11: *Ero mors tua, o mors; morsus tuus ero, inferne* Petr.: *Gli estremi morsi Di quella ch'io, con tutto il mondo, aspetto. Mai non sentii*. Più languido.
(F) *Parvoli* Som.: *Agostino non intende che i parvoli siano sensibilmente cruciati, ma intende, la pena*

12. Quivi sto io con quei che le tre sante
    Virtù non si vestiro; e senza vizio
    Conobber l'altre e seguir tutte quante.
13. Ma, se tu sai e puoi, alcuno indizio
    Dà noi, perchè venir possiam più tosto
    Là dove il Purgatorio ha dritto inizio. —
14. Rispose: Luogo certo non ci è posto:
    Licito m'è andar suso ed intorno.
    Per quanto ir posso, a guida mi t'accosto.
15. Ma vedi già come dichina il giorno;
    E andar su di notte non si puote:
    Però è buon, pensar di bel soggiorno.
16. Anime sono a destra, qua, remote:
    Se mi consenti, i' ti mërrò ad esse;
    E non senza diletto ti fiér note. —
17. — Com'è ciò? (fu risposto) Chi volesse
    Salir di notte, fora egli impedito
    D'altrui? o non sarria ch'e' non potesse? —
18. E 'l buon Sordello in terra fregò 'l dito,
    Dicendo: — Vedi! sola questa riga
    Non varcheresti, dopo 'l sol partito.

---

loro consistere in questo che privati di vedere Dio.... Som. Sup., 67: A' *pargoli nel limbo non è speranza di vita beata, com'era a' Padri, onde nella qualità del premio e della pena il limbo de' parvoli differisce da quello de' Padri, ma non nel sito, sebbene la requie de' Padri credesi che fosse in luogo superiore.*
12. (L) *Tre:* Fede, Speranza e Carità.
(SL) *Vestiro.* Eccli., XVII, 2: *Vestivit.... virtute* Luc., XXIV, 49: *Vestiti di virtù dall'alto.* Vita Nuova: *Vestita d'umiltà* Rime: *Vestute Di gentilezza, d'amore e di fede.* Bart. S. Conc.: *Di superbia si vestirà.* Frequente nelle lettere di Caterina da Siena.
(F) *Tre* Ad Rom, II, 14: *Le genti che non hanno la legge, naturalmente fanno quel che è della legge.* La Somma dimostra non potersi avere, nel grado più alto, speranza e carità senza fede. — *Tutte.* Gli è molto dire; ma l'opinione, se non strettamente teologica, dimostra la buona fede di Dante.

13. *Noi a noi.* — *Inizio:* propriamente comincia.
(SL) *Noi.* Purg., XXXI, 1. 46· *Fa noi grazia.*
(F) *Dritto.* Brunetto: *Dritta madre* (per vera) Dino: *Dritta porta* (vera). S Anselmo, Dial. della ver., 13: *Verità è rettitudine percettibile con la mente* (però diritto e vero scambiansi nella lingua).
14. (L) *Certo:* fisso.
(SL) *Accosto.* Æn., VI: *Æneac sese... addiderat socium.*
15. (L) *Soggiorno,* da passare la notte.
(SL) *Pensar.* Vita Nuova: *Questi peregrini.... pensano forse delli loro amici lontani.* Som.: *Cogitare de salute.*
16. (L) *Mërrò:* menerò. — *Fiér:* saranno.
(SL) *Fiér:* per *fieno,* l'inverso di *fenno* per *ferno* o *fecero.*
17. (L) *Sarria:* salirebbe.
(SL) *Sarria. Sàrrà* per *salirà* è nel Crescenzio e nel Cavalca.
18. (SL) *Dito.* Joan., VIII, 6: *Digito scribebat in terra.*

CANTO VII.   91

19. Non, però, ch'altra cosa desse briga,
    Che la notturna tenebra, ad ir suso:
    Quella, col non poter, la voglia intriga.
20. Ben si poría con lei tornare in giuso,
    E passeggiar la costa, intorno errando,
    Mentre che l'orizzonte il dì tien chiuso. —
21. Allora il mio signor, quasi ammirando,
    — Menane, disse, dunque, là 've dici
    Che aver si può diletto dimorando. —
22. Poco allungati c'eravam di lici,
    Quando m'accorsi che 'l monte era scemo
    A guisa che i valloni sceman quici.
23. — Colà (disse quell'Ombra) n'anderemo
    Dove la costa face di sè grembo;
    E quivi il nuovo giorno attenderemo. —
24. Tra erto e piano, era un sentiere sghembo,
    Che ne condusse in fianco della lacca,
    Là ove, più che a mezzo, muore il lembo.
25. Oro, e argento fine, e cocco, e biacca;
    Indico legno lucido e sereno,
    Fresco smeraldo in l'òra che si fiacca;

---

19 (L) *Intriga:* non potendo non si vuole.
(F) *Tenebra.* Isai., VIII, 23: *Ecco tribolazione e tenebre... e caligine che persegue; ed e' non potrà volare fuori della sua angustia.* Joan., XII, 35: *Camminate fin ch'avete la luce, che le tenebre non vi colgano* Ad Eph., V, 8: *Eravate già tenebre; ora luce, nel Signore, come figliuoli di luce camminate.*
20 (SL) *Chiuso.* Æn., I: *Diem clauso componet Vesper Olympo.* Boet.: *Clausum reseret diem.*
22. (L) *Allungati:* allontanati. — *Lici.* li. — *Scemo:* cavo da un lato. — *Quici:* qui.
(SL) *Allungati.* Vita S. Girol.: *Non allungare il tuo aiuto da me.* — *Lici.* È fuor di rima nel Palatino; e il Boccaccio: *Quì dentro.*
23. (L) *Grembo.* Greg. Dial., II: *Mons distento sinu castrum recipit.*
24. (L) *[Lacca]:* obliquo. — *Lacca:* cavità.
(SL) *Lembo. Dove l'avvallamento* è men fondo; *il lembo della cavità è*
più che della metà più basso che nelle altre parti. Esso lembo quasi finisce e muore nel luogo ove l'avvallamento comincia: onde con tre passi scendesi nella valle, come dirà nel Canto VIII, terz. 16. *L'amenità del luogo,* dice l'Ottimo, *è data per pena, per pungere vie più il desiderio di questi che già furono negligenti.*
25 (L) *Indico:* indaco. — *Ora:* punto. — *Fiacca:* rompe.
(SL) *Oro.* Qui Pietro cita il virgiliano: *Devenere locos laetos, et amoena vireta* (Æn., VI). Ambr: *Aurum in pratis flores refulgeant.* — *Cocco.* Plin., IX, 41: *Coccum Galatiae rubens granum.* — *Sereno* Plinio così lo dipinge: *Nigri splendoris, ac, vel sine arte, protinus jucundi.* — *Smeraldo.* Ott., II: *Ismeraldo tiene il principato di tutte le pietre verdi; e nulla gemma o erba ha maggior verdezza.* — *Fiocca.* Inf. VII, t. 5: *L'alber fiacca.* Corpo i cui interni strati siano per fresca rottura divisi, mostra li entro, perchè non ossidato, più vivo il colore.

26. Dall'erba e dalli fior', dentro a quel seno
Posti, ciascun saria, di color, vinto,
Come dal suo maggiore è vinto il meno.
27. Non avea pur natura ivi dipinto,
Ma di soavità di mille odori
Vi facea un incognito indistinto.
28. *Salve, Regina,* in sul verde e 'n su' fiori
Quivi seder, cantando, anime vidi,
Che, per la valle, non parén di fuori.
29. — Prima che 'l poco sole omai s'annidi
(Cominciò 'l Mantovan che ci avea vòlti),
Tra color non vogliate ch' io vi guidi.
30. Da questo balzo meglio gli atti e i volti
Conoscerete voi di tutti quanti,
Che nella lama giù, tra essi accolti.
31. Colui che più siede alto, e fa sembianti
D'aver negletto ciò che far dovea,
E che non muove bocca agli altrui canti;
32. Ridolfo imperador fu, che potea
Sanar le piaghe ch' hanno Italia morta;
Sì che tardi per altri si ricrea.

26 (SL) [*Fior.* Ariosto, XXXIV, 51]
— *Vinto.* Hor. Epist., I, 10: *Deterius Lybicis olet aut nitet herba lapillis?*
27. (L) *Pur:* solo. — *Indistinto.* Sostantivo.
(SL) *Odori.* Ambr.: *Nescias utrum species amplius florum, an et vis odora delectet* — *Indistinto.* Potrebbe leggere: *vi facea uno, incognito...* e allora *indistinto* non sarebbe sostantivo, ma aggiunto insieme con *incognito* di *uno* sottinteso *odore:* come nel XIX del Paradiso: *Oh perpetui fiori Dell'eterna letizia, che pur uno Parer mi fate tutti i vostri odori.* Anco, potrebbesi far sostantivo *incognito;* e avrebbe esempii altresì del linguaggio filosofico
28 (L) *Parén:* si vedeano.
(SL) *Cantando Salve, Regina,* nell'uffizio recitasi a Compieta; e qui siamo a sera. — *Valle* Il lembo della valle ancor alto le nascondev»; c' comincia a vederle là dove il lembo muore.
29. (L) *Annidi:* tramonti. — *Vòlti* là.
(SL) *Sole.* Pietro cita il virgiliano: *Solemque suum, sua sidera norunt* (Æn., VI).
30. (L) *Lama:* valle.
(SL) *Balzo.* Per contemplare tali uomini, dice Pietro, conviene elevarsi.
31 (L) *Sembianti* col dolore.
(SL) *Alto.* Come Imperatore romano, dice l' Anonimo Porrà più basso Guglielmo marchese — *Bocca:* Gli rimane della sua negligenza imperiale addosso.
32 (SL) *Ridolfo.* Fondatore della Casa d'Austria Fu eletto imperatore nel 1273, morì nel 1290. VIII, VII: *Se avesse voluto passare in Italia senza contrasto n'era signore* Doveva, soggiunge l' Anonimo, liberare Terra Santa e nol fece — *Piaghe* Petr.: *Parlar sia indarno Alle piaghe mortali* — *Ricrea.* Cic., de Prov Consul, 3: *Ita vexata est, vix ut se possit diuturna pace recreare. Ricrea* per *ricreerà:* come *ricorca* per *ricorcherà* (Purg, VIII, t. 45). Di Firenze (Purg, XIV): *Di qui a mill'anni Nello stato primaio non si rinselva.*

33. L'altro, che nella vista lui conforta,
   Resse la terra dove l'acqua nasce
   Che Molta in Albia, e Albia in mar, ne porta.
34. Ottáchero ebbe nome: e nelle fasce
   Fu meglio assai che Vincislao suo figlio,
   Barbuto, cui lussuria ed ozio pasce.
35. E quel Nasetto, che stretto a consiglio
   Par con colui ch'ha sì benigno aspetto,
   Morì fuggendo, e disfiorando il giglio.
36. Guardate là come si batte il petto.
   L'altro vedete, ch'ha fatto alla guancia,
   Della sua palma, sospirando, letto.
37. Padre e suocero son del mal di Francia:
   Sanno la vita sua viziata e lorda;
   E quindi viene il duol che sì gli lancia.

33. (L) *Conforta* come valente.
34. (SL) *Ottáchero*. Ottocaro. Genero di Rodolfo, figliuolo d'un altro Ottáchero. Questo figliuolo dominò la Boemia, la Stiria, l'Illiria, l'Istria. Re di Boemia dove corre l'Albia o Albis o Elba, di cui Lucano: *Fundat ab extremo flavos Aquilone Suëvos Albis...* (Phars., II). Questo fiume raccoglie in sè tutti gli altri di Boemia, non che la Moldava, che *Mulda* si chiama in latino, e in tedesco *Multaw*, e li porta all'Oceano. Ottáchero invitò Rodolfo alle imprese d'Italia e di Terra Santa. E (dice l'Ottimo) *offerse sè e sua gente, e denari Fu... signore largo e liberale, e valentissimo in arme Il re Ridolfo, per occupare il detto regno.. li corse sopra, e fecióno battaglia campestre nel 1277, dove... Ridolfo uccise Ottáchero..* — *Vincislao.* Ott.: *Del qual rimase... Vincislao, bellissimo supra gli altri uomini, ma non fu d'arme. Fu ecclesiastico mansueto ed umile; e poco visse: rimaseue uno fanciullo, nome anche Vincislao: e in costoro finirò i re di Boemia della schiatta d'Ottáchero. A piè di Venceslao fu gettata la corona di Polonia e d'Ungheria, ed egli l'una si lasciò cadere alla parola di Bonifazio VIII, l'altra pose in capo al giovane suo figliuolo: ma Bonifazio gliela tolse e la diede alla figlia della bella Clemenza (Par., VIII), Maria regina di Napoli.*
35. (SL) *Nasetto.* Filippo III, l'Ardito, dal naso piccolo. Di persona, famigliarmente, *Nasone* e simili; ma chi altri che **Dante** l'avrebbe osato in bocca di **Sordello**, ascoltante Virgilio,

e d'un re? — *Benigno* Guglielmo re di Navarra figliuolo del re Tebaldo e suocero di Filippo. — *Fuggendo.* Nella guerra di Filippo III di Francia con Pietro III d'Aragona, Ruggeri d'Oria, ammiraglio di Pietro, entrò in Catalogna, sconfisse la flotta francese, onde Filippo, non potendo più trovare vettovaglie all'esercito, lasciò l'impresa; e molti de' suoi moriron di fame: egli di dolore morì in Perpignano. *Anzi fu questo Filippo re di Francia, il qual mosse la guerra contro a Piero d'Aragona, però che la Chiesa di Roma nel 1283 privò il detto Piero della dignitade del proprio regno; però che aveva occupata Sicilia conceduta nel 1263 per papa Urbano al re Carlo vecchio... E concedette il detto regno d'Aragona a Carlo figliuolo del detto re Filippo. A 'l quale acquistare, il re Filippo col fiore della Baronìa e cavalieri franceschi si mosve; e per grazia del re di Maiorica tenendo il cammino del largo della marina, venne all'assedio di Girona; e quivi, abbondata infirmitade per la corruzione dell'aria.. costretto, infermo il detto re Filippo, per grazia conceduta dal re Piero, si partì, e... morì a Perpignano* (Ottimo).
36. (L) *Altro:* Guglielmo suocero di Filippo. — *Letto:* posa la guancia sulla mano.
   (SL) *Letto.* Bolland., I, 119: *Chinata la gota sulla mano, era tutta imagine non d'uomo dolente ma dello stesso dolore*
37. (L) *Mal:* Filippo il Bello. — *Lancia:* trafigge.
   (SL) *Mal.* Montfaucon. *Il était*

38. Quel che par sì membruto, e che s'accorda,
   Cantando, con colui dal maschio naso,
   D'ogni valor portò cinta la corda.
39. E se re dopo lui fosse rimaso
   Lo giovanetto che retro a lui siede,
   Bene andava il valor di vaso in vaso.
40. Che non si puote dir dell'altre rede:
   Jacopo e Federigo hanno i reami;
   Del retaggio miglior nessun possiede.
41. Rade volte risurge per li rami
   L'umana probitate: e questo vuole
   Quei che la dà, perchè da lui si chiami.

vindicalif jusqu'à l'excès, dur et impitoyable à ses sujets. Pendant le cours de son règne, il y eût plus d'impots, de taxes, et de mattôtes que dans tous les règnes précédentes. Quando Dante scriveva queste cose, Filippo era vivo: morì nel 1314. — *Lancia.* Albero Cr.: *Colui il quale eglino lanciarono (transfixerunt.)*
38. (SL) *Membruto.* Pietro III d'Aragona, probissimo, dice Pietro. Nello *Stemma regum Aragonae* aggiunto al *Rationarium temporum* del Petavio, chiamasi *magnus.* Ott : *Fu grosso del corpo e forte d'animo e di mente.* — *S'accorda* Ott : *Sì come elli furono discordi in prima vita per via d'occupazione del regno di Sicilia, così qui, purgando loro negligenza divenuta per occupazione in fatto d'arme,. per amore s'accordano e dicono:* Salve, Regina, mater misericordiae. *Pietro d'Aragona... fu valente e sperto in fatti d'arme.. e recò sotto la sua signoria più genti, ed alcuno regno occupato da Saracini verso la Spagna.* — *Naso.* Carlo il Vecchio di Puglia, conte di Provenza. Ott.: *Avea grande naso; ch'è segno di molta discrezione.*
(F) *Corda.* Reg., II, XXII, 33: *Accinxit me fortitudine.* Isai., XI, 5: *Erit justitia cingulum lumborum ejus; et fides cinctorium renum ejus.*
39. (SL) *Retro.* Alfonso d'Aragona suo primogenito, simile al padre in bontà. Regnò in Aragona, ma poco; gli successe Giacopo secondogenito, e Federigo l'altro fratello ebbe la Sicilia. Onde dice *rimaso,* cioè più lungamente vissuto (Vill., VII, 101). L'Ottimo dice d'Alfonso: *Morì giovinetto, pieno di buona testificanza, onoratore di valenti uomini, liberale e virtuoso amatore di giustizia, e magnanimo in volere acquistare. Guerreggiò contro Carlo d'Angiò per difesa della Sicilia.*

(F) *Vaso.* Jer., XLVIII, 11: *Fertilis fuit Moab ab adolescentia sua, et requievit in faecibus suis: nec transfusus est de vase in vas.* La Chiesa adopera sovente l'imagine del vaso a denotare il trasmettersi delle disposizioni da' padri ne' figli.
40. (L) *Che :* il che. — *Rede:* credi. — *Miglior :* del valore.
(SL) *Rede.* Tobia: *Ti farò mia reda — Jacopo.* VIII, VIII, 81 ; X 11; XI, 73. L'Ottimo: *Donno Jacopo, il quale dopo la morte del padre nel 1285, fatto donno Alfonso re d'Aragona, fu fatto re di Sicilia, il quale feee grande guerra contro a' successori del re Carlo; finalmente si pacificò con la Chiesa e co' detti successori, e 'l suo fratello ritenne la Sicilia contr'alla Chiesa ed a quelli della Casa di Puglia, non ostante la detta pace e parentado contratto per lo fratello contro la detta casa; la qual guerra a interpolati tempi ha dato molto dispendio alla casa di Puglia, e li Siciliani hanno sostenute doglie e danni. Nel 1299 Alfonso, per istigazione di Bonifazio, s'armava contro il fratello suo Federigo re di Sicilia; nel 1300 lo vinceva, ma indarno, in navale battaglia.*
(F) *Retaggio* Cic., de Off.: *Ottimo retaggio da' padri tramandasi a' figli, e più prestante d'ogni patrimonio, la gloria della virtù e de' nobili fatti: al quale retaggio portar disonore è da giudicare empietà.*
41. (L) *Rami :* ne' figli. — *Quei :* Dio. — *Chiami :* chieda.
(SL) *Risurge.* Delle piante, Virgilio: *Fortia surgunt* (Georg., II). — *Rami* Traslato che rammenta l'imagine dell'*albero genealogico* — *Chiami.* Chiamare per chiedere dicono in Piemonte. E *chiamatore* in un antico è chi chiede un pubblico uffizio, lat. *petitor.* Ma qui *chiamare* suona at-

42. Anco al nasuto vanno mie parole,
Non men ch'all' altro Pier che con lui canta;
Onde Puglia e Provenza già sì duole.
43. Tanto è, del seme suo, minor la pianta,
Quanto, più che Beatrice e Margherita,
Gostanza di marito ancor si vanta.
44. Vedete il re dalla semplice vita
Seder là solo, Arrigo d'Inghilterra:
Questi ha ne' rami suoi migliore uscita.
45. Quel che più basso tra costor s'atterra,
Guardando in suso, è Guglielmo marchese,
Per cui Alessandria, e la sua guerra,
Fa pianger Monferrato e 'l Canavese. —

trarre a sè con la preghiera e col desiderio. Virg. Georg., IV: *Hinc pecudes, armenta, viros, qenus omne, ferarum, Quemque sibi tenues nascentem arcessere vitas.*
(F) *Rade:* Som.: *Dalla debolezza della virtù attiva del seme segue che il figlio nasce dissimile al padre negli accidenti che appartengono al modo d'essere.* Conv.: *Così fosse piaciuto a Dio che quello che domandò il Provenzale, fosse stato; che chi non è reda della bontà, perdesse il retaggio dell'avere!* Bocc.: *Risorgendo ne' figliuoli lo spirito de' passati* Machiav.: *Rade volte accade che la virtù sia rinfrescata con successione* — *Rami.* [C] Eccli., XL, 45: *Nepotes impiorum non multiplicabunt ramos.* — Dà Jacob. Epist., I, 47: *Omne datum optimum... a Patre luminum.* Se i figli di buon padre fossero buoni, diremmo la bontà venire dal sangue, a Dio non la chiederemmo. Eccli., XXIII, 35: *Non metteranno i suoi figliuoli radice, e non daranno i suoi rami frutto.*
42. (L) *Nasuto:* d'Angiò. — *Pier III.*
(SL) *Duole.* Ott.: *Sono tali discendenti (di Carlo I) che se ne duole ogni terra oltremontana a loro suddita.*
(F) *Parole.* Sap., VI, 40.: *Ad vos... reges sunt hi sermones mei, ut discatis sapientiam.*
43. (L) *Minor:* i figli de' padri.
(SL) *Gostanza.* Ott.: *Costanza... si vanta ancora d'avere marito, con tutto ch' elli sia morto, per li figliuoli che di lui ebbe, rispetto di quelli che el re Carlo e di sua donna rimasero.* Figliuola di Manfredi (Purg., III), moglie a Pietro III d'Aragona, vivente ancora nel 4300; Margherita e Beatrice, figliuole di Carlo il Zoppo, nepoti del vecchio Carlo, mogli di Giacopo e di Federigo. Altri intende Beatrice moglie di Carlo d'Angiò, e Margherita, di Luigi IX di Francia: perchè, dicono, le mogli di Giacopo e di Federigo si chiamarono Bianca e Eleonora, non Beatrice e Margherita (Giannettasio, St. di Napoli, lib XXII). A questa interpretazione favorisce l'*ancor:* come dire: Gostanza, ancor viva; e le altre morte.
44. (L) *Uscita;* discendenza.
(SL) *Semplice.* Arrigo III, figliuol di Riccardo. Fu semplice e di buona fede, e di poco valore. — *Vita.* Som.: *Simplicitatem vitae.* — *Solo.* Come principe raro: così solo per altre ragioni il Saladino (Inf., IV). L'Ottimo: *Arrigo., fu coronato re nel 4278.. di lui nacque il buon re Odoardo, il quale vivea al tempo che l'Autore compose quest'opera; il quale fece in sua vita di belle e grandi cose* Però dice *migliore.* Loda Eduardo anco il Villani. — *Uscita.* Georg., II: *Exiit ad coelum ramis felicibus arbos* — *Validis amplexae stirpibus ulmos Exierint.*
45. (L) *S'atterra.* siede.
(SL) *Guglielmo* di Monferrato. Con gli Astigiani e co' Pavesi aveva guastate le terre d'Alessandria e il Novarese e quel di Milano e quel di Piacenza In Alessandria nel 4290 subitamente levandosi a romore i cittadini, fu preso; e, chiuso in gabbia di ferro, dopo diciassette mesi morì. Il figliuol suo fuggì in Provenza a invocare la vendetta straniera. Ma non gli succedette nella signoria — *Pianger* Sì perchè sono privati di buono signore, e sì perchè sono venuti sotto il governo di straniero erede (Ott.). Ma meglio intendasi della guerra che per lui nacque. [Omero, Odiss, II, 276; Pindaro, Nem., XI, 48; Euripide, Elett., 369.]

A chi la prima parte del Canto paresse lunga, pensi che Dante, non senza perchè, si compiace nella lieta e riverente agnizione d'uomini singolari; onde la sua commedia in questo è più dramma che i drammi troppo serii del Federici. Il Nata, di noiosa memoria, avrebbe nelle sue commedie fuggito, come troppo prosaici, modi simili a questi: che *crede e no, dicendo: ell' è, non è* — *Il buon Sordello in terra freqò 'l dito, Dicendo redi sotu questa riga Non varcheresti*. Quale è poi il Poeta filosofo e politico, che osasse far cantare a re e imperatori e marchesi la *Salve Regina?* (chiedo scusa all'imperatore Rodolfo d'Austria, che non canta). Ma, in premio dell'umile suo coraggio, Dante ha dallo Spirito in dono que' due versi di greca eleganza:

Salve, Regina, in su l'erba e in su' fiori, Quivi seder, cantando, anime vidi.

Non tutti i versi di questa pittura son di pari bellezza; forse perchè l'attenzione dello scrittore era tratta verso la fine del Canto, dove una greggia di principi sta sull'erba (anco Manfredi abbiamo visto essere d'una *mandria*); e l'esule figlio d'una repubblica li riguarda dall'alto, e preoccupa il giudizio della Storia e di Dio. Un marchese è seduto più basso, ma guarda in alto; il che non è detto dell'imperatore e de' re. Gli è il marchese di Monferrato: e pare che Dante presentisse l'importanza storica di quel paese, il quale speriamo che non farà, come Guglielmo, piangere gl'Italiani, nè gli stranieri ridere.

Canto I.°   Purgatorio. Terzina 45.

Quivi mi cinse, sì com'altrui piacque:
O maraviglia! che qual egli scelse
L'umile pianta, cotal si rinacque.

LA VALLE FIORITA.

Il monte del Purgatorio fa seno di sè stesso, e apre nella costa una valle, entro cui stanno i principi negligenti in servire a Dio e a' popoli loro. E il poeta li colloca nel basso d'una valle come per gastigarli del non aver già voluto reggersi nella debita altezza dell'anima: ma la valle è fiorita a simboleggiare il verde della speranza; così come verdi sono le vesti degli angeli che scenderanno e verdi le penne Nell'Eliso virgiliano: *At pater Anchises penitus convalle virenti Inclusas animas, superumque ad lumen ituras, Lustrabat studio recolens; omnemque suorum Forte recensebat numerum, carosque nepotes, Fataque, fortunasque virûm, moresque manusque* (1). La pittura de' fiori, se togli una rima in *acca* che stuona, è gentile e più abbondante che nel Nostro non soglia. Rammenta oro e argento, come in Virgilio il fiore Amello: *Aureus ipse; sed in foliis quae plurima circum Funduntur, violae sublucet purpura nigrae* (2); senonchè in Dante la preziosità dei metalli e delle gemme è vinta in bellezza dal calore dell'erbe e de' fiori *Come dal suo maggiore è vinto il meno*, verso mezzo scientifico, che soprabbonda. Rammenta il cocco che era anco nella legge antica simbolico, *che col suo vivo colore ritraeva l'elemento del fuoco* (3). Rammenta l'indico legno di cui Virgilio: *Sola India nigrum fert ebenum* (4). La biacca richiama quello che in altro senso il Vasari: *Fece Lionardo di chiaro e scuro lumeggiato di biacca un prato d'erbe infinite*. Il verso: *Non aveva pur Natura ivi dipinto* comenta il latino che è più leggiadro e dove natura non è nominata: *Tibi lilia plenis Ecce ferunt Nymphae calathis; tibi candida Nais Pallentes violas et summa papavera carpens, Narcissum et florem jungit beveolentis anethi; Tum casia atque aliis intexens suavibus herbis, Mollia luteola pingit vaccinia caltha* (5); ed è comentato fioritamente da quel del Caro: *Il verde di varie verdure distinto; e, dove era fiorito, di vermiglio e di candido, di giallo e d'altri colori dipinto*. I versi: *Ma di soavità di mille odori Vi facea un incognito indistinto*, ricordano l'*odoratum lauri nemus* dell'Eliso (6), e *suaves miscetis* (7) *odores* (8). In

---

(1) Æn., VI. E più sotto *Interea videt Æneas in valle reducta Seclusum nemus*.
(2) Georg., IV.
(3) Som., 2, 1, 102.
(4) Georg., II.
(5) Buc., II.
(6) Æn., VI.

(7) Aristotele *Ex mixtione elementorum quam sequitur odor*.
(8) Buc., II *Mille* per numero indeterminato in Virgilio più d'una volta. Per *mille coloribus orcum* (Æn., VI); *Tibi nomina mille* (Æn., VII). Petr.: *L'erbetta verde e i fior di color mille Sparsi sotto quell'elce antiqua e negra*

altre visioni il Purgatorio è una valle fiorita (1); e in Gregorio: *Varcato il ponte, erano pratelli belli e verdeggianti, adorni d'odoriferi fiori, dove parevano essere adunanze di uomini vestiti di bianco. Tanto in quel luogo era un odore di soavità che i quivi caminanti e abitanti della stessa fragranza della soavità si nutriuano* (2).

Nell'Eliso di Virgilio: *Pars in gramineis exercent membra palaestris*, e altrove: *Conspicit ecce alios dextra laevaque per herbam Vescentes, laetumque choro Paeana canentes* (3), come qui *Salve, Regina,* che non senza perchè dal Poeta era chiamata regina, e opportunamente invocata, siccome quella dal cui grembo tra poco verrebbero gli angeli a fugare la serpe insidiante alla valle. E bene alle anime purganti si convenivano le parole della orazione affettuosa che dice: *madre di misericordia, vita, dolcezza e speranza nostra: a te chiamiamo esuli figliuoli d'Eva, a te sospiriamo gementi e piangenti in questa valle di lagrime... Oh clemente, oh pia, oh dolce vergine... dà a noi virtù contro de' tuoi nemici* (4).

Il sentimento cristiano e l'imaginazione pagana s'uniscono come spirito a corpo e formano tutt'una vita. E siccome in Virgilio Museo dice ad Enea e alla Sibilla: *Nulli certa domus lucis abitamus opacis, Riparumque toros et prata recentia rivis Incolimus: sed vos, si fert ita corde voluntas, Hoc superate jugum, et facili jam tramite sistam* (5); così Sordello, poeta come Museo, e un po' de' tempi eroici, appunto come Museo da Virgilio è detto *heros*, dice: *Luogo certo non c'è posto... Per quanto ir posso, a guida mi t'accosto,* e Sordello è chiamato qui il Mantovano, si per ricordare il *Mantova* del precedente Canto interrotto dal prorompere dello sdegnoso dolore, e sì per dichiararci il valore di quel verso che pare ozioso: *E li parenti miei furon lombardi, E mantovani per patria amendui* (6), come dire: la mia origine e materna e paterna è nobile e perchè da quella città ch'ebbe colle etrusche comune l'origine e gli statuti (7).

Museo accompagna Enea fino all'alto del colle, poi lo lascia scendere nella valle a' colloquii del padre; il padre dopo le prime accoglienze, e dichiaratogli il destino delle anime nella valle rinchiuse, *Natumque, unaque Sibyllam, Conventus trahit in medios turbamque sonantem; Et tumulum capit, unde omnes longo ordine possit Adversos legere, et venientum discere vultus* (8). Sordello, fatti avvertiti i Poeti che durante la notte non potrebbero salire al monte, al quale può scorgere sola la luce del vero sole che è Dio,

Pregan pur che il bel piè li prema o tocchi. Meglio però mille odori che color mille, sotto un'elce sola. E il suono petrarchesco è qui più dantesco che nel verso di Dante e anche qui le rime *egra* e *occhi*, come in Dante *acra*, hanno dissonanza dalla leggiadra imagine; lasciando stare il *pregare de' fiori ch'altri li prema.*

(1) Ozanam, pag. 364.
(2) [C.] Simile in una visione recata da Beda.
(3) Æn., VI. Altrove nell'Eliso stesso: *Pars pedibus plaudunt choreas: et carmina dicunt*. Sempre più materiale l'Eliso del pagano, anco del Pur-

gatorio del cristiano. Onde Dante Par., XIII): *Li si cantò non Bacco, non Peana, ma tre Persone...*

(4) I Bollandisti (I, 903): *Le suore cominciarono in coro a cantare le lita. nie della B. Vergine, e l'antifona* Salve, Regina, *perchè gli era sabato. Disse dunque la divina madre: questo concento delle mie litanie e dell'antifona* Salve, Regina, *mi è molto accettissimo*.

(5) Æn., VI.
(6) Inf., I.
(7) All'incontro Virgilio: *Genus huic materna superbum Nobilitas dabat, incertum de patre ferebat* (Æn. XI).
(8) Æn., VI.

CANTO VII.

l'invita alla valle li accanto; e *Da questo balzo meglio gli atti e i volti Conoscerete voi di tutti quanti, Che nella lama giù, tra essi accolti.* Il quale ultimo verso pare languido e inutile, ma ferma il pensiero sull'idea, che dall'alto, e nel proprio e nel traslato, comprendonsi meglio con l'occhio le cose, segnatamente se trattasi di passato remoto o di remoto avvenire.

Enea non vede che le anime de' suoi padri e nepoti; Dante qui anime di re, di principi e signori di molte parti d'Italia e d'Europa. E di qui comincia il suo canto a farsi più europeo; che ne' primi dell'Inferno è quasi semplicemente fiorentino, e de' papi tocca in quanto possono sopra Firenze; ma poi stende le ali a Italia tutta. Di stranieri all'Italia non c'è nominato che Bertrando del Bormio fatto quasi cittadino al Poeta, in quanto poeta: ma d'ora in poi troveremo accenni più ampi.

In questa mostra di principi accolgonsi in pochi versi non pochi cenni all'Eneide, che imitazioni non si possono propriamente dire. Nell'Eneide hanno anco di là armi e cocchi e cavalli, e la cura che avevano di cose tali nel mondo, *sequitur tellure repostos* (1): qui si dolgono e si vergognano de' propri falli, e de' falli de' successori loro; e questa è la cura che li affanna ed attuna: perchè la rinnovatrice virtù del pentimento a' pagani era ignota, ed è cristiana beneficentissima rivelazione. L'uno de' principi si duole (2) in sembiante dell'avere negletto quel che doveva, e non muove bocca a' canti altrui, come imperatore e straniero ch'egli è; l'altro in vista lo conforta; due altri s'accordano insieme cantando; due sono stretti fra loro a consiglio (3), e l'uno si batte il petto, l'altro posa sospirando la guancia sulla palma (4) Quegli ha benigno aspetto, questi è membruto (5); l'uno dal maschio naso, l'altro nasetto (6); quegli siede alto, quel giovanetto dietrogli (7), questi solo; l'altro più basso di tutti (8) guardando in su.

Dalle lodi de' padri passa il Poeta ai biasimi de' figliuoli direttamente, non già come Virgilio, collocando nell'Eliso tra morti le anime de' rinascituri; *Quis, pater ille virum qui sic comitatur euntem? Filius? anne aliquis magna de stirpe nepotum?* (9) Si ferma il Poeta sopra Ottocaro re di Boemia, quasi presago del molto che doveva co' secoli e quella e altre nazioni slave potere sull'Europa e sul mondo E sin d'allora il destino di Boemia pareva voler essere collegato a quel d'Ungheria e a quel di Polonia, e le due corone offrivansi congiunte al principe stesso.

---

(1) Æn, VI.
(2) Ibid.: *Frons laeta parum.*
(3) Ibid: *Illae autem, paribus quas fulgere cernis in armis, Concordes animae.*
(4) Ibid.: *Pura... qui nititur hasta.*
(5) Ibid.: *Qui juvenes quantas ostentant, aspice, vires!*
(6) Ibid.: *Nosco crines incanaque menta.*
(7) Ibid.: *Ille, vides.... juvenis... Proximus ille .. Capys.*
(8) Ibid.: *Quin Decios, Drusosque procul.*
(9) Ibid.

ANNOTAZIONI ASTRONOMICHE DEL P. G. ANTONELLI.

« *Ma vedi già come dichina il giorno.* » (T. 15.)

Si è detto al Canto precedente che questo verso indica circa l'ora terza pomeridiana, quando Virgilio additò a Dante l'anima di Sordello; perciocchè, non restando il sole su quell'orizzonte in quel dì che cinque ore e mezzo dopo il suo passaggio pel meridiano, s'intende che il sole declina in modo speciale, allorchè è trascorsa la metà del tempo che egli spende dal meriggio all'occaso.

« *Prima che 'l poco sole omai s'annidi.* » (T. 29.)

Dalla terza ora dopo il mezzodì, e quando i Poeti furono presso a Sordello, fino a questo punto, ebbero luogo le accoglienze oneste e liete tra i due Mantovani: poi il ritorno riverente di Sordello a Virgilio; in fine il cammino verso la ridente valletta: perciò si può stimare che oramai non restasse al sole neppure un'ora per annidarsi in grembo al mare, secondo il linguaggio de' Poeti.

CANTO VIII.

ARGOMENTO.

Le anime pregano: scendono due Angeli e col cenno le difendono dal serpente d'Inferno. Dante, sceso nella valle, conosce Nino giudice, amico suo, e Corrado Malaspina, antenato de' suoi buoni ospiti.

Le memorie dell'esilio si alternano alle speranze e alle visioni del cielo. E già i primi versi del Canto spirano in modo ineffabile la malinconia dell'esilio. Nell'Inferno le ire vicine lo intorbidano; negli ultimi del Purgatorio il quadro s'annera; nel Paradiso già si sente l'abbattimento d'anima disperata d'ogni gioia terrena: la mente, più che il cuore ivi parla.

Nota le terzine 1 alla 13; 15 alla 32; 34 alla 41; 44 e 45.

1. Era già l'ora che volge il disio
 A' naviganti, e intenerisce 'l cuore,
 Lo dì che han detto a' dolci amici, addio;
2. E che lo nuovo peregrin d'amore
 Punge, se ode squilla di lontano
 Che paia il giorno pianger che si muore;
3. Quand' io incominciai a render vano
 L'udire, e a mirare una dell'alme,
 Surta, che l'ascoltar chiedea con mano.

1. (L.) *Lo dì:* nel dì.
 (SL) *Ora* intendasi che l'*ora* volga il desio e intenerisca il cuore a' naviganti nel dì stesso della dipartenza: che l'*ora punga d'amore il peregrino* novello. Intendere che il dì volga il desio e intenerisca e punga nell'ora, mi pare è meno poetico e meno appropriato denota l'impressione che viene all'animo dalle tenebre che nascondono le cose all'occhio, come

già la nascose al desiderio la lontananza.

2. (L) *Peregrin:* che ha il desiderio delle cose amate recente.
 (SL) *Pianger.* Vi'a Nuova: *Le stelle si mostravano d'un colore che mi facea giudicare che piangessero.* Petr.: *Quando il dì si dole Di lui* (del sole nel verno) *che passo passo addietro torni.*

3. (L) *Vano:* taceva Sordello e gli

4. Ella giunse e levò ambe le palme,
   Ficcando gli occhi verso l'orïente,
   Come dicesse a Dio: « D'altro non calme. »
5. *Te lucis ante,* sì devotamente
   Le uscì di bocca e con sì dolci note,
   Che fece me a me uscir di mente.
6. E l'altre poi dolcemente e devote
   Seguitâr lei per tutto l'inno intero,
   Avendo gli occhi alle superne ruote.
7. Aguzza qui, lettor, ben gli occhi al vero;
   Chè 'l velo è ora ben tanto sottile,
   Certo, che 'l trapassar dentro è leggiero.
8. I' vidi quello esercito gentile,
   Tacito, poscia riguardare in sue,
   Quasi aspettando, pallido e umíle.
9. E vidi uscir dell'alto e scender giúe
   Du' Angeli, con due spade affocate,
   Tronche e private delle punte sue.

---

altri. — *Chiedea:* lo ascoltassimo: faceva cenno.
(SL) *Vano* Purg., V, t. 35: *La 're 'l vocabol suo divenia vano* (cessa). Qui col *rendere,* è ancora più inusitato, e pare men che proprio. — *Surta.* V. Purg., VII, t. 28. — *Mano.* Ov. Met., 1: *Voce manuque Murmura compressit.* Æn., XII: *Significatque manu, et magno simul incipit ore* Lucan, 1: *Dextraque silentia jussit.* — *Chiedere l'ascoltare* è più arditro modo che ne' Parlamenti domandar la parola.
4. (L) *Calme:* m'importa
(SL) *Ambe* Æn, X: *Ambas Ad coelum tendit palmas*
(F) *Oriente* Luc., 1, 78: *Oriens ex alto.* Latiani: *L'oriente tiensi come una similitudine di Dio, perch'egli è fonte della luce e illustratore delle cose.*
5. (L) *Uscir:* fecemi uscir fuori di me dal piacere
(SL) *Uscì* Æn, VI: *Vox excidit ore.* — (*Mente.* Horat. Carm., IV, 13: *Me surpuerat mihi*] — *Me* Æn, IV: *Dum memor ipse mei* Ma l'*uscire* ripetuto par giuoco di parole sebbene non sia
(F) *Te lucis...* Inno della Compieta, a difendere l'anima dalle tentazioni notturne. Pregano perchè prega a quell'ora la Chiesa, e pregan per l'anime restate nel mondo. *Hostemque nostrum comprime.* Vedremo venire l'antico avversario simbolo della tentazione, che il Poeta doveva vincere, purgandosi in virtù; e simbolo del male che le anime purganti dovevano nella vita terrena evitare e non sempre vollero.
7. (L) *Trapassar* senza avvedersene.
(SL) *Velo.* Pietro: *Dal velo sottile più facilmente si vede, però talvolta ommettesi di guardare fiso* O meglio: quando il velo è trasparente ci si passa attraverso, come se nulla fosse, e si lacera senza badare alle immagini segnate in esso.
8. (L) *Sue:* su.
(SL) *Esercito* Dion. Hier., Cap. ult: *Esercito delle superne menti.*
(F, Súe* Matth. XVII, 20 citato da Pietro): *Hoc... genus non ejicitur, nisi per orationem.* Psal., CXX, 1: *Levai gli occhi miei a' monti, onde venga l'aiuto a me*
9 (SL) *Uscir.* Psal., XVIII, 7: *A sommo coelo egressio ejus.*
(F) *Affocate.* L'Apostolo citato da Pietro: *Induite vos armaturam Dei* (in virtute) *ut possitis stare adversus insidias diaboli* (Ad Ephes., VI 11). La spada fiammante d'un Cherubino difende, secondo la Genesi (III, 21), l'entrata del Paradiso terrestre Deut., XXXII, 41: *Acuero, ut fulgur, gladium meum.* — *Tronche.* Perchè possiamo

10. Verdi, come fogliette pur mo nate,
   Eran lor veste, che da verdi penne
   Percosse, traèn dietro, e ventilate.
11. L'un, poco sovra noi, a star si venne,
   E l'altro scese nell'opposta sponda;
   Sì che la gente in mezzo si contenne.
12. Ben discerneva in lor la testa bionda;
   Ma nelle facce l'occhio si smarria,
   Come virtù che, a troppo, si confonda.
13. — Ambo vegnon del grembo di Maria
   (Disse Sordello), a guardia della valle,
   Per lo serpente che verrà via via. —
14. Ond'io che non sapeva per qual calle,
   Mi volsi intorno, e stretto m'accostai,
   Tutto gelato, a le fidate spalle.
15. E Sordello anche: — Ora avvalliamo omai
   Tra le grandi ombre e parleremo ad esse.
   Grazïoso fia lor vederci, assai. —
16. Soli tre passi credo ch'io scendesse,
   E fui di sotto. E vidi un che mirava
   Pur me, come conoscer mi volesse.
17. Tempo era già, che l'aër s'annerava,
   Ma non sì che, tra gli occhi suoi e' miei,
   Non dichiarasse ciò che pria serrava.

fugarlo, non vincerlo. O, dice Benvenuto, perchè la giustizia è temperata dalla misericordia. Potevano essere spuntate, non tronche. — Ma ancorchè tronche, valenti a difesa.
10. (L) *Mo:* ora.
(F) *Verdi* di speranza. Purg., III, t. 43: *La speranza ha fior del verde.* E Purg., XXIX, t. 31.
11 (L) *Mezzo,* tra i due Angeli
(F) *Mezzo* Isaia, citato da Pietro: *Super muros tuos, Jerusalem, constitui custodes* (LXII, 6). E per custodi s. Bernardo intende gli angeli. Stanno da due lati per difendere da due eccessi, e per abbracciare tutti gli spiriti con la loro tutela.
12 (F) *Bionda.* Simbolo dice Pietro, 'di perfetta virtù Ott : *Li biondi capelli... procedono da buona complessione. — Tronno.* Arist : *L'eccedente virtù della cosa sensibile guasta il senso.* La faccia, come parte più nobile, splendeva più Simbolo forse di quel della Somma: *Lo stato dell'uomo viatore non patisce ch' e' veda l'angelo nella essenza sua.* Aug. Serm.: *Angelus facie rutilans, veste coruscans, ingressu mirabilis* Hai qui e la faccia e le vesti; e l'*ingressu* e dalla terzina 55 poeticamente illustrato.
13. (L) *Via via:* or ora.
(F) *Grembo.* Corrisponde a quel di Luca: *Factum est... ut moreretur mendicus* (Lazarus) *et portaretur ab angelis in sinu Abrahae* (XVI, 22) — *Maria. In Christo,* dice Pietro di Dante, *assequuti sumus remedia contra daemones* Maria è nel più alto de' cieli (Par., XXXI)
14 (L) *Calle* verrebbe. — *Spalle* di Virgilio.
15. (L) *Arvalliamo:* scendiamo. — *Grazioso,* grato assai
16. (L) *Di sotto:* tra l'Ombre.
(SL) *Tre Æn*, VI: *Fucili jam tramite sistam* (a vedere Anchise e le altre Ombre nella valle).
17. (L) *Dichiarasse...* discernevansi.
(SL) *Tempo era.* Inf., I: *Tempo*

18. Vêr me si fece, ed io vêr lui mi fei.
Giudice Nin, gentil, quanto mi piacque
Quando ti vidi non esser tra' rei!
19. Nullo bel salutar tra noi si tacque.
Poi dimandò: — Quant' è che tu venisti
Appiè del monte per le lontane acque?
20. — Oh (diss' io lui), per entro i luoghi tristi
Venni stamane: e sono in prima vita,
Ancor che l'altra, sì andando, acquisti. —
21. E come fu la mia risposta udita,
Sordello ed egli indietro si raccolse,
Come gente di subito smarrita.
22. L'uno a Virgilio, e l'altro a un, si volse,
Che sedea lì, gridando: — Su, Currado,
Vieni a veder, che Dio per grazia volse. —
23. Poi vôlto a me: — Per quel singular grado
Che tu dèi a Colui che sì nasconde
Lo suo primo perchè, che non gli è guado;

---

era dal principio del mattino. — Aer. Æn., VI: *Hunc ubi vix multa... cognovit in umbra* — Serrava Nell'Interno XVI e XXV; chiuso per celato.
18 (SL) Vêr Æn., VI: *Ut primum justa stetit, agnovitque per umbram Obscuram.* — Nin. De' Visconti di Pisa, primo marito a Beatrice, figliuola d'Obizzo d'Este; decimoquarto giudice di Gallura in Sardegna; capo de' Guelfi, nipote del conte Ugolino Vill., VII. 120: *Nel 1298 fu cacciato di Pisa, e andossene in Maremma; quivi fece grande guerra contro i Pisani: e guerreggiando morì.* Da tre anni dunque aspettava in Purgatorio. Quanti de' suoi conoscenti rincontra il Poeta pure ne' primi Canti! Tant'alta idea della incolpevole e pura virtù gli sedeva nell'animo Nino combattè contr'Arezzo co' Fiorentini guelfi a Campaldino nel 1289: e quivi forse l'avrà conosciuto il Poeta. — Reil Purg., IV. *Belacqua, a me non duole Di te omai.* Sapeva, dice il Postillatore Caetano, che Nino aveva mosso più volte guerra talla patria. Ott.: *Bello del corpo e magnanimo. Fioriva sin dal 1282, quando Pisa era possente; e altri con lui tenevano gran corte, e gran seguito* avevano, e rendite grandi e guadagni in terra e in mare. — Gentil Qui significa nobiltà.
19. (L) Acque dalla foce del Tevere, per il mare.
(SL) Lontane. Terz. 21: *Larghe onde.*
20 (L) Lui: a lui. — Luoghi: il Purgatorio. — Prima: mortale. — Altra: celeste — Sì: così. — Andando per il Purgatorio
21 (L) Egli: Nino.
22 (L) Veder, che: veder quel che. — Volse: volle.
23. (L) Grado: gratitudine — Gli: vi. — Guado: profondi i giudizii di Dio.
(SL) Grado Bocc.: *Cotal grado ha chi.* (così è ricambiato) — Gli. Inf., XXIII, t 48: *Non gli era sospetto.* — Guado Modo biblico.
(F) Grado Siccome la religione è una pietà sopraeccellente, così è una eminente gratitudine — Primo. Par., XX: *Grazia che da sì profonda Fontana stilla che mai creatura Non pinse l'occhio insino alla prim'onda.* Aug, Quaest. XXXIII: *Ogni causa efficiente è maggiore dell'effetto; niente è maggiore della volontà di Dio; non è dunque da cercare la causa di quella.*

CANTO VIII. 105

24. Quando sarai di là delle larghe onde,
Di' a Giovanna mia·che per me chiami
Là dove agl'innocenti si risponde.

25. Non credo che la sua madre più 'm'ami,
Poscia che trasmutò le bianche bende,
Le quai convien che, misera, ancor brami.

26. Per lei assai di lieve si comprende
Quanto in femmina fuoco d'amor dura
Se l'occhio o il tatto spesso nol raccende.

27. Non le farà sì bella sepoltura
La Vipera che i Melanesi accampa
Come avria fatto il Gallo di Gallura. —

28. Così dicea, segnato della stampa,
Nel suo aspetto, di quel dritto zelo
Che misuratamente in cuore avvampa.

24. (L) *Di là:* al mondo. — *Chiami:* preghi. — *La:* a Dio
(SL) *Giovanna.* Figlia di Nino, poi moglie a Riccardo da Camino; e non Gherardo da Camino lodato nel XVI del Purgatorio. Ma forse nel 1300 non era ancor moglie; e l'Ottimo la dice piccola.
(F) *Risponde.* Ezech., XX, 3: *Vivo ego; quia non respondebo vobis, ait Dominus Deus* [C.] Nell'ebraico *esaudire* è *rispondere.* — *Chiami.* Osea, VII, 7: *Non est qui clamet in eis ad me.*

25. (L) *Bianche:* vedovili.
(SL) *Madre* Beatrice, moglie di Nino, poi maritatasi nel 1300 a Galeazzo Visconti di Milano, figliuolo di Matteo: sorella di Azzo VIII Il chiamarla non *moglie mia* ma *sua madre* è rimprovero pieno di pietà — *Trasmutò.* Horat. Epod., IX: *Punico Lugubre mutavit sagum.* — *Bianche.* I Siracusani, que' d'Argo, le donne romane, vestivano bianco in segno di lutto A' tempi di Dante eran bianche le bende, le vesti nere (Bocc., Lab. Am.) — *Misera* Parola efficacemente adoperata qui come da' Latini T– renzio: *Laborat e dolore misera* Æn, I: *Troés te miseri - Magno mi·erae dilectus amore.* - IV: *Miserrima Dido.* - IX: *Neu matri miserae.* - XI: *Hic matres, miseraeque nurus*

26. (L *Per:* dal suo esempio. — *Di lieve:* facilmente
(SL) *Di lieve* È in Albertano. *De facili* era anche modo scolastico. — *Fuoco.* Æn.. IV: *Mollis flamma.* — *Amor.* Ov., Rem. Am., 462: *Successore novo vincitur omnis amor.*
(F) *Femmina.* Som.: *Aristotele* nel settimo dell'*Etica* par che non dia alle donne né lode di continenza né demerito d'incontinenza in questo senso che non sono condotte da solida ragione, ma di facile seguono le passioni. Chi le segua con più malizia e chi più acuisca la ragione a irritarle, lascio agli uomini giudicare.

27 (L) *Accampa:* conduce in campo a battaglia
(SL) *Vipera* Arme de' Visconti. Verri: *I nostri maggiori con pubblici decreti instituivano che il campo de' Milanesi non fosse posto senza prima piantare l'insegna della vipera in cima a un albero — Melanesi.* Anco in prosa Cresc II,157. — *Gallo.* Arme di Nino, giudice di Gallura. Dice il Poeta che meglio sarebbe a Beatrice scolpire sulla sua sepoltura il gallo che la vipera, indizio della sua bigamia: cosa dagli antichi avuta in dispregio Lucano. *Licet tumulo scripsisse Catonis Martia* (Phars., II). Ott.: *Furono cacciati* (i Visconti) *di Melano per quelli della Torre: assai disagi sofferse questa d*·*nna col suo marito, sì che più volte bramasse lo stato del vedovado di prima.* - V. Corio, parte II

28. (SL) *Misuratamente.* Non sdegno lo move ma retto amore della moglie immemore e del comune decoro e pietà de' mali di lei.
(F) *Zelo* Som: *Zelo* è effetto d'amore. *Nemesis tristatur de bono indigne agentium, secundum Psalm. LXXII: Zelavi super iniquos, pacem peccatorum videns* (v. 3). L'Apostolo parla d'uno zelo carnale e contenzioso.

29. Gli occhi miei ghiotti andavan pure al cielo,
 Pur là dove le stelle son più tarde,
 Sì come ruota più presso allo stelo.
30. E 'l duca mio: — Figliuol, che lassù guarde? —
 Ed io a lui: — A quelle tre facelle
 Di che 'l polo di qua, tutto quanto, arde. —
31. Ed egli a me: — Le quattro chiare stelle
 Che vedevi staman, son di là basse;
 E queste son salite ov'eran quelle. —
32. Com' ei parlava, e Sordello a sè 'l trasse,
 Dicendo: — Vedi là 'l nostro avversaro. —
 E drizzò 'l dito perchè 'n là guatasse.
33. Da quella parte onde non ha riparo
 La piccola valléa, era una biscia,
 Forse qual diede ad Eva il cibo amaro.
34. Tra l'erba e i fior' venia la mala striscia,
 Volgendo ad or ad or la testa, e il dosso
 Leccando, come bestia che si liscia.
35. Io nol vidi, e però dicer nol posso,
 Come mosser gli astor' celestiali;
 Ma vidi, bene, e l'uno e l'altro mosso.

---

29. (F) *Tarde*. Vicino a tramontare, perchè il cerchio da girare è più piccolo. Il Poeta non aveva veduto mai il polo antartico, dove le stelle, come nel nostro, fanno in ventiquatt'ore un giro più corto dell'altre.
30. (SL) *Arde*. Æn., IV: A.rem... stellis ardentibus aptum. - VII: Ardentem... auro
 (F) *Tre*. Virtù teologali: fede, speranza e carità.
31. (L) *Basse*: tramontate.
 (F) *Quattro* Virtù cardinali. Prima vede le quattro virtù morali e umane, poi le tre virtù special dono di Grazia (Purg., I, t 8). Cli: *Dove era in sola conoscenza di virtù morale, ora è venuto sotto il governo delle tre virtù teologiche*. — *Salite*, Ott: *Quando egli uscì dallo Inferno.... Venus era nella parte orientale, che precedea il Sole, e il Carro era a tramontana: ora, dov'era il Carro, sono queste tre stelle: sì ch' è passato uno di artificiale*.
32. (L) *Com'*: mentre.
 (SL) *Avversaro*. Come *varo* per *vario* (Inf., IX, t. 39).

(F) *Avversaro*. Petr., Epist. I, V, 8, 9: *Adversarius vester diabolus.... circuit, quaerens quem devoret.. Cui resistite fortes in fide* Anco questa è Antifona della Compieta.
33. (L) *Qual*: qual fu quello che... Nella forma che apparve quando.... — *Cibo* del pomo.
 (F) *Riparo*. Il monte avvallandosi, doveva, nella parte opposta a quella donde scesero i Poeti, lasciare la sua cavità senza sponda o rialzo. Il demonio viene di lì, perchè la tentazione coglie l'uomo là dov'egli è disarmato. — *Biscia* Gen., III, 1. — *Amaro* Gen., III, 16: *Mulieri.. dixit* (Deus): *Multiplicabo aerumnas tuas*.
34. (L) *Striscia*: serpe.
 (SL) *Striscia*. Il Lippi chiama striscia la spada (c. XII).
 (F) *Liscia* Per denotare la soavità delle lusinghe che fa il malvagio al malvagio, e il malvagio a se stesso.
35. (L) *Bene*: bensì.
 (SL) *Astor'*. Denota la prestezza e la forza.

CANTO VIII.

36. Sentendo fender l'aere alle verdi ali,
    Fuggío 'l serpente; e gli Angeli diêr volta,
    Suso alle poste rivolando iguali.
37. L'Ombra che s'era al Giudice raccolta,
    Quando chiamò, per tutto quello assalto
    Punto non fu da me guardare sciolta.
38. — Se la lucerna che ti mena in alto,
    Trovi nel tuo arbitrio tanta cera
    Quant'è mestieri infino al sommo smalto
39. (Cominciò ella); se novella vera
    Di Valdimagra o di parte vicina
    Sai, dilla a me, che già grande là era.
40. Chiamato fui Currado Malaspina:
    Non son l'antico; ma di lui discesi.
    A' miei portai l'amor, che qui raffina. —
41. — Oh (diss'io lui), per li vostri paesi
    Giammai non fui: ma dove si dimora
    Per tutta Europa, ch'ei non sien palesi?
42. La fama che la vostra casa onora,
    Grida i signori, e grida la contrada;
    Sì che ne sa chi non vi fu ancora.

---

36 (L) *Poste:* i posti loro nell'alto. — *Iguali:* con volo pari.
(SL) *Poste* Inf., XXII: *Di qua, di là, discesero alla posta.* — *Iguali.* Igualmente e nel Convivio e nel Paradiso. Æn., V: *In coelum paribus se sustulit alis.*
(F) *Fuggío* Bolland., I: *Vidi un angelo di Dio avente una spada fiammante, e che scacciava i demonii.*
37 (L) *Ombra:* Corrado. — *Sciolta:* mi guardava tuttavia fiso.
(SL) *Sciolta* Nel IV del Purg. (terz. 4) dice le potenze dell'anima sciolte dall'attenzione o legate.
38 (L) *Lucerna:* la Grazia. — *Cera:* merito. — *Mestieri* per salire. — *Smalto* di fiori in cima al Purgatorio.
(SL) *Lucerna* Purg., XXII, t. 21: *Qual sole o qual candele Ti stenebraron? Qui meno materiale* — *Sommo.* V. Purg., XXVII, t. 45. Arios., Vi, Erdoce amalia.
40 (L) *Raffina:* si raffina.
... della moglie in ... ed un castello in Sar-
degna: lei morta comunicò a' suoi agnati ogni cosa Ott.: *Indugiai l'opere meritorie della salute per guerreggiare e acquistare amici.*
41 (SL) *Fui* Ci andò nel 1306, quando i Malaspini erano marchesi di tutta la Val di Magra Franceschino ospite di lui è uomo oscuro: più noto Moroello, marito di Alagia, la quale, nipote d'Adriano papa, è nominata nel XIX del Purgatorio, t. 48. Un Malaspina tra il secolo XII e il XIII fu poeta provenzale assai noto: tanto più amorevole a Dante doveva dunque essere quella famiglia. — *Palesi.* Se ben mi ricorda, io lessi in qualche luogo: *siano intesi,* che mi pare più bello e illustrato da quel di Virgilio: *Nulla tuarum audita mihi, neque visa sororum* (Æn, I).
42 (L) *Che.* Caso retto.
(SL) *Contrada* Nel Novellino: *Contrada è il paese natio.* Sen. volg.: *La buona contrada e la buona aere non giova tanto al corpo come agli animi conversare co' migliori di sè.*

43. E io vi giuro (s'io di sopra vada),
Che vostra gente onrata non si sfregia
Del pregio della borsa e della spada.

44. Uso e natura sì la privilegia
Che, perchè 'l capo reo lo mondo torca,
Sola va dritta, e il mal cammin dispregia. —

45. Ed egli: — Or va; che il sol non si ricorca
Sette volte nel letto che 'l Montone
Con tutti e quattro i piè cuopre ed inforca,

46. Che cotesta cortese opinïone
Ti fia chiavata in mezzo della testa
Con maggior' chiovi che d'altrui sermone,
Se corso di Giudicio non s'arresta.

---

43. (L) *Sopra:* in cima al Purgatorio. — *Gente:* stirpe. — *Onrata:* onorata — *Pregio:* generosi e prodi.
(SL) *Gente.* Qui vale *famiglia*, alla latina — *Borsa* Altri avrebbe sfuggito il vocabolo come prosaico. La virtù contraria all'avarizia e sempre onorata da Dante, non per sua cupidigia, ma per che dall'avarizia e' deduceva tutte le miserie del mondo (Inf, I).

44. (L) *Uso:* abito. — *Perchè:* per quanto.
(SL) *Uso.* Virgilio contrappone *natura* a *uso* Georg. II, delle piante: *Hos natura modos primum dedit... Sunt... quibus ipse via sibi repperit usus* Hor Carm., IV. 4: *Doctrina sed vim promovet insitam, Rectique cultus pectora roborant.* Arist: *Somigliante è usanza a natura: natura è sempre; usanza, spesso* — *Cammin.* Comunissima imagine nella Bibbia.

45. (L) *Ricorca*, tramontando.
(SL) *Ricorca* Io Ariete il sole dimora, co' ne negli altri segni, trenta dì — *Inforca* Varchi, V: *Fatto sommesso del dito grosso e dell'indice gl'inforcò la bocca.*
(F) *Inforca.* Pietro: *L'Ariete ha diciassette stelle, parte delle quali nascoste come fa il vero ariete quando giace* Nomina l'Ariete come il segno dove il sole era allora. Non passeranno sett'anni.

46. (L) *Chiavata:* inchiodata. — *Chiovi:* maggiore tua esperienza. — *Giudicio:* divino.
(SL) *Chiovi* Petr: *S'io v'era con saldi chiovi fisso* (nell'altrui mente). Più eletto in Virgilio. Æn., III: *Animis... mea figite dicta.* — *Giudicio.* Purg., VI, t 13: *Giudicio non s'avvalla.* S.nn.: *Judicium justitiae judicantis* (sottinteso Dio).

Le due prime terzine, delle più belle di Dante e dell'umana poesia. così belle sono anco per questo, che più affettuose le rende il nome di Dio, e il suono che invita gli uomini alla preghiera. La pia parola, collocata con la sapienza del cuore in luogo che la fa più cospicua: *Le bianche bende Le quai convien che, misera, ancor brami;* rende ragione della lode che dà Dante all'amico di *dritto zelo e misurato* (zelo del quale l'animo d'esso poeta non sempre è signore); e mi prova che scrivendo la troppo acre sentenza contro la femmina in cui l'amore non dura, egli non pensava di Gemma A lei forse pensava scrivendo l'ultima parola che gli dice la Pia. Ma avvertasi che non *abbisognante del tatto* sentenzia Dante la donna acciocche le si raccenda l'amore; che gli occhi bastano Anco là dov'era meno spirituale, quel secolo è meno materiale del nostro: anche biasimando, le anime e gl'ingegni eletti ritrovano un qualche spiraglio alla lode. Ma quando egli fregia casa Malaspina del *pregio* insieme della *borsa* e della *spada*, e lei mostra *sola a andare diritta;* non pare che questa sia lode al vantato Uguccione.

Il fare che un'anima sciolta già dalle cure terrene, per riguardare a un vivo viaggiante tra' morti, non attenda nè al serpente nè agli angeli là dove pure dovevano essere tutti gli altri rivolti; è concetto troppo umano, più ancora che l'altro: *Quasi obliando d'ire a farsi belle* Meglio allorchè esso poeta, senza badare all'amico, nonchè a tanti principi e re, guarda in alto le tre simboliche stelle, che in cima del monte saranno donne, e lo condurranno alla sua Beatrice purificato. Questa è delle preparazioni maestrevoli, meglio che da orditore di dramma.

Simbolo le stelle, simbolo l'apparire e del serpente e degli angeli, che ora nessuno oserebbe chiamare *astori* Il raccomandare al lettore che stia bene attento alla finezza del velo, se non è difetto, non e grande bellezza; ma bellezza è il vedere gli angeli prima mossi che nell'atto di muovere, il vedere al suono dell'ali fuggire la biscia non tocca; bellezza quel verso: *Suso alle poste rivolando iguali*, che rammenta *Ipsa sub ora viri coelo venere volantes*, e gli altri della similitudine altrove recata della colomba Senonchè quelle vesti, assomigliate gentilmente a foglielte dianzi nate, percosse e ventilate, e *tratte dietro*, fanno uno svolazzo non molto elegante

Il verso: *Come virtù che a troppo si confonda*, anzichè aggiungere, scema del lume abbagliante degli angeli E le locuzioni: *il guado al perchè, ficcare gli occhi verso l'Oriente, d'altro non calme;* l'aria che *dichiarava e serrava;* l'opinione *inchiodata in mezzo della testa,* il *letto del sole* che il montone *inforca co' suoi quattro piedi*, non sono di quella pura schiettezza, di cui in questo Canto segnatamente appariscono esempli rari. E di locuzioni potenti e dotte, sono esempio I due versi: *Che fece me a me uscir di mente - Se corso di giudicio non s'arresta*. E sapiente è a me quella che pare strana, del lume di Grazia a cui l'arbitrio umano è come cera che lo nutrisce e ne brilla.

CANTO VIII.   109

LE BATTAGLIE INVISIBILI. — IL VELO DEL VERO.

Dal grembo di Maria, dice Dante, vengono i due angeli a guardia della valle per fugare il serpente; e con questo cenno raccosta più parti del poema distanti; quella dove la Donna gentile domanda a Lucia che vada a Beatrice e la muova in soccorso al Poeta (1); e quella dove gli spiriti beati tutti, e angeli e santi, diconsi abitare nella spera medesima, men alto però di Maria (2); e quelle altre ove gli angeli a Maria fanno festa e trionfo (3). Il grembo di Maria rammenta il seno d'Abramo (4), così detto il Limbo, *perchè Abramo fu il primo esempio de' credenti* in una rivelazione novella. *E seno d'Abramo dicevasi per rispetto alla pace; Limbo d'Inferno per difetto di gloria* (5). Nelle Rime è un verso che prenunzia il disegno del poema: *Nel ciel dell'umiltà dov'è Maria;* e consuona con quello del presente Canto: *Quello esercito gentile Tacito poscia riguardare in sue, Quasi aspettando, pallido e umile.* E dalle altezze raggiate dall'*umile Donna* (6) scendono gli angeli per fugare col volo il *primo Superbo* (7).

Immittet angelus Domini in circuitu timentium eum, et eripiet eos (8). Agli angeli suoi raccomandò di te, che ti custodiscano in tutte tue vie.... Sopra l'aspide e il basilisco camminerai, e calcherai il leone e il dragone (9). Gli angeli sono da Dio deputati alla custodia degli uomini (10). Manda Iddio gli angeli suoi a difesa di quelli che saranno eredi delle promesse celesti (11). Che se in un luogo è detto: Gli angeli superiori mai non sono mandati ad esteriore ministerio presso gli uomini (12), avvertesi altrove: *È probabile che gli angeli più alti siano destinati a custodia di coloro che sono eletti da Dio a più alto grado di gloria* (13).

E venendo a questa battaglia delle due potenze, ivi stesso leggiamo: *Ad custodiam hominum maxime videtur esse necessarium arcere daemones quod*

(1) Inf., II.
(2) Par., IV.
(3) Par., XXIII, XXXI, XXXII.
(4) Luc., XVI. 23.
(5) Som., 3, 52.
(6) Par., XXXIII: *Umile ed alta più che creatura.*
(7) Par., XIX: *Il primo Superbo, Che fu la somma d'ogni creatura.*

(8) Psal. XXXIII, 8. È reso da' versi:
L'un, poco sovra noi, a star si venne,
E l'altro scese nell'opposta sponda;
Sì che la gente in mezzo si contenne.

(9) Psal. XC, 11, e 13.
(10) Som., 1, 114.
(11) Ambr., in Psal. CXVIII.
(12) Som., 1, 112.
(13) Som., 1, 113.

maxime pertinet ad potestatem (1); e il Grisostomo: *Dio se permette per poco la tentazione, poi la respinge, per la inferma natura dell'uomo* (2).

Avverte esso Poeta, qui come nel nono dell'Inferno (3), che la narrazione di questa battaglia è velo d'ascosa verità: *Procedere per similitudini varie e rappresentazioni è proprio della poesia.* Ma s. Tommaso poi prova che di figure può vestirsi anco l'altissima dottrina sacra (4). Il Salmo: *Aperiam in parabolis os meum* (5); e Gesù parlava in parabole; e ogni parola per proprio senso ch'ell'abbia può farsi paragone ad un altr'ordine di verità (6). E in tale rispetto la poesia, purchè voglia e sappia, può essere alta filosofia, e più potente di quella, appunto perchè l'intimo concetto è armoniosamente per essa congiunto con altri concetti, e apresi più largo spazio all'affetto insieme e al pensiero. Ond'è vero quel che Orazio d'Omero: *Qui, quid sit pulchrum, quid turpe, quid utile, quid non, Plenius ac melius Chrysippo et Crantore dicit* (7); e di poeta che canti più alte verità degnamente sarà ancora più vero. Dante su questo sovente ritorna: *Il senso allegorico si nasconde sotto il manto delle favole* (8). — *Intendo mostrare la vera sentenza di quelle che, per alcuno, vedere non si può s'io non la conto; perchè nascosa sotto figura d'allegoria; e questo non solamente darà diletto buono a vedere, ma sottile ammaestramento; e a così parlare e a così intendere l'altrui scritture.* — *A più aprire la intenzione di questa canzone si converrebbe usare di più minute divisioni: ma tuttavia chi non è di tanto ingegno che per queste che son fatte la possa intendere, a me non dispiace se la mi lascia stare; che certo io temo di avere a troppi comunicato il suo intendimento.* Altrove: *Gran vergogna sarebbe a colui che rimasse cosa sotto vesta di figura di colore rettorico; e domandato, non sapesse denudare le sue parole da cotal vesta in guisa che avessero verace intendimento.* Non però che alla profondità del concetto e' non volesse conciliata la leggiadria della forma, onde il Lamennais ben loda la parola di Dante come ricca di colori e disegnante il contorno degli oggetti in forte rilievo. Dice in una canzone: *Canzone, i' credo che saranno radi Color che tua ragione intendan bene, Tanto lor parli faticosa e forte. Onde se per ventura egli addiviene Che tu dinanzi da persone vadi Che non ti paian d'essa bene accorte, Allor ti priego che ti riconforte, dicendo lor .... Ponete mente almen com' io son bella.*

(1) E cita Gregorio, Hom. XXXIV.
(2) Chrys. in Matth., IV.
(3) V. le illustrazioni in fine a quel Canto.
(4) Som., 1, 1.
(5) Psal. LXXVII, 2.
(6) *Le menti non si rimangano nelle similitudini; ma s'innalzino a conoscere gl'intelligibili* (Som.).
(7) Epist., I, 2.
(8) Conv., II.

ANNOTAZIONI ASTRONOMICHE DEL P. G. ANTONELLI.

« *Era già l'ora che volge il disio.* » (T. 1.)

Se, prima del contemplare le grandi ombre, ormai rimaneva al dì poco sole; appare che qui si voglia descrivere l'ora delle vent'quattro, circa mezz'ora dopo il tramonto; e che però la squilla di cui parla, sia quella che annunzia l'*Ave Maria* della sera. Ciò viene confermato dal verso 49 « Tempo era gia che l'aer s'annerava. » Nè fa ostacolo a questa interpretazione l'essersi mosso il Poeta coi compagni suoi dopo celato il sole: perchè si trattava di scendere; e questo, come è detto al verso 58 del canto precedente, potevasi anco di notte.

« *Pur là dove le stelle son più tarde.* » (T. 29.)

Invece di dire che stava rivolto a riguardare il cielo verso il polo antartico, espone il Poeta questo pensiero coll'idea scientifica della minor velocità che le stelle hanno nel moto diurno della sfera, quando sono collocate in una zona circumpolare della medesima.

« . . . . *a quelle tre facelle.* » (T. 30.)

Coll'allegoria delle tre virtù teologali il Poeta ha voluto anche indicarci che dalla parte del meridiano, d'onde era stato colpito dalla chiarezza delle quattro stelle della mattina di quel dì, nell'ora vespertina presente se ne vedevano tre di minor lucidezza e più distanti tra loro che non fossero le prime, attesochè il polo tutto quanto ne ardeva: e queste indicazioni ci mostrano che le stelle erano ξ ed α della Nave con α dell'Eridano, note al Poeta per l'Almagesto. V. il mio discorso Sulle dottrine astronomiche della Divina Commedia, p. 25.

« *Le quattro chiare stelle*
. . . . *son di là basse.* » (T. 31.)

Con questa indicazione scientifica non vuol già dire che le quattro stelle, viste dal Poeta nella mattina, fossero attualmente sotto quell'orizzonte; e perciò di là nell'altro emisfero, che sarebbe il nostro, perchè ciò sarebbe stato impossibile; ma che erano dall'altra parte del meridiano, cioè dalla parte del levante, tra il meridiano e l'orizzonte. Con questo ci vuol forse anche far sapere il Poeta che il sito

Canto XI · Purgatorio Terzina 27

O, dissi lui, non se' tu Oderisi.
L' onor d'Agobbio, e l' onor di quell'arte,
Ch' alluminare è chiamata in Parisi?

della valle era tale, da non permettergli di rivedere le quattro fiammelle dal fondo in cui si trovava.

«.... il sol non si ricorca
Sette volte ... » (T. 45.)

Stando al 1300 per l'anno della Visione dantesca, si è detto a suo luogo che il sole, durante questo viaggio poetico, era nella costellazione dell'Ariete o Montone. Quest'animale è da remotissimi tempi nelle carte astronomiche effigiato in attitudine di coricamento, sì che con la parte inferiore del ventre posa sull'ecclittica, letto del sole nella mansione di Ariete, e con le ripiegate zampe inforca e cuopre questo tratto dell'ecclittica stessa. Di qui la ragione della pittura, per dire che il sole non sarebbe sette volte ritornato a fare dimora in quell'arco di ecclittica, cioè non sarebbero passati sette anni dal giorno di questo colloquio, che esso Dante avrebbe sperimentata la generosità dei Signori di Malaspina.

CANTO IX.

ARGOMENTO.

Sogna d'essere da un'aquila rapito in alto: e Lucia, dormendo, lo porta davvero vicino alle porte del Purgatorio; dov' e' s'umilia contrito a un Angelo, che gli apre; ed entrano fra i canti delle anime congratulanti.

Comincia da tre allusioni mitologiche e non molto spirituali; la concubina di Titone, il ratto di Ganimede, gli amori d'Achille; ma nella fine la poesia si fa cristiana; ed egli medesimo se n'avvede, e lo dice nella terzina 24, la quale è per vero un' annotazione più critica che poetica. Più giù altri sogni vedremo e altre visioni nel Purgatorio, mondo tra il mortale ed il divino, come la visione è tra lo spirituale e il corporeo. Non senza accorgimento il Poeta sgombrò di visioni l'Inferno ed il Paradiso, ne popolò questo regno.

Nota le terzine 1 alla 5; 7, 8, 10, 11, 12; 15 alla 18; 20 alla 23; 25 alla 28; 32 alla 35; 38, 39, 42, 43, 44 con l'ultime due.

1. La concubina di Titone antico
   Già s'imbiancava al balzo d'oriente,
   Fuor delle braccia del suo dolce amico:
2. Di gemme la sua fronte era lucente,
   Poste in figura del freddo animale
   Che con la coda percuote la gente.

1. (L) *La:* l'Aurora. — *Amico:* Titone.
   (SL) *Titone.* Æn., IV: *Phaebea lustrabat lum ade terras.* - *Tithoni croceum linquens Aurora cubile* (*Concubina* ha qui dunque senso non tristo, da *cubile,* come *conjux* da *jugum,* e *connubium* da *nubo,* e *consor* da *sors;* senonchè l'imagine di *cubo* è tuttavia più bassa, sebbene in Virgilio (Buc., IV): *Dea nec dignata cubili est.*) Ovid. Amor., I, 13: *Jam super Oceanum venit a seniore marito... Aurora...* - Heroid., XVIII: *Jamque, fugatura Tithoni conjuge noctem* Come sorgeva l'Aurora, s'era ancor notte? S'imbiancava appena il balzo, il lembo d'Oriente: la notte cadeva, ma non ci si vedeva bene per anco. Altri intende l'aurora lunare; e lo conferma con ragioni probabili. — *Dolce.* Georg., IV: *Dulcis conjux.*

2. (L) *Animale:* scorpione.
   (F) *Figura.* Il Poeta entrò al suo viaggio di marzo; quand' il sole è in

3. E la Notte, de' passi con che sale,
   Fatti aveá duo nel luogo ov' eravamo;
   E 'l terzo, già chinava in giuso l'ale.
4. Quand'io, che meco avea di quel d'Adamo,
   Vinto dal sonno, in sull'erba inchinai,
   Là dove tutti e cinque sedevamo.
5. Nell'ora che comincia i tristi lai
   La rondinella presso alla mattina;
   Forse a memoria de' suoi primi guai;
6. E che la mente nostra, pellegrina
   Più dalla carne, e men da' pensier presa,
   Alle sue vision quasi è divina;
7. In sogno mi parea veder sospesa
   Un'aquila nel ciel con penne d'oro,
   Con l'ale aperte, ed a calare intesa:

Ariete, e tonda la luna: stette quattro giorni in Inferno. La luna in cinque corre due segni dello zodiaco: dunque la luna al principio del viaggio era in Libra opposta all'Ariete: ora è nel Sagittario, segno opposto allo Scorpione, dove nasce l'aurora. Così Pietro. — *Freddo* Buc., VIII: *Frigidus... anguis*. Gli animali velenosi chiamansi freddi. È nello Scorpione il sole sino alla fin di novembre. Chi sia per l'aurora solare, pone che il freddo animale sia il pesce. Ott: *Il segno di Scorpio scendea sopra il nostro orizzonte; e notte era in opposito di noi.. Scorpio era salito sopra quello emisperio, sì che tutta Vergine, chè fu ascendente a quello nel principio della notte, era passata; la quale, prima a scendere due ore è tre quarti.*

3 (SL) *Chinava*. Æn., VIII: *Nox ruit, et fuscis tellurem amplectitur alis.*

(F) *Chinava*. La notte, secondo Macrobio, tre ore e mezzo sale, altrettante discende. In luogo antipodo a Gerusalemme l'aurora deve incominciare a biancheggiare prima che in paese d'Italia.

4 (L) *Quel corpo*. — *Inchinài*: mi chinai. — *Cinque*: Virgilio, Dante, Stazio, Corrado, Nino.

(SL) *Vinto*. Vita della B. Chiara, p. 7: *Vinta dal sonno*. E in Albertano. — *Adamo*. [C.] *Tra le miserie è il sonno grave super filios Adam, a die exitus ventris matris eorum usque in diem sepulturae in matrem omnium. — Cogitationes eorum et timores cordis... et dies judicii illius... somnus noctis immutat scientiam ejus* (Eccli., XL).

5 (SL) *Ora*. Æn., VIII: *Et matutini volucrum sub culmine cantus*. Tra l'addormentarsi e 'l sognare corre intervallo; e se questo non fosse, e' non descriverebbe di nuovo l'ora: quand'egli s'addormentò gli era dunque ancora notte. Questo favorirebbe l'interpretazione dell'aurora lunare; alla quale altri oppongono che, di cotesta maniera, Dante farebbe un sonno lunghissimo: che la costellazione del *freddo animale* bisognerebbe comporla di fantasia contro a quel che suole il poeta; e che, s'egli avesse inteso d'un'aurora altra dalla così comunemente chiamata, per amore e della scientifica evidenza e della poetica, l'avrebbe con più chiare parole distinta. — *Tristi*. Georg., IV: *Moestis late locà questibus implet*. — *Guai*. Ovid. Met., VI: Virg. Buc., VI: Filomela fa il Poeta mutata in rondine, non Progne com'altri (Purg., XVII, t. 7).

6 (L) *Pellegrina*: libera. — *Divina*: indovinatrice.

(SL) *Pellegrina*. Arrighetto: *In qual luogo la tua peregrina mente s'addormenta?*

(F) *Pensier*. Libera da pensieri terreni e quasi peregrinante fuori de' vincoli della carne. Riguarda anco i propri pensieri come impedimento alla visione della soprasensibile verità. Aristotele (De somn. et vig.) dice la parte sensitiva legata nel sonno, sciolta nella veglia.

8. Ed esser mi parea là dove fôro
   Abbandonati i suoi da Ganimede,
   Quando fu ratto al sommo concistoro.
9. Fra me pensava: « Forse questa fiede
   » Pur qui per uso; e forse d'altro loco
   » Disdegna di portarne suso in piede. »
10. Poi mi parea che, più rotata un poco,
    Terribil come folgor discendesse,
    E me rapisse suso infino al fuoco.
11. Ivi parea ch'ella e io ardesse:
    E sì l'incendio imaginato cosse,
    Che convenne che 'l sonno si rompesse.
12. Non altrimenti Achille si riscosse,
    Gli occhi svegliati rivolgendo in giro,
    E non sappiendo là dove si fosse,
13. Quando la madre da Chirone a Sciro
    Trafugò lui, dormendo, in le sue braccia,
    Là onde poi gli Greci il dipartiro;
14. Che mi scoss'io, sì come dalla faccia
    Mi fuggì 'l sonno; e diventaï smorto,
    Come fa l'uom che spaventato agghiaccia.

---

8. (L) *Fóro:* furono. — *Ratto:* rapito. — *Al:* concilio degli Dei.
(SL) *Ganimede.* Ov. Met., X. — *Ratto.* Æn 1: *Rapti Ganymedis honores.* - IX: *Sustulit alta petens pedibus Jovis armiger uncis — Concistoro* Ne' Latini: *Concilia Deorum.* Concistoro chiamerà il paradiso. Par., XXIX.

9. (L) *Fiede:* arriva. — *Pur:* solo. — *Altro,* che al Purgatorio. — *In piede:* illesi.
(SL) *Fiede.* Inf., X: *Sentier che ad una valle fiede.* — *In piede.* Potrebbe anche leggersi. *portarne suso il piede.* come in Virgilio: *Efferre pedem* (Æn., II): se si legga *in,* vale portarci ritti, non solo non ci offendendo cogli artigli, ma non ci turbando dalla dirittura nostra rivolta al cielo Corrisponderebbe al quasi proverbiale, cascare in piedi, cascare ritto
(F) *Piede.* Indica la disposizione elevata dell'anima che sale a Dio.

10. (L) *Rapisse.* Æn., XII: *Jovis ales.., pedibus rapit.*
(F) *Fuoco.* Sfera del foco, sopra quella dell'aria e sotto la luna (Par, I).

11. (L) *Cosse:* scottò.
(SL) *Cosse.* Inf, XVI, t. 17. — *Rompesse.* Georg, III: *Somnos abrumpit cura.*
(F) *Ardesse.* Arde la luce della grazia nel cuore e lo infiamma.

12. (SL) *Achille* Stat. Achill, I: *Quum pueri tremefacta quies, oculique jacentis Infusum sensere diem; stupet aere primo Quae loca? qui fluctus? ubi Pelion? omnia versa Atque ignota videt, dubitatque agnoscere matrem* — *Riscosse.* Æn., II: *Excutior somno.*

13. (L) *Dormendo:* dormente.
(SL) *Chirone.* Teti al figliuolo rapito per vivere vita molle, lontano dal severo maestro, dice: *Nesciet hoc Chiron* (Stat. Achill, I) — *Dormendo* Arios., XI. 58: *Che la lasciò sull'isola dormendo* Rim. di Dante: *Madonna avvolta in un drappo dormendo.*

14. (SL) *Diventaï.* Dieresi che dipinge il pallore e lo stupore. Simili suoni in Virg., XII: *Tabentesque genae, et juvenali in corpore pallor.*

CANTO IX. 117

15. Dallato m'era solo il mio conforto;
E il sole er'alto già più che due ore;
E il viso m'era alla marina torto.
16. — Non aver tema (disse il mio signore):
Fatti sicur; chè noi siamo a buon punto:
Non stringer, ma rallarga, ogni vigore.
17. Tu se' omai al Purgatorio giunto:
Vedi là 'l balzo che 'l chiude dintorno;
Vedi l'entrata là 've par disgiunto.
18. Dianzi, nell'alba che precede al giorno,
Quando l'anima tua dentro dormia
Sopra li fiori onde laggiù è adorno,
19. Venne una donna, e disse: « I' son Lucia.
» Lasciatemi pigliar costui che dorme:
» Sì l'agevolerò per la sua via. »
20. Sordel rimase, e l'altre gentil' forme:
Ella ti tolse; e, come il dì fu chiaro,
Sen venne suso, ed io per le sue orme.
21. Qui ti posò: e pria mi dimostraro
Gli occhi suoi belli quell'entrata aperta;
Poi ella e 'l sonno ad una se n'andaro. —
22. A guisa d'uom che, in dubbio, si raccerta,
E che muti in conforto sua paura
Poi che la verità gli è discoverta,

---

15. (L) *Conforto:* Virgilio.
(SL) *Due* S'addormenta sull'alba, sogna all'aurora, si desta a due ore di sole. — *Marina.* Non poteva vedere che cielo e acqua: cotesto gli accresce la tema — *Torto.* Sovente in Dante ha senso non di *storto* ma semplicemente di *volto*.
16. (SL) *Sicur.* È nel Petrarca (Son., III) e nell'Ariosto. — [*Rallarga.* Per ciò si potrà anche dire: *ristrigni la speranza,* cioè spera meno e simile.]
17. (L) *Disgiunto:* come un fesso.
18 (SL) *Dormia* Psalm., CXVIII. 28: *Dormitavit anima mea.* — *Laggiù.* L'avverbio a modo di sostantivo vive in Toscana: *Qui dietro è pieno di spie.*
20. (L) *Gentil':* nobili. — *Forme:* anime.

(SL) *Orme.* Caro: *Per l'orme seguendola.* Georg., II: *Sua per vestigia.*
(F) *Forme* L'anima in senso scolastico Som: *L'anima nostra è forma d'alcuna materia.* Petr.: *Forma par non fu mai dal dì che Adamo Aperse gli occhi.*
21. (L) *Ad una:* insieme.
(SL) *Anduro.* Æn., VIII: *Nox Ænean somnusque reliquit.* Dan., VI, 18: *Somnus recessit ab eo.*
22. (SL) [*Uom* Piacemi il modo di Dante di trarre le similitudini della cosa stessa che descrive, anzi di fare soggetto e similitudine la cosa medesima. Dante era quell'uomo medesimo, perch'era passato per quelle affezioni.]

23. Mi cambia' io. E come senza cura
    Videmi il duca mio, su per lo balzo
    Si mosse, e io diretro invêr l'altura.
24. Lettor, tu vedi ben com'io innalzo
    La mia materia: e però, con più arte,
    Non ti maravigliar, s'io la rincalzo.
25. Noi ci appressammo. Ed eravamo in parte
    Che, là dove pareami in prima un rotto,
    Pur come un fesso che muro diparte,
26. Vidi una porta; e tre gradi di sotto,
    Per gire ad essa, di color' diversi;
    Ed un portier, che ancor non facea motto.
27. E, come l'occhio più e più v'apersi,
    Vidil seder sopra 'l grado soprano,
    Tal nella faccia ch'io non lo soffersi.
28. E una spada nuda aveva in mano,
    Che rifletteva i raggi sì vêr noi,
    Ch'io dirizzava spesso il viso in vano.
29. — Ditel costinci: che volete voi?
    (Cominciò egli a dire). Ov'è la scorta?
    Guardate che il venir su non vi nôi. —
30. — Donna del ciel, di queste cose accorta
    (Rispose il mio maestro a lui), pur dianzi
    Ne disse. « Andate là: quivi è la porta. » —
31. — Ed ella i passi vostri in bene avanzi
    (Ricominciò il cortese portinaio).
    Venite dunque a' nostri gradi innanzi. —
32. Là ne venimmo. E lo scaglion primaio
    Bianco marmo era, sì pulito e terso,
    Ch'io mi specchiava in esso quale i' paio.

23. (L) *Senza cura:* sicuro.
(SL) *Cambiai* Hor. Sat., II. 8: *Vertere pallor... faciem.* — *Cura.* Traduce il *securus* latino, che vale *senza timore.*
24. (L) *Rincalzo:* sorreggo.
25. (L) *Muro.* Caso obliquo.
27. (L) *Soprano:* superiore. — *Soffersi* a guardare.
28. (L) *Viso* per guardarlo.

29. (L) *Costinci:* di costi. — *Nôi:* noccia.
(SL) *Nôi* Inf., XXIII: *Scherniti... con danno e con beffa Si fatta, ch'assai credo che lor nôi.* Bocc., *Strale di gravissima pena e noia a sostenere.*
30. (L) *Accorta:* che ne sa.
31. (SL) *Bene.* [C] Tob., V. 21: *Respondens..., ait: bene ambuletis.*
32. (L) *Primaio:* primo.

CANTO IX.

33. Era il secondo, tinto più che perso,
    D'una petrina ruvida e arsiccia,
    Crepata per lo lungo e per traverso.

34. Lo terzo che di sopra s'ammassiccia,
    Porfido mi parea, sì fiammeggiante
    Come sangue che fuor di vena spiccia.

35. Sopra questo teneva ambo le piante
    L'Angel di Dio, sedendo in su la soglia,
    Che mi sembiava pietra di diamante.

36. Per li tre gradi su, di buona voglia,
    Mi trasse il duca mio dicendo: — Chiedi
    Umilemente che 'l serrame scioglia. —

37. Divoto mi gottai a' santi piedi:
    Misericordia chiesi, che m'aprisse;
    Ma pria nel petto tre fiate mi diedi.

38. Sette P nella fronte mi descrisse
    Col punton della spada; e: — Fa che lavi,
    Quando se' dentro, queste piaghe, — disse.

39. Cenere, o terra che secca si cavi,
    D'un color fôra col suo vestimento:
    E di sotto da quel trasse due chiavi.

40. L'una era d'oro, e l'altra era d'argento:
    Pria con la bianca, e poscia con la gialla
    Fece alla porta sì ch'io fui contento.

---

33. (L) *Tinto:* cupo. — *Perso:* color quasi buio. — *Petrina:* pietra.
(SL) *Tinto.* Inf., III, t. 10: *Aria senza tempo tinta* — *Traverso* Crescenz., II, 4: *Tagliate per lo lungo e per traverso*
(F) *Crepata.* Fendersi il cuor di dolore, è in Caterina da Siena ed in altri. Comune: crepacuore. [C] Un Inno: *O Sol salutis.. refulge mentibus.. vulnera Quae laeta adurat caritas... dum virga poenitentiae Cordis rigorem conterit... in viam Tua reducti dextera.* Le fenditure in lungo e in traverso rendono imagine della croce.
34. (L) *Ammassiccia:* sta massiccio.
35. (L) *Sembiava:* sembrava.
(SL) *Sembiava.* L'ha il Petrarca.
— *Diamante.* Matth., XVI. 18: *Tu es Petrus, et super hanc petram aedificabo ecclesiam meam, et portae inferi non praevalebunt adversus eam.*
36. (L) *Voglia mia.* — *Scioglia:* apra.

(SL) *Scioglia.* Aug.: *Peccata solvuntur.*
38 (L) *Lavi* e chiuda. — *Dentro:* in Purgatorio.
(SL) *Descrisse.* Æn, III: *In foliis descripsit carmina.* Lo dicono anco i geometri — *Lavi.* Abbiam qui la contrizione, la confessione e la penitenza necessaria a purgare il peccato. — *Piaghe.* Così chiama i peccati Tommaso (Som., I. 2. 83, 3).
39. (L) *Fôra:* sarebbe.
(SL) *Cenere.* Un inno: *Cor contritum quasi cinis* E prima: *Oro supplex et acclinis,* che corrisponde al gettarsi a' santi piedi e chiedere misericordia — *Terra:* secca e appena cavata e simile a cenere [C] Iurigini Luc., X.

(SL) *Bianca* La scienza del peccato. — *Porta.* Chiusa perchè bisogna con preghiera chiedere l'entrata alla Grazia.

41. — Quandunque l'una d'este chiavi falla,
Che non si volga dritta per la toppa
(Diss'egli a noi), non s'apre questa calla.

42. Più cara è l'una; ma l'altra vuol troppa
D'arte e d'ingegno avanti che disserri,
Perch'ell'è quella che il nodo disgroppa.

43. Da Pier le tengo: e dissemi ch'i'erri
Anzi ad aprir ch'a tenerla serrata,
Pur che la gente a' piedi mi s'atterri. —

44. Poi pinse l'uscio alla porta sacrata,
Dicendo: — Entrate. Ma facciovi accorti
Che di fuor torna chi dietro si guata. —

45. E quando fûr, ne' cardini, distorti
Gli spigoli di quella regge sacra
Che di metallo son, sonanti e forti;

46. Non ruggío sì nè si mostrò sì acra
Tarpeia come tolto le fu 'l buono
Metello, per che poi rimase macra.

---

41. (L) *Quandunque:* sempre che. — *Calla:* via.
(SL) *Calla.* Purg., IV, t. 8. Anche qui accenna la strettezza e la difficoltà del passo. V. il Canto seguente.
(F) *Calla.* Se manca la scienza o l'autorità, la confessione risica di valere poco.

42. (L) *Cara:* preziosa. — *Troppa:* troppo.
(SL) *Troppa.* Gio. VIII: *Tanta buona fama.* Cellini (Vita): *Tanta maravigliosa festa per tanto* — *Nodo.* Sebbene il testo sacro abbia le due imagini dello sciogliere e dell'aprire; se qui fossesi evitato l'accoppiamento del *Disserrare* e del *Disgroppare* era meglio.
(F) *Cara.* L'autorità del liberare le anime, preziosa per il sangue di Cristo che l'ha comprata. — *Arte.* Il sapere sviluppa i nodi della coscienza e dà le vie di salute. Nè si può rimettere i peccati senza conoscerne la gravità, cioè senza addentrarsi nello stato di ciascun'anima; il che richiede esperienza e conoscenza ispirata del cuore umano

43. (L) *Anzi:* piuttosto.
(F) *Erri.* accenna il *septuagies septies* di Cristo (Matth., XVIII, 22).

44. (L) *Pinse:* spinse. — *Facciovi:* v'avverto.

(SL) *Sacrata.* Perchè mette al luogo d'espiazione Volgendosi di dentro, pare che accolga più vogliosa lo spirito entrante.
(F) *Dietro* L'evangelico, del non si volgere indietro, neanco con l'occhio, al male o al men bene, ripetesi spesso nelle lettere di Caterina da Siena [C] Gen., XIX, 17: *Noli respicere post tergum* Luc., IX, 62: *Nemo mittens manum ad aratrum, et respiciens retro, aptus est regno Dei.*

45. (L) *Regge:* porta.
(SL) *Cardini.* Prov., XXVI, 14: *Sicut ostium vertitur in cardine suo.* Æn., VI: *Tum demum horrisono stridentes cardine sacrae Panduntur portae* - IX: *Portam vi multa converso cardine torquet.* — *Spigoli.* Punte di ferro che posano in terra sulle quali si regge l'uscio, e si gira la porta per aprirsi Dice il Landino: le gran porte non si collegano a'ganghori con le bandelle, ma per bandelle hanno certi puntoni, e per ganghori un concavo sul quale detti puntoni entrano e su questo si bilica la porta in modo che s'apra e si serri. — *Regge* Nel Villani e in altri.

46. (L) *Acra:* resistendo forte. — *Per che:* onde. — *Macra* d'oro.
(SL) *Ruggío.* Dicevasi d'ogni forte e alto suono. Nel XXVII Par.: *Ruggeran*

CANTO IX.   221

47. Io mi rivolsi attento al primo tuono;
    E *Te Deum laudamus* mi parea
    Udir in voce, mista al dolce suono.
48. Tale imagine appunto mi rendea
    Ciò ch'io udiva, qual prender si suole
    Quando a cantar con organi si stea,
    Che or sì or no s'intendon le parole.

sì questi cerchi superni. Psalm., XXXVI, 9: *Rugiebam a gemitu* Qui stride irruginita la porta perchè *pauci... electi* (Matth., XX, 16). — *Buono*. Nel senso latino che dice anco *valente* d'ogni valore. — *Tarpea*. Il luogo dove a Roma era custodito il tesoro, che Cesare spogliò ritornando da Brindisi, fugato Pompeo, per pagare i soldati Il tribuno Metello s'oppose. . *Protinus abducto patuerunt templa Metello. Tunc rupes Tarpeja sonat, magnoque reclusas Testatur stridore fores: tunc conditus imo Eruitur templo, multis non tactus ab annis, Romani census populi* (Lucan. Phars.,

III). L'atto di Cesare non par colpevole a Dante; poichè quel danaro della repubblica gli era strumento a fondare l'impero voluto da Dio (De Bell. Civ., I, 14). — *Macra*. Pingue nel Toscano vivente vale abbondanza; *magro*, inopia Ott.: *Ha tratti pondi d'oro quattromila cento venticinque, e d'argento poco meno che novecento migliaia.* Lucan., III: *Tristi spoliantur templa rapina; Pauperiorque fuit tunc primum Caesare Roma.*
47 (SL) *Mista*. Simile nel XIV del Paradiso.
48 (L) *Rendea.*: mi dava l'idea di canto a suon d'organo. — *Stea:* stia.

Non tanto la poca convenienza delle troppe memorie mitologiche qui accumulate quanto il modo dell'accennarvi, srebbe qui da notare come non imabile. Il *dolce amico*, però, ringiovanisce nel verso del Poeta l'antico Titone, o, ch'è più bello, rappresenta la sedella della moglie bella. Il *sommo concistoro* a cui Ganimede è rapito, dice che Dante purificava nel pensier suo l'affetto della bellezza al modo della socratica e platonica filosofia, adombrava forse in quel ratto l'estasi dell'anima innamorata in Dio, pria amore E così la traslazione d'Achille dagli ozii molli alla lode faticosa dell'armi poteva significare l'ascendere che il Poeta fa per illuminazione Grazia a vita più degna. Ma lo se del Canto cede di molto al precedente in bellezza: e la Notte che ammonita insieme e il passo e il volo, e la similitudine della porta Tarpea *acra e m*a, e altre locuzioni simili, non sono i tutto compensate da altre, al solito, felici e potenti. Anco l'ultima similitudine del suono che copre or sì or no le parole, è più bella nel concetto e nella dizione.

Ma non a caso *gentili* egli chiama le anime in mezzo alle quali s'era addormentato tra' fiori come già disse *anima gentile* Sordello, e *donna gentile* colei che lo aveva raccomandato a Lucia. Lucia addita a Virgilio la porta dell'espiazione non con parole o con cenno, ma con gli *occhi belli*.
A chi domandasse perchè l'Angelo, come Caronte e Minosse e quegli altri, interroghi quasi minacciando i due che s'appressano, come se ignorasse chi sono; potrebbesi rispondere che lo fa, come i Beati che interrogano il Poeta di quel che già sanno, per esercitare il suo buon volere, e dargliene merito Entra l'Angelo in troppi discorsi con loro; ma la dottrina dell'espiazione doveva pure secondo il concetto del Poema essere da qualcuno dichiarata; nè Virgilio lo poteva, e Beatrice non è ancora apparita. Forse lo poteva a qualche modo Lucia: ma al Poeta meglio piacque vederla in sogno scendere coll'impeto dell'ispirazione com'aquila, e levarlo in alto, e ardere seco: imaginazione sapientemente poetica, la qual dice come le rivelazioni e so-

prannaturali e naturali, facciano soave e terribile violenza alla debole anima umana; e come, quando diventano più veementi, cessano, lasciando l'uomo a sentire la propria debolezza, ma dandogli, con la memoria delle cose intravvedute, l'incessante desiderio e vigore di vincerla.

Nello splendore che sfavilla dalla spada dell'Angelo; ne' gradi che col colore accennano alla schiettezza e al dolore e all'amore della penitenza richiesti, accennano l'educazione graduata e dell'uomo singolo e della specie; nell'umiliato dolore di quell'anima altera, nell'attitudine ch'egli prende contrita, simile a quella della semplice femminetta, riconosci il Poeta; non meno che nell'incidere che gli fa l'Angelo sulla fronte col ferro la traccia de' peccati Dante incide col verso, perché lo Spirito divino gli scolpiva nell'anima e gioie e dolori.

LE VISIONI. — LUCIA.

Sulla riva d'Acheronte balena una luce vermiglia, e il Poeta cade com'uomo preso dal sonno; e un tuono gli rompe il letargo, ed e'si trova nella valle d'abisso (1). Al sentir dell'amore e della morte di Francesca, o piuttosto al veder piangere l'amante più infelice da' tormenti di lei, perchè cagione e testimone di quelli (2), il Poeta vien meno di pietà, come se gli venisse meno la vita, e cade come morto; e al tornar della mente si trova nel cerchio d'un'altra pena. Qui nel Purgatorio e' s'addormenta sull'erba tra' due poeti e i due principi amici, nè si sa quali meglio gli concilino i sonni. E vede un'aquila rapirlo in alto, e intanto Lucia lo prende e lo reca presso alla porta del Purgatorio tra le sue braccia. Poi nel cerchio ove purgasi l'iracondia e' sarà tratto in un'altra visione, e vedrà esempi di mansuetudine generosa (3). Poi più su gli piglierà il sonno da capo e gli apparirà una femmina, imagine del piacere falso (4): poi (perchè, se crediamo alla Vita Nuova, l'addormentarsi e il sognare erano frequenti a lui) gli apparirà Lia nel sonno, imagine della vita attiva, cogliendo fiori (5): poi in cima al monte, visto l'albero misterioso fiorirsi di verde e di novelli colori, s'addormenterà, e allo svegliarsi troverà Beatrice seduta all'ombra di quello, e vedrà il carro farsi bestia, e di bestia preda (6).

L'ora del mattino, è tradizione e de' poeti antichi e de' filosofi e del popolo, che sia quella in cui i sogni più rivelino di verità (7). Ecco a questo

(1) Inf, III, IV. Arist., de Somn. et Vig.: *Sonno ed epilessia si somigliano.*
- Altrove: *Contingat dormire cum qui animo deficit.*
(2) Inf, V, VI. Questa è bellezza riposta e profonda, ma apparisce dalle parole chiarissima, bene considerate: *L'altro piangeva; sì che di pietade l' venni men, così com'io morisse* (Inf., V). Gli è quel pianto che lo fa venir meno.
(3) Purg., XV.
(4) Purg., XVIII, XIX.
(5) Purg., XXVII.
(6) Purg., XXXII.
(7) Purg., XXVII: *Il sonno che*

souente, Anzi che 'l fatto sia, sa le novelle... E già per gli splendori antelucani.. Hor. Sat., I, 10: *Post mediam noctem visus cum somnia vera.* Inf., XXVI: *Ma, se presso al mattin del ver si sogna.* Ov. Her., XIX: *Sub auroram, jam dormitante lucerna, Somnia quo cerni tempore vera solent* (V. Inf., XXXIII). Altri per *mente divina* in questo passo del Purgatorio intende *divinatrice*, al modo latino. Pietro intende *divina*, non altro; ma già gli è tutt'uno, dacchè gli indovini erano detti *divini* quasi *Deo pleni* (Isid., Etym. VIII). Qui Pietro cita Aristotele (de Anima), il quale all'anima dà tre

proposito quant'ha la Somma. « *L'anima*, » dice Agostino (1), » ha in sè certa » virtù che di natura possa conoscere le cose future. » E però quanto si ritrae da' sensi corporei e in certo modo ritorna a sè stessa, si fa partecipe della notizia del futuro. E quest'opinione si fa ragionevole se ponessimo che l'anima ricevesse la cognizione delle cose per la partecipazione delle idee, siccome i platonici posero ; perchè così l'anima di sua natura conoscerebbe le universali cause di tutti gli effetti ; ma n'è impedita dal corpo. Onde, quando s'astrae da' sensi del corpo, ella conosce il futuro. Ma perchè cotesto modo di conoscere non è connaturale all'intelletto nostro, ma bensì ch'e' riceva la cognizione da' sensi, però non è secondo la natura dell'anima conoscere le cose future, alienandosi da' sensi ; ma sì per l'impressione di alcune cause superiori, spirituali e corporali. Spirituali, come quando per virtù divina l'intelletto umano per il ministerio degli angeli è illuminato, e i fantasmi ordinansi a conoscere alcun che del futuro, o anche quando per operazione de' demonii (2) si fa alcuna commozione nella fantasia ad adombrare alcuna cosa di quel che sarà. Corporali, perchè i corpi superiori dell'universo fanno impressione sugl'inferiori. Onde da quelli può essere in certo modo immutata la fantasia : ed essendo i corpi celesti causa di molte cose avvenire, possono nei corpi umani seguire de' segni che facciano presentire quelli : i quali sogni più percepisconsi di notte da' dormenti, perchè, come dicesi nel libro Di sonno e vigilia (3) : « Le impressioni apportate dal » giorno si dissipano, perchè l'aria della notte è più quieta e più tacita ; e » ne' dormenti i leggieri moti interiori più sentonsi che non vegliando (4) »
— L'anima nostra quanto più dalle cose corporali si astrae, tanto degli astratti intelligibili si fa più capace (5). Alienato da' sensi l'intelletto ha più di vigore (6) E Giobbe: *Fra il sonno nella visione notturna....* allora *(Dio) apre gli orecchi degli uomini e... li ammaestra di (sua) disciplina* (7).
— Più eccellente è la profezia che ha insieme visione intellettuale e imaginativa, di quella che ha l'una delle due solo (8). Ciò che qui dicesi del vaticinio profetico, nella proporzione umana intendesi del poetico ; che dove l'idea ragionata si presenti-vestita di fantasma conveniente, ivi è più nobiltà e più potenza. E però Dante in questo Canto, con una delle solite note che mettono lui tra il lettore e la cosa, ma non ingombrano però la veduta della cosa, dice : *Lettor, tu vedi ben com'io innalzo La mia materia....* E questo innalzamento è anco simboleggiato dal ratto che di lui fa Lucia, vista in sogno sotto imagine d'aquila : che rammenta non tanto quello de' Salmi: *Si rinnovellerà come d'aquila la tua giovanezza*(9), il rinnovamento

potenze: vivere, sentire, intendere ; onde la chiama animale divino. E cita Socrate il qual diceva, *doversi pensare la mattina, mangiare la sera.*
(1) Confess., XII.
(2) In modo tutto materiale, all'operazione de' demonii accennasi in quel dell' Inferno (XXIV) : *E quale è quei che cade, e non sa como, Per forza di demon ch'a terra il tira.*
(3) Arist., cap. II.
(4) Som., 1, 1, 87.
(5) Som., 1, 1, 12.

(6) Som., 1, 1, 86 e anche 1, 2, 4. E Ambrogio: *Già deposti i legami del senso, scerne con libera vista quel che dianzi nel corpo suo non redeva ; il che dall'esempio de' dormenti possiamo conoscere, gli animi de' quali, sepolto quasi il corpo nella quiete, più alto si levano e annunziano al corpo le visioni delle cose assenti e eziandio di quelle del Cielo.*
(7) Job, XXXIII, 15, 16.
(8) Aug., XII, in Gen. ad lit.
(9) Psal. CII, 5.

che altrove dicesi seguire nell'anima purificata e *disposta a salire alle stelle* (1); quanto quello del Deuteronomio : *Lo ha trovato in luogo deserto... lo ha portato com'aquila, che porta sopra sè i proprii nati* (2). E qui pure accennano que'de' Salmi : *Ti porteranno fra le braccia, che tu non intoppi nella pietra il tuo piè* (3) — *Manda la tua luce e la tua verità, perch'esse mi scortarono e mi condussero al tuo monte santo* (4) E qui Pietro cita anche : *Assumpsit me de aquis multis et deduxit me in latitudinem* (5). Nè sia maraviglia che tra queste imagini di religione severa entri quella di Ganimede che era a lui semplice simbolo, e gli pareva forse una versione della favola di Psiche, cioè dell'anima sollevata al massimo degli amori. E l'imagine d'Amore con in braccio bella donna dormente è nella Vita Nuova e nelle Rime ; e questa del Purgatorio e quell'altra giovanile accennano forse ai versi di Virgilio così soavi: *At Venus Ascanio placidam per membra quietem Irrigat, et fotum gremio dea tollit in altos Idaliae lucos, ubi mollis amaracus illum Floribus et dulci aspirans complectitur umbra* (6).

Qui rincontriamo Lucia, simbolo del quale s'è detto nelle Illustrazioni al secondo dell'Inferno, e anche accennatovi che tra quella mandata di Beatrice in soccorso di Dante, e la mandata d'Opi in vendetta, se non in soccorso, di Camilla, era alcuna conformità. E qui dichiariamolo :

> Questa chiese Lucia in suo dimando (7),
> E disse: Ora abbisogna il tuo fedele (8)
> Di te; ed io a te lo raccomando (9).
> Lucia, nimica di ciascun crudele,
> Si mosse (10) . . . . . .
> Non vedi tu la morte che 'l combatte (11)..
> Al mondo non fur mai persone ratte (12)...
> Venni quaggiù dal mio beato scanno (13)...
> Gli occhi lucenti, lagrimando, volse (14)...

E qui nel Purgatorio Lucia posa Dante tuttavia dormente: e *gli occhi suoi belli*, di lei che secondo la tradizione volgare li perdette per coraggioso amore del vero, mostrano a Virgilio la porta, ed ella e il sonno si dileguano insieme.

Per Lucia Pietro intende la matematica che lo innalza al principio dell'azione virtuosa : e per matematica intende, secondo l'origine, la scienza appresa (μανθάνω). Ma questa interpretazione si può conciliare con l'altra del Canto II dell'Inferno, dicendo che Lucia è la grazia illuminante, anco

(1) Purg., XXXIII, verso ultimo.
(2) Deut., XXXII, 10, 11.
(3) Psal. XC, 12.
(4) Psal. XLII, 3.
(5) Psal. XVII, 17, 20.
(6) Æn., I.
(7) Æn., XI, 534: *Compellabat*. Acc. uno una o poche parole per non allungare.
(8) L. c., 537: *Cara mihi ante alias*.
(9) L. c., 588: *Labere, Nympha, polo*.

(10) L. c., 595: *Coeli demissa per auras*.
(11) L. c., 587: *Verum age quandoquidem fatis urgetur acerbis*.
(12) Æn., XI, 532: *Velocem.... Opim*.
(13) Ivi: *Superis in sedibus*.
(14) L. c., 534: *Tristis.. ore dabat*.
— Il verso *Amor mi mosse che mi fa parlare* ha riscontro nel *novus... amor* (L. c., 537).

per via d'umana dottrina; è quasi l'anello tra Virgilio scienza meramente umana, e Beatrice sapienza divina E infatti la donna gentile, Maria, imagine della clemenza superna, manda Lucia, la scienza superna, ad aiutare il Poeta fedele suo, il teologo Dante, come l'epitafio lo chiama. Lucia nemica d'ogni crudele (perchè la scienza altissima volge gli animi a civiltà e a mansuetudine), raccomanda il poeta a Beatrice, la somma sapienza, la quale siede con Rachele, la contemplazione dell'altissimo vero. Dunque Virgilio, Lucia, Beatrice sono i tre gradi dell'umano sapere: puramente umano, umano e divino, rivelato. Il primo lo conduce per l'Inferno; il secondo lo mette alle porte del Purgatorio; il terzo lo fa spaziare ne' cieli. Il primo gl'insegna la pena del male; il secondo gliene dà pentimento e gliene mostra il rimedio; solo il terzo lo innamora ed illustra del bene supremo. Non prima che Lucia lo portasse, nota Pietro, e' poteva pentirsi e darsi nel petto. L'Ottimo cita Isidoro: *Nè alcuno si puote da sè correggere, ma ammendato da Dio.* — E i Salmi: *Non è dell'uomo la via sua.* L'Ottimo stesso: *Lucia nel tempo che l'autore nulla operava, via il levò e dedusse al luogo dove li peccati si riconoscono, e mostrò a Virgilio, cioè alla ragione, l'entrata del Purgatorio, che è la contrizione del cuore, e poi la emendazione.*

Notabile qui una citazione veramente insolita della Somma: *Non si contamina il corpo, se non per consenso della mente, come disse Lucia* (1). Questo recare il detto della martire, accennando a lei come a persona storica notissima, prova la popolarità del nome in que' tempi, e spiega perchè Dante la scegliesse com'uno de' simboli del suo poema. Non so se quella sentenza di Lucia, e' la leggesse in Tommaso, o la udisse ca' frati lettori di lui, o la trovasse nell'intimo dell'anima sua Caterina da Siena, che più volte nelle lettere la ridice: Caterina da Siena che Dante avrebbe, e come esemplare vero e come ideale poetico e come simbolo sacro, collocata negli splendori del suo Paradiso.

(1) Som, 2, 2, 64.

PENITENZA E CORREZIONE.

I grandi Poeti sono comento a sè medesimi e l'uno all'altro così come tutti gl'ingegni e le anime singolari. Il passo alla prima non chiaro di Virgilio: *Ast ubi digressum Siculae te admoverit orae Ventus, et angusti rarescent claustra Pelori* (1) è illustrato da' versi di Dante: *Ed eravamo in parte Che là, dove pareami in prima un rotto, Pur com'un fesso che muro diparte, Vidi una porta* (2). Questo *rotto* e questo *fesso*, e il *rarescent* più elegante e possente, rappresentano il parer e che fa di lontano angusta ogni apertura e seno, e il venirsi all'occhio di chi le si approssima dilatando.

L'Angelo che siede alla porta risplende in vista sì che non lo può l'occhio umano sostenere, e ha una spada nuda che getta non men vivi lampi; come nella Genesi: *Ejecitque Adam: et collocavit ante paradisum voluptatis Cherubim, et flammeum gladium atque versatilem ad custodiendam viam ligni vitae* (3); e come in Daniele: *Facies ejus velut species fulguris* (4). L'Angelo dice a' vegnenti: *Ov'è la scorta* (5)? onde pare che a ogni anima bisogni la scorta d'un angelo; perchè gli angeli sono mediatori tra gli uomini e Dio; e dice anco: *Ditel costinci, che volete voi?... Qui è la porta* (6); che rammenta il virgiliano di Caronte: *Fare age quid venias; jam istinc et comprime gressum: Umbrarum hic locus est* (7). Il Caronte dantesco è *bianco per antico pelo* (8); il primo angelo che Dante vede tragittare gli spiriti viene *Trattando l'aere con l'eterne penne, Che non si mutan come mortal pelo* (9): contrapposti non ricercati ma non casuali. In Ovidio le Furie: *Carceris ante fores clausas adamante sedebant* (10): qui l'Angelo siede sulla soglia che mi sembiava pietra di diamante; e tiene ambedue i piedi sul terzo de' gradi che mettono alla porta e che è di porfido color di sangue,-a dipingere la carità, espiatrice vera de' falli: *Remittuntur ei peccata multa quia dilexit multum.* È invero, Agostino: *Ogni dolore è fondato in amore* (11); e la Somma: *L'amore della carità in cui si funda il dolore della contrizione è il massimo degli amori* (12).

(1) Æn., III.
(2) Purg., IX. — Ivi: *Vedi l'entrata* .....
(3) Gen., III, 24.
(4) Dan., X, 6.
(5) Purg., IX.
(6) Ivi.
(7) Æn., VI. E nel VII: *Dicite....Quid petitis?*
(8) Inf.; III, t. 28.
(9) Purg., II.
(10) Ovid. Met., IV.
(11) De Civ. Dei, lib. XIV.
(12) Sup., 3.

Tre gradi ha la penitenza. Si pecca, dice Pietro, con la bocca, col cuore, coll'opera: quindi la confessione del labbro, la contrizione del cuore, la soddisfazione dell'opera Convien rammentarsi il peccato, vederne la gravità, confessarlo candidamente, e per pentimento lavarlo Simile idea è in una orazione inedita d'un Mussato; il quale dipingendo la scala per cui l'anime salgono al cielo, pone per primo grado la sagacità, per secondo la prudenza, poi la scienza, la sapienza il supremo La contrizione è che rompe *(conteril)* la durezza del cuore e quasi con fuoco la la screpolare (1). *Scindite corda vestra et non vestimenta vestra* (2) Per il terzo grado, che è di colore rosso, altri intende il rossore del peccato o piuttosto la soddisfazione: e tra le soddisfazioni più alte è quella del sangue. E le vive opere avvivano, dice l'Ottimo, l'anima. L'angelo è imagine qui de' sacerdoti che l'Apostolo appunto chiama angeli. E Malachia: *Labia.. sacerdotis custodient scientiam... quia angelus Domini... est* (3). Questa è la porta dopo la quale è libero il passo al cielo. Però ci pone le chiavi date a S. Pietro *regni coelorum* (4).

Il vestimento dell'angelo è color di cenere o terra secca (5); e sempre la cenere nella Bibbia simboleggia umiltà con dolore. *Per l'umiltà il peccato rimettesi* (6); onde Virgilio dice al Poeta: *Chiedi umilemente Che il serrame scioglia* (7) Egli si dà nel petto tre volte, e s'inginocchia devoto a' piedi dell'angelo, e chiede misericordia: atti che all'anima altera non parevano vili; dacchè anco nel Paradiso: *A quel devoto Trionfo, per lo quale io piango spesso Le mie peccata, e'l petto mi percuoto* (8). Ma perchè, anche *dopo la contrizione, rimangono alcuni peccati veniali* (9), l'angelo gli descrive sette P nella fronte, cioè gli riduce a memoria i sette peccati: di quasi tutti egli era, così come ogni uomo, colpevole in qualche parte. La spada è l'autorevole riprensione. La chiave è la parola che scopre la colpa, la quale talvolta è mal nota a quel medesimo che la commise. Le chiavi, dicono altri, sono il discernimento e l'autorità d'ammettere o di rigettare. Nelle antiche pitture, una delle chiavi di Pietro è d'argento, l'altra d'oro Sant'Ambrogio: *Lo Signore vuole, essere eguale la balìa d'assolvere e di legare: e promise l'uno e l'altro con pari condizione.* Ma ad aprire richiedesi, dice il Poeta, *arte*

(1) Som. Sup., 2: *Contritio est alicuius duri comminutio*.
(2) Joel, II, 13.
(3) Malach., II, 7.
(4) Matth., XVI, 19. Inf., XXVII: *Lo ciel poss'io serrare e disserrare.... però son due le chiavi* - XIX: *Quanto tesoro volle Nostro Signore in prima da San Pietro, Che ponesse le chiavi in sua balìa?* Par, XXIII: *Colui che tien le chiavi di tal gloria.* - XXXII: *A cui Cristo le chiavi Raccomandò di questo fior.* - XXIV: *Luce eterna del gran viro A cui nostro Signor lasciò le chiavi Che portò giù, di questo gaudio miro.* Ma nell'Inferno l'una chiave pare per ironia che apra e l'altra che chiuda: qui sul serio, quella d'argento apre il primo serrame, quella d'oro il

secondo; ma la prima è la più difficile a volgere, perchè, tra le altre ragioni, il primo passo nella conversione è che costa più, e che, avendo però più merito, più fa talvolta a salute.
(5) Gen., XVIII, 27: *Loquar ad Dominum meum, cum sim pulvis, et cinis.* - Eccli., X, 9: *Quid superbit terra, et cinis?*
(6) Luc., XVIII. Som., 2, 2, 161.
(7) Matth., XVI, 19: *Quodcumque solveris super terram, erit solutum et in coelis.*
(8) Par, XXII Som, 2, 2, 3. La confessione è parte di penitenza e ordnata a cancellare il peccato; il che è il fine del pentimento.
(9) Som. Sup., 2.

Canto XXII · Purgatorio, Terzina Iª

Già era l'Angel dietro a noi rimaso,
L'Angel, che n'avea volti al sesto giro;
Avendomi dal viso un colpo raso:

CANTO IX.

-troppa. Sant'Agostino: *Chi vuole confessare i peccati per trovare grazia cerchi sacerdote che sappia obbligare e prosciogliere, che non cadano ambedue nella fossa.* Ottimo: *Il prete vuol avere molta discrezione e considerare la condizione e stato, etade e maturezza del peccatore, considerare la qualitade del peccato e le circustanzie . altrimenti, male andrebbe la deliberazione della penitenza che si dee ingiungere.*

L'Angelo apre finalmente la porta, che forte risuona sui cardini, perchè, come dirà poi, *il mal amor dell'anime* la *disusa*, cioè pochi sono gli eletti(1), ond'ella, smossa non di frequente, arrugginisce: L'Ottimo: *Fece grande romore, e mostrossi molto agra; a dare ad intendere come era stato grave il fallo del peccatore, e come con fatica s'apre a uomo così inviluppato nelle dilettazioni corporali.... acciocchè pensi, se altra volta ritornasse di fuori, come malagevolmente li sarebbe aperta.*

Qui viene, e non a caso, la similitudine di Tarpeia, cioè della porta che chiudeva il tesoro del tempio violato da Cesare per pagare i soldati. E notisi come le due fonti non solamente poetiche ma politiche di Dante siano Virgilio e Lucano; Lucano ultimo dei cinque poeti (2), ma anch'egli studiato, imitato, recato come e memoria ed autorità; Virgilio poeta dell'impero, Lucano oratore della repubblica. A questo passo Lucano (3) dice appunto: *Omnia Caesar erat. — Ville putant quodcumque potest. — Viribus an possint obsistere jura, per unum Libertas experta virum. Pugnaxque Metellus ut videt ingenti Saturnia templa revelli Mole, rapit gressus .. prohibensque rapina Victorem.... Non feret e nostro sceleratus praemia miles*(4). *- Non nisi per nostrum vobis percussa patebunt Templa latus.* Senonchè questa stessa violenza, fino in bocca di Lucano, torna in lode di Cesare, e il disonore ne cade su Roma, apparecchiata già a servitù, come poi disse Tiberio, e però assoggettante sè stessa al non evitabile impero *Melius, quod plura jubere, Erubuit, quam Roma pati* (5). All'ardito resistere di Metello, Cesare, contento del tesoro, non si sdegna, e mandatolo a casa, gli dona la vita: *Te vindice, tuta relicta est libertas? non usque adeo permiscuit imis Longus summa dies, ut non, si voce Metelli Serventur leges, malint a Caesare tolli* (6).

In Virgilio la Sibilla dice al viatore de' regni oltremondani: *Moenia conspicio atque adverso fornice portas, Haec ubi nos praecepta jubent deponere dona. Dixerat; et pariter gressi per opaca viarum, Corripiunt spatium medium, foribusque propinquant. Occupat Æneas aditum .. His demum exactis, perfecto munere Divae, Devenere locos laetos* (7). Qui all'aprire che l'Angelo fa la porta, il Poeta sente un suono di canti: *Introite portas ejus in confes-*

(1) Matth., XXII, 14.
(2) Inf., IV.
(3) Phars., III.
(4) Rammenta quel di Virgilio:
Impius haec tam culta novalia miles habebit? Barbarus has segetes? En quo discordia cives Perduxit miseros! En queis consevimus agros! (Buc., I).
Parole coraggiose del giovane, che in età più cauta non avrebbe forse espresso il proprio sentire così chiaramente.
Anche Tullio, giovane, difendendo Roscio, si dimostrò più generosamente

ardito, che poi accusando e vilipendendo Catilina ed Antonio.
(5) Lucan. Phars , III.
(6) Lucan. Phars., III Vegansi ivi i consigli di Cotta e Metello, e avrannosi compendiate, in quel che hanno e di falso e di vero, e di generoso e di vile, le ragioni recate in mezzo in tutti i luoghi e i tempi per rassegnarsi alla mutazione degli Stati, e di più in meno liberi, e di meno in più.
(7) Æn., VI.

DANTE. *Purgatorio.* 9.

sione, atria ejus in hymnis (1). All'entrare d'un'anima cantano *Te Deum* (2), lodando i santi e gli angeli e Dio creatore e redentore, per la salute d'uno spirito; all'uscire dell'anima verso il cielo cantano *Gloria in excelsis* (3) ; nella valle: *Salve Regina* (4); verso la sera: *Te lucis ante* (5); nello scendere a riva: *In exitu Israel* (6); al venire di Beatrice: *Veni sponsa* (7); al venire di Cristo: *Benedictus qui venis* (8). Poi gli angeli all'entrare di ciascun giro cantano al Poeta parole raccomandatrici d'alcuna virtù.

L'angelo gli ha già fatti *accorti Che di fuor torna chi dietro si guata* (9); perché *nessuno che mette mano all'aratro e riguarda dietro a sè è atto al regno di Dio* (10). Il che rammenta insieme la storia di Loth (11), e la favola d'Euridice: *Reddilaque Eurydice superas veniebat ad auras, Pone sequens (namque hanc dederat Proserpina legem). Quum subita incautum dementia cepit amantem... Restitit, Eurydicenque suam, jam luce sub ipsa, Immemor heu! victusque animi respexit; ibi omnis effusus labor* (12) Queste corrispondenze delle tradizioni favolose con le sacre, e del Poema maestro suo col Libro maestro di tutte le umane generazioni doveva essere sempre nuovo e diletto e conforto e all'intelletto e all'animo del Poeta.

(1) Psal. XCIX, 4.
(2) Purg., IX.
(3) Purg., XX.
(4) Purg., VII.
(5) Purg., VIII.
(6) Purg., II.
(7) Purg., XXX.
(8) Ivi.
(9) Purg., IX.

(10) Luc., IX, 62.
(11) Gen., XIX.
(12) Georg., IV. — Boet.: *Heu, noctis prope terminos Orpheus Eurydicen suam Vidit, perdidit, occidit. Vos, hacc fabula respicit, Quicumque in superum diem Mentem ducere quaeritis. Nam qui Tartareum in specus Victus lumina flexerit....*

ANNOTAZIONI ASTRONOMICHE DEL P. G. ANTONELLI.

« *La concubina di Titone antico.* » (T. 1.)

Descrive l'albeggiare dell'aurora che precede il sorgere della luna, il quale avveniva in quella sera al Purgatorio (sempre nell'ipotesi del 1300 e del Plenilunio pasquale ecclesiastico) un po' prima delle ore nove pomeridiane. Che parli qui dell'aurora lunare, e non di quella del sole, si argomenta principalmente, 1.° dall'appellativo di concubina; e non di moglie, di amico e non di marito; 2.° dal contesto della narrazione poetica il quale non permette di supporre l'aurora solare ivi in quel punto, nè a Gerusalemme nè in Italia; 3.° dall'impossibilità matematica e fisica che la fronte dell'aurora solare potesse essere lucente delle stelle della costellazione dei Pesci, come converrebbe supporre per la seconda terzina di questo canto; 4.° per lo spuntare della luna in tal sera al Purgatorio quasi a tre ore di notte, preceduta all'orizzonte dalle brillanti stelle dello Scorpione. — Vedi l'opuscolo « Sulle dottrine astronomiche della Divina Commedia. »

« *Di gemme la sua fronte era lucente.* » (T. 2.)

La luna che (giusta l'ipotesi mentovata) trovavasi ancora in bella fase, perchè non bene erano scorsi quattro giorni dopo il plenilunio, illanguidiva col suo splendore la parvenza delle minori stelle dello Scorpione; e spiccavano così le più brillanti di quella costellazione, disposte in guisa da formare una linea serpeggiante, e perciò da rendere l'imagine di una serpe, che è il freddo animale che se morde co' denti, con la coda percuote la gente. Queste stelle, comprese nel primo, secondo e terz'ordine di grandezza apparente, rimanevano poi in tal posizione rispetto alla luna, che sull'orizzonte del Poeta dovevano appunto coronarne la fronte.

« *E la Notte, de' passi con che sale.* » (T. 3.)

Affinchè non si sbagliasse intorno alla natura del fenomeno celeste, ci determina il tempo. Introduce la notte personificata che passeggia, e distingue i passi con che sale, e quelli co' quali discende; cioè le prime ore con cui va fino al colmo, e le rimanenti, con le quali si ritira ad occidente, per dar luogo all'alba del dì in oriente. Intendendo qui con la comune degli espositori che i passi della notte siano le ore di sessanta minuti, torna bene la indicazione del tempo col fenomeno dell'aurora lunare; perchè la notte, nel luogo ov'era il Poeta, incominciava alle sei e la luna vi sorgeva un po' prima delle nove ore: dunque all'imbiancarsi di quell'aurora la notte aveva fatto due de' passi con che sale, e il terzo chinava giù l'ali, cioè la terza ora non era trascorsa.

« *Nell'ora che comincia i tristi lai.* » (T. 5.)

Poco innanzi lo spuntare del sole, quando l'aurora ha già preso il colore che le dà il nome; perciocchè non è facile udire il canto delle rondini prima che sia giorno chiaro.

« *E me rapisse suso infino al fuoco.* » (T. 10.)

Alludesi alla sfera del fuoco, al di sopra dell'atmosfera di che abbiamo parlato sul principio di questa Cantica.
Mi si conceda qui un'osservazione psicologica, perchè mi sembra onorevolissima pel nostro Filosofo. Dice che, giunto a quel soggiorno del calorico, parevagli di ardere insieme coll'aquila; e che quell'incendio, sebbene imaginario, le *cosse* talmente, che gli ruppe il sonno. Poi dice che Lucia si mosse quando il dì fu chiaro, cioè a sole nascente, e che fu lasciato esso Poeta da lei nella posizione di chi riguarda il levante. In quel trasferimento era dunque il Poeta nostro percosso dai raggi solari, e specialmente nella faccia; almeno quando la potenza calorifera di quelli era maggiore: per conseguenza eravi un fatto esterno reale, da cui nel dormente eccitavasi un senso di gran calore. Pare dunque che il nostro esimio Cantore si fosse accorto del fatto, che le impressioni esteriori, da cui siamo affetti mentre si dorme, intervengano a comporre le imaginazioni del sogno, rendendoci così ragione della stravaganza dei sogni stessi, e della loro discontinuità.

« *E il sole er' alto già più che due ore.* » (T. 15.)

La sorpresa dello svegliarsi a ora così tarda, conferma la bontà dell'interpretazione quanto all'ora in cui si addormentava il Poeta; perchè, se ciò fosse avvenuto sull'aurora solare, la maraviglia aveva meno ragione. Così oltre allo stupire del luogo mutato, stupisce del tempo trascorso. In quanto poi ammira di trovarsi in prospetto della marina, cioè diretto verso il levante, perchè con un girar d'occhio aveva visto il sole alto più di due ore, ci dice che la valle florita, ove fu vinto dal sonno, era volta diversamente, e crederei tra mezzogiorno e ponente. Infatti, quando da essa il Poeta guardava su in cielo, ove le stelle son più tarde, aveva il polo scoperto, e le tre facelle erano tra il meridiano e l'occidente: per conseguente il fianco o la ripa che avevano girato, e sopra un balzo della quale avevano veduto le anime assise sull'erbe e sui flori, impediva loro la vista dell'oriente e della porzione di cielo ov' erano allora le quattro stelle contemplate nella mattina; tanto più che appena tre passi bisognarono a scendere, e quindi erano molto vicini alla detta ripa. Così verremmo a vedere, che Sordello fu scorto a sinistra de' Poeti che salivano: e siccome è naturale che egli volgesse le spalle alla montagna, e tenesse perciò la faccia rivolta allo spazioso orizzonte che da quell'altura si dominava; quand'egli dice che la valletta del riposo è a destra, i nostri viaggiatori dovettero continuare il cammino a sinistra per ricovrarvisi. Tale orientamento soddisfa a tutte queste circostanze.

« *Dianzi, nell'alba che precede al giorno.* » (T. 18.)

Distingue più di un'alba, poichè determina di quale adesso intende parlare; di quella dunque di quando s'addormentò era un'alba diversa, cioè non la solare: dunque era quella della luna, non essendovene altre dopo queste.

CANTO X.

ARGOMENTO.

Entrano nel primo cerchio ch'è de' superbi: vedono esempi d'umiltà scolpiti nel masso: e i superbi, curvi sotto gran sassi, son **forzati** *a contemplare quegli esempi, e a domare l'antico orgoglio.*

Dante che si confessa superbo, contro sè medesimo predica in questo Canto; dove le imagini son trattate con amore, e le sculture veramente scolpite. Le imitazioni virgiliane cominciano a diradare: si fa più sacro il Canto, e più puro. Gli esempi son tratti dal nuovo e dal vecchio Testamento, e da una pia tradizione de' secoli bassi: una donna, e due re. Il Ghibellino insegna ai re l'umiltà; dimostra venuta dall'umiltà la pace del mondo.

Nota le terzine 2 alla 9; 11 alla 16; 18; 20 alla 24; 26 alla 29; 31 alla 35; 37; 40 alla fine.

1. Poi fummo dentro al soglio della porta
 Che il mal amor dell'anime disusa,
 Perchè fa parer dritta la via torta;
2. Sonando la sentii esser richiusa.
 E s'io avessi gli occhi vòlti ad essa,
 Qual fora stata al fallo degna scusa?
3. Noi salivam per una pietra fessa,
 Che si moveva d'una e d'altra parte,
 Sì come l'onda che fugge e s'appressa.

---

1. (L) *Poi:* poichè. — *Soglio:* soglia. — *Disusa:* la cui via è disusata per l'amore dell'anima alle mondane cose.
(SL) *Poi.* Nel canto XIV, t. 11 del Purgatorio, e anco in prosa E il Petrarca, sonetto 11 — *Soglio.* Inf., XVIII, t. 5. — *Amor.* Ha mal senso anco a' Latini. Æn. VII: *Amor ferri.* - VIII: *Amor habendi.*
(F) *Amor.* Vedi nel XVII del Purgatorio, il sistema della divisione delle colpe, cioè degli amori abusati. — *Disusa.* Ond'ella stride all'aprirsi. Buti: *Lo malo amore delle cose mondane ci tiene la entrata della penitenza.* — *Dritta.* Ott.: *Fa estimare li falsi beni essere veri.*

2. (L) *Fora:* sarebbe.
(F) *Richiusa.* Pentito, s'incammina a virtù

3. (L) *Moveva:* svoltava. — *S'appressa* al lido.

4. — Qui si convien usare un poco d'arte
(Cominciò 'l duca mio) in accostarsi,
Or quinci or quindi, al lato che si parte. —

5. E ciò fece li nostri passi scarsi
Tanto, che pria lo scemo della luna
Rigiunse al letto suo per ricorcarsi,

6. Che noi fossimo fuor di quella cruna.
Ma quando fummo liberi e aperti
Là dove 'l monte indietro si rauna;

7. Io stancato, e amendue incerti
Di nostra via, ristemmo su un piano
Solingo più che strade per diserti.

8. Dalla sua sponda, ove confina il vano,
Al piè dell'alta ripa che pur sale,
Misurrebbe in tre volte un corpo umano.

9. E, quanto l'occhio mio potea trar d'ale
Or dal sinistro e or dal destro fianco,
Questa cornice mi parea cotale.

10. Lassù non eran mossi i piè nostri anco,
Quand'io conobbi, quella ripa intorno,
Che dritto di salita aveva manco,

(SL) *Moveva*. Inf., XVIII: *Da imo della roccia, scogli Moven, che ricidean gli argini*. Figura simile in Virgilio. Æn., III: *Refugitque a littore templum*. — *Onda* Così diciamo ondeggiamenti, e alla francese ondulazioni, del suolo, le non grandi inuguaglianze.
(F) *Salivam*. Som: *Superbia respicit arduum*. Onde il salire arduo e qui anche dato per ispeciale pena.
4. (L) *Si parte:* svolta.
(SL) *Parte*. Non dell'usata evidenza.
(F) *Parte* Ott.: *Secondo che il sasso cade, si vuole prendere il cammino. L'umilitade è opposita della superbia, e però questo seguire in accostarsi non è altro che essere umile*.
5. (L) *Scarsi:* piccoli — *Scemo:* la luna scema — *Ricorcarsi:* sparire di lì.
(SL) *Scarsi* Purg, XX, t. 6: *Passi lenti e scarsi* - Inf., VIII, t. 39: *rari*.
(F) *Rigiunse*. A ponente. La sesta ora del giorno Scema la luna perchè lontana due segni dal tempo di sua pienezza. Era piena quando il Poeta entrò nella selva (Inf., XX). Siam dunque al giorno quinto del plenilunio:

e la luna doveva tramontare quattr'ore dopo il nascer del sole. Più di due ore passarono quando il Poeta si destò (Purg, IX, t. 15). Dunque a fare la salita spende poco men di due ore.
6. (L) *Cruna:* foro stretto — *Rauna:* lasciando un ripiano, si stringe in su.
(SL) *Aperti*. Della persona che entra in luogo aperto. Æn., XII: *Ut vacuo potuerunt aequore campi — Rauna* Di casa ch'abbia stanze non grandi e l'una comodamente accosto all'altra i Toscani dicono *raccolta*. Buc., IX: *Qua se subducere colles Incipiunt*. Psal., CIII, 8: *Ascendunt montes*.
7. (SL) *Io*. La dieresi dice stanchezza
8 (L) *Vano*, di dove si può cadere — *Sale* a perpendicolo. — *Misurrebbe:* misurerebbe. — *Corpo:* la via è larga tre corpi d'uomini, per lo lungo
(SL) *Misurrebbe* Bocc.: *Sofferrei*.
9 (L) *Trar:* vedere. — *Cotale:* così larga.
10. (L) *Lassù* per la cornice. — *Ripa:* la roccia perpendicolare da cui non si può salire.
(SL) *Dritto*. Conv., II, 2: *Parea*

CANTO X. 135

11. Esser di marmo candido, e adorno
    D'intagli sì che non pur Policreto
    Ma la Natura gli averebbe scorno.
12. L'Angel che venne in terra col decreto
    Della molt'anni lagrimata pace,
    Ch'aperse 'l ciel dal suo lungo divieto,
13. Dinnanzi a noi pareva sì verace,
    Quivi intagliato in un atto soave,
    Che non sembiava imagine che tace.
14. Giurato si saria ch'e' dicesse *Ave:*
    Perchè quivi era imaginata Quella
    Che ad aprir l'alto amor volse la chiave.
15. Ed avea in atto impressa esta favella:
    Ecce ancilla Dei, sì propriamente,
    Come figura in cera si suggella.
16. — Non tener pure ad un luogo la mente, —
    Disse il dolce maestro, che m'avea
    Da quella parte onde 'l cuore ha la gente.
17. Per ch'io mi mossi col viso; e vedea,
    Diretro da Maria, per quella costa
    Onde m'era colui che mi movea,
18. Un'altra storia, nella roccia, imposta:
    Per ch'io varcai Virgilio, e fêmmi presso,
    Acciocchè fosse agli occhi miei disposta.

me avere manco di fortezza. — *Meno* in senso di negazione usasi tuttavia in certi casi. Ma qui il modo è contorto.
11. (L) *Gli:* vi. — *Scorno:* sarebbe vinta.
(SL) *Policreto.* Per *Policleto.* Idiotismo toscano perchè più facile a profferire. — Fu di Sicione. Lo nomina Cicerone (Rhet., II), e Valerio Massimo lo loda per le imagini sue degli Dei. — *Gli.* Purg., XIII, t. 3
12. (L) *L'Angel* Gabriello. — *Lagrimata:* implorata. — *Divieto:* dopo la colpa d'Adamo.
(SL) *Della.* Trasposizione bella e chiara qui, non come nell'Invito a Lesbia: *Delle di Tisbe, d'infelici amori Memori, foglie.* — *Lagrimata.* Passivo come Virg., XI: *Membra deflela,* — *Del.* Virgilio, in senso di *don Ex...lo;* ma qui significa anche di più.
) *L'Angel.* Esempi d'umiltà

atti a sviare dal vizio contrario. — *Venne.* Luc., I, 26: *Missus est angelus,...* — *Aperse.* Som.: *Per il sangue della passione di Gesù è aperta a noi l'entrata del regno de' cieli.*
13. (L) *Sembiava:* sembrava.
14. (L) *Imaginata:* effigiata — *Quella:* Maria.
(SL) *Imaginata:* Bel senso che più non vive nell'uso.
15. (L) *Esta:* questa.
(F) *Ancilla.* Luc., I, 48, 51, 52: *Respexit humilitatem ancillae suae... Dispersit superbos mente cordis sui. Deposuit potentes de sede, et exaltavit humiles.*
16. (L) *Pure:* solo. — *Da...:* da manca.
(F) *Cuore:* Arist., de Part. animal.
17. (L) *Diretro:* à diritta. — *Colui:* Virgilio.
18. (L) *Imposta:* in rilievo. — *Var-*

19. Era intagliato lì nel marmo stesso
    Lo carro, e i buoi traendo l'arca santa;
    Perchè si teme ufficio non commesso.
20. Dinnanzi parea gente; e, tutta quanta
    Partita in sette cori, a' duo miei sensi
    Facea dicer, l'un, *No*, l'altro *Sì, canta*.
21. Similemente al fummo degli incensi,
    Che v'era imaginato, e gli occhi e 'l naso
    E al Sì e al No discordi fènsi.
22. Lì precedeva al benedetto vaso,
    Trescando alzato, l'umile Salmista;
    E più e men che re era in quel caso.

---

cai; passai a diritta. — *Fémmi*: mi feci. — *Disposta* a meglio vedersi.

19. (L) *Traendo*: traenti. — *Perchè*: onde. — *Teme* assumere. — *Commesso* da Dio.

(SL) *Traendo* Per traenti. Nelle Rime: *D'esto cuore ardendo*, per ardente. — *Arca* Quando Davide, secondo l'umanità antenato di Cristo, la trasportò da Cariatiarim a Gerusalemme. Reg., II, VI, 3. — *Ufficio*. Oza toccò l'arca e morì Reg , II, VI 7.

20 (L) *Parea*: appariva. — *Partita*: divisa. — *L'un*: l'udire. — *L'altro*: il vedere

(F) *Sette*. Reg., II, VI. L'Ottimo traduce: *Ragunò David tutti gli eletti d'Israel trentamila e con loro andò per rimenare l' Arca di Dio. E puosero l'Arca di Dio sopra 'l carro nuovo.. Il Re David e tutto Israel sollazzavan dinanzi in tutti strumenti lavorati, in cetere, chitarre, tamburi, cembali e sistri E poich'elli pervennero all' Arca, Oza stese la mano all'Arca di Dio, e trassela, perchè li buoi recalcitravano. ed inchinavano quella. Iddio indegnato è contra Oza, e percosse quel o ... il quale è morto in allato all'Arca. E temette David il Signore quello dì, dicendo: Come entrerà a me l'Arca di Dio? E non volle volgere l'Arca del Signore nella città di David; ma la fece ridurre in casa di Obededom Ghitteo; e stette l'Arca del Signore in quella casa di Obededom Ghitteo tre mesi... E disse David: Io andrò e rimenerò l'Arca con la benedizione della casa mia... Ed erano David sette cori .. E David toccava gli organi, e saltava con tutte le forze dinanzi al Signore. David aveva alzato un Ephod di lino. E David e tutta la casa d'Isdrael conducevano l'Arca del testamento del Signore in contare ed in suono di tromba E conciofossecosaché l'Arca del Signore fosse entrata nella città di David, Micol figliuola di Saul riguardò per la finestra, vide David re cantando.. e ballante innanzi al Signore, e dispregiollo nel cuore suo . E tornossi David per benedicere la casa sua Ed uscita Micol figliuola di Saul incontro a David, disse: oh come fu oggi glorioso il re d'Isdrael, discoprendovi alle serve de' servi suoi Disse David a Micol: se Dio m'ajuti, viva il Signore, ch'io sollazzerò dinanzi al Signore, il quale elesse me in re.. e comandommi ch' io fossi duca sopra il popolo di Dio di Isdrael Io giocherò e faromi più vile ch'io non sono fatto, e sarò umile e basso negli occhi miei; e parrò glorioso con quelle ancelle delle quali tu hai parlato.*

21. (L) *Fènsi*: si fecero. Pareva fumo, non si sentiva l'odore.

(SL) *Fènsi*. Par., VII, terz. ultima

22 (L) *Vaso*: arca — *Trescando*: ballando — *Alzato*: succinto le vesti. — *Più*, a Dio — *Men*, ai superbi.

(SL) *Alzato*. Le parole recate dell'Ottimo ce lo fanno interpretare *succinto* non, levate in aria ballando. — *Più Men* che re in sembiante, e più in dignità — *Caso* Forma comune alle scuole: *In aliis casibus* Ma Dante è più che poeta in certi casi, perchè non teme parere men che poeta e balla succinto; e la principessa Micol, dico la pedanteria, sbuffa dalla finestra.

CANTO X.

23. Di contra effigïata, ad una vista
    D'un gran palazzo, Micol ammirava
    Sì come donna dispettosa, e trista.
24. Io mossi i piè del loco dov'io stava,
    Per avvisar da presso un'altra storia
    Che diretro a Micól mi biancheggiava.
25. Quivi era storïata l'alta gloria
    Del roman prence, lo cui gran valore
    Mosse Gregorio alla sua gran vittoria:
26. I' dico di Traiano imperadore:
    E una vedovella gli era al freno,
    Di lagrime atteggiata e di dolore.
27. Dintorno a lui parea calcato e pieno
    Di cavalieri: e le aguglie nell'oro
    Sovr'esso in vista al vento si moviéno.
28. La miserella, intra tutti costoro,
    Parea dicer: — Signor, fammi vendetta
    Del mio figliuol ch'è morto: ond'io m'accoro; —
29. Ed egli a lei rispondere: — Ora aspetta
    Tanto ch'io torni. — E quella: — Signor mio
    (Come persona in cui dolor s'affretta),
30. Se tu non torni? — Ed ei: — Chi fia dov'io,
    La ti farà. — Ed ella: — L'altrui bene
    A te che fia, se 'l tuo metti in obblio? —
31. Ond'egli: — Or ti conforta; chè conviene
    Ch'io solva il mio dovere anzi ch'i' muova:
    Giustizia vuole, e pietà mi ritiene. —

---

23. (L) *Vista:* finestra.
(SL) *Vista:* Inf., X, t. 18.
24. (L) *Avvisar:* osservare.
25. (L) *Vittoria:* a trarlo d'Inferno.
(F) *Vittoria.* Quelle della misericordia sono le più grandi e care vittorie di Dio, e quindi degli uom'ni. Par., XX: *Vince lei, perchè vuole esser vinta.* — *Gran:* ripetuto qui, non è zeppa.
26 (L) *Freno* del cavallo.
27. (L) *Aguglie:* aquile. — *Vista:* parevano moversi.

(SL) *Pieno.* Bocc.: *Degli altri che per tutto morivano, tutto pieno.*
28. (L) *Dicer:* dir. — *Vendetta:* giustizia
(SL) *Vendetta* per *giustizia*, biblico; e Purg., XX; Par., VII.
29 (SL) *Ed.* Questi semplici modi di segnare il dialogo hanno esempi in autori nobilissimi Virgilio: *At ille.* - *Ille autem.* — *Affretta.* Ov.: *Usque adeo properatur amor.*
30. (L) *Dov'io:* imperatore dopo me. — *Fia?* gioverà?
31. (L) *Solva:* adempia.

32. Colui che mai non vide cosa nuova,
Produsse esto visibile parlare,
Novello a noi perchè qui non si trova.
33. Mentr'io mi dilettava di guardare
Le imagini di tante umilitadi,
E, per lo Fabbro loro, a veder care;
34. — Ecco di qua, ma fanno i passi radi
(Mormorava 'l poeta), molte genti:
Questi ne invieranno' agli alti gradi. —
35. Gli occhi miei, che a mirar erano intenti
Per veder novitati, onde son vaghi,
Volgendosi vêr lui non furon lenti.
36. Non vo', però, lettor, che tu ti smaghi
Di buon proponimento, per udire
Come Dio vuol che 'l debito si paghi.
37. Non attender la forma del martire:
Pensa la succession; pensa che, a peggio,
Oltre la gran sentenzia non può ire.
38. Io cominciai: — Maestro, quel ch'io veggio
Mover vêr noi, non mi sembran persone;
E non so che: sì nel veder vaneggio. —

32. (L) *Colui*: Dio. — *Esto*: questo. — *Parlare*: con segni muti. — *Qui*: al mondo
'(F) *Nuova*. Aug., de Civ. Dei, XXII, 22: *Ad opus novum, sempiternum adhibet Deus consilium*.
33. (L) *Fabbro si esperto*: Dio.
(SL) *Dilettava*. Æn , VIII: *Talia, per Clupeum Vulcani, dona parentis, Miratur rerumque ignarus imagine gaudet, Attollens humero famamque et fata nepotum*. — *Umilitadi*. Vite ss. Padri. Plurale come nel XXXI del Paradiso: *Atti ornati di tutte onestadi*. Nell'umiltà si compiace tanto, anco perchè questa era virtù principale della sua donna. Lo dice sovente nelle Rime.
34 (L) *Radi*: lenti. — *Gradi*: mostreran la salita.
35. (F) *Novitati*. Greg. Mor., XXXI: *Praesumptio novitatum est filia inanis gloriae* Ma qui denota l'amore di novità buona e bella; e si contrappone alla *cosa nuova* di sopra.
36. (L) *Smaghi*: stolga. — *Paghi*: la colpa s'espii.
(SL) *Smaghi*: Bocc.: *La quale* (onestà) *non che i ragionamenti sollazzevoli, ma il terrore della morte non credo che potesse smagare*
(F) *Debito*. Som.: *La reità è il debito della pena, onde chi sostiene la pena che doveva, assolvesi del reato*. — *Paghi* Non tanto al lettore volge l'avvertimento, quanto a sè stesso, pensando che, come non libero da superbia, anch'egli dovrà sotto quella soma curvarsi. Vedi in Gregorio (Dial., IV, 39) descritto un Purgatorio.
37 (L) *Attender*: pensare. — *Succession*: la celeste gloria che succede. — *Ire*: alla peggio, la pena finirà il dì del giudizio
(SL) *Non*. Ovid. Met., X: *Nec credite factum: Vel, si credetis, facti quoque credite poenam*.
(F) *Gran*. Inf. VI, t. 35: *La gran sentenza*. Matth. XXV, 34, 41: *Venite benedicti. Discedite a me maledicti*.
38. (SL) *Vaneggio*. Chi nel vedere e nel giudicare non coglie nel pieno del vero, dà nel vano Par., III: *Sopra il vero .. lo piè non fida, Ma te rivolve .. a vuoto* Propria la voce, qui dove trattasi della pena de' superbi, dalla vanità loro tramutati quasi fuor della forma umana.

CANTO X. 139

39. Ed egli a me: — La grave condizione
 Di lor tormento a terra gli rannicchia,
 Sì ché i mie' occhi pria n'ebbor tencione.
40. Ma guarda fiso là, e disviticchia
 Col viso quel che vien sotto a quei sassi:
 Già scorger puoi come ciascun si picchia. —
41. Oh superbi Cristian', miseri lassi,
 Che, della vista della mente infermi,
 Fidanza avete ne' ritrosi passi!
42. Non v'accorgete voi che noi siam vermi
 Nati a formar l'angelica farfalla
 Che vola alla giustizia senza schermi?
43. Di che l'animo vostro in alto galla,
 Poi siete quasi entomata in difetto,
 Sì come verme in cui formazion falla?
44. Come, per sostentar solaio o tetto,
 Per mensola, talvolta una figura
 Si vede giunger le ginocchia al petto,
45. La qual fa del non ver vera rancura
 Nascere a chi la vede; così fatti
 Vid'io color, quando posi ben cura.

39. (L) *Tencione:* dubbio.
 (SL) *Tencione.* In Semintendi. Il dubbio è battaglia.
 (F) *Terra.* Pietro cita il Salmo CIX, 6: *Conquassabit capita in terra multorum.*
40 (SL) *Disviticchia.* Hor. Sat., II, 3: *Limis rapias* Ma *disviticchiare* è più potente qui, dove trattasi di sciorre col discernimento degli occhi il nodo che fa la superbia a sè stessa.
 (F) *Sotto.* Matth., XXIII, 12; Luc., XIV, 11: *Qui se exaltat, humiliabitur.*
41. (L) *Passi:* credete avanzare e retrocedete per la viltà dell'orgoglio.
 (SL) *Lassi:* Inf., XXXII, t. 7; *Fratei miseri lassi* Petr.: *Ite, superbi e miseri Cristiani.* Qui il *miseris mortalibus* di Virgilio (Georg., III; Æn., XI) ha tutto il suo valore pietoso che nel linguaggio della scuola perde, fatto riempitivo inutile.
42. (L) *Vermi* Metafora del bozzolo.
 — *Farfalla:* l'anima che dev'essere giudicata — *Schermi* a sua colpa.
 (SL) *Vermi.* Psal., XXI, 7: *Ego autem sum vermis, et non homo.* Negli antichi monumenti per rappresentare l'anima non solo s'incontra una fanciulla alata, ma sovente la stessa farfalla (Buonarroti, Osservazioni sopra alcuni frammenti di vasi).
 — *Schermi.* Par., XXIX, t. 26: *Da cui nulla si nasconde.* Petr.: *Non so fare schermi, Di lochi tenebrosi o d'ore tarde.*
 (F) *Schermi.* [C.] Job, IX, 13: *Deus, cujus irae nemo resistere potest, et sub quo curvantur qui portant orbem.*
43 (L) *Galla:* galleggia. insuperbisce leggero. — *Poi:* poichè. — *Entomata:* insetti imperfetti. — *Falla:* informe.
 (F) *Galla.* Appropriato alla leggerezza degli uomini vani: e si conviene con l'immagine del bozzolo. — *Entomata.* Arist., de An., II.—*Entoma,* nota il Salvini, doveva dire. *Entomati* usò il Redi, e nel Dufresne troviamo *entoma, entomatis* -- *Verme.* Due volte il *v-rme,* e non a caso.
44. (F) *Ginocchia.* Mich., II, 3: *Non auferetis colla vestra, et non ambulabitis superbi*
45. (L) *Rancura:* mal essere.
 (SL) *Rancura.* Inf., XXVII. t. 15: *Rancurarsi* per dolersi.

46. Vero è che più e meno eran contratti,
Secondo ch'avean più e meno addosso.
E qual più paz̈ïenzia avea negli atti,
Piangendo parea dicer: « Più non posso. »

46. (L) *Avean:* peso. — *Qual:* chi. — *Paz̈ïenzia:* più soffriva.

Sonando la sentii esser richiusa, in sola una parola ha più poesia che il *ruggire* che sentimmo della porta nell'altro Canto, *con gli spigoli distorti di metallo sonanti e forti.* Poetico nel primo Canto del Purgatorio gli è il verso: *Noi andavam per lo lito deserto,* che rammenta quel dell'Iliade nel primo: poetico (ma men felice nella locuzione), quando il Poeta si desta non lontano dalla porta sacra: *E il viso m'era alla marina torto;* che rammenta il Senofonteo; *il mare! il mare!* poetico anche qui: *incerti Di nostra via, ristemmo su un piano Soltngo piu che strade per diserti.* Tutt' che, a dir proprio, il deserto non abbia strada; questa parola trasporta il pensiero mesto e inorridito a que' tempi che l'Italia, desolata da antica e da recente barbarie, conservava tuttavia qua e là tracce della civiltà prisca magnifica, e potevansi vedere non vie, ma strade veramente, per lungo tratto di luoghi disabitati, fatte dalla stessa solitudine paurose.

Le locuzioni *Il lato che si parte, aver manco diritto di salita,* e poche altre tali, fanno per il contrapposto più notabile la precisione e l'evidenza di molte altre più; cosi come il troppo fermarsi a rappresentare la illusione che a' sensi veniva dalla vivezza delle imagini scolpite nel masso (*l'un, no, l'altro, sì, canta-gli occhi e il naso E al sì e al no discordi fensi*), aggiunge pregio alla pittura dell'Annunziata, e allo schietto colloquio tra l'imperatore e la povera vedovella. Non già ch'anco in quella pittura l'angelo che viene col *decreto, e quella che volge la chiave ad aprir l'alto amore,* siano modi da pareggiare il resto in bellezza. Io non ammiro *non pur Policreto, Ma la Natura gli averebbe scorno;* ma da questa memoria dello scultore greco, storpiato del nome, e che Dante non poteva conoscere se non da' libri, arguisco quanto l'antica civiltà incutesse ammirazione di sè in quegl'ingegni che sentivano con dolore e vergogna la ruvidezza del secolo e la tirannide della barbarie; come l'erudizione prepotentemente s'intrudesse nell'arte; come, nella modestia che sempre e compagna alla vera grandezza, quegli uomini non s'accorgessero de' vantaggi che l'età loro misera aveva pure sopra i secoli antichi, vantaggi derivati e dalla verità cristiana, e dalla esperienza de' secoli, e dalle stesse loro affannose umiliazioni, e dal non essere cresciuti ligi all'imitazione degli antenati, la quale è spesso gravosissima eredità. Onde non è maraviglia che ingegni e animi meno forti e men sani di quello di Dante, segnatamente ne' secoli che succedettero al suo, dell'ammirazione all'antico facessero a sè, peggio che giogo, corruttela, e per essa rinnegassero le ispirazioni della fede, e quelle dell'anima propria.

Nel ripensare i concetti degli artisti grandi, conviene la meditazione fecondare colla imaginazione, come essi facevano. Chi s'arresta a queste sole tre sculture da Dante intagliate nel Canto, non apprezzerà la bellezza neanco di queste tre, come chi tutta quanta la parete, giro giro, del monte, e il suolo di sotto, vede, come Dante lo fa, popolato d'imagini belle, ragionanti all'occhio dell'anima l'umiltà coronata e la superbia conculcata. E noterà il senso retto ch'egli aveva eziandio dell'arte visibile, chi ponga mente al modo com'egli descrivendo giudica la penosa attitudine di quelle figure che l'architettura colloca a reggere sulle spalle una mole soprastante, che fanno nascere in chi le vede *pena vera* del loro disagio *non vero.* E chi rammenti che in quell'atto intendevasi di collocare gli schiavi, la razza soggiogata; e che tutta l'antica società (alla moderna io non oso accennare) fonda il superbo edifizio suo sulle spalle d'una società che, depressa, la sostenta gemendo, e che pur col piegare sotto il suo peso, farebbe tutto l'edifizio rovinare; ammirerà in questa similitudine, con sì semplici parole detta, un raggio di filosofia della storia, un ammaestramento ispirato.

LA VIA E LE SCULTURE.

La via che sale su per il sasso, è stretta; e, ripiegandosi a destra e a manca, denota i disagi del primo muovere a penitenza e del dover fuggire a ogni passo gli estremi. Agostino: *Stretta è la via che ne mena a vita eterna*. L'Ottimo: *È tutta opposta alla via che vogliono li superbi, li quali la vogliono larga . e che ogni uomo dea lor luogo... e levi loro dinanzi qualunque cosa pare impedire o ritardare il loro volere*. La forma dunque dell'adito simboleggia, così come la docile pianta del giunco, l'umiltà non vilmente pieghevole; e simboleggia, col riguardo di cansare or dall'una or dall'altra parte gli spigoli del masso, *la prudenza a schivare il male futuro, la quale è parte di penitenza*, siccome nota la Somma (1) Può inoltre simboleggiare la verità notata nelle parole seguenti: *Il bene ha qualche cosa di arduo con che attrae il desiderio, cioè la ragione stessa del bene, e ha qualcosa che ritrae, cioè la difficoltà dell'acquisto. Dal primo sorge il moto della speranza, dall'altro il moto della disperazione. Or ne' moti che sospingono il desiderio vuolsi la virtù morale che modera e raffrena; ne' moti che restringono vuolsi virtù che raffermi e sospinga. Vuolsi dunque una forza che rattenga l'animo dal tendere smoderatamente a grandigia, e questa è l'umiltà; e vuolsi un'altra che allontani da disperazione e lo conduca a proseguire le cose grandi secondo la retta ragione, e questa è la magnanimità* (2).

Sul primo ripiano del monte egli vede imagini scolpite nel sasso, esempi d'umiltà credente, generosa, pietosa; dacchè una delle purgazioni dell'anima è il pensiero e l'esempio della bellezza del bene e del suo premio, della sconvenienza del male e della pena di quello: e ciò si fa qui poeticamente per segni scolpiti e che parlano all'occhio e alla mente, e per parole che volano e si scolpiscono nel pensiero e per fantastiche visioni che prendono l'intelletto; talchè la pena corporale è delle correzioni la meno amara e la meno efficace E lo dice il Poeta nel XIX del Purgatorio: *Quel che avarizia fa, qui si dichiara In purgazion dell'anime converse: E nulla pena il monte ha più amara*. Le sculture rappresentanti umiltà sono ritte sul monte: le simboleggianti superbia, distese sul suolo, che le calpesti chi passa. Gregorio: *Siccome incentivo a superbia è il guatare gl'inferiori, così cautela d'umiltà è il considerare i migliori*.

I tre esempi sono di Maria Annunziata; di Davide che balla innanzi all'arca, sprezzato però dalla moglie figliuola del re; di Traiano che si ferma

---

(1) Sup., 2.   (2) Som., 2, 2, 161.

ad esaudire il prego della povera vedova madre. *La somma superbia*, dice l'Ottimo, *fu quella di Lucifero ; la somma umilitade fu quella di Cristo*. Ma Dante riguarda segnatamente all'umiltà di Maria, e ridice le parole di lei: *Ecce ancilla*, le quali egli aveva quasi profanate in una canzone d'amore: *Amor, Signor verace, Ecco l'ancella tua, fa che ti piace*. E di coteste profanazioni ha esempi il Petrarca; come là dove assomiglia il suo cercare nelle altre donne le fattezze di Laura all'adorare che faceva il pellegrino nel sudario l'imagine di Gesù.

Le tre storie sono ritratte con finezza ed amore; e non a caso scelti gli esempi della vergine regale e poveretta, dal re figliuol di pastore e genero di pastore re, e dall'imperatore inchinevole alle lagrime di femmina oscura, e però liberato dal pianto eterno per le preghiere di un prete non re. Nè a caso dice questa del prete *gran vittoria* (1), come per contrapporla alle vittorie militari: e a' molti segni conoscesi a quali principi intenda Dante che sia riverenza prestata, e di che specie riverenza. La tradizione di Traiano, la quale è un atto di fede popolare nella misericordia infinita, era accettata sì in Oriente e sì in Occidente (2); e ne parla uno storico citato da Pietro (3). E il Novellino (4): *Qui conta della gran giustizia di Traiano imperatore.... Andando un giorno colla sua grande cavalleria contr' a' suoi nemici, una femmina vedova li si fece dinanzi, e preselo per la staffa, e disse: Messere, fammi diritto di quelli che a torto m'hanno morto il mio figliuolo. E lo imperatore disse... Ed ella disse, se tu non torni? Ed elli rispose... E dopo non molto tempo dopo la sua morte, venne il Beato san Grigorio papa ; e, trovando la sua giustizia, andò alla statua sua. E con lagrime l'onorò di gran lode, e fecelo disseppellire. Trovaro che tutto era tornato alla terra, salvo le ossa e la lingua. E ciò dimostrava com' era stato giustissimo uomo, e giustamente avea parlato. E santo Grigorio orò per lui a Dio. E dicesi, per evidente miracolo, che per li preghi di questo santa Papa l'anima di questo imperatore fu liberata dalle pene dell'inferno* (5). Il Baronio (6) e il Bellarmino (7) dicono favolosa la storia narrata da Paolo diacono (8), da s. Tommaso (9). Dione Cassio e Sifilino attribuiscono ad Adriano l'azione detta, ma la tradizione la dona a Traiano. L'Ottimo: *Anno della natività di Cristo DLXXXI Gregorio dottore... sedè papa anni tredici... con vigilie, digiuni ed orazioni impetrò* (10) *dalla misericordia di Dio, che l'anima del detto Traiano, esente dallo inferno, volendo fare penitenza e riconoscere Dio fu restituita al corpo mortale* (11), *nel quale... con li sussidii del beato Gregorio, meritò l'eterna vita. Ma il detto Gregorio eleggendo di volere anzi qui, che in Purgatorio mondarsi di quello che aveva chiesto sì fatto dono, tutto il rimanente della sua vita languì in letto d'ogni generazione d'infermitati, le quali con somma pazienza comportò sempre laudando Dio.*

Lo scudo d'Enea è luce riflessa dello scudo d'Achille: se non che Virgilio

---

(1) Terz. 25.
(2) Damasc , Serm. de Def.
(3) De Gestis Romanorum.
(4) LXIX.
(5) Di ciò nel XX del Paradiso.
(6) Tom. VIII, an. 601.
(7) II, de Purg., cap. 8.
(8) V. Greg., l. II, cap. 44.
(9) Som. Supl., 76.

(10) Damasc , Serm. de Def.: *Gregorio orando per Traiano udì voce dicente : Intesi la tua prece e do perdono a Traiano.*

(11) Il Supplemento alla Somma (76) dice *Troiano o risorto per ravvedersi, o solamente sospesagli in fino al giudizio la pena.*

restringendosi a Roma, e nel capo del piccolo mondo cognito allora rinserrando l'universo, impiccolisce l'idea d'Omero, che in quell'arnese di guerra rappresenta e la guerra e la pace, e la famiglia e la nazione, e, qual egli la vedeva, la storia delle umane società. Or paragoninsi alle imagini de' due scudi le sculture e le visioni di Dante, dico nel loro rispetto storico e sociale, e si vedrà che gran passi abbia per il Cristianesimo fatti lo spirito umano, lo spirito umano che nel Paganesimo s'era in assai cose venuto da Omero a Virgilio restringendo e abbassando. E già senza lo scudo d'Enea i bassi rilievi di tante magnifiche chiese per tutta Europa disseminate, come fiore di germe celeste aprentesi al raggio cristiano, offrivano a Dante il concetto di queste imagini; alle quali egli aggiunge, come signore della parola, e poeta veramente, cioè creatore, aggiunge il parlare vivo che spira visibile dalla pietra. Agostino dice: *Le cose tutte di questo mondo sono parole visibili* (1); e altrove: *Col nome di voce s'intende ogni simbolo* (2). E Tommaso: *Nella scienza sacra non solo le parole ma le cose significano altre cose* (3). E questo è in tutte le scienze, anco umane, chi nelle cose sappia leggere e meditare.

(1) De ver. Rel., L.
(2) Doct. Christ., II.
(3) Som., 1, 1.

ANNOTAZIONE ASTRONOMICA DEL P. G. ANTONELLI.

« *Tanto, che pria lo scemo della luna.* » (T. 5.)

Alcune edizioni leggono *stremo* invece di *scemo*. Forse questa è migliore lezione, in quanto ci richiama al fatto astronomico noto, che, quando la luna è calante, cioè dopo il plenilunio, tocca l'orizzonte al tramonto con la parte *scema di luce*: ma, comunque si voglia dire, l'essenziale è che il Poeta, col tramontare di quell'astro, ci vuole indicare l'ora corrente. Per trovarla osserveremo che in quel dì, corrispondente alla notte, qua avanzata, del dì 11 aprile, contando dal plenilunio pasquale ecclesiastico del 1300, la luna si tratteneva sopra un orizzonte come quello supposto dall'Allighieri, quasi 14 ore e mezzo: per conseguente, se nella sera del giorno precedente vi era sorta un po' prima delle nove, nel momento di giungere all'occaso doveva correre circa l'ora undecima della mattina, cioè mancare un'ora a

Questa determinazione si manifesta assai esatta; perchè, se, quando il Poeta si svegliò, il sole era già alto più di due ore, è naturale che,

CANTO XI.

ARGOMENTO.

Tra' superbi trova un conte senese, e Oderigo da Gubbio, miniatore celebre, ma vinto già da Franco Bolognese. Di qui prende occasione a gridare la vanità della gloria mondana. Conosce da ultimo un altro Senese, a cui gli indugi al pentirsi furono perdonati in grazia di un' opera virtuosa, dell' essersi umiliato a chiedere aiuto per far bene all' amico. Tanto potere dava alla beneficenza il Poeta, e tanto il chiedere gli parea duro. E qui accenna a simili umiliazioni che a lui faranno l'esilio più amaro.

Canto non forte d'invenzione, ma di concetto e di stile.

Nota le terzine 1 alla 5; 9, 10, 11, 13, 14, 16, 19, 20, 21, 25, 26, 29, 31; 34 alla 37; 39, 40; le ultime tre.

1. « O Padre nostro, che ne' cieli stai,
  » Non circonscritto, ma per più amore
  » Ch'ai primi effetti di lassù tu hai;

2. » Laudato sia 'l tuo nome e il tuo valore
  » Da ogni creatura, com'è degno
  » Di render grazie al tuo dolce vapore.

---

1. (L) *Effetti:* creature celesti.
 (F) *Padre*. Som.: *Religione dicesi per eccellenza pietà in quanto Dio è per eccellenza Padre* — Matt., VI, 9 e seg. Preghiera conveniente a purgar la superbia, poichè si conosce in essa l'altezza di Dio, a lui si reca ogni gloria: il suo regno Invocasi, non l'umano; e, che più pesa all'orgoglio si perdona ogni offesa. Bene sta che la preghiera che nel primo entrare del Purgatorio cantano queste, quasi in nome di tutte le anime fatte salve, sia dallo stesso Salvatore dettata — *Circonscritto*. Reg., III, VIII, 27: *Il cielo e i cieli de' cieli non possono capire te*. Greg., Hom. XXXIV: *Circoscritto è lo spirito angelico, ma lo Spirito sommo, che è Dio, non è circoscritto*. Ambr., Praef. ad Miss: *Incircumscriptus.* — *Effetti*. Per creature nel Convivio Som: *L'esser creato è proprio effetto di Dio.* — *Gli effetti di Dio.*

2. (L) *Vapore:* spirito.
 (SL) *Valore* Arnaldo (Purg., XXVI, t. 49), parlando della divina virtù, la chiama *valore* Par., XXVI, t. 44: *Ogni valore traduce la parola di Dio: Ostendam omne bonum tibi* (Exod., XXXIII, 19).
 (F) *Vapore*. Sap., VII, 25: (*Sapientia*) *vapor est... virtutis Dei et emanatio* [*Vapore*, altri qui traduce *alito*, voce più spirituale, e di Dio usata nel Par., XXIII.]

Canto XXXIII Purgatorio, Terzina 2ª

E Beatrice sospirosa e pia
Quelle ascoltava sifatta, che poco
Più alla croce si cambiò Maria.

CANTO XI. 145

3. » Vegna vêr noi la pace del tuo regno;
   » Chè noi ad essa non potém da noi,
   » S'ella non vien, con tutto nostro ingegno.
4. » Come del suo voler gli Angeli tuoi
   » Fan sacrificio a te, cantando Osanna;
   » E così faccian gli uomini de' suoi.
5. » Dà oggi a noi la cotidiana manna,
   » Senza la qual per questo aspro diserto
   » A retro va chi più di gir s'affanna.
6. » E come noi lo mal ch'avém sofferto
   » Perdoniamo a ciascuno, e tu perdona
   » Benigno; e non guardare al nostro merto.
7. » Nostra virtù, che di leggier s'adona,
   » Non spermentar con l'antico avversaro,
   » Ma libera da lui, che sì la sprona.
8. » Quest'ultima preghiera, Signor caro,
   » Già non si fa per noi, che non bisogna,
   » Ma per color che dietro a noi restaro. »
9. Così a sè e a noi buona ramogna
   Quell'Ombre orando, andavan sotto 'l pondo,
   Simile a quel che talvolta si sogna,

3. (L) *Potém*: possiamo venire.
   (SL) *Pace*. Nel Paradiso assomiglia la pace dell'impero d'Augusto al sereno de' cieli — *Potém*. Inf., XXIV, 145: *Non potea più oltre* — [C] Ps., CXXXVIII, 6: *Non potero ad eam* (gareggiare Io con la scienza di Dio).
4. (L) *Suoi*: loro voleri.
   (SL) *E così* Variante nel Cod di M. Bernardi, che coll'e aggiunge eleganza, e regge il verso scorrevole troppo: *Così facciano gli uomini de' suoi*.
5. (SL) *Diserto* Cavalca: *Asprissimo deserto*. Giov. delle Celle; *Passi per questo deserto di mondo*
   (F) *Manna*. Ambr.: *Il pane della vita eterna che sostenta l'anima nostra* Sap., XVI, 20: *Paratum panem de coelo praestitisti illis* Matth, IV, 4: *Non in pane solo vive l'uomo, ma in ogni verbo che procede dalla bocca di Dio*. Som : *La Manna significa ogni minezza di santità e di divinità*.
7. (L) *Adona*: doma — *Spermentar*: porre a prova pericolosa — *Libera lei*. — *Lui*: demonio. — *Sprona* al male.
   (SL) *Adona*. È nella Città di Dio. Greg., Mor., XXX: *Edomare*. — Sper-

mentar Crescenz, II, 8. Lo dicono tuttora in Toscana
   (F) *Lui* Intende, secondo il testo, del *maligno*; e questa era fors'anco l'interpretazione popolare a' suoi tempi Il Grisostomo (in Matth, VI) dice che *male* e lo stesso che *diavolo* Petr., Epist., I, V, 8: *Adversarius... diabolus* Legg. di s. Girol.: *L'antico nemico*.
8. (L) *Preghiera*, del non esser tentati. — *Noi già morti*. — *Color*: i vivi.
   (SL) *Caro* Parole di famigliarità affettuosa che adesso parrebbero basse Petr.: *Signor mio caro;* ma ad uomo è men bello.
   (F) [*Non*. E perchè il serpente scende egli come per tentare nel Canto VIII?] Non per tentare; ma per rammentare alle anime le tentazioni non ben vinte nel mondo, e così rinnovare il dolore che espia Qui la vista del Serpente e degli Angeli fa quel che la vista d'Il'Angelo scolpito e di Satana fulminato, quello che il suono degli angelici canti.
9. (L) *Ramogna*: via
   (SL) *Ramogna*. Buti: *Buona ramogna, cioè buona felicità nel nostro viaggio e nel loro*. Ramogna è

Dante. *Purgatorio*. 10

146 PURGATORIO

10. Disparmente angosciate, tutte a tondo,
E lasse, su per la prima cornice,
Purgando le caligini del mondo.

11. Se di là sempre ben per noi si dice;
Di qua che dire e far, per lor, si puote
Da quei ch'hanno al voler buona radice?

12. Ben sì de' loro atar lavar le note
Che portâr quinci, sì che mondi e lievi
Possano uscire alle stellate ruòte.

13. — Deh se Giustizia e Pietà vi disgrevi
Tosto, sì che possiate muover l'ala
Che secondo 'l desio vostro vi levi;

14. Mostrate da qual mano invêr la scala
Si va più corto: e se c'è più d'un varco,
Quel ne insegnate che men erto cala.

15. Chè questi che vien meco, per lo incarco
Della carne d'Adamo, onde si veste,
Al montar su, contra sua voglia, è parco. —

16. Le lor parole, che rendero a queste
Che dette avea colui cu' io seguiva,
Non fur, da cui venisser, manifeste;

---

proprio seguire nel viaggio Ma forse *seguire* è sbagliato. Anco Jacopo da Cessole: *Buona ramogna*. Pare in senso affine a *viatico, scorta di via*, forse affine in origine a *ramingo*; nè fa che questo venga da *ramo* e sia tolto dagli uccelli; come dicesi che sia il nome de' Pelasghi.

(F) *Sogna* Som. Sup., 77: *Ne' sogni per la similitudine delle cose esistenti nell'imaginazione pare all'uomo essere tormentato da diverse pene.*

10. (L) *Disparmente:* secondo la più o men superbia. — *Cornice:* ripiano del monte. — *Caligini:* colpe.

(SL) *Disparmente.* V. Purg. X, t. 46.

(F) *Caligini.* Aug. in Psal., VI: *Vidit fumum superbiae similem, ascendentem, tumescentem, vanescentem.*

11. (L) *Di là:* in Purgatorio. — *Quei:* pii.

(F) *Radice.* Som.: *Radice di bontà...* — La Grazia è radice delle virtù infuse. Greg., Hom. XXI: *Radice di virtù.*

12. (L) *Atar:* aiutarli. — *Note:* macchie. — *Quinci:* dal mondo.

(SL) *Atar.* È in Gio. Villani. — *Lavar.* Æn, VI: *Infectum eluitur scelus.* — *Note.* Nota dell'onor mio: è Cosimo I de' Medici che parla e che fa testo e di lingua e d'onore. — *Mondi.* Som.: *La mondazione de' peccati.* — *Ruote.* Æn. VI: *Axem... stellis ardentibus aptum.*

(F) *Lievi* Som : *Per Purgatorii ignis conflationem expediti.*

13. (L) *Disgrevi* dal peso delle colpe.

(F) *Giustizia.* E nella pena e nel premio splendono insieme giustizia e pietà. — *Pietà* Psal. LXXXIV, 11: *Misericordia et veritas obviaverunt sibi; justitia et pax osculatae sunt.*

14. (SL) *Cala.* Purg., III, t. 18: *Da qual man la costa cala* Buc., IX: *Mollique jugum demitteri clivo.*

15. (L) *Questi:* Dante. — *Parco:* lento.

(SL) *Parco.* In senso non di lode ma di difetto. Hor. Carm., I, 34: *Parcus Deorum cultor et infrequens.*

16. (L) *Colui:* Virgilio. — *Cu':* che. — *Cui:* chi.

CANTO XI. 147

17. Ma fu detto: — A man destra per la riva
    Con noi venite, e troverete il passo
    Possibile a salir persona viva.
18. E s'io non fossi impedito dal sasso
    Che la cervice mia superba doma,
    Onde portar convienmi il viso basso;
19. Cotesti ch'ancor vive, e non si noma,
    Guardere' io per veder s'io 'l conosco,
    E per farlo pietoso a questa soma.
20. I' fui Latino, e nato d'un gran Tosco:
    Guiglielmo Aldobrandeschi fu mio padre.
    Non so se 'l nome suo giammai fu vosco.
21. L'antico sangue, e l'opere leggiadre
    De' miei maggior', mi fèr sì arroganto
    Che, non pensando alla comune madre,
22. Ogn'uomo ebbi in dispetto, tanto avante
    Ch'io ne morii, come i Sanesi sanno,
    E sallo in Campagnatico ogni fante.

17. (L) *Passo...*: che si possa salire da uomo vivo.
— (SL) *Possibile*. Coll'infinitivo è nel linguaggio scolastico: *Possibilem esse*.
18. (SL) *Cervice*. Ne' libri sacri *dura cervice* vale ostinazione superba — *Doma* Hor. Epist., 1, 3: *Indomita cervice feros*.
19 (L) *Cotesti*: Dante. — *Pietoso*: preghi per me.
— (SL) *Farlo*. Il superbo marchese aveva disdegno dell'altrui pietà, e ora la invoca. E più sotto, egli si feroce dell'antico sangue, dopo detto chi egli era, dubita se chi l'ode abbia mai udito il suo nome.
20 (L) *Latino*: Italiano. — *Vosco*: noto a voi.
— (SL) *Latino* Sempre vale *Italiano*; *sempre* un'Italia stretta.
21. (L) *Madre*: la Terra, onde tutti siam nati.
— (SL) *Sangus*. Æn., XI: *Genus huic materna superbum Nobilitas dabat*. — *Leggiadre*. Non valeva belle di bellezza avvenente, ma e d'alta. D'un lavoro di scienza, dice il Petrarca: *E vedrai rinascir cose leggiadre*. Non erano cosa tenera le leggiadrie que' fieri gentiluomini del dugento.
(F) *Madre*. Eccli., XL, 1: *Occu-patio magna creata est omnibus hominibus, et jugum grave super filios Adam, a die exitus de ventre matris eorum, usque in diem sepulturae, in matrem omnium*. Æn., XI: *Mater.... tellus* Boet.: *Quid genus et proavos strepitis? Si primordia vestra Auctoremque Deum species, Nullus degener extat*.
22 (L) *Dispetto*: disprezzo. — *Avante* o ltre.
— (SL) *Avante* Purg., V. t. 26: *M'avea in ira Assai più là che dritto non volea*. — *Campagnatico*. In Maremma. I Sanesi nemici cavalcavano intorno alla sua rocca; egli esce ed è morto. Ott.: *Li conti da Santa Fiore ebbono ed hanno ed avranno quasi sempre guerra con li Sanesi; e la cagione è perchè li conti vogliono mantenere loro giurisdizione, e li Sanesi la vogliono sciampiare: come in generale delle comunanze italiche è tocco sopra questo Cap. sesto Purgatorii* (t. 37). Li conti da Santa Fiore hanno più guerre fatte con li Sanesi, e per impotenza sono stati vinti e con onta e con danno. Li nomina nel VI. — *Fante*. Così μέροπας chiama gli uomini Omero (*articolatamente parlanti*). Ma qui suona: *ogni più misero uomo sa come fu punito il mio orgoglio*.

23. I' sono Omberto. E' non pure a me danno
    Superbia fe'; chè tutti i miei consorti
    Ha ella tratti seco nel malanno.
24. E qui convien ch'io questo peso porti
    Per lei, tanto che a Dio si soddisfaccia,
    Poich' i' nol fei tra' vivi, qui tra' morti. —
25. Ascoltando, chinai in giù la faccia:
    E un di lor (non questi che parlava)
    Si torse sotto 'l peso che lo impaccia;
26. E videmi, e conobbemi; e chiamava,
    Tenendo gli occhi con fatica fisi
    A me, che tutto chin con loro andava.
27. — Oh (diss'io lui) non se' tu Oderisi,
    L'onor d'Agobbio, e l'onor di quell'arte
    Che *alluminare* è chiamata in Parisi? —
28. — Frate (diss'egli), più ridon le carte
    Che pennelleggia Franco Bolognese:
    L'onore è tutto or suo, e mio in parte.
29. Ben non sare' io stato sì cortese
    Mentre ch' i' vissi, per lo gran disio
    Dell'eccellenzia ove 'l mio cuore intese.

---

23. (L) *Pure*: solo. — *Consorti*: parenti.
(SL) *Omberto* o *Umberto* Questi insuperbisce di nobiltà; Oderigi, d'ingegno; Provenzano, di signoria. Il primo arroganza, il secondo vanagloria, il terzo presunzione: così l'Ottimo. — *Malanno*. Col suono precipitevole dipinge, e con la famigliarità delle parole fa più risentita la pena di que' gentiluomini.
24 (L) *Lei*: la superbia.
(SL) *Per*. Som: Soddisfare per il peccato
(F) *Soddisfaccia*. Som: *Conviene che chi dopo il dolore e l'assoluzione della colpa muore innanzi la debita soddisfazione puniscasi dopo la presente vita.*
27. (L) *Arte* del miniare. — *Parisi*: Parigi.
(SL) *Oderisi*. Della scuola di Cimabue; miniatore, o, come dicono i Francesi, *enlumineur* Ant Comm.: *Miniare est magis proprium: sic enim dicitur a colore minio. Ma l'altra voce comprende di tutta guisa colori, fa vedere la luce che viene al foglio dall'arte de' congegnati colori.*

— *Agobbio*. Gubbio. Vill., IX, 48; Dino, II; e Fior. di s. Franc. — *Arte*. Dante conosceva Odorico e le arti del disegno amava Nella Vita Nuova racconta come un giorno, e' disegnasse come un angelo sopra certe tavolette. — *Alluminare*. [Cav.] In iscr.: *Litterae auro inluminatae.* — *Parisi* ? Dante ci aveva abitato. Bocc, V, 15, 16, 36, 43. ediz Gamba. *E molti artisti s'inspirarono in lui* (Pelli, p. 177).
28. (L) *Più* belle
(SL) *Ridon*. [Di ogni cosa che induce gioia si può dire ch'ella ride. Hor Carm, IV, 11: *Ridet argento domus.*] — *Franco*. Da lui, dice il Malvasia, ebbe Bologna il retaggio della buona pittura Nel Museo Malvezzi era qualch'avanzo di lui Lanzi, P V.
29 (L) *Ben*: veramente — *Cortese* di lodi — *Eccellenzia*: primato
(F) *Eccellenzia*. Aug. de Ver Rel., 1: *Cupiditas excellentiae* Som: *Superbia appetit excellentiam in excessu ad rationem rectam* - *L'onore importa testimonianza dell'eccellenza altrui: onde gli uomini che vogliono essere onorati cercano testimonianza dell'eccellenza propria.*

CANTO XI.

30. Di tal superbia qui si paga il fio.
    E ancor non sarei qui, se non fosse
    Che, possendo peccar, mi volsi a Dio.
31. Oh vana gloria dell' umane posse!
    Com' poco verde in su la cima dura,
    Se non è giúnto dalle etati grosse!
32. Credette Cimabue nella pintura
    Tener lo campo; ed ora ha Giotto il grido,
    Sì che la fama di colui oscura.
33. Così ha tolto l'uno all'altro Guido
    La gloria della lingua: e forse è nato
    Chi l'uno e l'altro caccerà di nido.

30. (L) *Possendo*: potendo.
(SL) *Flo Æn.*, VI: *Pendere poenas.* — *Possendo* nel Machiavelli.
31. (L) *Com'*: come. — *Se*: la gloria è ecclissata da glorie maggiori se non sopraggiunge un secolo di barbarie.
(F) *Vana* Ott : *Vanagloria, secondo Agostino, è uno giudicio falso d'uomini che stimano sè essere ottimi, e vogliono parere ottimi* Boet, II: *Quid, o superbi, colla mortali jugo Frustra levare gestiunt?... Mortalis aura nominis... Jam vos secunda mors manet.* Lo stesso: *Molti uomini chiarissimi a' tempi loro cancellò l'oblivione per inopia di scritti. Sebbene, quanto mai giovano gli scritti stessi, i quali insieme co' loro autori seppellisce lunga ed oscura vetustà? E a voi pare propagare a voi stessi l'immortalità pensando alla fama del tempo futuro!* Conv, II: *Boezio giudica la popolare gloria vana, perchè la vede senza discrezione.*
32 (L) *Pintura*: pittura. — *Tener*: primeggiare.
(L) *Cimabue* Giovanni, fiorentino, morì nel 1300 L'Ottimo : *Fu pintore molto nobile, sì arrogante e sì sdegnoso che, se per alcuno gli fosse a sua opera posto alcuno difetto, o elli da sè l'avesse veduto.. immantenente quella cosa disertava, fosse stata quanto si volesse.* — *Campo.* Hor., Carm, III, 16: *Nil cupientium ... castra peto.* Conv : *Ferisce ... alle false opinioni, quelle ... terra versando, acciocchè la ve... per questa sua vittoria, tenga ... campo delle menti* Æn., XI: *Campum tenebat.* Nel duomo di Firenze l'epitaffio di Cimabue dice: *...ui Cimabos picturae castra ... Ortis sic tenuit; nam tenet ... — Giotto.* Pelli, p. 115.

Discepolo di Cimabue, morì nel 1336. Vasari: *Fu Giotto coetaneo ed amico grandissimo di Dante; e il ritrasse nel palagio del podestà di Firenze.* Benvenuto e il Baldinucci vogliono che Giotto alcune cose dipingesse in Napoli col pensiero di Dante. Ott.: *Fu ed è Giotto, in tra li pintori che li uomini conoscono, il più sommo; e le sue opere il testimoniano a Roma, a Napoli, a Venezia, e Padova, ed in più parti del mondo.* — *Oscura.* Æn, VII: *Fama.. obscurior.*
33. (L) *Uno*: Guido Cavalcanti. — *Altro*: Guido Guinicelli. — *Lingua* poetica — *Nido*: seggio d'onore.
(SL) *Guido*. Il Cavalcanti e il Guinicelli, nominati più volte nella Volgare Eloquenza Il Cavalcanti (lo dice nella Vita Nuova) fu il suo vero amico. *Secondo li gradi dell'amistà immediatamente amico dopo il primo* Dino, p. 49: *Giovane gentile e nobile cavaliere, cortese e ardito ma sdegnoso e solitario e intento allo studio; nemico di Corso Donati.* — *Forse*. Il *forse* modesto potrebbe far credere ch'egli parli di sè; ma il *caccerà*, troppo superbo, consiglia a intenderlo d'uno scrittore in genere, massime qui, dove Dante agli altri e a sè stesso viene predicando umiltà. Senonchè quel *cacciare* rimane tuttavia troppo duro, rispetto a Guido, l'amico. Ott : *Fu M G Guinizelli il primo che innovò lo stile del dire in rima...* (XXVI, 31). *E G Cavalcanti si può dire che fosse il primo che le sue canzoni fortificasse con filosofiche prove.* — *Nato* Conv., I, 13: *Questo sarà luce e sole nuovo, il quale surgerà là dove l'usato tramonterà e darà luce a coloro che sono in tenebre e in oscurità per lo usato sole che a loro non luce.* — *Nido*. Ben si conviene col canto. Orazio, di sè (Epist., I, 20): *Majores pennas nido*

34. Non è 'l mondan romore altro ch'un fiato
    Di vento, ch'or vien quinci e or vien quindi,
    E muta nome perchè muta lato.
35. Che fama avrai tu più, se vecchia scindi
    Da te la carne, che se fossi morto
    Innanzi che lasciassi il pappo e 'l dindi,
36. Pria che passin mill'anni? ch'è più corto
    Spazio all'eterno, ch'un muover di ciglia
    Al cerchio che più tardi in cielo è torto.
37. Colui che del cammin sì poco piglia
    Dinnanzi a me, Toscana suonò tutta;
    E ora appena in Siena sen pispiglia,
38. Ond'era sire quando fu distrutta
    La rabbia fiorentina, che superba
    Fu a quel tempo, sì com'ora è putta.

extendisse. Habac., II, 9: *Sia in eccelso il suo nido.*
34 (L) *Romore*: fama. — *Lato* di dove soffia.
(SL) *Fiato.* Georg., II: *Hybernis parcebant flatibus Euri.* Æn., VII: *Ad nos vix tenuit famae perlabitur aura.* — *Vento.* Hor. Epist., I, 19: *Non ego vento\ae plebis suffragia venor.*
(F) *Romore* Virgilio, della fama: *Diditur.... rumor* (Æn., VII) Som.: *La gloria umana sovente è fallace.. La fama non ha stabilità, ma, per falso rumore, di facile si muta.* Psal., IX, 7: *Periit memoria eorum cum sonitu*
35. (L) *Scindi*: muori vecchio — *Innanzi...*: morto bambino. — *Dindi*: danaro (voce infantile).
(SL) *Dindi.* Così *ogni fante tratto nel malanno.* Parlando di superbia, egli evita il tumore delle parole, e nell'umiltà loro trova l'efficacia del dire.
36 (L) *Eterno*: eternità — *Al*: al paragone. — *Cerchio* delle stelle.
(F) *Chè* Hieron Epist.: *Tra quello che visse dieci anni e quello che mille, venuta la fine della vita non ci corre più differenza, così concetto non è il medesimo, ma somigliante — Mill'.* Psal., LXXXIX, 4: *Mille anni innanzi agli occhi tuoi, come il giorno d'jeri che passò* Eccli., XVIII, 8: *Il numero de' giorni dell'uomo al più cent'anni; contansi quasi una gocciola dell'acqua del mare, e come minuzzolo d'arena, così poca cosa gli anni nella giornata de' tempi.* — *Eterno.* Greg.: *Vili diventano le cose temporali a considerare le eterne* Davanz: *Quanto poss'io vivere? Vent'anni? Che spazio sono all'eterno?* — *Cerchio* Conv., II, 6: *Del cielo stellato d'Occidente in Oriente che scorre in cent'anni uno grado.* Onde per l'intera rivoluzione gli bisognano 36,000 anni. Boet.: *Se riguardi agl'infiniti spazii dell'eternità, che hai tu da allegrarti della diuturnità del tuo nome? Perchè il punto di un momento solo se si raffronti a diecimil'anni, essendo e l'uno e l'altro spazio determinato, quello ha una proporzione, minima sì, ma da poter computarsi. Ma qui il numero degli anni quanto mai vogliasi moltiplicato, alla interminabile durata in nessun modo si può comparare.*
37 (L) *Colui.* Caso obliquo. — *Piglia*: va lento — *Suonò*: si celebrò.
(SL) *Piglia* Æn., VI: *Carne viam.* — *Suonò* Hor. Epod., XVII: *Voles sonari* Buc., I: *Resonare... Amaryllida*; o se s'intende che il Salvani facesse suonare Siena di sè, no' che Siena sonasse di lui, avremmo l'attivo. Æn.; VI: *Personat aequora concha* Meglio il primo.
38 (L) *Ond'*: di Siena. — *Distrutta* dà Siena in Montaperti il 1260. — *Putta*: venale e fiacca.
(SL) *Sire.* Capitano valoroso e buon cittadino: così il Malvolti e il Tommasi. Ma a' Senesi spiaceva la signoria del Salvani (Malv., 165; G. Vill., VII, 31). — *Rabbia.* Guittone. a Firenze: *Di mattezza e di rabbia scuola.* — *Superba.* Malesp.: *Di queste*

39. La vostra nominanza è color d'erba,
Che viene e va; e quei la discolora
Per cui ell'esce della terra, acerba. —

40. Ed io a lui: — Lo tuo ver dir m'incuora
Buona umiltà, e gran tumor m'appiani.
Ma chi è quei di cui tu parlavi ora? —

41. — Quegli è (rispose) Provenzan Salvani:
Ed è qui perchè fu presuntuoso
A recar Siena tutta alle sue mani.

42. Ito è così (e va senza riposo)
Poi che morì. Cotal moneta rende,
A soddisfar, chi è di là tropp'oso. —

43. Ed io: — Se quello spirito che attende,
Pria che si penta, l'orlo della vita,
Laggiù dimora, e quassù non ascende

44. (Se buona orazïon lui non aita),
Prima che passi tempo quanto visse;
Come fu la venuta a lui largita? —

pompe si reggea la superbia del popolo vecchio. Par., XVI, de' grandi Fiorentini. *Che son disfatti Per lor superbia! — Putta.* Guitt: *Non è meretrice audace più che ognuno di voi: e mostrasi, poichè la sua faccia di tanta onta è lorda.*

39. (L) *Quei*: il sole. — *Acerba*: giovanetta.
(SL) *Quei*. Purg., XXIII, t. 40. *La suora di colui (E'l Sol mostrati).* — *Discolora* La Cantica, I, 5: *Decoloravit me sol.*
(F) *Erba*. Isai., XXVIII, 4: *Erit flos decidens gloria exultationis.* E XL, 6, 7, 8: *Exsiccatum est foenum et cecidit flos, quia spiritus Domini sufflavit in eo.. Verbum autem Domini nostri manet in aeternum.* E XXXVII, 27: *Facti sunt sicut foenum agri et herba tectorum quae exaruit antequam maturesceret* Ps. LXXXIX, 6: *Mane, sicut herba transeat, mane floreat et transeat; vespere decidat, induret et arescat.*

40. (L) *Incuora*: pone in cuore. — *Tumor* d'orgoglio.
(SL) Ver. Petr.: *Io parlo per ver dire.*
(F) *Tumor* Stazio l'ha nel senso d'orgoglio. Lactant., III: *Superbum tumorem subtrahere.* Hieron., Epist. LIV: *Sit non tumoris sed humilitatis tumor della mente ità, perchè enfian- L'umiltà è condi-zione d'ogni virtù in quanto rimove la gonfiezza della superbia che alla virtù toglie il luogo.* Æn., IX: *Tumidusque novo praecordia regno.*

41 (SL) *Salvani* Dopo la battaglia dell'Arbia venne su quei di Firenze con grand'esercito, e fu, nel 1270 o nel 1269, vinto in Colle di Val d'Elsa dal Vicario di Carlo, capitano de' Fiorentini. Erano con Gian Beroaldo, vicario, Francesi e Fiorentini; con Provenzano i Senesi e altri Ghibellini Una chiesa è in Siena che chiamasi della Madonna di Provenzano.
(F) *Presuntuoso*. Som : *La presunzione osa qualche grande opera oltre la sua facoltà.*

42 (L) *Soddisfar*: pagare il debito. — *Oso*: orgoglioso
(SL) *Moneta*. Matth .V, 26: *Donec reddas novissimum quadrantem.* — *Oso* Conv.: *Chi sarà oso?*

43. (L) *Laggiù*: nell'Antipurgatorio.
(SL) *Laggiù* V. Purg., IV, t. 44.

44 (L) *Visse* nella colpa. — *Venuta* quassù — *Lui* che non si pentì se non alla morte
(SL) *Quanto* Nel III del Purgatorio disse che l'anima indugiante in vita a pentirsi rimane trenta volte tanto di tempo quanto durò nella sua presunzione contro la Chiesa; qui dice che l'anima che indugia a pentirsi alla morte rimane tanto tempo quant'ebbe nel mondo di vita.

45. — Quando vivea più glorïoso (disse),
　　　Liberamente nel Campo di Siena,
　　　Ogni vergogna deposta, s'affisse:
46. Egli, per trar l'amico suo di pena
　　　Che sostenea nella prigion di Carlo,
　　　Si condusse a tremar per ogni vena.
47. Più non dirò: e scuro so che parlo;
　　　Ma poco tempo andrà, che i tuoi vicini
　　　Faranno sì che tu potrai chiosarlo.
　　　Quest'opera gli tolse que' confini. —

45. (L) *Liberamente:* spontaneo. — *S'affisse:* si pose fermo.
(SL) *Campo.* Così chiamano i Senesi la piazza. Così tuttora a Venezia. Hor Carm, III, 4: *Descendat in campum petitor.* — *Affisse.* Purg, XXV, t. 2: *Che non s'affigge Ma vassi alla via sua.*
46 (L) *Tremar* umiliato, chiedente elemosina.
(SL) *Tremar.* Æn., II: *Per ima cucurrit Ossa tremor.* — *Amico.* Chiese limosina per l'amico Vigna, prigione di Carlo d'Angiò, e al riscatto volevansi diecimila fiorini (Vill VII, 31). Questo Vigna aveva combattuto per il giovane Corradino. *Assegnògli Carlo*, dice l'Ottimo, *un breve termine a pagare o a morire.* Quelli ne scrisse a M. Provenzano. Dicesi che M. Provenzano fece porre uno desco, susovi uno tappeto, nel campo di Siena, e puosevisi suso a sedere in quello abito che richiedea la bisogna: *domandava alli Senesi vergognosamente che lo dovessono aiutare.. non sforzando alcuno ma umilmente domandando aiuto .. sicchè, anzichè 'l termine spirasse, fu ricomperato l'amico.* Un chiosatore dice che *il tremare intende che inducesse la detta vergogna.* Un altro dice che *il tremare si puote in lui allora dire, che stette in abito di potere essere morto lievemente .. da' nemici suoi de' quali in Siena aveva allora copiosamente.* Un altro dice, *che per trarre il detto amico di pena, elli mise sè e 'l Comune di Siena a molti pericoli; cioè che guatava d'avere prigione il maliscalco del detto re, o altro barone per campario, cioè per scambiarlo: per la qual cosa elli si mise a questa condizione: d'onde elli mori; ch'elli meno i Senesi, e 'l conte Guido Novello, e li Ghibellini di Toscana, e la masnada tedesca e spagnuola a venire ad oste a Colle con millequattrocento cavalli e pedoni da ottomila, dicendo: noi commoveremo M Gian Beroaldi maliscalco del re, e li Franceschi a subita battaglia, ed aremoli tutti presi. E, in contrario, venne, ch'elli vi fu sconfitto; e la sua testa portata in su un'asta di lancia, anno 1269. Dicesi, che, anzi venisse a questa sconfitta, elli si tolse da ogni superbia.*
47 (L) *So:* so che parlo oscuro. — *Vicini:* concittadini Fiorentini. — *Potrai:* saprai quanto costa chiedere, e quanto merito sta il farlo per fine degno. — *Opera* di carità. — *Confini* dell'Antipurgatorio.
(SL) *Vicini.* Per *concittadino* l'usa il Petrarca (Son. 171). — *Chiosarlo* Tu *proverai sì come sa di sale Lo pane altrui* Simile metafora scolastica nel XV dell'Inferno e nel XVII del Paradiso E' portava la scuola dietro a se nell'esilio, e delle sventure faceva illustrazioni a' versi, e di questi a quel.ei
(F) *Confini.* Un atto magnanimo gli valse per penitenza negli occhi di D o. Dan, IV, 24: *I tuoi peccati con elemosine riscatta, e le tue iniquità con misericordia a' poveri: forse perdonerà alle tue colpe.*

Difficile tradurre, più difficile comentare, l'orazione insegnata da Cristo. La parafrasi non è indegna di Dante; ma è parafrasi Nè la considerazione seguente: *Ben sì de' loro atar lavar le note Che portâr quinci,* v'aggiunge bellezza. Ma bella, con quel non so che faticoso che ci si sente, la pittura delle anime aggravate dalla soma della superbia antica. Nella predica contro quel vizio, e contro sè stesso, forse alquanto avviluppati i versi che dicono dello *scindere la carne da sè, e del lasciare il pappo e il dindi*; senonchè l'ultimo tratto d'astronomia tolemaica innalza il verso fin sopra le stelle, e gli fa di lì aprire il volo all'eternità. L'accenno da ultimo alle gravezze del proprio esilio, non si sconviene che sappia d'enimma: che tale è il linguaggio de' vaticinii; e pare che l'infelice rifugga dal dire chiaro a sè stesso i proprii dolori.

La parlata del conte di Santa Fiora non è così notabile come quella del miniatore Oderigi. Al conte il Poeta non risponde parola; coll'artista ragiona umile e riverente. In Inferno, quasi tutti uomini di governo e d'armi; in Purgatorio artisti e scrittori; in Paradiso solitarii e sacerdoti; ma, per servire alle ubbie ghibelline, anche re e imperatori; con una meretrice, che *si tranquilla lassù, e scintilla Come raggio di sole in acqua mera*, e come l'occhio dell'aquila imperiale. In Inferno tormenti materiali che travagliano l'anima, orribili favelle, voci alte e floche, strida e bestemmie, e strapazzi di dannati tra loro, e ironie di demonii; in Purgatorio, la pena del senso è vinta dal dolore delle memorie, e son pena insieme e espiazione le bellezze dell'arte, dico, le imagini sculpite, e le voci per l'aria volanti, e i canti delle anime e degli spiriti angelici: in Paradiso la beatitudine si spiega in sorrisi di luce, e da anima ad anima si riflette e moltiplica in raggianti armonie.

UMILTA'.

Più di tre Canti consacra Dante nel Purgatorio alle lodi dell'umiltà e a' biasimi della superbia; egli che nell'Inferno in due Canti ritrae la pena della superbia iraconda, invida e accidiosa, e altrove a' superbi contro Dio serba parole e sensi di più forte sdegno (1). La voce di Cristo *Beati pauperes spiritu*, per la quale altri intende l'affetto alla povertà non forzata ma abbracciata di libera elezione, e che qualche sciocherello malamente faceto reca in ischerno del Cristianesimo come beatificante' i corti di mente, sì Poeta, con Ambrogio e Agostino (2), la intende degli umili, in quantochè, nota il comento di Pietro, coloro che nulla soverchiamente desiderano, rifiutano per sè anco parte dell'onore meritato, nonchè pretendere l'immeritato.

Imparate, dice Cristo, *da me, che sono mite e umile di cuore* (3); intendendo che l'umiltà sta nel cuore prima e più che negli atti, e che in essa è un principio d'umanità e civiltà, come nella superbia è barbarie e salvatichezza ferina. *Superbia nuoce a carità* (4). *Carità*, dice Paolo, *non è ambiziosa* (5); e Tommaso soggiunge: *È ordine divino il sottomettersi gli uni agli altri*. Anco i maggiori in apparenza di dignità a quei che sono in apparenza minori. E così l'umiltà diventa regola morale che agguaglia le civili e intellettuali e corporee inuguaglianze. Così intendasi quel del Paradiso: *Or di': Sarebbe il peggio Per l'uomo in terra s'e' non fosse cive? Sì (rispos'io) ... E può egli esser, se giù non si vive Diversamente per diversi ufici?* (6). E di qui misurasi la profondità di quel detto della Somma (7): *Giustizia senza umiltà, giustizia non è*.

Nell'umiltà, dice Tommaso, *l'uomo raffrena l'impeto dell'animo suo, che non tenda inordinatamente a grandezza, ma abbia per norma la cognizione di sè*, cioè non si stimi sopra quel che è; e principio e radice d'umiltà è la riverenza dell'anima a Dio. — L'umiltà riguarda principalmente la soggezione dell'uomo a Dio per il quale egli assoggetta sè ad altri umiliandosi. La ragione dunque ed il limite della soggezione, quel che ne toglie e la viltà e la durezza, gli è l'essere nel nome di Dio, cioè conforme, non contraria alla legge di lui. — *Non è inconveniente che i beni di altre virtù ascrivansi all'umiltà, perchè siccome un vizio nasce da altro, così in ordine naturale l'atto di una virtù da quel d'altra procede.*

(1) Inf., VII, VIII, XIV, XXV.
(2) Serm. Dom.
(3) Matth., XI, 29.
(4) Som., 2, 2, 162.
(5) Ad Corinth., I, XIII, 5.
(6) Par., VIII.
(7) 2, 2, 161.

Condizioni della vera umiltà sono dunque il sentimento della grandezza di Dio, e della propria debolezza, scompagnata dagli aiuti superni e de' fratelli con cui conviviamo; il distacco dalla propria opinione, quando non sia debito il propugnarla; il riconoscimento e, se bisogni, la confessione de' difetti proprii; il riconoscimento del bene in altrui, i segni esteriori che dimostrano animo non tendente a soverchiare altrui in modo ingiurioso o pure spiacevole senza pro (1). *Vincesi la superbia sì con la considerazione delle proprie infermità* (2), *secondo quel dell'Ecclesiastico:* « Di che insuperbisci tu, terra e cenere? » (3); *sì con la considerazione della grandezza divina, secondo quel di Giobbe:* « Di che s'enfia (4) contro Dio il tuo spirito? » (5); *sì con la considerazione dell'imperfetto dei beni, onde insuperbisce l'uomo, secondo quel d'Isaia:* « Ogni vita è erba, e ogni gloria di lei » quasi fiorire d'erba » (6); *e poi:* « Quasi panno sudicio tutte nostre giu- » stizie. »

La cognizione del proprio difetto appartiene a umiltà, come norma del desiderio. — *Umiltà indirizza e modera il desiderio; non istà nella cognizione sola* (7). — *L'umiltà riguarda l'irascibile* — *è parte di temperanza* — *raffrena la speranza* — *fugge le affettate singolarità: delle lodi proprie sinceramente, o arrossisce o si maraviglia* (8). — *Non dobbiamo stimare altrui per finta, ma sinceramente credere che possa essere in altri un bene occulto a noi, e maggiore de' beni nostri* (9). — *Non è gran cosa che noi siamo umili verso coloro da chi riceviamo onore: che questo fanno anco gli uomini del secolo; ma verso quelli segnatamente dobbiamo essere umili da cui qualcosa di male soffriamo* (10).

Ma perchè sempre la vera sapienza cristiana allontana ugualmente l'anima dal due eccessi, però appunto ella insegna che la falsa umiltà è grave superbia poichè tende a distinguersi e ad accattare gloria (11); che siccome *est qui nequiter se humiliat* (12), così c'è *la cattiva allerezza e la buona* (13); che taluni della stessa umiltà insuperbiscono (14).

Può l'uomo senza falsità tenersi insufficiente a ogni bene di per sè, cioè in quanto, come dice l'Apostolo, la sua sufficienza è da Dio (15). — *Dobbiamo riverire Dio e in lui stesso e ne' doni che di lui veggiamo negli uomini, non però in quel grado che è debito a Dio.* — *Quel ch'è debito a Dio non è per umiltà falsa da offrire agli uomini.* — *Il sottomettersi ad altrui potrebb'essere in danno del fratello, che quindi monterebbe in superbia e disprezzerebbe l'inopportunamente umiliato.* — *L'uomo deve per umiltà sottoporre agli altri uomini quel che è in lui d'umano, non già i doni divini.* — *L'umiltà è da collocare nel vero e non nel falso* (16). — *Tendere a cose grandi per*

(1) S. Bern.
(2) Purg., X: *Oh superbi Cristian', miseri lassi, Che della vista della mente infermi...*
(3) Eccli., X, 9.
(4) *Di che l'animo vostro in alto gola? - Non v'accorgete voi che noi siam vermi?* (Purg., X.)
(5) Job, XV, 13.
(6) *La vostra nominanza è color d'erba che viene e va* (Terz. 39).
(7) Purg., XI: *M'incuora... umiltà.*

(8) Som., 2, 2, 161.
(9) Glos. in Fil., II.
(10) Greg. Reg., II. Purg., XI: *Lo mal ch'avem sofferto, Perdoniamo.*
(11) Aug., Ep LIX.
(12) Eccli., XIX, 23. Però Dante: *Buona umiltà* (Terz. 40).
(13) Hier. in Isai., LXI.
(14) Som., 2, 2, 162.
(15) Som., 2, 2, 161.
(16) Aug., de Nat. et Gr., XXXIV.

confidenza nelle forze proprie, è contrario a umiltà (1): *ma non il tenderci per confidenza nell'aiuto divino; onde Agostino:* « Altr'è levare sè a Dio; « altr'è levare sè contro Dio (2). »

Questo passo rammenta i versi del Nostro: *Deh! Se Giustizia e Pietà vi disgrevi Tosto, sì che possiate muover l'ala Che secondo il desio vostro vi levi.* Ben contrappone l'ala alla gravezza del carico della superbia, chiamato non senza intendimento anche *soma: Iniquitatis meae supergressae sunt caput meum; et sicut onus grave gravatae sunt super me* (3). Che, vero di tutte le colpe, è massimamente della superbia, in pena del suo voler sollevarsi, sopra quello che la natura delle cose comporta (4) Il superbo è pesante ad altrui: e però porta il giogo come bue (5); e sotto quello va rannicchiato tanto da non ci si riconoscere l'umana figura, e pare cariatide penosamente contratta per sostenere que' palazzi dove la superbia ha sovente sua tana (6). Apposta il Poeta paragona a' cariatidi i superbi, a' quali quel ch'e' fecero o intendevano fare è reso. E sotto que' pesi i purganti si picchiano, che è atto di dolore umiliato: *Suppliciter tristes, et tunsae pectora palmis* (7). E i superbi *hanno più e meno addosso* secondo la gravità del vizio e del peccato, appunto come nella pena degli empi i monumenti sono *più e men caldi* (8), e vanno *senza riposo* (9) sempre, e *a tondo*, come nell'inferno gli avari e i prodigi, voltando pesi anch'essi, e tutti i dannati, dacché e di bene e di male il circolo può essere simbolo E così curvi è forza loro tenere gli occhi in giù, e leggere in terra scolpiti gli esempi della superbia domata, e non possono volgersi a conoscere i visi di chi passa; sconoscenza che loro era data per pena anco in vita; ma allora per tenere gli occhi tropp'alti, e non degnar di riguardare a' minori (10).

Ripigliamo ora le dottrine del cristianesimo intorno all'umiltà e a' vizii contermini ad essa. *L'umiltà reprime l'appetito che non tenda a grandigia fuor di ragione; magnanimità eccita a cose grandi: però le non sono contrarie ma a norma di ragione ambedue.* — *L'umiltà versa in certo modo circa le cose medesime che la magnanimità; ché, siccome a magnanimità s'appartiene muover l'animo a cose grandi contro la disperazione, così all'umiltà s'appartiene ritrarre l'animo dall'inordinato appetito di cose grandi contro la presunzione. Or la pusillanimità se disanima dal seguire le cose veramente grandi, s'oppone a magnanimità; se piega l'animo a cose vili, s'oppone a umiltà in quanto è l'abuso di quella; e l'uno e l'altro difetto procede da animo piccolo* (11).

(1) Purg., XI: *Oh vanagloria delle umane posse.*
(2) Aug. de Poen.
(3) Psal. XXXVII, 5. Som., 1, 2, 102: *Simbolicamente per la gobba intendesi il soverchio amore delle cose terrene.* E fors'anco per questo, nella bolgia de' barattieri le anime son portate da un diavolo gobbo.
(4) Som., 2, 2, 109.
(5) Purg., XII. - Matth., XI, 29, 30: *Prendete il giogo mio... ch'è soave.* Som., 2, 1, 102: *Giogo di peccati.*
(6) Purg., X. Psal. CXXVIII, 3:

Supra dorsum meum fabricaverunt peccatores.
(7) Æn. I.
(8) Inf., IX.
(9) Terz. 42: *Ito è così, e va senza riposo.* Inf, XIV, degli usurai: *Senza riposo mai era la tresca Delle misere mani.*
(10) Psal. CXXX, 1: *Elati... oculi.* Greg. Mor., XXXIV: *Superbia, cum exterius usque ad corpus extentatur, prius per oculos judicatur.*
(11) Som., 2, 2, 162; e 2, 2, 132: *Ambizione d'onore è magnanimità inordinata.*

CANTO XI. 157

Che se al dire di Gregorio (1), *contrario a superbia è il dono del timore*, ciò intendesi di quella temenza affettuosa e generosa e provvida che tempera dall'insano ardimento, e previene le paure codarde ond'esso è finalmente represso E così intende Tommaso: *Nella fortezza è del pari la ragione del frenare l'audacia, del fermare l'anima contro la paura, perchè la ragione e dell'uno e dell'altro si è questa, che l'uomo deve volere il bene ragionevole a costo di qualsiasi pericolo.*

E nello stesso sentimento del proprio valore la vera umiltà cristiana non fa forza alla natura, ma si, moderando, la leva più in alto *Conoscere il bene che l'uomo ha in sè ed approvarlo non è peccato.* E non è neanche peccato volere che le tue opere buone siano dagli altri approvate; onde in Matteo: *Riluca la luce vostra agli uomini, che veggano le opere vostre buone e ne rendano lode al Padre vostro* (2). *E però amore di gloria, di per sè, non dice vizio, ma vizio è amore di gloria vana* Or può la gloria dirsi vana, in tre sensi: da parte della cosa, come cercare gloria da cosa che non è vera o che non merita gloria, per essere fragile e caduca (3); dalla parte di quelli da cui cercasi gloria, come d'uomo il cui giudizio non è certo (4); dalla parte di colui che appetisce la gloria, che non la reca al fine debito, cioè all'onore di Dio e alla salute de' prossimi (5). — *Quello in che l'uomo è eccellente, egli non l'ha da sè ma da Dio; e gli è dato acciocché giovi agli altri; onde l'onore che a lui ne procede è un bene in tanto solo in quanto serva all'altrui giovamento. Or in tre modi l'ambizione è colpevole: cercando testimonianza onorevole del bene che l'uomo non ha; non recando l'onore a Dio; arrestandosi in quella testimonianza, e non ne facendo mezzo all'utile altrui* (6).

Con questi temperamenti può dirsi che *umilitas pene tota disciplina christiana est* (7) Ma la stessa pagana filosofia ne intravvedeva la necessità e la bellezza in idea, dacchè Cicerone stesso in un lucido intervallo lasciatogli dalla sua vanità: *È da causare la cupidità della gloria, perchè rapisce all'animo ogni libertà per la quale i magnanimi devono con tutte le forze operare* (8). E Aristotele dicendo che *l'onore è premio di virtù* (9), dice altresì che n'è *premio insufficiente* (10). E Tommaso dichiara: *La vera virtù, chiede in premio non l'onore sibbene la beatitudine della coscienza. Ma dalla parte degli uomini l'onore è premio di virtù in quanto non hanno altro maggiore da rendere* (11); *ed è grande in tanto in quanto alla virtù*

(1) Mor., II; Aug. Ser. I in mont.
(2) Matth., V, 16.
(3) Purg., X: *Poi siete quasi entomata in difetto* – XI: *Oh vana gloria delle umane posse! Com' poco verde in su la cima dura, Se non è giunto dall'etati grosse!* Ma non è vero che sia titolo di gloria l'avere per successori uomini e fatti men alti: ch'anzi la decadenza delle menti e degli animi li rende inetti siccome a emulare così a giustamente stimare le cose grandi; e la bellezza e grandezza vera s'accresce lume dall'esperienza de' secoli e più sdegni che da troppo inuguali ragioni.

(4) Altrove: *Vana è la gloria che viene di fuori* Purg., XI: *Non è il mondan romore altro ch'un fiato Di vento, ch'or vien quinci e or rien quindi.*
(5) Som., 2, 2, 132.
(6) Som., 2, 2, 131.
(7) Aug., de Virg., XXXI.
(8) Cic., de Off., I.
(9) Arist. Eth., I.
(10) Ivi, IV.
(11) L'affetto e l'imitazione sono premii maggiori; ma Tommaso certamente li comprende nell'idea dell'onore, anzi il sottintende come sostanza di quello.

stessa rende testimonianza (1). Questo germe dell'umiltà che sotto il paganesimo rimaneva come in terra senz'acqua e senza luce, il Cristianesimo l'ha fecondato con raggio d'idea, con calore d'amore, e con sudori e lagrime e sangue.

Egli è il Cristianesimo che ha chiaramente insegnato: *Difficile evitare la superbia per essere quello peccato latente, che prende occasione dal bene stesso* (2). *Altri gonfia per oro, altri per facondia, altri per infime terrene cose, altri per sovrane virtù e celestiali* (3). — *Pericoloso è piacere a sè stesso* (4). — *La vanagloria ha luogo anco nei servi di Cristo* (5). — *In tutto la vanagloria è male, ma specialmente nella filantropia* (6). — *Non è veramente virtuoso chi fa opere di virtù per fine di vanagloria* (7). — *La vanagloria entra di soppiatto, e i beni che dentro erano insensibilmente toglie* (8). — *Quanta forza abbia di nuocere l'amore dell'umana gloria non sente se non chi l'ha preso a combattere; perchè se facil cosa è all'uomo non desiderare la lode finchè non gli è data, difficile è, profferlagli, non se ne compiacere troppo* (9).

Ma con l'usata divina equità il Cristianesimo insegna eziandio: *Il moto della superbia che occultamente s'insinua non è de' più gravi.* — *Alcuni moti di superbia non sono peccati gravi, in quanto prevengono la riflessione, e che poi la ragione non consente ad essi* (10).

(1) Som., 2, 2, 131.
(2) Som., 2, 2, 162.
(3) Greg., Mor., XXXIV, e August., Reg.: *La superbia tende insidia alle buone opere acciocchè periscano*.
(4) Som., 2, 2, 132.
(5) Chrys., Hom., XIII.
(6) Greg., Mor., XXXIV.
(7) Aug., de Civ. Dei, V.
(8) Chrys., in Matth., XIX.
(9) Aug., Ep. LXIV.
(10) Som., 2, 2, 111: *La vanagloria non sempre è peccato mortale*.

OSSERVAZIONI DEL P. G. ANTONELLI

SUL VERSO

« Al cerchio che più tardi in cielo è torto »

Più che un secolo prima dell'Era nostra il celebre Ipparco discoprì quel fatto maraviglioso che è noto col nome di *precessione* degli Equinozii; e comprese che derivava da un moto retrogrado dei punti equinoziali. Poi, molti astronomi credettero che il fatto stesso procedesse da un movimento comune a tutte le stelle, e opposto al moto diurno della sfera stellare: ma il nostro Poeta astronomo sembra aver superato tutti i suoi antecessori non solo col ritornare al concetto d'Ipparco sul moto effettivo dei punti equinoziali, ma col riferire quel moto al circolo che si va descrivendo dal polo dell'equatore intorno a quello dell'eclittica; perciocchè parla di *cerchio*, e non di *spera*; e la invariabilità delle latitudini delle stelle unita alla costanza della variazione nella longitudine delle medesime, doveva aver guidato una mente quale la sua a quella deduzione. Oggi sappiamo che quel cerchio si compie in ventiseimila anni: allora facevasi anche maggiore il tempo occorrente a quel giro.

CANTO XII.

ARGOMENTO.

Contempla le sculture del suolo; esempi di superbia punita. Tre Canti e' dà alla superbia, e contr'essa grida, e sè confessa superbo. Non solamente politico, ma più morale che non si creda è lo scopo della Commedia. Giungono al varco dove si sale all'altro giro, e trovano un angelo che mostra la via, e col batter dell'ale gli rade un P dalla fronte, il peccato della superbia, ch'egli ha nel giro presente espiata.

Poesia le sculture, l'angelo, la salita.

Nota le terzine 1 alla 7; 9 alla 13; 16; 20 alla 24; 28, 29, 30; 32 alla 39; 42 fino all'ultima.

1. Di pari, come buoi che vanno a giogo,
 N'andava io con quell'anima carca,
 Fin che'l sofferse il dolce pedagogo.
2. Ma quando disse: — Lascia lui, e varca,
 Chè qui è buon con la vela e co' remi,
 Quantunque può ciascun, pinger sua barca; —

---

1. (L) *Anima:* Oderigi. — *Pedagogo:* Virgilio.
 (SL) *Buoi.* Purg., XXVII, t. 29: *Io come capra...* — *Io* Puniva intanto sè della superbia propria — *Pedagogo.* Era quasi fanciullo sotto maestro; e più volte si paragona a fanciullo (Inf., XXIII, t. 13-14; Purg., XXVIII, t. 15; Par., XXII, t. 1) Varr.: *Instituit paedagogus, docet magister.*
 (F) *Carca.* L'idea di questo supplizio e di quello degl'invidi e de' famelici sarà forse stata al Poeta confermata, se non originata, dal seguente di Baruch, II, 17 e 18: *Non mortui, qui sunt in inferno... dabunt honorem... Domino Sed anima, quae tristis est super magnitudine mali, et incedit curva et infirma, et oculi deficientes, et anima esuriens dat tibi gloriam.*
 2 (L) *Varca:* va oltre. — *Quantunque:* quanto. — *Pinger:* guadagnar tempo e merito.
 (SL) *Remi.* I Latini: *Velis remisque contendere.* Ovid. Her., XIII: *Remoque move veloque carinam.*

Canto XXII il Purgatorio — Terzina 46

Dal lato onde 'l cammin nostro era chiuso,
Cadea dall'alta roccia un liquor chiaro,
E si spandeva per le foglie suso.

3. Dritto, siccome andar vuolsi, rifèmi
Con la persona, avvegna che i pensieri
Mi rimanessero e chinati e scemi.
4. Io m'era mosso; e seguía volentieri
Del mio maestro i passi; e amendue
Già mostravam com'eravam leggieri.
5. Quando mi disse: — Volgi gli occhi in giùe.
Buon ti sarà, per alleggiar la via,
Veder lo letto delle piante tue. —
6. Come, perchè di lor memoria sia,
Sovr' a' sepolti le tombe terragne
Portan segnato quel ch'egli era pria
7. (Onde lì molte volte se ne piagne
Per la puntura della rimembranza,
Che solo a' pii dà delle calcagne);
8. Sì vid' io lì, ma di miglior sembianza
Secondo l'artifício, figurato
Quanto, per via, di fuor dal monte avanza.
9. Vedea colui che fu nobil creato
Più ch'altra creatura, giù dal cielo,
Folgòreggiàndo, scender da un lato.
10. Vedeva Briaréo, fitto dal telo
Celestïal, giacer dall'altra parte,
Grave alla Terra per lo mortal gelo.

3. (L) *Vuolsi*: conviene. — *Rifèmi:* mi rifeci. — *Scemi* d'orgoglio.
(SL) *Rifèmi*. Anco in prosa, *fèmi per fecimi* — *Chinati* Ovid. Met, VII: *Demisere metu vultumque animumque*. Virg., XII: *Demittunt mentes.* — *Scemi* Purg., XI: *Gran tumor m'apunanl*.
5. (L) *Alleggiar*: alleggerire. — *Letto:* dove i pie posano
(SL) *Alleggiar*. Sacch: *Alleggiamento della miseria*. — *Via,* Æn., VIII: *Viam sermone levabat*. — *Letto.* Purg. VII, t 56: *Ha fatto alla guancia Della sua palma .. letto*
(F) *Via.* Questi esempi dimostrano le pene pur nel mondo serbate a' superbi.
6. (L) *Sor sepolti*. — *Terragne:* in terra. — *Egli :* il sepolto
(F) *Egli.* Bella mutazion di colore. Dai sepolti in genere ferma l'immagine in uno. Simili svoltate, anzi in Caterina da Siena.

DANTE. *Purgatorio*.

7. (L) *Lì:* in terra. — *Solo,* non l'anime dure. — *Da:* sprona.
(SL) *Calcagne*. Pesante, ma non improprio traslato Il *calcar* de' Latini per *isprone*, porge la medesima imagine Ed è men bello di questo l'altro: *Immensum gloria calcar habet.*
8. (L) *Sì :* così. — *Miglior:* più bella quanto a arte. — *Per via:* per lo spazio dove si cammina.
(SL) *Secondo* Nelle scuole *secundum* valeva *quanto a, rispetto a.*
9. (L) *Colui:* Lucifero.
(SL) *Più.* Inf, XXXIV
(F) *Folgoreggiando.* Luc, X, 18: *Vedevo Satana, come folgore, cadere di cielo*
10 (SL) *Briaréo.* Simbolo mitologico di Lucifero. Stat. II: *Non aliter (Geticae si fas est credere Phlegrae) Armatum immensus Briareus stetit aethera contra Hinc Phoebi pharetras, hinc torvae Palladis angues, Inde Pelethroniam praefixa cuspide*

11

11. Vedea Timbréo, vedea Pallade e Marte,
    Armati ancora, intorno al padre loro,
    Mirar le membra de' Giganti sparte.
12. Vedea Nembrotto appiè del gran lavoro,
    Quasi smarrito, e riguardar le genti
    Che 'n Sennaar con lui superbi foro.
13. O Niobe, con che occhi dolenti
    Vedeva io te segnata in su la strada,
    Tra sette e sette tuoi figliuoli spenti!
14. O Saúl, come 'n su la propria spada,
    Quivi, parevi morto in Gelboè,
    Che poi non sentì pioggia nè rugiada!
15. O folle Aragne, sì vedea io te,
    Già mezza ragna, trista, in su gli stracci
    Dell' opera che mal per te si fe'.
16. O Roboám, già non par che minacci
    Quivi 'l túo segno; ma, pien di spavento,
    Nel porta un carro prima ch' altri 'l cacci.

pinum Martis... — Fitto. Æn., X: *Hunc... intorto figit telo.* [Æn., I: *Illum expirantem transfixo pectore flammas Turbine corripuit, scopuloque infixit acuto*] — *Telo* Æn., IX: *Tuoque Invisum hoc detrude caput sub tartara telo — Parte.* Nelle imagini troiane in Cartagine: *Parte alia...* (Æn., I). — *Grave* Hor Carm., III, 4: *Injecta monstris Terra dolet suis* (Inf., XXXI). — *Gelo.* Æn., XI: *Frigida toto .. exsolvit se corpore, lentaque colla Et captum letho posuit caput.*

11. (L) *Timbréo:* Apollo. — *Padre:* Giove
   (SL) *Timbréo* Georg, IV: *Thymbraeus Apollo.* E assolutamente Æn., III: *Thymbre.* Ma conveniva dire vedea 'l Timbreo; e forse così scrisse Dante. — *Pallade.* Orazio, de' Giganti: *Contra sonantem Palladis Ægida* (Carm., III, 4) — *Marte* Nello scudo d' Enea: *Saevit medio in certamine Mavors Coelatus ferro* (Æn., VIII) — *Sparte.* Ovid Met., X: *Gigantas, Sparsaque Phlegraeis victricia fulmina campis.*

12. (L) *Lavoro:* torre.
    (SL) *Sennaar.* Gen., X, 10: *Fuit.... principium regni ejus Babylon... in terra Sennaar.*

13. (L) *Niobe.* Figlia di Tantalo e d'una Pleiade, moglie d'Anfione tebano, superba de' suoi quattordici figli; però saettati da Apollo e da Diana. — *Segnata:* effigiata.
    (SL) *Sette* Æn, I: *Bis septem.*

14. (SL) Su Reg., I, XXXI, 4: *Afferrò Saul la spada e s'avventò soprale — Gelboè.* Reg., II, I, 21: *Monti di Gelboe, nè rugiada né pioggia cadano sopra voi — Sentì* Hor. Carm., III, 23: *Nec pestilentem sentiet Africum... vitis nec sterilem seges Rubiginem.*

15. (L) *Sì.* Riempitivo. — *Opera:* tela. — *Per:* da.
    (SL) *Aragne.* Ovid Met., VI: *Certet, ait mecum* (Minerva) *- Stolidaeque cupidine palmae In sua fata ruit. - Vire quidem, pende tamen - Antiquas exercet aranea telas.* Seminf. Costei, poquamoché fosse nata di vile gente .. cercava d'avere grande nominanza nell'arte del tessere. — *Mal.* Piu d'una volta in Virg Georg, III: *Heu! male tum Libiae solis erratur in agris* Petr.: *Mal per noi quella beltà si vide.*

16. (L) *Roboám* Non volle alleggerire al popolo le gravezze imposte da Salomone suo padre. Il popolo lapidò il ministro di lui. Roboamo fuggì. — *Segno.* In marmo.
    (SL) *Segno.* Virgilio Æn., V: *Cratera impressum signis.*

17. Mostrava ancor lo duro pavimento
   Come Almeone a sua madre fe' caro
   Parer lo sventurato adornamento.

18. Mostrava come i figli si gittaro
   Sovra Sennacherib dentro dal tempio,
   E come, morto, lui quivi lasciaro.

19. Mostrava la ruina o 'l crudo scempio
   Che fe' Tamiri, quando disse a Ciro:
   « Sangue sitisti; ed io di sangue t'empio. »

20. Mostrava come in rotta si fuggiro
   Gli Assiri poi che fu morto Oloferne;
   E anche le reliquie del martiro.

21. Vedeva Troia in cenere e 'n caverne.
   O Ilión, come to basso e vile
   Mostrava il segno che lì si discerne!

22. Qual di pennel fu maestro e di stile,
   Che ritraesse l'ombre e i tratti, ch' ivi
   Mirar farieno un ingegno sottile?

---

17. (SL) *Madre*. Erifile invaghita d'un monile superbo, palesò ad Argia il nascondiglio del marito Anfiarao ricusante d'ire alla guerra di Tebe. Almeone suo figliuolo la uccise. Æn., VI: *Moestamque Eriphylen Crudelis nati monstrantem vulnera cernit*. Prop., III, 11: *Ut auratos gereres, Eryphila, lacertos, Dilapsis nusquam est Amphiaraus equis*. — *Sventurato*. Stat., II: *Aurum fatale. - Infaustos... ornatus.*

18. (SL) *Sennacherib* Assirio Paralip., II, XXXII; Reg., IV, XIX. Sotto Gerusalemme l'esercito di lui è sconfitto. Ritorna a Ninive, Isai., XXXVII. — *Adorando egli nel tempio di Nesrock suo Iddio, Adramelech e Sarasar suoi figliuoli ferirono lui di spada; e si fuggivano in terra d'Ararat; e regnò per lui Asarhaddon suo figliuolo*.

19. (L) *Sitisti; sete avesti.*
   (SL) *Tamiri*. Regina degli Sciti, sconfisse i dugentomila soldati di Ciro, re de' Medi e de' Persi; lui prese al passo dell'Arasse, e immersogli il teschio in un vaso di sangue, disse: *Del sangue che bramasti saziati* (Herod. I, 214).

20. (L) *Reliquie:* [...]
   (SL) *Oloferne*. [...] uscirono di Betulia a trucidare il superbo esercito sgominato Della superbia d'Oloferne son pieni tutti i capitoli del libro di Giuditta precedenti alla morte di lui. I Giudei umiliarono le anime loro in digiuni e orazioni, essi e le donne loro (Iudith, IV, 8) — *Martiro* Agli antichi Italiani aveva perduto il senso dell'origine; e giova ridargliele.

21. (L) *Caverne:* non più case.
   (SL) *Cenere* Æn., II: *Iliaci cineres - Omne mihi visum considere in ignes Ilium, et ex imo verti Neptunia Troja* — *Ilion*. Æn., III: *Ceciditque superbum Ilium, et omnis humo fumat Neptunia Troja... campos ubi Troja fuit*. - II: *Tot quondam populis terrisque superbum Regnatorem Asiae* — *Basso* Inf., XXX [5: *La Fortuna volse in basso L'altezza de' Trojan' che tutto ardiva*.

22. (L) *Mirar:* ammirar.
   (SL) *Ombre*. Non tutte le figure erano intagliate nel marmo: altre pur segnate nella superficie con righe, al modo che s' incide nel rame. Allora solo può l'ombreggiamento aver luogo. Ovidio, di disegno: *Tenues parvi discriminis umbrae* (Met. VI).

23. Morti li morti, e i vivi parén vivi.
   Non vide me' di me chi vide il vero,
   Quant'io calcai finchè chinato givi.
24. Or superbite, e via col viso altero,
   Figliuoli d'Eva; e non chinate 'l volto,
   Sì che veggiate il vostro mal sentiero!
25. Più era già per noi del monte vòlto,
   E del cammin del Sole assai più speso,
   Che non stimava l'animo non sciolto;
26. Quando colui che sempre innanzi atteso
   Andava, cominciò: — Drizza la testa;
   Non è più tempo da gir sì sospeso.
27. Vedi colà un Angel che s'appresta
   Per venir verso noi: vedi che torna
   Dal servigio del dì l'ancella sesta.
28. Di riverenza gli atti e 'l viso adorna,
   Sì che i diletti lo inviarci 'n suso.
   Pensa che questo dì mai non raggiorna. —

---

23. (L) *Me'* : meglio. — *Givi* : andai.
(SL) *Vero*. Ovid. Met, VI: *Verum taurum, freta vera putares*. — *Chinato*. Stanno le sculture sul suolo, perchè gl'incurvati dalla soma il guardino — *Givi* Come *audivi* per *udii* (Inf., XXVI, t. 26)
24. (L) *Superbite* : insuperbite.
(SL) *Superbite*. Gloss. in Psal., XXXIII: *Contra conditorem superbire*. — *Via* Ellissi della lingua parlata.
(F) *Altero*. [C] Job, XV: *Cucurrit adversus Deum erecto collo* — *Eva* Lei nomina come più debole, e soggetta più. Gen., III Purg. XXIX: *L'ardimento d'Eva.. Non sofferse di star sotto alcun velo* [C] Tert. assomiglia il velo a giogo, in una prece la Chiesa: *Exules filii Hevae* — *Sentiero Semita* nella Bibbia: cioè via dell'uomo nel bene e nel male.
25. (L) *Più..* : avevam più camminato e più tempo. — *Per* : da. — *Sciolto* d'attenzione.
(SL) *Sciolto* Purg., IV, t. 1.
(F) *Speso*. [Ant] L'attenzione grande prestata dal Poeta prima a Oderisi, poi alle sculture molte, gli tolse l'accorgersi ch'egli aveva speso più tempo e fatto più giro di monte che non si aspettasse. Ripete qui alquanto il pensiero che già più espressamente esponeva nel IV di questa Cantica. Quale poi fosse l'ora corrente a questo punto lo dice poi.
26 (L) *Colui* : Virgilio. — *Atteso* : attento.
(SL) *Tempo*. Æn, VI: *Non hoc ista sibi tempus spectacula poscit* — *Sospeso*. Par., XX, t. 29: *In ammirar sospeso*.
27. (L) *Ancella* : l'ora. Era più che mezzodì.
(SL) *Ancella*. Ovid. Met., II: *Jungere equos Titan velocibus imperat Horis. Jussa Deae celeres peragunt*. Æn., III: *Orbem medium nox horis acta subibat*. Purg, XXII, t 10: *E già le quattro ancelle eran del giorno Rimase addietro; e la quinta era al temo*.
(F) *Angel* Gli Angeli, dice Pietro, sono i giudizii della coscienza. — *Sesta* [Ant] L'ora sesta di sole, compita. Quale dal servizio fatto ritorna. Ma il sole sorgeva in quel giorno al Purgatorio a sei ore e mezzo; dunque era passato il mezzodì per più di mezz'ora
28 (L) *I:* a lui — *Mai...* : miglior tempo non avrai d'espiare le colpe.
(SL) *Adorna* Petr.: *E di lacrime oneste il viso adorna*. - *E d'onesta pietate ornata il volto*.

29. I' era ben del suo ammonir uso,
Pur di non perder tempo; sì che in quella
Materia non potea parlarmi chiuso.
30. A noi venía la creatura bella
Bianco-vestita, e nella faccia, quale
Par tremolando mattutina stella.
31. Le braccia aperse, e indi aperse l'ale:
Disse: — Venite: qui son presso i gradi;
E agevolemente omai si sale.
32. A questo annunzio vengon molto radi.
O gente umana, per volar su nata,
Perchè a poco vento così cadi? —
33. Menocci ove la roccia era tagliata:
Quivi mi hattèo l'ali per la fronte;
Poi mi promise sicura l'andata.
34. Come a man destra, per salire al monte
Dove siede la chiesa che soggioga
*La ben guidata, sopra Rubaconte,

29. (L) *Chiuso:* oscuro.
(SL) *Ammonir.* Æn., VI: *Sed comes admonuit... Nox ruit.. nos flendo ducimus horas.* — *Materia* Scende a dicitura più piana per meglio rilevarsi ne' versi seguenti.
(F) *Tempo* Purg., III, t. 26; Inf, XIII - Conv.: *Tutte le nostre brighe, se bene venimo a cercare li loro principii, procedono quasi dal non conoscere l'uso del tempo.*
50. (L) *La :* l'angelo.
(SL) *Tremolando.* Æn., VII: *Splendet tremulo sub lumine pontus.* Un antico Cristiano: *Stellas tremulo radiantes lumine.* — *Stella* Horat. Carm., III, 9: *Sidere pulchrior.* Æn., VIII: *Qualis ubi Oceani perfusus Lucifer unda... Extulit os sacrum coelo.*
(F) *Bianco.* Matth., XXVIII, 3: *Era l'aspetto suo come folgore, e le sue vestimenta siccome neve.* [C.] Job. XX: *Vidit duos angelos in albis.* — *Stella.* [Ant.] Questa celestiale similitudine accenna al fatto che le stelle più brillanti quando sorgono sopra un orizzonte poco prima dell'alba, appariscono splendenti di maggior luce per la maggior purezza dell'aria in quell'ora, e scintillanti con molta vivacità a cagione dell'aura messaggiera dell'aurora, che suol destarsi e spirare dall'oriente. L'aria e più pura, perchè nel raffreddamento notturno si sgrava di molti vapori, che condensati, cadono in rugiada o brina; e da quel vento leggero venendo agitata, rompe e frastaglia i delicati raggi di quelle purissime luci, che quindi appariscono tremule e fiammeggianti.
32 (F) *Radi.* Matth., XXII, 14: *Pochi gli eletti* Dante, Rime: *Saranno radi Color che tua ragione intendan bene.*
33 (L) *Tagliata* per salire.
34 (L) *Chiesa:* San Miniato a Monte. — *Soggioga :* sovrasta a Firenze.
(SL) *Soggioga.* Per sovrastare. Par., XII, t 18: *Soggiace il leone e soggioga* [Gioghi le sommità delle rupi, forse perchè dominano le campagne soggette] — *Guidata.* Simile ironia nel Canto VI, t. 43 del Purgatorio. — *Rubaconte.* Ponte su Arno fabbricato da Rubaconte da Mandello milanese, potestà di Firenze; nel 1237 (Vill., III, 27). ora Ponte alle Grazie. Varchi: *La via che va da Firenze a S. Miniato si chiama* costa *ovvero* erta.

35. Si rompe del montar l'ardita foga
 Per le scalée, che si fero ad etade
 Ch'era sicuro il quaderno e la doga;
36. Così s'allenta la ripa, che cade
 Quivi ben ratta dall'altro girone:
 Ma quinci e quindi l'alta pietra rade.
37. Noi, volgend' ivi le nostre persone,
 Beati pauperes spiritu, voci
 Cantaron sì che nol diria sermone.
38. Ahi quanto son diverse quelle foci
 Dalle infernali! chè quivi per canti
 S'entra, e laggiù per lamenti feroci.
39. Già montavam su per li scaglion' santi;
 Ed esser mi parea troppo più lieve
 Che per lo pian non mi parea davanti.
40. Ond'io: — Maestro, di', qual cosa greve
 Levata s'è da me? che nulla quasi
 Per me fatica andando si riceve. —
41. Rispose: — Quando i P, che son rimasi
 Ancor nel volto tuo, presso che stinti,
 Saranno, come l'un, del tutto rasi;

---

35. (L) *Foga:* ripida.
(SL) *Foga.* Buti: *Foga è andamento senza trattenersi, e operamento senza tramezzare riposo.* — *Quaderno* Nel 1299 per molte baratterie fu deposto e carcerato M Monfiorito da Padova, podestà di Firenze; e M Niccola Acciaiuoli, allora priore, col consenso di Baldo d'Aguglione giudice sagacissimo e suo avvocato (di cui nel XVI del Par.), mandò pel libro della camera del Comune, e ne trasse un foglio dove trovavasi un fatto ingiusto del quale egli era complice. Il che fu confessato da M Monfiorito; onde tutti e tre furono condannati (Dino, pag. 45). Ott: *Essendo un ser Durante de' Chermonesi doganiere e camerlingo della camera del sale del Comune di Firenze, trasse.., una doga dello stato, applicando a sè tutto il sale ovvero pecunia che di detto avanzamento perveniva.* Par., XVI, t. 55: *Quei ch'arrossan per lo staio.*
56 (L) *S'allenta:* men ardua; altrove rapida. — *Altro:* superiore. — *Rade:* qui la via è stretta; non come a San Miniato.

(SL) *Cade.* Inf., XIX: *Scoglio... Che appunto sovra 'l mezzo fosso piomba.* — *Rade.* Æn, V: *Inter navemque Gyae scopulosque sonantes Radit iter laevum interior.* - III: *Altas cautes projectaque saxa Pachyni Radimus.*
37 (L) *Voci* d'angeli o d'anime.
(F) [*Pauperes* S. Ambros., de Serm Dom. in monte, 1: *Recte hic intelliguntur pauperes spiritu, humiles*] [C] Così anche Agostino.
38. (SL) *Foci* Georg., IV: *Taenarias.. fauces.* Æn., VI: *Fauces...., Averni.* — *Lamenti.* Inf., III, t. 8, e V, t. 12.
39 (L) *Davanti:* prima.
(SL) *Scaglion.* Di chiesa, dice il Buti. — *Pian* Purg., I, t 40.
40 (L) *Nulla:* nessuna — *Per:* da.
(SL) *Riceve* Inf, XX, t 52: *Inganno ricevesse.* Cic.: *Dolorem accipere*
41. (L) *Stinti:* privi di colore o spenti — *L'un* dal batter dell'ala.
(SL) *Rasi.* Conc. Trid., Sess. V: *Radere il peccato*
(F) *Stinti.* La superbia è fonte d'ogni peccato; quella tolta, gli altri

42. Fien li tuo' pie' dal buon voler sì vinti,
Che non pur non fatica sentiranno,
Ma fia diletto loro esser su pinti. —
43. Allor fec' io come color che vanno
Con cosa in capo non da lor saputa,
Se non che i cenni altrui sospecciar fanno;
44. Perchè, la mano ad accertar s'aiuta,
E cerca, e trova, e quell' ufficio adempie
Che non si può fornir per la veduta:
45. E con le dita della destra scempie
Trovai pur sei le lettere che incise
Quel dalle chiavi a me sovra le tempio.
A che guardando, il mio duca sorrise.

quasi se ne vanno. E nel Poeta la superbia era diletto dominante; e lo dice nel Canto XIII, t. 45.
42. (SL) *Diletto* Purg., XXVII.
43. (L) *Sospecciar* : sospettar.
(SL) *Allor*. Bella similitudine, ma più lunga che in Dante non so-
gliano. Tutte belle le similitudini di questo Canto.
44. (L) *Perchè* : onde. — *Per* : da.
45. (L) *Scempie* : scoste. — *Pur* : solo. — *Quel* : l'angelo. — *A che* : alla qual cosa.
(SL) *Quel*. Purg., IX, t. 38 e 39.

Non senza perchè s'assomiglia anch'egli a bue che va sotto il giogo, per mansuefare la superbia, madre di quella incivile salvatichezza, a lui stesso tanto dolorosamente molesta. Ma quando chiama *pedagogo* Virgilio, non voleva egli al certo notare in questo suo Canto le ammonizioni frequenti e dell'andare a vela e a remi, e del guardare a terra, e del non perdere tempo; e il sorridere d'esso Virgilio all'atto di Dante che cerca con mano il segno cancellatogli dalla fronte. Troppo a taluno parranno le esclamazioni: *E via col viso altero!* — *O Ilion!* — *O gente umana!* — *Ahi quanto son diverse quelle foci!* Ma a chi queste paressero difetti, e non si rammentasse le tante esclamazioni in cui prorompe senza proposito fin la prosa moderna; sarebbero compensate pur dalla bellezza del verso: *Di riverenza gli atti e il viso adorna*.
Delle sculture le meno potentemente accennate, sempre però con qualche parola degna di lui, sono Satana e Saul, Roboamo e Sennacherib, Erifile, le ruine di Troja, e Tamiri. Meglio Nembrotte e Briareo,
Niobe e Aragne : è notabile, nella rotta sotto Betulia, quel verso che pare negletto, ma fa intravvedere un gran quadro per ampia campagna: *E anche le reliquie del martiro*. Se men felice del solito pare la similitudine delle sepolture a terra; se troppo ritornasi sulla vivezza delle figure intagliate; l'angelo è apparizione di cielo: e poche sono nel Paradiso le terzine più belle. Ma non men bello di quella è l'aprire che l'angelo affettuosamente fa prima le braccia e poi l'ale; e il togliergli dalla fronte la lettera incisa col ferro, quella che altrove dice *piaga*, togliergliela pur col lieve scuotere delle piume: che significa la potente soavità della misericordia e dell'amore.
Non celestiale, ma più mesta che amara, è la parola ch' e' volge a Firenze senza pur nominarla, non per disdegno ma per compassione: *la ben guidata*. L'onesta anima geme delle carte e delle misure pubbliche forzate con frode a dire menzogna. Ma più amaro di questo gli è il cenno del Paradiso: *E di Fiorenza in popol giusto e sano*.

SUPERBIA.

Superbia nominasi da questo che l'uomo col desiderio tende al disopra di quel ch'egli è (1) *La retta ragione vuole che il desiderio di ciascheduno si porti a cose proporzionate all'essere suo: e però la superbia ha manifestamente qualcosa di contrario alla ragione retta. Or il male dell'anima è passare il termine di ragione* (2). *Superbia è appetito d'altezza perversa* (3). — *Il superbo simula fortezza e ardimento* (4) Le quali autorità e sacre e profane comentano l'altro bel detto d'Agostino (5): *Superbia celsitudinem imitatur,* che vale superbia essere insieme menzogna e pedanteria. cioè imitazione del vero falsa e fiacca.

Radice di superbia è il non si assoggettare a Dio e alle norme di lui (6) *Superbia è l'ultimo peccato per chi ritorna a Dio il primo per chi se ne scosta* (7). E però nel Purgatorio la superbia sta più lontana dalla cima del monte. Perchè superbia è detta *peccato massimo* (8), *universale* (9), *radice di tutti* (10), *di tutti inizio* (11) — *Senza titolo di superbia non troverai peccato veruno* (12). — *Nessun peccato può nè potette essere senza superbia, nè potrà* (13). Ell'è dunque dall'un lato peccato distinto, dall'altro origine degli altri, in due modi: perchè gli altri mali possonsi volgere a fine di superbia (14), e perchè l'uomo superbo, abituandosi a sprezzare ogni norma di moderazione, si rende più facile, ogni maniera di caduta: chè quantunque possa l'uomo per dispregio orgoglioso infrangere tutta sorta precetti, non è già che sempre l'infranga per questo, ma lo può anche per ignoranza o infermità (15) *A convincere della gravità della superbia, Dio punisce taluni permettendo che cadano in falli di concupiscenza, i quali benchè siano meno gravi, portano*

(1) Som., 2, 2, 162; Isidoro, Et., X.
(2) Dyon., de Div. Nom., IV.
(3) Aug., de Civ. Dei, XIV.
(4) Arist Eth, III.
(5) Confess., II.
(6) Som., 2, 2, 162; Eccli., X, 18 e seg.
(7) Glos. in Psal. XVIII.
(8) Glos. in Psal. CXVIII.
(9) Glos. in Psal. VII.
(10) Som., 2, 1.
(11) Eccli., X.
(12) Aug., de Nat. et Gr.
(13) Prosp., de Vit. cont.
(14) Som., 2, 2, 132.
(15) Som., 2, 2, 162 Aug., de Nat. et Gr., XXIX: *Multa perperam fiunt, quae non fiunt superbe.* Nel medesimo luogo la Somma: *Superbia è il più grave de' peccati, in quanto accresce agli altri peccati gravità; che per essa il peccato stesso del non credere si fa più grave se venga da dispregio superbo, che se proceda da ignoranza o da infermità; e il simile dicasi del disperare e degli altri mali.*

turpitudine più manifesta. Isidoro (1). « D'ogni vizio è più bassa la super-
« bia o perchè ci cadono personaggi de' primi e in sommo grado, o perchè
« nasce da opere di giustizia e di virtù e la sua colpa è sentita meno »... *e
chi è preso da superbia e non sente, cade in falli di concupiscenza, accioc-
chè umiliato per questo, dalla sua confusione si sollevi* (2). — *Superbia, non
contenta del vincere una virtù o l'altra, s'erge contro tutte le parti dell'a-
nima, e, quasi general morbo pestifero, la corrompe tutta* (3).

Quattro specie di superbia distingue Gregorio (4): *Stimar d'aver il bene
di per sè; il bene avuto dal cielo reputarlo a merito proprio; vantarsi d'a-
vere quel che non s'ha; del bene che s'ha, fare un privilegio e cagione a
spregiare gli altri*. Agostino (5) distingue *superbia di volontà, di parole e
d'atti*. Bernardo tra i segni e gli effetti della superbia novera la curiosità
del male o dell'inutile, la leggerezza di pensieri (6), che è madre di vanità,
gli sfoghi d'allegria inetta che dimostrano condiscendenza alle voglie pro-
prie e offendono non foss'altro annoiando; la jattanza de' pregi proprii, l'af-
fettare singolarità, l'arroganza, la presunzione, l'ostinato difendere i pro-
prii falli (7), la confessione loro simulata o non piena, la inobbedienza, l'au-
dacia a mal fare, l'induramento in quello: le quali cose, dal monaco fran-
cese gettate alla rinfusa, l'italiano dispone in ordine di scienza, e ne rende
ragione profonda.

Tra le anime che Dante in questo giro rincontra, sono quelle di un mar-
chese arrogante, d'un artista superbo, e d'un cittadino presuntuoso, quasi
simbolo dell'abuso che l'uomo fa della nobiltà e della forza, dell'ingegno e
della bellezza, dell'autorità e dell'aura popolare. Ma a proposito segnata-
mente dell'artista e de'pregi dell'ingegno, il Poeta esce, come per assennare
sè medesimo, in esclamazioni più dell'usato abbondanti *L'innordinata pre-
sunzione di superare altrui, propriamente appartiene a superbia* (8). — *La
cognizione affettiva del vero, ancora più che la intellettiva* (9), *è impedita
dalla superbia; perchè i superbi, col compiacersi che fanno de'pregi proprii,
il pregio della verità hanno a noia*, come dice Gregorio (10): « I superbi, an-
« corchè intendendo pervengano a certe verità segrete, non possono pro-
« vare la dolcezza di quelle; » *onde ne'Proverbii* (11) *è detto:* — Ove è umiltà,
ivi è sapienza. » — *Superbia procede da poca considerazione — I superbi non
considerano la condizione di coloro ai quali devono, umiliandosi, posporre
sè, ma di coloro a chi possono preferirsi* (12). *Qualunque cosa faccia l'uomo
stimare sè stesso sopra quello ch'egli è, induce l'uomo a superbia. Una di
queste cose è il badare a' difetti degli altri*. All'incontro Gregorio (13) dice:
« Gli uomini pii, considerando la virtù degli altri, gli altri prepongono a sè. »

Ma perchè *l'irascibile è parte insieme dell'appetito sensitivo, e appartiene*

1) Lib sum. bon., II.
2) Som., 2, 2, 162.
3) Greg., Mor, XXXIV, XXXI.
4) Mor, XXIII.
5) Simil.
(6) Som., 2, 2, 162: *Quel ch'altri ar-
dentemente desidera, facilmente crede; e
quindi anche per questo il desiderio di
lui si porta più alto che non si conviene
a lui.*
(7) Aug., de Civ. Dei, XIV: *Seusarsi
de' peccati commessi appartiene a su-
perbia.*
(8) Som., 2, 2, 162.
(9) Purg., X, t. 41: *Della vista della
mente infermi*
(10) Mor., XXIII.
(11) XI, 2.
(12) Greg. Mor., XXIV. - Purg., XI:
*Ben non sarè' io stato sì cortese Mentre
ch'i' vissi, per lo gran disio Dell'eccel-
lenza ove 'l mio core intese.*
(13) Mor., XXIII.

all'intelletto altresì; e perchè l'ira fomenta la discordia quando le si aggiunge la vanagloria, che l'uomo si reputi a gloria il non cedere al volere o al dire altrui (1); però Dante chiama superba la rabbia del popolo fiorentino (2), che altrove dice superbo e ingrato (3); dacchè *ingratitudine è grave superbia* (4). Ed è qui messo a fronte un cittadino di repubblica e il cenno d'una repubblica superba, all'arroganza d'una di quelle famiglie di grandi che alle repubbliche fecero contro per *dispetto*, e per dispetto trassero sè ed esse a rovina. Da *super* vengono e *superbia* e *soverchio*, cioè ingiustizia, e violenza. E la violenza del superbo è sovvente avvilita e avvelenata da frode, secondo quel de' Salmi: *Nella via ch' i' andavo, nascosero a me i superbi un lacciuolo* (5) — *Superbia imita Dio perversamente, perchè odia l'uguaglianza sotto di lui co' fratelli, e vuole imporre a' fratelli la dominazione propria invece di lui* (6).

La vanagloria, alla quale segnatamente pare che il Poeta accenni, distinguesi dalla superbia così: *Dalla superbia bramasi inordinatamente il primeggiare, e dalla vanagloria le mostre del primeggiare*. — *La vanagloria dispone a altre colpe in quanto l'uomo diventa confidente in sè stesso, e spoglia sè de' beni interiori che aveva* (7). — Figlie di vanagloria: Inobbedienza, jattanza (8), ipocrisia (9), litigiosità, pertinacia, discordia, affettazione di novità.

Gli esempi della superbia punita sono più molti che quelli dell'umiltà premiata, fors'anco perchè *molte genti* (10) rincontra Dante espianti quel male, e perchè i più sono indotti a meglio dal timor della pena. Altre imagini erano a linee ombreggiate, altre a rilievo. Fors'e' figurava i bassi rilievi del Purgatorio come poi furono quelli di Luca della Robbia colorati. Alterna gli esempi profani ai sacri per dimostrare che in ogni credenza possono gli uomini avere stimolo a virtù e freno al vizio Così ne' Giudici (11) è adoprata a insegnamento la favola. Così nel libro a Teodoro il Grisostomo pone ad esempio una storia biblica ed una favola Qui abbiamo Lucifero e Briareo, Nembrotte e Niobe, Saule e Aragne, Roboamo ed Erifile, Sennacherib e Ciro, Oloferne e la rovina di Troia; esempi tolti i più dalla storia civile, perchè l'intendimento civile in certe parti del poema predomina; ma non si dimentica nè l'orgoglio contro Dio, nè la jattanza dell'ingegno e dell'arte: e le varie maniere di superbia veggonsi punite dal fulmine e dalla confusione, dal ferro e dal fuoco, dal sangue e dalla paura, da trasformazioni in macigno e in ragno.

Della morte di Saul, così nel primo e nel secondo dei Re: *Tanto pondo* (12) *di guerra fu volto in Saul... E disse Saul al suo scudiere: Squaina la spada e finiscimi; non vengano cotesti incirconcisi e m'uccidano, facendo scherno*

(1) Som., 2, 2, 132.
(2) Purg., XI, t. 38.
(3) Inf., VI, t. 25; XV, t. 21.
(4) Girolamo.
(5) Psal CXLI, 4.
(6) Aug., de Civ. Dei, XIX.
(7) Som., 2, 2, 132.
(8) Arist. Eth., IV: *La jattanza ha sovente per fine il lucro, ma più sovente la vanagloria*. Adesso però sanno congiungersi felicemente le due cose insieme, e alternarsi o mescersi secondo i casi.
(9) La vanagloria può dimostrarsi o ne' fatti veri, ed è presunzione di novità per dare nell'occhio; o in non veri, ed è ipocrisia.
(10) Purg., X, t. 34.
(11) IX, 8.
(12) Purg. XI, t. 9: *I superbi vanno sotto 'l pondo*.

… me. *E non volle il suo scudiere, perch'era atterrito di terrore grande…..
Morì dunque Saul e tre figliuoli di lui e il suo scudiere e tutti i suoi fidi, in
quella giornata, del pari* (1). *E tagliarono la testa di Saul, e lo spogliarono
delle armi… E deposero le armi di lui nel tempio d'Astaroth, e sospesero il
corpo alle mura di Betsan* (2). — *'I prodi d'Israello sui tuoi monti furono
morti* (3). *Come caddero i forti ! Monti di Gelboè, nè rugiada* (4) *nè pioggia
venga sopra di voi, nè siano campagne ornate di primizie; perchè ivi cadde
gettato lo scudo de' forti* (5).

Di Roboamo: *Venne Roboamo in Sichem, perch'era ivi adunato tutto Israello
a costituire lui in re, e parlarono a Roboamo, dicendo: Tuo padre un giogo
durissimo impose a noi. Or tu scema un po' l'impero durissimo del padre tuo
e il giogo gravissimo che impose a noi; e obbediremo a te… E gli dissero i
giovani stati allevati seco: Parlerai così a cotesto popolo che parlarono a
te dicendo: Il padre tuo aggravò il giogo* (6) *nostro, tu ce lo alleggerisci.
Così parlerai a loro: Il mio dito mignolo è più grosso che il dorso del padre mio. Or il padre mio pose sopra voi giogo grave: e io accresce'rò al giogo vostro. Il padre mio vi battè con flagelli, e io vi batterò con scorpioni…
E rispose il re al popolo cose dure.. E non condiscese il re al popolo…. Or
vedendo il popolo che il re non li voleva ascoltare, gli rispose dicendo: Che
parte abbiam noi nella casa di Davide, o quale la nostra eredità nel figliuolo
d'Isai? Vattene alle tue tende, Israello. Mandò dunque Roboamo Aduram, il
quale era sopra i tributi: e lo prese a sassate Israello, e fu morto. Onde re
Roboamo in fretta montò in cocchio e si fuggì in Gerusalemme* (7).

Lungo sarebbe recare per disteso i luoghi dov'è parlato della superbia di
Sennacherib e della sua morte (8), a' quali tutti ebbe insieme l'occhio il
Poeta, e al suo solito ne condensa in poche parole la moralità e la bellezza.
Rechiamo parte del passo di Niobe, quale è in Ovidio:

> Nec tamen admonita est poena populari Arachnes
> Cedere coelitibus, verbisque minoribus uti.
> Multa dabant animos: sed enim nec conjugis artes,
> Nec genus amborum, magnique potentia regni,
> Sic placuere illi (quamvis ea cuncta placebant),
> Ut sua progenies: et felicissima matrum
> Dicta foret Niobe, si non sibi visa fuisset.
> . . . . . Utque oculos circumtulit alta superbos;
> Quis furor auditos, inquit, praeponere visis
> Caelestes? . . . .
> Quaerite nunc, habeat quam nostra superbia caussam.
> . . . . . Miseranda vel hosti;
> Corporibus gelidis incumbit; et ordine nullo

---

(1) Purg., XI: *Ch'io ne morii, come i Sanesi sanno, E sallo in Campagnatico ogni fante…. E non pure a me danno Superbia fe'; che tutti i miei consorti….*
(2) Reg., I, XXXI, 9, 10.
(3) Purg., XII, t. 14: *Parevi morto.*
(4) Ivi: *Che poi non senti pioggia nè rugiada.*

(5) Reg., II, I, 21.
(6) Ecco di nuovo l'imagine del giogo che è nel principio del Canto.
(7) Reg., III, XII, 1-18. Purg., XII, t. 16: *Pien di spavento Nel porta un carro prima ch'altri il cacci.*
(8) Reg., IV, XIX; Paral., II, XXXII; Esdr., IV, VII; Isai., XXXVI, XXXVII.

> *Oscula dispensat natos suprema per omnes* (1).
> . . . . *Orba resedit*
> *Exanimes inter natos* (2), *natasque virumque:*
> *Diriguitque malis* . . . .
> . . . . . . *lumina moestis*
> *Stant immota genis* . . . . (3).

Niobe regina, Aragne del popolo, anche da Ovidio messe accanto: *Non illa loco, nec origine gentis Clara, sed arte, fuit* (4). I più degli esempi son tolti da' grandi; ma non è risparmiata, ripeto, nè la superbia nè gli altri mali ne' popolani e ne' letterati, che adombransi in Oderisi, in Aragne L'espiazione del male è atombrata non solo, come dissi, negli esempi della pena che gli tocca, e del premio che tocca al bene contrario, ma anco dall'andare che fa il Poeta curvo a pari coll'ombre Gli argomenti che insegnano umiltà e che dissuadono superbia e gli effetti di lei sono liricamente disseminati per i tre Canti, e con virtù meglio che scientifica in breve accolti. Il superbo non pensa alla *comune madre* (5); il figliuolo d'Eva va *col viso altero* (6) senza guardare a sua via; il verme non s'accorge della sua piccolezza; l'embrione e l'aborto del verme invanisce dell'imperfezione sua (7). Le *posse* (8) degli uomini *miseri lassi* (9) montano in vanagloria e non sanno di *volare* incontro a quella giustizia, innanzi a cui l'umana albagia non ha schermo (10). Quel sole che fa spuntare la gloria, quel medesimo la fa *smuorire*; quella fama per la cui gelosia l'uomo è scortese, è un *fiato* mutabile, una luce *oscurata* da altra luce che segue, è un punto rispetto all'*eternità* (11). L'orgoglio è infermità dell'occhio e della mente (12), è *caligine e tumore* (13), *gioqo di servitù* (14), contrazione che rannicchia le forze e le rende sconoscibili (15), *sogno* d'affanno che fa ire *senza riposo* (16), a *passi radi* e sovente ritrosi (17); e trae nel malanno le intere generazioni (18).

(1) Rammenta quel d'Ugolino: *Vid'io cascar li tre ad uno ad uno Tra il quinto dì e il sesto: ond'io mi dicdi, Già cieco, a brancolar suvra ciascuno.* Ch'è ben più potente, come il più orribil genere di morte portava.
(2) Purg., XII, t. 13: *Tra sette e sette tuoi figliuoli spenti!*
(3) Ovid. Met., VI. - Purg, XII, t. 13: *Con che occhi dolenti Vedev'io te!*....
(4) Ovid. Met., VI.
(5) Purg., XI, t. 21.
(6) Purg., XII, t. 24.
(7) Purg., X, 42, 43.
(8) Purg. XI, t. 31.
(9) Purg., X, t. 41.
(10) Purg., X, t. 42.
(11) Purg., XI.
(12) Purg., X.
(13) Purg, XI.
(14) Purg., XII.
(15) Purg., X.
(16) Purg., XI.
(17) Purg., X.
(18) Purg., XI.

CANTO XIII.

ARGOMENTO.

Nella seconda cornice gl'invidiosi appoggiati al livido masso, coperti di vil cilicio, reggendosi l'un coll'altro, perchè sentano la necessità del mutuo soffrirsi; chiusi gli occhi da un filo di ferro, gli occhi già dall'invidia accecati. Voci passano per l'aria confortanti ad amare, e rammentano le dolci parole che Maria disse alle nozze di Cana, l'amore d'Oreste a Pilade, e il precetto evangelico d'amare il nemico.

Nota le terzine 3, 4, 6; 9 alla 13; 15, 16, 17, 20, 21; 24 alla 27; 30, 33, 34, 39, 41, 43, 45, 49, 51.

1. Noi eravamo al sommo della scala,
    Ove secondamente si risega
    Lo monte che, salendo, altrui dismala.
2. Ivi, così una cornice lega,
    Dintorno il poggio, come la primaia;
    Senonchè l'arco suo più tosto piega.

---

1. (L) *Si risega*. È quasi tagliato dalla via che gli gira intorno — *Salendo*: a salirlo — *Dismala*: disvizia.
   (SL) *Secondamente* Conv., I. 8. — *Risega* Firenz: Risegare la gola (per il semplice segare). — *Salendo*. Georg., III: *Uritque videndo*. Petr., son 6: *Acerbo frutto che le piaghe altrui, Gustando affligge* — *Dismala Dismalare per vincere le malattie* è nel Lib. Cur. mal

2. (L) *Lega*: circonda — *Piega*: men larga la via.
   (SL) *Lega. Vincire* per circondare è in Virgil. Æn., VI: *Palus... unda alligat* — *Piega Semintendi*, nel proprio: *Piegare l'arco*.
   (F) *Piega*. [anl.] Il monte del Purgatorio dovev'essere naturalmente di forma conica, o piramidale: quindi procedendo verso la cima e girando intorno intorno dovevasi incontrare perimetri sempre minori. Questo viene a dirci il Poeta; perciocché se un arco piega più presto di un altro (in uguale condizione di lunghezza), vuol dire che il primo è più curvo o piegato del secondo; e la curvatura essendo in ragione inversa dei raggi, il più curvo ha dunque un raggio minore e quindi il più prossimo al centro, che è sull'asse del cono. Dico a dirittura sull'asse del cono; perchè il Poeta discorrendo sempre di cornici o balze circolari e non poligone, esclude manifestamente alla sua montagna la forma piramidale.

3. Ombra non gli è, nè segno che si paia;
Par sì la ripa, e par sì la via schietta
Col livido color della petraia.

4. — Se qui, per dimandar, gente s'aspetta
(Ragionava il poeta), i' temo forse
Che troppo avrà d'indugio nostra eletta. —

5. Poi fisamente al Sole gli occhi porse;
Fece del destro lato al muover centro,
E la sinistra parte di sè torse.

6. — Oh dolce lume, a cui fidanza i' entro
Per lo nuovo cammin, tu ne conduci
(Dicea) come condur si vuol quinc'entro.

---

3. (L) *Gli:* vi. — *Segno* scolpito. — *Paia:* apparisca. — *Schietta*: senza rilievi. — *Col:* come.
(SL) *Ombra* Sap., XV, 4: *Umbra picturae... effigies sculpta per varios colores* — *Gli.* Savonarola: *Non gli pensa* (per *ci*). — *Schietta.* Poliz: *L'abeto schietto e senza nocchi.* Essendo gl'invidi ciechi, sentono, ma non vedrebbero scolpiti gli esempi del bene che al loro male è contrario – *Col.* Purg. XXIX: *Col primaio stuolo Erano abituati* (Vestiti come i primi).

4. (L) *Eletta:* scelta; da che parte volgere.
(SL) *Eletta* L'usa l'Ariosto (XIX, 92).
(F) *Forse.* Con la ragione prevede che gl'invidi non devono, come i superbi, girare; perchè l'invidia ha astio dell'andare altrui, ma non va.

5 (SL) *Sole.* Æn., VIII: *Ætherei spectans orientia Solis Lumina.* Il sole gli stava a destra, passato il mezzodì (V. Purg., XII, t. 27). — *Porse.* Inf., XVII, t. 40: *Con gli occhi in giù la testa sporgo* — *Centro* Volge a destra; come sempre farà Nell'Inferno sempre a sinistra Nota i modi varii coi quali dipinge l'atto dell'andare del primo dell'Inferno e via via. Nè rifugge dalle forme scientifiche; le trova poetiche, meglio ne fa. — *Torse.* Per il semplice *volgere* Æn., IV: *Cursus detorquet.* - VI: *Vestigia torsit.*
(F) *Sole.* Virgilio, ossia la ragione che lo conduce, si volge al Sole perchè gli scorga il cammino, vale a dire la scienza speculativa. Joan. I, 9: *Lux vera quae illuminat omnem hominem venientem in hunc mundum.* — *Porse.* [Ant] Allorchè i due Poeti vider l'Angelo a piè della scala, che conduceva a questa seconda cornice, si è notato esser l'ora del mezzogiorno e mezzo, o almeno la metà del dì, se vogliasi contare il principio del giorno da mezz'ora prima dello spuntare del sole, come si computa il cominciamento della notte da mezz'ora dopo il tramonto: dunque, sebbene salissero più spediti, quando giunsero in cima a questa scala, il Sole aveva certamente passato il meridiano tra la montagna e il settentrione, rimanendo da quel lato in quell'ora su quell'orizzonte. Se pertanto, stando in cima alla scala e con la ripa dell'alto monte di faccia, Virgilio volse gli occhi al Sole, conviene inferirne ch'e' teneva una posizione o tra il levante e tramontana, o fra questo punto cardinale e ponente; quindi col movimento indicato nei due versi seguenti, o avrebbero preso cammino verso il Sole, o contro di esso. Ma dal verso ventuno seguente, e meglio ancora dai versi settimo e ottavo del XV si rileva, che il Sole era dinnanzi ai nostri viaggiatori: dunque ha luogo la prima posizione, cioè tra l'oriente e il settentrione, e i Poeti si mossero sulla seconda cornice, come avevano camminato sulla prima, cioè avendo a sinistra l'alta ripa, e a destra l'orlo esteriore del balzo, fuori del quale precipitava il monte per tutta l'altezza fino a lì guadagnata da loro.

6. (L) *A cui:* in te fidando. — *Si vuol:* richiedesi.
(SL) *Conduci.* Enea, alle colombe materne: *Este duces, o, si qua via est, cursumque per auras Dirigite in lucos. Tuque o dubiis ne defice rebus, Diva parens* (Æn., VI).
(F) *Lume* Psal XVIII, 9: *Il precetto del Signore luminoso, rischiarante gli occhi* Joan. XIV, 6: *Ego sum via, veritas, et vita.* - VIII, 12: *Ego sum lux mundi.* Aug. Solil., VIII:

7. Tu scaldi il mondo, tu sovr'esso luci:
S'altra cagione in contrario non pronta,
Esser den sempre li tuoi raggi duci. —

8. Quanto di qua per un migliaio si conta,
Tanto di là eravam noi già iti
Con poco tempo, per la voglia pronta.

9. E verso noi volar furon sentiti,
Non però visti, spiriti, parlando
Alla mensa d'amor cortesi inviti.

10. La prima voce che passò volando,
Vinum non habent, altamente disse;
E dietro a noi l'andò reïterando.

11. E, prima che del tutto non s'udisse,
Per allungarsi, un'altra: « I' sono Oreste, »
Passò gridando; e anche non s'affisse.

12. — Oh (diss'io) padre, che voci son queste? —
E com'io dimandai, ecco la terza,
Dicendo: « Amate da cui male aveste. »

Il sole dell'umane discipline, cioè Dio. Som : *Deus illuminat omnem intellectum*. Som. Suppl.: *Nelle Scritture Dio è chiamato Sole perchè è principio della vita spirituale, come il sole è della corporale*.

7. (L) *Pronta*: spinge.
(SL) *Pronta*. Per *spingere* è nelle Rime, per *sollecitare* e nel Boccaccio. Da *premere*, *imprenta* e *impronta*.
(F) *Tu*. [Ant.] Notabile riepilogo dei benefizi che il Sole, come ministro maggiore della natura, porge al creato, riscaldandolo e illuminandolo. Ma riguardandosi dal Poeta quell'astro anche come imagine sensibile del vero Sole di verità e di giustizia, è ben detto che prima riscalda e poi illumina; perchè prima muove le umane volontà, poi si rivela alle menti, conforme sta scritto: *Qui habet mandata mea, et servat ea, ille est qui diligit me. Qui autem diligit me, diligetur a Patre meo: et ego diligam eum, et manifestabo ei meipsum* Joan., XIV, 21. — Duci Cic., Somn. Scip.: *Sol, mens mundi et temperatio.. dux et princeps luminum reliquorum*. Laddove grazia soprannaturale non c'illumini, la naturale ragione può esserci guida a farci meritevoli d'essa grazia.

8. (L) *Per*: vogliosi di andare.
(SL) *Migliaio*. Decreto fiorentino del 1337: *Un migliaio per un miglio di strada*. Disillabo, come nel Petrarca *Pistoia*, e simile nel Berni.

9. (SL) *Spiriti*. Forse angelici. Non si vedono, giacchè gl'invidi già sono ciechi.
(F) *Mensa* Luc., XIV.

10 (F) *Vinum*. Nelle nozze di Cana (Joan., II, 3). Voci consiglianti benefica carità. Aug.: *Pensino gl'invidi quanto gran bene sia la carità, che, senza nostra fatica, i beni altrui rende nostri*.

11. (L) *Allungarsi*: allontanarsi. — *Affisse*: fermò.
(SL) *Oreste*. Altri intende qui rammentata l'invidia d'Oreste, sposo ad Ermione figliuola di Menelao; la quale presagii di Pirro che diede Andromaca ad Eleno, Oreste uccise Pirro, come nel III dell'Eneide Ma meglio intendasi dell'amicizia d'Oreste a Pilade; perchè amicizia accomunando i beni, e direttamente contraria all'invidia E a così intendere ci consiglia il vedere che gli altri due esempi son tutti d'amore, e il Poeta dirà: *Tratte da amor le corde della ferza* (Terz. 13) Gli esempi d'invidia vengono dal seguente Canto.

12. (L) *Cui*: chi.
(F) *Amate* Ad Rom., XII, 17: *A nessuno rendendo male per male*. Luc., VI, 27, e Matt., V, 44: *Amate i vostri nemici, fate del bene a chi odia voi*.

13. Lo buon maestro: — Questo cinghio sferza
La colpa dell'invidia: e però sono
Tratte da amor le corde della ferza.
14. Lo fren vuol esser del contrario suono.
Credo che l'udirai, per mio avviso,
Prima che giunghi al passo del perdono.
15. Ma ficca gli occhi per l'aër ben fiso;
E vedrai gente innanzi a noi sedersi:
E ciascuno è lungo la grotta assiso. —
16. Allora, più che prima, gli occhi apersi;
Guardámi innanzi, e vidi ombre con manti
Al color della pietra non diversi.
17. E poi che fummo un poco più avanti,
Udii gridar: « Maria, òra per noi; »
Gridar: « Michele, e Pietro, e tutti i Santi. »
18. Non credo che per terra vada ancoi
Uomo sì duro che non fosse punto
Per compassion di quel ch'i' vidi poi.
19. Chè, quando fui sì presso di lor giunto,
Chè gli atti loro a me venivan certi;
Per gli occhi fui, di grave dolor, munto.

13. (L) *Cinghio* del monte. — *Sferza...*: punisce con esempi d'amore, contrari all'invidia.
(SL) *Sferza* Per incitarli a carità sono sferzati con esempi d'amore: per ritrarli da invidia son frenati con esempi del vizio e de' suoi danni. Aglauro e Caino (Purg., XIV, t 47). — *Ferza*. Traslato alquanto contorto. Ma non bello forse neanco in Virg: *Palmes.. loxis... immissus habenis*; sebbene l'origine di *habena*, valga semplicemente *ritegno* (Georg., II).
14. (L) *Vuol:* deve. — *Contrario all'invidia.* — *Passo:* dove l'Angelo ti leverà un altro P.
(SL) *Contrario* [C] Greg: *Sicut arte medicinae calida frigidis, frigida calidis curantur; ita dominus noster contraria opposuit medicamenta peccatis.* — *Suono*. Freno e suono, metafore disparate — *Avviso Credo e avviso*, pare superfluità; ma non avendo nella propria ragione fondamento certo, dice che gli pare e che crede. — *Perdono*. Purg., XV, t. 8.
(F) *Avviso*. Con la ragione lo deduce. Perchè ciò che spetta ai vizii e alla loro natura, alla ragione è accessibile
15 (L) *Grotta:* rupe.
16 (L) *Al:* dal.
(SL) *Color:* Livido, come d'invidi. Ovid. Met, III, 9: *Pallor in... ore sedet.*
(F) *Color*. Vite ss. Padri: *Come la rugine consuma il ferro, cosi l'invidia il cuore* - *L'invidioso è dentro sì occupato e amaricato, che non può fare che noi dimostri per segni che appariscono fuori*
17 (L) *Maria.:* le litanie dei Santi.
(F) [C] Anco nel *Confiteor*: *Mariae.. Michaeli,. Petro et Paulo, et omnibus Sanctis.* Ma il *Confiteor* vuolsi fatto nel 1314
18 (L) *Ancoi:* oggi.
(SL) *Ancoi*. Purg., XX, t. 24. Da *hac hodie* Vive nel Trentino. I Provenzali: *ancui*
19. (L) *Certi:* chiari. — *Munto:* piansi.
(SL) *Munto*. Stentato, se non affettato.

Canto XXVI il Purgatorio Terzina 2.

Feriami il sole in sull' omero destro,
Che già, raggiando, tutto l'Occidente
Mutava in bianco aspetto, di cilestro:

20. Di vil cilicio mi parean coperti;
   E l'un sofferia l'altro con la spalla,
   E tutti dalla ripa eran sofferti.
21. Così li ciechi a cui la roba falla,
   Stanno, a' Perdoni, a chieder lor bisogna;
   E l'uno il capo sovra l'altro avvalla,
22. Perchè 'n altrui pietà tosto si pogna
   Non pur per lo sonar delle parole,
   Ma per la vista, che non meno agogna.
23. E come agli orbi non approda il Sole;
   Così all'Ombre dov'io parlav'ora,
   Luce del ciel di sè largir non vuole:
24. Che a tutte un fil di ferro il ciglio fora
   E cuce, sì com'a sparvier selvaggio
   Si fa, però che queto non dimora.
25. A me pareva, andando, fare oltraggio,
   Vedendo altrui, non essendo veduto:
   Per ch'i' mi volsi al mio consiglio saggio.
26. Ben sapev'ei che volea dir lo muto:
   E però non attese mia dimanda,
   Ma disse: — Parla, e sii breve e arguto. —

---

20. (L) *Sofferia*: reggeva.
(SL) *Spalla* Conv.: *Ciechi con la mano sulla spalla a questi menditori*.
(F) *Cilicio*. Girolamo, citato da Pietro: *Chi è peccatore siccome l'invidioso e a chi la coscienza rimorde si cinga di cilicio le reni*. Il cilicio rappresenta i pungoli dell'invidia. — *Sofferia*. Al contrario di quel che fanno nel mondo gl'invidi, che si gettano a terra l'un l'altro e soppiantano

. 21 (L) *Falla:* manca. — *Perdoni:* luoghi e dì di festa e indulgenza solenne. — *Avvalla:* china

22 (L) *Pogna:* punga. — *Agogna:* soffre quasi agonia di pietà dolorosa.
(SL) *Pogna* Purg, XVIII: *Nuovo pensier dentro da me si mise* Ma ivi miglior locuzione che qui. — *Vista*. Similitudine alquanto lunga — *Agogna* Diceva non solo brama viva, ma tormentosa. Damasc. in Serm: *De iis qui in fide dormierunt: Pro proximi salute agonizat.*

23. (L) *Approda:* giunge.
(SL) *Approda* Come *arrivare;* metafora tolta dalla nave. L'Ottimo interpreta: *giova* Inf., XXI. t. 26. — *Sole*. Ovidio, della casa dell'Invidia: *Sole carens, caligine semper abundet* (Met. II) — *Ora*. Purg, XI, t. 40: *Di cui tu parlavi ora*.
21 (L) *Non dimora* senza questo.
25. (L) *Consiglio:* consigliere.
(SL) *Vedendo*. Qual Poeta oserebbe oggidì nel verso medesimo questo *vedendo* ed essendo *veduto?* ma qual direbbe con maggiore evidenza. — *Consiglio* È nei Villani e nelle Storie pistolesi
26 (SL) *Sapev'* Inf., XVI. — *Muto*. Purg, XXI, t 33: *Con viso che, tacendo, dicea: « Taci »*
(F) *Arguto*. Spesso il Poeta loda la brevità: e nella Volgare Eloquenza (I. 15) la garrulità come vizio condanna.

27. Virgilio mi venia da quella banda
    Della cornice, onde cader si puote,
    Perchè da nulla sponda s'inghirlanda:
28. Dall'altra parte m'eran le devote
    Ombre, che, per l'orribile costura,
    Premevan sì, che bagnavan le gote.
29. Volsimi a loro, e: — O gente sicura,
    Incominciai, di veder l'alto lume
    Che 'l disio vostro solo ha in sua cura;
30. Se tosto Grazia risolva le schiume
    Di vostra coscïenza, sì che chiaro
    Per essa scenda della mente il fiume;
31. Ditemi (chè mi fia grazioso e caro)
    S'anima è qui tra voi che sia latina;
    E forse a lei sarà buon s'io l'apparo. —
32. — O frate mio, ciascuna è cittadina
    D'una vera città: ma tu vuoi dire,
    Che vivesse in Italia, peregrina. —
33. Questo mi parve per risposta udire
    Più 'nnanzi alquanto che là dov'io stava:
    Ond'io mi feci ancor più là sentire.
34. Tra l'altre, vidi un'Ombra che aspettava
    In vista; e se volesse alcun dir: « Come?, »
    Lo mento, a guisa d'orbo, in su levava.
35. — Spirto (diss'io), che per salir ti dome,
    Se tu se' quelli che mi rispondesti,
    Fammiti conto o per luogo o per nome. —

---

27. (SL) *Inghirlanda*. Inf., XXXI: *Montereggion di torri si corona*. E XIV una selva è ghirlanda a una pianura, un fosso alla selva.
28 (L) *Costura* del fil di ferro. — *Premevan:* lo sforzo spremeva lagrime.
29. (SL) *Alto* Purg., VII, t. 9: *L'alto Sol che tu disiri.*
30. (L) *Schiume:* peccati. — *Fiume:* idea del bene.
(F) *Fiume.* Il vero nell'anima pura scende puro, irriguo, sonante: ond'è bellezza.
31. (L) *Latina:* italiana. — *Buon:* ne recherò novella lassù, s'io lo so.
(SL) *Grazioso.* Vers. di Livio: *Graziose condizioni di pace. — Caro.* Più che *grazioso,* perchè vale prezioso per l'affetto.
32 (L) *Frate:* fratello. — *Città* celeste.
(SL) [*Città.* Tasso, XIV, 7: *Qui cittadin della città celeste.*]
(F) *Cittadina* Med. Alb. Cr: Anima cittadina di Gerusalem. Vita Nuova: *Era fatta delle cittadine di vita eterna* Ad Ephes., II, 19: *Jam non... hospites, et advenae: sed... cives Sanctorum*
34. (L) *Vista:* mostrava d'aspettarmi.
35. (L) *Conto:* noto. — *Luogo:* patria.

36. — I' fui Sanese (rispose): e con questi
   Altri rimondo qui la vita ria,
   Lagrimando a Colui che sè ne presti.
37. Savia non fui, avvegnachè Sapìa
   Fossi chiamata: e fui degli altrui danni
   Più lieta assai che di ventura mia.
38. E, perchè tu non credi ch'i' t'inganni,
   Odi se fui, com'io ti dico, folle.
   Già discendendo l'arco de' miei anni,
39. Erano i cittadin' miei, presso a Colle,
   In campo giunti co' loro avversari;
   Ed io pregava Dio di quel ch'e' volle.
40. Rotti fur quivi, e vòlti negli amari
   Passi di fuga: e veggendo la caccia,
   Letizia presi, ad ogni altra dispári;
41. Tanto ch'i' levai 'n su l'ardita faccia,
   Gridando a Dio: « Omai più non ti temo; »
   Come fa 'l merlo per poca bonaccia.
42. Pace volli con Dio in sullo stremo
   Della mia vita: e ancor non sarebbe
   Lo mio dover per penitenzia scemo,

36. (L) *Rimondo:* purgo. — *Colui:* Dio. — *Ne:* a noi, beatificante.
(SL) *Presti.* Par., I: *O divina virtù, se mi ti presti Tanto...*
37. (SL) *Sapìa.* De' Provenzani, gentildonna: altri la dice moglie a Cino di Pigrzo: visse, come avversa ai Ghibellini, confinata a Colle; e della rotta che i Sanesi ivi ebbero dai Fiorentini, giov. Ott.: *Per vedere salì in una torre, e dice che pregò Iddio che 'i Sanesi fossero sconfitti..* Oh quante volte in questa Provincia di Toscana cotali prighi sono stati fatti per mali cittadini! Di questa sconfitta, nel Canto XI, t. 44. Allude al nome, come a quel di Cane nel primo dell'Inferno; e di Giovanna e Felice nel XII del Paradiso. Tra i nomi e le cose sentivano gli antichi armonia. Così nel libro di Ruth (I, 20), Noemi vuol che la chiamino *Mara*, perchè amareggiata.
38. (L) *Arco:* trentacinque anni.

(SL) *Arco.* Conv., I: *Fino al colmo della mia vita* (ai trentacinque anni). Altrove: *Procede la nostra vita ad imagine d'arco, montando o discendendo* Petr: *Giunto al loco Ove scende la vita che alfin cade.*
39. (L) *Volle:* che perdessero.
40. (L) *Caccia:* della rotta. — *Dispári:* maggiore.
41. (SL) *Merlo.* Chiamansi in Lombardia *giorni della merla* i tre ultimi di gennaio: e son freddi, dice la favola, per punire la merla che, sentendo a que' di mitigato il freddo, si vantò di non più temere gennaio. Questo notano il Vellutello e il Danielto Ott: *Dicesi favolosamente che il merlo al tempo della neve sta molto stretto, e come vede punto di buon tempo, dice: non ti temo, domine; ch'è uscito son del verno.*
42. (L) *Dover:* debito di pena.
(SL) *Scemo* da *eximo,* porta nella radice la *redenzione.*

43. Se ciò non fosse, ch'a memoria m'ebbe
    Pier Pettinagno in sue sante orazioni,
    A cui di me per caritate increbbe.
44. Ma tu chi se', che nostre condizioni
    Vai dimandando, e porti gli occhi sciolti,
    Sì com'io credo, e spirando ragioni? —
45. — Gli occhi (diss'io) mi fieno ancor qui tolti,
    Ma picciol tempo; chè poca è l'offesa
    Fatta per esser con invidia vòlti.
46. Troppa è più la paura ond'è sospesa
    L'anima mia del tormento di sotto;
    Chè già l'incarco di laggiù mi pesa. —
47. Ed ella a me: — Chi t'ha dunque condotto
    Quassù tra noi, se giù ritornar credi? —
    Ed io: — Costui ch'è meco, e non fa motto.
48. E vivo sono: e però, mi richiedi,
    Spirito eletto, se tu vuoi ch'i' muova
    Di là per te ancor li morta' piedi. —
49. — Oh questa è a udir sì cosa nuova
    (Rispose), che gran segno è che Dio t'ami.
    Però col prego tuo talor mi giova.
50. E chieggioti per quel che tu più brami,
    Se mai calchi la terra di Toscana,
    Ch'a' miei propinqui tu ben mi rinfami.

---

43. (L) *Increbbe*: n'ebbe pietà; e, pregando, la fece dall'antipurgatorio passare nel Purgatorio.
(SL) *Pier*. Terziario eremita da Campi, nel Chianti, sette miglia da Siena. Nel 1328 si ripigliò la festa di lui per alcun tempo intermessa (Tommasi, p. II, pag 238). Ott.: *In Siena al tempo dell'autore fece molti miracoli, in sanare infermi, e in vedere molte rivelazioni: al quale la detta donna in vita faceva visitazioni ed elemosine, e pregavalo che per lei pregasse* Dice che Piero Pettinagno fu fiorentino per nazione D'un frate autorevole per santità nelle cose civili parla Dino Compagni (II, 90) — *Increbbe*. Dante, Rime: *E' m'incresce di me sì malamente Ch'altrettanto di doglia Mi reca la pietà quanto il martiro*.
44 (L) *Spirando*. Dalle parole *A lei sarà buon s'io l'apparo*, Sapia arguisce che Dante sia vivo, e dal sentirlo non seduto alla pena con gli altri, ma muoversi e parlare più da alto, e anco dall'aria che il respiro suo muove, e dal suono della voce più vivo.
(SL) *Condizioni*. Ant. ined: *Le tue condizioni e li tuoi fatti io seppi e conobbi*. — *Sciolti*. Ott.: *Perocchè 'l tuo favellare è diritto a colui cui elli si drizza* -
45 (L) *Offesa* a Dio.
46. (L) *Tormento*: della superbia.
48. (L) *Per*: per giovarti.
50. (L) *Rinfami*: che la mia invidia non m'ha dannata.

51. Tu li vedrai tra quella gente vana
   Che spera in Talamone; e perderágli
   Più di speranza che a trovar la Diana.
   Ma più vi metteranno gli ammiragli. —

51. (L) *Perderagli*...: ci perderà in questo più speranza che ... — *Più*: più vi rimetteranno que'che saranno mandati ammiragli del nuovo porto.
(SL) *Vana*. Inf., XXIX, t. 11 — *Talamone*. Per avere il porto di Talamone comprato nel 1303 dai monaci di Montamiata per novecento fiorini, castello al fine della Maremma, si credono già uomini di mare. L'Ottimo: *Perocchè il porto è profondo, e sarebbe di grand'utile se fosse abitato da genti; li Sanesi v'hanno consumata molta moneta in rifarlo più volte e mettervi abitanti; poco giova, perocchè l'aere inferma non vi lascia moltiplicare gente.* — *Diana*. Credevano vi fosse un fiume sotterra, e molti cavarono indarno. Anco ai tempi di Dante (Tommasi, p. I, p. 53).

※

Perchè la candida, ilare, generosa amicizia e il contrario della livida invidia trista; però, a purgazione di lei, rammentasi Oreste, il cui nome, per altro, è meno proverbialmente noto di Pilade: onde, sebbene questo accenno sia meno sconveniente che quello d'Aglauro, la cui favola commemora il mescolarsi degli Dei in amore cogli uomini; non si può tuttavia dire che fosse accenno popolare, nè chiaro in quelle due sole parole: *Io sono Oreste* Fatto è che le dottrine politiche del Poeta qua e là nocciono all'arte; e la luce della scienza nella quale egli ama ravvolgersi fa meno splendida la poesia, segnatamente là dove ell'è scienza d'erudizione Più poetico che *Io sono Oreste*, suona a me l'elegante: *Amate da cui male avestr*; e quel semplice: *Maria òra per noi*. Gl'invidiosi, posti a sedere sulla livida pietra in pena del non aver voluto, vivendo, correre al bene, ma astiare inerti chi al bene correva; ricordano le litanie dei Santi, solite cantarsi nelle processioni, e invocanti la misericordia celeste e intercessione di quegli spiriti che l'amore magnanimo ha fatto santi.

Chi ha patito degli occhi, e chi dentro all'orbita loro sentì la punta del ferro, può imaginare il tormento che qui descrive il Poeta, e sentire la fiera bellezza di quelle parole: *orribile costura* Non in tutto felice l'elocuzione del Canto; ma fanno per un Canto i tre versi che diranno delle schiume della coscienza che la Grazia risolve, sicchè il fiume della mente scende chiaro per essa: e vuol dire, tra l'altre cose, che in coscienza torba la verità stessa s'intorbida per colpa dell'uomo, il quale, in pena, smarrisce il sentimento sincero e delle cose e di sè; vuol dire che l'anima nell'odio, massime su odio d'invidia, e com'acqua stagnante, e tanto solo agitata quanto basti a coprirla di schiuma immonda Ma la pietà con la quale egli parla di questo vizio, tanto alieno dall'indole sua, e lo scegliere che e' fa, quasi a personificarlo, due pregiati uomini di Romagna; e la sua tema del non offendere i poveri ciechi, andando lungh' esso loro non visto senza darsi a conoscere, dimostra la delicatezza intima di quest'anima, e attenua la gravità delle parole avventate qui contro Siena, e di quelle che tra poco avventerà contro Arezzo, Firenze, Pisa.

INVIDIA.

Il secondo ripiano circolare dev'essere minore del primo, se il monte si restringe salendo. Nell'inferno i cerchi primi sono più larghi che gli ultimi: e il simile nel Purgatorio, perchè i peccati più gravi sono più rari, e più rari gli uomini puri di vizio. Dopo la superbia viene l'invidia, perchè *superbia partorisce invidia, nè è mái senza tale compagna* (1). — *I vizii capitali sono talmente congiunti tra sè che un dall'altro procede. Chè la prima prole della superbia è la gloria vana, la quale genera tosto l'invidia; perchè, desiderando potenza di un nome vano, si rammarica che altri lo giunga a acquistare* (2). — *In due modi può l'uomo attristarsi de' beni altrui; prima, in quanto di là gli sovrasta pericolo di nocumento, e tale tristezza non è invidia, ma timore* (3); *poi, l'uomo reputa a proprio male il bene altrui, in quanto questo a lui scema lode o maggioranza* (4), *e cotesta è invidia: e però di que' beni specialmente hanno gli uomini invidia, ne' quali è onoranza e buona opinione* (5).

D'invidia nasce odio, mormorazione, detrazione, esultazione nelle avversità del prossimo (6), e afflizione nelle prosperità di quello (7). Queste parole così dichiara ed innalza a filosofico valore la Somma: *Nello sforzo dell'invidia alcuni moti riguardano il principio, altri il mezzo, altri il termine Il principio è sminuire l'altrui lode o in occulto, e questa è mormorazione; o in aperto, e è detrazione. Il mezzo è, che chi intende sminuire l'altrui lode, o può farlo, e gioisce dell'altrui male; o non può, e s'attrista del bene altrui Il termine è l'odio; perchè siccome dal bene che diletta, nasce amore, così dal contrario nasce odio* (8). — Quantunque da ogni vizio il veleno dell'antico nemico nel cuore dell'uomo s'infonda; nella nequizia dell'invidia il serpente scuote, e versa tutte le viscere sue, e nel morso vomita la sua lue (9).

Ma con la temperanza divina insegnata dal Cristianesimo, la Somma soggiunge: *Nell'invidia, come negli altri mali dell'anima, possonsi trovare dei*

(1) Aug., de virg , XXXI. - Ad Galat., V, 26: *Noi ci facciamo cupidi di gloria vana provocandoci a vicenda e invidiando.*
(2) Greg. Mor., XXXI.
(3) Arist. Rhet., II.
(4) Purg., XVII: *È chi poter, grazia, onore e fama Teme di perder, perch' altri sormonti; Onde s' attrista.*
(5) Som., 2, 2, 36.
(6) Terz. 40: *Veggendo la caccia letizia presi.*
(7) Greg. Mor., XIII.
(8) Som., l. c.
(9) Greg. Mor., V.

moti primi primi, anco negli uomini perfetti, i quali moti son colpe non gravi (1). E però Dante confessa sè con sincerità d'uomo buono e grande, tinto, ma poco, d'invidia (2). — E invero s'egli si confessa superbo, e, come il Villani lo dice, *presuntuoso e schifo*, in qualche moto d'orgoglio o di dolore o d'ira orgogliosa non poteva non s'insinuare inconsaputa tristezza di qualche altrui bene, o fosse o paresse a lui immeritato.

Questo abisso del cuore è profondamente scrutato nelle parole seguenti: *In quattro modi possono i beni altrui attristare. Il primo, quand'uomo si duole de' beni altrui da cui tema nocumento a sè o ad altri buoni, onde Gregorio* (3): « *Suole avvenire che senza perdita della carità, noi ci alle- » griamo della caduta del nemico, e dell'innalzamento di lui senza invidia » ci attristiamo; allorchè al cadere di lui crediamo ch'altri abbiano a sorgere » a bene, e per l'innalzamento di lui temiamo che altri siano ingiustamente » oppressi. » In secondo modo, può il bene altrui attristarti, non perch'altri se l'abbia, ma perch' a te quel bene manchi, e cotesto è propriamente ora emulazione, or gelosia* (4). *L'emulazione, se di cose oneste, è lodevole se condo quel dell'Apostolo* (5): « *Emulate i beni spirituali.* » *Ma se di beni temporali, può essere con colpa e senza. In terzo modo, possiamo attristarci del bene altrui in quanto che, a chi tocca, ne è indegno; la quale tristezza non può nascere da beni onesti che rendono altrui migliore; ma è di ricchezza o di cose tali, che possono toccare e a degni e a indegni* (6), *e questa da Aristotele è detta Nemesi o indegnazione. Se non ch'egli riguardava i beni temporali di per sè in quanto possono parere grandi a chi non considera i sempiterni: ma secondo la dottrina della fede i beni temporali che toccano agl'indegni sono per giusta ordinazione disposti o a correzione o a condanna* (7) *loro. I quali beni essendo quasi un nulla ai beni avvenire serbati a' buoni, il prenderne tristezza è vietato In quarto modo, l'uomo s'attrista degli altrui beni, in quant'esso n'è in ciò superato; e cotesto è propriamente invidia, prava sempre* (8), *perchè si duole di cosa ond'è debito anzi gioire* (9).

Accidia è tristezza del bene spirituale rispetto a Dio; invidia è tristezza del bene de' prossimi. Questo sapiente raffronto dimostra il perchè l'invidia sia inerte e gemella all'accidia, e il perchè e questa e quella non si muovano se non per tormentare altri e sè (10); e dichiara ancora meglio perchè Dante ponga invidiosi e accidiosi e iracondi e superbi entro al medesimo fango (11).

L'invidia è riguardata da Dante al solito come male insieme religioso e morale e civile, perchè *Invidia essendo madre dell'odio* (12) *contro del prossimo, si fa per conseguente cagione del disamare Dio* (13). E però le voci che

(1) Som., 2, 2, 36.
(2) *Poca è l' offesa fatta per esser con invidia vòlti* (terz. 45).
(3) Mor , XXII.
(4) Arist. Eth., II.
(5) Ad Corinth., I, XIV, 1.
(6) Arist. Eth., II.
(7) Acciocchè sia più palese l'abuso che fecero del bene, e l'esempio degli effetti del male sia condanna non tanto del colpevole quanto della colpa stessa, sia insegnamento a' presenti e a' futuri.
(8) Arist., Rhet , II.
(9) Som.; 2, 2, 36.
(10) Som , l. c.: *L' accidia spinge l'uomo a far cose per fuggire tristezza o per soddisfare a quella.*
(11) Inf., VII, VIII.
(12) Greg. Mor., XXXI.
(13) Som., 2, 2, 34.

suonano in questo cerchio del monte rammentano la carità di Maria verso i convitati mancanti della letizia del vino, e l'amicizia d'Oreste, e il generoso precetto, tutto cristiano, dell'amare chi ci fece male: e per contrario gli esempi d'Caino che invidiò l'innocente e l'uccise, e d'Aglauro che invidiò le nozze celesti della sorella, e il tormento dell'invidia le fu dato in pena dell'avarizia, per avere chiesto oro in mercede del suo silenzio. Così l'avarizia entra sempre nel concetto del Poeta a originare gli altri mali o a gravarli, e la liberalità a farsi abbellimento o indizio delle altre virtù; e siccome a Caino Oreste, opponesi ad Aglauro Maria.

La misericordia s'attrista del male altrui ed è effetto di carità, però contraria all'invidia (1). — *Invidia è più diretta cagione dell'odio che l'ira: questa dispone all'odio, quella ne è quasi la forma* (2). — Orazio fa, per tutta lode, il poeta vero *Asperitatis et invidiae corrector et irae* (3): e Dante in questi due Canti e in tutto il poema corregge gli animi invidiosi e furibondi, e raccomanda la civile generosità anco in quelle estrinseche magnificenze che sono troppo sovente o cagione o segno di corruzione, e che dalla gentilezza affettata e falsa traggono gli uomini a dissolutrice selvatichezza.

Ovidio dipinge l'invidia *Afflatuque suo populos, urbesque, domosque Polluit* (4) Ma perchè l'uomo *invidia chi ha cose che a lui si convenivano o ch'egli già possedeva* (5); però nella società dove o il sentimento del proprio merito è più risvegliato e più irritato, o dove mutamenti seguono tanto subiti e gravi, che l'uomo, meritamente o no, perda gran parte de' beni o premii che aveva; ivi l'invidia suol essere con più veleno. *Invidieranno*, dice Aristotele (6), *tali a cui sono in alcuna parte somiglianti o nella schiatta o nelle apparenze esterne o nell'opinione*. Però laddove le condizioni sono men disuguali, o l'opinione le agguaglia o tende a agguagliarle, ivi l'invidia, dalle altre passioni e vizii fomentata, è più violenta. *Re*, diceva Tommaso, *non invidia a plebeo, nè plebeo a re* (7); intende che la grande e riconosciuta distanza delle condizioni, toglie materia all'invidia, togliendo termini al paragone: ma a' nostri giorni per gli agguagliamenti subiti che i casi hanno indotti de' grandi co' piccoli e de' piccoli co' grandi, e per il soverchiare delle idee sopra i fatti, essendosi le proporzioni de' paragoni civili e morali mutate, l'invidia sale e scende laddove prima non pareva potere. *Nessuno si sforza a cosa a che si sente in tutto venir meno; e però non invidia quelle in altrui, ma se non molto gli manchi a raggiungerle, ci si prova, e se non gli vien fatto di pareggiare la lode altrui, se ne attrista*. Quindi è che coloro che amano l'esterno onore sono più invidiosi; e così anche gli uomini di animo piccolo sono invidiosi, perchè ogni cosa stimano grande, e ogni bene che ad altri tocchi recano a propria sconfitta grave. Onde in Giobbe: « Al piccolo » l'invidia fu morte (8). »

Nella Canzone attribuita a Dante dicesi di Firenze che tra gli altri mali *Aglauro la divora*, e dell'invidia de' suoi cittadini è toccato due volte (9); e Cacciaguida a lui dice: Non voglio che invidii ad essi, perchè la vita del

---

(1) Arist. Eth., II. Dante nondimeno sente della pena dell'invidia tal compassione, che crede non potrebbe non la sentire il più duro uomo del mondo.
(2) Som., 2, 2.
(3) Hor. Epist., II, 1.

(4) Ovid. Met., II.
(5) Arist., Reth., II.
(6) Reth., II.
(7) Som , 2, 2, 36.
(8) Job, V, 2.
(9) Inf., VI, XV.

tuo nome si stenderà più lontano non solamente delle loro perfidie, ma della pena a quelle perfidie statuita (1). La donna invidiosa che egli qui rincontra è di Siena: e a Siena accennási e nel ventinovesimo dell'Inferno, e nel quinto e nel sesto e nell'undecimo del Purgatorio: dal che confermasi quello che primo il Troya acutamente notò, che il poema si veniva tingendo da' luoghi ove l'esule passava e si riposava: sebbene non sia, dietro a tali orme, da segnare appunto i viaggi di lui; chè la mente d'uomo sì pensoso e sì memore non era già docile alle prime e subite impressioni di fuori come una lamina del Daguerre. Ma per la ragione accennata, ne' piccoli Stati italiani d'allora, sì variabili nelle condizioni, sì potenti di quella forza e mentale e morale che spiana a un tratto le materiali disuguaglianze, e altre nuove ne fa, il vizio dell'invidia doveva pur troppo allignare. E anche a proposito dell'invidia Dante ricorre col desiderio alle generazioni precedenti la sua, segnatamente parlando della Romagna (2), e le rappresenta come un secolo d'oro; non però sì che le lodi sue stesse non diventino, a chi ben guardi, testimonio di poca insieme e di troppa civiltà, di selvatichezza rimanente e di corruzione oramai penetrata.

Gl'invidiosi qui sono puniti con un filo di ferro che gli fora il ciglio e lo cuce, come a *sparviere selvaggio*, imagine appropriata all'incivile selvatichezza di cotesto peccato. E ciò significa non solamente, che chi vuol purgarsi dall'invidia, tenga chiusi gli occhi ai beni falsi; a che l'invidia, siccome il vocabolo suona, non vede, o mal vede, o non vuol vedere (3): onde Giobbe, degl'invidi: *Per diem incurrent tenebras* (4) Le voci che suonano di spiriti invisibili rammentano il virgiliano: *Idaeique chori: tum vox horrenda per auras* (5); e l'imagine che pare strana: *Questo cinghio sferza La colpa dell'invidia*: e però sono *Tratte da amor le corde della ferza*, ha in parte scusa da quel d'Agostino: *Per il rumore del gastigo che di fuori suona, Dio flagella nel cuore; ispira ed opera dentro al cuore*. Dico che a scusa, dacchè nè queste *corde della ferza* nè il *duro camo* del Canto seguente sono le vere bellezze di Dante; sebbene questo *camo* si riscontri con un modo de' Salmi, e quella *ferza* possa ricordare l'imagine virgiliana d'Amata agitata dal suo furore: *Ceu quondam torto volitans sub verbere turbo... Ille actus habena Curvatis fertur spatiis* (6). Ma più direttamente mirava il Poeta all'Aglauro d'Ovidio; e il vile cilicio che copre quell'ombre rammenta l'invidia che alla misera giovanetta *hamatis praecordia sentibus implet* (7); e il livido colore della veste, della pietra, della strada, rende quelli d'Ovidio: *Piceum venenum. - Pectusque manu ferrugine tincta Tangit. - Nec lapis albus erat; sua mens infecerat illam* (8). E ad Ovidio risponde papa Gregorio (9): *Quando la putredine del livore ebbe vinto il cuore e corrottolo, anco i segni esterni indicano che grave male sia quello che istiga l'anima, che il*

(1) Par., XVII.
(2) Purg., XIV.
(3) Greg: *La mente invidiosa, attristandosi del bene altrui, nel bel mezzo della luce, fa sè medesima oscura.* Psal., LXVIII, 24: *Obscurentur oculi eorum ne videant: et dorsum eorum semper incurva.* Ecco accostate nel verso medesimo **le due pene che vengono accoste** nel **Purgatorio Dantesco**.

(4) Job, V, 14.
(5) Æn., IX. Fors'anco risuonava a lui nella mente: *phlegiasque miserrimus om...es Admonet, et magna testatur voce per umbras: Discite justitiam.*
(6) Æn., VII
(7) Ovid., Met., II.
(8) Ovid., Met., II.
(9) Mor., V.

colore si fa pallido, gli occhi s'abbassano, la mente riarde (1), *le membra intorpidiscono, nel pensiero è rabbia, ne' denti fremito.*

Da papa Gregorio ritornando ad Ovidio: *Surgere conanti, partes, quascumque sedendo Flectimur ; ignava nequeunt gravitate moveri* (2). E cosi in Dante le Ombre stanno sedute a significare l'inerzia del vizio loro, e s'appoggiano al livido scoglio, e s'appoggiano l'una alla spalla dell'altra, per dimostrare quel che dovevan fare in vita, e stanno come ciechi accattoni, essi che non fecero carità d'amore, umiliati perchè l'orgoglio era il fomite del male loro ; e dagli occhi forati spremono lagrime, e dall'anima memoria di dolore. *Perchè la memoria de' beni passati in quanto possedettersi cagiona piacere ; ma in quanto perduti, dolore ; e in quanto altri gli ha, invidia. E però dice il Filosofo* (3): « *che i vecchi invidiano a' giovani,* » *e coloro che molto s'adoprarono per conseguire una cosa, invidiano coloro che con meno fatica ci giunsero* (4).

(1) Purg., XIV: *Fu'l sangue mio d'invidia sì riarso.*
(2) Ovid. Met., II.
(3) Arist. Rhet., II.
(4) Som., 2, 2, 36.

CANTO XIV.

ARGOMENTO.

Ugo da s. Vittore, posto in cielo da Dante, e citato da Pietro, dice: Superbia aufert mihi Deum, invidia proximum, ira me ipsum. *Alla superbia dà il Poeta tre Canti, all'invidia due e mezzo, uno e mezzo all'ira. Qui trova due Romagnuoli illustri, e parla loro dei vizii delle toscane repubbliche; ed essi rammentano il declinare delle nobili schiatte romagnuole. Qui si vede più chiaro che altrove come la libertà voluta da Dante fosse una democrazia aristocratica, difesa e vendicata al bisogno dalla lontana monarchia. La politica alla morale qui s'innestano. Poesia vera la fine.*

Nota le terzine 1, 2, 3, 5, 6, 7, 9, 11, 12, 13, 16; 19 alla 23; 25, 29, 35, 37, 38, 39; 41 alla 46; le due ultime.

1. — Chi è costui che il nostro monte cerchia
   Prima che morte gli abbia dato il volo,
   E apre gli occhi a sua voglia e coperchia? —
2. — Non so chi sia, ma so che non è solo.
   Dimándal tu che più gli t'avvicini,
   E dolcemente, sì che parli, accòlo. —

1. (L) *Cerchia:* gira. — *Volo* dalla rue. — *Cop chia:* chiude.
(SL) *Nostro.* Parla Rinieri a un altro Romagnuolo, *volens demonstrare* (dice il Codice Caetano) *quod in Romandiola maxime regnabat invidia.*

2. (L) *Avvicini:* sei vicino. — *Accòlo:* lo accogli.
(SL) *Solo.* Purg., XIII, t. 47: *Costui ch' è meco e non fa motto.* — *Accòlo. Còle per cóglie* nel Sacchetti; *come per cógliere* nella Tancia; *vuola per la vuoi* nelle Fiorita d'Italia.

3. Così due spiriti, l'uno all'altro chini,
   Ragionavan di me ivi a man dritta;
   Poi fêr li visi, per dirmi supini;
4. E disse l'uno: — O anima, che, fitta
   Nel corpo ancora, invêr lo ciel ten' vai,
   Per carità ne consola, e ne ditta
5. Onde vieni, e chi se': chè tu ne fai
   Tanto maravigliar della tua grazia,
   Quanto vuol cosa che non fu più mai. —
6. Ed io: — Per mezza Toscana si spazia
   Un fiumicel che nasce in Falterona,
   E cento miglia di corso nol sazia.
7. Di sovr'esso rech'io questa persona.
   Dirvi chi sia, saria parlare indarno;
   Chè 'l nome mio ancor molto non suona. —
8. — Se ben l'intendimento tuo accarno
   Con lo 'ntelletto (allora mi rispose
   Quei che prima dicea), tu parli d'Arno. —
9. E l'altro disse a lui: — Perchè nascose
   Questi 'l vocabol di quella riviera,
   Pur com'uom fa delle orribili cose? —
10. E l'Ombra che di ciò dimandata era,
    Sì sdebitò così: — Non so; ma degno
    Ben è che 'l nome di tal valle pera.

3. (SL) *Supini*. Purg., XIII, t. 54: *Lo mento a guisa d'orbo in su levava.*
4. (L) *L'uno:* Guido. — *Ditta:* di.
   (SL) *Ditta* Petr (canz 28): *Colui che del mio mal meco ragiona, Mi lascia in dubbio: si confuso ditta*
   (F) *Carità* In anima già invidiosa questa è parola d'espiazione e ha doppia efficacia.
6. (L) *Per:* per mezzo a — *Falterona:* monte dell'Appennino presso Romagna — *Sazia:* saziano.
   (SL) *Spazia*. Ott : *Perocchè non va a diritta linea* — *Falterona*. Lo nomina nel Convivio, p. 260. — *Cento*. Gio. Villani (l, 43) dice il corso dell'Arno essere di spazio di miglia centoventi. — *Sazia* Le cento miglia in quel singolare *sazia* diventano tutt'un corso.
7. (L) *Suona* chiaro.
   (SL) *Sovr'*. Inf., XXIII: *I' fui nato e cresciuto Sovra 'l bel fiume d'Arno.* Quand'e' scriveva l'Inferno, non anco gli odii e i dispregi erano così fieri. Qui non nomina Firenze; come Polinice in Stazio, domandato chi fosse, non nomina il padre. Nella lettera a Enrico VII e' non la nomina se non dopo averla con molti titoli di vitupero indicata — *Ancor*. Buc., IX: *Nam neque adhuc Varo videor nec dicere Cinna Digna*
8. (L) *Accarno:* afferro e rendo. — *Quei:* Guido.
   (SL) *Accarno*. Il Petrarca disse *incarnare* col pensiero l'imagine di un bel viso. Vale non tanto *dar carne*, quanto *dar vita* nel proprio pensiero al pensiero altrui Nella Bibbia *carne per vita* Può anco intendersi penetro, che *accarnare* dicevasi l'entrare dell'arme nella carne viva.
9 (L) *Altro:* Rinieri.
10 (SL) *Sdebitò* Men bene l'Arios., XIX, 108: *E si domandan l'un con l'altro il nome. E tal debito tosto si ragguaglia.* Qui *sdebitarsi* suona amaro; come se le ingiurie che seguono fossero debite a Toscana tutta.

11. Chè, dal principio suo (dov'è sì pregno
L'alpestro monte ond'è tronco Pelóro,
Che in pochi luoghi passa oltra quel segno),
12. Infin là 've si rende per ristoro
Di quel che il ciel della marina asciuga
(Ond'hanno i fiumi ciò che va con loro),
13. Virtù così per nimica si fuga
Da tutti, come biscia, o per sventura
Del luogo, o per mal uso che li fruga.
14. Ond'hanno sì mutata lor natura
Gli abitator' della misera valle,
Che par che Circe gli avesse in pastura.
15. Tra brutti porci, più degni di galle
Che d'altro cibo fatto in umano uso,
Dirizza prima il suo povero calle.

— *Pera.* Job, XVIII, 17: *Memoria illius pereat de terra.* Sap., IV, 19; Psal., IX, 7
11. (L) *Suo*: d'Arno. — *Pregno*: eminente. — *Monte...*: Appennino taglia l'Italia, va fino a Calabria. — *Oltra..*: nella Campania l'Appennino è più alto.
(SL) *Pregno. Tumens* vale alto; onde *tumulus.* Æn., VII: *Stipitis.. gravidi nodis:* nocchi che fanno rilievo — *Tronco.* Inf., XVIII Il pozzo d'inferno tronca i ponticelli che finiscono in esso. — *Peloro.* Promontorio di Sicilia ora tronco dall'Appennino, e facente un tempo con lui tutto un monte, quando Sicilia era attaccata all'Italia. Æn., III: *Haec loca, vi quondam.. Dissiluisse ferunt: cum protinus utraque tellus Una foret — Oltra.* Lucan, II: *Umbrosis mediam qua collibus Apenninus Erigit Italiam, nullo qua vertice tellus Altius intumuit, propiusque accessit Olympo. Mons inter geminas medius se porrigit undas Inferni Superinque maris; collesque coercent...* - *Colles Siculo cessere Peloro.*
12. (L) *Infin.* : fino al mare dov'Arno restituisce quasi sè stesso per ritornare l'acqua salita dal mare in vapori — *Ond'*: i fiumi han l'acque dal cielo
(SL) *Infin.* Dirà poi (terz 31) che tra il Po e l'Appennino e il Reno e 'l mare non è bene alcuno. Le due pitture geografica e politica si rincontrano
13. (L) *Fuga*: la virtù è persegui-

tata dalle sorgenti d'Arno alla foce. — *Fruga*: stimola
(SL) *Uso.* Hor., Sat, I, 3: *Num qua tibi vitiorum inseverit olim Natura, aut etiam consuetudo mala.*
(F) *Luogo* Cic., de Leg. Agr.: *Non sono i costumi degli uomini ingenerati tanto dalle schiatte, quanto da quelle cose che sono somministrate dalla natura de' luoghi e dalle consuetudini della vita, onde ci alimentiamo e viviamo. I Cartaginesi frodolenti e menduci, non di razza, ma per la natura del luogo La sentenza, falsa in sè, ha però qualche parte di vero* E già Ipocrate, innanzi il Montesquieu, l'annunziava.
14. (SL) *Circe.* Inf., XXVI. - Æn, VII: *Quos, hominum ex facie, Dea saeva potentibus herbis induerat Circe in vultus ac terga ferarum.* Hor. Epist., I, 2: *Circes pocula, quae si .. bibisset... Vixisset canis immundus, vel amica luto sus.*
15 (L) *Brutti*: immondi. — *Dirizza* Arno. — *Povero d'acque.*
(SL) *Porci* I conti Guidi da Romena, denominati di Porciano: dati alla venere, dice Pietro E forse intende tutto il Casentino — *Povero.* La nota Ole del Testi: *Povero d'acque, ivi lambendo i sassi — Calle.* Somiglia e nel modo e un po' nel senso a quel di Virgilio: *Gelidusque per imas Quaerit iter valles, atque in mare conditur Ufens* (Æn., VII)
(F) *Porci* Boet.: *S immerge in sozze libidini? La voluttà di troia immonda lo alletta.* Petr., II, 2, 22: *Sus lota in volutabro luti.*

16. Botoli trova poi, venendo giuso,
Ringhiosi più che non chiede lor possa,
E a lor, disdegnosa, torce 'l muso.

17. Vassi caggendo; e quanto ella più 'ngrossa,
Tanto più trova di can farsi lupi
La maledetta e sventurata fossa.

18. Discesa poi per più pelaghi cupi,
Trova le volpi sì piene di froda,
Che non temono ingegno che le occúpi.

19. Nè lascerò di dir perch'altri m'oda:
E buon sarà costui se ancor s'ammenta
Di ciò che vero spirto mi disnoda.

20. I' veggio tuo nipote, che diventa
Cacciator di que' lupi in su la riva
Del fiero fiume, e tutti gli sgomenta.

21. Vende la carne loro essendo viva:
Poscia gli ancide come antica belva;
Molti di vita, e sè di pregio, priva.

---

16. (L) *Botoli*: cani dappoco.
(SL) *Botoli*. Aretini che latrano a' vicini ma senza forza. Nel 1399 Arezzo guidata da Uguccione si lasciò sconfiggere da Firenze (Vill., VIII, 119). — *Muso*. È persona viva anco la fiumana, e tiene del bestiale benchè sdegnosa delle bestie onde passa.
(F) *Botoli*. Boet.: *Fiero e inquieto esercita ai litigi la lingua? Lo dirai simile al cane*

17. (L) *Caggendo*: cadendo. — *Fossa*: valle.
(SL) *Lupi*. Avari Fiorentini. In una canzone attribuita a Dante, Firenze è detta *lupa rapace*.
(F) *Lupi*. Boet.: *Arde d'avarizia, rapitore delle cose altrui violento? Assomiglialo al lupo*.

18. (L) *Pelaghi*: burri. — *Occúpi*: colga.
(SL) *Volpi*. Pisani, pieni di maliziose cautele Nella lettera a Enrico VII è chiamata Firenze volpe, vipera, pecora scabbiosa — *Occúpi*. Georg., IV: *Jacentem Occupat*. Cavalcanti, I, 1: *La superbia occupa la virtù*. Pisa e Arezzo città ghibelline. Ma ai fatti, non ai nomi, badava il Poeta.

(F) *Volpi*. Cristo, d'Erode: *Dicite vulpi illi* (Luc., XIII, 32). Boet.: *L'insidiatore gode egli cogliere con occulte frodi? Agguaglisi a volpicattola*. Il medesimo: *Qui, probitate deserta, homo esse desierit,... vertatur in belluam*.

19. (L) *Perch'*: sebbene. — *Altri*: costui, Dante — *Ammenta*: ricorda. — *Disnoda*: svela.

20. (L) *Tuo*: parla Guido a Rinieri. — *Nipote* Fulcieri. — *Lupi*: Fiorentini. — *Fiume*: Arno
(SL) *Veggio*. Forma di vaticinante. Æn, VI: *Et Tybrim multo spumantem sanguine cerno* - VII: *Externum cernimus.. Adventare virum*. — *Nipote*. Potestà di Firenze nel 1303; vicario di Roberto poi; nel 1315 esiglió di nuovo il Poeta. Corrotto da' Neri, fece carcerare e uccidere parecchi Bianchi. *Onde grande turbazione n'ebbe la cittade, e poi ne seguiro molti mali e scandali* (G. Vill., VIII, 59). — *Fiero*. Altrove chiama selvaggia la parte di Vieri E di qui si conferma come l'idea delle fiere sia simbolo anche politico.

21. (L) *Pregio*: fama.

22. Sanguinoso esce della trista selva:
Lásciala tal, che di qui a mill'anni
Nello stato primaio non si rinselva. —

23. Come all'annunzio de' futuri danni
Si turba 'l viso di colui che ascolta,
Da qualche parte il periglio l'assanni;

24. Così vid'io l'altr'anima, che volta
Stava a udir, turbarsi e farsi trista
Poi ch'ebbe la parola a sè raccolta.

25. Lo dir dell'una, e dell'altra la vista
Mi fe' voglioso di saper lor nomi;
E dimanda ne fei, con prieghi mista.

26. Perchè lo Spirto che di pria parlómi,
Ricominciò: — Tu vuoi ch'io mi deduca
Nel fare a te ciò che tu far non vuômi.

27. Ma, da che Dio in te vuol che traluca
Tanto sua Grazia, non ti sarò scarso:
Però sappi ch'io son Guido del Duca.

28. Fu 'l sangue mio d'invidia sì riarso,
Che, se veduto avessi uom farsi lieto,
Visto m'avresti di livore sparso.

29. Di mia semenza cotal paglia mieto.
O gente umana, perchè poni il core
Là 'v' è mestier di consorto divieto?

22. (SL) *Rinselva.* Guitt.: *Giardino di pace, deserto di guerra... Che non sembrasse vostra terra deserto, che città sembri; e voi dragoni e orsi, che cittadini.*
(F) *Selva.* [C] Leone chiama Roma pagana: *Sylva frementium bestiarum.*
23. (L) *Da*: che il periglio lo colga da...
(SL) *Danni.* Ovid. Met., V: *Venturi nuntia luctus.*
24. (L) *Anima*: Rinieri. — *Ebbe*: compreso.
(SL) *Raccolta.* Par., X, t. 27: *Le nuove note hanno ricolte.* Bocc.: *La sua effigie raccolta, chi egli fosse.... mi ricordai.*
26. (L) *Deduca*: conduca. — *Vuómi*: non mi vuoi dire chi sei.
(SL) *Vuómi.* È nel Villani (VIII, 30) Cavalca: *Or vuómi tu tenere per forza?*
27. (L) *modo di dire.*
28. (SL) *Riarso.* Ovid. Met., II; *Feli-*

cisque bonis non secius uritur Herses, Quam cum spinosi signis supponitur herbis; Quae neque dant flammas, lenique tepore cremantur. — *Lieto.* Stat., II: *Rebusque aegrescere laetis.* Vit. ss. Padri: *Quanto più quelli a cui si ha invidia, migliora, tanto più l'invidia s'accende* — *Livore.* Stat.: *Livida labes invidiae.*
(F) *Riarso.* Albertano: *L'invidia, colui che la porta seco, arde.* Cypr... *de zel, et liv.*, II: *Livoris ignibus.*
29. (L) *Cotal*: tal pena ho. — *Là*: in beni che, a goderli, bisogna vietarne il consorzio con altri.
(SL) *Consorto.* Dino, pag. 20, ediz. Masi.
(F) *Mieto.* Prov., XXII, 8: *Chi semina iniquità, mieterà mali* Psal. CXXV, 5: *Chi seminano in lagrime, in Igioia mieteranno.* Ad Gal., VI, 8: *Quel che seminerà l'uomo, quello altresì mieterà.* Eccli., VII, 3: *Non seminare mali ne' solchi della ingiu-*

30. Questi è Rinier, quest'è 'l pregio e l'onore
 Della casa da Calboli, ove nullo
 Fatto s'è reda poi del suo valore.
31. E non pur lo suo sangue è fatto brullo,
 Tra 'l Po e il monte e la marina e 'l Reno,
 Del ben richiesto al vero e al trastullo;
32. Chè, dentro a questi termini, è ripieno
 Di venenosi sterpi, sì che tardi,
 Per coltivare, omai verrebber meno.
33. Ov'è 'l buon Lizio, e Arrigo Manardi,
 Pier Traversaro, e Guido di Carpigna?
 Oh Romagnuoli tornati in bastardi!
34. Quando in Bologna un Fabbro si ralligna?
 Quando in Faenza un Bernardin di Fosco,
 Verga gentil, di picciola gramigna?

stizia, che tu non li mieta sette volte moltiplicati. Osea, VIII, 7: *Semineranno vento, e turbine mieteranno.* Psal., CXXVIII, 6. 7: *Com'erba de' tetti, che seccò prima che divelta; di cui non empie il mietitore sua mano nè il seno chi lega le manne.* — *Cuore.* [C] Ps., 61: *Divitiae si affluant, nolite cor apponere* — *Consorzio* Som: *Consorzio de' beni* La fruizione de' beni mondani sminuisce s'è divisa in compagnia; e se non vuolsi divisa, conviene a tutti vietarne il possesso.
30. (L) *Nullo*: nessuno. — *Reda*: erede.
(SL) *Rinier.* Da Forlì. Di lui il Novellino (XL.)
31. (L) *Brullo*: privo. — *Tra*: Romagna confinata da Po, Reno, Adriatico, Appennino.
(SL) *Brullo* Inf., XXXIV, t. 20 — *Trastullo* In senso grave. Petr: *Vidi Virgilio: e parmi intorno avesse Compagni d'alto ingegno e da trastullo.*
(F, *Ben* E nel vero e nel bello, e' voleva il bene.
32. (L) *Termini*: confini
(SL) *Sterpi.* Rammenta la *selva selvaggia* (Inf., I, t. 2)
33 (L) *Tornati*: volti.
(SL) *Lizio* Da Valbona, lodato dal Boccaccio (V, 4) per cavaliere assai dabbene. L'Ottimo: *Cavaliere cortese; per fare un desnare in Forlì, mezza la coltre del zendado vendè sessanta fiorini* — *Manardi* Di Brettinoro, o di Faenza. *Cavaliere, pieno di cortesia, volentieri mise tavola, donò robe e cavalli, pregio li valentuomini, e la sua vita tutta fu data a larghezze ed a bello vivere* (Ott.). Morto Guido del Duca (quegli che parla), Arrigo fece tagliare la panca dove soleva sedere con lui, perch'altri non vi sedesse, che diceva non potere trovare uomo di pari probità. — *Pier Di Ravenna*: sposò una sua figlia a Stefano re d'Ungheria: fu di Ravenna cacciato da que' di Polenta. Uomo splendido. — *Guido.* Di Montefeltro, vissuto verso la metà del secolo XIII, cortese e ghibellino: famiglia posseditrice di castella feudalmente obbligate all'impero. *Amò per amore,* dice l'Ottimo L'altro Guido di Carpigna, genero d'Uguccione, nel 1308 è capitano del popolo fiorentino Non doveva come quello, essere molto amato da Dante. — *Bastardi.* Un antico Comento dice troppo cortigiana la voce e vorrebbe *muti* Ma in Romagna *bastardo* tuttavia è un mezzo vezzeggiativo di *figliuolo*
34 (L) *Ralligna,* degno di rivivere ne' discendenti. — *Di*: ch'era di
(SL) *Fabbro.* De' Lambertazzi: che acquistò potere quasi assoluto in Bologna — *Ralligna* Potrebb'essere inteso per ironia; ma meglio credere che il Poeta volesse onorare i plebei, per virtù sorti a nobiltà vera e potenza — *Bernardin* Lavoratore di terra in Faenza, acquistò tale autorità che gli antichi uomini lo visitavano per vedere le sue onorevolezze e udir di sua bocca leggiadri motti. — Verga Num, XXIV, 17: *Consurget virga de Israel.* Isai., LIII, 2: *Virgultum... de terra silienti.*

CANTO XIV.   193

35. Non ti maravigliar s'io piango, Tosco,
    Quando rimembro, con Guido da Prata,
    Ugolin d'Azzo, che vivette nosco;
36. Federigo Tignoso e sua brigata,
    La casa Traversara, e gli Anastagi
    (E l'una gente e l'altra è diretata);
37. Le donne e i cavalier', gli affanni o gli agi,
    Che ne invogliava amore e cortesia,
    Là dove i cuor' son fatti sì malvagi.
38. O Brettinoro, chè non fuggi via,
    Poichè gita se n'è la tua famiglia,
    E molta gente, per non esser ria?
39. Ben fa Bagnacaval, che non rifiglia;
    E mal fa Castrocaro, e peggio Conio,
    Che di figliar tai Conti più s'impiglia.
40. Ben faranno i Pagan' quando il demonio
    Lor sen girà; ma non però che puro
    Giammai rimanga d'essi testimonio.

---

35 (SL) *Prata.* Castello tra Faenza e Forlì. Fu uomo liberale. — *Ugolin.* Altri crede, degli Ubaldini, famiglia Toscana, nobile e cortigiana Ambedue di basso luogo nati, per virtù si nobilitarono, e furono parte delle pubbliche cose. — *Vivette.* Nel Cavalca e nella Vita Nuova
36. (L) *Traversara*, di Ravenna. — *Diretata:* senz'erede veruno
(SL) *Tignoso* Di Montefeltro. Pietro dice, di Rimini L'Ottimo: Sua vita fu in Brettinoro (come Guido di Carpigna): *il più fuggì la città quanto potette, siccome nemica de' gentili uomini; e quando in lei stette, la sua tavola fu corte bandita* — *Anastagi*. Illustri Ravennati congiunti di parentado a que' di Polenta Ott : *Per loro cortesia erano molto amati da' gentili e dal popolo: quelli da Polenta occupatori della repubblica, come sospetti, li cacciarono fuori di Faenza* — *Diretata*. Vill., VIII 61.
37 (L) *Affanni* guerrieri — *Che:* a cui c' invogliavano amore e...
38. (L) *Brettinoro* patria di Guido. — *Che:* perchè — *Gita* per esilio
(SL) *Brettinoro* Ora esclama contro le castella — *Fuggi* Rammenta quel dell'Inferno *Muovanvi la Capraia*. (Inf, XXXIII, 1, 28) — *Famiglia*. Ott.: *Costume de' nobili di Brettinoro era il convivare; e non volevano che uomo vendereccio vi tenesse ostello; ma una colonna di pietra era in mezzo il castello; alla quale, come entrava dentro il forestiere, era menato, e ad una delle campanelle convenia mettere il cavallo e cappello; e come la corte gli dava, così era menato alla casa per lo g nule uomo al quale era attribuita quella campanella, ed onorato secondo suo grado La quale colonna e campan-lla furono trovate per torre materia di scand lo intr'alli detti gentili: che ciascuno prima correva a menarsi a casa il forestiere; siccome oggi si fugge.*
39 (L) *Impiglia:* impiccia.
(SL) *Bagnacaval* Parla dei Malabocca, ultimi della quale famiglia erano Lodovico e Caterina moglie a Guido signor di Ravenna, ospite del Poeta Ma non di lei, de' maschi di quella casa intende qui Dante — *Castrocaro Conio*. Avevano i loro Conti li Cavalcanti (I, 8) ne parla nel secolo XV
(F) *Rifiglia.* Sap., III. 13: *Maledicta creatura eorum: quoniam felix est sterilis*
40 (L) *Girà:* morrà. — *Testimonio:* fama.
(SL) *Demonio* Maghinardo Pagani signore d'Imola e di Faenza, soprannominato il *Diavolo:* i figli

DANTE: *Purgatorio*.   13

41. O Ugolin de' Fantolin', sicuro
 È 'l nome tuo, da che più non s'aspetta
 Chi far lo possa, tralignando, oscuro.
42. Ma va via, Tosco, omai; ch'or mi diletta
 Troppo, di pianger più che di parlare:
 Sì m'ha nostra ragion la mente stretta. —
43. Noi sapevam che quelle anime care
 Ci sentivano andar: però, tacendo,
 Facevan noi del cammin confidare.
44. Poi fummo fatti soli procedendo,
 Folgore parve quando l'aer fende,
 Voce che giunse di contra, dicendo:
45. « Anciderammi qualunque m'apprende. »
 E fuggía come tuon che si dilegua
 Se subito la nuvola scoscende.
46. Come da lei l'udir nostro ebbe tregua,
 Ed ecco l'altra con sì gran fracasso
 Che somigliò tuonar che tosto segua:
47. « Io sono Aglauro, che divenni sasso. »
 E allor, per istringermi al poeta,
 Indietro feci, e non innanzi, il passo.
48. Già era l'aura, d'ogni parte, queta;
 Ed ei mi disse: — Quel fu 'l duro camo
 Che dovria l'uom tener dentro a sua meta.

erano men rei del padre (Inf., XXVII). In Romagna un ricco cavaliere ha tuttavia nome *il diavoletto*.
41. (L) *Ugolin:* virtuoso Faentino. — *Non.. oscuro:* non hai figli
42. (L) *Tosco:* Dante. — *Nostra:* di Dante e Rinieri — *Ragion:* ragionamento. — *Stretta* di dolore
 (SL) *Tosco.* Due volte dà del toscano, come per denotare diversità che sentivasi tra le due schiatte — *Ragion* Purg. XXII. — *Stretta.* Æn., IX: *Atque animum patriae strinxit pietatis imago.*
43. (L) *Tacendo:* il non dire che sbagliavano, era un dire: Quest'è la via
44. (L) *Poi:* poichè.
 (SL) *Folgore.* Lucano verbosamente: *Qualiter expressum ventis per nubila fulmen Ætheris impulsi sonitu, mundique fragore Emicuit, rupitque diem* (Phars., I).

45 (L) *Apprende:* prende. — *Fuggía* la voce — *Scoscende;* rompe.
 (SL) *Apprende.* È nel Borghini e nel Bembo.
 (F) *Anciderammi,* Caino (Gen., IV, 14): *Omnis qui invenerit me, occidet me.*
46 (L) *Tregua:* non s'udì più.
 (SL) *Segua* Il tuono che segue subito al tuono suol essere con più spavento, forse perchè inaspettato o perchè la scossa non piena nel primo porta nel secondo più violenta scossa.
47 (L) *Indietro,* per tema.
 (SL) *Aglauro* invidiò gli amori di Mercurio con Erse sorella di lei (Ovid. Met., II)
48 (L) *Camo:* sorte di freno che non si metteva tra' denti alla bestia. — *Meta* del bene.
 (F) *Camo.* Ps. XXXI, 9: *In camo et fraeno maxillas eorum constringe,*

CANTO XIV.

49. Ma voi prendete l'esca, sì che l'amo
   Dell'antico avversario a sè vi tira;
   E però poco val freno o richiamo.
50. Chiámavi il cielo, e intorno vi si gira,
   Mostrandovi le sue bellezze eterne:
   E l'occhio vostro pure a terra mira;
   Onde vi batte Chi tutto discerne. —

qui non approximant ad te Purg. XIII,
14: La fren vuol esser del contrario
suono. Ariost. XXX, 71: Se di vergo-
gna un duro fren non era. Monarch.,
pag. 81: Has conclusiones humana
cupiditas postergaret, nisi homines,
tamquam qui sua bestialitate va-
gantes, in camo et fraeno comprescen-
tentur in via. Lai, XXXVII, 29: Po-
nam.. circulum in naribus tuis, et
fraenum in labiis tuis, et reducam
te in viam, per quam venisti.
49 (L) Esca de' beni umani.
(F) Amo Eccl., IX, 12: Sicut pi-
sces capiuntur hamo, sic capiuntur
homines in tempore malo. — Inchia-
mo alla virtù, freno al vizio. Il non
retto uso de' beni terreni fa cupidi e
invidi
50. (SL) [Bellezze. Rinaldo nel Can-
to XVIII della Gerusalemme Liberata,
mentre si apparecchiava alla disfatta
del bosco fatato, alzando gli occhi al
cielo e contemplando Quinci not-
turne e quindi mattutine Bellezze in-
corruttibili e divine, fra sè stesso
pensava: Oh quante belle Luci il
tempio celeste in sè raguna! Ha il
suo gran carro il dì; l'aurate stelle
Spiega la notte e l'argentata luna:
Ma non è chi vagheggi o questa o
quelle E miriam noi torbida luce e
bruna. Ch'un girar d'occhi, un ba-
lenar di riso Scopre in breve confin
di fragil viso. E il Petrarca (Canz.

XXXIX, p. 1): Or ti solleva a più
beata spene. Mirando 'l ciel che ti
si volve intorno Immortel ed adorno]
(F) Chiámavi Aug., de Lib. Arb.,
III, 23: Omnis naturae species et mo-
tus quasi quaedam varii tale lingua-
rum clamat atque increpat agnoscen-
dum esse Creatorem — Gira Arist.,
de Coel., et Fer., II: Il cielo intorno
alla terra si volge. — Mira Dan., XIII,
9: Chinarono il senso loro.. per non
vedere il cielo. Psal. XVI, 11: Oculos
suos s atuerunt declinare in terram.
Isai., XL, 26: Levate in alto gli occhi
vostri e vedete Chi creò queste cose;
e chi produsse in numero la milizia
loro. Aug.: Le bestie fa Dio curve sul
proprio muso, cercanti lor pasto da
terra; te, uomo, su due piedi ritto,
volle che la tua fronte s'ergesse in
su: non si discordi il cuor tuo dalla
faccia. Ad Coloss, III, 2. Quae sur-
sum sunt, sapite. Boet: Riguardate
lo spazio de' cieli, e cessate omai di
mirare cose vili Ovid Met., 1: Os ho-
mini sublime dedit: coelumque tueri
Jussit Arist., de Part. an: Solo di
tutti gli animali l'uomo va ritto per-
chè la sua natura e sostanza è di-
vina Cic., Somn Scip: Fino a quanto
starà la tua mente fissa alla terra?
— Tutto Mach., II, IX, 5: Chi tutto
vede, lo percosse. Greg. Dial., XIV:
Videns omnia.

Pongasi mente al come finiscono le
parlate col canto, e come col canto
cominciano; e ci si sentirà sovente
o la cura dell'arte, o, ch'è meglio,
l'atto della ispirazione
Siccome il profferire che Virgilio
fa il nome di Mantova è scatto all'u-
scita amara contro Italia e Firenze;
così qui dal fervere Dante il nome di
Firenze, con artifizio passionato,
apresi l'ad'to a fare delle più tra le
illustri repubbliche toscane tanti co-
vi di bestie: porci, botoli, lupi, volpi.
Le quali gentilezze ritornano qua e

là nel Poema. In pena forse dello
sfogo iracondo la scaturigine d'Arno
e l'Appennino riescono dipinti al-
quanto penosamente; ma il corso
del fiume personificato è poesia, qual
su le dalla geografia sovente attin-
gerla Dante. Cercando nella poesia
di tutti i tempi e paesi qual può ab-
bia felicemente ispirato, il monte o
l'acque; troverebbesi forse, che le
acque, come più cosa viva, e che al-
l'altezza congiungono la profondità,
la pace all'impeto, alla terribilità la
bellezza.

Vende la carne loro essendo viva, è verso tanto più terribile che semplice; forse il più bello di tutti Ma bella la similitudine in cui l'uomo che ama la patria e il bene, apparisce atterrito dall'annunzio delle lontane vergogne cittadine, come da suo proprio pericolo, che lo atterri, lo *addenti* già Badino i Fiorentini a non fare Dante profeta, laddove predice il riaversi di Firenze lontano mill'anni Converrebbe aspettare il duemila trecento.

Le donne e i cavalier, gli affanni e gli agi, diede l'intonazione all'Ariosto; ma l'Ariosto lodatore d'Ippolito, pochi affanni ci mise, e troppe donne; punito non immeritamente dal motto del suo cardinale, che però non aveva diritto di dirgliene. Dante contempera gli affanni agli agi: ma da quanto sappiamo de' signori di Romagna qui lodati da esso, troppi già erano gli agi, e per civiltà ostentata incivili. Nella lode di quelle famiglie sentesi per altro politica e moralità, storia e arte, congegnate con quella schiettezza di poeta vero, che pare ardimento, e che gl'imitatori affettano di seguire con audacie accattate Chi oserebbe in vero oggidì nominare Arrigo Manardi, Pier Travèrsaro, Bernardino di Fosco, Guido da Prata e Guido di Carpigna, Ugolino d'Azzo, Ugolino de' Fantolini, Pagano il Demonio, Federigo Tignoso? E da tutti cotesti nomi, in breve tratto raccolti, esce verità d'eleganza e lirico movimento. *Ov'è il buon Lizio?... Oh Romagnuoli!... Quando in Bologna? Quando in Faenza? Non ti maravigliar s'io piango Oh Bertinoro che non fuggi via?. Ben fa Bagnacaval che non rifiglia.* Con Bagnacavallo rammentasi Castrocaro, e quel Conio dove aveva tra poco a nascere un conte che sbratterebbe d'Italia la vergogna dell'armi mercenarie straniere, iniziando la storia degli avventurieri italiani, germe di futuri tiranni.

Bello di cordiale schiettezza il concludere: *Ma va via, Tosco, omai; ché mi diletta troppo di pianger più che di parlare* Seguono le voci vendicatrici dell'invidia; invisibili, per l'alto tonanti. Dante si stringe a Virgilio, non per paura qui ma come al po in de' magnanimi affetti, quasi a precursore della piacarità. Di questo m'è indizio il consiglio seguente; dove a due terzine, men belle, soggiungesi l'ultima degna di Virgilio e del cielo. Scrivendola, Dante poteva sentire che, se il *nome suo non suonava ancora molto,* oltre ai mill'anni da lui profetati risuonerebbe. Ma forse, egli che nel 1300 non era ancora cospicuo nella sua repubblica, forse qui prometteva a sè fama non d'altro che di cittadino: e questo sbaglio modesto sarebbe a lui nuova lode.

« *E cento miglia di corso noi sazia.* »

Verissimo: perchè Arno non ne ha meno di centoventi dalla sorgente alla foce.

« *Che dal principio suo dov'è sì pregno.* »

Molte cose, al suo solito, dice in poche parole Il monte alpestro, cioè derivante dalle Alpi e di esse partecipante, è l'Appennino; dal quale è troncato, staccato Peloro, promontorio di Sicilia, presso a Messina, in faccia alla Calabria inferiore, e da cui ha principio nella detta isola quella catena di monti, che apparisce una continuazione dell'Appennino medesimo. Dimostra il Poeta di ritenere l'opinione comune anche al suo maestro Virgilio, essere un tempo la Sicilia stata congiunta all'Italia senza interruzione di mare; il che non manca di probabilità. In quanto poi dice, che la valle dell'Arno ha principio ove esso Appennino è *sì pregno*, che in pochi luoghi è alto di più; intendasi *pregno* per *grosso, panciuto quasi partoriente*; perciocchè ivi realmente avviene una dilatazione notabilissima se non singolare Alla regione della sorgente dell'Arno l'Appennino rigonfia a ponente con la vasta montagna della Falterona, quasi parto di lui; la quale genera alla sua volta la bella catena montuosa, circuita dal nostro fiume, e che si chiama l'Alpe di Pratomagno; e si distende a levante con tre propagini, tutte procedenti dal punto stesso, da cui si stacca la Falterona dalla parte opposta; e quella di mezzo è molto ragguardevole, distendendosi fino alla pianura di Romagna tra Forlì e Bertinoro, e tra le acque del Bidente e del Rabbi. Sicchè tra gli estremi di Pratomagno, sulla destra dell'Arno di contro ad Arezzo, sino al piano di Forlì, esiste una criniera continua di alti e vasti monti, che tagliano in mezzo l'Appennino, e lo fanno rigonfiare nullameno che per una cinquantina di miglia Del resto, non si può intendere, come alcuni hanno inteso, che la parola *pregno* stia per *elevato* o per *pieno d'acqua*; perchè quanto all'altezza, in quel punto l'Appennino è piuttosto mediocre, nè *pochi* sono i suoi culmini, dai quali è sopravanzato quello; e quanto a fecondità di acqua, non ha niente di speciale: tanto più che le sorgenti del Tevere sono in tutt'altro sito, e non li presso, come ha creduto chi tiene questa interpretazione, distando i principii dell'Arno e del Tevere non meno di diciotto miglia, contate sul crinale dell'Appennino, come se fosse tutto allo stesso livello.

« *In fin là 've si rende per ristoro.* »

Per dire semplicemente *infino al mare*, il Poeta espone in questa terzina la magnifica teoria, o meglio lo stupendo fatto, che il cielo, mediante il calore che ci comparte specialmente col sole, fa evaporare le acque dei mari; i vapori acquei ricadono in pioggia; le pioggie alimentano i fiumi, o porgono loro l'acqua, la quale è ciò che va con essi; e questi infine la rendono al mare per ristoro delle perdite fatte da lui con la evaporazione. Tutte queste nozioni potevano elleno dirsi meglio e più brevemente?

« *Dirizza prima il suo povero calle.* »

Detto in modo mirabile delle sorgenti e della foce del nostro fiume, e della estensione del suo corso, passa il Poeta a descriverlo nelle sue varie sezioni. E prima il Casentino, qualificato in vero per guisa da far poco lieti quegli abitanti Lo dice povero, perchè non ancora ha riscosso l'Arno il tributo di altri ragguardevoli bacini Dopo un corso di circa ventitre miglia nella direzione generale di mezzodì verso Arezzo, quando appunto il fiume è giunto al piano che si apre a settentrione di quella città, fa una ripiegata di quasi novanta gradi per dirigersi a ponente; e nel secondare le estreme pendici del Pratomagno, pare che sdegnoso torca il muso ad Arezzo per non volerne sapere; e ripiegandosi ancora nell'abbassarsi, assume in questa seconda sezione un andamento quasi parallelo a quello che aveva nella prima; e nel radere l'orlo occidentale del detto monte, sembra che agli Aretini volga anco le spalle Percorse così altre quindici miglia, incomincia la terza sezione, che c dalla foce d'Ambra nel Valdarno superiore sino a Firenze per miglia ventisette, nella quale trovansi dall'Arno abitanti anche peggiori, secondo Guido del Duca E finalmente la quarta da Firenze al mare, per oltre cinquanta miglia, incontra più pelaghi cupi e animali più cattivi. Per pelaghi cupi sembra che debbano intendersi vari impaludamenti, o traboccamenti, o ramificazioni dell'Arno, specialmente in quest'ultima sezione, ove erano anche nel tempo del nostro Poeta : e ci rimangono anc'oggi i nomi di quattro di quei pelaghi, *cupi* forse perche limacciosi e torbi, che sono *Arnaccio, Arnobianco, Arnomorto* e *Arnovecchio*. (Vedasi *Arno* nel Dizionario del Repetti.)

« *Tra 'l Po e 'l monte e la marina e 'l Reno.* »

In questo verso il Poeta ha segnato, alla sua grandiosa maniera, il quadrilatero, che racchiude la provincia di Romagna Tra il Po e il monte; cioè tra l'ultimo tronco del Po e gli ultimi sproni dell'Appennino: tra la marina e il Reno; ecco le altre due linee determinanti le prime, cioè la riva del mare dalla foce del Po a Rimini, ove i monti scendono sulla marina, e la direzione del fiume Reno, che passa a poca distanza di Bologna a ponente.

IL CONSORZIO DEL BENE.

Sovente il Poeta in un de' suoi Canti getta il germe di cosa che intende poi svolgere; e nel seguente, o in altro poi, ci ritorna; così come fa la natura nelle sue operazioni, e Dio nella storia In questo c'fa dire a un invidioso: *Oh gente umana, perchè poni 'l core Là 'v'è mestier di consorto divieto?* (1): parole che a quell'età dovevano suonare più chiare; chè *consorto* era voce comune ne' suoi, anche troppo storici, significati: ma, confessiamolo, le non sono, nè per la giacitura nè per la scelta, abbastanza evidenti. Le illustrano però queste della Somma: *Per difetto di bontà, accade che certi beni minori non possono in intero essere insieme posseduti da molti; e dalla brama di tali beni è causata la gelosia dell'invidia* (2) Rischiarano Dante, e sono da lui rischiarate, anco le parole di Lucano: *Nulla fides regni sociis, omnisque potestas Impatiens consortis erit* (3) Convivio: *La poritade ne'viziosi è cagione d'invidia, e invidia è cagione di mal giudizio* Ed ecco perchè quanto il bene è più vero, tant'è più comunicabile; quanto più imperfetto o malamente usato, tanto più richiede o pretende, per essere goduto dagli uomini corti o cattivi, privilegi, esenzioni, eccezioni, che sono la morte della giustizia, e dissolvono il consorzio sociale, già non più meritevole di questo nome santo. *Di nessun bene*, dice Seneca, *è giocondo il possesso senza consorzio*; intendendo del bene vero E Boezio: *Omne bonum in commune dedere, uti pulcrius elucescat* Ma per l'appunto i materiali beni della ricchezza sono quelli che più s'armano della necessità del divieto, e si fanno mantice al gelido soffio dell'invidia L'idea dell'avarizia ritorna sotto molte forme a presentarcisi nel poema. I beni dell'ingegno e dell'animo, sebbene umanamente adoprati, pur soffrono compagnia. Boezio: *Vestrae... divitiae, nisi comminutae, in plures transire non possunt. Quod quum factum est, pauperes necesse est faciant quos relinquunt.*

Però Dio *infinito ed ineffabil bene* (4), è altresì quello che più si comunica a tutti, e di cui tutti possono senza invidia godere secondo proporzionata equità. Questo bene corre ad amore come raggio a corpo lucido, e tanto si comunica quanto trova d'amore: *Come lo splendore al sole, così la Grazia*

(1) Simile forma d'esclamazione nel Canto XII: *O gente umana, per volar su nata, Perchè a poco vento così cadi?* Non teme con tali ripetizioni parere povero di modi; e certa varietà accattata è confessione vera di povertà e di miseria.

(2) Som., 2, 1, 28.

(3) Lucan Phars., I.

(4. Som., 2, 2, 7: *Dio immenso e altissimo bene*. – Arist. Fis, III: *Tutti i filosofi attribuiscono l'infinità al primo Principio* Som., 1, 2, 2: *Dio infinito e perfetto bene* Ivi, 2, 2, 162: *Bonum incommutabile*.

consegue all'unione del figlio di Dio con l'umana natura (1). — *L'uomo ha una società spirituale con Dio* (2). — *Tutti i fedeli per la carità uniti, sono membri del corpo uno della Chiesa* (3). — *Io sono partecipe di tutti coloro che temono te* (4).

Della carità che sarà *perfettissima tra' Beati*, come dice la Somma, è toccato anco nel Paradiso (5), e della beatitudine che quindi cresce: onde quel della Città di Dio è *chiamato consorzio* (6); e *nell'amore essa cittadinanza consiste propriamente* (7). — *Il gaudio, quando a più molti è comune, si fa maggiore* (8) — *Nella patria ciascuno godrà de' beni degli altri: e quindi è che ponesi per articolo di fede la comunione de' Santi* (9). *La possessione della bontà non si fa punto minore perch'altri s'aggiunga e rimanga a parteciparne: anzi tanto più ampiamente quanto più concordemente possiede la carità de' socii indivisa. Non avrà questa possessione chi non vorrà averla comune: e tanto la troverà più ampia, quanto più il consorzio d'altri in essa più ampio amerà* (10). — *Chi desidera non sentire le fiamme dell'invidia, desideri quella eredità che via dal numero de' possedenti accresciuta* (11). *Chi ama solo quel bene che all'amante non può esser rapito, egli senza fallo è invitto nè da veruna invidia cruciato; perch' eg'i ama cosa, alla quale quanti più giungono, tanto più esuberantemente egli ne congioisce* (12)

La quale dottrina dell'essere più possedítori, e tutti più ricchi, e del ricevere dal consorzio incremento alla beatitudine che viene dalla visione divina, la quale sola essenzialmente basta di per sè a beatitudine, così si dichiara: *La creatura spirituale ha giunta estrinseca di beatitudine da questo, che l'un l'altro si vedono, e godono della mutua compagnia* (13) — *I Santi godono de' nostri beni tutti, non però che, moltiplicate le nostre gioie, il gaudio loro aumenti formalmente, ma materialmente soltanto. Non godono più intensamente Dio, ma godono più cose in esso* (14)

In questo Canto, ove trattasi dell'uguale godimento de' beni, e nel diciottesimo dove della libertà dell'umano volere, Virgilio, dichiarata filosoficamente la cosa, promette a Dante da Beatrice spiegazioni maggiori; perchè veramente queste due grandi questioni, da cui pende la moralità tutta e la storia, non può la scienza e virtù umana sciorle nè in dottrina nè in fatto; ma vuolsi un'algebra divina che concilii le contradizioni apparenti dell'idea, e quelle più gravi che dalle passioni frappongonsi nella vita.

(1) Som., 3, 7.
(2) Som, 2, 1, 109.
(3) Som. Sup., 71.
(4) Psal XXVIII, 63.
(5) Par., III.
(6) Som. Sup, 99.
(7) Aug, de Civ Dei, IV.
(8) Aug., Conf., VIII.
(9) Som. Sup., 71.
(10) Aug., de Civ. Dei, XV.
(11) Greg.
(12) Aug., Ver. rel., e Med. Alb. Cr.: *Il regno celeste è sì grande e spazioso, che per moltitudine di Beati non si dividerà.* Conv.: *Li Santi non hanno tra loro invidia; perocchè ciascuno aggiunge il fine del suo desiderio; il quale desiderio è colla natura della bontà misurato.*
(13) Aug., Gen., VIII.
(14) Som. Sup., 71. E altrove (2, 1, 4): *Non è richiesta di necessità la società d'amici a beatitudine, perchè l'uomo ha tutta la pienezza della sua perfezione in Dio: ma siffatta società aggiunge al ben essere della beatitudine: onde Agostino dice che la felicità intrinseca viene all'anima dall'eternità, da la revita, dall'amore del Creatore; ma all'estrinseca giova che l'una l'altra anima veda, e godano della mutua società.*

CANTO XV.

ARGOMENTO.

Il sole piega all'occaso: trovano l'Angelo, salgono salita men ardua. Sono nel girone dell'ira. Andando, Virgilio spiega come il bene vero, cioè lo spirituale, da più goduto, più contenta ciascuno. — Il Poeta in visione contempla esempi di mansuetudine e misericordia: le dolci parole da Maria dette al figlio smarrito nel tempio; la risposta di Pisistrato incitato a punire chi aveva baciata la sua figliuola; la preghiera di Stefano per i suoi uccisori: un esempio profano in mezzo a due sacri. Entrano nel fumo ch'è pena agli ardori dell'ira.

Nota le terzine 1, 3, 5, 6; 10 alla 13; 17, 19, 23, 24, 25; 28 alla 31; 36, 37, 39, 40, 41, 43, 44 con l'ultime tre.

1. Quanto, tra l'ultimar dell'ora terza
   E il principio del dì, par della spera
   Che sempre, a guisa di fanciullo, scherza;
2. Tanto pareva già invêr la sera
   Essere, al Sol, del suo corso, rimaso:
   Vespero là, e qui mezzanotte, era.
3. E i raggi ne ferían per mezzo 'l naso,
   Perchè per noi girato era sì 'l monte,
   Che già dritti andavamo invêr l'occaso.

---

1. *Quanto* spazio. — *Ultimar:* finir. *Par:* apparisce
(SL) *Scherza* Semint.: *Meandro, fiume di Troia giochi nelle liquide acque, e con dubbioso scorrimento corri innanzi e a drieto* Georg, 1: *Nantes in aqua colludere plumas.* Æn., VIII: *Sicut aquae tremulum labris ubi lumen ahenis Sole repercussum aut radiantis imagine Lunae, Omnia pervolitat late loca.*

(F) *Quanto* Veggansi alla fine del Canto, le osservazioni del Prof. Antonelli. E così per le terzine seguenti.
2 (L) *Là:* in Purgatorio. — *Qui:* nel nostro emisfero
3. (L) *Per:* da.
(SL) *Ferían*. Æn., VIII: *Lumen... ferit laquearia.* — Per. Inf. XXVI. *Dove per lui, perduto, a morir gissi.*

4. Quand'io sentii a me gravar la fronte
   Allo splendore, assai più che di prima;
   E stupor m'eran le cose non conte;
5. Ond'io levai le mani invêr la cima
   Delle mie ciglia, e fecimi il solecchio,
   Che del soverchio visibile lima.
6. Come quando dall'acqua o dallo specchio
   Salta lo raggio all'opposita parte,
   Salendo su per lo modo parecchio
7. A quel che scende; e tanto si diparte
   Dal cader della pietra in igual tratta
   (Sì come mostra esperïenza e arte);
8. Così mi parve da luce, rifratta
   Ivi dinnanzi a me, esser percosso;
   Per che a fuggir la mia vista fu ratta.

4. (L) *Allo:* dallo. — *Non conte;* nuove.
(SL) *Prima.* Trecent. ined : *Migliore che non era stato di prima.* Vive in Toscana

5 (L) *Fecimi:* parai la luce con mano. — *Visibile:* lume. — *Lima:* scema.
(SL) *Mani.* Ovid. Met, II: *Opposuitque manum fronti* — *Solecchio.* Per arnese che difenda dal sole, l'usa Gio Villani — *Visibile.* Sostantivo, al modo delle scuole; come *sensibile:* Purg, XXX Ovid Met., VII: *Contraque diem radiosque micantes Obliquantem oculos* (V la 1 47). — *Lima* Lo strano traslato usasi in parte coll'imagine virgiliana de' raggi del fulmine lavorati alla lucina vulcanici, e del *limare* detto in genere per scemare [Ant] Metallo limato scema di gravità : così quel riparo scemava agli occhi la gravezza del bagliore. Purg., XVII: *Al sol che nostra vista grava.*

6. (L) *Parecchio:* pari
(SL) *Parecchio.* Anco in prosa.
(F) *Come* Notiamo col Torelli che la legge della riflessione della luce fu già dimostrata negli specchi piani, concavi e convessi, nella prima proposizione della Catottrica di Euclide; che la perpendicolare fu chiamata *il cader della pietra* da Alberto Magno nel libro delle cause e proprietà degli elementi, celebre allora ; che *rifratta* sta qui per *riflessa,* distinzione agli antichi non nota, poichè il deviare in genere de' raggi fu denotato dal greco ἀναπλασθαι spezzarsi. Onde si spieghi: come quando un raggio di luce, dall'acqua o dallo specchio, rimbalza all'opposta parte, risalendo con la stessa legge per cui scese; facendo cioè l'angolo di riflessione uguale all'angolo d'incidenza, e tanto si scosta dalla perpendicolare salendo, quanto se n'è discostato scendendo, scorso ch'egli abbia in salire un tratto eguale (vale a dire che se il raggio scende dall'altezza d'un miglio, e salga riflesso altrettanto, le estremità di lui saranno d'una e d'altra parte ugualmente distanti dalla perpendicolare), secondochè dimostra l'esperienza e la scienza, al medesimo modo mi parve essere percosso in volto da una luce riflessa: riflessa dall'Angelo a terra, dalla terra a me. Poichè Dante non guardava direttamente l'Angelo ; ma s'era fatto parasole della mano alle ciglia. — *Salta.* Som : *Lux resultat in speculo Resultat ex luce color.*

7 (L) *Dal:* dalla perpendicolare. — *Tratta:* tratto. — *Arte* catottrica.
(F) *Cader* Alberto dice che gli Etiopi hanno due estati ardenti, perchè il sol passa due volte *il caso della pietra* (perpendicolarmente) sopra il lor capo E certo la pietra cade sempre perpendicolare alla terra. — [*Pietra* Quel sommo sapeva quanto il suo secolo ; ma non e da dissimulare che alcuna volta prodigò i suoi tesori, ove sarebbe stato meglio farne uso più moderato] — *Arte* Arist.: *L'esperienza è la scienza delle cose, l'arte la scienza delle cagioni.*

8. (L) *Rifratta:* riflessa. — *Fuggir:* mi volsi.

9. — Che è quel, dolce padre, a che non posso
 Schermar lo viso, tanto che mi vaglia
 (Diss'io), e pare invêr noi esser mosso? —
10. — Non ti maravigliar se ancor t'abbaglia
 La famiglia del cielo (a me rispose).
 Messo è, che viene ad invitar ch'uom saglia.
11. Tosto sarà ch'a veder queste cose
 Non ti fia grave, ma fieti diletto,
 Quanto natura a sentir ti dispose. —
12. Poi giunti fummo all'Angel benedetto;
 Con lieta voce disse: — Entrate quinci. —
 Ad un scaléo, vie men che gli altri eretto.
13. Noi montavamo, già partiti linci:
 E « Beati misericordes » fue
 Cantato retro; e: « Godi tu che vinci. »
14. Lo mio maestro ed io, soli amendue,
 Suso andavamo; ed io pensava, andando,
 Prode acquistar nelle parole sue.
15. E dirizzámi a lui, sì dimandando:
 — Che volle dir lo spirto di Romagna,
 E divieto e consorto menzionando? —
16. Perch'egli a me: — Di sua maggior magagna
 Conosce il danno: e però non s'ammiri
 S'e' ne riprende, perchè men sen' piagna.

9. (L) Schermar: schermir. — Viso: vista. — Vaglia: valga a vedere
10 (L) Famiglia: gli Angeli. — Ch'uom: che si salga.
(SL) Messo. Verso dall'Alfieri notato come de' belli
(F) Abbaglia Exod., III. 2; Dan., X, 1 — Famiglia. [C.] Ad Hebr., 1: Administratorii spiritus.
11. (F) Quanto. La natural disposizione è apparecchio a' doni celesti.
(SL) Diletto Purg., XII: Fia diletto loro esser su pinti
12. (L) Poi: poiché — Scaléo: scala. —, Eretto: erto
13. (L) Linci: di lì. — Retro: dietro a noi.
(SL) Linci. Lat.: Illinc. - Inf., XII: Costinci.
(F) Beati Matth, V, 7. Ambr. in Luc., VI: Chi gode comunicare ad altrui il bene proprio, è alieno dal bene altrui, come l'invido fa. — Godi. Matt., V, 12: Godete e esultate; che la mercede vostra è copiosa ne' cieli Godi che tu vinci, salendo, l'invidia e gli altri ignobili affetti [C.] Rom, 12: Noli vinci a malo, sed vince in bono malum E sopra spe gaudentes
14. (L) Prode: pro.
(SL) Prode Purg, XXI, t. 25.
15 (L) Sì: così — Spirto: Guido — Divieto: che i beni esterni non si possono insieme godere da tutti.
(SL) Dir. Purg, XIV, t. 29. - E raddoppia l'e senz'espressa necessità, come i Latini sogliono; ma qui gli ha un valore perchè fa sentire il contrapposto tra privilegio e comunione
16 (L) Magagna: l'invidia. — Men: meno si pecchi d'invidia e però sia minore la pena e il pianto.
(SL) Magagna. Ovidio, Pistole: M'apponi nuove magagne.

17. Perchè s'appuntano i vostri desiri
   Dove per compagnia parte si scema,
   Invidia muove il mantaco a' sospiri.
18. Ma se l'amor della spera suprema
   Torcesse in suso il desiderio vostro,
   Non vi sarebbe al petto quella tema.
19. Chè, per quanti si dice più lì *nostro*,
   Tanto possiede più di ben ciascuno,
   E più di caritate arde in quel chiostro. —
20. — Io son, d'esser contento più digiuno
   (Diss'io), che se mi fossi pria taciuto;
   E più di dubbio nella mente aduno.
21. Com'esser puote che un ben, distributo,
   I più posseditor' faccia più ricchi
   Di sè, che se da pochi è posseduto? —
22. Ed egli a me: — Però che tu rificchi
   La mente pure alle cose terrene,
   Di vera luce tenebre dispicchi.
23. Quello infinito ed ineffabil Bene
   Che lassù è, così corre ad amore,
   Come a lucido corpo raggio viene.
24. Tanto si dà, quanto trova d'ardore:
   Sì che, quantunque carità si stende,
   Cresce sovr'essa l'eterno valore.

17. (L) *Appuntano:* tendono. — *Scema:* più ne godono e meno ne ha ciascheduno. — *Invidia:* di lì si fomenta. — *Mantaco:* mantice.
(SL) *Mantaco* Guittone: *Coi mantachi di superbia enfiati*. E il Sacchetti
18 (L) *Spera:* ricchezza celeste — *Non:* non avreste — *Tema* di perdere il vostro per il bene altrui
(SL) *Spera* V Canto precedente in fine — *Sarebbe* Forma latina: *Esset vobis*
19. (L) *Per:* per quanti più godono in comune. — *Chiostro:* cielo
(SL) *Nostro* Par., XIX. L'aquila conserto d Beati dice *Io* e *Mio* invece di *Noi* e *Nostro* — *Chiostro* Par., XXV: *Nel beato chiostro*.
20 (L) *Digiuno:* intendo meno di prima.
(SL) *Digiuno*. Inf., XVIII, t. 14: *Di veder costui non son digiuno*. — *Esser digiuno d'esser contento*, modo contorto. Greg. Mor.: *A modis omnibus jejunet*. — *Aduno*. Inf., VII, t. 18: *Vano pensiero aduni*.
21 (L) *Più:* il maggior numero.
(SL) *Distributo*. Fuor di rima nel II del Paradiso, t. 23 — *Posseditor'* Som.: *La possessione del bene supremo*.
22 (L) *Pure:* sempre.
(SL) *Tenebre*. Som.: *Tenebras errorum*. — *Dispicchi*. Spiccar tenebre dalla *luce* non pare bel modo. Pur dipinge, come l'uomo dalla stessa verità tragga errore con violenza infruttuosa e nociva Simile in Agostino
(F) *Luce* Hor., de Arte poet.: *Non fumum ex fulgore, sed ex fumo dare lucem* Boet: *Rimosse le tenebre d lle fallaci affezioni, tu possa conoscere lo splendore della luce vera*
23 (L) *Bene:* Dio.
24. (L) *Dà* a noi. — *Ardore* in noi. — *Quantunque:* quanto.
(SL) *Dà*. Purg., XIII, t. 36: *Sè ne*

25. E quanta gente più lassù s'intende,
   Più v'è da bene amare, e più vi s'ama;
   E, come specchio, l'uno all'altro rende.
26. E se la mia ragion non ti disfama,
   Vedrai Beatrice: ed ella pienamente
   Ti torrà questa, e ciascun'altra, brama.
27. Procaccia pur, che tosto sieno spente,
   Come son già le due, le cinque piaghe,
   Che si richiudon per esser dolente. —
28. Com'io voleva dicer: « Tu m'appaghe »,
   Giunto mi vidi in sull'altro girone;
   Sì che tacer mi fèr le luci vaghe.
29. Ivi mi parve in una visione
   Estatica di subito esser tratto,
   E vedere in un tempio più persone;
30. E una donna, in sull'entrar, con atto
   Dolce di madre dicer: — Figliuol mio,
   Perchè hai tu così verso noi fatto?
31. Ecco dolenti lo tuo padre ed io
   Ti cercavamo. — E come qui si tacque,
   Ciò che pareva prima, disparío.
32. Indi m'apparve un'altra, con quell'acque
   Giù per le gote, che il dolor distilla
   Quando di gran dispetto in altrui nacque;

presti. Par., I: *O divina virtù se mi ti presti Tanto...* — *Ardore* Par., XIV, t. 44: *La sua chiarezza séguita l'ardore.* — *Valore.* Di Dio, in senso di *bene,* più volte nel Paradiso.
25.(L) *S'intende:* ama. — *Rende* il bene.
(SL) *S'intende* In antico valeva *ama;* e dipingeva l'amore come un volontario attendere della mente coll'altre potenze tutte.
26 (L) *Disfama:* appaga. — *Ella:* la scienza rivelata.
(SL) *Disfama.* V. la terz 20.
27 (L) *Piaghe:* peccati. — *Per:* per pentimento.
(F) *Spente.* Aug., in Joan.: *Carnis vitia extinquere.* — *Piaghe* Aug., in Felic: *Anima vulnerata.* Som.: *De vulneribus quibus humana natura vulnerata est per peccatum.*
28. (L) *Vaghe* di vedere.
(SL) *Vaghe.* Purg., X, l. 3§† *Gli occhi miei, ch'a mirar erano intenti Per veder novitati, onde son vaghi.*
(F) *Appaghe.* La ragione arriva a mostrare che il bene dai più posseduto è più grande.
29. (L) *Persone:* dottori, popolo.
(SL) *Visione.* Qui sculture non sono, perchè 'l fumo toglie la vista. Terz 33: *Indi m'apparve un'altra.* Som.: *Imaginaria visione o fantastica apparizione.*
(F) *Estatica.* Som: *Extasis importat excessum in se ipso; raptus super hoc addit violentiam quandum.*
30. (F) *Perchè* Luc., II. 48: *Fili, quid fecisti nobis sic? E ce pater tuus et ego dolentes quaerebamus te.*
32. (L) *Acque:* lagrime.
(SL) *Acque.* Psal CXVIII, 136: *Exitus aquarum deduxerunt oculi mei.* Jer., IX, 18: *Palpebrae nostrae defluant aquis.* E Thr., I, 16.

33. E dir: — Se tu se' sire della villa
   Del cui nome ne' Dei fu tanta lite,
   E onde ogni scienza disfavilla;
34. Vendica te di quelle braccia ardite
   Che abbracciâr nostra figlia, o Pisistráto. —
   E il signor mi parea, benigno e mite,
35. Risponder lei con viso temperato:
   — Che farem noi a chi mal ne desira,
   Se quei che ci ama è per noi condannato? —
36. Poi vidi genti accese in fuoco d'ira
   Con pietre un giovanetto ancider, forte
   Gridando a sè pur: « Martíra, martíra! »
37. E lui vedea chinarsi, per la morte
   Che l'aggravava già, invêr la terra;
   Ma degli occhi facea sempre al ciel porte,
38. Orando all'alto Sire in tanta guerra,
   Che perdonasse a' suoi persecutori,
   Con quello aspetto che pietà disserra.
39. Quando l'anima mia tornò di fuori
   Alle cose che son fuor di lei vere,
   I' riconobbi i miei non falsi errori.
40. Lo duca mio, che mi potea vedere
   Far siccom' uom che dal sonno si slega,
   Disse: — Che hai, che non ti puoi tenere?

---

33. (L) *Villa*: città d'Atene. — *Lite*: del chi l'avesse a nominare, Nettuno o Minerva. — *Onde*: dalla quale
(SL) *Lite*. Ovid Met. — *Onde*, Ovidio d'Atene: *Opibusque virisque et festa pace virentem* (Met, VI). Cic.: *Omnium bonarum artium inventrices Athenas*.
34. (SL) *Pisistrato*, Valerio Mass., V, 1 Fu tiranno, ma non senza coraggio.
35 (L) *Lei*: a lei — *Ne*: ci. — *Per*: da.
(SL) *Temperato*. Armannino: *Temperato dire*
36. (SL) *Accese* Æn.. XII: *Furiis accensus et ira Terribilis* - II: *Exarsere ignes anime* Ezech, XXII, 31: *In igne irae*
37. (L) *Ciel*: guardando in alto, vedeva i cieli aperti
(SL) *Aggravava*. Ovid. Met., IV: *Oculos jam morte gravatos*. — *Terra*.

Æn., XI: *Ad terram... fluens* (di morente). — *Porte* Strano modo, ma potente. Par., XXVII: *Gli occhi che fur por'e, Quand'ella entrò*..
38. (L) *Disserra*: mostra aperto.
(SL) *Orando* Act. Apost, VII, 59: *Ne statuas illis hoc in peccatum* — *Disserra* Non sai se l'aspetto disserri la pietà, o la pietà l'aspetto Il primo intendesi dal senso; ma non è nè chiaro nè bello
39. (L) *Non falsi*: visione era, ma mostrava cose morali intrinsecamente vere
(SL) *Tornò* Inf., VI: *Al tornar della mente, che si chiuse Dinnanzi alla pietà*
40 (L) *Tenere* ritto.
(F) *Slega* Bocc: *La virtù fantastica la quale il sonno lega*: Arist., de Somn. et Vig: *Il sonno è vincolo che rende immobile la parte sensitiva*. Un Inno: *In rumpis noctis vincula*.

CANTO XV.

41. Ma se' venuto più che mezza lega
 Velando gli occhi, e con le gambe avvolte,
 A guisa di cui vino o sonno piega? —
42. — O dolce padre mio, se tu m'ascolte,
 I' ti dirò (diss'io) ciò che m'apparve
 Quando le gambe mi furon sì tolte. —
43. Ed ei: — Se tu avessi cento larve
 Sovra la faccia, non mi sarien chiuse
 Le tue cogitazion', quantunque parve.
44. Ciò che vedesti, fu perchè non scuse
 D'aprir lo cuore all'acque della pace
 Che dall'eterno fonte son diffuse.
45. Non dimandai: « Che hai? », per quel che face
 Chi guarda pur con l'occhio che non vede
 Quando disanimato il corpo giace;
46. Ma dimandai per darti forza al piede:
 Così frugar conviensi i pigri lenti
 Ad usar lor' vigilia, quando riede. —
47. Noi andavam per lo vespero attenti,
 Oltre, quanto potea l'occhio allungarsi,
 Contra i raggi serotini e lucenti:

---

41. (L) *Avvolte*: non con isciolto passo — *Di cui*... d'uomo cui...
(SL) *Avvolte*. Æn, X: *Inque ligatus* (di chi va a stento).
(F) *Venuto* Arist, de Somn. et Vig.: *Muovonsi certuni mentre dormono, e fanno di molte cose che sono d'uomo che veglia, non però senza fantasma e senza un qualche sentimento*.
42. (SL) *Tolte*. Diciamo: *perder la mano, mezza la vita*.
43. (L) *Larve*: maschere. — *Cogitazion'*: pensieri — *Parve*: piccole.
(SL) *Larve* Per maschere, Par., XXX — *Non*. Virgilio e de' saggi che *non veggon pur l'opra. Ma per entro i pensier miran col senno* (Int., XVI) — *Cogitazion'* L'usa il Cavalca, e S. Caterina e il Nardi.
44. (L) *Scuse*: ti scusi.
(SL) *Scuse*. Quadre per scusarsi nella Vita di S. Girolamo.

(F) *Acque*. Joan., IV, 14: *Fons aquae salientis in vitam aeternam*.
45. (L) *Face*: fa. — *Pur*: sol. — *Occhio* del corpo. — *Disanimato*: morto.
(SL) *Disanimato*. Quint, Decl: *A' corpi, i quali il crudel fuoco disanimò*
46. (L) *Frugar*: stimolare. — *Riede* l'ora dello stare desti
(SL) *Frugar* Purg, III, t. 1: *Al monte ove Ragion ne fruga* — *Pigri*. Simile pleonasmo è in Albertano: *Per freddo si fanno pigri e lenti*. Pigri qui è il sost. — *Vigilia* A scuoter dal sonno uomo appena svegliato, giova parlargli
47. (L) *Per*: di contro. — *Allungarsi*: allontanarsi
(SL) *Vespero* Æn, I: *Per noctem*. [Come è evidente questa pittura e ad un tempo patetica *Essi pel queto Tacer del vespro alla marittim'onda*.]

48. Ed ecco, a poco a poco un fummo farsi
Verso di noi, come la notte oscuro;
Nè da quello era luogo da cansarsi.
Questo ne tolse gli occhi e l'aër puro.

48. (SL) *Aer.* Æn., I: *Eripiunt... nubes coelumque di-mque Teucrorum ex oculis* Tasso, più languido: *Dagli occhi de' mortali un negro velo Rapisce il giorno e'l sole.*
(F) *Fummo.* Job. XVII. 7: *Caligavit ab indignatione oculus meus.* Ps., VI, 8: *Turbatus est a furore oculus meus.* Chrys: *Ita è fuoco con fumo.* Del fuoco dell'ira esce fumo e toglie il vedere dell'ira gli effetti — *Cansarsi.* Isai, XIV, 34: *Ab aquilone... fumus veniet, et non est qui effugiet agmen ejus.* — *Tolse* Som: *Tenebrositas est poena peccati.*

Non solo la similitudine, troppo lungamente dotta del raggio, ma parecchi altri versi e locuzioni di questo Canto, lo rendono non comparabile al precedente. Il raggio che scherza *a guisa di fanciullo*, e comparazione che piace a me per l'allegra semplicità e per l'ardire; quand'anco la si voglia dettata dalla rima Nei ragionamento sopra la comunione dei beni veri, la quale ne accresce il mutuo godimento; notabili segnatamente i versi che incominciano: *Quell'infinito..*: gli altri più sopra, non di franchezza pari; ma pochi moderni saprebbero esporre la verità con maggiore evidenza Delle tre la più bella e la visione di Maria, perchè la più semplice; e quell'osar di tradurre il Vangelo alla lettera, e non osar d'abbellirlo, è bellezza degna di Dante Pisistrato lo ispira men bene di Stefano *Martira, martira!* rammenta *Muora, muora!* (1) — *Guarda, guarda!* (2) — *Or se' tu costì ritto? Or se' tu costì ritto?* (3) — *Non son colui, non son colui che credi* (4) — *Ben son, ben son Beatrice* (5). — *Il luogo mio, il luogo mio, il luogo mio* (6). — *Cristo, Cristo!* (7).

(1) Par., VIII.
(2) Inf., XXI.
(3) Inf, XIX.
(4) Inf., XIX.
(5) Purg., XXXI.
(6) Par, XXVII.
(7) Par., XIX.

CANTO XV.

OSSERVAZIONI DEL PROF. P. G. ANTONELLI.

« *Quanto, tra l'ultimar dell'ora terza...* » (T. 1.)

Nelle due prime terzine il Poeta vuole indicarci l'ora corrente a questo punto del suo viaggio per mezzo d'un arco di eclittica, la quale è nella spera del sole, sta per la spera medesima, e nel movimento uniforme diurno della sfera stellare muta posizione, rispetto all'orizzonte e al meridiano di un dato luogo, così variamente e continuamente da risvegliare l'idea d'un fanciullo che stia vivamente scherzando, e non trovi mai posa. I primi versi dicono dunque: quanto è l'arco d'eclittica, che si rende parvente tra il principio del dì e l'ultimare dell'ora terza, tanto ormai appariva esser rimasto al sole del suo corso verso la sera: qui era mezzanotte e là vespro. Per fare evidente la profondità e l'ampiezza della scienza astronomica, racchiusa in questo discorso, noteremo per prima cosa che l'eclittica e l'orizzonte essendo cerchi massimi, e quindi la metà del primo trovandosi al disopra, l'altra metà al disotto rispetto al secondo, il comparire d'una porzione dell'eclittica in un dato tempo dovrà intendersi di un arco spettante a quella parte che rimane sotto l'orizzonte al principio del tempo assegnato, perchè la parte che si trova al disopra è già in prospetto, e non fa bisogno che si mostri. Poi noteremo che il dì propriamente detto, comincia col sole all'orizzonte; che il sole è sempre nell'eclittica, trascurando piccolissimi spostamenti, perche trascurabili, e perche il Poeta nostro non poteva tenerne conto, ignorandoli; e che però l'arco parvente dal principio del dì al termine di alcune ore successive sarà quello che rimane compreso fra il punto occupato nell'eclittica dal centro del sole nascente, e il punto determinato sull'eclittica stessa dal suo incontro con l'orizzonte, alla fine del tempo indicato. Finalmente osserveremo, che la natura e l'oggetto della similitudine, e lo avere usato il presente, *par della spera*, quando si tratta dell'arco che deve servire di paragone, e l'imperfetto *pareva* allorchè parla di quello che voleva in conclusione significare, c'induce a dover computare il primo per l'orizzonte del Poeta scrivente, ben inteso nelle medesime condizioni di posizione in cui era il sole, quando il Poeta stesso si supponeva veggente. Ciò premesso, quando procedasi com'è detto alla pagina 65 e seguenti del nostro opuscolo sulle dottrine astronomiche della Commedia, troveremo che faceva un'ora e una cinquantina di minuti al momento di cui si ragiona; e se invece di tre ore intere, come li si suppone, assumasi qualche cosa di meno (perchè il Poeta dice tra l'*ultimare* dell'ora terza e il rincipio del dì), avremo al più le ore due pomeridiane sul monte del Purgatorio. Ma due ore dopo il mezzogiorno in quel luogo, corrispondono a due

DANTE. *Purgatorio.* 14

ore dopo la mezzanotte a Gerusalemme: dunque se qui era mezzanotte, la differenza di longitudine tra Gerusalemme e l'Italia era supposta di due ore al più dal Poeta, e non di tre, come per molto tempo fu creduto da molti. Veggasi di ciò l'opuscolo sopra citato.

« *E i raggi ne ferian per mezzo 'l naso.* » (T. 5.)

Come fu detto al Canto XIII i due Poeti procedevano su questa seconda cornice da levante a tramontana, mossi dopo che il sole era passato per il meridiano Ora ci viene significato, che erano pervenuti a tal punto della cornice che i raggi solari li ferivano per mezzo il naso, cioè Dante e Virgilio si trovavano nel piano verticale, in cui essendo pure il sole, risultava tangente a quel circolare cammino. Ma il sole era ancora alto sull'orizzonte del Purgatorio; e per di più aveva una declinazione boreale; dunque non erano per anche giunti al settentrione della montagna, ove avrebbero avuto in faccia il vero punto cardinale di ponente e il sole un po' sulla destra, se pure per occaso non voglia intendersi il luogo dell'orizzonte, ove in quel di tramontava il sole; nel qual supposto il settentrione del monte poteva essere più lontano rispetto alla posizione attuale de' Poeti, i quali si sarebbero diretti più presso a quel luogo di tramonto che all'occaso medio, il quale è punto cardinale dell'orizzonte.

« *Come quando dall' acqua o dallo specchio.* » (T. 6.)

L'essersi fatto colle mani il solecchio, non salvò gli occhi del Poeta da un colpo di luce, che lo costrinse a volgersi altrove, e che procedendo da un Angelo, di lì non lontano, venne riflesso dalla *schietta via* del *livido color della petraia*, come dice sul principio del XIII Canto Questo giuoco di riflessione viene così stupendamente descritto, che di meglio non si potrebbe neppur oggi desiderare. Dice primieramente, che da una superficie riflettente, quale è quella dell'acqua ferma o di uno specchio, un raggio, che vi cada, salta in opposita parte, siccome avviene realmente rispetto alla linea verticale, determinata dal cader della pietra o dalla retta che tengono i gravi cadenti, restando così il raggio riflesso nello stesso piano che con la verticale faceva cadendo. Dice che questo salto lo fa salendo su per lo modo parecchio a quel che scende, cioè in modo uguale a quello che tiene scendendo; e per conseguenza dichiara finalmente, che in ugual tratto o lunghezza, tanto venendo, quanto nel ritornando, si discosta ugualmente dalla verticale; cioè dalle estremità superiori dei tratti uguali, presi sulle due direzioni. Conducendo una normale sulla verticale che rimane tramezzo, queste normali sono uguali; lo che non potrebb'essere se l'angolo d'*incidenza* non fosse uguale all'angolo di riflessione. Soggiungendo poi « si come mostra esperienza e arte » ci viene a dire che questo teorema di ottica era noto; ed infatti si conosceva molti secoli prima. E in quanto al verso 22 ove chiama rifratta la luce, che noi diciamo *riflessa*, è da notare che il Poeta parla con pienezza di proprietà, perché veramente anche il raggio che si riflette si spezza in quel ripiegarsi bruscamente, facendo un angolo al punto d'incidenza, ove supponesi la normale alla superficie riflettente. Questa normale si chiamava in antico *cader della pietra* anche quando la superficie di riflessione non era orizzontale, come il Torelli notò.

CANTO XV. 211

« *Come a lucido corpo raggio viene.* » (T. 25.)

Parrebbe che qui dal Poeta si volesse dire, che i raggi solari sono più disposti per loro natura a venire ai corpi lucidi, cioè tersi, levigati e simili, che a quelli i quali sono meno atti a riflettere e quasi a ricambiare di luce; ma questo concetto potrebbe ammettersi soltanto come per modo poetico, sapendosi, ed egli pure doveva esserne ben persuaso, che i raggi procedenti da un oggetto luminoso piovono ugualmente su tutti i corpi, che si trovino nella stessa condizione di distanza rispetto a quella sorgente di luce.

« *E, come specchio, l'uno all'altro rende.* » (T. 25.)

Qui la similitudine sta egregiamente in ogni rispetto. Per effetto di reflessione viene a moltiplicarsi la luce. La stessa vivacità degli splendori solari procede dalle reflessioni atmosferiche; perciocchè elevandosi alle alte regioni dell'aria, il sole non ha niente di abbagliante, e perde tanto del fulgore, che se gli attribuisce dal basso che pare un'altra cosa.

« *Noi andavam per lo vespero attenti.* » (T. 17.)

Il Poeta viene a dirci, che il giro del monte, anco a quell'altezza del terzo balzo, era molto ampio; perchè la vista vi si stendea quanto poteva allungarsi, non quanto le si permetteva dalla curvatura della cornice; e perchè specialmente procedeva contro i raggi serotini e lucenti il che fu manifesto aversi sempre il sole in faccia dai nostri Poeti. Ma quando salirono a questo terzo girone, avevano il sole nel mezzo della fronte, e ormai oltre la salita della scala, avevano camminato quasi una lega, cioè intorno a due miglia: dunque doveva piegare ben poco la cornice se manteneva i nostri viaggiatori nella direzione dell'occaso, non ostante quel lungo cammino; e quindi essa doveva avere un gran raggio, e il monte una bella grossezza. In quanto poi dice che andavano per *lo vespero* sembra che debba intendersi che camminavano durante l'ora di vespro, come si direbbe: io passeggio per *il meriggio*, per dire nel bel mezzo del giorno.

LA FANTASIA.

Le sue visioni narrando, il Poeta sale ai principii della filosofia umana e divina de' quali era ispirato, e senza i quali non s'ha del suo verso nè piena nè vera intelligenza. Additiamoli.

L'atto della fantasia è causato dall'atto del senso (1). — *L'anima dell'uomo quaggiù ha di bisogno di volgersi a' fantasmi perchè al corpo è legata, e in certo modo dipende da esso* (2). — *L'operazione intellettiva dipende in noi dalla sensitiva, perchè non possiamo intendere senza fantasma, come è detto nel terzo dell'anima ; il quale fantasma non è senza gli organi corporali* (3). — *Le specie ricevute nell'imagine e nel senso hanno condizioni materiali* (4). — *L'imaginazione è più alta potenza che il senso* (5) — *Il fine della potenza intellettiva non è conoscere i fantasmi, ma le specie intelligibili le quali essa apprende da' fantasmi e ne' fantasmi.* — *I fantasmi sono all'anima intellettiva, come i colori alla vista* (7). — *La fantasia o imaginazione è quasi un tesoro delle forme ricevute dal senso* (8).

Dai passi recati hanno lume i versi seguenti e più da quelli che a loro soggiungeremo : *O imaginativa... Chi muove* (9) *te, se il senso non ti porge? Muoveti lume* (10) *che dal ciel s'informa, Per sè, o per voler che giù lo scorge* (11).

La forma d'ogni cosa sensibile è inferiore all'uomo; onde per essa non si perfeziona l'intelletto se non in quanto essa forma partecipa della somiglianza d'altri oggetti che è il lume intelligibile superiore all'intelletto umano (12). — *L'informazione è unione, cioè la massima delle assicuranze.* — *Ogni informazione della materia, o è immediatamente da Dio o da alcuno agente corporale* (13). — *I fantasmi muovono la mente* (14). — *Il moto dell'i-*

(1) Som., 1, 77.
(2) Som., 3, 11.
(3) Som., 2, 1, 3 e 4.
(4) Som., 1, 14.
(5) Som., 3, 30.
(6) Som., 3, 11.
(7) Arist., de Anim., III.
(8) Som., 1, 78.
(9) Arist., de Anim., II : *Imagina-* *tio motus quidam videtur esse, et non sine sensu fieri.*
(10) Som., 2, 2, 173 : *Per la rivelazione aggiungesi alla mente alcun che sopra le sue naturali facoltà ..... per influsso di lume intellettuale.*
(11) Purg., XVII.
(12) Som., 2, 1, 3.
(13) Som., 1, 110.
(14) Som., 3, 9.

maginazione può essere e nel senso e senz'esso (1). — *La falsità non è propria al senso ma alla fantasia* (2). — *La visione intellettuale non si fa secondo similitudini corporali e individuali; ma si fa secondo alcuna similitudine intelligibile. La quale similitudine intelligibile nella rivelazione profetica alcuna volta è immediatamente impressa da Dio* (3): *alcun'altra risulta dalle forme imaginate, ma illuminate dall'alto, perchè da esse forme imaginate discernesi più sottilmente il vero superno.*

Altrove: *Nella cognizione umana due cose conviene considerare, cioè il ricevimento* (4) *e rappresentazione delle cose, e il giudizio delle cose rappresentate. Or quando rappresentansi alla mente le cose secondo loro specie e secondo l'ordine di natura, primieramente bisogna che le specie rappresentinsi al senso, indi all'imaginazione, indi all'intelletto possibile, sul quale fanno impressione le specie de' fantasmi secondo che le illustra l'intelletto agente. Nell'imaginazione poi sono non solo le forme delle cose sensibili come vengono ricevute dal senso, ma le si trasmutano in varii modi, o per mutazione corporale, siccome accade nei dormenti o negli alterati di mente; o anche per opera della ragione disponqonsi i fantasmi in ordine intellettivo. Perchè siccome dal vario congegno delle medesime lettere hannosi significati diversi, così per la diversa disposizione de'fantasmi diverse specie intelligibili nell'intelletto risultano... Se ad alcuno si faccia, per virtù superna, rappresentazione d'alcune cose per similitudini imaginarie come a Faraone, a Nabucodonosor, o per corporee come a Baldassarre, cotesta non è profezia, se non sia illuminata la mente di lui a giudicare il veduto. Onde cotesta da taluni è chiamata estasi vaticinante...* (5).

Distinguonsi le rivelazioni delle cose incognite ad avvenire in quattro specie: di fatto, di parola, di visione, di sogno (6). E in questa Cantica abbiamo, a dimostrazione del bene e ad espiazione del male, figure impresse che tacendo raccontano esempi di fatti memorandi; abbiamo parole volanti, che sono anch'esse memoria e ammonizione; poi visione estatica, e sogni. E notisi che l'una visione è inchiusa nell'altra, come cerchio in cerchio, dacchè tutto il viaggio del Poeta è una visione ed un sogno, durante il quale gli si rappresentano altre visioni ed altri sogni. *La visione che viene all'uomo vegliante è*, dice Tommaso, *di più alto grado che il sogno. E quanto ai segni imaginabili da' quali la verità intelligibile è espressa, perchè i segni più espressi d'essa verità sono le parole, però più alto grado di rivelazione pare che sia quando l'uomo ode parole esprimenti l'intelligibile verità o vegliando o dormendo, che quando vede cose significative del vero. Nei quali segni, però, tanto è rivelazione più alta quant'essi sono più manifesti. In terzo luogo, ancora più alto grado di rivelazione è quando l'uomo vede, o vegliando o dormendo, non segno di parole e di fatti, ma persona che seco parla o gli addita alcuna cosa; con che si dimostra che la mente di lui più*

(1) Arist., de Anim., II.
(2) Arist. Met., IV. Purg., XV: *Quando l' anima mia tornò di fuori, Alle cose che son fuor di lei vere, I' riconobbi i miei non falsi errori.* L'apparizione era di verità ideale non materiale, e qui *errore* vale non *fallo* al vero ma divagazione della mente nel senso proprio della voce latina.

(3) *Muoveti lume che dal ciel s'informa, Per sè....* (Purg., XVII).
(4) Purg., XVII: *E qui fu la mia mente si ristretta Dentro da sè, che di fuor non venia Cosa che fosse ancor da lei recetta.*
(5) Purg., XV: *Mi parve in una visione Estatica di subito esser tratto.*
(6) Glos. in Psal. prim.

s'appressa alla causa rivelante In quarto luogo, aggiunge all'altezza della visione la qualità di chi appare: che se, in specie, d'angelo, è più che se d'uomo. Sopra tutti però questi gradi l'altissimo è quando l'intelligibile verità e sopranaturale si mostra senza l'imaginaria visione (1) Questo passo disegna i gradi e i ripiani della montagna di Dante, che dalle sculture salendo alle voci di spiriti incogniti, e da queste alla vista e ai canti degli Angeli, e alla visione di figure simboliche e di persone storiche le quali seco ragionano e l'ammaestrano, tocca quel supremo confine dal quale egli spicca il volo a vedere la verità inenarrabile e immemorabile, perchè sgombra d'imagini.

Anche qui l'alta poesia con la filosofia si concordano potentemente: che, sebbene nel suo Paradiso Dante a ogni tratto ripeta d'aver visto cose che lingua non può ridire nè memoria ritenere; e sebbene in questa stessa sublimità pura d'ogni nube di fantasmi colorati ai raggi del vero, egli trovi l'arte di fare evidente il suo dire, ed elegga imagini che dimostrano vivamente l'impossibilità del servirsi d'imagini; e sebbene a questo grado di poesia l'arte umana non sia mai pervenuta; ciò non pertanto egli e a confessare che appunto per essere arte umana, in quell'etere così sottile la non ci può vivere lungamente. E la scienza stessa insegna che *nelle cose naturali meglio è la visione con fantasmi* (2). E però Dante, e tutti i grandi poeti, il concetto e l'affetto vestono sempre d'imagini; laddove i più de'moderni, non sapendo incarnare in enti vivi il pensiero, lo lasciano o ondeggiare come nuvola o come scheletro giacere.

Ma anco senza salire tant'alto, questa de'sogni dal Poèta veduti è dottrina ragionatamente dichiarata da' pensieri seguenti: *Ne'sogni il corpo si dispone e l'imaginazione s'informa secondo quella passione che il cuore sostiene* (3). — *Talvolta occorrono alla fantasia dell'uomo dormendo, le cose intorno alle quali la cognizione e l'affezione di lui s'intrattenne vegliando* (4). — *L'imaginazione del dormente è immutata o dall'aria ambiente, o dall'impressione di corpo celeste* (5), *onde al dormente appariscono fantasie conformi alle celesti disposizioni, Ma la spiritual causa del sogni è anche da Dio che per ministerio degli Angeli rivela alcune cose agli uomini in sogno* — *Quando si fa rivelazione secondo forme imaginarie, ciò non si può senza astrazione da'sensi, sicche tale apparizione di fantasmi non si riferisca alle cose che di fuori si sentono* (6). *Ma l'astrazione da'sensi talvolta si fa perfettamente sì che nulla l'uomo percepisca pe' sensi. Talvolta imperfettamente*, che qualcosa da'sensi riceve, ma non pienamente discerne quel che gli viene da essi e quello che imaginabilmente egli vede. Ma tale astrazione nella rivelazione non si fa in maniera disordinata, come negli alterati di mente, sibbene per cagione ordinata, o naturale, siccome in sogno; o spirituale, come per il vigore dell'anime contemplanti o per divina virtù che rapisca.

In Dante questo vigore d'astrazione, e, come lo chiama la Bibbia, eccesso di mente, era quasi natura, dacchè nella Vita Nuova: *Amore gli appare*

(1) Som., 2, 2, 174.
(2) Som., 2, 2, 174.
(3) Passavanti.
(4) Som., 2, 2, 95.
(5) Purg., XVII: *Lume che nel ciel s'informa Per sè, o per voler che giù lo scorge.*
(6) Purg., XVII: *Di fuor non venìa Cosa....* — XV: *Quando l'anima mia tornò di fuori Alle cose che son fuor di lei vere....*

come pellegrino nella sua imaginazione: ed altrove: *imaginando, Di conoscenza e di verità fora, Visi di donne m'apparver cruciati* (1). E fin là dove ragiona della rivelazione altissima, con l'usata sua temperanza Tommaso concede quello che ci può essere alcuna volta di umanamente spiegabile: *Sovente a dare a conoscere la verità bastano fantasmi che in alcun modo comune deducousi per astrazione da' sensi, nè chiedesi imaginaria visione sopra natura* (2). — *L'uomo quand'è astratto dall'apprensione delle cose sensibili, dicesi rapito, anco che sia elevato a quelle cose alle quali è naturalmente ordinato* (3). — *Dei fantasmi o ricevuti dal senso secondo l'ordine naturale, o divinamente nell'imaginazione formati tanto sarà più eccellente la cognizione intellettuale, quanto nell'uomo il lume intelligibile sarà più forte* (4). — *A chi dimostravansi in ispirito segni per similitudini corporali, se non s'aggiungeva l'uffizio della mente, lume profetico per anco non c'era* (5).

(1) Ivi: *Nel cominciamento dello errare che fece la mia fantasia apparvero a me certi visi di donne scapigliate.*

(2) Som., 2, 2, 174.
(3) Som., 2, 2, 175.
(4) Som., 1, 1, 12.
(5) Aug., Gen. ad lit., XII.

CANTO XVI.

ARGOMENTO.

Vanno tra 'l fumo; sentono cantare Agnus Dei. *Gl' iracondi si raccomandano al Mansueto. Rincontrano un gentiluomo, ma probo, che si lamenta de' tempi mutati. Il Poeta gliene domanda la causa, se sia l' influenza degli astri. Marco gl'insegna ch'ell'è il mal governo, segnatamente temporale de' papi. Piange la Lombardia divisa: loda tre vecchi magnanimi, e va.*

Il principio e la fine son poesia. Le allusioni ad Aristotele e agli autori ecclesiastici parecchie: ed è qui il germe del libro della Monarchia. L'accostarsi e il partirsi di Marco rammenta il colloquio di Brunetto nel quintodecimo dell' Inferno.

Nota le terzine 3 alla 7; 12, 17, 20, 24, 26, 29, 30, 31, 38, 40, 41; 45 alla fine.

1. Buio d'inferno, e di notte privata
   D'ogni pianeta sotto pover cielo,
   Quant'esser può, di nuvol tenebrata,
2. Non fece al viso mai sì grosso velo
   Come quel fummo ch'ivi ci coperse,
   Nè, a sentir, di così aspro pelo:

1. (L) *Pover di luce.*
(SL) *Inferno* Tasso, sempre men parco: *Nigro, vie più ch'orror d'inferno, il cielo* — *Pover* Arios, XV: *Pover di sole.* Monti: *Sotto povero ciel, quando sparute Taccion le stelle.* (Messe insieme *povertà, sparutezza e silenzio: ricchezza povera.*)
(F) *Privata.* [Ant.] Presenta tutte le circostanze che possono rendere più oscura la notte sulla superficie terrestre; e sono: assenza d'ogni pianeta e quindi anche di luna; povertà di cielo, cioè presenza di un emisfero, scarso di stelle di prim'ordine; distesa di nuvolo quant'esser mai può, denso.
2 (L) *Pelo.* Il fumo par che stropicci gli occhi per farli piangere.
(SL) *Aspro.* Inf., IX, l 25: *Fummo... acerbo.* — *Pelo.* Pigia sull'imagine del velo; se bene, non so.

CANTO XVI. 217

3. Chè l'occhio stare aperto non sofferse:
Onde la scorta mia saputa e fida
Mi s'accostò, e l'omero m'offerse.

4. Sì come cieco va dietro a sua guida
Per non smarrirsi, e per non dar di cozzo
In cosa che 'l molesti o forse ancida;

5. M'andava ïo per l'aere amaro e sozzo,
Ascoltando il mio duca, che diceva
Pur: — Guarda che da me tu non sie mozzo. —

6. I' sentia voci: e ciascuna pareva
Pregar, per pace e per misericordia,
L'Agnel di Dio, che le peccata leva.

7. Pure *Agnus Dei* eran le loro esordia:
Una parola era in tutti e un modo,
Sì che parea tra esse ogni concordia.

8. — Quei sono spiriti, maestro, ch'i' odo —
Diss'ïo. Ed egli a me: — Tu vero apprendi:
E d'iracondia van solvendo il nodo. —

9. Or tu chi se' che 'l nostro fummo fendi,
E di noi parli pur come se túe
Partissi ancor lo tempo per calendi? —

10. Così per una voce detto fue:
Onde il maestro mio disse: — Rispondi:
E dimanda se quinci si va súe. —

---

3. (L) *Scorta*: Virgilio. — *Saputa*: savia.
(SL) *Saputa* Lo dicono i Napoletani in senso buono
(F) *Scorta* La ragione ci guida tra 'l fumo dell'ira e d'ogni affetto tenebroso
4. (L) *Ancida*: uccida.
5. (L) *Mozzo*: diviso.
(SL) *Amaro* Æn., XII: *Fumo... amaro*
6. (F) *Agnel* Joan. I, 29: *Agnus Dei... qui tollis peccatum mundi* Queste parole applica il Poeta profanamente altrove a un imperatore tedesco
7. (L) *Pure*: solo. — *Esordia*: cominciamenti di dire. — *Modo* di canto.
(SL) *Esordia*. Én. IV: *Quae prima exordia sumat?* — *Modo*. Pare

sia la cantilena; nel senso latino: *Modos fecit*
8. (L) *Nodo*: obbligo.
(SL) *Apprendi* Som.: *Intendere è apprendere il vero*.
(F) *Nodo* [C.] Is., V, 18: *Quasi vinculum plaustri peccatum.* — Prov., V, 22: *Funibus peccatorum*
9. (L) *Fendi*, andando. — *Se*: se tu vivessi nel tempo.
(SL) *Fendi* Virg.: *Fretum.* Ov.: *Aëra findit* Ma qui dice anco la spessezza del fumo; come famigliarmente diciamo: *nebbia che si taglierebbe col coltello.* — *Calendi.* Crescent., II, 13: *Lo dicevano per il primo del mese.*
(F) *Partissi.* Arist. Fis., IV: *Tempus omne dividitur.*
10. (L) *Per*: da. — *Quinci*: da questa parte. — *Súe*: su,

11. Ed io: — O creatura che ti mondi
   Per tornar bella a Colui che ti fece,
   Maraviglia udirai se mi secondi. —
12. — I' ti seguiterò quanto mi lece
   (Rispose): e se veder fummo non lascia,
   L'udir ci terrà giunti in quella vece. —
13. Allora incominciai: — Con quella fascia
   Che la morte dissolve, men vo suso;
   E venni qui per l'infernale ambascia.
14. E, se Dio m'ha in sua grazia richiuso
   Tanto ch'e' vuol ch'io veggia la sua corte
   Per modo tutto fuor del moderno uso:
15. Non mi celar chi fosti anzi la morte;
   Ma dilmi; e dimmi s'io vo bene al varco:
   E tue parole fien le nostre scorte. —
16. — Lombardo fui, e fui chiamato Marco.
   Del mondo seppi; e quel valore amai,
   Al quale ha or ciascun disteso l'arco.
17. Per montar sù, dirittamente vai. —
   Così rispose; e soggiunse: — Io ti prego
   Che per me preghi quando su sarai. —

11. (L) *Secondi*: segui.
(F) *Mondi*. Psal., L, 4: *Munda me*. Som: La Grazia è il nitore dell'anima come la bellezza del corpo. — *Tornar*. Conv: L'anima massimamente desidera tornare a Dio — *Colui*. Eccli., VII 32: *Ama lui che ti fece*. — Psal, XCIV. 6: *Ploremus ante Dominum qui fecit nos*. [C.] Eccl, XII, 7: *Spiritus redeat ad Deum, qui edit illum*
12 (L) *Lece* È lecito Non posso più là del tumo. *Udir*: dal sentir le parole sapremo se siam vicini.
13. (L) *Fascia*: corpo.
.. (F) *Fascia*. Stola chiama il corpo, al modo biblico, nel XXV del Paradiso. Aug. de Civ Dei, I: *Il corpo è più prossimo all'anima che anello o veste* — *Dissolve* Ad Timoth, II, IV, 6: *Tempo resolutionis meae* Æn., IV: *Luctantem animam, nexosque resolveret artus*
14. (L) *Moderno*: presente.
(SL) *Richiuso*. In senso non di ripetizione ma di intensione e nel Cavalca: *Si richiuse nella camera*. Qui vale quasi abbracciato; come Inf., XXII: *Il chiuse con le braccia*. Psal., XXXI, 10: *Sperantem in Domino misericordia circumdabit*. — *Corte*. Conv.: *Alla corte di paradiso*.
15 (L) *Dilmi*: dimmelo. — *Varco* per salire.
16. (L) *Del mondo* gli usi. — *Valore* virtuoso — *Disteso*: allentato.
(SL) *Marco* Uuin di corte e probissimo lo chiama Pietro. Novell, XLIV: *Fue molto di corte, e savio amico*. più ch'uom di suo mestiero. Il Boccaccio lo fa di ca Lombardi di Venezia Altri lo dice amico di Dante; detto Lombardo perche caro ai signori di Lombardia. L'Ottimo: *Quasi tutto ciò che guadagnava lo dispensava in limosine*.. Uso a Parigi; ed in fino ch'egli ebbe delle sue cose, fu pregiato in arme ed in cortesia; poi s'appoggiò a maggiore di sé, ed onoratamente visse e morì. Il soprannome di Lombardo gli venne forse da' Francesi che così chiamavano tutti gli Italiani come tuttavia li chiamano i Piemontesi nel loro dialetto — *Disteso* Sem'nt: *Distesi archi* (retentosi). — *Arco*. Rammenta le parole di Guglielmo Borsiere ingiuriose ai nobili del tempo nuovo (Inf., XVI).
17. (L) *Su* al monte.

CANTO XVI.

18. Ed io a lui: — Per fede mi ti lego
   Di far ciò che mi chiedi. Ma io scoppio
   Dentro a un dubbio s' i' non me ne spiego.
19. Prima era scempio, e ora è fatto doppio
   Nella sentenzia tua, che mi fa certo,
   Qui e altrove, quello ov' io l'accoppio.
20. Lo mondo è ben così tutto diserto
   D'ogni virtute, come tu mi suone,
   E di malizia gravido e coverto:
21. Ma prego che m'additi la cagione,
   Sì ch'io la vegga, e ch'io la mostri altrui;
   Che nel cielo uno, e un quaggiù, la pone. —
22. Alto sospir, che duolo strinse in *hui*,
   Mise fuor prima; e poi cominciò: — Frate,
   Lo mondo è cieco: e tu vien' ben da lui.
23. Voi che vivete, ogni cagion recate
   Pur suso al cielo, sì come se tutto
   Movesse seco di necessitate.
24. Se così fosse, in voi fora distrutto
   Libero arbitrio; e non fora giustizia,
   Per ben letizia, è per male aver lutto.

18. (L) *Spiego:* sciolgo.
(SL) *Lego.* Caro (Eń., IX, 485, 556):... mi ti lego Per fede a tutto ciò.
19 (L) *Scempio:* Guido gli aveva detto di terra ignuda di bene. — *Ov':* a cui — *Accoppio:* raffronto
(SL) *Sentenzia.* Conv., II, 1 : *Il senso letterale nella cui sentenza gli altri sono inchiusi.*
(F) *Accoppia.* Comparare non si può senza unire. Inf., XXII, t. 5.
20. (L) *Suone:* di'.
(SL) *Suone.* Per dire: modo latino — *Gravido* Æn. IV: *Gravidam imperiis Italiam* — Gravido dice il seme nascosto del male; *coverto* il suo esterno rampollare e adombrare la terra.
(F) *Malizia.* Joan. Epist. I, V, 19 : *Mundus totus in maligno positus est.* Som , 2, 1, 10, — *Coverto.* Eccli. , XXXVII, 3 : *Cooperire ardam malitia et dolositate.*
21. (L) *Cielo:* influenza degli astri. — *Quaggiù:* libertà umana.
22. (L) *Frate:* fratello. — *Vien':* vieni.
(F) *Cieco.*... sapienza è da...

sforzi alla cognizione e scienza della verità.
23. (L) *Recate:* attribuite. — *Pur:* solo. — *Seco:* ne' giri suoi.
(SL) *Recate* Tasso, II: *Suso a Macon recar ti giova il miracol dell'opra* — *Necessitate.* Il verso ritrae l'impeto della necessità.
(F) *Recate* [C.] Simile sentenza nell'Odissea A 33: — *Cielo* Gli scolastici: *Gli astri influiscono ma non isforzano.*
24 (L) *Fora:* sarebbe.
(F) [Se Frezzi, Quadrir., lib. II, 1 : *Or sappi ben che Dio ha dato il freno A voi di voi, e se non fosse questo, Libero arbitrio in voi sarebbe meno*] — *Giustizia.* Tertull. (cont. Mar., II): *Nè del bene nè del male paghereblesi giustamente la mercede a colui, che fosse buono o malo di necessità, non per suo volere.* Boet., IV: *C'è egli nel nostro arbitrio libertà? C'è: chè non sarebbe ragionevole la nostra natura senza la libertà dell'arbitrio.* [C.] Som , 2, 6: *De malo. Non videtur esse meritorium, quod demeritorium, quod, aliqui ex necessitate agit, quod vitare non possit.* — *Letizia.* [C.] Petr.;

25. Lo cielo i vostri movimenti inizia:
    Non dico, tutti; ma posto ch'io 'l dica,
    Lume v'è dato a bene, e a malizia;
26. E libero voler, che, se fatica
    Nelle prime battaglie del ciel dura,
    Poi vince tutto, se ben si nutrica.
27. A maggior forza e a miglior natura,
    Liberi, soggiacete: e quella cria
    La mente in voi, che 'l ciel non ha 'n sua cura.
28. Però, se il mondo presente disvia,
    In voi è la cagione, in voi si cheggia:
    Ed io te ne sarò or vera spia.
29. Esce di mano a Lui che la vagheggia
    Prima che sia, a guisa di fanciulla
    Che piangendo e ridendo pargoleggia,
30. L'anima semplicetta, che sa nulla,
    Salvo che, mossa da lieto Fattore,
    Volentier torna a ciò che la trastulla.

1, 1: *Laetitia inenarrabilis* a chi ben vive — *Lutto.* [C] Jac., IV: *Fletus et luctus* a chi mal vive.

25. (L) *Posto ch'*: benchè — *Lume di ragione* — A: che fa il merito e il demerito.

(F) *Inizia.* Aug: *Le stelle sui corpi hanno influenza, non sull'umano volere* — *Lume L'appetito*, così Pietro, del primo moto estrinseco viene dalla costellazione, la volontà dalla ragione; e viene all'atto mediante il libero arbitrio.

26. (L) *Ciel:* permesso dal ciel. — *Nutrica* coll'abito

(SL) *Battaglie* Vita Nuova *Questa battaglia* (di pensieri) *ch'aveva meco* — [*Vince* Sentenza da aver presente nelle noie]

(F) *Battaglie* [C] Job VII: *Militia est vita hominis super terram.* Ad Timoth. II. II. 5: *Non sarà coronato se non chi debitamente combatterà.* Cypr: *Battaglia contro i piaceri.* Aug: *Annis accedentibus, vigilante ratione, quum pugnare coeperit* (la libertà contro il male). — Vince. L' antico: *Sapiens dominabitur astris.*

27. (L) *Forza* di Dio. — *Natura* degli angeli. — *Cria:* crea. — *Mente:* ragione — *Ciel:* i pianeti.

(F) *Maggior.* L'anima è mossa dagli Angeli; la volontà da Dio: così

Pietro. Aug., de Civ. Dei: *Coloro che tengono, gli astri senza la volontà di Dio stabilire quel che noi operiamo o abbiamo di bene, e quel che si patisce di male, sono da allontanare dagli orecchi degli uomini.*

28 (L) *Cheggia:* cerchi. — *Spia:* indizio.

(SL) *Spia* L'usa in senso buono Gio Villani VII 74). Arios, XVII, 66: *Nè fin l'altr'ieri aver ne potè spia.*

29 (L) *A lui:* a Dio. — Sia creata.

(SL) *Ecce.* Purg. XXV, l. 43.

(F *Vagheggia* Ambr. Symb. Ap.: *A ogni dì crea Dio le anime, e ne' corpi già formati le infonde.* — Prima Jer. I 5: *Priusquam te formarem in utero novi te* (pur nell'idea). E sulle parole: *Facciamo l'uomo ad imagine e somiglianza nostra* (Gen., I, 26), recate nel Convivio, s Agostino tradotto dall'Ottim.: *Anima .. è sustanzia, da Dio fatta spirituale, non della natura di Dio; ma di nulla creata, in bene ed in male convertibile* — *Fanciulla* [C] Olimpiodoro: *A guisa di fanciulla discende l'anima nella generazione.*

30. (L) *Torna:* volgesi.

(F) *Nulla.* Opinione peripatetica contraria alla platonica delle idee innate. — *Lieto* Vulg. Eloq.: *Deus totum est gaudium.* Par., VII: *Ma nostra vita senza mezzo, spira La*

CANTO XVI.

31. Di picciol bene in pria sente sapore:
Quivi s'inganna; e dietro a esso corre,
Se guida o fren non torce il suo amore.
32. Onde convenne legge per fren porre;
Convenne rege aver, che discernesse
Della vera cittade almen la torre.
33. Le leggi son; ma chi pon mano ad esse?
Nullo: però che 'l Pastor che precede,
Ruminar può, ma non ha l'unghie fesse.

somma beninanza, e l'innamora Di sè, sì che poi sempre la disira Conv.: *Il sommo desiderio di ciascuna cosa è prima dalla natura dato, e lo ritornare al suo principio: e perocchè Iddio è principio delle nostre anime, e fattore di quelle simili a sè, essa anima massimamente desidera tornare a quello* Altrove: *L'anima nostra, incontanente che nel nuovo e mai non fatto cammino di questa vita entra, dirizza gli occhi al termine del suo sommo bene; e però qualunque cosa vede che paia avere in sè alcun bene, crede che sia esso.* — *Lieto* [C] Psal CIII, 31 : *Laetabitur Dominus in operibus suis.* — *Fattore.* De Mon, III: *Altro non è diritto che similitudine della volontà divina: onde, quanto non si conviene con la divina volontà non può essere che sia diritto*

31 (L) *Guida* al bene vero. — *Fren* dal male.

(F) *Picciol* Conv : *Perchè la sua conoscenza prima è imperfetta, piccioli beni le paiono grandi e però di quelli comincia prima a desiderare Onde vedemo li parvoli desiderare massimamente un pomo; e poi più oltre procedendo desiderare uno uccellino, e poi più oltre desiderare bello vestimento; e poi il cavallo, e poi una donna, e poi ricchezza non grande, e poi più grande e poi più. E questo incontra, perchè in nulla di queste cose trova quello che va cercando; e credelo trovare più oltre. Altrove: Quando dalla punta della piramide ver la base si procede, maggiori appariscono li desiderabili: e questa è la ragione perchè, acquistando, li desiderii umani si fanno più ampii l'uno appresso l'altro.*

32 (L) *Torre*: un segno, un'altezza

(SL) *Porre* Psal., XXVI, 11; CXVIII, 33 : *Legem pone.* Hier., cont. Vigil.: *Leges ponere.* È modo anche greco. — *Cittade.* Nel Convivio pone con s. Agostino la vita divisa in due città, del ben vivere e del malvagio.

(F) *Legge* De Mon : *La legge è regola direttiva della vita* Arist.: *Le volontà de'mortali per causa delle lusinghevoli dilettazioni abbisognano d'indirizzo* Conv : *A perfezione dell'umana vita l'imperiale autorità fue trovata.. La equità per due ragioni si può perdere, o per non sapere qual essa si sia, o per non volere quella seguitare. Però trovata fu la ragione scritta E della ragione scritta, era custode, secondo il Poeta, l'imperatore* Conv.: *E che altro intende di medicare l'una e l'altra ragione canonica e civile, tanto quanto a riparare alla cupidità che, raunando ricchezze, cresce? E: Questo amore.. ha mestiere di rettore per la sua soperchievole operazione, nel diletto massimamente del gusto e del tatto.* — *Torre.* Conv : *Siccome peregrino che va per una via per la quale mai non fu; che ogni cosa che da lungi vede crede sia l'albergo; e non trovando ciò essere, dirizza la credenza all'altra; e così di casa in casa tanto che all'albergo viene; così l'anima nostra* — *Veramente così questo cammino si perde per errore come le strade della terra; chè siccome da una città a un'altra di necessità è una ottima e dirittissima via e una altra che sempre se ne dilunga, ... e molte altre qual meno allungandosi e qual meno appressandosi; così nella vita umana sono diversi cammini delli quali uno è veracissimo e l'altro fallacissimo; e certi men falluci e certi men veraci.*

33 (L) *Son*: ci son. — *Pon? le osserva?* — *Nullo*: nessuno. — *Fesse*: immondo anch'esso.

(SL) *Pastor.* Som : *Il Primo pastor della Chiesa.*

(F) *Leggi.* Mach.: *Le leggi buone, guaste dalle usanze, non rimediano al male.* — *Fesse.* Per discernere e

34. Perchè la gente, che sua guida vede
 Pur a quel ben ferire ond'ella è ghiotta,
 Di quel si pasce, e più oltre non chiede.
35. Ben puoi veder che la mala condotta
 È la cagion che 'l mondo ha fatto reo,
 E non natura che in voi sia corrotta.
36. Soleva Roma, che 'l buon mondo feo,
 Due soli aver, che l'una e l'altra strada
 Facén vedere, e del mondo, e di Deo.

partire il bene spirituale dal temporale, il maggiore dal meno. Agli Ebrei era vietato mangiare d'animali che non avessero l'unghie fesse, come porco o cammello (Lev., XI; Deut., XIV) Segneri: *In altri le unghie sono intere, in altri sono bifide. Sono intere in quegli animali che sprovveduti di corna convien che de'piedi si valgano ancor per arme, come è ne' cavalli; sono bifide in quelli che de' lor piedi doveán puramente valersi per camminare, siccome i buoi, e per sostenersi pascendo in greppi scoscesi, come i cervi, le capre, le pecorelle.* Som : *Erano conceduti in cibo gli animali ruminanti e aventi l'ugne fesse perch' hanno gli umori ben digesti e sono di mezzana complessione tra il secco e l'umido — Gli animali ch'hanno l'ugna continua, cioè non fessa, eran proibiti per causa della loro terrestrità — L'ugna fessa significa, tra l'altre cose, la discrezione del bene e del male; la ruminazione significa la meditazione delle Scritture e la sana loro intelligenza.* Secondo questo senso varrebbe: il Pastore ha la dottrina buona, i costumi non ha: digerisce il precetto e lo mastica, non l'adempie. Altri intende: non ha le due facoltà distinte, la spirituale e l'umana. Io tengo la prima interpretazione ch'è in Pietro. Ezech , XXXIV, 5, 6 : *Si dispersero le mie pecore... e fatte pascolo a tutte le bestie del campo.. Erarono le mie greggie per tutti i monti... e non era chi ne ricercasse; non era chi ne ricercasse, dico.* Zach., X. 2 : *Si sviarono quasi gregge; saranno afflitti perchè non hanno pastore*

34. (L) *Perchè:* onde. — *Ben* mondano — *Ferire:* tendere — *Onde:* del quale.

(F) *Guida.* Leone papa a Lodovico imperatore: *Nos si incompetenter aliquid egimus, et in subditos justae legis tramitem non observavimus, vestro volumus emendari judicio. Quoniam si nos, qui aliena debe-*

mus corrigere peccata, pejora committimus, certe non veritatis discipuli, sed quod dolentes dicimus, erimus prae caeteris erroris magistri (Par., XXIX). Isai., LVI, 11: *Ipsi pastores ignoraverunt intelligentiam: omnes in viam suam declinaverunt, unusquisque ad avaritiam suam, a summo usque ad novissimum.* Jer., II, 8: *Tenentes legem nescierunt me, et pastores praevaricati sunt in me; et prophetae prophetaverunt in Baal, et idola seculi sunt. - X, 20, 21 : Stulte egerunt pastores, et Dominum non quaesierunt: propterea non intellexerunt, et omnis grex eorum dispersus est... - L. 6: Grex perditus factus est populus meus; pastores eorum seduxerunt eos, fecerunique vagari in montibus; de monte in collem transierunt; obliti sunt cubilis sui* — Chiede Osea, IV, 16: *Sicut vacca lasciviens declinavit Israel.*

35 (F) *Condotta* Gregorio, ne' decreti: *Scire praelati debent quod si perversa unquam petierint, tot mortibus digni sunt quot ad subditos perditionis exempla transmittunt.* Inf . XIX: La vostra avarizia il mondo attrista. *Praelati* valeva i superiori e ecclesiastici e secolari. — *Corrotta.* Som.: *Natura corrotta per lo peccato.*

36. (L) *Buon.* Ne' primi tempi cristiani.

(SL) *Deo.* Semint ; Bocc.

(F) *Soli.* De Monarchia: *Quaestio pendens, inter duo luminaria magna versatur, romanum scilicet pontificem et romanum principem... Regimen spirituale et temporale... sunt remedia contra infirmitatem peccati.* Altrove: *Opus fuit homini, duplici directivo, secundum duplicem finem: scilicet summo pontifice qui, secundum revelata, humanum genus perduceret ad vitam aeternam; et imperatore, qui, secundum philosophica documenta, genus humanum ad temporalem felicitatem dirigeret.*

37. L'un l'altro ha spento; ed è giunta la spada
   Col pasturale; e l'uno e l'altro insieme,
   Per viva forza, mal convien che vada;
38. Però che, giunti, l'un l'altro non teme.
   Se non mi credi, pon' mente alla spiga:
   Ch'ogni erba si conosce per lo seme.
39. In sul paese ch'Adice e Po riga,
   Solea valore e cortesia trovarsi
   Prima che Federigo avesse briga:
40. Or può sicuramente indi passarsi
   Per qualunque lasciasse, per vergogna,
   Di ragionar co' buoni o d'appressarsi.
41. Ben v'èn tre vecchi ancora, in cui rampogna
   L'antica età la nuova: e par lor tardo
   Che Dio a miglior vita li ripogna:
42. Currado da Palazzo, e il buon Gherardo,
   E Guido da Castel, che me' si noma
   Francescamente il semplice Lombardo.

---

37. (L) *Giunta:* unita.
(SL) *Spada* Ott.: *Si dice di papa Bonifazio che si coronò e cinse la spada, e fecesi egli stesso imperadore* Un antico decreto citato da Pietro: *Non sibi imperator pontificatum arripiat, nec pontifex nomen imperatoris.*

38 (L) *Spiga:* effetto.
(F) *Teme.* Non è questa la ragione: non dal temersi delle due potestà, ma dall'accordarsi risulta la pace delle anime. — *Seme.* Matth., VII, 16: *Li conoscerete a' frutti loro.* [C] Æn., XIII: *Cum crevisset herba, et fructum fecisset, tunc apparuerunt et zizania.* Innocenzio III. in una decretale: *Quod agitur a praelatis trahitur a subditis in exemplum, juxta quod Deus ait Moysi in Levitico: Quum sacerdos, qui est unctus, peccaverit, faciens delinquere populum.*

39. (L) *Paese:* Lombardia, Venezia, parte di *Romagna.* — *Federigo* II. — *Briga: guerra dei Guelfi.*
(SL) *Adice e Po* Virgilio gli accoppia in un verso: *Padi ripis, Athesim seu propter amoenum* (Æn. IX). — *Valore* Inf., XVI: *Cortesia e valor, di', se dimora nella nostra città* — *Briga.* VIII.: *Per cagione delle brighe e questioni della Chiesa e dell'imperio.*

40. (L) *Passarsi:* può passarci qualunque. — *Lasciasse:* tralasciasse. — *Buoni.* Non ce n'è.
(SL) *Appressarsi.* Rincalza. Come nel famigliare linguaggio: *Non gli si può parlare*, è meno che dire: *Non c'è da accostarglisi.*

41. (L) *Èn:* sono. — *In cui:* nella cui virtù. — *Antica.* Primo caso. — *Tardo:* non vedono l'ora. — *Ripogna:* riponga.
(SL) *Tre* Così nel VI dell'Inferno accenna ad altri tre giusti, e pare che ivi, come qui, egli abbia in mente due cittadini vivi, e la non sia una forma di dire simile a quella di Giovenale: *vel duo vel nemo* — *Ripogna* Gen., XXV, 17: *Appositus (est) ad populum suum* Æn., XI: *Corpus... ferum tumulo, patriaeque reponam.*
(F) *Tre.* Ezech., XV, 14: *Si fuerint tres viri isti in medio ejus... ipsi justitia sua liberabunt animas suas.* — *Rampogna* Sap., IV, 16: *Il giusto morto condanna i viventi iniqui*

42. (L) *Me':* meglio. — *Francescamente:* alla francese.
(SL) *Currado.* Gentiluomo di Brescia Ott.: *Dilettossi in bella famiglia, ed in vita pulita, in governamenti di cittadi, dove acquistò molto pregio e fama.* — *Gherardo* da Camino, di Trevigi. Accolto da Cane a Verona, dove forse Dante l'avrà conosciuto (Novellino, XVI). Conv.: *Chi*

43. Di' oggimai, che la Chiesa di Roma,
   Per confondere in sè duo reggimenti,
   Cade nel fango, e sè brutta e la somà. —
44. — O Marco mio (diss'io), bene argomenti.
   E 'or discerno perchè dal retaggio
   Li figli di Levì furono esenti.
45. Ma qual Gherardo è quel che tu, per saggio,
   Di', ch'è rimaso, della gente spenta,
   In rimprovério del secol selvaggio? —
46. — O tuo parlar m'inganna, o e' mi tenta
   (Rispose a me): chè, parlandomi Tosco,
   Par che del buon Gherardo nulla senta.
47. Per altro soprannome i' nol conosco,
   S'io nol togliessi da sua figlia Gaia.
   Dio sia con voi: chè più non vegno vosco.

sarà oso dire che Gherardo da Camino fosse vile uomo? E chi non parlerà meco dicendo quello essere stato nobile? Ott.: Si dilettò non in una, ma in tutte le cose di valore. — Guido Di Reggio in Lombardia: di lui nel Convivio — Francescamente. Bembo. Asol., I — Semplice. Purg., VII, t 44: Re dalla semplice vita — Lombardo. Tuttora a Parigi la Rue des Lombards, cioè Italiani. Il Boccaccio fa dire a due Francesi, di Toscani parlando: Questi Lombardi cani Ott: Per Francia di suo valore e cortesia fu tanta fama che per eccellenza li valenti uomini il chiamavano il semplice Lombardo... Studiò in onorare li valenti uomini che passavano, e molti ne rimise in cavalli ed armi, che di Francia erano passati di qua; onorevolmente consumate loro facultadi, tornavano meno ad arnesi che loro non si convenia: a tutti diede, senza speranza di merito, cavalli, arme, danari

43 (L) Di': conchiudi — Duo: spirituale e temporale.

(SL) [Fango Vulg Eloq., XI, 1: Ante omnia ergo dicimus unumquemque debere materiae, pondus propriis humeris excipere aequale, ne forte humerorum nimis gravatam virtutem in coenum cespitare necesse sit] — Soma. Petr.: La soma delle chiavi e del manto.

44. (L) Retaggio della terra promessa.

(SL) Levì. L'accento sull'ultima non viene forse qui tanto dalla pronunzia francese quanto dall'ebraica.

(F) Esenti. De Monarchia: Invenio sacerdotes primos a temporalium cura Dei praecepto remotos, ut patet per ea quae Christus ad discipulos. Le quarantotto città dale ai Leviti erano ad habitandum, non ad possidendum (Lirano). Ezech., XLIV, 28: Non erit.. eis hereditas; ego hereditas eorum: et possessionem non dabitis eis in Israel, ego enim possessio eorum. Num, XVIII, 20: In terra eorum nihil possidebitis, nec habebitis partem inter eos: ego pars et hereditas tua in medio filiorum Israel, Josue XIII, 14. Sacrificia et victimae Domini Dei Israel, ipsa est ejus hereditas

45 (SL) Spenta: buona. — Rimprovério: rimprovero

(SL.) Rimprovério L'usano Albertano e il Villani (IX, 71) — Selvaggio. Selvaggio in Dante vale incivile, contrario alle norme di buon governo. Ott : Che vive oziosamente.

46 (L) Tosco: in Toscana Gherardo era cognito — Senta: sappi.

47 (L) Vosco: con voi

(SL) Vosco. [C.] Ruth, II: Dominus vobiscum. — Gaia. L' Ottimo: Donna di tale reggimento circa le dilettazioni amorose, ch'era notorio il suo nome per tutta Italia. Pare più biasimo che lode. Ma altri l'intende di lode.

CANTO XVI.

48. Vedi l'albór, che per lo fummo raia,
    Già biancheggiare. E me convien partirmi -
    L'Angelo è ivi - prima ch' e' si paia. —
    Così parlò: e più non volle udirmi.

48. (L) *Albór*: luce lontana, quasi di cielo che dopo le tenebre albeggi. — *Raia*: raggia. — *Me*: a me. — *Paia*: apparisca.
(SL) *Raia*. Par., XV, t. 19. — *Me* Per a me; come lui per a lui (Inf., I, t. 27, e altrove). — *Convien*. Deifobo a Enea: *Discedam... reddarque tenebris* (En., VI). — *Parlò*. Una variante di mons. Bernardi, *Tornò*.

Canto modesto; ma in pochi lo stile è più fermo e netto. Il dubbio, che a lui è rampollo nascente a piè del vero, anzi via per ascendere più e più alto, qui si presenta sotto specie d'ignoranza, che non può credersi in lui: ma dell'influsso delle stelle e' domanda se faccia violenza al libero arbitrio, come domanderà di Gherardo, il quale egli ben conosceva per altro che per Gaia sua figlia.

La creazione dell'anima è qui di così poetica bellezza perchè di filosofica e teologica verità; e rammenta le schiette e profonde e affettuose parole che dice a questo stesso proposito Caterina da Siena. E il Fiorentino e la Senese pongono, l'una la santità, l'altro la civiltà, anzi entrambi le due cose, nell'esercizio del libero arbitrio, che non sarebbe pieno se non temperato da legge A proposito di libertà morale, ragiona Dante dei re; e si contenta ch'e' vedano della civiltà vera - *almeno la torre*. L'*almeno*, dice di molto. Senonchè più indulgente il Ghibellino ai re che a' papi. La *briga che ha Federico*, è un biasimo non di lui ma delle repubbliche che la davano a lui. Quanto al pastore fatto *ruminante*, l'erudizione biblica non è una bellezza di stile. Senonchè dal sacerdozio, appunto perchè più potente nelle anime, più richiedesi; e perchè gli abusi più gravi, però l'indignazione più acre: il che se non giustifica gli odi, ne dà la cagione

Ma quando Dante, in genere, dice: *Se il mondo presente disvia, In voi è la cagione;* confessa che degli errori de' popoli non solo il re e il papa è la colpa. Senonchè quel prescegliere ch'egli fa nelle lodi, e in questo e nel Canto quattordicesimo e in altri, gli uomini di splendida liberalità, si riconosce non solo che la sua dottrina politica era ligia al mero patriziato, ma che della civiltà non istava nella sua mente un concetto conforme nè all'altezza filosofica nè alla perfezione cristiana.

LA LEGGE.

In questo siccome in parecchi altri Canti, il Poeta per isciogliere una questione promossa da un semplice cenno, si rifà dai principii generalissimi e dalle origini delle cose; e sale a Dio per quindi scendere, con volo lirico insieme e metafisico, alle miserie della vita.

Marco Lombardo, veneziano che nel casato porta l'origine della Lombardia sorella, anzi il suggello della italianità, nel sangue veneziano purissima, (dacchè Lombardo valeva allora Italiano, strana e provvida commistione che i Longobardi confonde cogli antenati di Virgilio (1), come i Greci moderni chiamano la lingua loro romaica, essi che pur taluni vorrebbero far durare nemici eterni di Roma), Marco nel quale il Poeta ha forse inteso onorare Venezia tutta, della qual mai non proferisce parola di biasimo, egli a tutte le parti d'Italia severo. Marco dice: *Quel valore amai Al quale ha or ciascun disteso l'arco*. Di qui Dante gli muove domanda: onde viene la corruzione degli uomini? da influsso di stelle? Marco risponde: dalla vostra libera volontà, perchè liberi siete. E qui l'origine dell'anima umana, il suo istinto al bene, la legge che indirizza l'istinto, l'autorità che della legge è ministra, la potestà regia e la sacerdotale, che devono, al giudizio di lui, rimanersene separate. Da ultimo accenni storici ai mali presenti d'Italia, ai buoni esempi che tuttavia le sono rimprovero e conforto e indirizzo: e così pianamente il Canto ripiglia la sua via senza sforzo e senza stanchezza, come se divagato non si fosse, perchè veramente non s'è divagato. Rifacciamoci sui nostri passi, e seguiamo il Poeta con Aristotele e s. Tommaso alla mano, come il viaggiatore ora volge l'occhio al libro della Guida e ora al magnifico monumento.

L'anima mossa da lieto fattore (2) *volentier torna a ciò che la trastulla* (3). Perocchè Iddio è principio delle nostre anime e fattore di quelle, essa anima massimamente desidera tornare a quello (4). — *Di picciol bene in pria sente sapore.* Perchè *il termine dell'appetito è il bene* (5). — *Il bene in comune che ha ragione di fine è l'oggetto della volontà* (6). — *Il male non è voluto e tutti*

---

(1) Inf., I: *E li parenti miei furon Lombardi.*
(2) Par., II: *Per la natura lieta onde deriva.*
(3) S'è veduto nel Canto XIV (t. 31) trastullo in senso d'ogni serio e degno diletto.
(4) Convivio.
(5) Som., 1, 16.
(6) Som., 2, 1, 9.

gli enti appetiscono il bene (1). — Siccome il colorato è l'oggetto della vista, così il bene è della volontà (2). — Il buono è l'oggetto della dilettazione, e per conseguente è il principio di quella e le dà forma. — Il bene è primo, come oggetto del desiderio, ma il vero in sè è prima del bene (3).

L'anima non s'inganna nel desiderio del bene, ma nel posporre il maggiore al minore. *Di picciol bene in pria sente sapore; Quivi s'inganna* (4). Dico che il naturale desiderio del bene, per piccolo che sia, non la inganna di per sè. — *L'ente non appetisce che il simile a sè*; or ogni natura in quant'è, è buona (5), perchè l'essere stesso è un bene (6).

Per riparare o prevenire l'inganno degli uomini nella scelta del bene, è data la legge umana. *Lex est constitutio populi, secundum quam majores natu simul cum plebibus aliquid sanxerunt* (7). — Nel popolo al quale si dà la legge contengonsi due generi d'uomini: altri proni al male che sono da frenare (8) coi precetti della legge; altri aventi inclinazione al bene dalla natura, dalla consuetudine, e eziandio dalla Grazia; e tali sono da istruire col precetto della legge e da promuovere in meglio (9). La legge è un'arte dell'istruire l'umana vita e dell'ordinarla (10). La legge è una regola o misura delle azioni secondo cui l'uomo è indotto a operare, o dall'operare è ritratto (11). Sono intendimenti della legge comandare, vietare, permettere, punire (12). Onde non forse così propriamente come al solito, la Somma: *Premiare può chicchessia, ma punire non s'appartiene che al ministro della legge; e però premiare non si pone come atto della legge, ma punire soltanto* (13). Perchè non concedere alla legge la licenza del premio? La legge divina ha ella forse tutto pene e minacce? Nè vero pare quel che affermasi nella questione stessa, indifferenti alla legge umana gli atti poco buoni o poco cattivi; ma al più può dirsi che perla sua imperfezione e grossezza essa legge non possa ben cogliere questi nè quelli.

Il legislatore deve tendere a fare gli uomini buoni (14). — Siccome nessuna verità speculativa è fermamente certa se non si riduca a primi principii indimostrabili perchè di suprema evidenza, così nessuna verità pratica è appurata se non in quanto s'ordini all'ultimo fine che è il bene comune (15). — La legge, in quant'è conforme a ragione retta, si deriva dalla legge eterna; in quanto se ne discosta, non è legge ma violenza (16).

E non è vero che la legge *comandi tutti gli atti virtuosi* (17); che tanto la

(1) Dyon., Div. nom., IV. - Arist. Eth., I: *Bene è quello che tutti gli enti appetiscono.* Som., 2, 1, 1; 2, 1, 2; e 1, 1, 5.
(2) Som., 2, 1, 10.
(3) Som., 1, 1, 16.
(4) Terzina 31.
(5) Som., 1, 2, 8.
(6) Som, 1, 1, 21.
(7) Decret., Dist. II, cap. 1.
(8) *Convenne legge per fren porre* (terz. 32).
(9) Som., 2, 1, 101.
(10) Som., 2, 1, 104.
(11) Som., 2, 1, 90; e Glos. in Lev., 1: *Offriamo l'agnello quando correggiamo*

i moti irrazionali: segnatamente ai moti dell'ira si contrappone l'imagine dell'agnello: onde qui gl'iracondi per purgarsi cantano tutti d'accordo *Agnus Dei,* la medesima parola nel tono medesimo, a fin d'ammendare le antiche ire discordanti. *Imparate da me,* dice Cristo, *che sono mite.* E tra gli esempii contrarii all'ira Dante rammenta Pisistrato, che risponde *benigno e mite.*
(12) Som., 2, 2, 92.
(13) Som., 2, 2, 92.
(14) Arist. Eth., I.
(15) Som., 2, 1, 90.
(16) Som, 2, 2, 93.
(17) Arist. Eth., V.

legge umana nè può nè sa: ma Aristotele e parecchi de' filosofi antichi dicono sovente quel che dovrebb'essere, anzichè quello che è, e così si sforzano d'innalzare l'umano pensiero; al contrario di certi moderni che pigliano il reale meno eletto e più basso per ideale supremo, se pure con la fantasia perversa non idealizzano il peggio. Poi, *legge* agli antichi, o di proposito deliberato o per equivocazione di provvido istinto, suonava insieme la divina e l'umana, che ma trattavansi separate. Il Cristianesimo le distinse, com'era dovere, per non abbassare la legge divina alle umane fralezze ma sublimando l'umana alla divina sua origine: la moderna filosofia le staccò, le fece nemiche: e gli effetti noi li vediamo.

La ragione pratica riguarda gli operabili che sono parziali e contingenti, non i necessari, come la ragione speculativa; però le leggi umane non possono avere quella infallibilità che hanno le dimostrazioni della scienza: nè c'è di bisogno che ogni misura sia infallibile, ma che sia opportuna in quel che spetta al genere suo (1). Però l Aquinate con sapiente intelligenza ammette la relativa bontà delle leggi: e fin nelle leggi cattive trova il suo buono: *Certa bontà trovasi anco nei cattivi: onde dicesi buon ladro perchè opera convenientemente al suo fine* (2). E comportando le leggi imperfette, senza però lodarle e volerle perpetue, il filosofo cristiano comporta anco la non perfetta osservanza di quelle. *Non sempre l'uomo obbedisce alla legge per bontà di virtù compiuta, ma talvolta o per timore della pena o per dettame della ragione che è un principio di virtù* (3). — *L'uomo cominciando assuefarsi alla fuga del male e all'esequimento del bene per timor della pena, talvolta è condotto a farlo con piacere di liberissima volontà.*

Nella terzina medesima unisce Dante la legge e il re: *Convenne legge per fren porre ; Convenne rege aver.* Questo era il principio della sua dottrina civile; e anche per questo gli piaceva Virgilio che nell'idea di regno mostra di compiacersi; e ragionando le lodi delle api : *Praeterea regem non sic Ægyptus, et ingens Lydia, nec populi Parthorum, aut Medus Hydaspes Observant* (4). Ma agli Italiani che uscivano dal medio evo, le voci *re* e *imperatore* suonavano altro dal senso moderno, e valevano quel che in Tommaso: *presidente quo subditi gubérnantur* (5). Il re di Dante deve *discernere almeno la torre, cioè il bene comune secondo la divina giustizia regolato* (6). — *La volontà dell'imperante dev'essere regolata da alcuna ragione: in questo modo intendesi che la volontà del principe abbia vigore di legge: altrimenti ella sarebbe iniquità piuttosto che legge* (7). E intendesi che al governante anche buono, gli uomini *bene subjiciantur* (8), cioè senza *servile timore* (9). Dante, poeta e cittadino commosso dalle altrui passioni e dai propri dolori, d'esser filosofo e teologo non si scorda. Se qui dice che le leggi non sono eseguite per colpa dei pastori, dei quali l'esempio svia la gente a pascersi di beni men degni, *sua guida vede Pure a quel ben ferire ond'ella è ghiotta;* contessa, però, che ne' popoli è la voglia del bene minore, cioè del male, la

(1) Som., 2, 2, 91.
(2) Som., 2, 2, 92.
(3) Som., 2, 2, 92.
(4) Georg., IV.
(5) Som., l. c.
(6) Som, l. c.
(7) Som., 2, 1, 9 ; e 2, 2, 92 : *Legge tirannica non è legge, ma perversione di legge.* E Arist., Pol., III e IV: *Il tiranno non intende a far buoni i sudditi, ma solo alla propria utilità.*
(8) Som., l. c.
(9) Aug. Enchir.; CXXI.

qual seduce gli stessi Pastori, usciti anch'essi dal seno della nazione; e altrove ammonisce: *siate, Cristiani, a muovervi più gravi... Avete il vecchio e il nuovo Testamento, E il Pastor della Chiesa, che vi guida: Questo vi basti a vostro salvamento* (1). E intende che anco ai Pastori, nella vita loro non degni in tutto dell'alto ministero, dobbiamo dar retta allorchè ci annunziino quella legge eterna che deve guidare essi e noi, e che tutti dovrà giudicarci.

(1) Par., V.

CANTO XVII.

ARGOMENTO.

Contempla in visione esempi d'ira punita. Sempre queste visioni sono distinte in due parti: la bellezza della virtù, la pena del vizio; ambedue considerazioni necessarie al pentimento. Ma prima si ferma il Poeta nella bellezza della virtù, poichè da questa propriamente viene all'anima il disamore sincero e fruttuoso del male. Nel giro della superbia, prima Maria, poi Lucifero; dell'invidia, prima Maria, poi Caino; dell'ira, prima Maria, poi Amano. Il primo sempre Maria. Nel giro della superbia, sculture; dell'invidia, voci; dell'ira, visioni. Or entrano nell'accidia. E Virgilio spiega come l'amore o troppo di bene piccolo, o poco di bene grande, cagiona i vizii; come in ogni ente, bruto o ragionevole, è amore.

Nota le terzine 1, 2, 3, 6, 7, 9, 10, 12, 14, 15, 17, 20, 24, 29, 31, 34, 35, 42, 46.

1. Ricorditi, lettor, se mai nell'alpe
 Ti colse nebbia, per la qual vedessi
 Non altrimenti che per pelle talpe;
2. Come, quando i vapori umidi e spessi
 A diradar cominciansi, la spera
 Del Sol debilmente entra per essi;

---

1. (SL) *Alpe.* De' suoi viaggi nell'Alpe son cenni varii nel Poema (Inf., XII, XVI, XVIII e altri). Sacch.: *Uomini d'alpe* (di montagna). — *Talpe.* Singolare nell'Alamanni.

(F) *Nebbia.* [Ant.] Non isfugge fenomeno ottico, astronomico o meteorologico al nostro osservatore. In questa bella similitudine, merita considerazione scientifica la definizione che il Poeta ci dà della nebbia, dicendola, con tutta verità, un ammasso di vapori umidi e spessi, meno raro nell'interno che alle estreme sue parti; dovendosi riguardare la nebbia *secca* come un'eccezione, e forse d'altra natura. — *Pelle.* Credettero gli antichi coperto d'una pellicola l'occhio della talpa (Arist., Hist. an., I, 9): ora credesi quella pellicola non sia che la cornea.

2. (L) *Spera*: raggio.

3. E fia la tua imagine leggiera
   In giungere a veder com'io rividi
   Lo Sole in pria, che già nel corcare era.
4. Sì, pareggiando i miei co' passi fidi
   Del mio maestro, uscii fuor di tal nube
   A' raggi, morti già ne' bassi lidi.
5. O imaginativa, che ne rube
   Talvolta sì di fuor, ch'uom non s'accorge
   Perchè d'intorno suonin mille tube;
6. Chi muove te, se 'l senso non ti porge?
   Muoveti lume che nel ciel s'informa,
   Per sè, o per voler che giù lo scorge.
7. Dell'empiezza di lei che mutò forma
   Nell'uccel che a cantar più si diletta,
   Nell'imagine mia apparve l'orma:

(SL) *Spessi*. Conv: *Spessezza de' vapori*. E Par., V. — *Spera*. Rime ant: *Spera d'un lume*, È nell'uso toscano.
3. (L) *Leggiera:* imperfetta.
(SL) *Imagine*. Traduce alla lettera l'*idea* de' Greci.
(F) *Sole*. [Ant.] Per prima cosa nell'uscire da quella nube di fumo, il Poeta rivide il sole presso al tramonto, il quale per conseguenza pare seguitasse a essergli in faccia: perciocchè procedendo per quella oscurità, appoggiato a Virgilio, è colpito da quell'imagine torba e sbiadita, che in principio ha descritto, nonostante che presso la ripa a sinistra stesse l'angelo, già visto biancheggiare da Marco lombardo e pareggiando i suoi co' passi fidi del maestro, nota i raggi del cadente sole esser già morti ai bassi lidi, cioè non cadere ormai più che sulla parte elevata del monte. Questa circostanza del trovarsi i Poeti sempre diretti verso l'occaso, conferma quanto concludemmo sul fine del precedente Canto in ordine alla grande estensione che doveva attribuirsi al raggio di questa cornice, e molto più a quello delle due precedenti.
4. (L) *Sì:* così. — *Morti:* nella valle non c'era più sole.
(SL) *Pareggiando*. Æn., II: *Sequitur... non passibus aequis*. — *Morti*. V. Purg., XV, t. 2. - Purg., VIII, t. 2: *Il giorno... che si muore*.
5. (L) *Ne:* ci rubi alle cose di fuori. — *Perchè...* per ovviar che facciano tromba, o per gran rumore qualsiasi.

(SL) *Rube*. Purg., IV, t. 2. — *Tube*. Per dire strepito grande.
6. (L) *Porge* l'oggetto. — *Per...:* influsso d'astri o dono divino. — *Voler* umano o angelico.
(F) *Senso*. Som.: *La visione imaginaria ha origine dal senso; perchè la fantasia è moto fatto dal senso in atto, come è detto nel III dell'anima*. — *Informa*. Som.: *La virtù conoscitiva s'informa direttamente della similitudine delle cose*. — *Voler*. Le imagini, dice, vengono alla mente o dal senso o da Dio. Se da Dio, o per grazia gratuita, o per merito d'umano volere che a sè la trae; o per volere di spiriti mediatori.
7. (L) *Empiezza:* crudeltà. — *Uccel...:* nel rusignuolo. — *Imagine:* idea. — *Orma:* pensiero.
(SL) *Empiezza*. Gio. Vill.: *Empiezza di parti*. — *Lei*. (Ovid., Met., VI; Purg., IX, t. 5.) Filomela violata da Tereo suo cognato, uccide il figlio di lui, e glielo dà da mangiare: mutasi in rusignuolo. Altri mutano in rusignuolo Progne, Filomela in rondine; ma Probo (ad VI. Eccl. Virg.), Libanio (Exc. graec. soph., Narr. XII), Strabone (Nat. Cont. Myth., VIII, 10) fanno mutata in rusignuolo Filomela, non Progne. — [*Diletta*. Si è conteso se il canto del rusignuolo fosse lieto o malinconico. Il Chiabrera taglia la questione: *Non mai si stanca d'iterar le note O gioconde o dogliose, A sentir dilettose* (Alcippo, atto I, sc. I).] — *Imagine*. Semint.: *Turbato per la imagine del nuovo fatto*.
(F) *Imagine*. Som. Sup.: *L'anima*

8. E qui fu la mia mente sì ristretta
   Dentro da sè, che di fuor non venía
   Cosa che fosse ancor da lei recetta.

9. Poi piovve dentro all'alta fantasia
   Un, crocifisso dispettoso e fiero
   Nella sua vista: e cotal si moria.

10. Intorno ad esso era il grande Assuero,
    Ester sua sposa, e 'l giusto Mardocheo,
    Che fu, al dire e al far, così intero.

11. E come questa imagine rompéo
    Sè per sè stessa, a guisa d'una bulla
    Cui manca l'acqua sotto qual si feo;

12. Surse in mia visïone una fanciulla,
    Piangendo forte; e diceva: — Oh regina,
    Perchè per ira hai voluto esser nulla?

13. Ancisa t'hai per non perder Lavina:
    Or m'hai perduta. Io sono essa che lutto,
    Madre, alla tua, pria ch'all'altrui, ruina. —

del dormente fa uso dell'organo dell'imaginazione nella quale le similitudini corporali s'imprimono — *Orma* È una specie d'impressione; e *impressione* è voce d'uso psicologico e morale.

8. (L) *Ristretta* in tal pensiero. — *Recetta:* ricevuta.
(SL) *Ristretta* Purg., III, t. 4: *La mente mia, che prima era ristretta, L'intento rallargò.* — *Recetta.* Pulci: *Data ed accetta per ricevuta.*
(F) *Recetta.* Som.: *Species intelligibiles in intellectu receptae.* Altrove: *Nella cognizione della mente umana conviene considerare due cose, cioè il ricevimento o rappresentazione delle cose, e il giudizio delle cose rappresentate.*

9. (L) *Un:* Amàno.
(SL) *Piovve.* Bocc. men bene: *Non simili alle fortune piovono da Dio gli animi ne' mortali.* — *Alta.* Vita Nuova: *Fu sì forte la fantasia che mi mostrò questa donna.* Par., XXXIII, t. ult.: *All'alta fantasia qui mancò possa...*

10. (L) *Intero:* integro.
(SL) *Assuero.* V. il Libro d'Esther, cap. VII. — *Intero.* Hor. Carm, I, 22: *Integer vitae.*

11. (L) *Rompéo:* ruppe, dileguò. — *Bulla:* bolla. — *Qual:* la qual.
(SL) *Rompéo.* L'usava il trecento. — *Qual.* Senza l'articolo. Ha un esempio nell'Ameto.

12. (L) *Nulla:* morta.
(SL) *Surse.* Bella varietà: *Apparve l'orma;... piovve;.. surse.* — *Fanciulla.* Lavinia, piangente la morte d'Amata sua madre, impiccatasi per ira delle vittorie d'Enea. Dante nella lettera a Arrigo, di Firenze parlando, crudelmente: *Questa è quell'Amata impaziente, la quale, rifiutato il fatale matrimonio, non temè di prendere quello genero il quale i fati negavano; ma finalmente a battaglia il fatale matrimonio: ed alla fine mal ardita, pagando il debito, con un laccio s'impiccò.* — *Regina* Così Virgilio chiama Amata (Æn, VII, e XII). — *Ira.* Æn., VII: *Quam super adventu Theucrûm Turnique hymenaeis Femineae ardentem curaeque iraeque coquebant.* - XII: *Multaque per moestum demens effata furorem, Purpureos moritura manu discindit amictus, Et nodum informis leti trabe nectit ab alta* — *Nulla. Nulli essent per non esistessero.* Aug. in Jul., V. 2.
(F) *Nulla?* Senec: *Quid est mors, nisi non esse?* Non già che il Poeta credesse l'anima mortale; ma una Pagana è che parla.

13 (L) *Ancisa:* uccisa ti sei. — *Essa:* io stessa. — *Lutto:* piango. — *Pria:* morì prima Amata che Turno, da lei creduto morto.
(SL) *Perder.* Æn., III: *Amissac... parentis.* - V: *Amissum Anchisen.* — *Lavina* Inf., IV. — *Perduta.* Æn., IV:

CANTO XVII.

14. Come si frange il sonno, ove di butto
    Nuova luce percuote il viso chiuso,
    Che, fratto, guizza pria che muoia tutto;
15. Così l'imaginar mio cadde giuso
    Tosto che 'l lume il volto mi percosse,
    Maggiore assai che quel ch'è in nostr'uso.
16. I' mi volgea per vedere ov'io fosse,
    Quando una voce disse: « Qui si monta; »
    Che da ogni altro intento mi rimosse:
17. E fece la mia voglia tanto pronta
    Di riguardar chi era che parlava,
    Che mai non posa se non si raffronta.
18. Ma, come al Sol, che nostra vista grava,
    E per soverchio sua figura vela,
    Così la mia virtù quivi mancava.
19. — Questi è divino spirito, che, ne la
    Via d'andar su, ne drizza senza prego,
    E col suo lume sè medesmo cela.
20. Sì fa con noi come l'uom si fa sego:
    Chè quale aspetta prego, e l'uopo vede,
    Malignamente già si mette al niego.

Extinxti te meque. Perdere può qui valere e l'*amittere* e il *perdere* latini. — *Essa.* Conv, I, 5: *Il mio scritto che quasi comento dire si può... esso per sè sia forse in parte un poco duro.* Georg., IV: *Scis ipse.* — *Lutto* Ep. Sen: *Senza piangere e senza luttare.* Virgilio, della morte d'Amata: *Totam luctu concussit funditus urbem* (Æn., XII). — *Pria.* Æn., XII: *Quam cladem miserae postquam accepere Latinae, Filia prima manu flavos Lavinia crines Et roseas laniata genas; tum caetera circum Turba furit.* — *Altrui.* Accenna in ombra a Turno: come Virgilio non lascia mai vedere se Lavinia ami lui o il padre Enea. — *Ruina.* Virgilio, del re Latino: *Conjugis attonitus fatis, urbisque ruina* (Æn., XII).

14. (L) *Di butto:* subito. — **Viso:** occhi. — *Che:* il sonno. — *Fratto:* rotto. — *Muoia:* l'uomo si desti.
(SL) *Guizza.* Virgilio dice del sonno cominciante, che *serpit* (Æn., II); Lattanzio (dè op. Dei) che *obrepit*; Saffo (in Ermog., de id.) che *scorre per tutto il corpo.* Dante, del sonno troncato, che *guizza:* ma qui forse la metafora è troppo argutamente continuata. Simile comparazione nel XXVI del Paradiso.

15. (L) *Maggiore:* il lume.
16. (L) *Fosse:* fossi. — *Da:* da attendere ad altro.
17. (L) *Raffronta:* coll'oggetto a cui mira.
(SL) *Raffronta.* Petr.: *Che indarno vive, E seco in terra mai non si raffronta*
(F) *Raffronta.* Som.: *Gli altri animali percepiscono le cose sensibili per naturale istinto, l'uomo per collazione e raffronto.*
18. (L) *Soverchio* di luce. — *Virtù* visiva.
(SL) *Vela.* Di tali comparazioni vedremo nel Paradiso parecchie.
19. (L) *Ne:* ci.
20. (L) *Sì:* così. — *Sego:* seco. L'uomo per far cosa grata a sè non aspetta che altri gliene dica. — *Quale:* chi. — **Mette:** si dispone a negare; anzi nega già
(SL) *Sego.* In una Canzone. Da *secum* come *segare* da *secare.* — *Niego.* In una Canzone: *D'ogni mercè par messo al niego.*

21. Ora accordiamo a tanto invito il piede;
　　Procacciam di salir pria che s'abbui:
　　Chè poi non si poría se il dì non riede. —
22. Così disse il mio duca: ed io con lui
　　Volgemmo i nostri passi ad una scala:
　　E tosto ch'io al primo grado fui,
23. Sentími presso quasi un mover d'ala,
　　E ventarmi nel volto, e dir: — *Beati
　　Pacifici,* che son senz'ira mala. —
24. Già eran sopra noi tanto levati
　　Gli ultimi raggi che la notte segue,
　　Che le stelle apparivan da più lati.
25. « O virtù mia, perchè sì ti dilegue? »
　　Fra me stesso dicea: chè mi sentiva
　　La possa delle gambe posta in tregue.
26. Noi eravamo ove più non saliva
　　La scala su; ed eravamo affissi,
　　Pur come nave ch'alla piaggia arriva.
27. Ed io attesi un poco, s'io udissi
　　Alcuna cosa nel nuovo girone;
　　Poi mi rivolsi al mio maestro, e dissi:
28. — Dolce mio padre, di', quale offensione
　　Si purga qui nel giro dove semo?
　　Se i piè si stanno, non stea tuo sermone. —

(F) *Niego.* Albertano: *Termine a termine aggiungere a colui che prega, è a scaltrimento di negare.* Più bella la sentenza di Dante, ed è tolta da Seneca (Ben., II, 1): *Tarde velle nolentis est: qui distulit diu, noluit.* Conv., I, 8: *Puotesi... la pronta liberalità in tre cose notare... la prima è dare a molti: la seconda è dare utili cose; la terza è, senza essere dimandato il dono, dare quello... Dare il domandato è... non virtù ma mercatanzia: perocchè quello ricevitore compera, tuttochè il datore non venda. Perchè, dice Seneca, che nulla cosa più cara si compera che quella dove e' prieghi si spendono.*
21. (L) *Acccordiamo:* andiamo secondo l'invito. — *Poría:* potrebbe.
(SL) *Poría.* Purg., VII, t. 17.
23. (L) *Sentími:* mi sentii.
(F) *Beati.* Matth., V, 9: *Beati pacifici: quoniam filii Dei vocabuntur.* — *Ira.* C'è anche lo sdegno buono; e così interpretasi *irascimini et nolite peccare* (Psal., IV, 5). Così per essere desiderii anche buoni, Agostino disse: *Concupiscentiae malae.*
24. (F) *Ultimi.* [Ant.] Delicatissima l'osservazione, e comprova quanto profondo scrutatore dei fenomeni naturali fosse il nostro Poeta. Quando infatti ci troviamo sopra notevoli alture, e il sole, occultato al nostr'occhio nonchè ai bassi piani, indora soltanto, e leggermente le più elevate cime delle montagne, ad aria limpida e pura cominciano a vedersi in più punti del cielo le stelle di prima grandezza, alle quali non fa grave ostacolo quel candido velo, che dalla luce crepuscolare ancora rimane.
25. (L) *Virtù* del piede. — *Tregue:* non poter andare.
26. (L) *Affissi:* fermi.
28. (L) *Offensione:* colpa. — *Stea:* stia. — *Sermone:* parlami.

29. Ed egli a me: — L'amor del bene, scemo
    Di suo dover, quiritta si ristora;
    Qui si ribatte il mal tardato remo.
30. Ma, perchè più aperto intendi ancora,
    Volgi la mente a me; e prenderai
    Alcun buon frutto di nostra dimora.
31. Nè Creator nè creatura mai
    (Cominciò ei), figliuol, fu senza amore
    O naturale o d'animo: e tu 'l sai.
32. Lo natural fu sempre senza errore;
    Ma l'altro puote errar per male obbietto,
    O per troppo o per poco di vigore.

---

29. (L) *Amor*: accidia e amore languido. — *Scemo*: minore. — *Quiritta*: qui. — *Ristora*: compensa per pena.
(SL) *Remo*. L'imagine della barca torna sovente a figurare la via della vita e ogni lavoro. Purg., XII, t. 2.
31. (L) *Naturale*: d'istinto, o d'attrazione ne'corpi o di prima inclinazione ne'sentimenti: e anche l'amore che per la natura sua Dio ha essenzialmente a sè, ond'egli è esso Amore. — *D'animo*: di libere creature.
(F) *Amore* di Dio a sè; dell'uomo al bene; amore fra gli enti ragionevoli, tra il corpo e l'anima. Amore a Dante è la stessa attrazione de'corpi (Par., I). Così lo chiama Aristotele. Però dice: *Tu 'l sai*, dall'Etica del Filosofo. Inf., XI: *La tua Etica*. Conv., III, 3: *È da sapere che ciascuna cosa ha 'l suo speciale amore*. Altrove (IV, 22): *È da sapere che 'l primo e più nobile rampollo che germogli di questo seme per essere fruttifero, si è l'appetito dell'animo il quale in greco è chiamato* ὁρμή. Som., 1, 2, 28, 6: *Quidlibet agens ex amore agit quodcumque agit*.
33. (L) *Fu... senza errore*: necessario. — *L'altro*: il libero. — *Male*: malo.
(SL) *Male*. Cavalca: *Male amore*. Semint.: *Male consiglio*.
(F) *Male*. Ott., II, 110: *L'amore poco del bene cade nella accidia, e l'amore del piccolo bene disordinato tiene le sue radici nel peccato della lussuria, gola ed avarizia; perocchè li piccoli beni amare si possono quanto alla signoria d'avere d'essi, o quanto alla possessione, o quanto all'uso. Nel primo modo l'avaro, nel secondo il goloso o lussurioso. L'amore ch'è disordinato, perocch'è amore di male, pare che si possa distinguere in amore del proprio, ed in amore dell'altrui male: ma perocchè niuno ama il proprio male, in quanto elli è male, ma in quanto elli stima che quello sia bene del corpo, però l'amore è solamente d'altrui male: ha radice nelli tre vizii, cioè superbia, ira, invidia. Diversificansi questi vizii per questo, che nel peccato della superbia è amore del proprio bene con altrui male; ama il superbo la esaltazione di sè, e l'abbassamento del prossimo; ma nel peccato dell'ira e dell'invidia è amore dell'altrui male, sì certamente. Ma in questo paiono diversificarsi questi due vizii, ira ed invidia, perocchè nel peccato dell'ira l'amore dell'altrui male pare che nasca dal male altrui. Colui che s'adira contro alcuno, però gli vuole male, perocchè da lui male ricevette... Nel peccato dell'invidia l'amore dell'altrui male nasce dalla propria malizia, cioè dalla superbia... Lo invidioso a questo vuol male altrui perchè non sieno pari a lui. Onde il peccato dell'invidia comunica la materia col peccato dell'ira; ma dell'origine riceve dal peccato della superbia... Superbia, ira, invidia, rendono l'amore disordinato verso il prossimo...; lussuria, gola, avarizia, accidia rendono disordinato amore a sè e verso sè*.

33. Mentre ch'egli è ne' primi ben' diretto,
   E ne' secondi sè stesso misura;
   Esser non può cagion di mal diletto.

34. Ma quando al mal si torce, e con più cura,
   O con men che non dee, corre nel bene;
   Contra 'l Fattore adovra sua fattura.

35. Quinci comprender puoi ch'esser conviene
   Amor sementa in voi d'ogni virtute,
   E d'ogni operazion che merta pene.

36. Or, perchè mai non può dalla salute,
   Amor, del suo subietto volger viso;
   Dall'odio proprio son le cose tute.

37. E perchè 'ntender non si può diviso,
   Nè per sè stante, alcuno esser dal primo;
   Da quello odiare ogni affetto è deciso.

38. Resta (se procedendo bene stimo),
   Che il mal che s'ama, è del prossimo; ed esso
   Amor nasce in tre modi in vostro limo.

39. È chi, per esser suo vicin soppresso,
   Spera eccellenza; e sol per questo brama
   Ch'el sia, di sua grandezza, in basso messo,

---

33. (L) *Mentre* : fin. — *Primi* : sommi, veri. — *Misura* : non eccede. — *Mal* : cattivo.

34 (L) *Men* : se meno è accidia. — *Adovra* : opera. — *Fattura* : creatura contro Dio.
(SL) *Corre*. Basil.: *Corrono al male*. — *Fattura*. Psal , XCI, 5 : *Delectasti me, Domine, in factura tua*.
(F) *Più*. Il troppo amore di picciol bene è gola o lussuria o avarizia. L'amor del male proprio o il male proprio o l'altrui. Il male altrui è radice di superbia, d'invidia, d'ira La superbia è amore del bene proprio con male altrui: l'ira, l'amore dell'altrui male, per male che da altri a noi venga o si creda venire: l'invidia è amore dell'altrui male senza occasione di male proprio e senza speranza di proprio bene.

35. (L) *Esser* : conviene che amor sia.
(SL) *Conviene*. Conv., I, 4 : *Quella fervida e passionata, questa temperata e virile essere conviene* Modo negli antichi frequente.

36. (L) *Può* : non può l'uomo non amare sè; non può dunque odiarsi. — *Tute* : sicure.

(SL) *Subietto*. Voce scolastica.
37. (L) *Primo* : Dio. — *Deciso* : reciso. Deve amare Dio.
(SL) *Diciso*. Purg., VI, t. 41: *Bene.. dall'accorger nostro scisso*. Æn., X : *Decisa... dextera*.
(F) *Deciso*. L'uomo non può odiare Dio ch'è sua causa : può dire ch'e' non esiste : può bestemmiarlo, attribuendogli umani difetti : odiarlo non può come Dio.
38. (L) *Stimo* : giudico. — *Limo* : fango umano.
(SL) *Resta*. *Relinquitur*, forma delle scuole — *Limo*. Gen., II, 7 : *De limo terrae* Hor. Carm., I, 16.: *Principi Limo* L'animato da Prometeo.
(F) *Procedendo*. Conv , II, 1: *La natura vuole che ordinatamente si proceda nella nostra conoscenza, cioè procedendo da quello che conosciamo meglio in quello che conosciamo non così bene* Il procedere dal noto all'ignoto, non è scoperta de' filosofi e degli educatori moderni, se non in quanto ne fecero pedanteria.

39 (L) *Vicin* : prossimo. — *Eccellenza* : maggioranza.
(SL) *Vicin*. Vale e *prossimo* nel senso evangelico, e *concittadino* nel

CANTO XVII.

40. È chi potere, grazia, onore e fama
Teme di perder perch'altri sormonti;
Onde s'attrista: sì che 'l contrario ama.

41. Ed è chi per ingiuria par ch'adonti,
Sì che si fa della vendetta ghiotto:
E tal, convien che 'l male altrui impronti.

42. Questo triforme amor quaggiù di sotto
Si piange. Or vo' che tu dell'altro intende,
Che corre al ben con ordine corrotto.

43. Ciascun confusamente un bene apprende,
Nel qual si queti l'animo, e desira:
Perchè di giunger lui ciascun contende.

44. Se lento amore in lui veder vi tira,
O a lui acquistar; questa cornice,
Dopo giusto pentér, ve ne martira.

45. Altro bene è, che non fa l'uom felice;
Non è felicità, non è la buona
Essenzia, d'ogni ben frutto e radice.

---

senso italiano. — *Basso*. Inf., XXX, t. 5: *La fortuna volse in basso L'altezza de' Trojan'*.
40 (L) *Grazia*: amore e favore. — *Sormonti*: per vincere ch'altri faccia. — *Ama*: ch'altri perda.
(SL) *Fama*. Conv., I, 11: *Lo invidioso... per torre a lui..., onore e fama*.
41. (L) *Ingiuria*: ingiustizia — *Tal uomo*. — *Impronti* nella mente sua, negli atti e nelle cose di fuori.
(SL) *Ingiuria*. Per *ingiustizia* nel Latini comune. Æn., III: *Nostraeque injuria caedis*.
(F) *Impronti*. L'imagine dell'impressione, del segno, nel Poeta è frequente E non solo ogni parola, ma ogni cosa è segno di cosa Som.: *Dicesi falsità formalmente per la volontà di dire il falso, ed effettivamente per la volontà d'imprimere il falso*.
42. (L) *Triforme*: superbia, invidia, ira. — *Con*: con più cura o men che non deve.
(F) *Triforme* rammenta le tre teste di Cerbero e di Lucifero. — *Ordine*. Cant. Canticorum, II, 4: *Ordinavit in me charitatem*. Som.: *Moti inordinati nell'appetito sensitivo*.

43. (L) *Giunger*: raggiunger. — *Contende*: tende.
(SL) *Apprende*. Nel senso d'apprensiva ch'è nel seguente Canto. — *Contende*. Conv.: *Ciascuna cosa, sì come ogni grave al centro, alla perfezion sua contende*. Æn, I: *Litora, cursu Contendunt petere*.
(F) *Ciascun* Boet, III: *Questo per diversa via gli uomini s'adoprano ad acquistare: imperocchè nelle menti degli uomini è naturalmente inserto l'amore del bene vero*. — *Queti*. Som: *La quiete nella cosa desiderata*. — *Il diletto e l'aquetamento dell'appetito nel bene*. — *Quello ove si tende come all'ultimo termine del desiderio e in che l'appetito riposa, dicesi onesto*.
44. (L) *Veder...*: conoscere e fare il bene. — *Cornice* del monte. — *Pentér*: pentimento.
45. (L) *Essenzia* di verità.
(F) *Felicità*. Arist. Eth: *Felicità è premio di virtù*. Som : *La beatitudine è l'ultimo fine a cui la volontà umana tende: or la volontà non dee tendere ad altro fine che a Dio*. — *Il bene perfetto a cui nulla manca è l'unico bene che la volontà non può non volere; cioè la beatitudine*. — *Frutto*. Principio e fine del benessere è il Bene sommo.

46. L'amor ch'ad esso, troppo, s'abbandona,
Di sovra noi si piange per tre cerchi.
Ma come tripartito si ragiona,
Tacciolo, acciò che tu per te ne cerchi. —

46. (L) *Tre:* gola, avarizia, lussuria.
— *Per:* da.
(SL) *Cerchi.* Conv.: *Siccome omai per quello che detto è, puote vedere chi ha nobile ingegno, al quale è bello un poco di fatica lasciare.*

L'uscire fuor della nebbia alla luce viva, è forse la più poetica parte del canto: e meno poesia sento io nella esclamazione: *Oh imaginativa che ne rube* (la quale sotto forma lirica mi suona un comento bell'e buono), che nelle semplici parole: *Ricorditi, lettor, se mai nell'alpe.* Qui le visioni più languide. L'apparizione dell'angelo, notabile in tanto, che la luce di lui sperde la visione. Ma questo stesso non cercare e non pretendere di poter tutti, con pari vivezza dipingere gli spiriti ch'egl'incontra salendo, è istinto o arte o virtù di poeta, o tutt'e tre insieme le cose.

Quasi inutile, e forse non propria, la similitudine della nave; troppo lavorata quella del sonno, che pure ne' suoi guizzi dipinge il risentirsi; più bella l'altra della bolla, e più bella ancora apparrebbe se la locuzione così felice, come il suo maestro Virgilio gli insegnava, e come egli sa, meglio assai che discepolo, tante volte. Ma i versi negletti più in questo Canto frequenti che in altri: *La possa delle gambe posta in treque - Ch'el sia, di sua grandezza, in basso messo*. Bello per altro a me: *Sì fa con noi come l'uom si fa sègo;* perchè applica in modo nuovo l'evangelico: *fa ad altri quel che vuoi fatto a te stesso;* perchè ritrae la prontezza con cui le anime generosamente buone comunicano altrui prima quasi sè stesse che i beni proprii. E questo verso glielo avrà dettato per la via de' contrarii l'esperienza delle dure ripulse, e delle fredde accoglienze, più dure ancora, provate da lui povero esule; ma gliel' avrà direttamente dettato la lieta riconoscente memoria di qualche atto gentile, di qualche parola umana, di che sguardo pio, venuto di quando in quando a temperare gli umiliati suoi frementi dolori. Altro verso che non parrà forse necessario là dove è posto, ma che ritrae la natura della mente umana, segnatamente dell'ingegno di Dante, è: *Che mai non posa se non si raffronta*. Verso finamente psicologico insieme e morale è: *Ciascun confusamente un bene apprende;* verso la cui verità solo il principio Rosminiano dichiara.

L'AMORE E L'ORDINE.

Quello che nell'Inferno è il Canto undecimo, nel Purgatorio è il diciassettesimo, porge cioè la dottrina della Cantica intera, e la morale struttura dell'edifizio poetico. Nell'entrare al giro che purga l'accidia, Virgilio la definisce: amore men vivo di quel che è debito al bene vero. Di qui si fa luogo a ragionar dell'amore. Dio, le sue creature e ragionevoli e no, hanno amore; chè ne' corpi è impulso di moto, ne' bruti istinto, negli uomini e negli spiriti superiori movimento di libera volontà. Dire amore anche l'attrazione de' corpi, non è semplice traslato aristotelico, ma si reca a quella dottrina e filosofica e teologica, a quella tradizione di tutti i popoli, a quel senso di tutti gli uomini che manifestasi fin nell'età infante, e che considera i corpi come velo o linguaggio od organo d'enti liberi nascosti oltre a quelli. L'amor naturale, inteso da Dante, comprende tutte le nature degli enti; anco al bruto e alla pietra. In quanto gli enti inferiori tendono ai superiori, e in quanto l'ente sommo, amando sè, a sè fa tendere tutti gli altri; non può l'amore non essere buono, appunto perchè da natura. Ma negli uomini diviene colpa se si volge ad oggetto men che buono, o cerca il bene con soverchio impeto o con poco vigore. L'amore diretto ai beni supremi, cioè a Dio e alle creature di Dio nell'ordine loro, e verso queste misurato con le proporzioni debite, non è mai colpa; è colpa quando si torce al male, o cerca il bene con più o meno cura di quello che deve. Amore è dunque sementa d'ogni virtù e d'ogni vizio. E perchè l'ente non può non volere l'essere proprio, però gli è impossibile odiare sè stesso. E perchè ogni ente dipende necessariamente da Dio causa prima, è impossibile odiare Dio in quanto causa dell'essere. Non si può dunque voler male ad altri che al prossimo; e questo o per superbia abbassando altrui a fine d'innalzare sè; o per invidia, attristandosi dell'altrui potere e onore, per tema di perdere quant'altri ne acquista, o per ira di male patito o temuto. Questi tre abusi dell'amore purgansi ne' giri di sotto, perchè più gravi. Ora resta dell'amore inordinato o per tiepidezza, e dicesi accidia; o per troppo ardore, e può spingersi a volere oro, cibo, piaceri. Avarizia, come più rea, sta sotto a gola; gola sotto a lussuria, che è men lontano alla cima. Raffrontiamo questa dottrina alle autorità del Padri, e in ispecie della Somma.

Un certo moto d'amore compete ad ogni creatura anco irrazionale e inanimata (1). *Il primo moto del volere e d'ogni virtù appetitiva è l'amore* (2).

(1) Som., 2, 1, 109 : *Amore o naturale o d'animo.*

(2) Som., 1, 1, 20.

Amore richiede e suppone connaturalità dell' amante all' oggetto amato (1). *Amore precede tutte le affezioni dell' anima, ed è causa di quelle* (2). — *Tutte le passioni s' originano dall' amore : l' amore che tende al bene è desiderio ; quel che lo possiede e ne fruisce è gioia* (3). — *Principium merendi est charitas* (4). — *L' odio non è se non di cosa contraria alla cosa amata* (5).

L' amore riguarda il bene in comune, sia o no posseduto ; onde l' amore è naturalmente il primo atto della volontà e dell' appetito ; e però tutti gli altri moti presuppongono l' amore come prima radice (6). — *L' anima naturalmente appetisce il bene, e niente può appetire se non sotto l' aspetto del bene* (7). — *Le passioni che riguardano il bene sono precedenti a quelle che il male* (8). — *Nessuno operando tende al male.* — *A tutti è amabile la bontà e bellezza prima* (9). *I primi vizii s' insinuano nella mente ingannata sotto sembianza di ragione, ma i sequenti traendo la mente a insania la confondono quasi con grida* (10) *bestiali* (11).

La volontà mira al bene in universale, onde null' altro può essere causa della volontà, che Dio stesso, il quale è bene universale (12). *L'ente e il vero in universale, non si possono odiare ; ma sì un qualche ente è vero in particolare in quanto par ch' abbia dissonanza coll' essere nostro* (13). *Non si può odiare Dio* (14) *nell' essenza sua nè in certi suoi effetti, come l' essere proprio e il bene in genere, ma in quelli effetti che ripugnano alla volontà inordinata* (15). — *La volontà può amare cose opposte ne' fini secondarii, ma nell' ultimo fine è ordinata di naturale necessità, dacchè l' uomo non può non volere esser beato* (16).

L' ordine degli amori è segnato in queste poche parole d' Agostino : *Dio sopra noi : noi, cioè l' anima nostra, gli uomini intorno a noi ; il corpo nostro sotto di noi* (17). Così sapientemente è distinto l'amor proprio pericoloso e reo, dall'amore di sè innocente e naturale e invincibile ; i quali due amori Agostino stesso, nel linguaggio ma non nel concetto, confonde nel noto passo: *Amor Dei facit civitatem Dei , amor sui facit civitatem Babylonis.* L' uomo deve amare, e non può non amare, la dignità dell'anima propria più che dell'anima altrui ; ma il corpo proprio, cioè la vita, e tutti i beni di quello deve posporre al bene delle anime de' fratelli. Questo insegna nelle lettere, e dichiarò con la vita, anco Caterina da Siena.

Devesi amare nel prossimo quel che è da Dio, i doni di natura e di Grazia, non il male ch'egli opera o lascia operare (18). E Tommaso soggiunge che nel nemico stesso, nell'atto dell' amare il fratello e quant'è in lui da Dio, devesi odiare l'odio ch'egli ci porta, non però in quanto ne viene a noi nocu-

(1) Som., 2, 1, 27.
(2) Aug., de Civ. Dei, XIV. - *Esser conviene Amor sementa in voi d'ogni virtute* (terz. 35).
(3) Aug., l. c
(4) Som., 2, 2, 2.
(5) Som., 1, 1, 20.
(6) Som., l. c.
(7) Som., 2, 1, 29 ; 1, 1, 5, Aug., de Trin., VIII.
(8) Som., 2, 1, 25.
(9) Dyon., Div. nom., IV.
(10) Greg , Mor., XXXI.

(11) Inf., XI: *Matta Bestialitade.*
(12) Som., 1, 2, 9.
(13) Som., 2, 1, 29.
(14) *Da quello odiare ogni affetto è deciso* (terz. 37).
(15) Som., 2, 2, 34: *Deus non habetur odio nisi in quantum apprehenditur secundum suos effectus.* V. anche 1, 2, 73.
(16) Som., 2, 1, 8.
(17) Aug., Doct. Chr., I, 23.
(18) Som., 2, 2, 34.

mento o noia, o pericolo di nocumento o di noia, ma in quanto il nemico coll'odio turba in sè e in altrui l'ordine che Dio ha stabilito. Codesta distinzione sottile ma profonda, dell'odio dall'odiatore, solo il Cristianesimo la fa, solo esso ci aiuta, che è il più difficile, ad osservarla co' fatti.

L'amore di sè non procede da impulso animale, ma sì da naturale intenzione; imperocchè la Provvidenza diede alle cose da lei create questa principal causa di conservarsi, che di conservarsi desiderano al possibile (1). — *Ogni animale siccome ello è nato, sì razionale come bruto, sè medesimo ama, e teme e fugge quelle cose che a lui sono contrarie, e quelle odia* (2). *Siamo tenuti d'amare più l'anima nostra che l'altrui; più dobbiamo amare l'anima d'altrui che il nostro corpo, più il corpo d'altrui che le cose nostre* (3).

Amicabilia quae sunt ad alterum veniunt ex amicabilibus quae sunt ad seipsum (4). — *Di natura conviene a ciascuno amare sè stesso* (5). — *L'amore non tende in altri di necessità, ma può rimanere nell'amante e riflettersi sopra sè stesso come la cognizione si riflette nel conoscente perchè conosca sè stesso* (6). — *L'angelo ama sè stesso di affezione naturale e elettiva* (7). — *Amare veramente sè stessi secondo la natura ragionevole è volere a sè que' beni che appartengono al perfezionamento della ragione* (8). *L'uomo non può non volere il suo ultimo fine che è la felicità* (9). *Impossibile è che uomo odii sè stesso* (10); *per modo accidentale può odiarsi volendo il male proprio, ma il male stesso e'lo vuol come bene, e anco il suicida cerca la morte imaginandola fine a' dolori* (11). — *I cattivi, in quanto stimano sè buoni, amano sinceramente sè stessi; ma cotesto non è vero amore di sè, solamente opparente; e questo pure è impossibile a coloro che sono profondamente tristi* (12).

Il bene consiste in modo, specie e ordine (13). *Il modo, la specie, l'ordine, diconsi mali o perchè hanno minor bene di quel che dovrebbero, o perchè il bene loro non è accomodato all'oggetto* (14). *Il bene consiste nell'ordine* (15). *Al fine intelligibile è ordinato l'uomo, parte per via dell'intelletto, parte per via della volontà* (16); *per l'intelletto, in quantochè nell'intelletto preesiste qualche cognizione del fine; per la volontà, primieramente per l'amore che è il primo moto della volontà verso l'oggetto, poi per la reale attitudine dell'amante all'amato* (17). — *S'altri si discosta dalla regola di ragione in più o in meno, tale appetito sarà vizioso* (18). *Peccato è rivolgimento da bene maggiore a minore* (19). *Colpa è o trasgressione della legge, o omissione, o eccesso oltre a quella — Il peccato non è mera privazione, ma atto, privato*

(1) Boezio.
(2) Conv.
(3) Cavalca, Specchio di Croce, VII.
(4) Arist. Eth., IX.
(5) Som , 2, 2, 25 ; - 1, 1, 20.
(6) Somma.
(7) Som., 1, 60.
(8) Som., 2, 2, 25.
(9) Som., 1, 1, 18.
(10) *Dall'odio proprio son le cose tute* (t. 36). Se è da lodare la precisione, **non sempre però è da ugualmente** lodare **la scelta de' vocaboli** e l'evidenza. Questo dicasi segnatamente della terzina citata e di quella che segue.
(11) Som., 2, 1, 39.

(12) Som., 2, 2, 25.
(13) Aug., Nat. bon., III.
(14) Som., 1, 1, 5.
(15) Aug., Nat. bon., LXIII, e Som., 2, 2, 9: *Ordinata affezione verso le creature.*
(16) *Se lento amore in lui veder vi tira, O a lui acquistar* (terz. 44).
(17) Som., 2, 1, 4, e 2, 2, 7: *L'intelletto umano disordinatamente s'attacca alle cose inferiori a sè.*
(18) Som , 2, 2, 162, e altrove: *Il disordine del desiderio è la concupiscenza.*
(19) Aur., Ep. II e Simpl.

DANTE. *Purgatorio.*

dell'ordine debito (1). Tolto l'ordine della volontà umana a Dio, consegue che tutta la natura dell'uomo che pecca rimanga disordinata (2). *La ragione deve ordinarsi all'atto non solo quanto all'oggetto, ma anche in tutte le circostanze di quello.* E però può l'uomo dilungarsi dalla regola della ragione anco nella corruzione.(3) *di qualsiasi circostanza; come se taluno opera come non dee e quando non dee* (4). *I vizii e le colpe diversificansi di specie secondo la materia e l'oggetto, non secondo altra differenza, come del cuore, del labbro, dell'opera; o secondo debolezza, ignoranza, e malizia* (5). *I peccati non differiscono secondo le cagioni che li muovono, ma secondo l'atto finale che è il loro oggetto* (6). *Tutti i peccati sono in certo modo comparabili tra sè quanto alla gravità loro in ciò che allontanano più o meno dall'ultimo fine* (7). *Il peccato è tanto più grave quanto il disordine tocca un principio che è più importante in ordine di ragione* (8). — *Le colpe non sono connesse come sono tra sè le virtù* (9). E in quest'ultima sentenza, non meno profonda che consolante, il pensiero si posa.

(1) Som., 2, 2, 72.
(2) Som., 2, 1, 109.
(3) Ordine corrotto (terz. 42).
(4) Som., 2, 1, 73.
(5) Som., 2, 2, Prol.

(6) Som., 2, 2, 72.
(7) Som., 2, 2, 73.
(8) Som., l. c.
(9) Som., l. c.

CANTO XVIII.

ARGOMENTO.

Spiega come ogni atto dell'anima è amore; come la colpa è amore abusato; come, sebbene il motivo d'amare venga di fuori, pur l'anima abbia merito e demerito per il *libero arbitrio*. Vedono passare correndo gli accidiosi, che cantano, prima esempi di zelo sollecito, poi d'accidia rea. Maria e Cesare, gli *Ebrei* nel deserto e i Troiani in Sicilia. Un fatto profano, uno sacro. Cesare accanto a Maria, perchè padre, al dire di Dante, della civile unità.

Nota le terzine 1, 2, 4, 7, 9, 10, 13, 16, 18, 27, 29, 31, 34, 35, 39, 41, 43, 45, 48.

1. Posto avea fine al suo ragionamento
   L'alto dottore; e attento guardava
   Nella mia vista, s'io parea contento.
2. Ed io, cui nuova sete ancor frugava,
   Di fuor taceva, e dentro dicea: «Forse
   » Lo troppo dimandar ch'io fo, gli grava. »
3. Ma quel padre verace, che s'accorse
   Del timido voler che non s'apriva,
   Parlando, di parlare ardir mi porse.
4. Ond'io: — Maestro, il mio veder s'avviva
   Sì nel tuo lume, ch'i' discerno chiaro
   Quanto la tua ragion porti o descriva.

---

2 (SL) *Frugava*. sete, nel XXX dell'Inferno, terz. — *Grava*. Inf., III, t. 27, e altrove.
3. (L) *Porse:* m'invitò a parlare.

(SL) *Ardir*. Par., XVII, t. 3.
4. (L) *Porti o descriva:* proponga o spieghi.

5. Però ti prego, dolce padre caro,
   Che mi dimostri Amore, a cui riduci
   Ogni buono operare, e il suo contraro. —
6. Drizza (disse) vêr me le acute luci
   Dello intelletto; e fieti manifesto
   L'error de' ciechi che si fanno duci.
7. L'animo, ch'è creato ad amar presto,
   Ad ogni cosa è mobile che piace,
   Tosto che dal piacere in atto è desto.
8. Vostra apprensiva da esser verace
   Tragge intenzione, e dentro a voi la spiega,
   Sì che l'animo ad essa volger face.
9. E se, rivolto, invêr di lei si piega,
   Quel piegare è amor; quello è natura,
   Che, per piacer, di nuovo in voi si lega.

5. (L) *Dimostri:* che sia. — *Contraro:* il male.
(SL) — *Amore.* Purg., XVII, t. 31. — *Contraro.* Conv., I, 2: *Parlando.. con loda o col contrario (biasimo); e nelle Rime.* Som.: *Contrarium est completivum sui contrarii.*
(F) *Riduci.* Som.: *I principii d'una scienza riduconsi a quelli d'una scienza superiore.* — *Buono.* Nella Monarchia dice che Amore accresce e dilucida la giustizia.

6. (L) *Fieti:* ti sarà — *Ciechi:* che credono ogni amore lodevole o nella natura dell'amore pongono la reità, e non nell'abuso.
(F) *Ciechi.* Purg., XVI - Matth., XV, 14: *Caeci sunt, et duces caecorum.* Conv., I, 11: *Qualunque ora lo guidatore è cieco, conviene che esso, e quello anche cieco che a lui s'appoggia, vengano a mal fine. Però è scritto che il cieco al cieco farà guida, e così cadranno amendue nella fossa... Appresso di questa (guida) li ciechi soprannotati, che sono quasi infiniti, colla mano in sulla spalla a questi mentitori, sono caduti nella fossa della falsa opinione, della quale uscire non sanno.* Som.: — *Cecità dell'ignoranza.*

7. (L) *Presto:* pronto. — *Mobile:* facile a muoversi verso ogni cosa che piace. — *Atto.* Il piacere in atto attua la potenza d'amore.
(F) *Mobile* Som: *Intendere e volere è moto. - Il primo movente a operare è la volontà, la quale muove le altre potenze. - L'appetito è quasi un certo moto alle cose. - L'ultimo fine muove l'appetito come il primo movente eccita gli altri movimenti.* — *Piacere.* Som: *Precede all'atto la dilettazione che induce all'atto.*

8 (L) *Apprensiva...:* la facoltà d'apprendere e di comprendere è mossa dalla realtà delle cose esterne, e la svolge in noi per mostrarle degne d'amore.
(F) *Apprensiva.* Som.: *Apprendere il vero. - Di tutti i moti d'affetto è principio il bene o il male che apprendesi.* — *Intenzione.* Som.: *L'intenzione è atto della volontà per rispetto al fine.* Varchi, Ercol.: *Nella virtù fantastica si serbano le imagini, ovvero similitudini delle cose (esterne, dell'esser verace), le quali i filosofi chiamano ora spezie ora intenzioni*

9. (L) *Piega* l'animo. — *Lega:* il piacere muta in abito l'atto naturale d'amare.
(F) *Piega* Som.: *Inclinatio consequens apprehensionem.* Æn., IV: *Inflexit sensus.* — *Amor.* Conv., III, 2: *Perocchè il suo essere* (dell'anima) *dipende da Dio . naturalmente disia e vuole a Dio essere unita... E perocchè nelle bontadi della natura e della ragione si mostra la divina vena, naturalmente l'anima umana con quelle per via spirituale si unisce tanto più tosto e più forte, quanto quelle più appaiono perfette: lo quale apparimento è fatto secondo che la conoscenza dell'anima è chiara o impedita. E questo unire è quello che noi dicemo Amore.* — *Natura* Som.: *Quegli liberamente opera che opera di per sè. Or qual che l'uomo opera per abito conveniente alla natura pro-*

CANTO XVIII.

10. Poi, come il fuoco muovesi in altura,
Per la sua forma ch'è nata a salire
Là dove più, in sua materia, dura;

11. Così l'animo preso entra in disire,
Ch'è moto spiritale; e mai non posa
Fin che la cosa amata il fa gioire.

12. Or ti puote apparer quant'è nascosa
La veritate alla gente ch'avvera
Ciascuno amore, in sè, laudabil cosa.

13. Perocchè, forse appar, la sua matéra
Sempre esser buona; ma non ciascun segno
È buono, ancor che buona sia la cera. —

14. — Le tue parole e il mio seguace ingegno
(Rispos'io lui) m'hanno amor discoverto;
Ma ciò m'ha fatto di dubbiar più pregno.

---

pria, l'*opera di per sè*, perchè l'*abito inclina al modo della natura.* — *Piacer.* Som : *Dilettazione è talvolta causa d'amore* — *Lega.* Som.: *Il piacere lega la ragione.*
10. (L) *Forma:* natura essenziale. — *Là:* sotto la luna, alla spera del foco.
(F) *Altura.* Vulg. Eloq.: *Amoris ascensio.* — *Forma.* Forma chiamavano gli antichi quella che dà l'essere a ciascuna cosa: onde la forma del fuoco è ciò che lo fa essere fuoco. Som.: *Ignis sua forma inclinatur in superiorem locum.* — *Salire.* Non sapevano gli antichi la gravità dell'aria maggiore che quella della fiamma, e però tenevano il fuoco nato sempre a salire (Par, I) — *Là.* Conv, III, 3: *Il fuoco* (ascende) *alla circonferenza di sopra, lungo 'l cielo della luna; e però sempre sale a quello.*[Ant] Esponesi dal Poeta la teoria degli antichi e de' suoi tempi sul fuoco; del quale credevano che fosse naturale forma o legge quella di muoversi in alto, tendendo alla sua sfera, o al luogo di sua naturale conservazione, che supponevasi tra la sommità dell'atmosfera e il cielo della luna.
11. (L) *Preso dal piacere.* — *Spiritale:* non locale, come dal foco. — *Il fa:* non lo fa.
(SL) *Preso.* Lat.: *Captus amore.*
12. (L) *Avvera:* afferma per vero, assevera essere.

(SL) *Laudabil.* Voce altresì delle scuole. Som.: *Laudabilior affectus.*
13. (L) *Matéra:* materia. L'oggetto reale in quant'è parte di bene: ma l'uomo ne abusa.
(SL) *Matéra* Semint. — *Cera.* In Stat. Achill., I. Achille alleggiato dalla educazione materna come cera. Hor.: *Cereus in vitium flecti.*
(F) *Buona.* Il bene è materia dell'amore: sempre dunque la materia è buona, perchè anco nel male che s'ami è sempre alcun bene reale, cagion dell'amore: ma il troppo amore che a minor bene si porta, o il poco che al maggior, sono quasi un brutto suggello impresso in buona cera Gli Aristotelici chiamano materia il genere delle cose, determinabile da varie differenze come la materia prima è determinabile da più forme. La cera appunto è la materia determinabile; il segno o la figura ch'ella prende è la forma determinante. E siccome la cera o buona o non cattiva, può essere impressa di mal segno, così il naturale amore non tristo in sè può piegare a mal segno. Som.: *L'amore è reo in quanto tende a cosa che non è bene vero assolutamente.* — *Segno.* Conv., I, 8: *L'utilità sigilla la memoria dell'imagine del dono.*
14. (SL) *Seguace.* Simile modo in Virg.
(F) *Pregno.* Il dubbio è fecondo di veri.

15. Chè, se amore è di fuore a noi offerto,
E l'animo non va con altro piede;
Se dritto o torto va, non è suo merto. —

16. Ed egli a me: — Quanto ragion qui vede,
Dir ti poss'io: da indi in là, t'aspetta
Pure a Beatrice; ch'è opra di fede.

17. Ogni forma sustanzïal, che setta
È da materia, ed è con lei unita,
Specifica virtude ha in sè colletta:

18. La qual, senza operar, non è sentita,
Nè si dimostra ma' che per effetto,
Come per verdi fronde in pianta vita.

19. Però, là onde vegna lo 'ntelletto
Delle prime notizie, uomo non sape,
E de' primi appetibili l'affetto;

20. Che sono in voi, sì come studio in ape
Di far lo mele. E questa prima voglia
Merto di lode o di biasmo non cape.

21. Or, perchè a questa ogni altra si raccoglia,
Innata v'è la virtù che consiglia,
E dell'assenso dee tener la soglia.

15. (L) *Fuori:* da esser verace. — *Va:* trae di lì l' intenzione ad amare. — *Merto:* non è libero.
(SL) *Merto* dicesi anco del male, come provano *immeritevole* e *rimeritare.*

16. (L) *Da più alto.* — *Pure:* solo.
(SL) *Vede.* Som.: *Videt ratione.* Conv., II, 3: *Quello tanto che l'umana ragione ne vede* — *Beatrice.* Conv.: *In lei è tutta ragione.* — *Fede.* Par., V, VII
(F) *Fede.* Ad Thess., II, I, 11: *Opus fidei in virtute.*

17. (L) *Forma:* anima — *Setta* distinta. — *Unita:* l'anima al corpo. — *Colletta:* accolta.
(SL) *Setta.* Somiglia a quello del Canto precedente, t. 37: *Da quello odiare ogni affetto è deciso,* ma bel modo non è.
(F) *Setta* Conv., II, 5: *I movitori* (de' cieli) *Sono sostanze separate da materia, cioè intelligenze.* — *Specifica.* Un antico filosofo, citato da Pietro: *Natura est unamquamque rem in informans specifica differentia, quae scilicet complet distinctionem speciei. Homini est intelligere, ratonari; cani odoratus; apibus facere*

mel. Ai primi moti non pensiamo, e non ce n' accorgiamo, se non dopo messa la nostra potenza in atto.

18. (L) *Ma':* se non.

19. (L) *Là onde:* di dove. — *'Ntelletto:* intelligenza. — *Notizie:* cognizioni. — *Sape:* sa. — *Appetibili:* beni desiderabili.
(SL) *'Ntelletto.* Dante, Rime: *Donne ch' avete 'ntelletto d'amore.* - *Intelletto* nelle scuole dicevasi per *intelligenza.* Som.: *Per cujus intellectum scien.tum est.* — *Notizie. Notizia* per *cognizione* è nel linguaggio delle scuole. — *Sape.* Anco in prosa.
(F) *Prime.* Come il principio di contradizione e altri simili assiomi. L'uomo non sa d'onde vengano, perchè non da' sensi; ma i sensi gli danno occasione ad usarne. — *Primi.* Come l'amore di sè, del bene in genere, e simili.

20. (L) *Merto:* non è libera.
(SL) *Studio.* Delle api, Virgilio: *Mores et studia* (Georg., IV) — *Merto.* Aveva senso e di premio e di pena. — *Cape.* Som.: *Demonstrationem non capit* (in senso di *ammettere.*)

21. (L) *V'è:* avete. *Est vobis.* — *Vir-*

22. Quest'è 'l principio là onde si piglia
    Cagion di meritare in voi, secondo
    Che buoni e rei amori accoglie e viglia.
23. Color che ragionando andaro al fondo,
    S'accorser d'esta innata libertate:
    Però moralità lasciaro al mondo.
24. Onde, pognam che di necessitate
    Surga ogni amor che dentro a voi s'accende,
    Di ritenerlo è in voi la potestate.
25. La nobile virtù Beatrice intende
    Per lo libero arbitrio. E però guarda
    Che l'abbi a mente se a parlar ten' prende. —
26. La luna, quasi a mezza notte tarda,
    Facea le stelle a noi parer più rade,
    Fatta come un secchion che tutto arda;
27. E correa contra il ciel per quelle strade
    Che il sole infiamma allor che quel da Roma
    Tra' Sardi e' Corsi il vede, quando cade.

tù: libera elezione. — *Tener*, che male non v'entri.

(F) *Raccoglia.* Acciocchè questo primo natural desiderio e intelligenza sia quasi centro a ogni altro vostro volere o sapere acquisito, avete innata la ragione, da cui viene il libero arbitrio; sicchè tutti gli atti dell'intendere e del volere siano conformi all'originaria natura. — *Consiglia.* Som.: *Consiglio della ragione.* Ad Ephes., I, 11: *Operatur omnia secundum consilium voluntatis suae.* La ragione reggendo la libertà, deve moderare i moti della natura.

22. (L) *Viglia:* sceglie.
    (SL) *Meritare.* Assoluto, come nella Som.; *Potuerit mereri.* — *Viglia:* Decam. Deput.: *Vigliare è altra cosa che vagliare, e si fa con altri istrumenti ed in altri modi; chè quando il grano è battuto in sull'aia e n'è levata con forche e rastrelli la paglia, e vi rimangono alcune spighe di grano, e baccegli di vecce selvatiche, e altri cotai semi nocivi, che i correggiati non han ben potuto trebbiare, nè pigliare i rastregli, egli hanno certe còme granate piatte o di ginestre, o di alcune erbe... e le vanno leggermente fregando sopra la massa, o, come dicono, l'aiata, e separandogli dal grano.*

23. (L) *Moralità:* senso morale: inutile se non fosse la libertà.

(F) *Moralità.* S. Tom.: *Culpatur ex peccato homo et in quantum est homo et in quantum moralis est.*

24. (L) *Pognam che:* valeva benchè.
    (SL) *Pognam.* Conv.: *Onde ponemo che possibile fosse.*
    (F) *Necessitate.* Contrario a quel di Cicerone (de Nat. Deor.): *Hinc vobis exstitit primum illa fatalis necessitas... ut, quidquid accidat, id ex aeterna veritate caussarumque continuatione fluxisse dicatis.*

25. (SL) *Nobile.* La Somma mette insieme verità, bontà, nobiltà, e le spiega poi *perfezione.* — *Beatrice.* Par. V, t. 7: *Lo maggior don...* (la libertà).

26. (L) *Rade*, coprendole di sua luce.
    (SL) *Tarda.* Æn., VII: *Sera.... nocte.* Georg., I: *Seros hyberni ad luminis ignes.* — *Secchion* La luna calante di cinque notti è quasi una sfera troncata: tonda nel fondo, tronca alla cima, come un secchione. (V. l'osservazione del P. Antonelli alla fine del Canto.)

27. (SL) [*Contra.* Ha del sublime in questi versi. La cagione del sublime ci è forse perchè si innalzano sopra il senso che inganna, e ci fan travedere grande e portentoso il vero sistema dell'universo.]
    (F) *Correa.* Moto periodico della luna d'occidente in levante; contra-

28. E quell'Ombra gentil per cui si noma
Pietola più che villa Mantovana,
Del mio carcar disposta avea la soma:

29. Perch'io, che la ragione aperta e piana,
Sovra le mie quistioni, avea ricolta,
Stava com' uom che, sonnolento, vana.

30. Ma questa sonnolenza mi fu tolta
Subitamente da gente che, dopo
Le nostre spalle, a noi era già vôlta.

31. E quale Ismeno già vide ed Asopo,
Lungo di sè, di notte furia e calca,
Pur che i Teban' di Bacco avesser uopo;

32. Tale per quel giron suo passo falca,
Per quel ch'io vidi, di color, venendo,
Cui buon volere e giusto amor cavalca.

33. Tosto fûr sovra noi; perchè correndo
Si movea tutta quella turba magna;
E due dinnanzi gridavan piangendo:

34. « Maria corse con fretta alla montagna. »
E: « Cesare, per soggiogare Ilerda,
» Punse Marsiglia, e poi corse in Ispagna. »

rio alla quotidiana rivoluzione del cielo stellato da levante a ponente; di che nel Convivio. — *Strade*. La notte che il Poeta si smarrì, il sole era in Ariete, la luna in Libra: in cinque giorni, dopo l'opposizione, s'accostò di due segni al sole, ed è in Sagittario, dove, quando il sole si trova, chi è a Roma lo vede tramontare tra Corsica e Sardegna, che sono all'occidente di Roma. Il Codice Caetano dice che Dante, quando fu in Roma, lo vide cogli occhi suoi.

28 (L) *Villa:* città. — *Disposto:* deposto. — *Soma:* s'era sdebitato.

(SL) *Gentil.* Inf., VII, t 4: *Savio gentil*. — *Pietola*. Vi nacque Virgilio. Per Virgilio è più celebre un villaggio che un'illustre città — *Disposta*. Per *deposto* è nel Malaspini e nel Boccaccio Mi aveva sollevato al peso del dubbio. O, intendendo *disposto* nell'ovvio senso: aveva disposto in modo il vero che l'intelletto mio potesse portarlo.

29. (L) *Quistioni:* domande. — *Vana:* vaneggia.

(F) *Sonnolento*. È nel giro dell'accidia. Prov., XIX, 15: *Pigredo immittit soporem.*

30. (L) *Dopo:* dietro.

31. (L) *Ismeno.... Asopo:* fiumi di Beozia.

(SL) *Teban'*. (Stat., Theb, IX.) Correvano con faci accese in gran folla, chiamando Bacco co' varii suoi nomi, massime nelle pubbliche necessità — *Vide.* Psal., CXIII, 3: *Mare vidit.* Buc., VI: *Audiit Eurotas.* Æn, VI: *Tyberine, videbis funera.* — *Asopo* Stat., VII.

32. (L) *Tale* calca di color. — *Falca:* piega a modo di falce Passo del cavallo non dissimile dal galoppo. — *Cavalca:* governa.

(SL) *Falca* Georg., III: *Gressus glomerare superbos.* — *Buon.* La bontà dell'amore e la giustizia sono le qualità contrarie dell'invidia — *Cavalca* Insiste nel traslato di *falcare:* non bello.

(F) *Falca.* Arist, Hist an.: *Quadrupedes priora crura ad circumferentiae ambitus inflectunt, posteriora vero ad cavum.* — *Cavalca.* Agost.: *La Grazia è alla volontà, cioè al libero arbitrio, come il cavalcatore al cavallo.*

33. (SL) *Magna.* Apoc., VII, 9: *Vidit turbam magnam.*

34. (SL) [*Cesare.* Lucan., III, IV: Caes., B. Civ., lib. I.] — *Ilerda.* Leri-

35. Ratto, ratto! che 'l tempo non si perda
    Per poco amor (gridavan gli altri appresso),
    Chè studio di ben far Grazia rinverda. —
36. — O gente in cui fervore acuto adesso
    Ricompie forse negligenza e indugio
    Da voi per tiepidezza, in ben far, messo;
37. Questi che vive (e certo io non vi bugio),
    Vuole andar su, pur che 'l sol ne riluca:
    Però ne dite ond' è presso il pertugio. —
38. Parole furon questo del mio duca:
    E un di quegli spiriti disse: — Vieni
    Diretro a noi, chè troverai la buca.
39. Noi siam di voglia a muoverci sì pieni
    Che ristar non potem: però perdona,
    Se villania nostra giustizia tieni.
40. I' fui abate in San Zeno a Verona
    Sotto lo 'mperio del buon Barbarossa,
    Di cui dolente ancor Melan ragiona.
41. E tale ha già l'un piè dentro la fossa,
    Che tosto piangerà quel monistero,
    E tristo fia d'avervi avuta possa.

---

da. Caes, B. Civ., I, 43. — *Punse* La lasciò assediata da Bruto Anon : *Punse* Verona e *Mantova*... *Che ancora ne sentono*. — *Ispagna*. Vinse Afranio, Petreio, e un figliuol di Pompeo (Lucan.).

(F) *Maria*. Luc., I, 39: *Exsurgens... Maria... abiit in montana cum festinatione*.

35. (L) *Studio* : amor del bene faccia *in noi rinverdire* gli effetti della *Grazia*.

(F) *Tempo*. [C.] Ephes., V : *Ut sapientes, redimentes tempus; .. dum tempus habemus operemur bonum*. — *Amor*. [C] Aug. in Ps. XXXI: *Dilectio vacare non potes*. — *Rinverda*. Greg. Hom.: *Nihil habet viriditatis ramus boni operis, si non procedit ex radice charitatis*.

56. (L) *Ricompie* : soddisfà. — *Indugio*,... posto in ben fare.

(SL) *Ricompie*. Cresc., I, 7: *Quello che la canna non chiude, sì ricompia la siepe alta di pruni*.

37. (L) *Bugio*: mentisco. — *Pur che*: tostochè. — *Pertugio* da salire.

(SL) *Bugio*. Anco in prosa. — *Pertugio*. Per luogo da nascondere un uomo (Inf., XXIV).

39. (L) *Potem*: possiamo. — *Giustizia*: amor del bene.

40. (L) *Melan*: Milano.

(SL) *Abate*. Gherardo II. L'accidia, dice Pietro, tra' claustrali è frequente Ora è fatta laica. — *Zeno* Famosa abazia di Verona. — *Buon*. Perchè ghibellino, o perchè morì crociato Fu amico de'tornei, delle cacce, liberale. Morì nel 1190 nell'Asia, andando al conquisto di Terra Santa. Se *buon* qui non intende per ironia, abbiamo in un monosillabo fulminato da Dante il più illustre fatto della storia italiana. E Dante nel poema non nomina mai s. Ambrogio. — *Melan*. Novellino; XXII. Distrutta nel marzo del 1162, VIII., V, 4.

41. (L) *Tale*: uno.

(SL) *Tale*. Alberto della Scala, già vecchio, signor di Verona, morì nel 1301. — *Piangerà*. Per avervi intruso ad abate un suo figliuol naturale.

42. Perchè suo figlio, mal del corpo intero,
E della mente peggio, e che mal nacque,
Ha posto in luogo di suo pastor vero. —
43. Io non so se più disse, o s'ei si tacque:
Tant'era già di là da noi trascorso:
Ma questo intesi; e ritener mi piacque.
44. E quei che m'era, ad ogni uopo, soccorso,
Disse: — Volgiti in qua. Vedine due
All'accidia venir dando di morso. —
45. Diretro a tutti dicén: « Prima fue
» Morta la gente a cui il mar s'aperse,
» Che vedesse Giordan le rede sue. »
46. E: « Quella che l'affanno non sofferse
» Fino alla fine col figliuol d'Anchise,
» Sè stessa a vita senza gloria offerse. »
47. Poi, quando fûr da noi tanto divise
Quell'Ombre, che veder più non potèrsi,
Nuovo pensier dentro da me si mise;
48. Del qual più altri nacquero, e diversi:
E tanto d'uno in altro vaneggiai,
Che gli occhi, per vaghezza, ricopersi;
E il pensamento in sogno trasmutai.

---

42. (L) *Mal*: zoppo, e quasi stolto.
— *Suo*: del monastero.
(SL) *Figlio*. Giuseppe. Morì, nel 1309, ed era abate nel 1292. Ebbe un figlio naturale, Bartolommeo, abate anch'esso dal 1321 al 1336, poi vescovo di Verona, ammazzato da Cane. — *Mente*. Lat.: *Integer mentis*. Æn., II, IX: *Integer aevi*.
(F) *Corpo*. Lev., XXI, 17, 18: *Homo... qui habuerit maculam, non offeret panes Deo suo; nec accedet ad ministerium ejus si caecus fuerit, si claudus*.
44. (L) *Quei*: Virgilio. — *Morso* con rimprovero.
(SL) *Morso*. Traslato frequente nel Poeta, ma non sempre bello.
45. (L) *Gente* ebrea. — *Mar* rosso. — *Rede*: gli credi stabiliti in terra promessa.
(SL) *Diretro*. Come più negligente Però rammentano l'esempio d'accidia più colpevole. — *Rede*. Gen., XIII, 7. Dio aveva promesso al seme d'Abramo la Cananea.
(F) *Morta*. Num., XIV, 32, 33: *I vostri cadaveri giaceranno nella solitudine; i figliuoli vostri saranno vagabondi nel deserto anni quaranta* (tranne Caleb e Giosuè). Psal., CXIII, 3: *Il mare... fuggì: il Giordano volse sè indietro*.
46. (L) *Quella*: gente troiana. — *A vita* in Sicilia.
(SL) *Quella*. Æn., V. Rimase in Sicilia. — *Affanno*. Æn., V: *Taedet pelagi perferre laborem*. - *Quidquid tecum invalidum metuensque periculi est*. — *Fine* Æn., V: *Quos Pertaesum magni incoepti rerumque tuarum est*. — *Anchise*. Spesso in Virgilio: *Anchisiades*. - *Anchisa salus*. Anchise gli apparisce consigliando che lasci in Sicilia gl'inerti. — *Gloria*. Æn., X: *Inglorius... aevum*. - V: *Animos nil magnae laudis egentes*. — *Offerse*. Æn., VII: *Offer te... periclis*.
47. (L) *Potersi*: si poterono.
(SL) *Divise*. Æn., XII: *Quem nunc moestum patria Ardea longe Dividit*.
48. (L) *Vaghezza*: di pensare vago.
(SL) *Vaghezza*. Armann.: *Come sogno che per vaghezza passa*. Æn.,

VI: *Somnia vana.* I tre ultimi dipingono il languido vaneggiare di chi s'addormenta.
(F) *Diversi.* [C.] Job, XX: *Cogitationes meae variae succedunt sibi; et mens in diversa rapitur.* – Di pensiero vigilante. Virg., Æn., VIII: *Atque animum nunc huc celerem nunc dividit illuc, In partesque rapit varias, perque omnia versat.*

Bello, che il dolce maestro cerchi con l'occhio negli occhi di Dante se la verità sentita lo appaga; atto di chi ama l'uomo, e ama la verità: bello, che l'ardito animo del Poeta e l'ardito ingegno sia timido a esporre i suoi dubbi a maestro così affettuoso. Non patiscono di tale timidità i nostri savi, i nostri eroi d'oggidì.

Importa a Dante insegnare che la natura dell'affetto non è in sè mai rea; ma che l'iniziale innocenza e nobiltà dell'affetto, nonchè nobilitarne e abbellirne, non ne deve scusare gli abusi, che sono abusi del libero arbitrio, di quel dono ch'è l'essenza stessa dell'anima. Per dimostrare la potenza d'esso libero arbitrio, il Poeta si ferma a misurarne passo passo le vie dai primi moti di istinto al primo piegare verso la cosa che piace, dal piegare al desiderarla, dal desiderarla al deliberatamente assentire. Dalla qual distinzione de' gradi che mettono al merito o al demerito, apparisce più chiaro il potere e l'agio che ha l'uomo di ritenere i suoi moti, di dominare non solo gl'istinti ma gli abiti. Apparisce, d'altra parte, che, se negli atti della volontà non tutto è necessario, negli atti che alla deliberazione precedono, non tutto è libero; ond'è che certi impulsi al male, e quelle che il Cristianesimo sapientemente chiama tentazioni, non sono di per sè reità; e che il fermarsi scrupoleggiando su quelle, è orgoglio fantastico e diffidenza superba, che approssima il pericolo e il male avvera. Quel ch'è toccato delle potenze dell'anima le quali non sono sentite quando non vengono all'atto, e del sentimento in atto il qual desta l'anima quasi sepolta in un letargo primordiale; è risposta alle obiezioni che contro il principio Rosminiano mossero certi ontologi di mero nome. Le parole: *amore offerto a noi di fuori, esser verace che dà l'intenzione all'apprendere umano;* prevengono le obiezioni degli idealisti, e pongono netta la separazione dell'io dal *non io*, che non si possono confondere se non per uno di quei giuochi di parole intorno ai quali si aggira tutta la filosofia de' sensisti: e il panteismo non è che un sensismo ciclopico.

I canti degli accidiosi rammentano gli Ebrei che, col pigro e vile affetto ritornando all'antica servitù, meritano di perire a mezzo la via; e que' Trojani che in Sicilia rimangono, e, per non affrontare i pericoli del mare e delle armi, perdono l'onore di fondare una patria gloriosa. Meglio congiunte queste due memorie che quelle di Giulio Cesare e di Maria Vergine; e Cesare stesso sorriderebbe al vedere nella medesima terzina citati Lucano e Luca.

Dalla parola severa contr' uno di que' della Scala, e da questo che a Dante *piacque ritenerla*, arguiva Carlo Troya che questo era uno strale avventato contro di Cane stesso; come se nel Convivio non fossero biasimi ben più aperti contro un altro Scaligero; come se al Purgatorio non succedesse il Paradiso, che suona di Cane tanto magnifiche lodi.

La similitudine delle feste rumorose di Bacco, chi volesse difenderla, potrebbe sofisticando notare, come al piacere sovente gli uomini più faticosamente s'affannano che al bene vero. Nel dialogo dell'Abate di S. Zeno non sono bellezze grandi: ma quando vediamo il nobile ingegno del Casa volere in un verso di questo Canto ritrovare una ambiguità oscena, ci si fa manifesta la spaventosa distanza che corre dal trecento al cinquecento, e la differenza in meglio da quel sozzo secolo ai miseri tempi nostri.

Il Canto, bene incominciato ha degna fine nel ritrarre il passaggio da veglia a sonno, con verità d'osservazione e con efficace proprietà di parola. *Nuovo pensier dentro da me si mise; Dal qual più altri nacquero, e diversi: E tanto d'uno in altro vaneggiai, Che gli occhi, per vaghezza, ricopersi; E il pensamento in sogno trasmutai.* Una canzone del popolo toscano accoppia in modo simile le due voci, che certo avevano e l'una e l'altra un senso nella mente dell'umile dicitore: *Senza pensiero, senza pensamento.* Ma qui alle impressioni e ai pensieri destati da' canti succede un *nuovo pensiero, si mette dentro nella mente*, senza che ella lo chiami; e da esso altri ne nascono quasi da sè, mere imagini, tenui e varie, che l'una l'altra si debilitano e sperdono; e sono diversi, perchè, se si raccogliessero a un punto, il sonno fuggirebbe: onde la mente riman come nel vano (che tale è il senso qui di *vaneggiare*, e di *vanare* più sopra; e corrisponde in parte al francese *rêver*); sì che questi pensieri fanno un indeterminato pensamento, il quale non so se si muti nel sogno o se in lui si continui. Gli stessi suoni lenti, e la scelta delle parole lunghe da ultimo, rendono al vero la cosa. E veramente i poeti che fanno dormire, sono in piu numero di quelli che sappiano ben descrivere l'addormentarsi: pittura non facile, se Dante medesimo altrove, men poeta di qui: *Ma qual vuol sia che l'assonnar ben pinga. Però trascorro a quando mi svegliai.*

OSSERVAZIONI DEL P. G. ANTONELLI

ALLA TERZINA 26.

« *La luna quasi a mezzanotte tarda.* »

Intendasi non la *luna tarda*, ma l'epiteto congiungasi a notte; perciocchè anco a supporre che il Poeta movesse il suo viaggio, com'è più probabile, dal plenilunio pasquale ecclesiastico del 1300 che fu il 7 aprile; in quest'ora sarebbe stata qua la mattina del di 13 del detto mese, e quindi non sarebbero compiti neppure cinque giorni dalla ricordata fase lunare; e siccome la luna era australe, dicendolo il Poeta stesso dopo altri due versi, e australe era la posizione geografica del monte d'espiazione, la luna da una sera all'altra vi ritardava poco l'ora del suo nascere: il perchè nella sera di cui si parla vi doveva essere sorta prima delle ore dieci. In altre ipotesi di plenilunio sarebbe anche peggio. Pare dunque che debba intendersi: quasi alla tarda ora della mezzanotte, o meglio a mezzanotte, la luna, fatta come un secchione che tutto arda, faceva parere a noi più rade le stelle. Così spiegasi bene: la luna essendo ancora illuminata assai più della metà nella faccia che sempre ci volge, aveva la forma che con evidenza dipingesi dal Poeta, e rifletteva sempre una bella quantità di luce, sì che le stelle di minor grandezza apparente ne restavano velate e comparivano quindi rade le stelle visibili.

« *E correa contra il ciel per quelle strade.* »

Il moto proprio della luna, come di tutti i pianeti, è in direzione opposta al moto diurno della sfera celeste; e però ben dice *correa contra il ciel*. Quanto alla via del suo corso, ce la descrive dicendo, che era in quelle regioni che sono infiammate dal sole, cioè nelle quali è il sole, allorchè gli abitanti di Roma lo vedono tramontare tra la Corsica e la Sardegna: che è quanto dire verso il solstizio invernale. Infatti la luna in questa sera trovavasi nei primi gradi della costellazione del Sagittario, e intorno a ottantasette gradi dal punto equinoziale d'autunno, supposta la partenza dei due Poeti dal nostro emisfero nel plenilunio, di che vedi la nota alla terzina precedente.

LIBERO ARBITRIO.

Siccome dall'idea dell'accidia, che è amore languido, il Poeta si conduce a ragionare dell'intensità e dell'ordine degli amori; così dall'idea dell'amore, il cui oggetto ci viene offerto di fuori, muove il Poeta l'obiezione contro l'integrità dei libero arbitrio, e prende opportunità a trattare nel decimottavo l'argomento considerato in altro aspetto nel Canto sedicesimo: chè quivi è cercato se l'influenza de' corpi celesti noccia alla libertà, e qui se la prepotenza degli oggetti esteriori le noccia. E siccome a ragionare del vigore del libero arbitrio s'incomincia nel cerchio dell'ira, passione bestiale che più par lo distrugga; così nel cerchio dell'accidia, e durante il riposo a cui sono costretti i due Poeti dagl'invisibili vincoli della notte (1), per guadagnare tempo, e per espiar col pensiero il vizio che quivi si purga; ragionasi ancora del libero arbitrio, negato in fatto dall'accidia, ch'è vizio quasi di corpi bruti, e ragionasi di quello che è più nobile esercizio d'esso arbitrio, l'amore.

Ecco dunque il ragionamento che tesse il Poeta al Poeta. Ogni forma sostanziale (2), unita alla materia, ma distinta da quella, ha in sè una potenza insita, quasi d'istinto, che si dimostra negli atti, ed è sensibile solamente

---

(1) Un inno della Chiesa: *Tu rumpe noctis vincula.*

(2) A illustrare le parole: ogni forma sostanzial che *setta* è da materia, ed è *con lei unita*, richiamo i passi seguenti: *La forma tiene la cosa in essere, quand'ella già è* (Som., 1, 59). - *Ogni forma corporale è forma individuata per via della materia; le forme immateriali sono assolute e intelligibili* (Ivi, 1, 110). - *La forma e la cosa a cui quella appartiene, fanno semplicemente una cosa* (Ivi, 2, 2, 4). - *Ogni ente che ha anima è composto di materia e di forma, perchè l'anima è forma del corpo* (Ivi, 1, 3: - 2, 2, 3). *Ogni sostanza o è la stessa natura della cosa o è parte d'essa natura. A questo modo e la materia e la forma dicesi sostanza* (Ivi, 2, 1, 110). - *La materia è sotto una forma sostanziale, ma rimane in potenza a molte forme accidentali* (Ivi, 1, 1, 7; – 1, 77). - *Le forme sostanziali che di per sè sono ignote a noi, si fanno note per gli accidenti che ne escono* (Ivi, 1, 77). - *La forma sostanziale è sempre più semplice dell'accidentale perchè non ha nè intensione nè remissione, ed è indivisibile* (Ivi). - *Ogni corpo naturale ha una forma sostanziale determinata, alla quale seguono gli accidenti* (Ivi, 1, 1, 7). - *La comparazione o l'ordine o la figura non è forma sostanziale ma accidentale* (Ivi, 3, 2). - *L'intelletto è forma, non nella materia, ma è interamente separata come sono le sostanze degli angeli, o almeno potenza intellettiva che non è l'atto d'alcun organo nell'anima intellettiva congiunta al corpo* (Ivi, 1, 1, 7).

per essi, e nella quale è il germe delle prime nozioni e delle prime tendenze (1), de' quali e delle quali l'origine non è conosciuta, o non è, per meglio dire, avvertita. In queste prime nozioni e tendenze, che sono facoltà e moti di natura, non c'è merito nè demerito; ma il merito o il demerito incomincia nell'uso di quella facoltà, che è non men naturale dell'origine delle prime nozioni e tendenze, dico la facoltà dello eleggere tra due veri o tra due beni, qual de' due si voglia più attentamente col pensiero e col desiderio seguire. E questa facoltà di elezione e di consiglio è un assentimento (2) interno, il quale deve precedere all'atto dell'assenso; e il libero arbitrio è riposto in essa. Necessario è che l'uomo senta la tendenza al vero ed al bene; ma libero è ch'egli un bene o un vero prescelga ad un altro.

Or ecco le sentenze filosofiche le quali illustrano la dottrina di Dante. — *L'uomo è signore de' proprii atti per la ragione e la volontà; onde il libero arbitrio è detto facoltà di volontà e di ragione* (3). — *La volontà è principio attivo, non determinato a una cosa, ma indifferentemente riferentesi a molte* (4). — *La volontà può muoversi a oggetti opposti; non si muove dunque di necessità* (5). — *La ragione deliberante può piegarsi all'una o all'altra parte* (6). — *Quest'è che dicesi elezione del libero volere* (7); *libera elezione procedente dal proprio consiglio* (8). A questo si reca la facoltà della di collazione, *che mai non posa se non si raffronta* (9). *Proprio dell'anima razionale è raffrontare, e discorrere di cosa in cosa* (10). *Il raffronto è necessario a scoprire le cose che la mente ignora* (11). Ma, oltrechè allo scoprire, il raffronto giova a fare deduzioni dalle cose sapute: senonchè le due operazioni son una; e siccome la scoperta è una deduzione più ardita e meno aspettata, così la deduzione è una graduale e quasi piana scoperta.

Affermando questo fatto di coscienza, cioè che l'uomo può eleggere tra due oggetti, non è da negare il fatto apparentemente contrario, che è dalla coscienza parimente affermato, e sul quale il Poeta così ragiona. L'anima umana è creata ad amare, per quel che già prima si disse, che nelle sue prime esperienze, ella sa questo solo che, nata da creatore buono e beato,

(1) *Appetibile,* nelle scuole, è quel che desta il desiderio della volontà. *Il fine è negli appetibili quel che è il principio negl' intelligibili* (Som., 1, 2, 9). - *L'intelletto mostra alla volontà l'appetibile* (Ivi, l. c., e 1, 2, 6). - *Il primo appetibile non può essere lo stesso volere, ma un bene voluto* (Ivi, 1, 2, 1). - *I primi appetibili della volontà sono tutti d'un solo genere: onde l'ultimo fine dell'uomo è unico* (Ivi). - *I secondi appetibili non muovono l'appetito se non in ordine al primo. appetibile, che è l'ultimo fine dell'uomo* (Ivi).

(2) Vedasi, nella prima della seconda, la questione XII: *Della intenzione;* la XIII: *Della elezione delle cose che riguardano il fine;* la XIV: *Del consiglio che precede l'elezione;* la XV: *Del consenso che è l'atto della volontà.* E nella prima parte la questione LXXXII: *Della volontà,* e la LXXXIII: *Del libero arbitrio.*

(3) Som., 2, 1, 1.
(4) Som., 2, 1, 10.
(5) Som., l. c.
(6) Som., 2, 1, 119. - Purg., XVIII, terz. 9: *Se* (l'animo) *rivolto inver di lei si piega.*
(7) Gelli. - Par., XXXII: *Prima che avesser vere elezioni* (età di discernimento da eleggere il bene o il male).
(8) Som., 2, 2, 104. - Purg., XVIII: *Innata v'è la virtù che consiglia, E dell'assenso dee tener la soglia.*
(9) Purg., XVII.
(10) Som., 3, 11. - Ivi: *Consiglio ed elezione suppongono raffronto e ragionamento.*
(11) Som., 3, 11.

essa deve tendere alla gioia del bene (1). Ond'ella *Volentier torna a ciò che la trastulla*, come disse già Marco a Dante (2), e *Ad ogni cosa è mobile che piace*, come Virgilio qui gli dice (3). Il bene da cui si desta il piacere, è sempre di per sè un bene vero ed amabile; ma l'errore e la colpa sta nel troppo amarlo, e nel sottrarre quindi l'attenzione e l'affetto a beni più alti. Il piegare dell'anima verso l'oggetto piacente è il primo moto d'amore; che poi diventa affetto, poi abito. E siccome, dice Virgilio, il foco si muove in alto per ascendere alla sua sfera (4), così l'anima, presa al piacere, entra nel desiderio; e se il desiderio è smodato, lì comincia la colpa. Ogni affetto è dunque, in sè, buono finchè s'attempra alla verità delle cose; ma se si fa maggiore o minore di quella, se torce la cosa buona a fine non buono, egli è come un sigillo sudicio o deforme che in cera pura e buona impronti l'imagine; della qual cera non è colpa il sudicio o la deformità d'essa imagine.

Ripigliamo ora le dottrine della filosofia cristiana. *Se la volontà di Dio rendesse necessarie le cose da lui volute, perirebbe il libero arbitrio, e il consiglio, e ogni bene siffatto* (5). *Nel primo suo moto la volontà è mossa dall'istinto di qualche movente esteriore* (6). — *Il moto prossimo della volontà è estrinseco a lei; ma non è necessario che cotesto principio estrinseco sia il primo* (7) — *Che il principio movente la volontà sia di fuori, non fa violenza; perchè la volontà mossa è pur essa che vuole; altrimenti, vorrebbe e non vorrebbe, non sarebbe volontà* (8). — *La nostra volontà non è cagione della bontà delle cose, ma è mossa dal bene come da oggetto* (9). — *Non appartiene al libero arbitrio il voler esser felice, ma sì al naturale*

---

(1) Purg., XVI.
(2) Ivi.
(3) Purg., XVIII.
(4) I versi:

Poi, come 'l fuoco *muovesi in altura,*
Per la sua *forma* ch'è *nata a salire,*
Là dove più, in sua *materia,* dura.

hanno quasi in ciascheduna parola comento dai passi che seguono, da' quali appare che il linguaggio poetico di Dante era insieme il filosofico de' suoi tempi; felice armonia, ch'egli non rompeva già per amore di novità strana o d'eleganza arcadica, ma nella potenza sì dell'ingegno e sì dello stile conciliava. - *In certi agenti preesiste la forma che fa la cosa secondo l'essere naturale, come nelle cose operanti per natura, siccome l'uomo genera l'uomo* (Som., 1, 1, 15). - *Il grave discende per l'esigenza della sua forma* (Som., 2, 2, 1,0). - *Il moto locale dei corpi naturali procede dalle forme loro* (Som., 1, 110). - *Il fuoco prima riscalda, che induca la forma del fuoco, e nondimeno il ca-* *lore nel fuoco segue la forma sostanziale* (Som., 1, 1, 5). - *Il calore del fuoco opera in virtù della forma sostanziale* (Som., 2, 2, 2). - *Ogni cosa si muove secondo che nata e atta ad essere* (Arist Phys., 11). - *Nelle cose prive di conoscenza, ogni oggetto tende a quello che fa naturalmente per esso; come il foco a salire* (Som., 1, 1, 60) - *Ai corpi gravi e leggeri non è proprio il muoversi se non in quanto son fuori della disposizione di loro natura, fuori del luogo proprio; poichè, quando sono nel luogo loro naturale, hanno quiete* (Som., 1, 1, 18). - *Ignis dupliciter invenitur, scilicet in materia propria, prout est in sua sphera; et in materia aliena sive terrestri, ut patet in carbone; sive aerea, ut patet in flamma* (Som. Sup., 97) Aristotele anch'egli trae similitudini dal salire del fuoco e dal cader della pietra.

(5) Som., 1, 1, 19.
(6) Arist.
(7) Som., 1, 29.
(8) Som., 1, 2, 9.
(9) Som., 1, 2, 20.

istinto (1). — *L'uomo per ragione si muove a voler questo o quel bene vero o apparente; ma Dio lo muove in genere al desiderio del bene* (2). — *La volontà necessariamente vuole il bene perfetto, che è il suo ultimo fine; ma è libera nella scelta di beni minori* (3). — *Dio diede all'uomo il libero arbitrio con cui volgersi ad esso Dio e farsi beato* (4). — *La volontà muove sè stessa nella ricerca de' mezzi al fine* (5). — *L'uomo non può senza la Grazia fare il bene nè volerlo* (6). — *Niente d'esteriore è causa del peccato* (7). S. Prospero dice: Leso per la colpa d'Adamo negli uomini, cioè non così intero al bene come prima, il libero arbitrio; ma la volontà non è mossa di necessità nè da esteriore oggetto nè da Dio (8).

Della necessità che credevano taluni venire dall'influenza degli astri era già toccato nel colloquio di Marco, e ben posta la confutazione in bocca a un cittadino di quella città la cui storia ne' tempi belli è una continua battaglia e vittoria della volontà sulle cose. Se il cielo, dic'egli, muovesse tutto seco di necessità, non sarebbe giustizia aver premio del bene, del male pena; non ci sarebbe, cioè, nè moralità nè civile società. I moti celesti iniziano i movimenti dell'uomo, dacché questi grandi corpi che circondano la terra devono pur potere grandemente sovr'essa e quindi sull'uomo, se tanto ci possono i menomi elementi di lei. Non tutti, però, i movimenti umani sono iniziati per disposizione de' moti de' cieli; e altre cause naturali li temperano, o contrastano a quelli; ma, fossero anco tutti, nell'uomo è il lume della ragione e la libertà del volere, da vincere gl'impulsi esterni, o piuttosto da far prevalere tra quelli i migliori. A maggior forza che degli astri, a migliore natura, cioè alla divina e alle intelligenze ministre di lei, gli uomini sottostanno; ma liberi sottostanno (9).

Così Dante. Or la Somma: *Possono i corpi celesti disporre le inclinazioni, in quanto fanno impressione nel corpo umano, e per conseguente nelle forze sensitive, che sono atti degli organi corporali, e preparano la inclinazione agli atti umani. Ma, perchè le forze sensitive ubbidiscono alla ragione, com'è in Aristotele* (10), *nessuna necessità quindi è imposta al libero arbitrio; e contro l'inclinazione de' corpi celesti l'uomo può per ragione operare* (11). — *Siccome la volontà è mossa dagli esteriori, può essere mossa anco da' corpi celesti; in quanto i corpi esteriori che offerti al senso, muovono la volontà, e in quanto gli stessi organi delle potenze sensitive soggiacciono ai moti celesti; ma i corpi celesti non fanno nella volontà impressione direttamente. Cotesto è impossibile, perchè la volontà, come dicesi nel terzo dell'anima, è nella ragione, e la ragione è incorporea: or nessun corpo può operare su cosa incorporea; ma sì viceversa. E però Aristotele, nel secondo dell'anima, attribuisce l'opinione delle influenze celesti sulla volontà a coloro che confondevano l'intelletto col senso. Non dunque in altro modo che*

(1) Som., 1, 1, 19.
(2) Som., 1, 2, 9.
(3) Som., 1, 2, 10.
(4) Som , 1, 2, 5.
(5) Som., 1, 2, 9; e 1, 2, 10. Aug., Civ. Dei, V. - Som., 2, 2, 140.
(6) Som., 2, 2, 109.
(7) Somma.
(8) Som., 1, 2, 10.
(9) Il *soggiacere* che qui Dante usa, sarebbe parola contradicente alla libertà ch'egli afferma, se il grave senso dell'origine non fosse temperato e dall'uso scolastico e dal comune (Par., VI).
(10) Arist., de An : III; Eth., I.
(11) Som., 2, 2, 95; e 1, 2, 102: *I pianeti, secondo le diverse congiunzioni, hanno diversi effetti.* Damasc.: *I corpi celesti non sono cagione degli atti nostri.* - Som., 1, 2, 9.

DANTE. *Purgatorio.* 17

indiretto i moti celesti ridondano nella volontà, cioè in quanto la volontà è mossa dalla passione dell'appetito sensitivo (1). — *Possono, per l'impressione de' corpi celesti, essere taluni inchinevoli a iracondia o a concupiscenza; siccome anco la complessione naturale fa gli uomini seguaci di certe passioni alle quali soli i savi resistono. Il savio, come Tolomeo dice, sarà dominatore degli astri, perchè con la volontà libera e non soggetta a' moti celesti impedisce gli effetti d'essi moti e supera le passioni* (2). — *Il moto di quaggiù è secondo ragione di Provvidenza, e non di necessità di natura* (3).

Ripigliando Marco veneziano il suo dire, della corruzione del mondo reca a ragione segnatamente i cattivi governi (4). Era qui luogo di dire del Veneto; ma nulla se ne parla nè in bene nè in male: e in tanta abbondanza di biasimi, è lode il silenzio. Quel patriziato doveva piacere a Dante, perchè patriziato e perchè italianissimo, e perchè non battagliante con ire impotenti contro l'impero, e perchè allora non invaditore, e perchè non ligio alla corte di Roma. Dall'influenza de' corpi celesti gli era naturale il passaggio all'imagine di due soli, la potestà spirituale e la temporale: imagine che però non è giusta, dacchè la temporale non è un lume che possa paragonarsi alla luce della legge universalissima e sempiterna; nè mai la potestà umana mostrò così direttamente la strada del mondo, nè poteva mostrarla, come la divina mostrò, o poteva mostrare, la via di Dio: e in tanto l'umana è maestra, in quanto essa stessa è discepola della divina.

(1) Som., 2, 1, 9.
(z) Som., 2, 1, 9.
(3) Som., 2, 1, 109. - Purg., XVI: *Ogni cagion recate Pur suso al cielo, sì come se tutto Movesse seco di necessitate.*
(4) Ripete il medesimo nel XXVII del Paradiso: *Sappi che'n terra non è chi governi: Onde si svia l'umana famiglia.* Ripetuta fin la parola. Purg., XVI: *Se 'l mondo presente disvia, In voi è la cagione.* Marco è spia di ciò a Dante; spia contro i governi, fra le tante spie de' governi.

CANTO XIX.

ARGOMENTO.

I tre vizii carnali, avarizia, gola, lussuria, vengono più dagli esterni allettamenti che dall'interna malizia, dalla qual vengono piuttosto la superbia, l'invidia, e quell'ira che sospinge al misfatto. Però son più in alto, men lontani dal cielo: appunto come in Inferno sono più in alto, più lontani da Lucifero, dal centro dell'orribile regno. La superbia, l'invidia, l'ira amano il male altrui: l'accidia non cura il bene altrui nè il proprio. L'avarizia, la gola, la lussuria cerca il falso ben proprio. Ecco perchè l'accidia stia quasi passaggio tra gli uni e gli altri; e corrisponda in certo modo ai dannati che vissero senz'infamia e senza lode. Tra gli avari il Poeta rincontra un papa, vedrà poscia un re.

Nota le terzine 3 alla 6; 9, 10, 11, 13, 14, 16, 17, 20, 22, 24, 25, 26, 35, 36, 39, 40, 42, 43, 45, 48.

1. Nell'ora che non può 'l calor diurno
   Intiepidar più 'l freddo della Luna,
   Vinto da Terra, e talor da Saturno;

1. (L) *Ora...*: ultima della notte; che il calore del dì precedente sentesi meno. — *Terra.* Credevasi naturalmente fredda.
(SL) *Vinto.* Si reca a *calore*; ma l'ultimo nome è *freddo*, onde un poco d'ambiguità, e così nell'ultimo verso della terzina seguente. — *Terra.* Bocc., Gior. V: *Il caldo del dì esser vinto dalla freschezza della notte.* Dice *da Terra,* trattandolo come pianeta al modo che *da Giove, da Venere.* — *Saturno.* Ott.: *Questa aurora si è quella del terzo dì, che l'autore stette nel Purgatorio.* — *Ora.* [Ant.] Col descriverci l'ora, che immediatamente precede l'alba del dì, il Poeta non manca di mostrarci, al suo solito, e sempre con nuovi modi, la molta sua scienza. Qui dice: 1.°, che il calore svoltosi nel giorno per la presenza del sole, si conserva anche durante il più della notte; 2.°, che la luce riflessa della luna non suscita sensazione calorifera, errore durato sin verso la metà del secolo corrente; 3.°, che quel diurno calore cessa di superare quel supposto freddo, per azione della terra che oggi sappiamo essere invece una sorgente di calorico; o talora di Saturno, a cui falsamente attribuivano proprietà

2. Quando i geomanti lor maggior fortuna
   Veggiono, in Oriente innanzi all'alba,
   Surger per via che poco le sta bruna;
3. Mi venne in sogno una femmina balba,
   Con gli occhi guerci, e sovra i piè distorta,
   Con le man' monche, e di colore scialba.
4. Io la mirava: e come il Sol conforta
   Le fredde membra che la notte aggrava,
   Così lo sguardo mio le facea scorta
5. La lingua; e, poscia, tutta la drizzava
   In poco d'ora; e lo smarrito volto,
   Come amor vuol, così le colorava.
6. Poi ch'ella avea 'l parlar così disciolto,
   Cominciava a cantar sì che con pena
   Da lei avrei mio intento rivolto.
7. — Io son (cantava), io son dolce Sirena,
   Che i marinari in mezzo 'l mar dismago:
   Tanto son di piacere, a sentir, piena.

---

frigorifere (ma rammentisi che la teoria del raggiamento del calorico è molto moderna): 4.°, che accennando alla Geomanzia, vanissima arte con cui pretendevasi d'indovinare il futuro per via di certe figure e disposizioni in corpi terrestri, e alla quale pure si faceva concorrere l'astronomia per la relazione dei corpi stessi con quelli del cielo, il nostro Poeta non mostra di credere a simili errori, nei quali incorsero uomini anche valenti.
(F) *Saturno.* Georg., I: *Frigida Saturni... stella.* Conv.: *La freddura di Saturno.* - *Pianeta frigido,* dice Pietro: ben s'addice al giro degli avari dov'entrano.
2 (L) *Poco...* : sarà tra breve illuminata dal dì. — *Le:* all'alba che viene. — *Sta:* dura.
(F) *Geomanti* Som.: *I segni o figure prenunzianti il futuro se appariscono in legno o ferro o pietra lavorata dicesi geomanzia.* — Chiamavano *fortuna major* quella disposizione di sei stelle che vedesi nell'Acquario e nel principio de' Pesci. Qui vuol dire ch'essendo il sole in Ariete, eran già sull'orizzonte alzati tutto Acquario e parte de' Pesci, i quali segni precedon l'Ariete.

3: (L) *Scialba:* pallida.
(SL) *Scialba.* Da *exalbare.* Cresc., X, 10: *Scialbare di smalto.*
(F) *Venne.* Prov., VII, 10, 11: *Ed ecco gli viene incontro una donna in abbigliamento meretricio, apparecchiata a pigliare le anime: garrula e vaga, impaziente di posa.*
4. (L) *Scorta:* agile.
(SL) *Scorta.* M. Vill, VIII, 28: *Masnadieri scorti e destri.*
(F) *Sol.* [Ant] Si considera il sole, o il calorico di cui esso è sorgente ne' suoi effetti fisiologici, e il confortarsene le membra che il freddo notturno aveva intorpidite, richiama all'imagine della prima terzina.
5 (SL) *Amor.* Petr.: *Il pallor di viola e d'amor tinto.* [Palingenii Zodiacus Vitæ, lib. XII: *Facies pulcherrima tunc est, Quum porphiriaco variatur candida rubro Quid color hic roseus sibi vult? designat amorem.*]
6 (L) *Intento:* attenzione.
(SL) *Intento.* Purg, III, t. 4 e 5: *La mente... Lo 'ntento rallargò.*
7. (L) *Dismago:* svio.
(F) *Dolce.* Boet.: *Abite... o sirenes, usque in exitium dulces.*

CANTO XIX.

8. Io trassi Ulisse dal suo cammin, vago
   Al canto mio. E qual meco s'aùsa,
   Rado sen' parte: sì tutto l'appago. —
9. Ancor non era sua bocca richiusa,
   Quando una donna apparve, santa, e presta,
   Lunghesso me, per far colei confusa:
10. — Oh Virgilio, Virgilio, chi è questa? —
    Fieramente dicea. E quei veniva
    Con gli occhi fitti pure in quella onesta.
11. L'altra prendeva, e dinnanzi l'apriva,
    Fendendo i drappi; e mostravami 'l ventre.
    Quel mi svegliò col puzzo che n' usciva.
12. Io volsi gli occhi; e'l buon Virgilio: — Almen tre
    Voci t'ho messe, dicea. Surgi e vieni:
    Troviam l'aperto per lo qual tu entre. —
13. Su mi levai. E tutti eran già pieni
    Dell' alto dì i giron' del sacro monte;
    E andavam col Sol nuovo alle reni.

---

8. (L) *Vago:* invaghito. — *Qual:* chi. — *Aùsa:* avvezza.
(SL) *Ulisse.* Ma Ulisse, dice la favola, si schermì da quel canto. Altri vuole che la Sirena a bello studio dica menzogna: per Sirena s'intenda anco Circe che lo sottrasse per alcun tempo alla patria. Inf., XXVI, t. 31. — Canto Hor. Epist., I, 2: *Sirenum voces et Circes pocula.*
9. (L) *Lunghesso:* accanto.
(SL) *Lunghesso.* Vita Nuova: *Vidi lungo me uomini.*
10. (SL) *Fieramente.* Bocc.: *Fieramente la riprese.* — *Onesta.* Questo sostantivare gli aggettivi, che è pur sì conforme alla lingua parlata e sì bello, bisogna correre da Dante al Manzoni per trovarne gli esempi.
11. (L) *Quel:* il ventre.
(SL) *Puzzo.* Fiore di virtù: *Pute più a Dio la vanagloria che tutte le carogne del mondo.* — *Usciva.* Armann.: *Di loro (dei lussuriosi) esce una orribile puzza... che corrompe il sito d'ogni lato, e l'occhio turba.*
(F) *Apriva.* Ezech., XVI, 37: *Nudabo ignominiam tuam coram eis, et videbunt omnem turpitudinem tuam.* Dant.: *Se li uomini avessero occhi di lince, forse che, guardando nelle interiora, il più bel corpo non apparirebbe sozzissimo?*

12. (L) *Entre:* entri a salire.
(SL) *Aperto* Purg., IV, t. 7: *Aperta.* - IX, t. 25: *Rotto... fesso.*
13. (SL) *Pieni.* Par., IX, t. 5: *Al sol che la riempie.* Cic., Somn Scip: *Cuncta sua luce illustret et compleat.* — *Dì.* Semint.: *Che la terra non si scopra con ampio aprimento e che'l die mandato non ispavanti le paurose anime.*
(F) *Reni.* [Ant.] La montagna del Purgatorio avendo una latitudine australe, e il sole essendo nell'undecimo grado di declinazione boreale, stando al solito supposto del 1300; segue che la parte settentrionale della detta montagna era battuta tutto il giorno dai raggi solari. Se dunque prima di volgere alla scala pel quarto girone, i Poeti sul terzo avevano di fronte l'occaso, come abbiamo avvertito, e se per questa quarta cornice ripresero il cammino nella stessa direzione, che tennero poi anche nella quinta, siccome è detto al verso 81: *Le vostre desire sien sempre di suri,* il sole nascente doveva dar loro alle reni: e per questo viene ancora a confermarsi la grande ampiezza di questi gironi, e la situazione de' nostri viaggiatori sempre circostante al vero punto di settentrione del monte.

14. Seguendo lui, portava la mia fronte
Come colui che l'ha di pensier' carca,
Che fa di sè un mezzo arco di ponte.

15. Quand'io udi': « Venite: qui si varca, »
Parlare in modo soave e benigno,
Qual non si sente in questa mortal marca.

16. Con l'ali aperte, che parean di cigno,
Volseci in su colui, che sì parlonne,
Tra i due pareti del duro macigno.

17. Mosse le penne, poi, e ventilonne,
Qui lugent affermando esser beati,
Che avran di consolar l'anime donne.

18. — Che hai, che pure invêr la terra guati? —
La guida mia incominciò a dirmi,
Poco amendue dall'Angel sormontati.

19. Ed io: — Con tanta sospension fa irmi
Novella visïon, che a sè mi piega,
Sì ch'io non posso dal pensier partirmi. —

20. — Vedesti (disse) quella antica strega,
Che sola sovra noi omai si piagne?
Vedesti come l'uom da lei si slega?

21. Bastiti: e batti a terra le calcagne.
Gli occhi rivolgi al logoro, che gira
Lo Rege eterno con le ruote magne. —

15. (L) *Marca:* terra.
(SL) *Soave,* di suono; *Benigno*, d'accento e di senso — *Marca*. Nel XXVI, t. 23 del Purgatorio *marche* le regioni de' purganti. Ott.: *Paese fra' termini scritti.*
16. (L) *Volseci:* volgendo le ale verso la strada. — *Parlonne:* ci parlo.
(SL) *Cigno.* Buc., VII: *Candidior cycnis* Nella Somma è una comparazione del cigno. — *Pareti.* Mascolino nel Ricciardetto.
17. (L) *Mosse:* gli cancella un P. — *Ventilonne:* ci fece vento. — *Donne* consolate, anzi signore di consolazione.
(SL) *Ventilonne.* Purg., XVII, t. 23 — *Consolar.* Dante, Rime: *È d'ogni consolar l'anima spoglia.*
(F) *Lugent.* Matth., V, 5: *Beati chi piangono, perch' eglino saranno consolati.* Luc., VI, 21: *Beati qui nunc fletis, quia ridebitis.* — *Consolar.* L'accidia, appunto perchè non prende cura del bene, e non sente gli alti dolo-

ri, si sconsola vilmente de'piccoli mali dalla sua inerzia aggravati. Nel XII del Purgatorio: *Beati pauperes;* nel XV: *Beati misericordes;* nel XVII: *Beati pacifici.* — *Donne.* Som : *Illud est in hominis potestate cujus ipse est dominus.* - *Homo dominus est suorum actuum.* Casa: *La ragione, donna e maestra.* Il dolore dà all'anima quella signoria di se da cui vengono le più vere consolazioni.
18. (L) *Sormontati:* essendo noi saliti più su di dove era l'angelo.
20. (L) *Sola:* in lei è lussuria, avarizia, gola.
(SL) *Antica. Antica lupa* dirà l'avarizia nel XX, t. 4 del Purgatorio.
21. (L) *Batti:* và franco — *Logoro:* segno che invita a volare. — *Magne:* celesti.
(SL) *Logoro.* Inf., XVII.
(F) *Ruote.* [Ant.] Cioè delle più ramose stere celesti, o del primo mobile che è la più vasta e la regolatrice dei moti delle minori, giusta

CANTO XIX.

22. Quale il falcon che prima a' piè si mira,
Indi si volge al grido, e si protende
Per lo disío del pasto, che là 'l tira;

23. Tal mi fec'io: e tal, quanto si fende
La roccia per dar via a chi va suso,
N'andai, infino ove il cerchiar si prende.

24. Com'io nel quinto giro fui dischiuso,
Vidi gente per esso, che piangea,
Giacendo a terra, tutta vôlta in giuso.

25. — *Adhæsit pavimento anima mea:* —
Sentía dir lor con sì alti sospiri
Che la parola appena s'intendea.

26. — O eletti di Dio, li cui soffriri
E giustizia e speranza fan men duri,
Drizzato noi verso gli alti saliri. —

27. — Se voi venite dal giacer sicuri,
E volete trovar la via più tosto,
Le vostre destre sien sempre di furi. —

28. Così pregò 'l poeta: e sì risposto,
Poco dinnanzi a noi, ne fu: per ch'io
Nel parlare avvisai l'altro nascosto.

29. E volsi gli occhi agli occhi al signor mio;
Ond'egli m'assentì con lieto cenno
Ciò che chiedea la vista del disio.

la dottrina astronomica di quei tempi. Questo pensiero è in armonia con l'altro del Purg., XIV: *Chiamavi il cielo, e intorno vi si gira.*

22. (L) *Mira:* proprio d'animale che s'atteggia a correre impetuoso.

23. (L) *Fende:* si fa scala. — *Ove:* ove si gira il ripiano.
(SL) Tal. Purg., XII. t. 5: *Dritto, sì com'andar vuolsi, rifèmi, Con la persona.*

24. (L) *Dischiuso,* fuor della scala angusta.
(SL) *Dischiuso.* Inf., XXX: *'L varco quando del porcil si schiude.* En., VI: *Discludere Nerea ponto.*
(SL) *Adhæsit.* Psal., CXVIII. 25. Grido di Teodosio umiliato. Segue: *Vivifica me secundum verbum tuum.* Orazio, della gola: *Affigit humo divinae particulam auras* (Sat., II, 2).

26. (L) *Soffriri.* Quarto caso. — *Saliri:* dove si sale.
(SL) *Soffriri.* Come i *diri* nelle Rime di Dante, gli *aspettari* in Caterina da Siena, i *fari* nella lingua vivente. Petr.: *I vostri dipartir'...* — E *vestiri* e *ardiri* in Semintendi.
(F) *Soffriri.* L'idea del tallo commesso ci fa men dura la pena che vediamo giusta; e men dura la fa la speranza.

27. (L) *Sicuri:* non temete la pena degli avari. — *Furi:* fuori voltate a destra.
(SL) *Sicuri.* Æn., VI: *Securos latices* — *Furi.* Per *fuori;* l'o e l'u si scambiano nell'antica lingua: *Vui, catura,* e simili. — Abbiate il monte a man manca. Se la diritta riguarda non il monte, ma la parte opposta, il vano di dove si cade, segno è che il cammino è sempre a diritta.

28. (L) *Sì:* così. — *Ne:* ci — *Per ch':* onde — *Avvisai:* compresi che l'essere io vivo era all'anime nascosto.

29. (L) *Disio* di parlare.

30. Poi ch'io potei di me fare a mio senno,
   Trassimi sovra quella creatura
   Le cui parole pria notar mi fenno;
31. Dicendo: — Spirto, in cui pianger matura
   Quel senza 'l quale a Dio tornar non puossi,
   Sosta un poco per me tua maggior cura.
32. Chi fosti, e perchè vòlti avete i dossi
   Al su, mi di'; e se vuoi ch'i' t'impetri
   Cosa di là ond'io, vivendo, mossi.
33. Ed egli a me: — Perchè i nostri diretri
   Rivolga il cielo a sè, saprai: ma prima
   Scias quod ego fui successor Petri.
34. Intra Siestri e Chiaveri s'adima
   Una fiumana bella; e del suo nome
   Lo titol del mio sangue fa sua cima.
35. Un mese e poco più provai io come
   Pesa il gran manto a chi dal fango 'l guarda,
   Chè piuma sembran tutte l'altre some.
36. La mia conversione, oimè!, fu tarda:
   Ma come fatto fui roman, Pastore,
   Così scopersi la vita bugiarda.
37. Vidi che lì non si quetava 'l core,
   Nè più salir potési in quella vita;
   Perchè di questa in me s'accese amore.
38. Fino a quel punto, misera, e partita
   Da Dio, anima fui, del tutto avara:
   Or, come vedi, qui ne son punita.

30. (L) *Fare:* domandare. — *Notar:* per mente.
(SL) *Notar.* Assoluto, Così diciamo *nota bene*, senz'altro.
31. (L) *Matura...*: il dolore matura il purificarsi dell'anima. — *Cura* di purgarsi.
32. (L) *Di là:* dal mondo.
33. (SL) *Scias.* Questo latino sta qui per la rima; e non isconviene a pontefice
34. (L) *Siestri:* Sestri e Chiavari nel Genovesato a levante. — *Adima:* scende il Lavagno. — *Cima:* soprannome al nome de' Fieschi.
(SL) *Adima,* Frezzi., IV, 17. — *Titol.* Adriano V, Ottobuono de' Fieschi, papa nel 1276, già ben vecchio, trentanove giorni vissutoci.
35. (SL) *Fango.* Purg., XVI: La Chiesa di Roma *Per confondere in sè duo reggimenti, Cade nel fango, e sè brutta e la soma.*
(F) *Pesa.* Hieron: *Non est facile stare in loco Petri et papalem tenere cathedram regnantium cum Christo. Nam non sanctorum filii qui tenent locum sanctorum, sed qui sanctorum exercent operationem.*
36. (L) *Come:* appena.
37. (L) *Lì:* a quell'onore. — *Questa* eterna.
(SL) *Quetava.* Inf., I, t. 20: *Bestia senza pace.*
38. (L) *Partita:* divisa.

CANTO XIX.

39. Quel ch'avarizia fa, qui si dichiara
In purgazion dell'anime converse:
E nulla pena il monte ha più amara.

40. Sì come l'occhio nostro non s'aderse
In alto, fisso alle cose terrene;
Così Giustizia qui a terra il merse:

41. Come avarizia spense a ciascun bene
Lo nostro amore, onde operar perdési,
Così Giustizia qui stretti ne tiene,

42. Ne' piedi e nelle man' legati e presi:
E quanto fia piacer del giusto Sire,
Tanto staremo immobili e distesi. —

43. Io m'era inginocchiato, e volea dire;
Ma com'i' cominciai, ed e' s'accorse,
Solo ascoltando, del mio riverire,

44. — Qual cagion, disse, in giù così ti torse? —
Ed io a lui: — Per vostra dignitate
Mia cosciënza dritta mi rimorse. —

45. Drizza le gambe, e lévati su, frate
(Rispose). Non errar. Conservo sono
Teco, e con gli altri, ad una Potestate.

46. Se mai quel santo evangelico suono
Che dice *Neque nubent*, intendesti,
Ben puoi veder perch'io così ragiono.

---

39. (L) *Quel:* i mali effetti dell'avarizia. — *Dichiara* cantando. — *Nulla:* nessuna pena in Purgatorio è più amara di questa.
(SL) *Amara*. Vita Nuova: *Amarissima pena*.
40. (L) *Aderse:* alzò. — *Merse:* confisse.
(SL) *Aderse*. *Adergere* in Albertano. — *Merse* in Armannino e altri. Æn., VI: *Quae forma viros fortunare mersit*. Anche laddove non sia acqua, o cosa ad acqua somigliante, i Latini dicevano *mergere*. Quint. Declam., XIX: *Mersis, dejectisque luminibus*. Stat.: *Graves oculos languentiaque ora... Mergit humo*. Lucan., VII: *Majori pondere pressum.... mersère caput*.
(F) *Merse*. Jer., II, 27: *Volsero a me le spalle e non la faccia*. Som.: *I peccati che più s'attaccono all'anima purgansi più tardi: e però altri più lungamente sono tormentati che altri, secondochè il loro affetto nelle colpe veniali fu più immerso*.
41. (L) *Perdési:* si perdè l'occasione di fare il bene.
(SL) *Spense*. I traslati di *spegnere* e di *legare* non si convengono. — *Perdési*. Purg., XIV, t. 26: *Parlómi*. — XXIX, t. 22: *Fùci*; e simili.
44. (L) *Rimorse* di non v'aver fatto onore.
(SL) *Rimorse*. *Dritta* e *rimorse* traslati che non si convengono insieme.
45. (L) *Frate:* fratello. — *Ad:* a Dio.
(F) *Conservo*. Nell'Apocalisse (XIX, 10) inginocchiandosi Giovanni all'Angelo, questi lo vieta: *Vide, ne feceris: conservus tuus sum, et fratrum tuorum*. Act. Apost., X, 26: *Surge; et ego ipse homo sum*.
46. (F) *Nubent*. A' Sadducei doman-

47. Vattene omai: non vo' che più t'arresti;
Chè la tua stanza mio pianger disagia.
Col qual maturo ciò che tu dicesti.

48. Nipote ho io di là, ch'ha nome Alagia;
Buona da sè, pur che la nostra casa
Non faccia lei, per esempio, malvagia:
E questa sola m'è di là rimasa. —

danti se sarà matrimonio nell'altra vita, Gesù Cristo risponde: *Neque nubent, neque nubentur* (Marc., XII, 25: Matth., XXII, 30) Luc., XX, 35. Le umane inuguaglianze, intende, sono di là dileguate.

47. (L) *Stanza*: dimora. — *Disagia*: turba. — *Ciò*: la grazia.

(SL) *Stanze*. Bocc: *Temendo non la troppa stanza gli fosse cagione di volgere l'altrui diletto in tristizia*. È in Gio. VIII e nel Petr. — Ciò Terz. 31: *Quel senza'l quale a Dio tornar non puossi.*

(F) *Disagia*. Som Sup.: *L'affetto con cui si desidera il sommo bene dopo questa vita nelle anime sante è intensissimo, perchè l'affetto non è ritardato dalla mole del corpo; e però del ritardo si dolgono grandemente.* Altrove: *Quanto maggiormente la cosa è desiderata, tanto l'assenza di quella è molesta.* — Nel Purgatorio sarà doppia pena: di danno, in quanto l'anima è ritardata dalla visione divina, e di senso.

48. (L) *Per*: coll'. — *Sola* buona; e però disposta a pregare efficacemente per me.

(SL) *Alagia*. Pelli, p. 119 Moglie di Moroello Malaspina, figliuol di Manfredi, il qual Manfredi era figliuolo di Corrado Malaspina l'antico (Purg., VIII, 40). Non a questo Malaspina intendeva Dante dedicare il Purgatorio; chè questi teneva da' Guelfi. Egli loda la moglie che visse lungamente dal marito lontana: non da ciò segue ch'egli amasse il marito. Il quale favorì il Cardinale del Fiesco, contrario a Franceschino, l'amico di Dante. — *Esemplo*. Juven., XIV: *Citius nos Corrumpunt vitiorum exempla domestica.* — *Malvagia*. Un del Fiesco nel 1287 venne a Firenze vicario generale dell'Imperatore. Rodolfo, abitò in casa Mozzi, condannò la città ricusante il giuramento all'imperio in sessantamila marchi d'argento: ma come di famiglia guelfa, era sospetto a' Ghibellini. Tornò scornato in Germania a Rodolfo.

* * *

Dire che il Canto precedente, così pieno di cose difficili a esporsi anco in prosa, è nella elocuzione più schietto di questo e più poetico, a me pare che torni in lode di Dante. La descrizione astronomica dell'ora in principio, è delle meno felici; e nella fine potevasi meglio che col *neque nubent* provare che nell'altro mondo non sono disuguaglianze di reale o papale dignità, ma di meriti. Il Re eterno che gira il logoro a noi, quasi uccelli da preda, non so se sia più o meno bello dell'*Imperatore* che *nell'aula segreta se ne sta co' suoi conti*. Del falcone tre similitudini abbiamo nelle tre cantiche; ma quella dell'Inferno è la migliore, perchè la più appropriata; sebbene anco nell'altre il vero sia sagacemente osservato. Senonchè il genere fiammingo non s'addice allo spirito italiano nè al greco.

Direbbesi che, tra due Canti dove l'arte fa degna prova di sè, Dante ne frammetta uno meno notabile, o per pausa o per contrapposto. Certo e che con *tanta sospension fa irmi - per via che poco gli sta bruna - in questa mortal marca - verso gli alti saliri - del suo nome Lo titol del mio sangue fa sua cima - batti a terra le calcagne - Le vostre destre sian sempre di furi - Avran di consolar l'anime donne*; non sono da tenere per modi de' suoi migliori. Ma non è senza intendimento i *nostri diretri rivolga il cielo a sè*; nè un papa non più principe, chiamare Dio *giusto sire*; e rammentare *come Pesa il gran manto a chi dal fango'l guarda, Chè piuma sembran tutte l'altre some:* che fa ripensare le cappe degl'ipocriti; *gravi tanto Che Federigo le mettea di paglia.*

Splendido: *eran già pieni Dell'alto dì i giron' del sacro monte;* e fa sentire la pena degli avari, pena più dell'anima che della spoglia corporea: *con sì alti sospiri Che la parola appena s'intendea.* È bellezza morale, non greca nè virgiliana, ma d'uomo ch'esce del medio evo: *mostravami il ventre. Quel mi svegliò col puzzo che ne usciva Degno di Virgilio: E volsi gli occhi agli occhi al signor mio; Ond'egli m'assentì con lieto cenno.* E gentile da ultimo il cenno ad Alagia, che dai mali esempi della sua casa, quasi imagine da fondo scuro, risalta più bella.

AVARIZIA.

Nel giro dell'accidia non è maraviglia che Dante sia preso da sonno. E nel sonno vede una donna, la concupiscenza de' beni terreni. E' la personifica in una specie di Sirena: e nella Vita Nuova afferma lecito a' poeti personificare le cose inanimate e gli affetti. A simboleggiare i tre vizii in cui si distende la concupiscenza, egli fa quella femmina *balba* e guercia con pallore, e monca (1), nel primo adombrando forse la gola, nel terzo l'avarizia, la lussuria nel secondo. Il Poeta pur col guardarla le fa spedita la lingua e la raddrizza e colorisce d'amore, perchè l'uomo col fermarsi a guardare i beni terreni fiacca sè stesso e però se li fa parere desiderabili di vili che sono. Nella donna che apparisce a respingere l'*antica* strega (che è molto piu dire che *vecchia*), Pietro riconosce la virtù intellettuale; l'Ottimo, la ragione. Virgilio denuda la turpitudine della femmina; perchè basta a cio la ragione, in quanto l'effetto conosciuto del male sveglia la coscienza.

L'avarizia che, bramando i beni materiali per farne strumento a tristi godimenti e del corpo e dello spirito, è quasi mezzo tra' peccati spirituali e carnali (2), e giustamente qui collocata dall'un lato tra ira e accidia, e dall'altro gola e lussuria, e più prossimamente tra accidia e gola, perch' avarizia è fame di ricchezza, e cura sollecita insieme e inerte con dolore uggioso (3). *L' avaro desidera ogni bene il cui prezzo si può misurare con moneta* (4); onde questo è vizio che comprende in certo senso tutti i beni esteriori; ch'anzi Agostino vede *avarizia in tutte quante le cose che smodatamente desideransi* (5); perch'egli s'attiene all'origine della voce *aveo*, origine sbagliata da Isidoro (6); che fa *avarus, aeris avidus*.

Avarizia nasce da altri peccati, come brama di satollare l' ambizione o la gola (7). — *Avarizia nasce ora da orgoglio, or da timore* (8), e timori fomenta. L' oro precipitò di molti nella libidine e in ogni altro vizio: per

---

(1) Inf., VII: *Questi* (gli avari) *risurgeranno del sepulcro Col pugno chiuso; e questi* (i prodighi) *co' crin' mozzi.*

(2) Paolo (Ad Ephes., V) la pone tra i peccati carnali; la Somma (2, 2, 118), quasi ponte tra gli uni e gli altri.

(3) Inf., I: *E quale è quei che volentieri acquista, E giunge 'l tempo che perder lo face, Che 'n tutti i suoi pensier piange e s'attrista; Tal mi fece la bestia...*

(4) Som., l. c.
(5) Aug., de lib. arb., III.
(6) Etym., X.
(7) Som., 2, 1, 84.
(8) Greg. Mor., XV. - Inf, I: *Questa* (la lupa) *mi porse tanto di gravezza Con la paura ch'uscia di sua vista, Ch' i' perdei la speranza dell'altezza.*

contrario, la povertà arrestò molti che correvano al male rapidamente (1). — Ma può un vizio capitale nascere da altri vizii, e dare poi ad altri vizii nascimento (2). — A un vizio possono tendere colpe altresì d'altro genere (3). — Avarizia è radice di tutti i mali (4), per sua natura (5) ordinaria, non sempre però; perchè siccome nelle cose naturali non si cerca quello che sempre avviene, ma quello che il più delle volte (essendochè le cose corruttibili possono essere impedite che non sempre operino nel modo medesimo); così e nelle cose morali considerasi ciocchè avviene per lo più, non ciocchè sempre, dacchè la volontà non ha necessarie le sue operazioni. Può dunque l'avarizia da altro male venire come da radice, e non per questo è men vero che ella sia il più spesso radice de' mali tutti (6).

L'avarizia essendo amore soverchio (7) d'avere, eccede in due versi. Eccede nel tenere (8), e di qui nasce la durezza del cuore, non mosso da compassione a sovvenire della ricchezza i necessitosi. Poi eccede nel pigliare; e quest'eccesso può essere nel desiderio; onde nasce inquietudine (9) e ansietà soverchia; e può essere nel fatto, onde vengono negli acquisti, le violenze (10) e le frodi. La frode se è di semplice parola, è fallacia; se con giuramento, è spergiuro. Se il dolo è in fatti e se riguarda le cose, dicesi frode; se le persone, tradimento (11), come in Giuda che tradì per avarizia Cristo (12). Di qui si vede il come dall'avarizia germogli tutto l'Inferno di Dante. E Tommaso, dopo numerate le colpe che sono più propriamente figlie d'avarizia, numera con Aristotele quelle che sono più propriamente specie di lei. *Primo grado dell'avarizia è il difetto nel dare, che chi poco dà chiamasi stretto; chi nulla, duro; chi con gran difficoltà, quasi venditor di cumino* (13), cioè uomo a cui le cose leggiere paiono gravi. Chi eccede in pigliare, o lo fa con lucri turpi, o con esercitare opere abiette, o da atti viziosi traendo guadagno (14), o lucrando su quel che dovrebbesi dare gratuito, come fa l'usuraio (15), ovvero facendo forza altrui, siccome i ladroni; o spogliando i cadaveri, o togliendo agli amici, come i giuocatori fanno (16).

Domandando a sè l'Aquinate se l'avarizia sia de' peccati il gravissimo, risponde con la solita sapienza: *In doppio rispetto può riguardarsi la gravità delle colpe: in uno, dalla parte del bene che per la colpa disprezzasi o tentasi corrompere, il qual bene quant'è maggiore, tanto più grave è la colpa: in questo rispetto il peccato contro Dio è più grave di tutti; e poi viene quello che offende l'uomo nella persona sua; poi quello che nelle cose*

(1) Basilio.
(2) Som., 2, 2, 118. – Inf., I, t. 34: *Iti son gli animali a cui s'ammoglia; E più saranno ancora.*
(3) Som., l. c.
(4) Purg., XX, t. 4: *Che più che tutte l'altre bestie hai preda.*
(5) Inf., I, t. 33: *Ha natura sì mal-*
Som., 2, 1, 84.
Inf., VII, t. 16: *In cui usa avasoverchio.*
(8) Inf., VII, t. 20: *Mal dare e mal tener.*

(9) Inf., I, t. 20: *Bestia senza pace.* · Terz. 33: *Mai non empie la bramosa voglia.*
(10) Inf., XII, t. 35: *Che diêr nel sangue e nell'aver di piglio.*
(11) In Malebolge la frode, il tradimento nel pozzo.
(12) Som., 2, 2, 118.
(13) Notabile che questa imagine si rinconti e in Aristotele e in Gesù Cristo, ove parla de' Farisei avari.
(14) Inf., XVIII, XXX.
(15) Inf., XVII.
(16) Som., l. c.

all'uso degli uomini destinate (1): e qui cade avarizia. In altro rispetto i gradi delle colpe possonsi misurare dal bene al quale inordinatamente si sottomette l'umano appetito; il qual bene quant'è minore, tanto il peccato è più deforme: dacché più turpe cosa è soggiacere pravamente a bene dappoco che a bene grande. Ora, il bene delle cose esteriori è tra gli umani l'infimo, da meno che il bene del corpo; e questo è da meno che il bene dell'anima, e al bene dell'anima il bene divino sovrasta. In questo rispetto l'avarizia che si sottomette alle cose esteriori ha certa peggiore deformità. Ma perchè la privazione o la corruzione del bene è forma del peccato, e il desiderio inordinato del bene è materia di quello; però la gravità sua deve piuttosto misurarsi dal bene violato che dal malamente desiderato. E però l'avarizia non è assolutamente il gravissimo de' peccati (2): ma in questo, tra gli altri rispetti, è gravissimo che le ricchezze paiono essere bene per sè sufficiente, in quanto di loro ci serviamo come di mallevadori a ottenere gli altri beni tutti (3); ond'esse hanno una certa sembianza di felicità suprema (4). — Per le ricchezze l'uomo acquista la facoltà di commettere più mali e ne ha fomite a più mali, desiderare (5). — Nel desiderare le ricchezze, il concetto indeterminato de' mali che per mezzo d'esse speransi fare, può essere maggiore reità che la brama d'un male determinato (6).

Nello spiegare quello agli Efesii *avarizia è servire a idoli* (7), la Somma soggiunge: *Avarizia si sottomette alle cose esteriori per utile, non per culto che presti ad esse* (8). Senonchè nell'avaro inviziato la brama del tenere e del prendere danaro diventa culto e superstizione fanatica; e tanto, in certo rispetto, più rea dell'idolatria che ogni moneta, ogni picciolo di moneta a lui si fa idolo (9), e che la sua passione gli dà più frequenti tentazioni a mal fare che non dia all'idolatra il suo culto, il quale può anch'essere di mera ignoranza e accompagnato con sensi di benevolenza ai fratelli; e può, oltre al materiale oggetto della venerazione, mirare più alto a una virtù ignota, maggiore della materia e ch'è il bisogno dell'anima: dove l'avarizia torce il pensiero dall'alte cose e lo rattrae in sè stesso e fa l'anima continuamente a sè e agli altri arida e dispietata.

La reità e la irragionevolezza insieme di questo vizio consiste in ciò, che le ricchezze, riguardando l'utile (10), e cercandosi da principio come mezzo d'altri godimenti (11), da ultimo diventano fine, e, come fine si giacciono inutili: il che adombrasi nella miseria di Mida (12); ed è notabile che cotesta miseria ridicola, frutto d'avarizia, tocchi al re dagli orecchi asinini.

L'Ecclesiaste tradotto dall'Ottimo dice: *Infermitade pessima, la quale io vidi sotto il sole, cioè le ricchezze conservate in male dal loro signore* (13); e poi: *Chi ama le ricchezze non avrà frutto da esse.* Onde Dante nel Convi-

(1) Inf., XI, t. 11: *A Dio, a sè, al prossimo si puone Far forza: dico in sè, ed in lor cose.*
(2) Som., l. c.
(3) Boet., de Cons., III.
(4) Arist. Eth., V.
(5) Som., 2, 1, 84.
(6) Som., l. c.
(7) Ad Ephes., V.
(8) Som., 2, 2, 118.

(9) Inf., XIX, t. 38: *Egli uno, e voi n'orate cento.*
(10) Som., l. c.
(11) Som., 2, 1, 84.
(12) Purg., XX, t. 36: *E la miseria dell'avaro Mida, Che seguì alla sua dimanda ingorda. Per la qual sempre convien che si rida.*
(13) Eccl., V.

CANTO XIX. 271

vio le chiama *false meretrici, e ricchezze maledette* (1). E perchè la cupidigia di ricchezza è tenebra all' anima (2), gli avari nel Purgatorio cantano per la notte gli esempi dell'avarizia odiosa e punita, nel dì chiaro quelli della liberalità virtuosa (3).

L' avarizia sempre cresce (4). — *L' appetito delle naturali ricchezze, come il cibo e il vestire e simili, non è infinito perchè in certa misura bastano alla natura: ma l'appetito delle ricchezze artificiali, come del danaro, è senza fine* (5), *perchè serve alla concupiscenza inordinata, la quale non ha modo, come dice il filosofo nel primo della Politica* (6). — *Le ricchezze, in luogo di saziamento e refrigerio, danno e recano sete* (7). Il Grisostomo assomiglia l'avaro all'ossesso; e Dante (8) assomiglia a un ossesso il Fucci ladro; e l'avaro è ladro nel rispetto che Basilio notò: *Pane del famelico è quello che tu ritieni, e veste dell'ignudo quella che tu rinchiudi; è argento dell'indigente quello che tu possiedi: onde tu fai ingiustizia a tanti a quanti potresti giovare* (9) — *Avarizia è furto, quando l' uomo è tenuto per debito legale di distribuire il suo a' poveri, o perchè la necessità li metta in pericolo, o perchè egli posseda superfluo* (10). La Somma accenna al debito morale e al legale che ha il ricco di soccorrere ai poveri; ma per legale io tengo che s'abbia a intendere quell'obbligazione morale più stretta che è imposta dalla legge divina nella società de' Cristiani, non già quella estrinseca legalità che lascia morir nella strada di freddo e di fame il figliuolo della vedova intanto che il vescovo inglese circondato dalla moglie e da' figli sia, dopo un buon pranzo, leggendo la Bibbia.

Ad avarizia è contrapposto da Paolo *benedizione* (11); ed è un principio d'avarizia, cioè una maledizione incoata, il dare poco, e del dato dolersi (12). — *Nulla dimostra tanto angusto animo e piccolo quanto amare danari* (13). — *Vecchiaia, e tutta sorte impotenza, fa gli uomini avari* (14). — *Più l'uomo è debole e più s'appoggia sui beni di fuori* (15). E però Dante fa nel Purgatorio gli avari cogli occhi alla terra, e co' diretri al cielo, e questa parola mette in bocca d'un papa (16); e' mette in tale atto un papa genovese; e li fa legati piedi e mani (17), a significare l'inerzia e fiacchezza voluntaria degli avari.

(1) Purg., XX, t. 4: *Maladetta sie tu, antica lupa*. E di qui vedesi la corrispondenza della lupa nel primo dell'Inferno con la donna del XIX dell'Inferno e del XXXII del Purgatorio.
(2) Chrys. Hom. - Purg., XX, t. 3: *Tutto 'l mondo occupa*.
(3) Psal., XCI, 3: *Ad annuntiandum mane misericordiam tuam, et veritatem tuam per noctem*. - Verità ne' libri sacri sovente suona *giustizia*.
(4) Seneca. - Inf., I, t. 33: *Dopo 'l pasto ha più fame che pria*.
(5) Purg., XX, t. 4: *Fame, senza cupa*.
(6) Som., 2, 1, 2.
(7) Conv. e Cic. tradotto nel Convito: *In nullo tempo si empie nè si sazia la sete della cupidità*. Inf., I, t. 33: *Ed ha natura sì malvagia e ria Che mai non empie la bramosa voglia*. Dove *malvagia* potrebbe voler indicare il male del danno, *ria* il male di colpa.
(8) Inf., XXIV.
(9) Basil., Serm. in Evang.
(10) Som., 2, 2, 118. — Ma con la solita equità il Cristiano soggiunge: *L'avarizia come il furto può essere peccato veniale*.
(11) Ad Cor., II, IX, 5.
(12) Glos. a quel passo.
(13) Cic., de Off., I.
(14) Arist. Eth., IV.
(15) Som, 2, 2, 118.
(16) Altra famigliarità d'esso papa: *Drizza le gambe e lévati su, frate* (Purg., XIX, t. 45). E cosi forse nel francese Capeto *giuggia* per *giudica*, ed altre forme, sono usate apposta.
(17) Matth., XXII, 13: *Ligatis mani-*

E nel comune linguaggio *tenere le mani strette, avere il granchio al borsellino*, e simili, dipingono l'avarizia che è una specie d'artritide, o di podagra. E Dante, che la moralità sempre volgeva a senso civile, sentiva bene come cotesto vizio, proprio della vecchiaia e che fa anzi tempo invecchiare, rendesse impotenti e decrepiti, con gli uomini, i popoli (1).

Il furto d'Acam, rammentato fra gli esempii dell'avarizia punita, porta a tutto il popolo d'Israello debolezza e sconfitta: *Ceciderunt per prona fugientes... Surge, sanctifica populum... Anathema in medio tui est Israel: non poteris stare coram hostibus tuis* (2). E quand'Ugo Capeto esclama: *Oh avarizia, che puoi tu più farne, Poi ch'ai il sangue mio a te sì tratto, Che non si cura della propria carne?* (3); risuona quello di Salomone: *Nulla più scellerato dell'avaro; nulla più iniquo dell'amare danari; chè costui ha venale anco l'anima* (4) I danni civili dell'avarizia erano al Poeta e per esperienza e per dottrina tremendi; dacchè se ella è un volere più di quello che all'uomo si deva (5); ognun vede come avarizia s'opponga continuamente a giustizia; ch'è sentenza e d'Aristotele e del Grisostomo (6): — *Nelle esteriori ricchezze non può l'un uomo soprabbondare, che l'altro non ne manchi; perchè i beni temporali non possono essere insieme posseduti da molti* (7). — *La liberalità è nell'uso di ricchezze non grandissime, e così il suo contrario, l'illiberalità: onde i tiranni che fanno violenza a' sudditi e guastano le città e pigliano le cose sacre, non si chiamano illiberali, ma ingiusti* (8). *Ma per crudeltà e per avarizia massimamente gli uomini cadono nella tirannide.* — *Principes ejus in medio illius, quasi lupi rapientes praedam ad effundendum sanguinem... et avare sectanda lucra* (9).

---

bus et pedibus ejus, mittite eum in tenebras exteriores. Psal. CXVIII, 61: *Funes peccatorum circumplexi sunt me.* Aug., Serm. Mort.: *Malis vincti.* Dell'amor del danaro, Orazio: *Imperat aut servit collecta pecunia cuique; Tortum digna sequi potius quam ducere funem* (Epist., I, 10). Ma qui cade, più ch'altro, quell'altro de' Salmi: *Ad alligandos reges eorum in compedibus, et nobiles eorum in manicis ferreis* (Psalm. CXLIX, 8).

(1) Inf., I, t. 47: *E molte genti fe' già viver grame.* Nell'Inf, XX pianura mal sana è grama. E gli alchimisti patiscono di schifosi morbi, per il fiato pestifero che spira dai metalli agognati. Inf., XXIX, XXX.

(2) Josue, VII. 5, 13.

(3) Purg., XX, t. 28. - Eccli., X, 10; (Avarus) *in vita sua projecit intima sua.*

(4) Eccli., X, 9, 10. - Purg., XX, t 27: *Vender sua figlia, e patteggiarne Come fanno i corsar' dell'altre schiave.* Purg., XIV, t. 20: *Cacciator di que' lupi... Vende la carne loro essendo viva.*

(5) Som., 2, 2, 118.

(6) Arist., V. Chrys. Hom.

(7) Som., l. c. Nello stato presente di società.

(8) Som., l. c.

(9) Ezech, XXII, 27.

CANTO XX.

ARGOMENTO.

Sente cantare esempi di povertà e di generosità, poi d'avarizia punita. Parla a Ugo Capeto, il qual dice la sua progenie, essere origine di molti mali all' Italia segnatamente. Poi trema il monte e tutti del monte cantano: Gloria; perchè un'anima ha finita la sua pena, e sale in cielo: l'anima, vedremo, di Stazio. D'òra innanzi gli esempi del bene premiato o del male punito saranno cantati dall'anime stesse. Ci avviciniamo al cielo. E qui pure il primo esempio è Maria, poi un profano, uno sacro: poi quattro sacri e quattro profani, simbolo della doppia indole del Poema.

Nota le terzine 2, 3, 4, 6, 7, 8, 15, 23, 25; 27 alla 30; 32, 39, 40, 41, 43, 44, 45, 47, 48, 50.

1. Contra miglior voler, voler mal pugna;
   Onde, contra 'l piacer mio, per piacerli,
   Trassi dell'acqua, non sazia, la spugna.

2. Mossimi; e il duca mio si mosse per li
   Luoghi spediti, pur lungo la roccia,
   Come si va, per muro stretto, a' merli.

3. Chè la gente che fonde a goccia a goccia
   Per gli occhi il mal che tutto 'l mondo occúpa,
   Dall'altra parte in fuor troppo s'approccia.

1. (L) *Pugna:* un volere non può resistere ad altro migliore. — *Piacerli:* a Adriano. — *Trassi:* avrei domandato di più.
(SL) *Spugna:* Così diciam tuttavia chi raccoglie tutta sorte notizie buone e triste, avido di sapere.
2. (L) *Spediti:* dove non erano anime di purganti distese a terra. — *Pur:* sempre. — *Stretto.* Avverbio.

— *Merli* di rocca o città, lungo i quali corre una stretta via.
3 (L) *Mal:* l'avarizia. — *Troppo:* e andar di là c'è pericolo di cadere. La via è ingombra di giacenti.
(SL) *Occúpa.* Bocc.: *Da avarizia insaziabile occupati.* — *In fuor.* Gli avari giacciono verso l'orlo, a indizio che l'inerzia loro è prossima a rovina.

DANTE. *Purgatorio.* 18

4. Maladetta sie tu, antica lupa
Che più che tutte l'altre bestie hai preda
Per la tua fame, senza fine, cupa!
5. Oh ciel, nel cui girar par che si creda
Le condizion' di quaggiù trasmutarsi,
Quando verrà per cui questa disceda?
6. Noi andavam co' passi lenti e scarsi;
Ed io attento all' Ombre, ch'i' sentia
Pietosamente piangere e lagnarsi.
7. E per ventura udii: « Dolce Maria. »
Dinnanzi a noi chiamar, così, nel pianto,
Come fa donna che 'n partorir. sia.
8. E seguitar: « Povera fosti tanto,
» Quanto veder si può per quell' ospizio
» Ove sponesti il tuo portato santo. »
9. Seguentemente intesi: « O buon Fabrizio,
» Con povertà volesti anzi virtute,
» Che gran ricchezza posseder con vizio. »
10. Queste parole m' eran sì piaciute,
Ch' io mi trassi oltre per aver contezza
Di quello spirto onde parén venute.

4. (L) *Sie:* sii. — *Lupa:* avarizia.
(SL) *Cupa.* Tasso: *Della sua cupa fame ancor non sazio.* Ma cupa, preposto, perde.
(F) *Fine.* Baruch, III, 18: *Argentum thesaurizant, et aurum, in quo confidunt homines, et non est finis acquisitionis eorum* Som.: *Desiderio che mai non vien meno pare infinito; il che massimamente ritrovasi nelle ricchezze.*
5. *Verrà?:* l'uomo per cui questa se ne vada vinta?
(SL) *Ciel.* Forse accenna alla sfera cui volge la Fortuna (Inf., VII).
7. (SL) *Dolce.* Vite ss. Padri: *Il tuo dolce Cristo.* S. Caterina, sempre nelle lettere, *Maria dolce.* — *Partorir.* Isai., XIII, 8: *Torsiones et dolores tenebunt: quasi parturiens, dolebunt.* - XLII, 14: *Sicut parturiens loquar.* Jer., IV, 31: *Vocem... quasi parturientis audivi, angustias ut puerperae.* Psal., XLVII, 7.
8. (L) *Ospizio:* stalla. — *Sponesti:* deponesti.
(SL) *Sponesti.* Inf., XIX, t. 44: *Spose il carco.* — *Portato.* Vive in Corfù.

(F) *Sponesti.* Luc., II, 7: *Partorì il figliuol suo... e in panni 'lo rinvoltò, e lo posò nel presepio; chè non c'era luogo all'albergo per essi.*
9. (L) *Sequentemente:* poi. — *Anzi:* piuttosto.
(SL) *Buon.* Così lo chiama e Gio. Villani. — *Fabrizio.* Veget., de Re milit, IV: *Sprezzò l'oro di Pirro corruttore.* Lucan., III: *Quo te Fabricius regi vendidit auro.* Æn., VI: *Parvoque potentem Fabricium.* — *Vizio.* Hor. Sat., II, 3. *Quoad vixit, credidit ingens Pauperiem vitium.*
(F) *Anzi.* Prov, XV, 16: *Meglio il poco col timor di Dio, che tesori grandi.* - XVI, 8: *Meglio il poco con giustizia, che frutti molti con iniquità.* De Monarch.: *Fabrizio non ci died'egli alto esempio del resistere all'avarizia, allorchè, povero essendo, per la fede ond'era alla repubblica tenuto, ebbe in dispetto il gran peso d'oro proffertogli, e con parole a sè convenienti dispettando lo rigettò?* Conv.: *E chi dirà che fosse senza divina spirazione, Fabrizio infinita quasi moltitudine d'oro rifiutare per non volere abbandonare sua pa***tria?***

11. Esso parlava ancor della larghezza
Che fece Nicolao alle pulcelle
Per condurre ad onor lor giovinezza.
12. — O anima che tanto ben favelle,
Dimmi chi fosti (dissi), e perchè sola
Tu queste degne lode rinnovelle.
13. Non fia senza mercè la tua parola,
S'i' ritorno a compiér lo cammin corto
Di quella vita che al termine vola. —
14. Ed egli: — Io ti dirò, non per conforto
Ch'i' attenda di là, ma perchè tanta
Grazia in te luce, prima che sie morto.
15. I' fui radice della mala pianta
Che la terra cristiana tutta aduggia,
Sì che buon frutto rado se ne schianta.
16. Ma, se Doagio, Guanto, Lilla, e Bruggia
Potesser; tosto ne saria vendetta;
Ed io la cheggio a Lui che tutto giuggia.

---

11. (L) *Larghezza* : liberalità.
(SL) *Larghezza*. Sin qui la povertà in Maria, la temperanza in Fabrizio: ora la generosità in Nicolò vescovo di Mira, il quale dotò tre fanciulle, chè non corressero pericolo di disonore. — *Nicolao*. Som.: *Nicholaus, furtim aurum projiciens, vitare voluit humanum favorem.*
12. (L) *Ben*. Sostantivo. — *Favelle*: parli. — *Rinnovelle*: canti.
(SL) *Ben*. Nome, non avverbio, è più bello.
13. (L) *Mercè*...: dirò di te nel mondo.
(SL) *Compiér*. Da *complere*, come *peniér*. — *Corto*. Inf., XXXI: *Ch'ei vive, e lunga vita ancora aspetta.* — Vola. Purg, XXXIII: *Del viver ch'è un correre alla morte*. Ambedue i versi vanno rapidi.
14. (L) *Conforto* : da' discendenti malvagi non attendo suffragi.
15. (SL) *Radice*. [C.] Mach., I, 1: *radix peccatrix* de' Seleucidi. — *Pianta*. I Capeti regnavano or ora in Francia, Spagna e Napoli. I Guelfi a Siena e a Brunswich, e un ramo in Inghilterra.
16. (L) *Doagio*: Douay. — *Guanto*: — *Potesser* ribellarsi. — *Ne*: ... — *Vendetta*: pena. — *Giuggia*: giudica.
— *Doagio*. Lat.: *Duacum*. — *Guanto*. Vill., VIII, 52: *Guanto ch'è delle più forti terre del mondo. Prima che venire in Italia, Carlo aveva mossa contro il conte di Fiandra guerra malvagia, e a nome di Filippo il Bello, occupate nel 1299 parecchie terre e città. Ott.: Il re Filippo andò ad oste in Fiandra, e prese.. Bruggia e altre terre.. anni D. 1296. Poi nel 1300 il conte di Fiandra con due suoi figliuoli vennero alle comandamenta del detto re, e quelli gli mise in prigione, e tolse loro tutto il contado di Fiandra: poi nel 1302... seguì la vendetta... Essendo gli Fiamminghi rubellati dal... re Filippo, avendovi il re mandata grondissima cavalleria, li Fiamminghi li sconfissero, ed ucciserne più di secento cavalieri, in fra quali fu morto il conte d'Artese, cugino del re di Francia de' discendenti del detto Ugo E poco appresso papa Bonifazio scomunicò il detto re per cagione del vescovo di Palme: per la qual cosa indegnato il detto re contro il papa, fece certo trattato con li Colonnesi di Roma, allora nimici e rubelli alla Chiesa; onde nel 1303 del mese di settembre Sciarra della Colonna con la forza del detto re, prese in Alagna il detto papa, il quale di dolore morì di undici d'ottobre anno predetto. — Bruggia*. Gio. Vill.: *Rubellazione di Bruggia e morte de' Franceschi*.

17. Chiamato fui di là Ugo Ciapetta.
Di me son nati i Filippi e i Luigi
Per cui novellàmente è Francia retta.
18. Figliuol fui d'un beccaio di Parigi:
Quando li regi antichi venner meno
Tutti, fuor ch'un, renduto in panni bigi;
19. Trovámi stretto nelle mani il freno
Del governo del regno, e tanta possa
Di nuovo acquisto, e sì d'amici pieno,
20. Ch'alla corona, vedova, promossa
La testa di mio figlio fu; dal quale
Cominciàr di costor le sacrate ossa.
21. Mentre che la gran dote provenzale
Al sangue mio non tolse la vergogna,
Poco valea, ma pur non facea male.

17. (L) *Ciapetta:* Capeto. — *Per:* da.
(SL) *Nati* Ugo Magno di Normandia venne a Parigi, e v'arricchi: fu duca di Francia, conte parigino, padre del re Ugo Capeto Molti di que' re di Francia furono o Filippi o Luigi. — *Novellamente.* I Capeti son la terza dinastia che comincia con Ugo: spenti i Carlovingi.
18. (L) *Bigi:* monaco.
(SL) *Beccaio* VIII., IV, 3: *Ugo Ciapetta.... fallito il lignaggio di Carlo Magno, fu re di Francia nelli anni di C. 987. Questo Ugo fu duca di Orliens, e per alcuni si scrive che furono sempre i suoi antichi duchi e di grande lignaggio ..; ma per li più si dice che 'l suo padre fue uno grande e ricco borghese di Parigi, stratto di nazione di buccieri, o vero mercatante di bestie: ma per la sua grande ricchezza e potenza, vacato il ducato d'Orliens, e rimasone una donna, sì l'ebbe per moglie, onde nacque il detto Ugo Ciapetta, il quale fu molto savio e possente... e regnò vent'anni.*
Jacopo della Lana: *La casa di questi Filippi e Luigi e Carli che sono oggi, non sono della dritta casa, ma sono discesi da un beccaro di Parigi.* Anco Francesco da Carrara nel suo poema lo dice. — *Bigi.* L'Ottimo intende Rodolfo, *il quale, per santa vita, di uomo religioso fu fatto arcivescovo di Remso.* Questa è l'interpretazione più vera: poichè *renduto* era voce propria per indicare la vita religiosa. Inf., XXVII. Anon: *Rendé sè con due suoi figliuoli nell'ordine di Cestello.* - *Ugo Ciapetta*, dice l'Ottimo, *fu molto avaro; e per pecunia che ricevette da Gilberto monaco.... ragunò vescovi contro a Rodolfo della casa di Carlo Magno, arcivescovo di Rems, e fecelo sporre della dignitade, e fecene vescovo il detto Gilberto.*
19. (F) *Trovámi:* mi trovai.
20. (L) *Vedova:* morto Lodovico V. — *Ossa:* i re unti.
(SL) *Sacrate* Fin nel 500 scrivevano di Siena al re di Francia: *baciar le sacrate mani.*
21. (L) *Mentre:* fin. — *Vergogna:* verecondia di mal fare. — *Valea* il sangue mio.
(SL) *Dote.* Di Raimondo Berlinghieri III, conte di Provenza, che accrebbe l'eredità del reame di Francia col dominio della Provenza, toccato a Carlo d'Angiò, marito a una figliuola di lui, e tolse a que' re ogni rossor di mal fare *Vergogna* qui non vale ignominia della vile origine: perché già Ugo Capeto aveva moglie la sorella d'Ottone imperatore: e prima di s Luigi, primo ad imparentarsi con Provenza, erano stati otto re già congiunti alle prime case di Europa. Altri intende che qui s'accenni a Filippo II, che negli Stati di Raimondo, conte non di Provenza ma di Tolosa, incorse per vincere gli Albigesi; e dopo diciassette anni, Alfonso fratello di Luigi IX e di Carlo d'Angiò, sposò la figliuola di Raimondo e n'ebbe in dote tutti gli Stati suoi (Petav., Rat. Temp, p. I, lib. 9, c 4). Questa era in vero gran dote. Dice Gio Villani (VI, 92): *che Raimondo era il maggior conte del mondo, e avea sotto di sè quattordici conti.* Senonchè la Provenza non era allora

22. Lì cominciò con forza e con menzogna
   La sua rapina: e poscia, per ammenda,
   Pontì e Normandia prese e Guascogna.
23. Carlo venne in Italia; e, per ammenda,
   Vittima fe' di Corradino: e poi
   Ripinse al ciel Tommaso, per ammenda.
24. Tempo vegg'io, non molto dopo ancoi,
   Che tragge un altro Carlo fuor di Francia,
   Per far conoscer meglio e sè e i suoi.
25. Senz'arme n'esce, e solo con la lancia
   Con la qual giostrò Giuda; e quella ponta
   Sì che a Fiorenza fa scoppiar la pancia.

divisa dal Rodano: onde anco di là dal Rodano gli Stati di Raimondo eran dote provenzale (Gio. Villani; Petr. Vallensis, Com. Hist. Albig., XIV). Filippo II fu re nel 1180, Carlo fu sposo a Beatrice nel 1245. Dal 1180 comincia l'invasione della Provenza che tolse a que're ogni pudore; quella del 1245 usurpazione non può chiamarsi come quella di Ponthieu, di Normandia, di Guascogna. — *Vergogna*. Dino, II: *O buon re Luigi che tanto temesti Iddio, ov'è la fede della real casa di Francia caduta per mal consiglio, non temendo vergogna?* (Qui nel senso di *disonore*.)

22. (L) *Lì:* dopo la dote — *Ammenda*. Ironia. — *Pontì:* Ponthieu, contea nella bassa Piccardia.

(SL) *Menzogna*. Sotto colore di estirpar l'eresia. — *Normandia*. Da Filippo II tolta a Giovanni d'Inghilterra prima che la Provenza, ma poi più volte ritolta, e segnatamente al tempo di Enrico III, che sopravisse a Filippo II Filippo morì nel 1233. Arrigo nel 1273 (Petav., p. I, lib. 8, c. 22; lib IX, cap. 4. Luca di Linda, Descr. del mondo, lib. V). La Francia aveva promesso rendere quelle provincie: ma non attenne.

23. (L) *Ripinse:* avvelenò.

(SL) *Corradino*. Ucciso nel 1268 dopo la battaglia di Tagliacozzo (Inf., XXVIII) con molti baroni. — *Tommaso*. Sospettava che Tommaso d'Aquino, andando nel Concilio di Lione, fosse eletto pontefice e lo fece avvelenare da un medico. Ott.: *Vuole l'autore qui dare ad intendere che il veleno confettato che fu dato a santo Tommaso d'Aquino, d'onde elli morì nella Badia alla Fossa nel regno, fosse di comandamento del re Carlo... sì perchè elli era della Casa d'Aquino,* che non erano bene del detto re; sì perchè il detto santo Tommaso più vivamente l'avea ripreso d'alcuno fatto: onde uno cavaliero del re, credendogliene compiacere, disse al detto santo Tommaso, che doveva venire a Corte di Roma in quello tempo, essendo grandissimo caldo, se a lui piacerebbe di portare seco delli freschi confetti del regno; quelli accettò la profferta, e ricevette l'attossicato presente di che in brieve nel viaggio morì.

24. (L) *Ancoi:* oggi. — *Tragge:* si muove.

(SL) *Ancoi*. Carlo di Valois, fratello di Filippo il Bello, venne in Italia nel 1301 (Vill., VIII, 448). Il Poeta parla nell'aprile del 1300. Ott.: *Venuto... a richiesta di papa Bonifazio VIII, siccome paciario in Toscana, il primo giorno di novembre con sua cavalleria giunse in Firenze; per lo cui comando Corso Donati cavaliere, con li suoi seguaci chiamati* Parte Nera, *tornò in Firenze cinque dì appresso, e poi gittò della signoria l'altra parte. Poi nel 1302 a dì 4 d'aprile il detto Carlo altra volta ricevuto, condannò e cacciò fuori di Firenze la detta* Parte Bianca. — *Suoi*. Æn., II: *Teque tuosque*.

25. (L) *Lancia:* col tradimento. — *Ponta:* appunta.

(SL) *Arme*. Vill., VIII, 48, 49: *Con più conti e baroni e con cinquecento cavalieri franceschi in sua compagnia*. Bonifazio gli fornì di danaro e di forze. — *Giuda*. In Dino (lib. II) l'avvocato di Carlo dice che *il sangue della casa di Francia mai non tradì nè amico nè nemico. - E non credetti che un tanto signore, e della casa reale di Francia, rompesse la sua fede*. Vill.: *E promise di conservare*

26. Quindi non terra, ma peccato e onta,
Guadagnerà, per sè tanto più grave
Quanto più lieve simil danno conta.

27. L'altro che già uscì, preso, di nave,
Veggio vender sua figlia, e patteggiarne
Come fanno i corsar' dell'altre schiave.

28. Oh avarizia, che puoi tu più farne,
Po' ch'hai il sangue mio a te sì tratto,
Che non si cura della propria carne?

29. Perchè men paia il mal futuro e il fatto,
Veggio in Alagna entrar lo fiordaliso,
E, nel Vicario suo, Cristo esser catto.

30. Veggiolo un'altra volta esser deriso;
Veggio rinnovellar l'aceto e 'l fele;
E tra vivi ladroni essere anciso.

la città in pacifico e buono stato... Incontanente per lui e per sua gente fu fatto il contradio. Gli è un Guelfo che parla. — *Scoppiar.* Traendone, cittadini, oro e sangue. Æn., VI: *Neu patriae validas in viscera vertite vires.*

26. (L) *Quindi:* di Firenze.
(SL) *Terra.* Vill., VIII, 49: *Si disse per motto: M. Carlo venne in Toscana per paciaro e lasciolla in guerra; e andonne in Cicilia per far guerra e recone ontosa pace.... Si tornò in Francia, scemata e consumata sua gente, con poco onore Ebbe nome di Senza terra* — *Guadagnerà.* Dino: *Guadagnare odii.*

27. (SL) *Preso.* Carlo Novello, il Ciotto o Zoppo di Puglia, figlio di Carlo d'Angiò, fu preso nel 1283 (Vill., VII, 84) quand'era principe di Taranto, da Ruggieri d'Oria con sessanta galee. Ed era Ruggieri l'ammiraglio di Iacopo d'Aragona. Fu condotto a Messina co' suoi baroni: questi furono tutti morti. Ott: *Muovendo l'armata sua di Napoli per passare in Sicilia... sei miglia presso di Napoli fu sconfitto e preso da Ruggieri... Uscì di prigione del mese di novembre, anno 1288, promettendo di cedere il suo podere sul reame di Raona a Don Iacopo per lo re Filippo, col consentimento del papa.* Nel Canto VII, t 43 del Purgatorio, lo disse peggiore del padre, Carlo Primo d'Angiò Vendette a Azzo d'Este, già vecchio, la figlia in consorte; e n'ebbe, chi dice 100,000 ducati, chi 30,000 fiorini, chi 30,000. Nel XIX del Paradiso, dice il Poeta di lui, che nel libro della giustizia la sua virtù sarà segnata con un *I,* la malvagità con un'*M,* perchè una sola virtù ebbe, e migliaia di vizii Azzo VIII fu guelfo di razza, ma nel 1299 per sua utilità stretto a parte ghibellina. Il matrimonio seguì dopo il 1300.

28 (SL) *Che.* Æn., III: *Quid non mortalia pectora cogis, Auri sacra fames?*
(F) *Carne.* Isai., LVIII, 7: *Carnem tuam ne despexeris*

29. (L) *Men:* questo misfatto vincerà gli altri. — *Catto:* preso
(SL) *Men* Inf., XXXII: *E aspetto Carlin che mi scagioni.* — *Alagna* Per Anagni (Vill., VIII, 63). — *Fiordaliso.* Dice il Villani che quando Sciarra della Colonna per ordine di Filippo il Bello entrò in Anagni a prendere Bonifazio, addì 7 settembre del 1303, entrò .. con tre insegne del re di Francia. — *Cristo.* Bonifazio stesso paragonava se a Cristo. Tasso: *E con le piaghe indegne de' Cristiani Trafigger Cristo ond'e' son membra e parte.*

30. (SL) *Deriso.* E schiaffeggiato. Vi era il Nogaret inviato di Filippo (Dino, pag. 139). — *Anciso.* Morì di dolore addì 12 ottobre. Quanto diverso il Poeta da que' di sua parte. *Se ne rallegrarono i Bianchi perch'era loro cordiale nemico... Fu di grande ardire e alto ingegno, e quidava la Chiesa a suo modo, e abbassava chi non gli consentia.* - *Nero Combi adoperò col papa per abbassare lo stato de' Cerchi e delli loro seguaci* (Dino, pag. 52 alla 110).

CANTO XX.

31. Veggio il novo Pilato, sì crudele
Che ciò nol sazia; ma, senza decreto,
Porta nel tempio le cupide vele.

32. O signor mio, quando sarò io lieto
A veder la vendetta che, nascosa,
Fa dolce l'ira tua nel tuo segreto?

33. Ciò ch'io dicea di quella unica Sposa
Dello Spirito Santo, e che ti fece
Verso me volger per alcuna chiosa:

34. Tant' è disposto a tutte nostre prece,
Quanto 'l dì dura: ma, quando s'annotta,
Contrario suon prendemo in quella vece.

35. Noi ripetiam Pigmalïone allotta,
Cui traditore e ladro e patricida
Fece la voglia sua, dell' oro ghiotta;

36. E la miseria dell'avaro Mida,
Che seguì alla sua dimanda ingorda,
Per la qual sempre convien che si rida.

31. (L) *Pilato:* Filippo. — *Senza:* di sua propria potestà. — *Porta:* distrugge i Templari.
(SL) *Decreto.* Fleury (A. Eccl., l. XCI) narra come Filippo il Bello inviasse a' suoi ufficiali per tutto il regno lettere segrete per prendere in una notte i Templari tutti: e furono presi nell'ottobre del 1307. E il Maestro Generale dell'Ordine era nella Casa del Tempio di Parigi. — *Cupide.* Filippo, avaro spogliatore de' negozianti italiani, avaro distruttor dei Templari, de' cui mobili il terzo o due terzi per sé ritenne. Ott: *Clemente V fece pigliare nel 1307 per tutta la Cristianitade i frieri dell'Ordine del Tempio, per certi errori di fede ed altri peccati; ed arrestare loro possessioni e chiese. Ma prima s'era voluto che Filippo avesse cominciata la persecuzione senza l'assenso di lui.* — *Vele.* Per insegne, o come mercante e corseggiante.

32. (F) *Ira.* Psal., VII, 12: *Deus judex justus, fortis et patiens: numquid irascitur per singulos dies?* Altrove non è così sofferente. *Quot sunt dies servi tui? Quando facies de persequentibus me judicium?* (Psal., CXVIII, 84). Apoc., XVIII, 20: *Esulta.. o cieli, e voi santi Apostoli esultate, e Profeti, perchè Dio giudicherà sopra lei il giudizio vostro.* — *Segreto.* [C.] Is., XXIV, 16: *Secretum meum mihi.* Desidera la pena de' rei accioccchè questi mutino, e non patiscano i buoni. Eccli, XXXV, 23: *Gentibus reddet vindictam, donec... sceptra iniquorum contribulet.* Isai., I, 21: *Heu, consolabor super hostibus meis, et vindicabor de inimicis meis.* Men bene il Bossuet: *La vengeance de Dieu.* Lattanzio ha un opuscolo *De ira Dei,* titolo da non ripetere.

33. (L) *Quella..:* Maria. — *Chiosa:* per sapere perchè cantavo.
(SL) *Ciò.* V. terz 12.
(F) *Sposa.* Luc., I, 35: *Spiritus sanctus supervenict in te.*

34. (L) *Prece:* preci. — *Suon:* diciamo gli esempi del male punito.
(SL) *Annotta.* Cantano la liberalità di giorno, e l'avarizia di notte: coll'alba l'amore delle virtù, colle tenebre l'orror del male.

35. (L) *Allotta:* allora.
(SL) *Ripetiam.* In senso di rammentare (.En., III). — *Pigmaltone.* Æn., I: *Regna Tyri germanus habebat Pygmalion, scelere ante alios immanior omnes .. Ille Sichaeum impius ante aras, atque auri caecus amore Clam ferro incautum superat .. Portantur avari Pygmalionis opes pelago.* — *Patricida.* Ucciso il cognato: *misfatto,* dice Pietro, *che la legge Pompeia punisce colla pena del parricidio.*

36. (L) *Mida:* fa oro quel che tocca.
(SL) *Mida.* Ovid. Met., XI: *Effice,*

37. Del folle Acám ciascun poi si ricorda,
Come furò le spoglie; sì che l'ira
Di Giosuè qui par ch'ancor lo morda.

38. Indi accusiam col marito Safira;
Lodiamo i calci ch'ebbe Elïodoro;
Ed in infamia tutto il monte gira

39. Polinestòr ch'ancise, Polidoro:
Ultimamente ci si grida: « Crasso,
Dicci, chè 'l sai, di che sapore è l'oro. »

40. Talor parliam l'un alto, e l'altro basso,
Secondo l'affezion che a dir ci sprona,
Ora a maggiore ed ora a minor passo.

41. Però, al ben che 'l dì ci si ragiona,
Dianzi non er' io sol; ma qui d'appresso
Non alzava la voce altra persona. —

42. Noi eravam partiti già da esso,
E brigavam di soverchiar la strada,
Tanto, quanto al poter n'era permesso,

quidquid Corpore contigero, fulvum vertatur in aurum... Divesque miserque Effugere optat opes: et, quae modo voverat, odit... Inviso meritus torquetur ab auro.
37. (L) *Morda:* punisca.
(SL) *Acám.* Lapidato, perchè tolse della preda di Gerico, sacra a Dio. Josue, VII, 11, 1, 21, 25: *Furati sunt...* - *Iratus... est Dominus* - *Vidi... inter spolia pallium... et ducentos siclos argenti, regulamque auream quinquaginta siclorum: et concupiscens abstuli.. Quia turbasti nos, exturbet te Dominus in Die hac.* V. anche cap. XXII, 20.
38. (SL) *Col.* Act. Apost. V, 1, 2, 4: *Vir quidam nomine Ananias, cum Saphira uxore sua, vendidit agrum. Et fraudavit de pretio agri, conscia uxore sua... Non es mentitus hominibus, sed Deo.* Ruppe il patto della comunanza de' beni, ritenendo per sè parte de' suoi, già promessi alla Chiesa. — *Calci:* Voleva spogliare il tempio di Gerosolima Machab., II, III, 7-27: *Erat super negotia ejus, misit... ut... pecuniam transportaret... deposita... et victualia viduarum et pupillorum .. At ille pro his, quae habebat in mandatis a rege, dicebat omni genere regi ea esse deferenda... Cum impetu Heliodoro priores calces elisit... Subito autem Heliodorus concidit in terram, eumque multa caligine*

circumfusum rapuerunt, atque in sella gestatoria positum ejecerunt.
39 (SL) *Polinestór.* Ovid. Met., XIII: *Polymnestoris illic Regia dives erat... opes, animi irritamen avari... Capit impius ensem Rex Thracum, jugulo-que sui defigit alumni* Æn., III: *Victriciaque arma secutus Fas omne abrumpit, Polydorum obtruncat, et auro Vi potitur.* La celebrità del motto che segue, *Auri sacra fames,* la viltà del piaggiar col misfatto la fortuna del vincitore fa dire al Poeta: *In infamia tutto il monte gira.* — *Crasso.* Avarissimo: spogliò il tempio di Gerosolima: fu preso da' Parti contro a' quali andava per sete di ricchezze e per orgoglio; e fusogli oro bollente in bocca, dicevano: *Aurum sitisti, aurum bibe.* Lucan., I: *Crassus Assyrias Latio maculavit sanguine Carras.* Una Canzone attribuita a Dante, di Firenze: *E la divoran Capaneo e Crasso* (empietà e avarizia).
40. (L) *Passo:* tempo di musica.
(SL) *Passo.* Segue forse l'imagine dello spronare: ma nella musica le figure tolte dal passo sono parecchie.
41. (L) *Al:* a dire il bene.
42. (SL) *Partiti.* Inf., XXXII, t. 42: *Noi eravam partiti già da ello.* — *Brigavam.* Antico inedito: *Brigati di campare da...* E nel Novellino. — *Soverchiar.* Æn., II: *Fastigia... Ascensu supero.*

43. Quand' io sentii, come cosa che cada,
    Tremar lo monte: onde mi prese un gelo,
    Qual prender suol colui ch'a morte vada.
44. Certo non si scotea sì forte Delo
    Pria che Latona in lei facesse il nido
    A parturir li due occhi del cielo.
45. Poi cominciò da tutte parti un grido,
    Tal che 'l maestro invêr di me si feo,
    Dicendo: — Non dubbiar, mentr' io ti guido. —
46. *Gloria in excelsis*, tutti, *Deo*
    Diccan, per quel ch'io da vicin compresi,
    Onde intender lo grido si poteo.
47. Noi ci restammo immobili e sospesi,
    Come i pastor' che prima udir quel canto;
    Fin che 'l tremar cessò, ed ei compiési.
48. Poi ripigliammo nostro cammin santo,
    Guardando l'Ombre che giacén per terra,
    Tornate già in su l'usato pianto.
49. Nulla ignoranza mai con tanta guerra
    Mi fe' desideroso di sapere
    (Se la memoria mia in ciò non erra),

---

43. (SL) *Tremar*. Al rientrare d'Euridice in Dite: *Terque fragor stagnis auditus Avernis* (Georg., IV). E all'entrare d'Enea nell'inferno: *Juga caepta moveri Sylvarum* (Æn., VI).
44. (L) *Due:* Apollo e Diana.
(SL) *Delo* Giambull.; *Delo fu la prima terra da' raggi del sole percossa*. Forse la favola accenna alle prime terre infiammate e ondeggianti, e al crear de' due luminari dopo creata la terra - Asteria mutata in isola (Æn, III). — *Nido*. Ovid. Met., VI: *Exiguam sedem, pariturae terra negavit*. Latona chiese un rifugio all'isola errante; in lei partorì Febo e Diana; e per merito dell'ospizio, l'isola più non si scosse. Ovid. Met., VI: *Exul erat mundi; donec miserata vagantem, Hospita tu terris erras, ego, dixit, in undis, Instabilemque locum Delos dedit. Illa duobus Facta parens*. — *Occhi*. Ovid. Met., IV: *Mundi oculus*, il sole. Georg., I: *Clarissima mundi Lumina*. Ambr.: *Coelum... sole et luna, geminis vultus sui luminibus*. *Nido* e *occhio* metafore discordanti. [C.] In un'opera d'arte greca veggonsi puttini raccolti in un nido. [In un dramma indiano il sole è pur detto occhio del mondo.]
45. (L) *Dubbiar:* dubitare.
46. (L) *Onde:* di dove.
(SL) *Gloria*. Il salire d'un'anima è nuova gloria negli altissimi a Dio. Due nel verso le dieresi, perchè cantato.
47. (L) *Pastor'* in Betlemme. — *Ei:* esso canto si compié.
(SL) *Pastor'*. Luc., II, 9-14: *Pastores erant in regione eadem vigilantes... et timuerunt... Cum Angelo multitudo militiae coelestis... dicentium: Gloria*.
49. (L) *Nulla:* nessuna.
(F) *Guerra*. Sap., XIV, 22: *In magno viventes inscientiae bello*.

50. Quanto parémi allor, pensando, avere:
Nè, per la fretta, dimandare er' oso,
Nè per me lì potea cosa vedere.
Così, m'andava timido e pensoso.

50. (L) *Avere*, perchè il monte tremi. — *Er'oso:* osavo. — *Cosa* alcuna.

Con la povertà di Maria e con la povertà di Fabrizio (uno de' più puri esempi della virtù romana e della pagana), è cantata la magnificenza religiosa e civile, la modesta pietà del vescovo greco, il cui nome appartiene alla Chiesa universale e all'umanità; il quale, per salvare il pudore di tre giovanette, pudicamente nasconde agli occhi del mondo e ai loro stessi la mano soccorritrice. E chi sa che ispirazione del vescovo greco non fosse a Dante quel rammentare con tanto rispettosa pietà in questo Canto gli strazii del pontefice romano i cui politici accorgimenti all'esule costarono cari? Nel papa malmenato da que' potenti a cui troppo egli in sua vita si mescolò, Dante non vede che Cristo: e sempre nel prete privato della mondana misera potestà, che a lui e alle altre anime è laccio, gli uomini non abbietti onoreranno l'imagine di Dio sulla terra.

Il re di Francia a Dante è nuovo Pilato: e qui contro Francia acerbi rimproveri; ma più potente di tutti il verso: *Vender sua figlia, e patteggiarne Come fanno i Corsar' dell' altre schiave.* L'esclamazione: *quando verrà l'uomo che mette in fuga la lupa maladetta?*, dice che a quel tempo il Poeta non aveva speranza determinata in principe alcuno; e che, quanto alle persone, il suo concetto nel corso degli anni andò variando. Più bello che l'esclamazione troppo ridetta senza intenderla, della *vendetta che fa dolce l'ira di Dio*, è a me l'ultimo verso del Canto: *Così m' andava timido e pensoso;* ripetendosi *il timido voler che non s'apriva*, per la riverenza che lo rattiene dall'esporre i suoi dubbi al dolce suo duce e padre.

La famigliare imagine della spugna sul principio, corrisponde a quella dell'acqua nel Canto seguente, e alla similitudine della sete poi. La similitudine del tremare di *Delo*, dell'isola dove nacquero Apollo e Diana, potrebbesi scusare dello scandaloso accenno agli amori di Giove, con questo pensiero: che a tutte le generazioni e rigenerazioni splendide precedono scosse e sconvolgimenti. Lo stile di tutto il Canto e di rara fermezza: e lirico è il variare de' modi: *Noi ripetiam Pigmalione... E la miseria dell'avaro Mida... Del folle Acàn ciascun poi si ricorda... L'ira di Giosuè qui par che ancor lo morda... Indi accusiam.. Lodiamo i calci... Ed in infamia tutto il monte gira Polinestór... Crasso, Dicci, chè 'l sai, di che sapore è l'oro.* Varietà che viene dalla ricchezza e del pensiero e dell'affetto; e, se fosse cercata, non sarebbe altrettanto efficace.

PENA E VENDETTA.

La pena de' dannati è, al dire di Girolamo, aggravata dal male che vengono mano mano facendo gli uomini traviati dagli esempi o dalle parole di quelli (1). Non è per verità necessario che il rigore della pena si venga accrescendo nel tempo col crescere di que' mali, dacché la prescienza divina aveva già fin dal primo assegnata a quella colpa madre la sua gravità, computandone tutti gli effetti, e alla volontà del primo colpevole imputandone quel tanto che poteva essere nell'intenzione di lui; ma può dirsi che la notizia giunta o a' dannati o a' purganti del male da colpa loro cagionato nel mondo, anche dopo la morte, aggravi ad essi la pena. Ugo Capeto ha tormento dal pensare ch'egli è radice della nuova dinastia di Francia, la *mala pianta Che la terra cristiana tutta aduggia* (2): tanto fin dai tempi antichi, e in male e in bene, attribuivasi di poterc alla Francia, e così, a quella influenza credendo, la si creava.

L'esclamazione, più mosaica che evangelica, messa in bocca a Ugo Capeto, esclamazione che gli uomini del novantatrè recarono in atto in modo non sognato da Dante, giova che sia spiegata e scusata, e con le parole della Scrittura, e con le dottrine de' Padri. *O Signor mio, quando sarò io lieto A veder la vendetta che, nascosa, Fa dolce l'ira tua nel tuo segreto?* (3) Qui abbiamo la letizia della vendetta, la dolcezza dell'ira, l'aspirazione lontana al lontano male altrui, il segreto della speranza iraconda gelosamente nascosto come tesoro. Rammentiamo primieramente che tra *vindicare* e *ulcisci* ponevano differenza i Latini; che il primo era sovente riavere o adoperarsi a riavere per legge o per forza legittima, che poteva essere anco di mere parole, il diritto proprio violato. *Ulcisci* è più grave, ma anch'esso ha sovente buon senso di pena giusta diretta a reprimere il male o a farlo espiare. Nell'Apostolo (4): *Mihi vindicta, ego retribuam*; e Cicerone (5) citato nella Somma (6), la quale alla proprietà delle parole pon mente, e in questa, com' anco nel senso loro morale, accetta ed invoca eziandio l'autorità dei profani: *Vindicatio est, per quam vis, aut injuria, et omnino quidquid obscurum est, id est ignominiosum defendendo aut ulciscendo propulsatur.* Onde apparisce che il *vindicare* comprendeva l'*ulcisci*; e doveva anco per

---

(1) Hieron., de Virg.: *Poena Arū non est determinata; quia adhuc est possibile aliquos per ejus haeresim corrumpi, quibus corruentibus, ejus poena augetur.*
(2) Terz. 15.
(3) Terz. 32.
(4) Ad Rom., XII, 19.
(5) De Inv. rhet., II.
(6) 2, 2, 108.

causa della radice comprenderlo, essendo composto di *vim* e di *dico*, la forza cioè e la parola. Onde *vindicta* significava specialmente l'emancipazione de' servi, perchè effetto della parola e della forza giusta adoprate a reprimere e ammendare la forza e la parola ingiusta, dovrebb'essere l'emancipazione degli spiriti in prima, e quindi de' corpi strumento agli spiriti.

Con la filologia si concorda al solito la filosofia: *Se l'intenzione del vendicante si porta principalmente ad un qualche bene, al quale si perviene per la pena di chi mal fece (come all'emendazione di lui, o a suo freno, o a quello degli altri, e alla conservazione della giustizia e all'onore di Dio), può essere lecito il vendicare, serbati gli altri debiti riguardi* (1). — *Vendetta parte di giustizia* (2). — *Vendicare il male è virtù, e procede da radice di carità* (3). — *La virtù del vendicare il male ha due vizii opposti; l'eccesso, cioè la crudeltà del punire; e il difetto, cioè la troppa remissione* (4).

E con la filosofia si concorda la teologia: *Dio non si compiace nelle pene in quanto sono di dolore alle sue creature, ma in quanto sono dalla sua giustizia ordinate* (5). — *I santi godranno delle pene degli empi, non per compiacersi nell'altrui dolore, ma considerando l'ordine della giustizia divina, e godendo dell'essere liberati da quelle* (6). *Così può taluno rallegrarsi anco de' mali proprii, sebbene l'uomo non possa, nè anche volendo, odiare sè stesso; rallegrarsene, dico, in quanto gli giovano a merito della vita* (7).

Ira in Dante ha qui, o giova credere che abbia, il senso datole dalla Somma: *Anco all'intelletto s'attribuisce talvolta l'ira, e in questo senso anco a Dio e agli angeli, non per passione ma per giudizio della giustizia giudicante* (8). — *La punizione è significata col nome d'ira quando attribuiscesi a Dio... La pena non è segno che in Dio sia ira; ma la pena, perchè in noi può essere segno d'ira, in Dio dicesi ira* (9).

Io non dirò che tutte queste parole così squisitamente scelte, e così fortemente commesse significassero nell'intenzione di Dante uno sdegno tutto puro e somigliante alla giustizia divina; ma egli è giusto avvertire che colpevoli di per sè le non sono, e che quella stessa dolcezza dell'ira può essere fino a un certo segno interpretata benignamente. Vero è che *chi fa cosa per ira la fa con tristezza* (10); e che, se spiegazione è non sarebbe scusa quell'altra sentenza del Filosofo (11): *L'ira assai più dolce di miele che stilla abbonda nei petti degli uomini*. Ma la pena attuta l'impeto dell'ira mettendo soddisfazione in luogo di tristezza (12). — *Punizione esclude ira* (13), ben nota la Somma; cioè, che punizione giusta esclude l'ira maligna; ma il concetto della punizione certa alla quale è destinato il colpevole, questo concetto soddisfacendo alla ragione con l'idea dell'ordine, acqueta le

(1) Som., 2, 2, 108.
(2) Cic., l. c.
(3) Som., l. c.
(4) Som., l. c.
(5) Som. Sup., 94.
(6) Psal. LVII: *Laetabitur justus cum viderit vindictam*. Terz. 32. *Lieto A veder la vendetta*. [C.] Arist. Ret., I, 11. Reca il detto d'Omero, II, 18: *Dolce l'adirarsi col pensiero della futura vendetta*. Veggansi, e sopra, e nei passi recati sotto il comento di questa terzina altre imagini più degne del vero.
(7) Som. Sup., 94 e 99.
(8) Som., 2, 2, 162.
(9) Som., 1, 1, 19, e 1, 1, 3. - *Figli dell'ira* nell'Apostolo, spiegasi *della pena*.
(10) Arist. Eth., VII.
(11) Arist. Rhet., II.
(12) Arist. Eth., IV. Som., 2, 1, 98.
(13) Som., l. c.

tempeste dell'ira. E in questo senso è detto da Dante con forma più cruda del suo pensiero che la vendetta nascosa fa dolce l'ira; cioè, che la pena preordinata fa ragionevole, e però non iniquo, lo sdegno. Delle umane passioni parlando: *L'ira chiusa in silenzio dentro alla mente arde più vemente* (1). — Ma l'ira ragionevole può essere rattenuta in sè allorchè il giudizio della ragione è così forte che, sebbene non spenga il desiderio di punire, raffrena però la lingua dal dire inordinato. — Se la pena è presente, il soddisfacimento dello sdegno per essa è pieno ; ma può la pena presentarsi all'animo in isperanza, perchè lo sdegno stesso non avrebbe luogo se non l'accompagnasse speranza di punire chi l'ha provocato, e può presentarsi nel continuo pensiero, dacchè a chiunque desidera è dolce dimorare nel pensiero del suo desiderio (2).

A tutte queste giova però, ed è dovere, soggiungere sentenze più sicure e più miti, massimamente dove si parli non dell'ordine esterno della giustizia o di que' pochi che sono chiamati con la parola o con l'opera a compierlo sulla terra, ma delle misere stizze umane che sovente si velano con nomi grandi e si divinizzano volentieri (3). *All'uomo è colpa godere delle altrui pene, e lode il sentirne dolore* (4). — Nell'uomo viatore è pericoloso godere dell'altrui pena, anco giusta, sebbene anch'egli possa riguardare nella pena il bene che ne consegue all'ordine umano e divino; ma pericoloso è fermarsi a tale godimento in quanto in lui per la debolezza di sua natura possono insorgere passioni che lo rendano colpevole, il che non può essere nè in Dio nè nelle anime che hanno compiuta la prova (5).

Quando il Foscolo dunque dice del *carme che allegrò l'ira al Ghibellin fuggiasco*, mettendo insieme la *dolce ira* d'Ugo Capeto, e la *vendetta allegra* di Capaneo (6), oltre al dire cosa che non è vera, dacchè i fatti dimostrano che l'ira dal *suo carme* a Dante non fu punto fatta allegra, egli accozza, come gl'imitatori fanno, idee disparate, e abbassa l'intendimento del Poeta, come sogliono gli animi e gl'ingegni men alti.

(1) Greg. Mor., V.
(2) Som., 2, 1, 98.
(3) V. le Considerazioni all'VIII dell'Inferno.
(4) Som. Sup., 94.
(5) Som. Sup., l. c.
(6) Inf., XIV; Purg., XX.

CANTO XXI.

ARGOMENTO.

Trovano Stazio poeta, che, compita l'espiazione, è per ascendere a' Santi. Questi dichiara come il tremar del monte non abbia le solite cause terrestri, ma sia soprannaturale indizio d'un'anima liberata. Stazio conosce Virgilio: affettuosa accoglienza, dimostrante e l'amore che aveva Dante a Virgilio e la riverenza ch'e' teneva debita agli ingegni grandi.

Canto men pieno che gli altri. Ma l'apparizione di Stazio è poetica. Le allusioni mitologiche abbondano, perchè questo è colloquio di Pagani. La fine del Canto rammenta il decimonono.

Nota le terzine 1 alla 5; 8, 13, 14; 20 alla 23; 32, 35, 36, 37, 45

1. La sete natural, che mai non sazia
   Se non con l'acqua onde la femminetta
   Samaritana dimandò la grazia,

1. (L.) *Sete* di sapere. — *Sazia:* si sazia. — *Acqua:* fonte del Sommo Vero.
   (F) *Natural:* del sapere. Arist. Metaph.: *Tutti gli uomini naturalmente desiderano sapere.* Questo passo è il cominciamento di più d'un trattato del secolo XIV. Ma la scienza umana non sazia, dice il Poeta, se la Grazia divina non vi si aggiunga. — *Sazia.* Conv., IV, 13: *Nell' acquisto (della scienza) cresce sempre lo desiderio di quella.* Joan., IV. 13: *Chi bee di quest' acqua avrà sete ancora...* (delle fonti terrestri). Per essa significansi i beni temporali; che, avuti, si sprezzano, e bramansene altri. — *Se.* Som.: *Se si vedesse Dio, che è principio e fonte di tutta verità, riempirebbe così il natural desiderio di sapere, che altro non si cercherebbe.* — *Samaritona.* L'Ottimo traduce il passo di Giovanni: *Una femmina venne di Samaria per prendere acqua alla fontana, e Gesù le disse: Donna, dammi bere... La femmina disse: Come mi chiedi tu bere, che se' Giudeo, e io Samaritana? Gesù le rispose, e disse: Se tu conoscessi il dono di Dio, e chi è colui che ti chiede bere, tu gli domanderesti ch'elli ti desse acqua di vita.... La femmina disse: Signore, dammi quest' acqua, ch'io non abbia sete; e che non mi sia mestiere venir più qua a cavare acqua* (Joan., IV, 7-15). Aug.: *Chi bera del fiume di Paradiso, resta che in lui la sete di questo mondo sia spenta.* Conv., I, 1: *Siccome dice il filosofo nel principio della prima filosofia, tutti gli uomini naturalmente disiderano di sapere. La ragione di che puote essere, che ciascuna cosa, da provvidenzia di pro-*

2. Mi travagliava; e pungémi la fretta,
Per l'impacciata via, dietro al mio duca;
E condolémi alla giusta vendetta.

3. Ed ecco, sì come ne scrive Luca
Che Cristo apparve a' duo ch'erano in via
Già surto fuor de la sepolcral buca,

4. Ci apparve un' Ombra: e dietro a noi venia,
Dappiè guardando la turba che giace;
Nè ci addemmo di lei, sì parlò pria,

5. Dicendo: — Frati miei, Dio vi dea pace. —
Noi ci volgemmo subito; e Virgilio
Rendò a lui 'l cenno che a ciò si conface.

6. Poi cominciò: — Nel beato concilio
Ti ponga in pace la verace corte,
Che me rilega nell'eterno esilio. —

7. — Come! (diss'egli: e parte andavam forte).
Se voi siete Ombre che Dio su non degni,
Chi v'ha per la sua scala tanto scórte? —

---

pria natura impinta, è inclinabile alla sua perfezione: onde, acciò che la scienza è l'ultima perfezione della nostra anima, nella quale sta la nostra ultima felicità, tutti naturalmente al suo desiderio siamo suggetti... Coloro che sanno, porgono della loro buona ricchezza alli veri poveri; e sono quasi fonte vivo della cui acqua si rifrigera la natural sete che di sopra è nominata. Altrove: È naturale desiderio dell'uomo, di voler sapere le cose occulte. De Monarchia: Aquam nostri ingenii ad tantum poculum haurientes. Per l'acqua della Samaritana i teologi intendono la Grazia divina; Dante, la verità, prima ed ultima grazia.

2. (L) *Pungémi:* mi pungea. — *Condolémi:* io mi condolevo. — *Vendetta:* pena.

(SL) *Pungémi.* Inf., XXXI, t. 9: *Alquanto più te stesso pungi.* — *Vendetta,* appare di qui che nel Canto *Vendetta* non ha il fiero senso moderno.

3. (L) *Ne:* ci.

(SL) *Duo.* Giacomo e Giovanni che andavano da Gerosolima in Emmaus. Luc., XXIV, 13, 15: *Et ecce duo ex illis ibant,... dum fabularentur, et*

secum quaererent: et ipse Jesus, appropinquans, ibat cum illis. — Via. Luc. XXIV, 32: Dum loqueretur in via. — Surto. Luc., XXIV, 34: Surrexit... et apparuit.

4. (L) *Addemmo:* avvedemmo. — *Sì:* sinchè non.

5. (L) *Frati:* fratelli. — *Dea:* dia. — *Lui:* a lui 'l saluto.

(SL) *Dea.* Nel Boccaccio. — *Pace.* Parola di Cristo risorto. [C] Gen. 43, Ap 11, Thes. III: *Ipse Dominus pacis det vobis pacem sempiternam in omni loco.* — *Volgemmo.* Reg., I, XXIV, 9: *Chiamò dietro le spalle di Saul, dicendo: Signore, re mio. E Saul riguardò dietro a sè.* — *Cenno.* Inf., IV: *Volsersi a me con salutevol cenno.*

6. (L) *Corte* giudicante.

(SL) *Concilio.* Par., XXVI, t. 40. - Psal., I, 5: *In concilio justorum.*

7. (L) *Parte:* intanto. — *Su:* in cielo. — *Scorte:* condotte qui.

(SL) *Parte.* Inf., XXIX, t. 6: *Parte sen gia (ed io retro gli andava) Lo duca.* — *Degni.* Semint.: *Degnare dell'onore de' tempii.* Buc., IV: *Nec Deus hunc mensa, Dea nec dignata cubili est.*

8. E 'l dottor mio: — Se tu riguardi i segni
   Che questi porta, e che l'Angel proffila,
   Ben vedrai che co' buon' convien ch' e' regni.
9. Ma, perchè lei che dì e notte fila,
   Non gli avea tratta ancora la conocchia
   Che Cloto impone a ciascuno e compila;
10. L'anima sua, ch'è tua e mia sirocchia,
    Venendo su, non potea venir sola,
    Però che al nostro modo non adocchia.
11. Ond' io fui tratto fuor dell' ampia gola
    D'Inferno, per mostrarli, e mostrerolli
    Oltre, quanto il potrà menar mia scuola.
12. Ma dinne, se tu sai, perchè tai crolli
    Diè dianzi il monte; e perchè tutti ad una
    Parver gridare infino a' suoi piè molli? —
13. Sì mi diè, dimandando, per la cruna
    Del mio disio, che pur con la speranza
    Si fece la mia sete non digiuna.
14. Quei cominciò: — Cosa non è che sanza
    Ordine senta la religïone
    Della montagna, o che sia fuor d'usanza.

---

8. (L) *Segni:* i P. — *Proffila:* delinea.
(SL) *Regni.* Ad Timoth., II, II, 12: *Conregnabimus.*
9. (L) *Lei:* colei (Lachesi). — *Tratte:* avea, tirando, finito di filare il pennecchio che Cloto, altra parca, impone alla rocca; e, perchè stia, lo stringe ed aggira, che è il *compilare.*
(SL) *Lei.* Comune in Toscana per ella. — *Compila.* Qui usato propriamente del mettere insieme il filo, che sono peli. Il latino *compilare* nel senso di *levare i peli,* dev' essere un significato di seconda mano; e l'uso italiano è forse più antico dell'aureo latino.
10. (L) *Sua:* di Dante. — *Sirocchia:* sorella, anima umana. — *Adocchia:* e vivo.
(F) *Adocchia.* Non è per violenza di rima: intende che l'anima tuttavia nella prova terrena, non può considerare le cose al modo medesimo che le sgombre da' sensi.
11. (L) *Mostrerolli:* gli mostrerò.
(SL) *Gola.* La più alta parte delle interiora della terra, il più alto giro di tutti. V. Inf., IX. [C.] Is., V: *Dilatavit infernus aimam suam.* — *Scuola.* Purg., XVIII, t. 16: *Quanto ragion qui vede, Dir ti poss' io...*
12. (L) *Ad una:* insieme. — *Molli* dal mare
(SL) *Crolli.* Ps. CXIII, 1, 5: *In exitu Israel,* cantato dalle anime che approdano salve (Purg., II), *Montes exultaverunt... Quid est tibi, mare? Montes exultastis?... Diè.* Il suono diè dianzi, di terremoto parlando, non è forse a caso [C.] Matt., XXVIII. Trema la terra nella risurrezione di Cristo alla quale accennasi nel principio del Canto.
13. (L) *Cruna:* diede per l'appunto in quel ch'io volevo sapere. — *Speranza* di sapere
(SL) *Diè.* Bocc: *Oh quanto cotal domanda diede per lo mio desio!* Ma questo, ch'è più allettato, fa il cogliere simile a colpo: in Dante la risposta empie quasi il vano dell'ignoranza, penetra diritto utilmente nell' anima. — *Digiuna.* Purg., XV, t. 20: *Io son d' esser contento più digiuno.* Nè l'uno nè l'altro modo è dell' usata schiettezza.
14. (L) *Sanza:* senza. Qui tutto è ordinato e consueto.
(SL) *Sanza:* En., VI: *Nec vero*

15. Libero è qui da ogni alterazione:
Di quel che 'l cielo in sè da sè riceve,
Esserci puote, e non d'altro, cagione.
16. Perchè non pioggia, non grando, non neve,
Non rugiada, non brina, più su cade
Che la scaletta de' tre gradi breve.
17. Nuvole spesse non paion nè rade,
Nè corruscar, nè figlia di Taumante,
Chè di là cangia sovente contrade.
18. Secco vapor non surge più avante
Che al sommo de' tre gradi ch' io parlai,
Dov' ha 'l Vicario di Pietro le piante.
19. Trema forse più giù, poco od assai:
Ma per vento che 'n terra si nasconda,
Non so come, quassù, non tremò mai.

hae sine sorte datae... sedes. — *Religione.* Æn., VIII : *Religio... loci.*
15. (L) *Quel...*: l'anime. — *Da sè*: spontaneamente.
(SL) *Libero.* Purg., XXVIII. - Lucan., II: *Nubes excedit Olympus.* — Qui sta per sostantivo. Purg., IX: *Gli fiori onde laggiù è adorno* — *Sè.* Trema il monte per cagione che un'anima sale al cielo, il quale le riceve in sè, venenti da sè di lor libero moto. Ovvero, come l'Ottimo: *La cagione di ciò che paia lassù esser moto, non è... da strano in strano, ma da sè in sè; perocchè il cielo la cosa sua, e non istrana, in sè riceve; l'anima dal cielo discende, mandata o creata da Dio; e il cielo in sè la riceve, ritornante a lui che la creò..* Il modo è oscuro e somiglia a quel del XXXII del Purgatorio: *E quel di lei a lei lasciò legato.* Che un passo dia luogo a troppe interpretazioni letterali, non è lode.
(F) *Alterazione.* Arist. Phys., VII: *Alterazione è un immutare della materia. - Alterazione è il moto della quantità - Diciamo alterato quel che si fa più caldo, più denso, più secco, più bianco - È alterazione il generarsi l'aria dall'acqua.*
16. (L) *Grando*: grandine. — *Scaletta*: alla porta del Purgatorio.
(SL) *Non.* Aug., de Civ. Dei., XIV, 26: *Nel paradiso terrestre, non calore nè gelo.* — *Neve* Omero, Odiss.: *Non neve nè inverno forte, nè mai pioggia, ma sempre d'un zefiro dolcespirante, l'aure dall'Oceano inviate.*
— *Scaletta.* Purg., IX, t. 26.
(F) *Perchè.* [Ant.] In questa e nelle due seguenti terzine riepiloga ogni meteora atmosferica; cioè pioggia, grandine, neve, rugiada, brina, nuvoli di qualunque genere, lampi, arcobaleno che, sempre opposto al sole, si forma in luoghi diversi. Dice che queste meteore, non esclusa quella de' venti, che sembra indicata col secco vapore, cioè asciutto, riscaldato, e quindi attribuita anco a sbilancio di temperatura; si tengono tutte più basse alla porta del Purgatorio — *Pioggia* Dal ciel della luna al centro della terra son quattro regioni, al dire di Pietro. Calda, fredda, fredda e calda, il sen della terra. La pioggia scende dalla regione calda e fredda, la grandine dalla fredda.
17. (L) *Paion*: appaiono. — *Corruscar*: lampo. — *Figlia*: arcobaleno. — *Cangia*: nel mondo si vede ora di qua ora di là, sempre di contro al sole.
(SL) *Figlia.* Ovid. Met., IV: *Thaumantias Iris*
(F) *Rade.* La nube rada è vapore acqueo, dice Pietro. Qui l'Ottimo cita Aristotele e Beda.
18. (L) *Vicario*: l'Angelo.
(SL) *Pietro.* Inf., I, t. ult.: *La porta di san Pietro*
(F) *Secco.* Aristotele (Metaph., II) distingue l'umido vapore e il secco: dall'umido la pioggia, la neve, la grandine, la rugiada, la br na; dal secco, il vento: vento se il vapore è sottile; se più forte, terremoto. Ma forse ci vedevano in confuso quella forza elettrica che dà sovente origine a tutte le meteore.
19. (F) *Tremò.* [Ant.] Era antica l'o-

DANTE, *Purgatorio.*

20. Tremaci, quando alcuna anima monda
   Si sente, sì che surga, e che si muova
   Per salir su. E tal grido seconda.
21. Della mondizia il sol voler fa prova,
   Che, tutta libera, a mutar convento
   L'alma sorprende: e di voler le giova.
22. Prima vuol, ben; ma non lascia il talento
   Che divina giustizia, contra voglia,
   Come fu al peccar, pone al tormento.
23. Ed io, che son giaciuto a questa doglia
   Cinquecent' anni e più; pur mo sentii
   Libera volontà di miglior soglia.
24. Però sentisti il tremuoto, e li pii
   Spiriti, per lo monte, render lode
   A quel Signor, che tosto su gl'invii. —
25. Così gli disse. E, perocchè si gode
   Tanto del ber quant' è grande la sete,
   Non saprei dir quant' ei mi fece prode.
26. E il savio duca: — Omai veggio la rete
   Che qui v'impiglia, e come si scalappia;
   Perchè ci trema, e di che congaudete.

pinione tenuta fino a' di nostri, che il tremuoto fosse un effetto di vapori sotterranei, che il Poeta denomina vento. attribuendo queste correnti a vapori secchi, come sopra avvertimmo. Al terremoto si vuole oggi che concorra l'attrazione combinata del sole e della luna, specialmente sulle materie liquide che sono nell'interno del nostro globo terracqueo; ma che vi concorra anco l'elettricità, viene indicato da varii fenomeni, che alle scosse precedono.
20 (L) *Monda:* si sente monda, e però s'alza — *Seconda:* il canto di Gloria segue al suo muovere.
(SL) *Seconda.* Purg., XVI, t. 11.
21. (L) *Mondizia:* sa d'essere monda perchè vuol salire. — *Mutar:* ire al cielo. — *Convento:* consorzio d'anime. — *Sorprende:* il volere prende l'anima a un tratto.
 (SL) *Convento* Virgilio, degli Elisi: *Conventus trahit in medios* (Æn., VI). Anco nella Bibbia. — *Giova.* Æn., III: *Juvat evasisse.*
22. (L) *Ben:* bensì. — *Talento:* brama. — *Voglia* dell'anima. — *Pone in lei.*

(SL) *Talento.* Novellino: *Non ha gran talento di mangiare.*
23 (L) *Mo:* ora. — *Soglia:* del cielo.
(SL) *Più.* Dal 96 circa, che Stazio morì (Fabr., Bibl Lat.), al 1300 scorsero milledugent'anni. Stette tra i prodighi cinquecento, tra gli accidiosi quattrocento e più: il resto ne' cerchi di sotto (Purg., XXII, t. 31). — *Soglia* Buc., V: *Limen Olympi.*
24. (L) *Invii,* a gloria.
(SL) *Pii.* Æn., VI: *Segretosque pios.* — *Invii.* Nel Gloria è il motto: *Qui tollis peccata mundi, miserere nobis.*
25. (L) *Prode:* pro.
(SL) *Ber.* Prov., XXV, 25: *Com'acqua fresca a chi ha sete, così buona novella da lontano paese. — Prode.* Vite ss Padri. - Conv., I 6: *Cotali uomini sono quali bestie, alli quali la ragione fa poco prode.*
(F) *Gode.* Som.: *Quant' uomo ha più sete, e più diletto ha del bere.* Georg., IV: *Potis gauderent intyba rivis.*
26. (L) *Impiglia* legati. — *Scalappia* quando siete mondi. — *Ci:* qui. — *Congaudete* a chi sale beato.

27. Ora, chi fosti piacciati ch'io sappia:
E, perchè tanti secoli giaciuto
Qui se', nelle paròle tue mi cappia. —
28. — Nel tempo che 'l buon Tito, con l'ajuto
Del sommo Rege, vendicò le fora
Ond' uscì 'l sangue per Giuda venduto;
29. Col nome che più dura e più onora,
Er' io di là (rispose quello Spirto)
Famoso assai, ma non con fede ancora.
30. Tanto fu dolce mio vocale spirto,
Che, Tolosano, a sè mi trasse Roma,
Dove mortai le tempie ornar di mirto.
31. Stazio la gente ancor di là mi noma.
Cantai di Tebe, e poi del grande Achille;
Ma caddi in via con la seconda soma.

(SL) *Di che.* Georg., II: *Unde tremor terris.* — *Congaudete.* Voce biblica. [C] Ap., I, Cor., 12: *Congaudere.*

27. (L) *Cappia:* sia contenuto nel tuo dire, perchè...
(SL) *Cappia.* Bocc., I, 1: *Ti cappia nell'animo.* Altrove: *Nel mio giudicio cape.* Ma qui meno schietto.

28. (L) *Rege:* Dio. — *Fora:* ferite. — *Sangue* di Gesù Cristo. — *Per:* da.
(SL) *Buon.* Il buon Tito sta tra il buono Augusto e il buon Barbarossa (Inf. I; Purg., XVIII). — *Tito,* Ott.: *Nel cui tempo fu tanto riposo, che sangue di neuno uomo si sparse. Questi, insino da piccolo, fu di chiaro ingegno, di cavalleria, e studioso in lettere; umile fu, liberale ed onorifico, dispregiatore di pecunia; nullo dì fu che non donasse..; fu pietoso e misericordioso perdonatore a quelli ch'avevano giurato d'ucciderlo.* — *Sommo.* Æn., II: *Superi Regnator Olympi* Altrove: *Jove summo.* — *Rege.* [C] Ps.: *Rex magnus.* — *Fora* Som.: *Perforatio,* omicidio di trafittura. [C] Un Inno: *Clavis forato et lancea.* Job: *Videbunt in quem transfixerunt.*

29. (L) *Nome* di poeta. — *Là:* vivo. — *Spirto:* Stazio.
(SL) *Dura* Lucan., IX: *O... magnus vatum labor! omnia fato Erit, et populis donas mortalibus ævum.*

30. (L) *Spirto:* canto.
(SL) *Spirto.* Prop., III, 15: *Qualis Pindarico spirantem carmine linguas.* Hor. Carm. II, 16: *Spiritum Grajae tenuem Camena.* — *Tolosano.* Era di Napoli (Mart., Silv., III, 5). Ma un suo comentatore lo fa tolosano. *Insegnò rettorica in Gallia con molta celebrità: ma poscia, venuto a Roma, si diede a poesia.* Confuse Stazio Papinio con un altro. Sbaglio, fin dai tempi dello Scaligero, quasi comune. Bocc., Am. Vis., V: *Stazio di Tolosa.* Nè le selve di Stazio al tempo di Dante erano forse note. — *Tempie.* Æn., VII: *Tempora ramo implicat.* — *Mirto.* Non come poeta amoroso, ma come men nobile. Buc., II: *Et vos, o lauri, carpam, et te, proxima myrte.* Nel Convito lo chiama *dolce poeta* Stat., Silv., III: *Nunc ab intonsa capienda myrto Serta.* [Petr.: *Qual vaghezza di lauro? qual di mirto?*]

31. (L) *Là:* al mondo. — *Seconda:* non finì l'Achilleide.
(SL) *Tebe.* Giovenale, che nominerà poi, amico di Stazio, dice: *Curritur ad vocem jucundam et carmen amicae Thebaidos, laetam fecit cum Statius Urbem, Promisitque diem: tanta dulcedine captos Afficit ille animos* (Sat., VII). Stat., XII: *O mihi bissenos multum vigilata per annos Thebai!* — *Grande.* È in Virgilio e in Stazio: *Magnus... Achilles.* Voleva condurre il poema da Sciro fin dopo la rufna di Troia. — *Soma.* Vulg. Eloq: *Humerum nimio gravatum cespitare necesse sit.* Albert.: *È da schifare lo carico sotto lo quale nella via vieni meno.* Sentenza di Seneca. Hor., Poet.: *Versate diu, quid ferre recusent, Quid valeant humeri.* Par., XXIII: *Il ponderoso tema, E l'omero mortal che se ne carca.* Petr.: *È d'altri omeri soma che da' tuoi.*

32. Al mio ardor fur seme le faville
    Che mi scaldâr della divina fiamma
    Onde sono allumati più di mille.
33. Dell' Eneida dico: la qual, mamma
    Fummi, e fummi nutrice, poetando:
    Senz'essa non fermai peso di dramma,
34. E, per esser vissuto di là quando
    Visse Virgilio, assentirei un sole
    Più ch' i' non deggio, al mio uscir di bando. —
35. Volser Virgilio a me queste parole
    Con viso che, tacendo, dicea: « Taci. »
    Ma non può tutto la virtù che vuole.
36. Chè riso e pianto son tanto seguaci
    Alla passion da che ciascun si spicca,
    Che men seguon voler ne' più veraci.
37. Io pur sorrisi come l'uom che ammicca;
    Perchè l'Ombra si tacque, e riguardommi
    Negli occhi, ove il sembiante più si ficca,

32. (L) *Seme:* Virgilio m'ispirò. — *Onde:* molti illumina, come esemplare del Bello.
(SL) *Seme.* Æn., VI: *Semina flammae.* — *Scaldar.* Stat.: *Pierius menti calor incidit.* Ovid. Fast., VI: *Est Deus in nobis; agitante calescimus illo.* — *Divina.* Stat., XII: *Divinam Æneida.* — *Mille.* Inf., I, t. 28: *Degli altri poeti... lume.*
33. (L) *Dramma:* misurai ogni mio concetto all'esempio de'suoi.
(SL) *Eneida* Anco nel Convito (I, 3). — *Mamma* La voce famigliare dice affetto e venerazione, e denota come Virgilio paresse a Dante non solo nutritore ma generatore di nuova bellezza — *Peso.* Sap., XI, 21: *Omnia... in pondere.* — *Dramma.* Stat., XII: *Vive praecor, nec tu divinam Æneida tenta, Sed longe sequere, et vestigia semper adora.*
34. (L) *Là:* al mondo. — *Sole...*: piglierei di stare un anno più in Purgatorio.
(SL) *Sole.* Inf., VI, t. 25.
35. (L) *Virtù:* la volontà.
(SL) *Dicea.* Ovid. Amor., I, 4: *Nutusque meos, vultumque loquacem.* - *Verba superciliis sine voce loquentia dicam.* — [*Taci.* Con un solo verso esprime una fina operazione dell'anima; dove uno de' nostri verseggiatori n'avrebbe spesi dieci, se pure gli avesse la Provvidenza ispirata l'idea.]

(F) *Vuole.* Petr.: *E chi discerne è vinto da chi vuole.* Qui tempera il detto più sopra della libertà umana; non contradice però.
36 (L) *Seguaci.* L'uomo ride o piange secondo l'affetto che ha dentro. — *Veraci:* i più sinceri non sanno dissimulare.
(SL) *Sequaci.* Petr., Trionfo d'Am.: *Come in un punto si dilegua, E poi si sparge per le guance, il sangue, Se paura o vergogna avvien che'l sequa.* — *Spicca.* Dice il pronto seguire dell'atto esterno. — *Veraci.* Osservazione retta, e lode all'anima del Poeta.
(F) *Passion.* Som.: *Passione ogni impressione.* - *Ogni moto dell' appetito sensitivo è passione.*
37. (L) *Perchè:* onde — *Ficca:* più l'anima nascosta leggesi.
(SL) *Ammicca* Ammiccare non è sorridere; ma sorridendo per cenno si può ammiccare con gli occhi.
(F) *Ficca.* Conv., III, 8: *L'anima dimostrasi negli occhi tanto manifesta che conoscer si può la sua presente passione, chi bene la mira.* Plin.: *In oculis animus inhabitat.* Som.: *Quelle membra nelle quali più espressa si vede l'orma del cuore, come negli occhi e nella faccia e nella lingua.* Segneri: *L'occhio, visibile ritratto dell'animo non visibile.* Sembianti le somiglianze degli atti esterni con l'affetto dell'animo. *Ficcarsi*

CANTO XXI. 293

38. E: — Se tanto lavoro in bene assommi,
Disse, perchè la faccia tua testeso
Un lampeggiar d'un riso dimostrommi? —
39. Or son io d'una parte e d'altra preso:
L'una mi fa tacer, l'altra scongiura
Ch' i' dica: ond' io sospiro; e sono inteso.
40. — Di', 'l mio maestro, e non aver paura,
Mi disse, di parlar; ma parla, e digli
Quel ch' e' dimanda con cotanta cura. —
41. Ond'io: — Forse che tu ti maravigli,
Antico spirto, del rider ch' io fei:
Ma più d'ammirazion vo' che ti pigli.
42. Questi che guida in alto gli occhi miei,
È quel Virgilio dal qual tu togliesti
Forte a cantar degli uomini e de' Dei.
43. Se cagione altra al mio rider credesti,
Lasciala per non vera; ed esser credi
Quelle parole che di lui dicesti. —
44. Già si chinava ad abbracciar li piedi
Al mio dottor: ma e' gli disse: — Frate,
Non far: chè tu se' Ombra, e Ombra vedi. —
45. Ed ei surgendo: — Or puoi la quantitate
Comprender dell'amor che a te mi scalda,
Quando dismento nostra vanitate,
Trattando l'Ombre come cosa salda. —

non è ben chiaro; par dica: si nasconde; e cercasi trarnelo fuori con l'occhio; quando gli altri segni della persona non dicano l'animo.
38. (L) *Se così fu.* — *Assommi:* finisca. — *Testeso:* or ora.
(SL) *Testeso* anco del passato ha esempi antichi. E forse scorcio d' *ista ipsa hora,* o *isto momento*; e sottintende il sostantivo come l'italiano *ora* sottintende il pronome *questa.* — *Lampeggiar.* Petr.: *Il lampeggiar dell'angelico riso* Tasso: *Mostrò Cirigna, lampeggiando, un riso.* Ma *lampeggiare* con *angelo* non istà; e nel secondo l'imitazione è troppo letterale; dacchè Dante qui aveva ragione di dire *dimostrommi* il *lampeggiar d'un riso,* come di cosa fuggevolissima; e l'*un* rende chiaro il concetto. Ma *mostrare un riso,* da sè, non par modo compiuto. Senonchè qui la rima in *ommi* stuona un po'.

39. (L) *Una:* Virgilio. — *Inteso* da Virgilio.
40. (SL) *Digli.* Ripete *parla* e *di'* per vincere il ritegno di Dante, messogli dal divieto tacito del maestro.
42. (L) *Forte a cantar:* a cantar alto.
(SL) *Occhi.* Modo biblico. — *Togliesti.* Inf., I, t. 29: *Da cu' io tolsi Lo bello stile.*
43. (L) *Parole* d'ammirazione.
44. (L) *Già* Stazio. — *Frate:* fratello.
(SL) *Chinava* Stazio ama in Virgilio anco il suo convertitore alla fede (Purg., XXII, t. 22). — *Dottor.* Per *maestro,* nelle Scuole.
45. (L) *Dismento:* dimentico. — *Vanitate* d'ombre.
(SL) *Vanitate* Inf., VI, t. 12: *Lor vanità che par persona.* — *Salda.* Contrario di *vuoto.* - *Umbrae inanes.* Hor. Sat., I, 2: *Inane abscindere solido.*

(F) *Quantitate.* Conv., I, 4: *La fama dilata lo bene e lo male oltre la vera quantità.* Som.: *Quantità della colpa. Modo vivo nella scienza legale.* — *Vanitate.* Tra Ombre non ha luogo la legge da Dante posta nel Convivio (I, 2): *Villania fa chi loda o chi biasima, dinanzi al viso, alcuno; perchè nè consentire nè negare puote lo così estimato, senza cadere in colpa di lodarsi o di biasimarsi. Salva qui la via della debita correzione... e salva la via del debito onorare e magnificare, la quale passare non si può senza far menzione delle opere virtuose o delle dignitadi virtuosamente acquistate.*

Comparare l'apparizione di Stazio a quella di Cristo risorto, parrà troppo strano se non s'intenda che non altro con ciò vuole il Poeta adombrare se non il tacito subito mostrarsi d'un nuovo compagno dietro ai due che andavano per la via solitaria del monte; e fors'anco accennare al terremoto sentito qui, e al terremoto nella risurrezione di Cristo. E quell'assoggettarsi che Stazio farebbe a un anno di Purgatorio ancora per la consolazione di vedere Virgilio, e quell'inchinarglisi a' piedi, scusasi in parte imaginando ch'egli non è ancora beato, non ha bevuto di Lete, è in un quasi limbo tra Purgatorio e Paradiso; e che la provvidenza del Poeta serba a sè più che a lui questa letteraria soddisfazione.

Sul sacro monte non fa meteore, dice Dante; che pure, collocando lì tanto popolo d'anime, presentiva non disabitati gli antipodi. Ma le locuzioni: *figlia di Taumante, Chè di là cangia sovente contrade - La conocchia che Cloto impone e compila - Della sepolcral buca - Vendicò le fora - Nelle parole tue mi cappia;* non sono comparabili a quelle de' versi: *Se voi sete ombre - Che Dio su non degni - Con viso che tacendo dicea: Taci.*

STAZIO.

Il monte trema da cima a fondo: e da tutto il monte si leva un grido di gloria a Dio negli altissimi, perchè un'anima già purgata è fatta degna di salire alle stelle. Innanzi che l'espiazione sia compiuta, l'anima *vuol, ben: ma non lascia 'l talento. Che divina giustizia, contra voglia, Come fu al peccar, pone al tormento* (1). Vorrebbe salire: ma contro sua voglia è da Dio condannata a volere la pena. Il desiderio dell'espiazione combatte col desiderio del gaudio, come in vita, peccando, la voglia del male combatte col desiderio del bene. E siccome il male vinse di là, di qua vince il dolore (2). Nell'eliso di Virgilio le anime stanno lunghissimo corso d'anni a purgare le colpe della prima vita: *Exinde per amplum Mittimur Elysium, et pauci laeta arva tenemus; Donec longa dies, perfecto temporis orbe, Concretam exemit labem, purumque reliquit Æthereum sensum, atque aurai simplicis ignem. Has omnes, ubi mille rotam volvêre per annos, Lethaeum ad fluvium deus evocat agmine magno: Scilicet immemores supera ut convexa revisant, Rursus et incipiant in corpora velle reverti* (3). A quest'ultimo verso consuona il concetto di Dante, ma più pienamente con le idee cristiane, che dimostrano la volontà de' giusti essere conforme alla giustizia divina e all'umana, anco nelle cose che spiacciono ad essi; e la volontà esercitarsi, in certo modo, contro sè stessa e sopra sè stessa, ch'è la più nobile prova dell'umana libertà. *La pena del Purgatorio è volontaria, inquanto la soffrono sentendola necessaria a salute* (4). — Nè si può senza la Grazia avviarsi a giustizia dinnanzi a Dio per libera volontà (5). *Libertà è potere che ha l'uomo di muovere la sua volontà verso o contro la legge; volontà è la facoltà d'appetire il bene conosciuto* (6).

L'anima che sorge e si fa a' due Poeti compagna, è l'anima d'un poeta, di Stazio, al quale egli non diede luogo tra' cinque, al suo parere più grandi, Omero, Virgilio, Orazio, Ovidio, Lucano, per destinargli qui luogo più distinto, e ragionarne con maggiore abbondanza, e battezzarlo quasi nella poesia religiosa di Virgilio, e dipingere loro e sè in quell'atto di famigliarità riverente e di ammirazione lieta, e di dignitosa docilità, che così ben si conviene agl'ingegni grandi. Il punto quando Stazio, senza sapere di Virgi-

(1) Terz. 22.
(2) Purg., XXIII, t. 25: *Chè quella voglia all'albero ci mena, Che menò Cristo lieto a dire Eli.*
(3) Æn., VI.
(4) Som. Sup.
(5) Concil. Trid.
(6) Rosmini. - Terz. 23: *Sentii Libera volontà di miglior soglia.*

lio presente, lo loda con tanta effusione e parsimonia insieme, e Virgilio, per un moto di modestia, impone a Dante di non lo svelare; ma poi, quasi commosso dal contrasto che segue nel suo discepolo tra due nobili sentimenti, e per riconoscenza all'affetto di Stazio, e per amore di verità in ogni cosa, permette a Dante di dire il suo nome; quel punto è di drammatica e di morale bellezza De' ragionamenti di Virgilio e di Stazio Dante dice, *Ch'a poetar gli davano intelletto* (1); perchè nelle imitazioni che fece Stazio di Virgilio, ingegnose, e che talvolta ridicono non servilmente le parole medesime, come Dante fa, egli apprendeva ad appropriarsi l'altrui parola e il concetto, e col proprio concetto ampliarlo. Chi pensa che più di sedici secoli dopo la Tebaide di Stazio, un grande ingegno, l'Alfieri, viene a mettere in dialogo per lo spazio di dieci atti que' casi; e quasi sempre si dimostra e meno conoscente della natura umana e più pagano di Stazio, intenderà come Dante potesse pregiare tanto quel retore facondissimo; e scuserà ch'e' volesse farlo di sua autorità cristiano. A vedere in che guisa gli antichi siano il più sovente seguiti o giudicati da uomini che sono pur degni di sentirli e emularli, il cuore e la mente s'empiono di pietà e di sgomento. Il buon Forcellini, che dimostra nel suo grande lavoro tanto senno, ripete il detto di non so chi intorno a Stazio: «Nelle Selve, *erudito, sublime* nella Tebaide, nell'Achilleide *blando*.» Le Selve non paiono note a Dante; ma sì la Tebaide e l'Achilleide; e' lo cita altresì nelle prose. Donde sapesse della sua prodigalità, non saprei; se forse non accenna a que' versi in cui Giovenale, rammentando gli applausi che accompagnavano la lettura della Tebaide, soggiunge della povertà del poeta a cui la sua fama non dava pane; *Intactam Paridi nisi vendat Agaven*. Forse che Dante abbia inteso che cotesto vendere il dramma fosse non tanto per necessità di vivere, quanto per ismania di spendere (2); e forse che sapendolo povero, e non lo volendo fare avaro, alla men disperata lo fece prodigo, tanto per il piacere d'abbattersi in Purgatorio seco, e vederlo in atto d'inginocchiarsi dinanzi al comune maestro. Senonchè quando si rammenta che tutte le invenzioni e gli accenni di Dante, anco i più strani, hanno fondamento in una qualche autorità che o sia la tradizione o ne porti sembianza, vien voglia, piuttosto che accagionare di leggerezza il Poeta, credere che qualche accenno ignoto a noi, letto in libri antichi o nelle opere stesse di Stazio, consigliasse il concetto di questo Canto.

E così l'essere Stazio vissuto cristiano in segreto non ha conferma dalle sue Selve, ove dice con pietà d'onest'uomo: *Qui bona fide deos colit, amat et sacerdotes* (3): nè pare che la persecuzione di Domiziano fosse da lui pianta per compassione de' Cristiani. Nelle Selve egli loda (4) il domino Ce-

(1) Purg., XXII.
(2) Nel IV delle Selve è detestata l'avidità degli eredi, che in Orazio è argomento a godere il presente senza sollecitudini avare.
(3) Silv. Praef. V. Belle parole quell'altre: *Uxorem vivam amare, voluptas est; defunctam, religio*. Stazio a Massimo Giunio intitola con una lettera la Tebaide: *Dignitatis et eloquentiae nomine a nobis diligi*. E dice d'avere per ammonimento di lui tormentato con lunga lima il suo poema, del quale ragiona qui con parole men umili che nella fine di quello, e poco meno che non si pareggi a Virgilio: *Quippe, te fido monitore, nostra Thebais multa cruciata lima Tentat audaci fide Mantuanae Gaudia famae*. Lo attendeva di Dalmazia con desiderio. Silv, IV: *Quando le dulci Latio remittent Dalmatae montes? ubi Dite viso Pallidus fossor redit erutoque Concolor auro?*
(4) Silv., II, 1.

sare (1), e si tiene *sacratissimis ejus epulis honoratus* (2): e di lui dice altrove (3): *Qui reddit Capitolio Tonantem... En hic est deus, hunc jubet beatis Pro se Jupiter imperare terris. Salve dux hominum et parens deorum Praevisum mihi, cognitumque numen.* Ma forse qui Stazio è fatto salvo perchè nella Tebaide leggesi ritratta con orrore l'empietà di Capaneo (4); forse, sapendosi che parecchi de' pagani conoscevano i libri della legge mosaica e della cristiana, e di li potevano avere il vero, Dante avrà imaginato questo di Stazio e per amore di lui, e per collocare in Paradiso, insieme con un imperatore e con un guerriero pagani (5), un poeta; e per fare onore di questa conversione al suo poeta diletto, a Virgilio, il quale, appunto pe' versi qui recati era, ne' drammi sacri del medio evo, introdotto a vaticinare il Messia insieme co' profeti e con la sibilla. E veramente nella parola di tutti gl'ingegni più eletti è, più o meno chiaro, dell'ispirato, e che però giova all'indovinamento siccome dell'avvenire, così del passato e del presente, che sono a indovinare sovente non meno difücili, chi bene guardi. Stazio dunque reca a Virgilio l'onore e della sua corona poetica e della sua salvazione dal vizio della prodigalità e della sua salvazione dal paganesimo. A trarlo dalla turba de' prodighi valse l'esclamazione che è in Virgilio contro gli avari: *Quid non mortalia pectora cogis, Auri sacra fames!* (6) Che è tradotto da Dante *Per che non reggi tu, o sacra fame Dell'oro, l'appetito de' mortali?* (7) A trarlo dall'errore pagano valsero i versi che Virgilio disse di Pollione, ma vuolsi che a Pollione egli applicasse la profezia che guardava al Redentore aspettato (8). Questi versi Dante nella lettera ad Arrigo applica alla ristorazione dell'imperio. L'imperio era a lui redenzione nuova. E rivolge ad Arrigo le parole che Giovanni a Cristo: *Sei tu 'l promesso?*

(1) Silv. Praef., IV.
(2) Silv., l. c.
(3) Silv., IV, 3.
(4) Inf., XIV e XXV; Teb., X, 927.
(5) Purg., X; Par., XX.
(6) Æn., III.
(7) Purg., XXII. Traduzione liberissima, e però più fedele. Tuttochè di non pari eleganza. Il *cogis* che, alla lettera, potrebbe significare *violenza* e negare la libertà dell'arbitrio, qui volgesi in *reggi*, che ha forse l'origine stessa di *ago*. Il *per* dipinge più vivamente del *quid* l'impeto della passione che per varii eccessi travolge l'animo, e così compensa quello che potesse mancare del *cogis*; e rammenta gli altri modi virgiliani: *Triste per augurium Teucrorum pectora ducunt* (Æn., V). - *Vivo equidem, vitamque extrema per omnia duco* (Æn., III). *Pectora* è reso qui da *appetito;* e in Aristotele *appetito* è la concupiscenza: e nella Somma, più volte, *l'appetito delle ric-* chezze; e nella Vita Nuova: *L'anima, cioè la ragione, è contrapposta al cuore, cioè all'appetito*. Anco i versi dell'Egloga IV sono liberamente tradotti, e se ne dà non il compendio ma lo spirito. *Secol si rinnova,* dice *Magnus ab integro seclorum nascitur ordo;* ma non lo dice con altrettanta ampiezza d'imagine e pienezza di suono. *Primo tempo umano* è meglio che *saturnia regna;* sì perchè ci si tace del regno favoloso, sì perchè tempo umano denota che quello era lo stato vero dell'umana natura. Nel terzo verso l'armonia latina è più compiuta, e *l'alto* alla fine richiama i pensieri al luogo da cui la salvezza discende; e *demittitur,* lasciando imaginare la forza della virtù che scende e quella della virtù che invia, è più profetico e più cristiano.

(8) Nat. Alex., Hist. eccl., saec. I, dis. 1; Demaistre, Soirées; e così Girolamo, Epist. L.

A Dante che in tutto vedeva simbolo, perchè in tutto c'è simbolo a chi sa vederlo, la poesia virgiliana era più simbolica che nella mente dello stesso poeta latino, dove ell'era pur tale assai più che non paresse ai tanti suoi ammiratori e seguaci. E quando egli dice: *Sed me Parnassi deserta per ardua dulcis Raptat amor; juvat ire jugis, qua nulla priorum Castaliam molli divertitur orbita clivo* (1); intendeva d'un Parnaso ideale, come quello di cui esso Virgilio in Dante: *Spesse fiate ragioniam del monte Ch' ha le nutrici nostre sempre seco* (2). E però non Dante solo ma i Padri recano l'autorità di Virgilio; e Tommaso cita un passo d'Agostino in cui Virgilio è citato (3). E ben dice Dante che quel di poeta è tra gli umani il nome che più dura e più onora, dacchè nessuna parola corre per tante bocche e per tanti cuori più soave e più forte, che del poeta; e le altre parole in tanto hanno potenza in quanto aura di poesia; e i libri filosofici degl'ingegni più creatori, se la bellezza dello stile non li regga, trapassano in altri libri nel corpo della civiltà, ma non sono riletti che da pochi eruditi. Ed esso Virgilio quando più si compiacque dell'arte propria e più se ne ripromise, la imaginò non pertanto meno durevole di quel ch'ell'è. Al pio affetto d'Eurialo e di Niso e' promette premio di fama: *Dum domus Æneae Capitoli immobile saxum Accolet, imperiumque pater romanus habebit* (4). Ed ecco questi versi sopravvivono alla grandezza del Campidolio e all'impero di Roma.

Quello che Stazio dice di sè, che senza l'*Eneide non fermò peso di dramma* (5), dimostra come gli scrittori valenti, a similitudine del sommo artefice facciano il tutto in numero, peso e misura, e intendesi detto di Dante stesso Altri opporrà che, a questo modo, la poesia di Dante apparisce quasi un centone di Virgilio con altri: ma chiunque attentamente lesse, il Petrarca, l'Ariosto, sa bene come di rimembranze latine e dantesche sia tutto contesto il loro stile, senza che sempre ne perda l'originalità del concetto; e sente la distanza che corre tra quelle imagini o locuzioni che Dante, ridicendo, ricrea, alle prove d'imitatori men torti. Non dunque in simili due o tre passi, come il Monti voleva, ma in innumerabili Dante rammenta Virgilio. E Virgilio stesso in molti rammenta Omero, qua e là superandolo.

Paragonisi il XXII dell'Inferno col XXII del Purgatorio e col XXII del Paradiso; e si noti differenza mirabile di stile, di modi, d'imagini, di concetti, d'affetti. E così (se piace) facciasi degli altri Canti.

(1) Georg., III.
(2) Purg., XXII.
(3) Som., 2, 1, 35.

(4) Æn., IX.
(5) Terz. 33.

CANTO XXII.

ARGOMENTO.

Entrano al giro ov'è punita la gola. Stazio dichiara che non per avarizia ma per prodigalità stette nel Purgatorio cinquecent'anni e più: perchè, siccome nell'Inferno, anco qui i due vizi contrarii stanno quasi alle prese; idea sapiente. Stazio poi narra come le parole della quarta egloga di Virgilio gli dessero il concetto di secolo migliore, e quella profezia vedess'egli avverata ne' cristiani. Ma perchè non professò il cristianesimo pubblicamente, la sua paurosa tepidezza fu punita quattrocent'anni e più nel cerchio degli accidiosi.

Nota le terzine 3 alla 9; 15, 17, 23, 24, 28, 31, 33; 36 alla 39; 42 sino all'ultima.

1. Già era l'Angel dietro a noi rimaso,
 L'Angel che n'avea vòlti al sesto giro,
 Avendomi dal viso un colpo raso.
2. E « quei ch'hanno a giustizia lor disiro »,
 Detto n'avea, *Beati;* e le sue voci,
 Con *sitiunt,* senz'altro, ciò forniro.

---

1. (L) *Colpo* della spada dell'Angelo.
— *Raso:* levato un *P.*
 (SL) *Già.* Trapasso maestro. Per non ripetere la medesima descrizione, valica il passo dell'Angelo con questo *già.*
2. (L) *E:* e ci aveva detto: Beati quei che della giustizia hanno sete.
— *Sen':* non disse *esuriunt.*
 (SL) *Voci.* D'un solo. Æn., I: *Juno... his vocibus usa est.*
 (F) *Beati.* Matth., V, 6: *Beati qui esuriunt et sitiunt justitiam.* Luc., VI, 21: *Beati qui nunc esuritis.* Ott.: Questa beatitudine... corrisponde in contrario all'avarizia; perocchè l'avaro desidera a sè ciò ch'è d'altrui; ed il giusto vuole che a ciascuno sia attribuito quello che gli si deve. Inf., XIX, t. 35: *La vostra avarizia il mondo attrista Calcando i buoni e sollevando i pravi.* E contraria alla sete (Purg., XX, t. 39) e alla fame (Inf., I, t. 33) dell'oro, è la sete e la

3. Ed io più lieve che per l'altre foci
M'andava, sì che senza alcun labore
Seguiva in su gli Spiriti veloci.
4. Quando Virgilio cominciò: — Amore
Acceso da virtù, sempre altro accese,
Pur che la fiamma sua paresse fuore.
5. Onde, dall'ora che tra noi discese
Nel limbo dello 'nferno Giovenale,
Che la tua affezion mi fe' palese,
6. Mia benvoglienza inverso te fu quale
Più strinse mai di non vista persona:
Sì ch'or mi parran corte queste scale.
7. Ma dimmi; e, come amico, mi perdona
Se troppa sicurtà m'allarga il freno;
E, come amico, omai meco ragiona:
8. Come potéo trovar dentro al tuo seno
Luogo avarizia, tra cotanto senno
Di quanto per tua cura fosti pieno? —

fame del giusto. — *Sitiunt*. Intende forse, che qui nell'escire dell'avarizia si canti: *Beati qui sitiunt justitiam*; senza *esuriunt*, serbando questa voce a quelli che purgano il vizio di gola: e però forse dice *sitiunt senz'altro*. E nel Canto XXIV, t. 51: *Beati cui alluma Tanto di grazia, che l'amor del gusto Nel petto lor troppo disir non fuma*, intendesi de' piaceri del gusto; e *Esuriendo sempre quant'è giusto*, intendesi ivi non della giustizia, ma del volere gli alimenti in giusta misura. Il passo medesimo, secondo me, ne' due luoghi ha due sensi. Altri intende *E quei ch' hanno a giustizia lor disiro* delle anime che cantano, non dell'Angelo detto n'avean.. in, *le sue voci* (*sue per loro*): e forse la locuzione sarebbe meno contorta. A ogni modo ell'è ambigua

3 (L) *Foci*: seni del Purgatorio. — *Labore*: fatica. — *Spiriti*: Stazio e Virgilio

(SL) *Lieve* Purg., XII, t. 39. — *Foci*. Purg., XII, t. 58 — *Labore* È in Brunetto (Tesoretto, IV) e in S. Caterina e nel Convivio. — *Veloci*. Purg., XXI, t. 7: *Andate forte*.

4. (L) *Accese*: altro amore. — *Paresse*: si manifestasse.

(SL) *Altro*. Può intendersi *accese un altro amore*, e *accese altri d'amore*. Il primo è forma più viva

(F) *Virtù*. Cic., de Amic.: *Non è cosa più amabile della virtù, nè che più conforti ad affetto; dacchè per la virtù e la bontà noi amiamo anco i mai non veduti*.

5. (L) *Tua*: di Stazio.

(SL) *Limbo* Som.: *Limbo inferni*. — *Giovenale*. Lodatore di Stazio (Sat., VII, v. 82). Morì trentadue anni dopo Stazio, nel 128 di Cristo. Conv., IV, 29: *Satiro nobile* (Giovenale).

6 (L) *Corte* per il piacere di venire teco.

(SL) *Strinse*. Inf, V, t. 43: *Amor lo strinse*.

(F) *Benvoglienza* Som: *Benevolenza; non è inclinazione impetuosa*. - *Benevolenza è principio d'amicizia*.

7. (L) *Allarga* a dire schietto

(SL) *Allarga* Semint.: *Allargare i freni del cavallo*. — *Freno*. Virgilio, della Sibilla ispirata: *Ea fraena furenti Concutit, et stimulos sub pectore vertit Apollo* (Æn., VI)

8. (L) *Cura*: studio e virtù.

(SL) *Cura*. Senno non solo naturale, ma coltivato da studii onesti.

9. Queste parole Stazio muover fenno
   Un poco a riso pria; poscia rispose:
   — Ogni tuo dir, d'amor m'è caro cenno.

10. Veramente, più volte appaion cose
    Che danno a dubitar falsa matéra,
    Per le vere cagion' che son nascose.

11. La tua dimanda tuo creder m'avvera
    Esser, ch'io fossi avaro in l'altra vita;
    Forse per quella cerchia dov'io era.

12. Or sappi che avarizia fu partita
    Troppo da me: e questa dismisura
    Migliaia di lunari hanno punita.

13. E, se non fosse ch'io drizzai mia cura
    Quand'io intesi là ove tu chiame,
    Crucciato quasi all'umana natura:

14. « Per che non reggi tu, o sacra fame
    » Dell'oro, l'appetito de' mortali? »;
    Voltando, sentirei le giostre grame.

15. Allor m'accorsi che troppo aprir l'ali
    Potén le mani a spendere; e pentémi
    Così di quel come degli altri mali.

16. Quanti risurgeran co' crini scemi,
    Per l'ignoranza che di questa pecca
    Toglie il pentér, vivendo, e negli stremi!

9. (SL) *Amor*. Sentasi la dolcezza di questo colloquio cordiale.
10. (L) *Matéra:* materia.
11 (L) *Avvera...*: mi mostra che il tuo credere sia ch'io fossi... — *Cerchia* degli avari.
(SL) *Avvera* Da *asseverare*. Purg., XVIII, t. 12: *Alla gente ch'avvera Ciascuno amore, in sè, laudabil cosa*.
12. (L) *Partita:* divisa — *Dismisura* di prodigo — *Lunari:* il periodo lunare è di 29 dì e mezzo circa.
(SL) *Partita*. Albertano: *Partite lo male da voi* Vita di s Girol : *Da loro si parte ogni tristizia della separazione*. Arist , Pol., I, 9: *Homo separatus a lege et a justitia*.
(F) *Migliaia*. [Ant.] Nel Canto precedente ha detto essere giaciuto nel quinto girone cinquecent'anni e più: or siccome un anno contiene dodici periodi lunari, e oltre un terzo di periodo, ne conseguita che, contando a rivoluzioni di luna anziché di sole intorno alla terra, il numero di questi giri verrà rappresentato da migliaia, non meno di sei, tralasciando le centinaia.
13. (L) *Chiame:* gridi.
(F) *Chiame*. Æn., III: *Quid non mortalia pectora cogis...?* I prodighi han lame d'oro per poi vomitario.
14. (L) *Per...*: per quali opere non traggi... — *Sacra:* maledetta. — *Giostre* in Inferno de' prodighi cogli avari.
15. (L) *Potén:* potevano. — *Pentémi:* mi pentii. — *Di:* della prodigalità
(SL) *Ali*. Dà l'ale agli occhi nel Canto X, t. 9 del Purgatorio Ma l'ali della mano dilatata, non so se sia modo bello. — *Mali*. Per *colpe*, in Virgilio.
16. (L) *Co':* co' dannati. — *Toglie :* fa che l'uomo della prodigalità non si penta nè in vita nè in morte. — *Pentér:* pentimento.

17. E sappi che la colpa che rimbecca
   Per dritta opposizione alcun peccato,
   Con esso insieme qui suo verde secca.
18. Però, s'io son tra quella gente stato
   Che piange l'avarizia, per purgarmi;
   Per lo contrario suo m'è incontrato. —
19. — Or, quando tu cantasti le crude armi
   Della doppia tristizia di Giocasta
   (Disse il cantor de' buccolici carmi);
20. Per quel che Clio lì con teco tasta,
   Non par che ti facesse ancor fedele
   La Fè, senza la qual ben far non basta.
21. Se così è; qual sole o quai candele
   Ti stenebraron sì che tu drizzasti
   Poscia diretro al Pescator le vele? —
22. Ed egli a lui: — Tu prima m'inviasti
   Verso Parnaso a ber nelle sue grotte,
   E prima appresso Dio m'alluminasti.

(SL) *Scemi.* Inf., VII, t. 19.
(F) *Ignoranza* colpevole; e di quella *che... offende* (Inf., VII, t. 21).
17. (L) *Rimbecca:* s'oppone. I due eccessi sono puniti insieme.
(F) *Dritta.* Som : *Per directam contrarietatem peccati ad aliquam virtutem.* - *Contrarium per directam oppositionem* — *Secca.* Spesso nella Bibbia la pena del peccato è dipinta come l'inaridir della pianta. Luc., XXIII, 31 : *Si in viridi .. quid in arido... ?* [C.] Ezech., XX, 47 : *Comburam in te omne lignum viride, et omne lignum aridum.*
18. (L) *Contrario:* la prodigalità. — *Incontrato :* avvenuto.
(SL) *Incontrato.* Inf., XXII. t. 11.
19. (L) *Doppia:* Eteocle e Polinice, dolor della madre. — *Cantor:* Virgilio.
(SL) *Armi.* Æn., I: *Arma... cano.* - XII : *Arma impia.* - I: *Saeva.* — *Doppia* Stat., XI. Ovid. Heroid , XI: *Nate, dolor matris.* — *Giocasta* Stat, II : *Infelix Jocasta.* — *Buccolici.* Fa contrasto cogli orrori della Tebaide; e accenna forse all'oraziano: *Molle atque facetum Virgilio annuerunt gaudentes rure Camoenae* (Sat , I. 10). Accenna fors'anco alla maggiore varietà dell'ingegno virgiliano; varietà che è segno insieme di fecondità e verità. Fors'anco egli ha in mente la quarta Egloga di cui poi. — *Carmi.* Georg., IV : *Carmina qui lusi pastorum, audaxque juventa, Tityre, te... cecini...*
20. (L) *Tasta* nel suon de' tuoi versi. — *Fè* cristiana.
(SL) *Clio.* Stazio la invoca: *Quem prius heroum Clio dabis immodicum irae Tydea?* (Theb , X) — *Tasta* Ovid. Met., V : *Praetentat pollice chordas.*
(F) *Fè* Ad Hebr., XI, 6: *Sine fide... impossibile est placere Deo.* August. in Jul., IV, 3 : *Le virtù non sono vere virtù se non presupposta la fede* [C] Ad Gal , II, 16 : *Non justificatur homo ex operibus legis, nisi per fidem Jesu Christi.* La fede però, senza le opere è morta.
21. (L) *Sole...:* qual lume più o men vivo. — *Pescator:* Pietro.
(SL) *Pescator.* Marc., I, 17; Matth , IV, 19: *Faciam vos... piscatores hominum.* — *Vele.* Ne' poeti sovente il corso del canto è comparato a navigazione; e qui il pescatore richiama l'imagine delle vele.
(F) *Candele.* Psal , CXVIII, 105: *Lucerna a' miei piedi la tua parola, e lume a' miei sentieri.* - *Candele* vale men alta illuminazione della mente. La Somma contrappone il lume del sole a quel di candela. Ma qui non direi che sia bello.
22. (L) *Appresso:* per seguire Dio.

23. Facesti come quel che va di notte,
Che porta il lume dietro, e sè non giova,
Ma dopo sè fa le persone dotte;
24. Quando dicesti: « Secol si rinnuova;
» Torna Giustizia, e primo tempo umano;
» E progenie discende dal ciel nuova. »
25. Per te poeta fui, per te cristiano.
Ma, perchè veggi me' ciò ch' io disegno,
A colorar distenderò la mano.
26. Già era il mondo tutto quanto pregno
Della vera credenza, seminata
Per li messaggi dell' eterno regno:
27. E la parola tua sopra toccata
Si consonava a' nuovi predicanti:
Ond' io a visitarli presi usata.
28. Vennermi poi parendo tanti santi,
Che, quando Domizian li perseguette,
Senza mio lagrimar non fur lor pianti.
29. E mentre che di là per me si stette,
Io gli sovvenni: e lor dritti costumi
Fèr dispregiare a me tutt' altre sette.

23. (L) *Dotte:* accorte.
(SL) *Dotte.* Da *doceo:* non vale solo dottrina scientifica Æn., VI: *Docta comes* Hor. Sat , II, 4: *Doctus eris vivam musto mersare Falerno.*
(F) *Lume.* Aug. Confess.: *Dorsum habebam ad lumen et ad ea quae illuminant faciem: et ipsa facies qua illuminata cernebam non illuminabatur.* Un più antico di Dante: *Sì come quel che porta la lumiera La notte quando passa per la via, Alluma assai più gente, della spera, Che sè medesmo.* [C.] Aug : *O Judaei ad hoc ferentes in manibus lucernam Legis, ut aliis viam demonstretis, et vobis tenebras ingeretis.*
24. (L) *Tempo:* dell'oro.
(SL) [*Rinnuova.* Natalis Alexander, Hist Eccl , Dissert. I. Paris, 1679, vol. I, pag. 166]
(F) *Secol.* Buc., IV, 5: *Magnus ab integro saeclorum nascitur ordo. Jam redit et Virgo, redeunt Saturnia regna. Jam nova progenies coelo demittitur alto.*
25. (L) *Me':* meglio. — *Colorar:* dirò più chiaro.
(SL) *Per.* Ripete in un verso migliore i tre della terzina 22. — *Colorar.* Teoflatto: *Quel che la legge antica disegnò, la novella ha colorito.*
26. (L) *Credenza* di Gesù Cristo.
(F) *Seminata.* Metafora nel Vangelo frequente (Matth., XIII, 24: Luc., VIII, 5). [C.] Ap. 4, Cor : *Spiritualia seminavimus.* — *Eterno* [C] Petr., I, 2: *Eternum regnum Domini.* — *Regno,* Marc . I, 15: *Appropinquavit regnum Dei.* Matth., XXIV, 14: *Praedicabitur... Evangelium regni.*
27 (L) *Predicanti:* gli apostoli. — *Usata:* abito.
(SL) *Parola.* V. la terzina 24. — *Consonava* Som : *Videtur haec opinio consonare positioni Platonicorum — Predicanti.* Som.: *Praedicatoribus spiritualia seminantibus.* — *Usata.* Cavalca: *Era sua usata di venire.*
28. (L) *Perseguette:* perseguitò.
(SL) *Domizian.* Nerone morì l'anno 68, nè fu persecuzione fino a Domiziano, il quale morì nel 96, anno della morte di Stazio.
(F) *Pianti.* [C.] Ap. Rom., 12: *Flere cum flentibus.*
29. (L) *Stette:* vissi. — *Dritti:* retti. — *Fèr:* fecero.
(SL) *Per.* Inf., I, t. 42: *Per me si vegna.*

30. E pria ch'io conducessi i Greci a' fiumi
Di Tebe poetando, ebb'io battesmo;
Ma, per paura, chiuso Cristian fúmi,
31. Lungamente mostrando paganesmo:
E questa tiepidezza il quarto cerchio
Cerchiar mi fe' più che 'l quarto centesmo.
32. Tu dunque, che levato hai il coperchio
Che m'ascondeva quanto bene io dico;
Mentre che del salire avém soperchio,
33. Dimmi dov'è Terenzio nostro antico,
Cecilio, Plauto, e Varro, se lo sai:
Dimmi se son dannati, ed in qual vico. —
34. — Costoro, e Persio, ed io, e altri assai
(Rispose il duca mio), siam, con quel Greco
Che le Muse lattâr più ch'altro mai,
35. Nel primo cinghio del carcere cieco.
'Spesse fïate ragioniam del monte
Ch' ha le nutrici nostre sempre seco.

---

30. (L) *Pria:* prima di far la Tebaide.
— *Chiuso:* nascoso. — *Fúmi:* mi fui.
(SL) *Conducessi.* Il Poeta, narrando, la. Buc., VI: *Tum canit Hesperidum miratam mala puellam: Tum Phaëtontiadas musco circumdat amarae Corticis, atque solo proceras erigit almos.* — *Fiumi.* Ismeno e Asopo (Stat., IX). Purg., XVIII. — *Fúmi* Il verso suona timidità. La paura non coraggiosa, l'animo sincero di Dante vuole anco negli spiriti da lui più onorati punita.
31. (L) *Cerchio:* dell'accidia. — *Più:* più di 100 anni
(SL) *Quarto.* Purg., XVII, t. 44.
32. (L) *Levato..:* m'hai fatto palesare ogni cosa di me. — *Bene:* chiaro. — *Avém:* ci avanza strada.
(SL) *Dico.* È non so che in questo modo che non pare dell'usata evidenza Forse s'ha a leggere *nascondeva.* — *Soperchio.* Inf., XIX, t. 24: *Fuor della bocca a ciascun soperchiava D' un peccator li piedi.* Nè questo è de' modi più schietti.
33. (L) *Vico:* giro.
(SL) *Terenzio.* Hor. Epist., II, 1: *Plautus ad exemplar Siculi properare Epicharmi, Vincere Caecilius gra-*
vitate, Terentius arte. Poet., 54: *Caecilio Plautoque.* Li nomina come autorevoli. Di Cecilio poteva avere il Poeta contezza anco da Quintiliano (c X) citato dall'Ottimo, e così di Varrone — *Varro.* Per *Varrone* nel Crescenzio — *Quot. Æn*, VI: *Quae regio Anchisen, quis habet locus?* domanda a Museo la Sibilla. — *Vico.* Chiama l'inferno *buia contrada* e *città.* (Inf., VIII. t. 23 e 31), e il Purgatorio *marca* (Purg., XIX, t. 45). Purg., VII, t. 7: *D' Inferno, e di qual chiostra.* Tob, XIII, 22: *Et per vicos ejus alleluja cantabitur* (voce famigliare alla Bibbia). Hor. Sat., II, 3: *Tusci... vici,* una contrada di Roma.
34. (L) *Greco:* Omero.
(SL) *Greco.* Inf., IV, t. 30. — *Lattar* Par., XXIII, t. 49, men bene. *Quelle lingue Che Polinnia con le suore fero Del latte lor dolcissimo più pingue.*
35. (L) *Carcere:* Inferno. — *Monte:* Parnaso — *Nutrici:* le Muse.
(SL) *Primo.* Inf., IV, t. 33. — *Carcere* dell'Inferno. Æn., VI: *Carcere caeco.* — Ha. Buc, X: *Qui vos saltus habuere, puellae Najades?*

36. Euripide v' è nosco, e Anacreonte,
Simonide, Agatone, e altri piúe
Greci, che già di lauro ornár la fronte.
37. Quivi si veggion, delle genti tue,
Antigone, Deifile, ed Argia;
E Ismene, sì trista come fue.
38. Vedesi quella che mostrò Langia:
Evvi la figlia di Tiresia, e Teti;
E, con le suore sue, Deïdamia. —
39. Tacevansi amendue già li poeti,
Di nuovo attenti a riguardare intorno,
Liberi dal salire e da' pareti,
40. E già le quattro ancelle eran del giorno
Rimase addietro; e la quinta era al temo,
Drizzando pure in sù l'ardente corno:

36. (L) *Nosco:* con noi.
(SL) *Euripide*. Lo cita Boezio. E non nomina Sofocle, nominato pure in Virgilio (Buc., VIII). Ma se l'avesse letto, ben l'avrebbe preposto ad Euripide. — *Anacreonte*. Nominato da Orazio. Altri: Antifonte, tragico, di cui tocca Aristotele. — *Simonide*. Cicerone ne parla, e Valerio Massimo. — *Agatone* Ne parla Aristotele. Scrisse un dramma: *Il fiore*.
37. (L) *Tue:* cantate da te. — *Antigone;* figlia d'Edipo: e così Ismene sotto i cui occhi s'uccise la madre. — *Deifile:* figlia d'Adrasto, moglie a Tideo, madre di Diomede. — *Argia:* moglie a Polinice figlia d'Adrasto.
(SL) *Tue*. Quasi create da te. L'artefice ama le figlie del suo pensiero e vive in esse. — *Antigone*. Doveva parere sacra al Poeta e per la pietà del padre e del fratello, e per l'odio in lei di Creonte. — *Argia*. Stat., II — *Ismene*. Stat. Theb., XI. Dante aveva letto anche la tragedia di Seneca, e Pietro la cita Stat.: *Stridentem pectore plagam Ismene collapsa super, lacrimisque, comisque Siccabat plangens*.
38. (L) *Quella:* Issipile. — *Mostrò:* mostrò la fonte agli Argivi assetati. — *Teti:* madre d'Achille.
(SL) *Langia.* Stat , IV: *Subitum pulchro in moerore tuentur Hypsipylen*. Figlia di Toante di Lenno. Da Giasone ha Toante e Euneo: espulsa, presa da' pirati, venduta a Nemeo od a Licurgo. Adrasto e i figli la difendono da Licurgo. Langia, fiume d'Arcadia, dalla selva Nemea per la Siciónia sbocca nel seno di Corinto, poi detto Archemoro dal figliuol di Licurgo re trace. Issipile nutrice di lui lo lasciò sull'erba per mostrare agli Argivi l'acqua; una serpe lo spense. In sua memoria i giuochi Nemèi. — *Figlia* Dafne pastorella, di cui Diodoro Siculo (IV, 6) Un'Istoriade, figlia di Tiresia, nomina Pausania. Non è questa la figlia di Tiresia, Manto, già messa in Inferno. — *Teti*. Personaggio dell'Achilleide. Non la gran Dea dell'onde della quale Virgilio (Georg., I), ma quella d'Omero. — *Deïdamia*. Inf., XXVI, t. 21. Stat., Achill.. I: *Nec jam pulcherrima turbae Deidamia suae tantumque admota superbo Vincitur Æacide, quantum praemit ipsa sorores.. tantum regina decori Deidamia chori, pulchrisque sororibus obstat... noverat una latentem Deidamia virum... tacitasque putat sentire sorores*.
39. (L) *Pareti* della scala.
(SL) *Pareti*. Masculino nell'Ariosto (XII, 10)
40 (L) *Ancelle:* ore. — *Temo:* al governo del carro del dì. — *Corno* punta del timone
(SL) *Ancelle* Par , XXX, t. 3: *La chiarissima ancella Del sol.*— *Corno*. Virg.: *Corna delle antenne*.
(F) *Corno*. [Ant] Giunti in cima alla scala, che metteva alla sesta cornice, ci avvisa del tempo, cioè un'ora prima del mezzogiorno. Già fece intendere al XII Canto che le ancelle del dì eran ire, e nel giorno che correva a questo punto, giusta la solita ipotesi, il sole sorgeva alle ore sei e mezzo: dunque se quattro ancelle erano rimaste addietro, e la

DANTE. *Purgatorio.* 20

41. Quando il mio duca: — Io credo ch'allo stremo
Le destre spalle volger ci convegna,
Girando il monte, come far solemo. —

42. Così l'usanza fu lì nostra insegna:
E prendemmo la via con men sospetto,
Per l'assentir di quell'anima degna.

43. Elli givan dinnanzi, ed io soletto
Diretro; e ascoltava i lor sermoni,
Ch'a poetar mi davano intelletto.

44. Ma tosto ruppe le dolci ragioni
Un alber, che trovammo in mezza strada,
Con pomi a odorar soavi e buoni.

45. E come abete in alto si digrada
Di ramo in ramo, così quello in giuso;
Cred'io, perchè persona su non vada.

46. Dal lato onde 'l cammin nostro era chiuso,
Cadea dall'alta roccia un liquor chiaro,
E si spandeva per le foglie suso.

---

quinta era al timone, drizzando pure in su l'ardente corno, cioè non ancor giunta alla metà del suo corso, per volgerlo indi in giù e piegare al suo termine, come i passi della notte nel Canto IX, erano vicine a compiersi quattr'ore e mezzo di sole, e però non remota l'undicesima ora della mattina L'ora quinta è poi della *ardente* perchè prossima al mezzogiorno.

41. (L) *Stremo:* all'orlo del monte voltando la destra spalla, si svolta a destra.
(SL) *Destre* Purg., XIX, t. 27: *Le vostre destre sien sempre di furi.*
(F) *Destre* Arist., de Inc. anim.: *Movere natura est dextrum, moveri autem sinistrum.* - *Migliore per natura è la parte destra della sinistra.* - *Il sinistro è più pigro al moto.*

42. (L) *Così:* onde. — *Usanza* del voltare a diritta. — *Insegna:* indizio. — *Anima* di Stazio, cui l'istinto del cielo additava la via.
(SL) *Insegna.* Purg., III, t. 34. — *Via.* Æn., 1: *Corripuere viam.... qua semita monstrat.*

43. (L) *Intelletto:* intelligenza.
(SL) *Diretro.* Bella modestia da contrapporre al IV dell'Inferno. — *Sermoni.* Voce frequente in Virgilio. — *Intelletto.* Psal., CXVIII, 130: *Declaratio sermonum tuorum illuminat: et intellectum dat parvulis.* Cod. Caetano: *Dantes bene intellexit ambos istos poetas, et multa didicit ab illis.*

44. (L) *Ragioni:* ragionamenti.
(SL) *Ruppe* Æn., IV: *Sermonem abrumpit.* — *Dolci* Hor. Epod., XIII: *Dulcibus alloquiis.* — *Ragioni.* Dante, Canz.: *Tua ragione intendan bene.* — *Odorar.* [C] Ov Met., 8: *Redolentia mala.* — *Soavi* Gen., II, 9: *Omne lignum pulchrum visu, et ad vescendum suave.*

45. (L) *In giuso:* la cima è più larga.
(SL) *Digrada.* L'usa il Crescenzio (II. 23) [Frezzi, Quadrir., lib. IV, c. 1: *In dentro il cielo avea la sua radice, E giù inverso terra i rami spande*]
(F) *Giuso.* Aug, in Job: *Quant'è di bellezza in quell'albero, che prende dal cielo alimento.*

46. (L) *Dal:* dal monte. — *Suso:* non iscendeva agli assetati.
(SL) *Chiuso.* Æn., VIII: *Illinc Tusco claudimur amni.* — *Cadea.* Georg., I: *Ecce, supercilio clivosi tramitis undam Elicit: illa cadens raucum per levia murmur Saxa ciet.* — *Chiaro.* Vita Nuova: *Un rivo chiaro molto.*

47. Li due poeti all'alber s'appressaro;
E una voce per entro le fronde
Gridò: « Di questo cibo avrete caro. »
48. Poi disse: « Più pensava Maria, onde
» Fosser le nozze orrevoli ed intere,
» Ch'alla sua bocca, ch'or per voi risponde.
49. » E le Romane antiche, per lor bere,
» Contente furon d'acqua: e Daniello
» Dispregiò cibo, e acquistò savere.
50. » Lo secol primo, quant'oro fu bello;
» Fe' savorose, con fame, le ghiande,
» E néttare, con sete, ogni ruscello.
51. » Mele e locuste furon le vivande
» Che nudriro il Battista nel diserto:
» Per ch'egli è glorioso, e tanto grande
» Quanto per l'Evangelio v'è aperto. »

---

47. (L) *Caro*: carestia.
 (SL) *Caro*. Par., V, t. 37 meno schietto: *Avresti di più savere angosciosa carizia*. Semint.: *Ebbero carestia di beni*.
48. (L) *Onde*: di che. — *Nozze* di Cana. — *Intere*: compiute. — *Risponde*: si fa mediatrice, e mallevadrice.
 (SL) *Maria*. Johan., II, 3: *Vinum non habent*. Citato già nel Canto XIII, t. 10 del Purgatorio. L'Ottimo traduce: *Furono fatte le nozze in Cana Galilaeae: e la madre di G. C. v'era, e Gesù e li suoi discepoli furono appellati alle nozze: quando il vino fallì, la madre disse: Vino non hanno. E Gesù disse: O femmina, che fa questo a te o a me?* — *Orrevoli*. Voce del tempo quasi solenne.
49. (L) *Savere*: sapere.
 (SL) *Romane*. Val. Mass., II: *Alle donne romane l'uso del vino fu ignoto, chè in qualche indecenza non cadessero. Dice antiche perchè poi s'avvezzarono.* — *Contente*. Ad Timoth., I, VI, 8: *Habentes... alimenta... his contenti simus.* — *Daniello* si cibava di legumi nella casa del re. - [Dan., I, 8, 17: *Or Daniele si mise in cor di non si contaminare colle vivande del re...*] — *Savere*. Novellino. - Dan., I, 17: *Pueris... his dedit Deus scientiam et disciplinam in omni libro et sapientia: Danieli... intelligentiam omnium visionum*.
50. (SL) *Primo*. Ovid. Met., I: *Contentique cibis, nullo cogente, creatis... Et quae deciderant patula Jovis arbore glandes*. — Oro. Æn., VIII: *Aurea quae perhibent ... fuerunt Saecula* — *Ghiande*. Boet.: *Facili... solebat jejunia solvere glande... Somnos dabat herba salubres, Potum quoque lubricus amnis*. V. Virg. Georg., I. — *Néttare*. Ovid. Met., I: *Flumina jam lactis, jam flumina nectaris ibant*.
51. (L) *Per ch'*: onde.
 (SL) *Locuste*. Marc., I, 6: *Locustas et mel silvestre edebat*. — Grande. Matt., XI, 11: *Non sorse tra i nati di donna più grande di Giovanni Battista*.

Il Canto in gran parte è un dialogo letterario, e quasi accademico: con alcune locuzioni che non hanno l'usata, e a lui propria, semplicità nè potenza. I due versi letterariamente notabili: *Ma perchè veggi me' quel ch'io disegno, A colorar distenderò la mano*, pajono d'altro poeta che il primo della terzina, ben più bello a me: *Per te poeta fui, per te cristiano*. Nella narrazione, forse troppo prolungata dall'affetto e dalla morale importanza della cosa da dire, sono verità meditabili: che i meno innanzi nel vero e nel bene e nel bello, possono, senz'avvedersene, ma non senza merito, farsi ad altri scorta a splendori di verità e di bontà e di bellezza maggiori; che l'arte degnamente trattata, è, se non rivelatrice, preparatrice a rivelazione, è l'atrio del tempio; che ne' non credenti e nei meno credenti, cercando, può l'uomo retto rinvenire ragioni al credere anziché al dubitare.

Non a caso è qui memoria riverente dell'arte greca; della quale era in Dante un concetto per la testimonianza de' Latini ammiratori e seguaci, ma più assai per istinto d'omogeneità e per divinazione d'artista. La nobile semplicità greca avrebbe innamorato di sè questo Fiorentino, che, facendo parlare un poeta tanto onorato da lui, gli fa dire quattro volte *di là* per significare la vita terrena: nè c'è oratore sacro a' di nostri che non si credesse fare torto alla sua stola nominando il *mondo di là*. Non tutte di pari schiettezza le parole che dall'anime cantansi nella fine; ma sente dell'oro in verità la terzina: *Lo secol primo, quant'oro, fu bello*; e l'altra: *cadea dall'alta roccia un liquor chiaro*, del quale tu senti la freschezza diffondersi tra le foglie dell'abete dilatantesi in alto, a simboleggiare gli accrescimenti del bene, che, ascendendo non si restringe, ma quanto di sublimità, tanto acquista d'ampiezza.

IL PRODIGO — I DUE ECCESSI.

In questi due Canti non è solamente dato luogo all'affetto letterario del Poeta verso Stazio, cioè verso Virgilio modello di lui, e verso quella poesia morale e religiosa di cui Dante non ritrovava più compiuto esemplare, dopo la Bibbia, nè in poeti pagani nè in cristiani (e dopo tanti secoli di cristianesimo e di civiltà, tuttavia pochi se ne ritrovano meno incompiuti; ma è messa in luce una di quelle verità cardinali che la filosofia umana sentiva e che il Cristianesimo pose in atto, cioè che la virtù vera è temperanza da' due eccessi contrarii, e che i due eccessi contrarii, siccome sovente si toccano negli effetti e nelle cagioni, così sovente confondonsi nella pena. Stazio, prodigo, si ravvede leggendo quel di Virgilio ov'è esclamato in biasimo degli avari; egli prodigo è purgato insieme con le anime degli avari dalla pena medesima che li tiene col viso confitto alla terra e con le persone avvinte alla terra, a sentire esempii che biasimano la cupidigia vile delle ricchezze, e altri che lodano la magnanima noncuranza di quelle: così come nell'Inferno gli avari si scontrano al punto del semicerchio co' prodighi, voltando e gli uni e gli altri granpesi per terra a forza di petto, e non di braccia, come se avessero anch'essi le braccia legate, e i petti loro dovessero portare pena dell'essere stati tratti in contrario male dalla fame dell'oro maledetta.

Or le dottrine intorno al termine della virtù sono queste: *Virtù è abito elettivo stante nel mezzo* (1): *e questo mezzo ha luogo sì nelle operazioni e sì negli affetti* (2). La qual seconda condizione non era così fermamente posta innanzi il Cristianesimo, che è lo scopritore vero del mondo immenso interiore (3). — *Virtù è mezzo tra il soverchio e il manco* (4). — In ogni cosa il bene consiste nella misura debita; il male viene dall'eccesso o dallo

---

(1) Arist. Eth., II.
(2) Som., 2, 1, 64.
(3) Hor. Epist., I, 18: *Haec satis est orare Jovem, qui donat et aufert, Det vitam, det opes; aequum mi animum ipse parabo.* Il primo rammenta il sovrano detto di Giobbe, ma l'altro concede all'uomo la facoltà di donare e conservare a sè stesso beni troppo più grandi che le ricchezze e la vita. Al primo consuona in bellezza quell'altro delle Satire, che pur contradice al secondo: *Jupiter, ingentes qui das atrisque dolores* (Sat., II, 3).

(4) Arist.

scemo di quella misura (1). — A ciascuna virtù morale si oppone un vizio per eccesso e uno per difetto (2). Il peccato è contrario non solo alla virtù, ma sì anche al vizio opposto (3). — Possono a un bene di mezzo opporsi più eccessi, come alla magnanimità la presunzione e l'ambizione (4). — A tutte le virtù sono contrarii (5) non solo que' vizii che direttamente a esse si oppongono, come la temerità alla prudenza; sì anche i vizii vicini alla virtù e che le somigliano, non in verità, ma per qualche apparenza ingannevole, come l'astuzia alla prudenza. E questo dice il Filosofo (6): che ciascuna virtù pare ch' abbia maggiore convenienza con uno de' vizii opposti che coll'altro, siccome la temperanza con l'insensibilità, e la fortezza con l'audacia (7).

Il bene morale è pareggiamento alla regola di ragione sì che non s'ecceda o si manchi (8). È dunque ideale la norma del bene, tantochè nelle intellettuali cose stesse Tommaso riguarda l'affermazione falsa come un eccesso, e come un difetto la falsa negazione: ma all' ideale corrisponde un reale di fuori, e la realtà è misura del nostro intelletto (9). Onde, siccome delle cose pratiche il modello è ideale, così nell'ideale è sempre un non so che di pratico; e anco di qui segue che il bello dell'arte, così come della virtù, sta nel mezzo (10). Dice Tommaso che delle altre virtù il punto di mezzo, cioè la perfezione, è ideale, reale nella giustizia solamente (11). Pare a me che, se la giustizia ha nella sua applicazione qualcosa di più pratico, nel suo principio la non sia però meno ideale delle altre; e che tutte le altre virtù devano avere del pratico più o meno. Dice Tommaso ivi stesso che nella fede, in quanto virtù soprannaturale, non ci ha, come nelle altre virtù, a essere mezzo, inquantochè l'infinità dell' oggetto non ammette limiti: ma, dicasi con la riverenza debita a tanta autorità, questo argomento varrebbe di tutte le virtù in quanto riguardano Dio come fine supremo: e a tutte, alla fede stessa, è debito porre la norma che è dichiarazione a quell'idea del mezzo: che il bene non è bene se non quando sia fatto e voluto dove e quanto e perchè si conviene (12). E qui cade la sovrana sentenza del medesimo pensatore: Può la virtù essere grande, e massime nell' intensità dell' intenzione o dell' atto; ma può in quell' altezza ed ampiezza non eccedere nè venir meno alla norma del conveniente; anzi deve (13). La quale sentenza concilia l'apparente contradizione che gl'ingegni men retti pongono tra questa regola, dura a loro, del non eccedere i limiti, e la libertà del pensiero e dell'azione, che è condizione a grandezza. Indefinita è la materia del bello e del bene, determinata la forma; indefinita la linea del salire, segnati dall'uno e dall'altro lato i limiti della via. Questo intendeva dimostrare in più orazioni latine e in un'opera morale, e questa e quelle scritte con facondia dignitosa, Sebastiano Melan, mio desiderato maestro ed amico, fratello e padre.

Orazio e nelle Epistole e nelle Satire è pieno di questo principio, e, quanto

(1) Somma. - Prol., 2, 2: È la medesima materia intorno alla quale e la virtù opera rettamente e i vizii opposti a quella s'allontanano da rettitudine.
(2) Som, 2, 2, 10.
(3) Som., 2, 2, 162; Arist. Eth., II.
(4) Som., 2, 2, 131.
(5) Contrarii circa idem sunt (Som., 1, 2, 73).
(6) Arist. Eth., II.
(7) Aug. contra Jul.
(8) Som., 2, 1, 64.
(9) Arist. Met., X.
(10) Arist. Eth., II.
(11) Som., 2, 1, 64.
(12) Som., 1.
(13) Som., 2, 1, 64.

può Pagano, lo svolge con senno raro e faconda varietà. *Nil medium est* (1). — *Dum vitant stulti vitia, in contraria currunt* (2). — *Frustra vitium vitaveris illud, Si te alio pravum detorseris* (3). — *Est genus unum Stultitiae...* *Alterum et huic varium, et nihilo sapientius* (4). — *Non est cardiacus (Craterum dixisse putato) hic aeger. Recte est igitur, surgetque? Negabit: Quod latus aut renes morbo tententur acuto* (5). E degli opposti eccessi, segnatamente di prodigalità e d'avarizia: *Est modus in rebus; sunt certi denique fines. Quos ultra citraque nequit consistere rectum* (6). — *Cui non conveniet sua res, ut calceus olim, Si pede major erit, subvertet; si minor, uret* (7). — *Scire volam quantum simplex hilarisque nepoti Discrepet, et quantum discordet parcus avaro* (8).

A diversi mali dell'anima diverse medicine (9). Ma qui è sapiente assoggettare alla pena medesima prodighi e avari, perchè e gli uni e gli altri mal desiderano i beni materiali, e male n'usano, e per mal amore di quelli diventano ingiusti. E notisi che la parola *prodigo* non è mai usata da Dante, sebbene l'usi e il Giamboni traduttore del Tesoro, e il Passavanti quasi coetaneo di Dante: o che, adoprandola i Latini talvolta in buon senso, e' non volesse essa significare il vizio per assoluto, o che la non gli paresse tanto comune nell'uso d'allora, da poterla egli usare nella Commedia dove si studia d'adoperare vocaboli noti nell'uso noto, e i latini stessi che a noi paiono strani, sian tutti o quasi tutti usati almeno nel linguaggio delle scuole, allora comunissimo, e ciò segnatamente nelle due prime Cantiche più accomodate in gran parte alla intelligenza dei più. Onde invece di *prodighi*, e' dice *mal dare; — con misura nullo spendio ferci. — Aprir l'ali... le mani a spendere. — Lo contrario* dell'avarizia. — *Avarizia... partita troppo da me. — Dismisura* in amare e usare ricchezze (10).

Il prodigo non apprezza giustamente il valore delle ricchezze, e dà più del debito (11). Nella prima condizione è il male ideale, il reale nella seconda; onde Dante dice che molti saranno puniti per la *ignoranza* che toglie il pentimento di questo peccato, ignoranza colpevole, dacchè fanno le viste di credere che basti l'orrore dell'avarizia a scusare l'eccesso opposto. *I prodighi non danno per bene nè quanto conviene, ma a chi non dovrebbero; più agli adulatori che a' buoni* (12). — Il prodigo nuoce a sè in altro modo che l'avaro, nuoce anco quando sia prodigo per cagion di piacere a sè o ad altri: ma più spesso egli tende a piacere ad altri che a soddisfare direttamente sè. Il prodigo intemperante però è più colpevole; in quanto congiunge due mali, e fa l'uno ministro dell'altro male; ed è ingiusto non solamente perchè da ultimo trista necessità lo spinge a togliere l'altrui, ma perchè il mal usare anco quel che dicesi proprio, è già un togliere ad altri. *Il prodigo pecca contr'altri, consumando i beni de' quali dovrebbe provvedere agli altrui bisogni*. E ciò appare principalmente ne' chierici che sono dispensatori de' beni della Chiesa, i quali sono de' poveri, e essi defrau-

(1) Sat., I, 2.
(2) Sat., l. c. E del bello, nell'Arte poetica: *In vitium ducit culpae fuga, si caret arte.*
(3) Sat., II, 2.
(4) Sat., II, 3.
(5) Sat., l. c.
(6) Sat., I, 1.
(7) Epist., I, 10.
(8) Epist., II, 2.
(9) Som. Sup., 2.
(10) Inf., VII, t. 14 e 20. Purg., XXII, t. 12, 15, 18.
(11) Som., 2, 2, 119.
(12) Arist. Eth., IV.

dano i poveri con le loro prodigalità (1). *Ma grave usura tanto non si tolle Contra 'l piacer di Dio, quanto quel frutto Che fa il cuor de' monaci sì folle. Chè quantunque la Chiesa guarda, tutto È della gente che per Dio dimanda, Non di parente, nè d'altro più brutto* (2).

Avarizia s' oppone a liberalità come a virtù media, a prodigalità come a vizio estremo (3). — *Taluni sono prodighi insieme e avari.* — *C' è degli avari che tengono senza prendere; e de' prodighi che danno e prendono* (4). *Da avarizia non escono sempre i mali tutti, ma possono nascere più sovente che da altro vizio.* — *Prodigalità nasce da avarizia, quando si dà per pigliare* (5).

Non è già che i prodighi o dannati o purganti, abbiano, quelli in intensità, questi in intensità e in durata, la pena medesima che gli avari; e quanto alla durata: *Può avvenire che altri più lungamente dimori in Purgatorio, il qual è meno afflitto di quelle pene, e viceversa* (6).

Prodigalità è, di per sè, quando non sia da altre condizioni aggravata, vizio minore, per tre ragioni: e perchè l'avarizia è più lontana dalla opposta virtù, giacchè il prodigo più s'approssima al liberale che non l'avaro; e perchè il prodigo può giovare dando a dimolti, ancorchè non lo faccia col fine di davvero giovare; e perchè la prodigalità è male meno difficilmente sanabile. Lo risana per lo più la vecchiaia, che naturalmente dal troppo spendere si ritira; e lo risana la indigenza, alla quale esso leggiermente conduce, che rende impossibili le spese vane: ma, meglio d'ogni altro, gli è medicina il poter meno malagevolmente ravviarsi a virtù, da cui, ripetiamo, la prodigalità è men remota. Quand'anco l'avaro non pigli da altri, può essere più reo nella crudeltà del non dare, o nel falso valore ideale che egli alla ricchezza sua attribuisce; dal che il soprapporla a ogni valore è più falsità che il non le concedere valore veruno. E se l'avaro non riceve dell'altrui, neppur di cotesto sovente egli ha merito, dacchè teme di ricevere per paura di dare (7). — *Il prodigo è reputato anzi vano che malvagio* (8): e forse nel motto dell' Inferno (9), che gli avari dicono a' prodighi, *perchè burli?* s'ha a intendere non solo *perchè butti tu via?*, ma *perchè col buttare deridi tu il mio tenere?*, dandosi alla parola doppio senso, quasi come al *berner* de' Francesi, e all'italiano *sbertucciare*, che vale e deridere e sgualcire maneggiando. *Tutti i vizii si oppongono a prudenza, e tutte le virtù sono dirette da lei: onde, appunto perchè la prodigalità si oppone a sola la prudenza, per questo stesso vizio è meno grave* (10). E però contro gli avari sono nel Vangelo parole si forti, e il figliuol prodigo nella parabola di Gesù si ripente.

Ma non nella quantità nè del dare nè del tenere consiste il male del prodigo o dell'avaro; sì nella intenzione: e l' intenzione è più o meno prava, secondo che più o meno si diparte dalla misura ideale. *Si può dar poco, e essere prodigo; moltissimo, e illiberale* (11). E la norma vera è nelle sapienti

---

(1) Som., 2, 2, 119.
(2) Par., XXII.
(3) Som., 2, 2, 118.
(4) Som., l. c. Arist. Eth., IV.
(5) Som., 2, 2, 119.
(6) Som. Sup.

(7) Som., 2, 2, 119.
(8) Arist. Eth., IV.
(9) Canto VII, t. 10.
(10) Som., 2, 2, 119.
(11) Som., l. c.

parole dell'Apostolo: *Facile tribuant et communicent sua, secundum quod oportet :* dare senza gravezza o noia nè propria nè altrui ; dare secondo che bisogna, cioè nel modo e nel tempo e nella quantità che bisogna e conviene; dare coll'intendimento di far comune ad altrui il bene proprio, cioè di ristabilire, quant'è da noi, sulla terra anco la materiale, ma in servigio della morale, uguaglianza.

CANTO XXIII.

ARGOMENTO.

Rincontra anime dimagrate per fame, che penano alla vista d'un albero con belle frutte, annaffiato da un'acqua pura. Riconosce Forese, che parla della sua moglie buona, e riprende i fiorentini costumi. Ovunque egli ricorda i conoscenti suoi, la poesia gli sgorga dal cuore più viva: Brunetto, Guido, Casella, Buonconte, Forese, Nino. Il tocco contro le donne di Firenze, i' non credo ferisca Gemma la moglie di Dante. Essere Nella soletta in ben fare, non suona già che fosse unica. Anzi codesta poteva essere preghiera alla moglie, pregasse anch'ella per il Poeta allorché sarà morto. Virgilio in questo colloquio non parla; siccome nè ai Capeto nè al papa.

Nota le terzine 1, 4, 6, 7, 8, 10, 11, 12, 14, 15, 16, 18, 19, 25, 29, 30, 31, 34, 36, 38, 39, 40.

1. Mentre che gli occhi per la fronda verde
   Ficcava ïo, così come far suole
   Chi dietro all'uccellin sua vita perde;
2. Lo più che padre mi dicea: — Figliuole,
   Vienne oramai: chè il tempo che c'è imposto,
   Più utilmente compartir si vuole. —
3. Io volsi il viso, e il passo non men tosto
   Appresso a' Savii, che parlavan sie
   Che l'andar mi facén di nullo costo.

---

1. (SL) *Fronda:* non di sola una foglia. Buc., 1: *Fronde super viridi.* — *Perde.* Ott.: *Che, per ferirli, li vanno aguatando tra foglia e foglia.* Il verso dipinge col suono la tenuità di quel perditempo e dimostra la severa anima del Poeta.
2. (L) *Figliuole:* figliuolo.
   (SL) *Più che padre.* Non mai così dolce titolo: e a proposito del non perdere il tempo. — *Figliuole.* Anco in prosa dicevasi, come *domine.* — *Imposto.* Æn, VI: *Datum... tempus.*
3. (L) *Appresso:* dietro. — *Sie:* sì che la gravezza della via non sentivo.
   (SL) *Costo.* P. Syr.: *Comes facundus in via pro vehiculo est.* - V. Purg., XXII, t. 43.

CANTO XXIII.

4. Ed ecco piangere e cantar s'udie
   Labia mëa, Domine, per modo
   Tal, che diletto e doglia parturie.
5. — O dolce padre, che è quel ch' i' odo? —
   Comincia' io. Ed egli: — Ombre che vanno
   Forse di lor dover solvendo il nodo. —
6. Siccome i peregrin' pensosi fanno,
   Giugnendo per cammin gente non nota,
   Che si volgono ad essa e non ristanno;
7. Così, diretro a noi più tosto mota,
   Venendo, e trapassando, ci ammirava
   D'anime turba tacita e devota.
8. Negli occhi era ciascuna oscura e cava,
   Pallida nella faccia, e tanto scema
   Che dall'ossa la pelle s'informava.
9. Non credo che così a buccia strema
   Erisittón si fusse fatto secco
   Per digiunar, quando più n'ebbe tema.

---

4. (L) *Udie:* udì. — *Doglia:* diletto del canto e della divozione, doglia della mestizia. — *Parturie:* partorì, generò
   (SL) *Parturie.* Albert.: *Parturisce peccato.* Machiav.: *Partorire disordini.* Latinismo antiquato, ma non improprio, se *pario* e *aperio* hanno un'origine.
5. (L) *Nodo.* Pagando la pena debita.
   (SL) *Nodo.* Purg., XVI, t. 8. Vincolo di colpa, è modo usitato; e tanto più, vincolo d'obbligazione: però *solvere* valeva pagare.
6. (L) *Giugnendo:* raggiungendo.
   (SL) *Giugnendo.* Nota le similitudini di questo Canto.
   (F) *Pensosi.* Ott.: *Il digiuno rende l'animo attento alle sue cure, e la satollezza dà sopore alli membri.*
7. (L) *Mota:* mossa con più agile passo.
   (SL) *Tacita* Ora cantano, or tacciono; come nel Canto XX, t. 40. Quante cose in tre versi!
8. (L) *Scema:* magra, che la pelle era attaccata all'ossa.
   (SL) *Cava* Pittura della Fame in Ovid. Met., VIII: *Cava lumina; pallor in ore; Labra incana situ; scabri rubigine dentes; Dura cutis, per quam spectari viscera possent; Ossa sub incurvis exstabant arida lumbis.* Hor. Epod., 17: *Ossa, pelle amicta lurida.* Bucc., III: *Vix ossibus haerent.* Psal., CI, 6: *Adhaesit os meum carni meae.* Jer Thr., IV, 8: *Annerata è più che carbone la faccia loro, nè c'era da riconoscerli: .. la pelle s'impronta delle ossa: e fatta è quasi legno.* - V, 10: *Pellis nostra quasi clibanus exusta est a facie tempestatum famis.* Ovid. Met., VIII: *Auxerat articulos macies, genuumque rigebat Orbis, et immodico prodibant tubere tali.* [C.] Job, XIX, 20: *Pelli meae, consumptis carnibus, adhaesit os meum.*
9. (L) *Strema:* pelle si arida. — *Più:* sentiva più paurosa la fame.
   (SL) *Strema.* Æn, III: *Macie confecta suprema...* — *Erisittón* Per voracità che gli mandò Cerere, dispregiata da lui, vendette la figlia... *Ipse suos artus lacero divellere morsu Caepit* (Ovid. Met, VIII) — *Digiunar.* La Fame a lui *Seque viro inspirat, faucesque et pectus et hora Adflat; et in vacuis spargit jejunia venis... Adpositis queritur jejunia mensis* (Ovid. Met., VIII). Anco questi versi avrà forse Dante avuti alla mente scrivendo della trasformazione de' serpi, Inf., XXV, e dell'infondersi nell'uomo lo spirito della bestia.

10. Io dicea, fra me stesso pensando : « Ecco
» La Gente che perdè Gerusalemme,
» Quando Maria nel figlio diè di becco. »
11. Parén le occhiaie anella senza gemme:
Chi nel viso degli uomini legge *Omo*,
Bene avria quivi conosciuto l'emme.
12. Chi crederebbe che l'odor d'un pomo
Sì governasse, generándo brama,
E quel d'un'acqua; non sappiendo como?
13. Già era in ammirar che sì gli affama,
Per la cagione, ancor non manifesta,
Di lor magrezza e di lor trista squama:
14. Ed ecco, dal profondo della testa
Volse a me gli occhi un'Ombra, e guardò fiso;
Poi gridò fòrte: — Qual grazia m'è questa? —
15. Mai non l'avrei ricònosciuto al viso;
Ma nella voce sua mi fu palese
Ciò che l'aspetto in sè avea conquiso.
16. Questa favilla, tutta mi raccese
Mia conoscenza alla cambiata labbia,
E ravvisai la faccia di Forese.

10. (L) *Ecco...*: i tali erano gli Ebrei assediati. — *Becco*, quasi fiera.
(SL) *Ecco*, Joseph, de Bello jud., VII. — *Perdè*. Non sai se intenda in senso di *amittere* o di *perdere;* meglio il secondo; e molte perdite sono perdizioni preparate da falli recenti o antichi. — *Becco.* Più snaturata che bestia se diede de' denti nel proprio figliuolo: e perchè gli uccelli più leggermente infieriscono nelle uova, dice forse così.
11. (L) *Parén...*: parevano anelli vuoti. — *Omo*: i due occhi sono gli *o*, e l'*emme* il naso colle occhiaie. — *Bene*: tanto le pesche eran fonde.
(SL) *Emme.* Strano, ma scolpisce. Vita Nuova: *Amore cinge gli occhi di corona di martiri.*
12. (L) *Como?* se non sapesse il come, chi crederebbe? — *Governasse:* affamasse.
(SL) *Pomo.* Inf., XXX, t. 22. e 23: *Li ruscelletti... imi stanno innanzi... Chè l'imagine lor... m'asciuga.* — *Governasse.* Anco di cose dicesi nel senso di trattare, di potere l'una sull'altra, che sono governate e governano.

— *Sappiendo.* Nel Cavalca. I due gerundii, applicati a due oggetti diversi, non suonano bene, ma a tali cure non si ferma il Poeta, quando sa di cogliere l'evidenza.
13. (L) *Era* inteso. — *Che* cosa. — *Squama:* pelle dura.
(SL) *In* Hor. Sat., I, 9: *Nescio quid meditans nugarum; et totus in illis.* Ovid Met, XIII: *Paenaeque in imagine tota est.* — *Affama.* Pallad.: *Il cavallo affamisi.* — *Squama.* Georg., IV: *Horrida vultum Deformat macies.*
15 (L) *Ciò:* le prime sembianze guaste
(SL) *Voce.* Quanto affetto in cotesto riconoscer la voce! Æn., VIII: *Ut verba parentis Et vocem Anchisae magni vultumque recordor!* - VI: *Notis compellat vocibus ultro.*
16. (L) *Favilla:* la voce. — *Labbia:* viso.
(SL) *Raccese.* Anche altrove dalla luce toglie imagini a denotare la memoria e 'l pensiero. — *Forese.* Fratello di Corso Donati, dunque affine di Dante, e anche amico.

17. — Deh! non contendere all'asciutta scabbia
Che mi scolora (pregava) la pelle,
Nè a difetto di carne, ch' i' abbia;
18. Ma dimmi il ver di te; e chi son quelle
Due anime che là ti fanno scorta.
Non rimaner che tu non mi favelle. —
19. — La faccia tua, ch'io lagrimai già morta,
Mi dà di pianger mo non minor doglia
(Rispos' io lui), veggendola sì torta.
20. Però mi di', per Dio, che sì vi sfoglia:
Non mi far dir mentr' io mi maraviglio;
Chè mal può dir chi è pien d'altra voglia. —
21. Ed egli a me: — Dall'eterno consiglio
Cade virtù nell'acqua e nella pianta
Rimasa addietro: ond'io sì mi sottiglio.
22. Tutta esta gente che piangendo canta
Per seguitar la gola oltre misura,
In fame e in sete qui si rifà santa.
23. Di bere e di mangiar n'accende cura
L'odor ch'esce del pomo, e dello sprazzo
Che si distende su per la verdura.

17. (L) *Non*: non negare tal grazia; o: non contender la mente.
(SL) *Deh!* Simil preghiera nel XVI dell'Inferno.— *Contendere.* Forse vale: *tendere l'attenzione*, nel senso della t. 43, Canto XVII del Purgatorio. Forse: *Non negare a me, così tramutato, il mio desiderio.* Meglio il primo.
18. (L) *Ver*: come tu qui. — *Rimaner*: non lasciare di favellarmi.
19. (L) *Mo*: or. — *Torta*: contraffatta.
(SL) *Faccia.* Inf., XV: *M'accuora La cara buona imagine paterna Di voi.* - XVI: *Non dispetto, ma doglia, La vostra condizion dentro mi fisse.* — *Doglia.* Pare strano *doglia di piangere*, ma vale tanta da piangere, come nel V dell'Inferno: *Dolor che punge a guaio* (terz. 4). - *A lagrimar mi fanno tristo e pio* (terz. 39). — *Torta. Deformata*, come *pravo... naso* in Orazio (Poèt., 36).

20. (L) *Che cosa.* — *Sfoglia*: dissuga.
(SL) *Sfoglia.* Terz 9: *Buccia strema* Siccome la pianta si copre e abbellisce di foglie, così l'ossa di polpe e colore sano. — *Dir.* Questa ripetizione, perchè non cercata con arte, non dispiace.
21. (L) *Sottiglio*: dimagro.
(SL) *Consiglio.* Conv.: *L'esecuzione dell'eterno consiglio.* — *Cade.* Purg., I: *Dell'alto scende virtù che m'aiuta.* Animato ogni cosa — *Sottiglio.* Semint.: *Le cure assottigliano lo misero corpo* (attenuant), di magrezza). L'Ottimo: *Il desiderio dissecca le membra.*
22. (L) *Esta*: questa.
(F) *Misura.* Som.: *Excedat mensuram in edendo.*
23. (L) *Cura*: brama — *Sprazzo*: acqua. — *Verdura*: l'albero.
(SL) *Odor.* Job, XIV, 9: *Odorem aquae.* — *Sprazzo.* Corrisponde al virgiliano *aspergine*.

24. E non pure una volta, questo spazzo
Girando, si rinfresca nostra pena;
Io dico, pena; e dovrei dir, sollazzo:
25. Chè quella voglia all'albero ci mena,
Che menò Cristo lieto a dire *Elì*,
Quando ne liberò con la sua vena. —
26. Ed io a lui: — Forese, da quel dì
Nel qual mutasti mondo a miglior vita,
Cinqu'anni non son vôlti insino a qui.
27. Se prima fu la possa in te finita
Di peccar più, che sorvenisse l'ora
Del buon dolor che a Dio ne rimarita;
28. Come se' tu quassù venuto ancora?
Io ti credea trovar laggiù di sotto
Dove tempo per tempo si ristora. —
29. Ed egli a me: — Sì tosto m'ha condotto
A ber lo dolce assenzio de' martíri
La Nella mia col suo pianger dirotto:
30. Con suo' prieghi devoti e con sospiri
Tratto m'ha della costa ove s'aspetta,
E liberato m'ha degli altri giri.

24. (L) *Pure*: solo. — *Spazzo*: suolo del monte.
(SL) *Spazzo*. Inf., XIV, t. 5: *Lo spazzo era una rena* — *Rinfresca*. Petr.: *Ragionando si rinfresca Quell'ardente desio Sollazzo* per consolazione, in Semintendi e in altri.
25. (L) *Mena..*: come la ragione regolava in Gesù Cristo gli appetiti, così nelle anime, qui. Gesù Cristo soffriva, ma volontario. — *Vena* di sangue.
(SL) *Voglia*. Purg., XXI, t. 22: *Non lascia il talento Che divina giustizia, contro voglia, Come fu al peccar, pone al tormento*. — *Elì*. Matth., XXVII, 46: *Elì, Elì, lamma sabacthani*.
26 (SL) *Mutasti* Nelle Leggi: *Vitam morte commutaverat*.
27. (F) *Rimarita*. Il peccato è adulterio (Inf., XIX), stupro (Inf., VII), divorzio. Nel Convito (IV) dice che l'anima in vecchiaia *a Dio si rimarita Contemplando la fine ch'ella aspetta*. Ott.: *E queste cose sa bene l'autore, per la conversazione continova ch'elli aveva col detto Forese; ed esso autore fu quegli che, per amore che aveva in lui e familiaritade, lo indusse alla confessione: e' confessossi a Dio anzi l'ultima fine*. Som.: *Acciocchè alcuno riceva la Grazia, richiedesi lo spirituale consenso del ricevente; per cui si celebra un quasi matrimonio spirituale tra Dio e l'anima*.
28. (L) *Ancora*: a quest'ora, sì presto. — *Laggiù*: nell'Antipurgatorio.
(SL) *Ancora*. Nel senso di *adhuc*. — *Laggiù di sotto*. Inf., XV, t. 17: *Lassù di sopra*. Firenz.: *Più giù di sotto*. — *Per*. Som: *Poena debet per poenam recompensari*. — *Tempo*. Purg., III, t. 17. — *Ristora*. Pandolf.: *Il sonno e il mangiare si possono restaurare domani - Ristorare il sonno*, rifarsi dell'aver poco dormito.
29. (SL) *Tosto*. Purg., VI, t. 13. — *Nella*. Scorcio di Giovanna: onestissima, dice il Codice Caetano, *e sobria*. E, lui morto, conservò la vedovanza, e fece del bene per l'anima del marito.
30. (L) *Costa*: Antipurgatorio. — *Altri*: altre colpe ch'aveva a espiare negli altri ripiani del monte.
(SL) *Liberato*. Som.: *Liberati a poena Purgatorii*. — *Sospiri*. Torna

CANTO XXIII. 319

31. Tant'è a Dio più cara e più diletta
   La vedovella mia che molto amai,
   Quanto in bene operare è più soletta.
32. Chè la Barbagia di Sardigna, assai
   Nelle femmine sue è più pudica
   Che la Barbagia dov'io la lasciai.
33. O dolce frate, che vuoi tu ch'io dica?
   Tempo futuro m'è già nel cospetto,
   Cui non sarà quest'ora molto antica,
34. Nel qual sarà, in pergamo, interdetto
   Alle sfacciate donne fiorentine
   L'andar mostrando con lo poppe il petto.
35. Quai Barbare fur mai, quai Saracine,
   Cui bisognasse, per farle ir coverte,
   O spiritali o altre discipline?

all'idea del piangere dirotto. Solo ne' luoghi dove l'affetto lo chiede, e' si lascia andare a qualche ripetizione, e ben parca.
31. (SL) *Cara. Diletta* è più. Anco, qui l'abbondanza dell'affetto. — *Molto*. Altri legge *tanto*. Belli tutti e due perchè semplici. Horat. Carm., III, 27: *Multum amati* Æn., VI: *Multum fleti*. — *Soletta*. Ott.: *Commenda molto questa donna, in quanto, in consorteria di così rei uomini, come sono li Donati, ha sua vita contenuta con tanta castitade .. e mondezza*.
32 (L) *Barbagia:* luoghi incolti. — *Dov'..:* Firenze.
(SL) *Barbagia*. La parte più incolta e montuosa di Sardegna così si chiamava (Greg., ep III, 26, 27). *Dum Barbaricini omnes ut insensata animalia vivant, Deum verum nesciant;* e quando i Genovesi tolsero l'isola agl'infedeli, non mai soggiogarono la Barbagia salvatica, dove le donne vanno vestite in modo da mostrare ogni cosa inonesta. Iacopo della Lana soggiunge che in Francia e nel Piemonte le donne portavano le *mammelle aperte*. — *Sardigna*. Anco in prosa (Davanz, Ann., II, 85).
33. (L) *Frate:* fratello. — *Cospetto:* agli occhi della mente. — *Antica:* tra poco.
(SL) *Che vuoi*. Parole d'affetto accorato; che il signor Mainster ben nota sentirsi tuttavia dalla bocca di chi troppe cose dolorose ha da dire. — *M'è*. Purg., XIV, t. 20: *veggio*. Modo di vaticinio. Purg., XX. — *Antica*.

Par., XVII: *Questo tempo chiameranno antico*.
34. (SL) *Interdetto*. Nel 1354, essendo vescovo un M. Agnolo Acciajuoli (Ott.). Ma l'interdizione dev'essere stata anco a' tempi di Dante.
35. (L) *Spiritali:* ecclesiastiche o civili.
(SL) *Quai*. Accanto al *mai* non faceva mal suono, sì perchè l'*i* n'era soppresso, sì perchè *mai*, per la quantità dell'origine *magis*, pronunziasi meno lunga di *quai*. Così Virgilio, tanto accurato nella giuntura de' suoni: *Inter caedes cedentiaque agmina* (Æn., XI); dove il *caedes* si sarà certamente pronunziato, come suona, doppio; e distinto però da *cedentia*. — *Barbare*. Cavalc: *I feroci Barbari e i crudeli Saracini — Saracine*. Ott.: *Le Barbare, le quali si sono partite da' nostri costumi, e le Saracene che sono così date alla lussuria, che, dovunque la volontà giugne, quivi per l'Alcorano di Maometto si dee soddisfare alla lussuria*. — [Nel medio evo chiamavansi indistintamente Saraceni i Pagani e i Maomettani; anzi tutte le nazioni (tranne gli Ebrei) che non professavano il cristianesimo V. Ellis's *Specimens of earl. English Metrical romances*, vol. I, pag. 196. Lond., 1805] — *Altre*. Ott.: Bisognerà non solamente il comandamento del diocesano, ma ancora che il Comune faccia sua legge proibitiva. L'Imolese: *I Fiorentini portano in casa gli stranieri costumi; come si può vedere nelle femmine loro*. Un antico comen-

36. Ma, se le svergognate fosser certe
   Di ciò che il ciel veloce loro ammanna,
   Già per urlare avrian le bocche aperte.
37. Chè, se l'antiveder qui non m'inganna,
   Prima fien triste, che le guance impeli
   Colui che mo si consola con nanna.
38. Deh, frate, or fa che più non mi ti celi.
   Vedi che non pur io, ma questa gente
   Tutta rimira là dove il sol veli. —
39. Perch'io a lui. — Se ti riduci a mente
   Qual fosti meco, e quale io teco fui,
   Ancor fia grave il memorar presente.
40. Di quella vita mi volse costui
   Che mi va innanzi, l'altr'ier, quando tonda
   Vi si mostrò la suora di colui

to: *Nulli artifices in mundo habent tam varia organa et diversa instrumenta et subtilia arqumenta pro exercitiis suae artis, sicut mulieres florentinae pro cultu suae personae. Nam parvitatem adjuvant cum planula alta, carnem nigram dealbant, faciem pallidam faciunt rubicundam, capillos faciunt flavos, dentes eburneos, mamillas breves et duras.*

56. (L) *Ammanna*: prepara.
(SL) *Ammanna* Nella Bibbia *preparare* è voce solenne delle cose dalla Provvidenza ordinate. Ott.: *Per li peccati di quelle femmine dileggiate, e delli loro mariti che a ciò assentono, Iddio manderà loro guerra, e le divisioni nella cittade, e il cacciare de' cittadini, l'uccisione de' loro mariti, fratelli, padri, figliuoli; e il disfacimento de' loro beni, e li esilii, e vituperosi adulterii, e li avvenimenti de' signori della Magna e di Francia, l'arsura e le colte, e l'altre tempeste da cielo e da terra.*
37 (L) *Mo*: or. — *Prima...*: di vent'anni.
(SL) *Inganna* Inf , XXVIII, t. 26: *Che, se l'antiveder qui non è vano.* — *Nanna*. L'Ottimo cita questa canzone d'allora: *Nanna, nanna, fante; chè la mamma è ita nell'alpe.* Prova delle memorie di villa ancor vive nella già corrotta città.
38. (L) *Celi*: come tu vivo sei qui? — *Veli* coll'ombra.
(SL) *Frate*. Ripete il dolce titolo di fratello.
(F) *Veli*. [Ant.] Se quando i Poeti pervennero su questo sesto girone era già presso le undici ore, adesso doveva essere passato il mezzodì, come argomentasi dal principio del Canto seguente. E se proseguendo essi nel solito modo il cammino, fossero stati tra la tramontana e il ponente della montagna, come a suo luogo vedremo doversi ammettere, allora la velatura del sole, cioè l'ombra del nostro Poeta, sarebbe caduta verso la ripa del monte, nella direzione che è tra la spalla sinistra e la faccia.
39 (L) *Quale*: quanto fummo mondani. — *Memorar* i falli d'un tempo.
(SL) *Fui*. Ott.: *Dell'abito mio leggiadro, e delli altieri e laicati costumi ch'io aveva.* — *Memorar* L'usa l'Ottimo in prosa (III, p. 640). In Virgilio ha anche senso di *dire*.
40 (L) *Vita* d'errore. — *Costui*: Virgilio.
(SL) *Vita*. Purg., I. t. 20; IX, t. 37; XXX, t. 46 — *Tonda*. Inf., XX, t. 43: *E già iernotte fu la luna tonda.* — *Colui*. Petr.: *Or dimmi se colui in pace vi quide (E mostrai il duca lor).* Rammenta il modo: *In oculis Solis hujus* (Reg., II, XII, 11).
(F) *Tonda* [Ant.] Stando al solito supposto del plenilunio ecclesiastico della Pasqua del 1300, al Purgatorio avrebbero visto la luna tonda nella notte dal 6 al 7 aprile, e di presente ivi correva il dì 12: dunque l'altro ieri qui significa cinque o sei giorni fa, cioè misura di tempo indeterminato; ma poco remoto.

CANTO XXIII. 321

41. (E il Sol mostrai). Costui per la profonda
    Notte menato m' ha de' veri morti,
    Con questa vera carne che 'l seconda.
42. Indi m' han tratto su li suoi conforti,
    Salendo e rigirando la montagna,
    Che drizza voi che il mondo fece torti.
43. Tanto dice di farmi sua compagna,
    Ch' io sarò là dove fia Beätrice:
    Quivi convien che senza lui rimagna.
44. Virgilio è questi che così mi dice
    (E additálo). E quest' altro è quell' Ombra
    Per cui scosse dïanzi ogni pendice
    Lo vostro regno, che da sè la sgombra.

41. (L) *Morti:* dannati. — *Questa mia.* — *Seconda:* segue.
(SL) *Veri.* Purg., XXX, t. 47: *L'uscio de' morti.*
42. (L) *Indi:* di là.
(SL) *Drizza.* Purg., X, 1: *Il mal amor... fa parer dritta la via torta.* Ma qui pare più giuoco.
43. (L) *Compagna:* compagnia. — *Rimagna:* io resti.

(SL) *Compagna.* Purg., III, t. 2.
(F) *Beatrice.* Ott.: *Dove la fede vale, la speranza accende, la caritade fa ascendere li superni gradi.*
44. (L) *Additálo:* l'additai. — *Ombra.* Anima purificata. Stazio. — *Sgombra:* la invia al cielo.
(SL) *Ombra.* Non la nomina; chè di Stazio poco importava a Forese.

La freschezza de' primi versi, dove par di vedere la fronda verde consolata dall'acque chiare che vi si spandono su, si diffonde per tutto il Canto; e fa meno sentire, certe piccole negligenze, e l'abbondanza insolita consiglatagli dall'affetto alla memoria di Forese: si che questo è, quanto a idee, de' men pieni. Le esclamazioni portano con sè tanto grave pericolo di dar nel rettorico, e di scemare al dire potenza; che talvolta la scemano in Dante stesso. Io non ammiro: *Chi crederebbe che l'odor d'un pomo?..*: ma delle più belle (come nelle scuole dicevano) *ipotiposi*, o rappresentazioni della cosa al vivo, mi pare, al vedere quella sfinitezza famelica: *ecco gli Ebrei assediati da Tito!* E, inteso questo, si passa sopra *al dare nel figlio di becco.* Più bella che *Qual maraviglia!* ch'esce di bocca a Brunetto, il maestro, perchè più tenera e pia, e la parola di Forese l'amico: *Qual grazia m'è questa?* che rammenta quella di Sordello a Virgilio, pia e modesta: *Qual merito o qual grazia mi ti mostra?* Tuttochè incolto dalle fiamme pioventi, il discepolo riconosce Brunetto; la lunga agonia della fame e della sete, gli trasfigurisce l'amico cosi, ch'e' non può riconoscerlo se non alla voce, e la voce poi gl'illumina la memoria a leggere in que' lineamenti l'imagine antica. Questa è bellezza del cuore; e prova come Dante sentisse l'amicizia al pari, e forse meglio, dell'amore; e come di qui gli venisse merito à rendere tanto potente, e talvolta onestamente pietoso, lo sdegno. La ricordanza della moglie amorosa, è tra le più care cose di tutto il poema; e negli sdegni stessi contro l'inverecondia delle donne fiorentine, è compassione di loro, pietà della patria, la cui perdizione il retto suo ingegno vedeva venire tutta dal corrompere de' costumi. Nè egli tiene sè immacolato; ed è confessione vereconda ma schietta il bel verso: *Qual fosti meco, e quale io teco fui.* Di più austera bellezza, e di più generale moralità, l'altro: *Io dico pena; e dovrei dir sollazzo;* dichiarato poi dalla comparazione del Redentore che lieto patisce, e insegna andare incontro al dolore che espia, accoglierlo con gratitudine e farne tesoro d'immortale speranza.

DANTE. *Purgatorio.* 21

LA GOLA.

Nel verso, non bello (ma anche l'aurea antichità n'ha parecchi di tali), recato da Gregorio (1), e ripetuto da Tommaso, raccolgonsi le condizioni che il piacere della gola fanno essere colpa. *Praepropere, laute, nimis, ardenter, studiose* (2); e vale essere rea l'ingordigia nel mangiare anzi tempo o fuori di tempo o senza darsi tempo; rea quella lautezza de' cibi che costa troppo; rea quella che nel loro apparecchio mette importanza e fatica e vanità e spesa soverchia; rea quella che eccede nella quantità; quella da ultimo che al mangiare e al bere agogna con voluttà quasi affannosa, e rumina nel pensiero il mangiare fatto, e sul da farsi medita beatamente. Non è senza verità, tuttochè paia strano, il detto della Somma: *che gli eccessi della gola contrastano in certa maniera al precetto del degnamente celebrare la festa* (3), sì perchè nella festa più che mai hanno luoghi cosiffatti eccessi, sì perchè gli epuloni in tutti i dì dell'anno fanno festa con l'ozio e la crapula; ond'è che quel vizio profana insieme e il riposo religioso e il civile, abusa e la povertà e la ricchezza, e dell'uomo fa peggio che un animale bruto, massimamente in que' tempi che Dio, ordinando un po' di quiete alle sue membra con legge provvidissima e di sanità e di libertà lo richiama a più alti pensieri. E il detto della Somma è anche vero in questo rispetto, che, il digiuno essendo stabilito come preparazione alle feste, e come un prelibare della cerimonia di quelle, il trascorrere nella dismisura contraria al digiuno è un violare il precetto. Da quest'abuso proviene che in più lingue le voci denotanti il mangiare e il bere denotano il festeggiare, come *adorea, bombance, baldoria, tripudio, trionfo;* e Orazio, traendo a comodo della dottrina epicurea la falsata religione de' tempi, dopo vinta Cleopatra, cantava: *Nunc est bibendum...* (4).

Al tatto reca Tommaso il vizio della gola, dacchè e il gusto e l'odorato non sono che una specie di tatto; e lo fa compagno all'impazienza, per essere vizio contrario al patire i disagi così come gl'indugi, e per debilitare anco in questa maniera le forze dell'anima: *Alla battaglia* (5) *dell'uomo interiore non si sorge se prima il nemico posto entro noi stessi, cioè l'appetito della gola, non viene domato* (6). — *A fortezza appartiene la pazienza che sostiene i mali e la longanimità che sa attendere i beni* (7). — *I forti fa-*

(1) Mor., XXX.
(2) Som., 2, 1, 72. Isidoro, in altre parole: *Quid, quantum, quomodo, et quando* (De Sum. Bon., II).
(3) Som., 2, 2, 148.
(4) Hor. Carm., I, 37.

(5) Purg., XVI, t. 26: *Libero voler; che, se fatica, Nelle prime battaglie del ciel, dura, Poi vince tutto, se ben si nutrica.*
(6) Greg. Mor., XXX.
(7) Som., 2, 2, 139.

ticano avendo fame e sete del gaudio de' beni veri, e desiderano tenere lontano l'affetto loro da' terreni e da' corporali (1). — Non solo fare opere virtuose, che comunemente diconsi opere di giustizia, ma farle con certo insaziabile desiderio, quasi con fame e sete (2). Questi passi che congiungono insieme le idee di fortezza e di astinenza da cibi, e di giustizia (ben distingue Tommaso la giustizia particolare dalla universale; ma qui può intendersi anco di questa), dichiarano perchè Dante ripetendo il passo del Vangelo: *Beati qui esuriunt et sitiunt justitiam*, lo applichi e all'astinenza della gola, e al giusto amore e uso della ricchezza, lontano sì da avarizia e sì da prodigalità (3) *Essendo la carità*, soggiunge Tommaso, *radice de' beni tutti*, *quando appartiene a fortezza*, *appartiene altresì a carità*. Or il vizio della gola offende e giustizia e carità, per questa ragione, tra le altre, che toglie ai necessitosi quel che è debito ad essi, e insulta alla loro miseria spietatamente.

Adam intemperantia ventris expulit a Paradiso (4). — Ove domini il vizio della gola, tutto quello che gli uomini hanno fortemente operato, lo perdono (5). — *Dum venter per ingluviem tenditur, virtutes animae per luxuriam destruuntur* (6).

Figlie della gola, dice Gregorio (7), *stolta allegria, buffoneria, immondezza, loquacità, grossezza della mente*. La quale enumerazione non alterando, ma in più ragionato ordine disponendo, la Somma dimostra come la gola offenda la ragione con la grossezza della mente (8), intorbidi l'appetito con la vaga e incomposta allegria, disordini la parola a loquacità (9), la persona a sfrenati atti di quella buffoneria che a *stultis curialitas dicitur, idest jocularitas quae risum movere solet* (10); brutti il corpo anche con l'esteriore immondezza.

E perchè *immondizia massimamente appartiene alla gola* (11); però da acqua immonda e puzzolente sono battuti in Inferno i golosi, e Cerbero ha la barba *unta e atra*. *Omnes mensae repletae sunt vomitu sordibusque* (12). E per immondezza intende la Somma le superfluità de' cibi male smaltiti, e gl'immondi desiderii a cui la gola è fomento.

Ma perchè Giudei e Manichei tenevano che il cibo contaminasse di per sè; la dottrina del Cristianesimo con la temperanza sua propria insegna che

---

(1) Aug., Serm. Dom., I.
(2) Somma, l. c.
(3) *Esuriendo sempre quanto è giusto* (Purg., XXIV, terzina ultima).
(4) Chrys. in Matth., Hom., XIII. Quindi Dante il secondo albero che le anime ritrovano nella via, dice essere un pollone di quello che fu *morso da Eva*.
(5) Greg. Mor., XXX.
(6) Greg. in Post.
(7) Mor., XXX.
(8) *Il vino perturbando il cerebro con la sua fumosità, impedisce l'uso della ragione* (Som, 2, 2, 159). Purg. XXIV, t. ult.: *L'amor del gusto Nel petto lor troppo disir non fuma*. Quindi nell'Inferno i golosi, detti ciechi, giacciono istupiditi.
(9) Greg. in Post.: *Se i dediti alla gola non fossero da smoderata loquacità trasportati, quell'Epulone che dicesi aver banchettato tutti i dì, non patirebbe nella lingua arsione*. E però forse Ciacco in Inferno per pena della gola loquace e dell'antica cortigiania, dice da ultimo: *Più non ti dico e più non ti rispondo* (Inf., VI, t. 30); e qui Forese: *Tu ti rimani omai: chè 'l tempo è caro In questo regno* (Purg., XXIV, t. 31).
(10) Glos. in Ephes., V.
(11) Som., 2, 2, 148.
(12) Isid., XXVIII.

quella è colpa di gola ove l'uso de' cibi esce dalla regola di ragione la quale è virtù (1); e che neppure ogni uso inordinato de' cibi è colpa mortale (2). — *Chi è che non prenda alquanto di cibo oltre alla stretta necessità?* (3). — *Nel mangiare, il piacere si mesce alla necessità: quanto questa richieda, e quello si arroghi, non si può bene sapere* (4). — *Colpa è, per concupiscenza di cibo piacevole, eccedere la misura nel mangiare sapendo di eccederla, non per imperizia, credendo quel tanto essere necessario* (5). — Allora la gola è vizio quando si fa ultimo e principale fine del godimento ed è colpa quando immuta, o risica d'immutare, più o meno in male l'essere del corpo: onde Dante: *la dannosa colpa della gola* (6), e *colpe della gola Sequite già da miseri guadagni* (7). Ed è non meno arguto che vero il detto della Somma, che gli uomini non s'affannano nella vita tanto per il mangiare, al che poco richiedesi, quanto per bene, cioè troppo, mangiare.

L'avarizia s'è veduto essere il più grave de' vizii che riguardano i godimenti della carne (8), perchè il piacere essendo appetibile per sè stesso, l'utile come mezzo (9); il fermare il desiderio sul mezzo, è più grave sforzo della mente e dell'animo, e però maggiore abuso del libero arbitrio. La lussuria, secondo Tommaso, è più grave della gola; ma Dante la colloca men lontano dalla cima del monte, forse perchè nella gola l'oggetto del piacere è più animale e più vile, e non ha nè le tentazioni nè le scuse che ha l'altro, nè porta seco, ad attenuarlo, quegli esercizii d'affetto e di annegazione i quali, tuttochè torti a mal fine, tengono talvolta un qualche elemento non dissimile da virtù, o almeno col dolore che recano, preparano l'anima a ravvedimento. Nota la Somma, la gravità del peccato dipende dall'intenzione che l'uomo ci mette. E altrove più pienamente: *La gravità del peccato misurasi da tre rispetti; prima nel soggetto di quello, e in questo i peccati che riguardano le cose divine sono i più gravi; e in questo rispetto il vizio della gola non è de' maggiori, dacchè versa nelle cose che servono a sostentamento del corpo. Poi la gravità si può misurare dalla parte di chi pecca; e in questo la gola non è de' più gravi, sì perchè citarsi è necessario, sì perchè difficile è discernere quel che conviene in tali cose, e moderarsi nell'atto. Da ultimo, si misura dagli effetti, ed in questo il vizio della gola può avere gravità in quant'egli si fa ad altri peccati occasione.*

(1) Som., l. c.
(2) Som, 2, 2, 154.
(3) Aug. Confess., X.
(4) Greg. Mor., XXX.
(5) Som., 2, 2, 148.
(6) Inf., VI, t. 18.

(7) Purg., XXIV, t. 43; e l'Ecclesiastico (XXXVII, 34): *Propter crapulam multi obierunt.*
(8) Greg. Mor., XXXIII.
(9) Som., 2, 2, 148.

CANTO XXIV.

ARGOMENTO.

Parla di Piccarda sorella di Forese con dolci parole; tocca della Pargoletta, amata da lui; tocca di quel che fu bella la poesia, cioè la verità dell' affetto. Poi de' mali di Firenze e della morte di Corso. Le memorie del cuore, dell'ingegno, della vita civile s'accolgono in questo Canto, un de' più belli di tutto il poema. Trovano un albero, quivi trapiantato da quello che costò ad Eva tanto: sotto l'albero la fame dell'anime si fa più acuta. Gridano allora esempi d'intemperanza gastigata, i Centauri e i guerrieri da Gedeone rifiutati alla maravigliosa battaglia.

Nota le terzine 1 alla 10; 12, 13, 15; 17 alla 30, 32; 34 alla 41; 48, 49, 50.

1. Nè il dir l'andar, nè l'andar lui più lento
Facea; ma ragionando andavam forte,
Sì come nave pinta da buon vento.
2. E l'Ombre, che parean cose rimorte,
Per le fosse degli occhi ammirazione
Traén di me, di mio vivere accorte.

1. (L) *Nè:* il dire non faceva più lento l'andare, nè l'andare, il dire. E la parola e il passo eran lesti. — *Pinta:* spinta.
(SL) *Nè.* Arios., XXXI, 34: *Non, per andar, di ragionar lasciando, Non di seguir, per ragionar, lor via.* Il nostro, se non più dolce, più breve: e i tronchi qui suonano la fretta.
2. (L) *Rimorte.* Più che smorte, e quasi più che morte. — *Di me:* dalla mia vista.
(SL) *Rimorte.* Dice non ripetizione, ma intensione. — *Traén.* Io senso simile al virgiliano: *Mille trahens varios, adverso sole, colores.* - *Traxitque per ossa furorem* (Æn., IV). Nelle impressioni che paion più passive, certe anime segnatamente fanno prova d'attività, e ci mettono del proprio non poco.

3. Ed io, continuando il mio sermone,
   Dissi: — Ella sen va su forse più tarda,
   Che non farebbe, per l'altrui cagione.
4. Ma dimmi, se tu sai, dov' è Piccarda:
   Dimmi s'io veggio da notar persona
   Tra questa gente che sì mi riguarda. —
5. — La mia sorella, che, tra bella e buona,
   Non so qual fosse più, trionfa lieta
   Nell' alto Olimpo, già, di sua corona. —
6. Sì disse prima; e poi: — Qui non si vieta
   Di nominar ciascun, dacch' è sì munta
   Nostra sembianza via per la dïeta.
7. Questi (e mostrò col dito) è Buonagiunta,
   Buonagiunta da Lucca. E quella faccia
   Di là da lui, più che l'altre trapunta,
8. Ebbe la santa Chiesa in le sue braccia:
   Dal Torso fu: e purga per digiuno
   Le anguille di Bolsena e la vernaccia. —

3. (L) *Ella:* l'ombra di Stazio. — *Più...*: più tarda che se io seco non fossi a parlare e Virgilio.
4. (SL) *Piccarda* Donati, sorella di Forese e di Corso, figliuola di Simone, bellissima. Fatta monaca di Santa Chiara: perchè Corso l'aveva promessa a un della Tosa, fu di convento tratta a forza da lui, venuto a ciò da Bologna, dov' era podestà, e data moglie: ma ella infermò sull' atto e morì (Cionacci, Vita della B Umiliana, p IV, c. 7). — *Notar.* Inf., XX, t. 35: *Se tu ne vedi alcun degno di nota.*
5. (SL) *Tra.* Petr.: *Che, tra bella e onesta, Non so qual fosse più.* Più proprio che nel Tasso: *E mezza quasi par tra viva e morta.* — *Olimpo.* Buc., V: *Insuetum miratur limen Olympi.* Georg, I: *Alto Olympo* L'accenno mitologico scusasi in parte coll'origine della voce greca che vuolsi *splendore* e coll'imagine biblica del *monte santo.* — *Corona* Ad Tim., II, IV, 8: *Reposita est mihi corona justitiae.*
6. (L) *Dacch':* poichè. — *Munta:* attenuata e quasi svanita.
(SL) *Munta.* Inf, XXIV, t. 15: *La lena... del polmon sì munta.* Per *dimagrata* i campagnuoli Toscani dicono *diburrata.*
7. (L) *Trapunta:* le inuguaglianze dell'arida pelle rendono imagine di trapunto.

(SL) *Buonagiunta* degli Urbicciani, rimatore mediocre: ma a quando a quando elegante. Abbiamo un sonetto di lui ai Cavalcanti, amico del Nostro. Fu uomo di valore, dice l'Anonimo. Dante nella Volgare Eloquenza (I, 13), lo nomina come negletto di stile.
8 (SL) *Braccia.* Inf., XIX, t. 19: *Non temesti torre a inganno La bella donna..* — *Torso.* Vescovo, o come altri dice, tesoriere, a Tours, nacque nella Brie, fu papa col nome di Martino IV dal 1280 al 1284: buon uomo: amico molto alla casa di Francia, faceva morire le anguille del lago di Bolsena nel vin bianco, e le condiva con spezie: e satollo esclamava: *Bone Deus, quanta mala patimur pro ecclesia Dei!* Morto che fu, ne scrissero: *Gaudent anguillae quia mortuus hic jacet ille Qui, quasi morte reas, excoriabat eas* Ott.: *Fu uomo guerresco, e molta guerra fece fare contra gli avversari della Chiesa. Nel costui tempo si rubellò Sicilia dal re Carlo; nel costui tempo passò Filippo re di Francia in Catalogna contro lo re Piero d'Aragona.* Delle anguille di Bolsena e di Comacchio mandavasi sino a' tempi nostri regalia a' prelati di Roma.

CANTO XXIV.

9. Molti altri mi nomò ad uno ad uno:
   E nel nomar parén tutti contenti; ,
   Si ch'io però non vidi un atto bruno.
10. Vidi per fame a vòto usar li denti
    Ubaldin dalla Pila; e Bonifazio,
    Che pasturò col rocco molte genti:
11. Vidi messer Marchese, ch'ebbe spazio
    Già di bere a Forlì con men secchezza;
    E sì fu tal, che non si sentì sazio.
12. Ma come fa chi guarda, e poi fa prezza
    Più d'un che d'altro, fe' io a quel da Lucca,
    Che più parea di me aver contezza.
13. Ei mormorava; e non so che Gentucca
    Sentiva io là 'v' ei sentía la piaga
    Della Giustizia che sì gli pilucca.

---

9. (L) *Bruno:* scontento.
(SL) *Contenti.* Per amore di fama. Ciacco, il goloso, nel VI dell'Inferno: *Pregoti ch' alla mente altrui mi rechi.* — *Bruno.* Petr.: *Vista oscura.* Vista or chiara, or bruna.

10. (L) *Rocco,* come vescovo.
(SL) *Vóto.* Ovid. Met., VIII: *Oraque vana movet, dentemque in dente fatigat; Exerceique cibo delusum guttur inani: Proque epulis tenues nequidquam devorat auras.* Æn., XII: *Jam jamque tenet, similisque tenenti Increpuit malis, morsuque elusus inani est.* Nel mezzo verso di Dante ci stanno quelli e di Virgilio e di Ovidio. — *Ubaldin.* La Pila, luogo nel Fiorentino. Fratello del Cardinale ritrovato in Inferno (c. X). Una medaglia di questo Ubaldino fu trovata tra le rovine di Monte Accianico, castello di quella famiglia, signora già del Mugello (Brocchi, Diss. del Mug., p. 53).
— *Bonifazio.* Arcivescovo di Ravenna: molti antichi lo fanno figliuolo del detto Ubaldino; altri, genovese de' Fieschi; perché vescovo ravennate fu dal 1272 al 1294 un Bonifazio di Lavagna. — *Rocco.* O *rocchetto,* cotta di prelati, ma qui *rocco* vale il pastorale de' vescovi; e il Postillatore Cassinense dice che il pastorale dell'arcivescovo di Ravenna ha un pezzo in cima fatto a guisa degli scacchi, cioè della torre. E Benvenuto da Imola: *Rectam, et in summitate rotundam ad modum calculi sive rocchi;* come il bordone dei pellegrini.
(F) *Pasturò.* Joan., XXI, 15: *Pasce agnos meos.* - 17: *Pasce oves meas.*

11. (L) *Spazio:* agio. — *Men* di qui.
(SL) *Marchese.* Nome di persona, e fu de' Rigogliosi, cavaliere di Forlì, gran bevitore. Dettogli dal cantiniere che la città lo biasimava di sempre bere, *e tu,* soggiunse, *rispondi, ch' i' ho sete sempre.*

12. (SL) *Prezza:* stima.
(SL) *Contezza.* Per le rime di Dante, note già, vivo Bonagiunta. Ott.: *Mostra l'affezione che avea a Buonagiunta, più che agli altri, perocché si dilettò in una medesima poesia vulgare.*

13. (L) *Là:* in bocca a lui. — *Pilucca:* mangia a poco a poco, come tolti dal grappolo i chicchi, rimane il raspo brullo.
(SL) *Gentucca.* La Pargoletta, nobile fanciulla, amata, dicono, da Dante forse nel 1314. Tra le sue Rime abbiam questi versi: *Chi guarderà giammai senza paura Negli occhi d'esta bella pargoletta.* L'Ottimo qui vede Alagia di cui nel XIX. del Purgatorio, terz. ultima Ma tutti cotesti amori di Dante risican d'essere romanzo rettorico. — *Piaga.* Piaghe chiama i segni del peccato, scritti dalla spada dell'angelo. — *Pilucca.* Varchi: *Piluccarsi un grappolo d'uva.* Purg. XXIII, t. 20: *Che sì vi sfoglia.* Ma il sentire che Dante fa con l'orecchio il nome di giovanetta gentile uscir dalla gola dove Buonagiunta sente la fame; e questa fame che è piaga d'una giustizia che pilucca; offre un infelice accozzamento di suoni e d'imagini.

14. — O anima (diss' io) che par' sì vaga
Di parlar meco, fa sì ch' io t'intenda;
E te e me col tuo parlare appaga. —
15. — Femmina è nata, e non porta ancor benda
(Cominciò ei), che ti farà piacere
La mia città, comech' uom la riprenda.
16. Tu te n'andrai con questo antivedere:
Se nel mio mormorar prendesti errore,
Dichiareràntì ancor le cose vere.
17. Ma dì s'io veggio qui colui che fuore
Trasse le nuove rime, cominciando:
Donne che avete intelletto d'amore. —
18. Ed io a lui: — Io mi son un che, quando
Amore spira, noto; e a quel modo
Che dètta dentro, vo significando. — .
19. — O frate, issa vegg' io (diss' egli) il nodo
Che 'l Notaio e Guittone e me ritenne
Di qua dal dolce stil nuovo, ch' i' odo.
20. Io veggio ben, come le vostre penne
Diretro al dittator sen vanno strette;
Che delle nostre, certo, non avvenne.

14. (L) *Par'*: pari.
15. (L) *Benda:* le maritate e le vedove portavano bende. — *Uom:* altri, e forse tu.
(SL) *Uom.* Inf., XXI. O forse in generale la fama de' Lucchesi non era buona: e a gran torto, cred'io.
16 (L) *Cose:* il fatto te lo dichiarerà.
(SL) *Dichiareranti.* È da pronunziare al possibile in modo che tra la *n* e la *t* sentasi un po' della *l*; intendendocisi *te lo dichiareranno.*
17. (L) *Veggio....:* se sei tu... — *Fuore:* dal cuore.
(SL) *Donne* Canzone recata nella Vita Nuova. — *Intelletto* Eccli., IV, 21: *Intellectum justitiae.*
18 (SL) *Amore.* Nella Vita Nuova e' condanna coloro che rimano sopra altra materia che amorosa; conciossiachè cotal modo di parlare forse dal principio fu trovato per dire d'amore. Mutò poi sentenza — *Della* Som.: *Dictamine rationis* [C.] Ovidio con epiteto inutile: *Carmina, purpureus quae mihi dictat Amor.* — *Dentro.* Ad Cor., I, V, 12: *De his quae intus sunt.* Som.: *Deo interius inspirante.*
(F) *Significando.* Postill. Cael: *Philocaptus melius loquitur de amore, quam non philocaptus.*
19. (L) *Issa:* or. — *Nodo:* impedimento.
(SL) *Issa.* Modo lombardo, ma fors'anco lucchese e però messo in bocca a Buonagiunta. — *Notaio.* Iacopo da Lentino: visse circa il 1280. Abbiamo sue rime, assai disadorne. — *Guittone* d'Arezzo, più elegante di Buonagiunta, ma pur mediocre. Nacque nel 1250: di 34 anni si fece de' frati Gaudenti: fu buon cittadino — *Dolce:* Purg., XXVI, l 33: *Rime d'amore usàr dolci e leggiadre.*
(F) *Nodo.* Conv., I, 10: *Questa grandezza do io a questo amico (il volgare italiano) in quanto, quello elli di bontade avea in potere ed occulto, io lo fo avere in atto, e palese nella sua propria operazione* Un poeta provenzale: *Cantar non puote quari Valere se dal cor non move il canto.* Il Costanzo, in una lettera su questo passo: *Amore è quegli che fa volare non che correre: e senz'esso, è il volere empire i fogli un empirli di stoppa.*
20. (L) *Dittator:* Amor dettatore. — *Che:* il che. — *Non avvenne:* non dicevano col cuore.

21. E qual più, a gradire oltre, si mette,
 Non vede più dall'uno all'altro stilo. —
 E, quasi contentato, si tacette.
22. Come gli augei che vernan verso il Nilo,
 Alcuna volta di lor fanno schiera,
 Poi volan più in fretta, e vanno in filo;
23. Così tutta la gente che lì era,
 Volgendo il viso, raffrettò suo passo,
 E per magrezza e per voler leggiera.
24. E come l'uom che di trottare è lasso,
 Lascia andar li compagni, e sì passeggia,
 Fin che si sfoghi l'affollar del casso;
25. Si lasciò trapassar la santa greggia
 Forese, e dietro meco sen veniva,
 Dicendo: — Quando fia ch'i' ti riveggia? —
26. — Non so (rispos'io lui) quant'io mi viva;
 Ma già non fia 'l tornar mio tanto tosto,
 Ch'i' non sia col voler prima alla riva.
27. Però che 'l luogo, u' fui a viver posto,
 Di giorno in giorno più di ben si spolpa,
 E a trista ruina par disposto. —

(SL) *Vostre*. Parla o al solo Dante, e in plurale per riverenza; o di lui insieme e di Guido e di Cino.
21. (L) *Qual*: chi — *Gradire*: andare. *Gradi*. — *Oltre* quel che detta il cuore. — *Dall'*: dal più al men bello.
(SL) *Gradire*. (L) in senso anco l'*andare a grado*; cioè: chi canta per piacere ad altrui, non per soddisfare all'affetto proprio, s'imbroglia. Il primo corrisponde più all'imagine delle *penne strette dietro* ad Amore; ma nell'altro il mettersi a ire più oltre, è sopprabbondante e men chiaro. Una variante di M. Bernardi *al gradire*, che dichiarerebbe *piacere*.
(F) *Oltre*. Pietro qui reca un passo d'antico: *Conviene, prima le anime, poi le lingue farsi erudite*.
22. (L) *Augei*: gru. — *Lor*: di sé.
(SL) *Augei*. Inf., V. [*V*. Euripide, Helena, 1495; Stat. Theb., V, 11.] — *Vernan*. Æn., VI: *Aves, ubi frigidus annus, Trans pontum fugat, et terris immittit apricis*. — Fanno. Inf., V, t. 17: *Facendo in aer di sè lunga riga*. — Filo Par., XVIII, t. 25.
24. (L) *Affollar*: ansare: da *follis*. — *Casso*: petto.
26 (L) *Tornar* qui per morte. — *Riva*: desidero già morire per non vedere i mali di Firenze.
(SL) *Tornar*. Purg., II, t. 31: *Per tornare altra volta Là dove io son, fo io questo viaggio*. [Dante, Rime: *Spesse fiate pensando alla morte, Me ne viene un desio tanto soave, Che mi trasmuta lo color del viso*.] — *Riva* Imagine nel Petrarca ripetuta sovente. Altrimenti pensava quando scrisse il XXXI dell'Inferno, t. 43: *Ch'ei vive, e lunga vita ancora aspetta*.
27. (L) *U'*: ove.
(SL) *Spolpa*. Inf., XXIV, t. 48: *Pistoia... di Neri si dimagra*. — *Ruina*. Il verso suona rovina.

PURGATORIO

28. — Or va (diss' ei): che quei che più n' ha colpa,
Vegg' io a coda d'una bestia tratto
Vèrso la valle ov' e' mai non si scolpa.
29. La bestia ad ogni passo va più ratto,
Crescendo sempre, infin ch' ella 'l percuote;
E lascia il corpo vilmente disfatto.
30. Non hanno molto a volger quelle ruote
(E drizzò gli occhi al ciel), ch' a te fia chiaro
Ciò che il mio dir più dichiarar non puote.
31. Tu ti rimani omai: chè 'l tempo è caro
In questo regno sì ch' io perdo troppo
Venendo teco sì, a paro a paro. —
32. Qual esce alcuna volta di galoppo
Lo cavalier di schiera che cavalchi,
E va per farsi onor del primo intoppo;

28. (L) *Quei*: Corso Donati. — *Tratto*: strascinato giù da cavallo. — *Valle*: in Inferno, ove non c'è redenzione.
(SL) *Quei. Corso fu*, dice il Villani (VIII, 95), *il più savio, il più valente cavaliere, il più bello parlatore, e meglio pratico, e di maggior nominanza, di grande ardire ed imprese, che a suo tempo fosse in Italia... Fu bello della persona e di grazioso aspetto: ma fu molto mondano: e in suo tempo fece fare in Firenze molte commutazioni e scandali, per avere stato e signoria... La sua fine fu grande novità nella nostra città*. Dino, I: *Cavaliere di grande animo.* - II: *Ardito e franco.. valentissimo,... bellissimo uomo.* Sospettarono avesse avvelenato de' Cerchi. Impedì talvolta il corso della giustizia; congiurò con Bonifazio VIII e con Uguccione, del quale o egli o un suo figlio aveva sposata la figlia nel 1301. Nel 1289 fu podestà di Pisa: e combatté a Campaldino, ambizioso di bella morte; nel 1290 sventò la guerra destinata contro Pisa da' suoi Fiorentini. Tornò nel 1302 vincitore con Carlo di Valois; esiliò i Bianchi: e divenne tanto potente che il popolo n'ebbe sospetto. Fu citato, condannato; le case assalite. E' si difese co' suoi; abbandonato dei promessi soccorsi d' Uguccione, fuggì; ma inseguito da' soldati catalani, cadde, o si gettò da cavallo; e rimasogli il pie nella staffa, tanto ne fu straziato, che i nemici lo sopraggiunsero, spogliarono e uccisero presso a San Salvi il dì 6 di ottobre 1308 (Pelli, p. 97-98). — *Più*. Dino, l.XI: *Troppo più baldanzosamente si scuoprieno i Donati che i Cerchi nello sparlare; e di niente temeano*
(F) *Scolpa* Par., XX, t. 36: *Dallo 'nferno, u'non si riede Giammai a buon voler*. Aug., Serm , ad Erem.: *In Inferno nulla est redemptio* Som.: *Cum culpa remaneat in damnatis, eorum poena nullatenus interrumpetur.*
29 (L) *Crescendo* [nel moto — *Disfatto*: morto.
30. (L) *Molto*: 7 anni e 7 mesi circa. — *Ruote* de' cieli.
(SL) *Dichiarar*. Mai non lo nomina, come suo alfine.
31. (L) *Caro*: prezioso. — *Paro*: a passo a passo.
(SL) *Paro* Petr: *A paro a paro Coi nobili poeti già cantando.* Æn., VI: *Pariter gressi.*
32. (L) *Intoppo* ne' nemici
(SL) *Qual* Arios, XV, 28: *Come buon corridor ch' ultimo lassa Le mosse e giunge e innanzi a tutti passa*. — *Intoppo* Pensava forse alla battaglia di Campaldino, da lui giovane combattuta.

33. Tal si partì da noi con maggior valchi:
    Ed io rimasi in via con esso i due
    Che fûr del mondo sì gran maliscalchi.
34. E quando innanzi a noi sì entrato fue,
    Che gli occhi miei si fèro a lui seguaci,
    Come la mente alle parole sue;
35. Parvermi i rami gravidi e vivaci
    D'un altro pomo, e non molto lontani,
    Per esser pure allora vôlto in laci.
36. Vidi gente sott' esso alzar le mani,
    E gridar non so che verso le fronde,
    Quasi bramosi fantolini e vani,
37. Ghe pregano, e 'l pregato non risponde,
    Ma, per fare esser ben lor voglia acuta,
    Tien alto lor disio, e nol nasconde.
38. Poi si partì, siccome ricreduta;
    E noi venimmo al grande arbore, adesso
    Che tanti prieghi e lagrime rifiuta.
39. « Trapassate oltre, senza farvi presso.
    » Legno è più su, che fu morso da Eva:
    » E questa pianta si levò da esso. »

---

33. (L) *Valchi*: passi. — *Gran*: primi nel regno del sapere.
(SL) *Valchi*. Valcare è nell'Ariosto (XV, 40). — *Maliscalchi*. Maniscalco era governatore della Corte e dell'esercito: qui vale dignità in genere, come altrove le voci *duca*, *signore*, *imperadore*. Armannino: *Cerbero maliscalco di Plutone*.
34. (L) *Seguaci*: li guardavo di lontano.
(SL) *Entrato*. Meglio sarebbe forse scrivere *sì 'ntrato*, intendendo *intrato*, forma che ha altrove Dante: giacchè egli non ama elidere le accentate. — *Seguaci*. Æn, VI: *Quantum acie possent oculi servare sequentum*.
35. (L) *Parvermi*: m'apparvero. — *Gravidi* di frutte. — *Vôlto*: nol vedevamo prima perch'era sullo svoltare. — *Esser* noi. — *Pure*: appena. — *Laci*: là.
(SL) *Gravidi*. Georg., II: *Faetu nemus... gravescit*. Ovid., Met, VIII: *Gravidis.... messibus*. — *Vivaci*. Georg., II: *Vivacis olivae*. — *Pomo*. Per albero da frutto in genere; i Latini. — *Pure*. Semint.: *Pure allotta avesse disgiunti gli affaticati buoi*. — *Laci*. Semintendi: e Ciullo: *Quaci*.
36. (SL) *Alzar*. Ovid., Met., IV: *Tibi, Tantale, nullae Deprenduntur aquae; quaeque immunet, effugit arbos*. Nell'Inferno d'Armannino i golosi: *Affamati stanno come lupi: di brama par che muoiano: di fame le mani stendono*.
(F) *Fantolini*. Dice la vanità del vizio e la minore gravità.
57. (L) *Disio*: la cosa ch' e' bramano.
(SL) *Acuta*. Georg, I: *Curis acuens... corda*. Par., I: *Un desio Mai non sentito di cotanto acume*. — *Disio*. Oggetto del desiderio, Ovid. Met., II: *Spemque suam motis avidus circumvolat alis*. Purg., IV: *Qui è vostro dimando*.
38. (L) *Ricreduta* d'avere bramato. — *Adesso*: ben tosto.
(SL) *Adesso*. In questo senso ha esempi antichi.
39. (L) *Questa*: è un pollone dell'albero del Paradiso terrestre.
(F) *Levò*. Nell' Eden fu posta la prima legge dell'astinenza, e intrauta.

40. Sì tra le frasche non so chi diceva:
Perchè Virgilio e Stazio ed io, ristretti,
Oltre andavam dal lato che si leva.

41. « Ricordivi (dicea) de' maladetti
» Ne' nuvoli formati, che, satolli,
» Tésëo combattêr co' doppi petti;

42. » E degli Ebrei che al ber si mostrâr molli,
» Perchè non gli ebbe Gedeon compagni
» Quando invêr Madián discese i colli. »

43. Sì, accostati all' un de' due vivagni,
Passammo, udendo colpe della gola,
Seguite già da miseri guadagni.

44. Poi, rallargati per la strada sola,
Ben mille passi e più ci portâr oltre,
Contemplando ciascun senza parola.

45. « Che andate pensando sì voi sol' tre? »
Subita voce disse: ond' io mi scossi,
Come fan bestie spaventate e poltre.

---

40. (L) *Sì*: così. — *Perchè*: onde. — *Ristretti*, la via è angusta, l'albero in mezzo. — *Lato* della costa.
(SL) *Perchè*. [Ant.] Essendo l'albero nel mezzo, dall'orlo v'era al Poeta pericolo di caduta; e lo prova l'esserci dall'altra parte si poco spazio che i tre andavan ristretti. — *Leva*. Par., XXVI, t. 47: *Nel monte che si leva più dall'onda*.

41. (L) *De'* Centauri.
(SL) *Nuvoli*. Virgilio (Æn., VIII) e Ovidio (Met, XII): *Nubigenas*. Lucan., VI: *Semiferos Ixionidas—Centauros Foeta Pelethroniis nubes effudit in antris*. Stat., V: *Gelida non saevius Ossa luxuriant Lapitharum epulae si quando profundo Nubigenae caluere mero*. — *Satolli*. Ezech., XVI, 49: *Saturitas panis per ripienezza*. Georg., II: *Bacchus et ad culpam causas dedit: ille furentes Centauros leto domuit* Tentarono rapire a Piritoo la sposa. Hor. Carm., I, 18: *At, ne quis modici transiliat munera Liberi, Centaurea monet cum Lapithis rixa super mero Debellata*. - Inf., XII: *Tèseo* Ovid. Met., XII: *Primus, Quae te vecordia, Theseus, Euryte, pulsat, ait; qui, me vivente, lacessas Pirithoum, violesque duos ignarus in uno?... Sed vindicis ora protervis Insequitur manibus, generosaque pectora pulsat*. — *Doppi*. Virg. e Ovid.: *Bimembres*. — *Petti*. Ovid. Met., XII: *Perque armos uno duo pectora perforat ictu*.

42. (L) *Perchè*: onde.
(SL) *Molli*. Judic., VII, 5, 7: Disse Iddio a Gedeone: Quelli che con la mano e con la lingua lambiranno l'acqua, metterai da una parte; e coloro che berranno ginocchione saranno dall'altra... Furono quelli che con la mano si gittarono l'acqua alla bocca, uomini trecento; tutta l'altra moltitudine bevve in ginocchione. E disse Iddio a Gedeone: In trecento uomini che lambirono l'acqua vi libererò, e darò Madian nella mano tua: l'altra moltitudine tutta si ritorni nel paese suo.

43. (L) *Sì*: così. — *Vivagni*: orli della via. — *Guadagni*: danni e pene.
(SL) *Vivagni*. Inf XIV, t. 44.

44. (L) *Rallargati*, passato l'albero a cui è vietato appressare. — *Sola*: deserta.
(SL) *Sola*. Cic., de Div.: *Locis solis* Georg, II: *Solis arvis*. Æn., XI: *Solorum nemorum* — *Portar*. Simile in Omero (Iliad. E 440) Altri legge *portammo*, che non è gallicismo, come al Cesari pareva Æn., II: *Ferimur per opaca locorum*. — Ma l'altra lezione ha corrispondenti modi. Buc., IX: *Quo te pedes?* Hor. Carm., III, 11; *Pedes... te rapiunt*.

45. (L) *Poltre*: pigre, o: puledri.
(SL) *Sol'*. Come troncavano *sola*,

46. Drizzai la testa per veder chi fossi;
E giammai non si videro in fornace
Vetri o metalli sì lucenti e rossi,

47. Com' io vidi un che dicea: — Se a voi piace
Montare in su, qui si convien dar volta:
Quinci si va, chi vuole andar per pace. —

48. L'aspetto suo m'avea la vista tolta;
Per ch'io mi volsi retro a' miei dottori,
Com' uom che va secondo ch'egli ascolta.

49. E quale, annunziatrice degli albòri,
L'aura di maggio muovesi e olezza,
Tutta impregnata dall'erba e da' fiori;

50. Tal mi sentii un vento dar per mezza
La fronte: e ben sentii muover la piuma,
Che fe' sentir d'ambrosïa l'orezza.

51. E sentii dir: « Beati cui alluma
» Tanto di Grazia, che l'amor del gusto
» Nel petto lor troppo disir non fuma,
» Esurïendo sempre quanto è giusto. »

così qui *soli* o forse per *solamente*. — *Poltre:* Arios, XXIII, 90; *La bestia ch'era spaventosa e poltra* Ma, *poltracchio e poltracchiello e poltracchino* valendo *puledro* (*pecoris generosi pullus*, Georg, III), qui ha a intendersi forse così: *E i puletri si scuotono più dei cavalli pigri*.
46. (L) *Fossi:* fosse.
(SL) *Fossi* Inf., IX. t. 20: *Chiudessi* per *chiudesse*. — *Rossi*, Dan., X, 6: *Le braccia di lui e giù fino ai piedi, in sembianza di rame rovente*. Ezech., I. 7: *Scintille quasi aspetto di bronzo rovente*.
47. (L) *Un* Angelo.
(SL) *Si. Non* e riempitivo, nè il *va* è retto dal *chi;* ma è segno d'impersonale, come nel III dell' Inferno, *Per me si va;* il modo ha maggiore eleganza.
49. (SL) *Aura*. Tasso: *Già l'aura messaggera erasi desta Ad annunziar che se ne vien l'Aurora Ella intanto s'adorna, e l'aurea testa Di rose, colte in Paradiso, infiora* Il paragone è che dà la misura dei grandi scrittori. Qui avete *messaggiera, annunziar, che se ne vien,* tronchi che non dipingono così gli albori come la semplice parola di Dante; poi l'aurora con l'*aurea testa infiorata di rose colte in paradiso,* e imagine rettorica accanto allo schietto *muovesi e olezza* [int] Detto *annunziatrice degli albori,* non ci appone fioretti; ma aggiunge ch'ell' è un'*alba di maggio*; nè aura può essere più soave.
50. (L) *Orezza:* aura
(SL) *Ambrosia*. Georg., IV: *Ambrosiae... odorem*.
51. (L) *Alluma:* illumina. — *Esurïendo:* sentendo fame. — *Quanto:* non più.
(SL) *Esurïendo: De' suoi mali Solo si pasce e sol di pianto ha sete*. Il Tasso più giovanilmente di solito.
(F) *Fuma*... Som.: *Le fumosità de' cibi che intorbidano la testa*. — *Giusto*. Matth., V, 6: *Beati qui esuriunt et sitiunt justitiam*. Ma qui vale, secondo giustizia, come: *Mangiare il suo giusto*.

Nel sesto dell' Inferno domanda Dante a un Fiorentino del Mosca e d'altri famosi: *Dimmi ove sono;* e Ciacco risponde: *Ei son tra l'anime più nere*. Qui Dante al Fiorentino affine ed amico domanda: *Ma dimmi, se tu sai, dove è Piccarda;* e Forese *La mia sorella, che, tra bella e buona, Non so qual fosse più, trionfa lieta, Nell'alto, Olimpo, già, di sua corona.* Il contrapposto fa meglio sentire la gentilezza della memoria affettuosa. E tanto più gravi suonano, accanto alle lodi della Vergine umiliata, i biasimi del superbo fratello di lei; e, guardata dall'alto de' cieli, appare più cupa *la valle ov' e' mai non si scolpa;* e la corona della donna *trionfante* vibra una luce tremenda *sul corpo del barone, vilmente disfatto.* E' non pronunzia il nome di Corso: *quei che più n' ha colpa.* Non sai se il Poeta non degni profferirlo, o se il fratello non osi : a me piace meglio il secondo. E quando Forese alza gli occhi al cielo, a me quello pare atto di dolore tra vergognoso e pio, e però doppia bellezza. E se, chiamando Virgilio e Stazio due *gran maliscalchi*, Dante intendeva contrapporli alla trista boria del barone; cotesta in parte al titolo strano sarebbe scusa.

Bello è, per certo, nel Canto, il contrapposto delle memorie di Piccarda e di Gentucca, e della morte miserabile d'un suo affine, e il pensiero della rovina che minaccia la patria e che fa all'esule desiderare la morte, con la pittura quasi faceta d'Ubaldino della Pila e di Bonifazio, e di messer Marchese e di papa Martino. Bello il tendere di tante mani, con atto fanciullesco, alle poma agognate; e la voce che tra' rami esce, e non si sa chi la dica. Ben più poetico *il non so chi diceva*, che in Inferno: *nè sì alti nè sì grossi, Qual che si fosse, lo maestro felli A cinger lui, qual che fosse il maestro, Non so lo dir.* Ed è sapiente che dell'albero d'Eva un rampollo venga su questo suolo del Purgatorio a tormentare di fame le anime che della gola fecero a sè profana tentazione. Perchè da colpa nasce colpa: e da un desiderio a cui l'uomo serva, pullulano altri desiderii tirannì; e il piacere ignobile è seme a ignobili dolori; e dal condiscendere all'amore proprio per farsi più buon uomo, l'uomo è tratto a condiscendere a voglie sempre più basse che gli farebbero, se possibile fosse, perdere gli altri istinti dell'umana natura. Bello eziandio, che, sentita l'ignota voce uscire quasi dal seno dell'albero, e favellare con le sue foglie (come in Inferno la fiamma tormentatrice, e la pianta da cui i suicidi gemono querele con sangue), i tre poeti vadano un miglio della via solitaria, senza parola. L'apparizione dell'Angelo, e l'aura che spira dalle sue piume (sin qui egli sentiva il soave ventilare dell'ali, non lo spirito della fragranza; e di questo senso novello egli è fatto degno salendo, e lo prova nel giro dove lo stesso odore delle frutta è una pena), degnamente conchiude il Canto, che è fitto di bellezze e dello stile e del cuore, di memorie e domestiche e letterarie e cittadine.

Un trattato d'arte poetica è inchiuso non tanto nelle parole *quando Amore spira, noto ;* quanto nell'altre a quel modo *Che detta dentro, vo significando:* perchè non basta lasciarsi andare alle vaghe ispirazioni d'un affetto, benchè vero e degno; ma, uffizio e difficoltà e lode e potenza della parola e dell'arte, si è a temperare la significazione d'esso affetto al suo *modo*, al grado suo, per l'appunto. E questo egli spiega, poi, soggiungendo: *le vostre penne Diretro al Dittator sen' vanno strette :* cioè a dire, che non solamente non bisogna mentire sentimento, nè fallacemente simularlo nè dissimularlo vilmente, ma non dire nè meno nè più di quel che davvero si sente. Questo è il *nodo* che *ritiene* i mediocri ; i quali, volendo strafare, o non osando esprimere schiettamente quel ch' hanno nell'anima, o non curando ritrovare i modi di farlo insieme con semplicità e con decoro, *non vedono più da stile a stile,* si confondono, perdono la misura del bello e del vero. Quest'è il forte che fa grande i grandi. E questa è opera insieme di natura e d'arte, d'ispirazione e d'esperienza, di mente e di volontà, di virtù e di meditazione e di lima.

Anco della dicitura, il presente è de' Canti, al parer mio, più limati. I versi che rammentano de' Centauri e di Gedeone sono di ben temprata armonia. E alla potente locuzione in sul primo: *Per le fosse degli occhi ammirazione Traen di me,* consuona in ultimo quella ripetizione che quasi ingiunge al lettore di volgersi all'alito che spira dall'ali dell'Angelo: *Tal mi sentii un vento dar per mezza La fronte; e ben sentii mover la piuma Che fè sentir d'ambrosia l'orezza.* Vero è che il primo segnatamente de' tre versi non suona così delicato come in Virgilio: *liquidum ambrosiae diffudit odorem - Ambrosiaeque comae divinum vertice odorem Spiravere*. Ma la comparazione dell'aura di maggio, e quella de' vetri nella fornace, e quella de' fantolini, hanno bellezze che compensano la men felice, della *nave pinta da buon vento ;* e risaltano per il contrapposto delle due accennanti a esercizii guerreschi; dico di chi, ansante, allenta il corso, e di chi galoppando esce di schiera all'onore de' primi scontri.

I DUE ALBERI. — LE VISIONI DEL PURGATORIO.
LA DOTTRINA DEL CUORE.

I due alberi che le anime rincontrano nella via e che sono a essi martoro col desiderio delle frutte e dell'acqua cadente sopravi, ma che non iscende fino alle labbra loro, rappresentano, forse, l'uno il piacere vero al quale esse tendono, l'altro il piacere falso da cui si lasciarono sviare; poichè il primo salendo si dilata, e una voce da esso dice: *di questo cibo avrete caro*, e rammenta esempi di astinenza gloriosi; dal secondo, che è levato dall'albero d'Eva, una voce suona: *trapassate oltre senza farvi pressa*, e rammenta esempi d'ignobile golosità. Poi l'imagine reca il pensiero al supplizio di Tantalo, il quale è figura di tutti i desiderii smodati che sono tormento a sè stessi (1). Virgilio nel suo Inferno congiunge i Lapiti e Issione, e il supplizio del sasso imminente a quel della fame: *Lucent genialibus altis Aurea fulcra toris, epulaeque ante ora paratae Regifico luxu. Furiarum maxima juxta Accubat, et manibus prohibet contingere mensas. Exurgitque facem attollens, atque intonat ore* (2).

Gli avari a terra legati gridano nel pianto come donna nel parto; i golosi corrono leggieri perchè quanto più tosto arrivano sotto l'uno o l'altro degli alberi bramati più patiscono e più purgano la colpa loro. Vanno pensosi, ma sono però tutti contenti dell'essere nominati, nè Dante vede tra essi un *atto bruno*, chè l'allegria è il proprio del difetto loro; contrario alla fame degli avari *cupa*. E' ci trova anche un papa, Martino IV: e anche in altra visione della montagna del Purgatorio vescovi sono puniti di mollezza, e conti di rapacità (3). E in un'altra Visione: « Mostrò l'angelo del Signore a
» Veronica i primi aditi del Purgatorio (4), ond'ella vide innumerabili anime
» di iniziati agli ordini sacri, e grandissima turba de' due sessi, compresa
» da tormenti incredibili. Ed ecco la vergine vide un'anima nota a lei quan-
» d'era congiunta al corpo (5) che col grande pianto significava dolori acer-
» bissimi. Quella voce tanto atterrì Veronica che fece lo spirito tremando
» ritornare agli ufici corporei. Attestarono le due suore Orsola e Madda-
» lena, che allora assistettero a Veronica rientrante ne' sensi, come la ver-
» gine desse segni di forte tristezza, e di timido dolore, e d'orrore grande,

---

(1) Orazio, all'avaro: *Tantalus a labris sitiens fugientia captat Flumina* (Sat., I, 1).
(2) Æn., VI.
(3) Ozanam, pag. 360.
(4) Purg., IX.
(5) Purg., II.

» col battere delle mani, collo scuotere del capo, e con voce di pianto. E
» disse la vergine: Ahi, ahi, che pene oggi e che generi di tormenti ho
» uditi! Oh potessi quel che vidi, parlare, e manifestare le secrete cose (1)
» sommerse nell'alta caligine del Purgatorio! Affermò la vergine aver cono-
» sciute cert'anime, che pe' meriti e per la fama di lor santità, mentre con-
» ducevano le membra mortali, ella credeva fruissero da gran tempo della
» visione divina. Tacque i nomi loro (2), temendo incorrere nell'offesa di
» Dio (3). »

Gli affamati assomiglia Dante a Erisittone, Tessalo anch'egli, come i Centauri che più sotto nominerà; dacchè le schiatte affini alla Slava pare che sempre si dilettassero della guerra e de' canti e de' cavalli e del vino. Erisittone detto da Ovidio profano, come i golosi *miseri profani* (4), è punito di fame: *Qui numina Divûm Sperneret... Ille etiam Cereale nemus violasse securi Dicitur* (5). E forse per dimostrare come gli eccessi di gola sospingono ad altri eccessi e d'amore e di rabbia e di discordia e di sette, rammentansi i Centauri che tentano rapire a Piritoo la sposa. *Quam vino pectus, tam virgine visa Ardet; et ebrietas geminata libidine regnat* (6). E questo seguiva, al dire d'Ovidio, in una reggia: *Festaque confusa resonabat regia turba* (7). E i Centauri nascevano d'Issione e d'una nube; e la nube, secondo Aristofane, era imagine della voracità. E Chirone Centauro era medico. E il nome di Centauro fu poi dato alle navi (8), o dalla velocità del corso o dal nascere il legno loro sui monti e poi correre le acque, onde pare ch'ell'abbiano natura doppia. E da Bicentauro nacque il veneto Bucentoro, dell'ultimo de' quali che vide l'ultimo sposalizio del mare serbasi un avanzo nella raccolta di cose patrie fatta con cura grande dal veneziano Zoppetti, quanto più modesto tanto più benemerito cittadino.

Ai Centauri segue il men grave, l'esempio degli Ebrei, che non per avidità di gola ma per agiatezza non convenevole a' combattenti in difesa della comune patria, posarono a terra, per bere, il ginocchio: con che ci si vuol indicare ch'anco le leggiere o colpe o negligenze possono, secondo le intenzioni e i casi, farsi dannosa reità.

Nel giro de' golosi e in quel de' lascivi Dante rincontra memorie e domestiche e patrie e religiose e letterarie; di che il Canto acquista e verità e soavità ed efficacia. Ne' versi: *Io mi son un...* (9); è il segreto e della poesia e dell'eloquenza, e di tutte le arti del vivere; e da quel che il Poeta soggiunge, vedesi chiaro com'egli sentisse in tutta la forza e le conseguenze, quello che in brevi parole, quasi stillato di tutta l'esperienza sua, raccoglieva: *Quid voveat dulci nutricula majus alumno, Quam sapere, et fari ut possit quae sentiat?* (10). Quanta distanza da queste parole, pur belle, d'Orazio, a quelle, non forse così ornate di Dante ma più profonde! Alle quali illustrare giovano queste: *L'esteriore parola è ordinata a significare quello*

---

(1) Ripete una frase virgiliana. - Inf., III; Par., XXVIII.
(2) Non ha questi scrupoli il nostro Poeta. Tace il nome di un papa nel III dell' Inferno, ma per dispetto.
(3) Bolland., I, 904.
(4) Inf., VI, t. 7.
(5) Ovid. Met., VIII.
(6) Ovid. Met., XII.
(7) Ovid., l. c.
(8) Æn., V.
(9) Purg., XXIV, t. 18. Vita Nuova: *Gli venne volontà di dire e la sua lingua parlò, quasi per sè stessa mossa.*
(10) Hor. Epist., I, 4.

che si concepisce nel cuore (1). *Essendo le voci naturalmente segni dell'intendimento, è innaturale e indebito ch'altri in voce signifìchi quello che non ha nella mente* (2). E Dante della filosofia stessa: *Filosofia è uno amoroso uso di sapienza* (3). E di più alta sapienza e d'amore più alto, ecco parole di vita scritte da un già prossimo a morte, e sottoscritte col sangue: *L'amor mio crocefisso, vivente e parlante in me dentro, dice a me: Vieni al Padre* (4).

(1) Somma.
(2) Som., 2, 2, 110.
(3) Convivio.
(4) Ignazio ai Romani.

CANTO XXV.

ARGOMENTO.

Domanda come possano patir di magrezza corpi che non hanno bisogno di cibo. Stazio dichiara la natura del corpo senziente nella vita terrestre, e la natura di quello che pena nell'altra vita. Arida esposizione, ma sparsa di lumi poetici con locuzioni potenti, e con filosofia qua e là più vera che sul primo non pare. Salgono all'ultimo giro, ove espiansi i peccati di senso. Canti di preghiera; gridi che dicono esempi di purità, o di lascivia punita: Callisto, e Maria.

Dieci in questo Canto le similitudini: belle le più, nuove quasi tutte: molti traslati ardimentosi, ma non tutti felici. Nota le terzine 1; 3 alla 6; 8, 9, 13, 19, 20, 24, 25, 26; 29 alla 34; 38 alla 45.

1. Ora era, onde 'l salir non volea storpio,
   Chè il sole avea lo cerchio di merigge
   Lasciato al Tauro, e la notte allo Scorpio.

1. (L) *Ora:* era tale ora che non bisognava perder tempo a salire. — *Storpio:* impedimento.
   (SL) *Onde.* Così dicesi *di che ora.* Ma forse si ha a intendere: *Era tal'ora per cui, per la qual cagione bisognava far presto a salire.* — *Storpio.* È nel Villani e nel Petrarca e vive.
   (F) *Sole.* [Ant.] Nelle considerazioni sull'anno del poetico viaggio, è notato che nel 1300 il punto equinoziale di primavera si trova nel grado 22.° della costellazione de' Pesci; onde col giorno corrente stava per compiersi un mese da che vi era passato il sole, il quale aveva per ciò quasi trenta gradi di longitudine: aveva dunque percorso tutto il *segno* d'Ariete; per conseguente s'egli avesse lasciato il meridiano al *segno* del Toro, sarebbe stata l'ora del mezzodi, toccandosi da questo *segno* il meridiano tosto che, in tale ipotesi, l'avesse lasciato il sole. Ma si è visto che doveva essere già passato il mezzogiorno sulla fine del Canto XXIII, quando il Poeta narra a Forese del suo viaggio. Oltredichè, non potrebbe stare l'ora meridiana con la fretta, che il Poeta stesso qui dice necessaria per cagione dell'ora: dunque per Tauro e Scorpio in questa prima terzina s'hanno a intendere le costellazioni del Toro e dello Scorpione, e non essi *segni* zodiacali. Ciò dichiarato, e posto mente che la costellazione de' Pesci si stende per circa 42 gradi, e per quella dell'Ariete, il sole in questo dì si sarebbe trovato nel decimo grado della costellazione del

CANTO XXV.

2. Perchè, come fa l'uom che non s'affigge,
   Ma vassi alla via sua, checchè gli appaia,
   Se di bisogno stimolo il trafigge;
3. Così entrammo noi per la callaia,
   Uno innanzi altro, prendendo la scala
   Che, per artezza, i salitor' dispaia.
4. E, quale il cicognin che leva l'ala
   Per voglia di volare, e non s'attenta
   D'abbandonar lo nido, e giù la cala;
5. Tal era ïo, con voglia accesa e spenta
   Di dimandar; venendo infino all'atto
   Che fa colui ch'a dicer s'argomenta.
6. Non lasciò, per l'andar che fosse ratto,
   Lo dolce padre mio, ma disse: — Scocca
   L'arco del dir, che insino al ferro hai tratto. —
7. Allor sicuramente aprii la bocca,
   E cominciai: — Come si può far magro
   Là dove l'uopo di nutrir non tocca? —
8. — Se t'ammentassi come Meleagro
   Si consumò al consumar d'un tizzo;
   Non fora (disse) questo a te sì agro.

Montone, e quindi remoto per 20 gradi da quella del Toro: se dunque voglia supporsi, com'è ragionevole, che già qualche grado di questa costellazione fosse passato pel cerchio di meriggio, non ci dicendo il Poeta ch'e' ci stava per l'appunto col suo principio, ne dedurremo che faceva circa l'ora seconda dopo mezzogiorno; quando i Poeti cominciarono a salire la scala che conduce al girone settimo ed ultimo. È poi detto egregiamente che il sole aveva lasciato il meridiano al Toro dalla parte diurna, e la notte allo Scorpione, perchè indirettamente dipende dal sole anco la notte; e, per la opposizione diametrale in cui si trovano le costellazioni dello Scorpione e del Toro, se questa era al meridiano dalla parte di sopra di quell'orizzonte, quella vi si trovava dalla parte di sotto.

2. (L) *Perchè:* onde. — *Affigge:* ferma. — *Vassi:* se ne va.
(SL) *Affige.* Purg., XXXIII, t. 56.
3. (L) *Callaia:* via stretta. — *Artezza:* strettezza. — *Dispaia:* conviene andare a uno a uno.
5. (L) *Spenta* da tema d'essere grave loro. — *Atto* delle labbra. — *Dicer:* si dispone a parlare.
6 (L) *Scocca:* parla, giacchè hai la parola già sulle labbra.
(SL) *Arco.* Jer., IX, 3: *Tesero la lingua com'arco.* Orazio, del verso e dell'ingegno: *Nec semper feriet, quodcunque minabitur, arcus* (Poet., 350). — *Ferro.* Æn, XI: *Manibus jam tangeret aequis, Laeva aciem ferri, dextra nervoque papillam.*
7. (L) *Si può* l'uomo. — *Uopo:* bisogno.
8. (L) *Ammentassi:* rammentassi. — *Agro:* difücile a intendere.
(SL) *Meleagro.* Figlio d'Eneo, re di Calidonia (Ovid. Met., VIII). Uccise il cinghiale mandato per ira di Diana, e ne donò ad Atalanta la testa. Gli zii di lui n'ebber ira, presero quel teschio ed egli li uccise. Onde Altea madre di lui, per vendetta de' propri fratelli, pose al fuoco il tizzo fatato dalle Parche, col quale doveva spegnersi la sua vita: tizzo ch'ella aveva già ritirato per pietà del figliuolo. — *Tizzo.* Fior. d'Italia: *Tizzone nel quale era fatata la vita di Meleagro.* Ovid. Met., VIII: *Inscius atque absens*

340 PURGATORIO

9. E se pensassi come, al vostro guizzo,
Guizza dentro allo specchio vostra image;
Ciò che par duro, ti parrebbe vizzo.

10. Ma, perchè dentro, a tuo voler, t'adage;
Ecco qui Stazio: ed io lui chiamo, e prego
Che sia or sanator delle tue piage. —

11. — Se la vendetta eterna gli dislego
(Rispose Stazio) là dove tu sie;
Discolpi me non potert'io far niego. —

12. Poi cominciò: — Se le parole mie,
Figlio, la mente tua guarda e riceve;
Lume ti fieno al come che tu die.

13. Sangue perfetto, che mai non si beve
Dalle assetate vene, si rimane
Quasi alimento che di mensa leve.

flamma Meleagros in illa Uritur: et caecis torreri viscera sentit Ignibus... Languescuntque iterum. Simul est extinctus uterque,' Inque leves abiit paullatim spiritus auras.

9. (L) *Guizzo:* muovere. — *Image:* imagine. — *Vizzo:* facile.
(SL) *Guizza.* Som.: *Imago hominis resultat in speculo — Specchio* Di questo nel III, t. 10 del Purg; e Virgilio si confessò insufficiente a spiegare la cosa — *Duro.* Inf., III, t 4: *Il senso lor m'è duro.* Ma il traslato nel contrapposto con *vizzo* è troppo continuato: nè s'accorda bene a quel d'*agro,* se non indirettamente, in quanto le frutta acerbe son anco dure al dente.
(F) *Image.* Som.: *Si nigromantes virtute daemonum spiritus alligant imaginibus, multo strictius divina virtute spiritus corporeo aeri alligantur.*

10. (L) *Adage* nel vero profondo. — *Piage* L'errore è piaga.
(SL) *Adage.* Par., IV, t. 43: *Posasi in esso* (nel vero). — *Prego.* Notisi la cortese maniera verso il poeta minore, ma anima già beata — *Piage.* Greg. Ev., Hom. XXVI: *Vulnera ignorantiae.*
(F) *Stazio.* Virgilio, poeta razionale, commette la spiegazione a Stazio, poeta delle cose fisiche più che delle intellettuali. Altri dice che Stazio cristiano meglio poteva conoscere la cosa; altri, che Virgilio credendo le anime tornare alle stelle e dalle stelle venire, non poteva, come errante, insegnargli il vero.

11. (L) *Vendetta:* pena posta dall'Eterno a' corpi dannati o purganti. — *Dislego:* apro. — *Sie:* sii. — *Niego:* lo fo per ubbidirti.
(SL) *Dislego.* Æn., VI: *Aperit... futura.* Il P. Giuliani propone un'ingegnosa variante: *Se la veduta interna gli dislego,* gli apro il veder della mente Parecchi Codici hanno *veduta;* tratterebbesi di mutare *eterna* in *interna.* Il Codice di Mons. Bernardi legge per *dislego, dispiego.*

12. (L) *Die:* dici.
(SL) *Riceve.* Æn, VI: *Cape dicta.* - III: *Accipite... animis,'atque haec mea figitae dicta* Eccli., XXXII, 18: *Excipiet doctrinam.* Som: *Ratio accipit vera.* [C.] Prov., II, 1: *Fili mi, si susceperis sermones meos, et mandata mea absconderis penes te.*

13. (L) *Sangue:* sperma. — *Non:* non va in sangue.
(SL) *Beve.* Æn., XI: *Hasta... bibit cruorem.*
(F) *Sangue.* Ott.: *Cominciasi Istazio dalla ingenerazione della creatura, e procede per tutti li suoi atti... acciocché compiutamente mostri, onde procede la magrezza nel corpo umano, e per conseguente il termine della vita E dando il modo della ingenerazione, apparirà come la magrezza, della quale tratta qui, puote apparire; perciocchè questo si manifesterà, che virtudi rimangono nell'anima, delle quali si possa alcuna somiglianza fare, ed in quali, e come l'anima, partita del corpo, opera. Dove è da intendere, che, secondo il Filosofo al quale s'appoggia l'au-*

14. Prende nel cuore a tutte membra umane
    Virtute informativa, come quello
    Che, a farsi quelle, per le vene vàne.
15. Ancor, digesto, scende ov'è più bello
    Tacer che dire: e quindi, poscia, geme
    Sovr' altrui sangue in natural vasello.
16. Ivi s'accoglie l'uno e l'altro insieme;
    L'un, disposto a patire, e l'altro, a fare,
    Per lo perfetto luogo onde si preme.

tore, il sangue riceve perfetta generazione di sè nel cuore; e colale sangue non solamente s'ingenera, acciocch'elli sia materia di nutrimento, ma eziandio per essere materia d'ingenerazione. E però essendo tanto del sangue, che possa nutricare l'uomo, ne ingenerò la natura tanto più che ne avanzasse per la generazione.... Questo sangue nel cuore dell'uomo, così in quello della femmina, riceve disposizione, secondo la quale è la materia di tutti li membri, passiva dalla parte della femmina, e attiva dalla parte dell'uomo; e questo è, perocché questo cotale sangue si dispone principalmente nel cuore, perocché nel cuore, principalmente è l'anima. Siccome l'anima per la sua virtude contiene tutto il corpo, siccome il principe contiene la cittade; così il cuore colla sua virtude contiene tutti li membri: onde il sangue riceve dal cuore la potenza di tutti li membri... Questo sangue si manda per le vene alla generazione della matrice, alla quale si getta lo spermo, lo quale dalla matrice ricevuto ed attratto, siccome il ferro dalla calamita si conserva. Vico: La sostanza nervea spermale chiamavano sangue, come la frase poetica lo dimostra: sanguine cretus per generato, e con giusto senso ancora, perchè tale sostanza è il fiore del sangue. Cresc. (II, 8): Benchè lo sperma mascolino sia operatore il quale, siccome artefice, muove e forma il parto; nondimeno, perchè il sangue mestruo è tratto in nutrimento del parto... Conv., IV, 21: Quando l'umano seme cade nel suo recettacolo, cioè nella matrice, esso porta seco la virtù dell'anima generativa, e la virtù del Cielo, e la virtù degli elementi legata, cioè la complessione matura; e dispone la materia alla virtù formativa.. prepara gli organi alla virtù celestiale che produce, della potenzia del seme, l'anima in vita: la quale, incontanente prodotta, riceve dalla virtù del Motore lo intelletto possibile... Poichè Iddio vede apparecchiata la sua creatura a ricevere del suo beneficio, tanto largamente in quella ne mette, quanto apparecchiata è a ricevere. — Perfetto. Pitagora dice il seme umano essere la schiuma del sangue più pura; Democrito, sostanza munta da tutto il corpo; Epicuro, un estratto dell'anima e del corpo; Aristotele, con Dante, una secrezione dell'alimento del sangue.

14. (L) A... vàne: va a mutarsi in quelle membra.

(F) Cuore. Come la mente dell'artefice informa in sè lo strumento innanzi di farlo. Così Pietro; e soggiunge: Però dice il Filosofo che la forma della cosa, per azione della gente, si trae dalla potenza della materia; e l'uomo fa l'uomo, l'ulivo fa l'ulivo; e l'artefice dà al coltello forma, che aveva in animo, del coltello; e l'imagine del coltello gli riman tuttavia nella mente Così nella generazione scende un cert'idolo che regola e conduce la forma e la specie simile al generatore: sebbene Avicenna dica che l'agente inferiore trasmuta la materia, e così la prepara alla nuova forma, la qual viene ministrata da una separata intelligenza, ch'è piena di forme, secondo che le virtù inferiori hanno più o men disposta a ciò la materia. — Informativa. Come l'uovo della gallina, dice il Postillatore Caetano.

15. (L) Ancor: poi. — Ov': a testicoli. — Quindi: di qui. — Altrui: della donna. — Vasello: natura.

16 (L) Un: della donna. — Altro: dell'uomo. — Luogo: il cuore. — Si preme: esce quasi spremuto.

(F) Insieme. Lactant., Opif. Dei: Eorum semen sanguine esse purgatum. Quod si recte cum virili mixtum sit, utraque concreta et simul coagulata informari: primum quidem cor hominis confingi, quod in eo sit et vita hominis et sapientia. — Patire. Som. (II.: La perfezione del sesso maschile e l'imperfezione del muliebre.

17. E, giunto lì, comincia ad operare,
Coagulando prima; e poi avviva
Ciò che, per sua materia, fe' constare.
18. Anima fatta, la virtute attiva,
Qual d'una pianta (in tanto differente,
Che quest' è 'n via, e quella è già a riva);
19. Tanto ovra poi, che già si muove e sente,
Come fungo marino: e quivi imprende
Ad organar le posse ond'è semente.

17. (L) *Coagulando* gli umori. — *Fe':* rapprese.
(SL) *Per.* Vale *come.* Purg., XXIX, t. 12: *Il dolce suon per canto era già 'nteso.*
(F) *Operare.* Arist., Gen. anim., I, 6: *Degli animali ch' hanno sangue si fa prima il cuore.* — *Coagulando.* Col sangue mestruo: così Pietro. Aristotele, nel libro della Generazione degli animali, dice che il seme del maschio è l'agente, della femmina il paziente. Sap., VII, 1-3: *Sum quidem, et ego mortalis homo... et in ventre matris figuratus sum caro; decem mensium tempore coagulatus sum in sanguine, ex semine hominis... Et ego natus accepi communem aerem.* [C] Job, X, 10: *Sicut caseum me coagulasti.* - Plin., VII: *Haec est generando homini materia, semine e maribus, coaguli modo, hoc in sese glomerante, quod deinde tempore ipso animatur corporaturque.* — *Constare.* Gli antichi: *Coagulatio est constantia quaedam humidi... Coagulare est facere ut liquida consient.* Ott.: *Coagulando e meglio digestendo, siccome fa il presame il latte; ed induce nella parte di quello sangue più puro, ed imprime la forma di quello membro nel quale quello cotale sangue, fatto spermo, era essuto principalmente generato, e nel quale primamente è l'anima: e però prima genera il cuore, secondo la mente del Filosofo: poi vuole il Filosofo che, generato il cuore, immantenente se ne produca l'anima; e il cuore, già animato, poi per virtude dell'anima produce li altri organi e membri, operando nelle parti della materia a lui più prossimana.*
18. (L) *Attiva* del germe paterno. — *Quest'* (dell'uomo). — *Via:* non è perfetto. — *Quella:* della pianta. —
Riva. Ha conseguito quanto si conviene alla sua natura di pianta.
(F) *Attiva.* Arist., de Gen. anim., II, 3: *Non si fa insieme animale e uomo.* I Tomisti ammettono che l'anima, vegetativa in prima nel feto, cessi al prodursi dell'anima sensitiva, e questa all'entrare della intellettiva: sebbene altri dottori antichi affermassero che sola l'anima intellettiva sia ne' corpi avvivatrice del feto. Dante non dice che l'anima sensitiva diventi intellettiva; dice che uno spirito nuovo viene inspirato da Dio per intondervi l'intelletto. — *Pianta.* L'anima accrescitiva o vegetativa nella pianta è perfetta; nell'uomo, no: nella pianta è *a riva*, cioè *a fine*, non può perfezionarsi più oltre. Nel Convivio dice che l'anima delle piante è potenza vegetativa e sensitiva; dell'uomo, vegetativa e sensitiva e razionale.
19. (L) *Ovra:* opera. — *Posse:* forze vitali.
(F) *Fungo.* Stimavansi i funghi marini mossi da anima più che vegetativa; e i moderni però li chiamano piante animali o zoofiti. Il fungo marino, spiegano gli antichi comentatori, è simile ad ostrica. — *Posse.* Nelle parti del seme paterno son varie virtù destinate a formare i vari organi. Ma di queste posse una sola è il germe. Ott.: *È come una ostrica di mare, che ha sentimento e movimento non processivo: perocchè non nuota come gli altri pesci, ma ha movimento di dilatarsi e di strignersi, come il lombrico. Ma poi l'anima, o la virtù dell'anima, ch'è nel cuore, dilata le membra ed istrigne; e questo fa, acciocchè le potenze dell'anima abbiano gli organi suoi; delle quali potenze essa anima si è seme e fondamento.*

CANTO XXV. 343

20. Or si piega, figliuolo, or si distende
La virtù ch'è dal cuor del generante,
Dove Natura a tutte membra intende.

21. Ma, come d'animal divenga fante,
Non vedi tu ancor: quest'è tal punto
Che più savio di te già fece errante;

22. Sì che, per sua dottrina, fe' disgiunto
Dall'anima il possibile intelletto,
Perchè da lui non vide organo assunto.

23. Apri alla verità, che viene, il petto;
E sappi che, sì tosto come al feto
L'articolar del cerebro è perfetto,

20. (L) *Distende* per formare le membra del feto. — *A:* formare.
(F) *Intende.* Som.: *Anima intendit conservare corpus.* Ott.: *La virtù, che procede dal cuore del generante, si spande sopra tutti quanti li membri; e dal cuore procede, nel quale, come nel primo fondamento dell'anima, è la virtù generativa di tutti i membri.* Vico, Antiqu. Ital. Sap., IV: *Forse perchè, il cuore, primo di tutte le membra, nella generazione dell'animale risaltare e balzare, ultimo nella morte mancar di moto e di calore, osservavano.*

21. (F) *Fante:* uomo
(SL) *Fante.* Purg., XI, t. 22. Da *for*, parlare e ragionare.
(F) *Animal.* Conv., IV, 8: *Siccome levando l'ultimo canto del pentagono, rimane quadrangolo; così levando l'ultima potenza dell'anima, cioè la ragione, non rimane più uomo, ma cosa con anima sensitiva solamente, cioè animale bruto.* La similitudine è tolta da Aristotele (De An., II, 3).

22. (SL) *Assunto* Som.: *Materia corporis assumpta de foemina.*
(F) *Possibile.* Aristotele (De Anim., III) e Averroe, combattuti da Agostino, da Tommaso e da Scoto. Averroe dice che l'anima nostra intelligente non s'unisce al corpo come forma, e che l'intelletto possibile è cosa separata da noi. E Aristotele lo dice insieme distinto dall'esser nostro e congiunto; e dice che noi per esso operiamo e intendiamo. Averroe faceva distinto il possibile intelletto dall'anima, perchè, dicev'egli non è forma del corpo ciò che non è corpo nè virtù corporale. Diceva inoltre: L'intelletto riceve in sè tutte le forme materiali; ora il continente de-v'essere diverso dalla natura del contenuto. Nè l'intelletto possibile si può attribuire a parte veruna del corpo, perchè non atto del corpo; nè l'intendere è operazione d'organo corporeo nessuno. S. Tommaso (Cont. Gentes, lib. II) confuta siffatti argomenti, appoggiati a imagini materiali. Se l'intelletto possibile, dic'egli, fosse separato dall'anima, l'uomo non intenderebbe, ma sarebbe inteso da cotesto separato intelletto. E l'intelletto possibile è già nell'uomo sin dal principio; senza che mancherebbe la capacità dell'intendere, la ragione. Non è dunque l'intelletto possibile un che comune a tutti gli uomini che furono e sono e saranno, come Averroe vuole nel terzo dell'Anima. E l'intelletto è unito al corpo come forma, poichè sempre una forma dev'essere unita con la materia. Ne riparla poi nella Somma, e dice che l'anima è la forma essenziale del corpo. Intelletto possibile era la facoltà d'intendere, facoltà dagli antichi negata all'intelletto agente. Scoto (in IV, dist. 45, qu. 4): *Nullus intellectus intelligit, nisi intellectus possibilis, quia agens non intelligit.* L'intelletto agente traeva dalle materiali le spirituali specie; il possibile le intendeva. [Averroè, sosteneva, secondo il Daniello, che nell'*uomo non sia proprio e particolare intelletto, ma che sia un intelletto universale estrinseco, il quale s'intenda in tutti gli uomini, non altrimenti che faccia il sole per tutte le parti del mondo:* opinione, sotto l'espressione d'*impersonalità della ragione*, insegnata oggi nella scuola di V. Cousin.]

23. (L) *Articolar:* ne' suoi organi tutti.

24. Lo Motor primo a lui si volge, lieto
Sovra tant'arte di Natura, e spira
Spirito nuovo, di virtù repleto,
25. Che, ciò che trova attivo, quivi tira
In sua sustanzia: e fassi un'alma sola,
Che vive e sente, e sè in sè rigira.
26. E, perchè meno ammiri la parola,
Guarda 'l calor del sol, che si fa vino,
Giunto all' umor che dalla vite cola.

(SL) *Petto*. [C.] Ov.: *Quaeque viri docto veteres cepere noviaque Pectore*.
24. (L) *Motor* : Dio. — *Repleto* : pieno.
(SL) *Repleto*. Som.: *Munere gratiae repleta*.
(F) *Lieto*. Perchè *vidit... quod esset bonum* (Gen , 1, 10). Psal., CIII, 31: *Laetabitur Dominus in operibus suis*. Nel XVI, t. 30 del Purgatorio: *L'anima .. mossa da lieto Fattore*. Meglio *Motore*, perchè rammenta *l'Amor divino* che *Mosse quelle cose belle, l'Amor che muove il sole*. — *Spira*. Cic , Tusc.: *Humanus animus excerptus ex mente divina*. Meglio Sap. (XV, 11): *Inspiravit illi animam quae operatur, et insufflavit ei spiritum vitalem*.
25. (SL) [*Rigira*. Espressione che brevemente rende un pensiero difficilissimo. Il Tasso, in un sonetto: *Come vento che in sè respiri e torni Or rientra in sè stessa, or le nodose Rote distende, e sè dopo sè tira*. V. Purg., XXXIII, t 39]
(F) *Attivo*. L'anima sensitiva ha luogo, dice,Pietro, nella prima massa carnale, la quale comincia avere vita: quindi si forma il cuore, il fegato, il cerebro, e organizzato l'embrione, l'anima razionale è infusa da Dio; e d'animale vegetante diventa animal ragionevole. — *Sola* L'intellettiva, la vegetativa e la sensitiva. Lo spirito intelligente tira a sè l'anima sensitiva. — *Rigira* Ott : *Nulla virtude sensitiva è reflessiva sopra sè medesima; perocchè è virtù affissa ad organo. Solo la virtù che reflette sè sopra sè medesima, è la virtù che non è legata ad organo, ch'è solo lo intelletto: onde dice il Filosofo, nel Cap. XXX dell'Anima, che lo intelletto... ha ragione d'intendente, e ragione d'inteso; onde in sua opera è principio e fine. E così pare, ch'egli si abbia a modo d'uno giro... quando uno medesimo è il principio e la fine, secondo la sentenza di coloro che pongono nel composito una sola forma*.
26. (L) *Parola*: il detto mio. — *Giunto* : congiunto.
(SL) [*Calor*. Ciceronè, dell'uva: *Quae et succo terrae et calore solis augescens, primo est peracerba gustatu, deinde maturata dulcescit* (De Senectute).]
(F) *Vino* Redi: *Sì bel sangue, è un raggio acceso Di quel sol che in ciel vedete*. Or come il sole coll'umor della vite si fa vino, così, dice Stazio, lo spirito ispirato da Dio coll'anima sensitiva si fa intelligenza. Ott.: *Così fa la virtù dell'anima intellettiva: di convertire la potenza vegetabile e la sensitiva, e unirle e sè*. — *Giunto*. [Ant] Il filosofo qui contempla il sole sotto l'aspetto botanico, in quanto cioè influisce grandemente alla vita delle piante, alla produzione de'fiori, alla maturazione de'frutti; e dice cosa mirabilissima, perchè profondamente vera. Anche prima dell'Allighieri si ebbero dei concetti analoghi; ma egli, per quanto ci pare, ha espresso la cosa meglio di tutti, anche del Galilei che disse il vino *un composto di umore e di luce*; perciocchè, sebbene luce includa calore, il Nostro ha colto con diretta parola l'elemento che è maggiormente efficace. Diresti, il Galilei qui essere il Poeta, Dante lo scienzato. Che se questo richiamo è maraviglioso per la dottrina, non è meno per quel che vale a acquietare l'animo nostro, turbato sovente all'aspetto di certi misteri che non sa nè può decifrare; acquietarlo, dico, con l'esempio di altri misteri innegabili, col fatto di operazioni naturali, che presentano analoghi effetti, che ci sono famigliari, e che pure passavano inavvertiti.

27. E, quando Lachesís non ha più lino,
   Solvesi dalla carne, ed in virtute
   Seco ne porta e l'umano e 'l divino.
28. L'altre potenzie tutte quante mute:
   Memoria, intelligenzia, e volontade,
   In atto, molto più che prima, acute.
29. Senza restarsi, per sè stessa cade,
   Mirabilmente, all'una delle rive:
   Quivi conosce prima le sue strade.
30. Tosto che luogo lì la circonscrive,
   La virtù formativa raggia intorno,
   Così e quanto nelle membra vive.
31. E come l'aere, quando è ben piorno,
   Per l'altrui raggio che 'n sè si riflette,
   Di diversi color' si mostra adorno;
32. Così l'aër vicin quivi si mette
   In quella forma che in lui suggella
   Virtualmente l'alma che ristette.

27. (L) *Quando si muore.* — *Lachesís:* la Parca che fila le nostre vite. — *Solvesi* l'anima. — *Umano:* la virtù senziente e l'intelligente.
(SL) *Lachesís.* Cloto è nominata nel XXI, t. 9 del Purgatorio. Atropòs nel XXXIII, t. 42 dell'Inferno. Ott.: *Cioè quando l'umido radicale è tutto consumato.* — *Solvesi* Æn., IV: *Luctantem animam nexosque resolveret artus.* Un inno: *Soluta sunt jam vincula Tui sacrati corporis.* — *Virtute* Tornerà in atto l'umano quando piglierà corpo aereo.

28. (F) *Memoria:* Le potenze sono ammorzate perchè mancano gli organi dopo la morte: le spirituali più vive, perchè, dice l'Ottimo, non sono impedite da alcuna virtù naturale o sensitiva.

29 (L) *Restarsi:* fermarsi. — *Rive* d'Acheronte o del Tevere. — *Strade:* dov' ha a ire.
(SL) *Rive.* Purg, II, t. 34, 35. — *Strade.* Psal, CXLI, 4: *Cognovisti semitas meas.*

30. (L) *Virtù*, ch'è in lei. — *Vive:* mortali.
(SL) *Virtù* Del nuovo corpo, congenita agli spiriti. Lactant., VII, 21. — *Così.* E nel modo e nella intensità del sentire, i nuovi organi corrispondono a quelli del corpo terreno.

31. (L) *Piorno:* piovoso. — *Altrui:* del sole.
(SL) *Piorno.* Da *pluvia*, come

giorno da *dies*. Il Codice di Mons. Bernardi *piuorno.*
(F) *Aere.* Giasone Ebreo colloca le anime nell'aria, e dopo morte, colà le rimanda. — *Ben* [ant] Accenna le cause dell'arco baleno Soltanto dopo il Maurolico, il De-Dominis, il Descartes e il Newton si conosce appieno la teoria di questo magnifico fenomeno, prodotto dalla refrazione e dalla riflessione di raggi luminosi nelle goccioletie della pioggia nell'aria: ma il nostro Fisico si è ben accorto che l'aere si mostra adorno di diversi colori in virtù di raggio che viene d'altronde, il quale in lui si riflette quand'esso aere è ben piorno, cioè ben saturo di goccioletie piovose. Rammentando pertanto che a' tempi del Poeta *riflesso* stava anche per *rifratto* e reciprocamente, si vedrà come e' fosse in buona via quanto al conoscere la natura dell'iride; e apparirà lui averla meglio compresa di Aristotele, di Possidonio e di Seneca.

32 (L) *Alma.* L'anima, venuta a stare nell'Inferno o nel Purgatorio imprime nell'aria quella forma corporea.
(F) *Virtualmente.* Perch'ella ha virtù d'operare sulla materia, e fare organo a sè. Così pensarono i Padri seguaci delle idee platoniche, Origene, Clemente: Agostino ne dubita (De Civ. Dei, XXI, 10).

33. E, simigliante poi alla fiammella
Che segue il fuoco là 'vunque si muta,
Segue allo spirto sua forma novella.

34. Però che quindi ha poscia sua paruta,
È chiamata ombra: e quindi organa poi
Ciascun sentire, infino alla veduta.

35. Quindi parliamo, e quindi ridiam noi;
Quindi facciam le lagrime e i sospiri
Che per lo monte aver sentiti puoi.

36. Secondo che ci affiggon li desiri
E gli altri affetti, l'ombra si figura:
E questa è la cagion di che tu miri. —

37. E già venuto all'ultima tortura
S'era per noi, e vôlto alla man destra;
Ed eravamo attenti ad altra cura.

38. Quivi la ripa fiamma in fuor balestra,
E la cornice spira fiato in suso,
Che la reflette, e via da lei sequestra.

39. Ond' ir ne convenia dal lato schiuso
Ad uno ad uno: ed io temeva il fuoco
Quinci, e quindi temeva il cader giuso.

---

33. (L) *Là 'vunque*: là dovunque. — *Si muta*: si muove.
(SL) *Forma*. Qui non nel senso filosofico; ma come quel di Virgilio, Æn., VI: *Tenues sine corpore vitas... volitare cava sub imagine formae.* - *Forma tricorporis umbrae.* E la dice *ombra* poi.
(F) *Fiammella*. Il Maestro delle Sentenze: *Si viventis hominis corporeus spiritus tenetur in corpore, cur non pòst mortem etiam corporeo igne teneatur? Æn.,* VI: *Igneus est ollis vigor et coelestis origo Seminibus* (Vedasi tutto il passo, v. 730-745).
34. (L) *Quindi*: così appare visibile. — *Sentire*: senso: la vista e gli altri.
35. (L) *Noi morti*.
(SL) *Quindi.* Æn., VI: *Hinc metuunt cupiuntque, dolent gaudentque.* [Qui Dante distrugge direttamente la lezione di qualche codice: *La rivestita voce alleluiando* (Purg., XXX, t. 5), come la distrugge indirettamente per tutte le tre Cantiche.]
36. (L) *Affiggon*: pungono. — *Miri*: ammiri.
(SL) *Affiggon*: *Fixus* per *trafitto* ne' Latini.
37. (L) *Per*: da.

(SL) *Venuto*. Æn., VI: *Ventum erat ad limen.* Hor., Sat., I, 3: *Ventum ad verum est.*
38. (L) *Ripa*: sasso del monte. — *Cornice*: orlo — *Sequestra*, onde rimane uno spazio vuoto.
(SL) *Quivi* [Ant.] Col terminare del profondo ragionamento di Stazio, erano giunti al girone settimo e già voltati alla destra. Si mossero dunque su questa cornice come sulle precedenti, camminando con la ripa del monte a sinistra; perchè quando furono in cima alla scala, questa ripa stava loro di fronte; onde, se quindi volsero a destra, porsero la sinistra alla ripa medesima — *Balestra*. Meglio che *Eructat arenam*; - *Scopulos... eructans* (Æn., III, VI).
39 (L) *Schiuso* sull'orlo.
(SL) *Schiuso*. [Ant] A sinistra avendo la ripa, e da essa scoccando fiamma, dovevano i Poeti ritirarsi a destra sullo stretto sentiero, che il vento ripiegante le fiamme stesse lasciava lor libero: ma la cornice, da quella parte non avendo difesa veruna, dava in un precipizio, che era il fianco scosceso, e già superato della montagna. — *Quinci*. Æn., XII: *Atque*

40. Lo duca mio dicea: — Per questo loco
Si vuol tenere agli occhi stretto il freno;
Però ch'errar potrebbesi per poco. —
41. *Summæ Dëus clementiæ*, nel seno
Del grande ardore allora udii cantando;
Che di volger mi fe' caler non meno.
42. E vidi Spirti, per la fiamma andando:
Per ch'io guardava a' loro e a' miei passi,
Compartendo la vista a quando a quando.
43. Appresso il fine ch'a quell'inno fassi,
Gridavano alto: *Virum non cognosco:*
Indi ricominciavan l'inno bassi.
44. Finitolo, anche gridavano: « Al bosco
» Corse Diana, ed Elice caccionne,
» Che di Venere avea sentito il tosco. »
45. Indi al cantar tornavano; indi donno
Gridavano e mariti che fur casti
Come virtute e matrimonio imponne.
46. E questo modo credo che lor basti
Per tutto il tempo che 'l fuoco gli abbrucia.
Con tal cura conviene e con tai pasti
Che la piaga dassezzo si ricucia.

hinc vasta palus, hinc ardua moenia cingunt.
40. (L) *Freno:* badare.
(SL) *Freno.* Eccli, IX, 8: *Averte faciem tuam a muliere compta.*
41. (L) *Che:* il che. — *Caler:* importare.
(SL) *Cantando.* Udii dir cantando. O: Udii genti cantanti; come poi *andando* per *andanti* modo rimasto a' Francesi.
(F) *Summae.* Inno della Chiesa: *Ut corde puro sordium Te perfruamur largius... Qui lumbos, jecur morbidum Aduret igni congruo.*
42. (L) *Andando:* andanti. — *Vista:* badando e a loro, e a non cadere.
43. (L) *Appresso:* dopo.
(SL) *Virum.* Parole di Maria (Luc., I, 34). — *Bassi.* Il verso suona l'abbassar della voce. L'inno era umile prego a Dio; gli esempi, forte rimprovero a sè.

44. (L) *Diana.* Cacciò la Ninfa Callisto, perchè violata da Giove; poi mutata nella costellazione dell' Orsa, detta Elice.
(SL) *Bosco.* Ovid. Met., II: *Nacta nemus gelidum. - Hinc odio nemus. est, et conscia sylva.* — *Caccionne.* Ovid. Met., II: *I procul hinc, dixit, nec sacros pollue fontes, Cynthia: deque suo jussit secedere caetu.* — *Tosco.* Venere ad Amore: *Fallas... veneno.* (Æn., 1). - VI: *Amor crudeli tabe peredit.*
45. (L) *Imponne:* c'impone.
(SL) *Virtute.* Anco nel matrimonio legittimo e fedele può non essere castità.
46. (L) *Basti:* duri. — *Pasti:* quasi dieta. — *Dassezzo:* da ultimo. — *Ricucia,* chiuda.
(F) *Ricucia.* Somma: *La penitenza sana il peccato.* Arist. Eth.: *Le pene sono medicina.*

Non felice la dicitura nella prima e nell'ultime terzine del Canto. Ma quell'imagine del Sole che *lascia la notte* allo Scorpione, fa ripensare come la tradizione popolare e la scienza e l'arte cospirassero già amicamente per diffondere dappertutto la vita, e portare la terra nel cielo, finchè il Cristianesimo con più alta sapienza e poesia unisse il cielo alla terra. Il sublime desiderio del Pagano, *divina mallem ad nos*, sarebbe avverato se dagli uomini il concetto cristiano nell'arte e nella scienza, e nella vita, che è il più, s'attuasse.

Dante qui di bel nuovo ci si mostra timido a interrogare: e Virgilio prega che Stazio gli risponda: e così la bellezza morale si converte in artifizio drammatico; e l'aridità didattica viene, senza sforzo nè sfoggio, temperata, anzi ornata.

Fra le più potenti parole della esposizione, è quella che del seme dice, come da *perfetto luogo si prema*. L'improprietà fisiologica, che lo deduce dal cuore, non fa che non sia vero, essere ivi spremuta insieme ed espressa la vita del generante: al che consuona la stessa analogia filologica, la quale fa corrispondere cotesta *espressione* delle potenze vitali alla *impressione* che quindi si crea in una vita novella. Altra locuzione potente, che Dante attinge alle fonti antiche, è il *coagularsi* che fanno i primi elementi di questa novella vita per la virtù impressa dal germe fecondatore Quel che la scienza moderna ragionevolmente arguisce della formazione de' mondi, pare che sia legge di tutto il creato: che gli elementi, in prima disgregati e quasi vaganti, si vengono condensando, e per una virtù plasmatrice ordinando, si che il raccostarsi non li confonda e l'uno con l'altro gli affoghi.

La vita più imperfetta incomincia dalla semplice vegetazione, che è un moto interiore; si svolge in moti sempre più complessi al di dentro; poi negli esteriori che fanno il vivente avvantaggiarsi della varietà dello spazio, e fanno lo spazio ambiente avvantaggiarsi dell'azione vitale di lui Ma, se lo svolgimento graduato ha luogo nel mondo corporeo; quando si viene allo spirito ragionevole, non è possibile imaginare sopprapposizione di quantità, quasi scalini di scala: bisogna che la virtù dello spirito unifichi in sè, sublimando, le proprietà delle vite inferiori, non assorba esse vite. Che Dante così l'intendesse, lo prova la stessa similitudine (la quale, perchè tolta dal mondo corporeo, non poteva convenirsi al soggetto perfettamente) della lagrima della vite, onde il sole fa vino; che con la potenza solita del suo ingegno Galileo traduceva in quest'altra espressione che il vino è liquido e luce: espressione che diventa più vera se s'illustri con quella dottrina che fa dell'elettrico e del magnetico e del calore e della luce una sola potenza Dico *potenza*, e non *sostanza*, giacchè l'essere di sostanza Tommaso stesso negava, divinando, alla luce. E quell'altra similitudine, che par tanto strana, di Meleagro che sente consumarsi la vita coll'ardere lontano del tizzone fatato (così come nelle tradizioni del popolo il languire d'un fiore è segno all'amata che il suo caro vien meno); questa similitudine, fatta più accostevole dall'altra, dell'imagine che nello specchio si muove secondo il muovere della persona; potrebb'essere almeno scusata dalla considerazione delle influenze magnetiche, le quali, per quanto siano da' ciarlatani abusate, non lasciano d'avere la sua verità, e fanno intravvedere verità ben maggiori.

Nell'unità dell'anima umana riconosceva il Poeta la natura e potenza di lei: e però non è pompa di erudizione filosofica, come può in altri luoghi parere, l'accenno all'errore di coloro che ponevano l'intelletto possibile diviso dall'intelligenza dell'anima umana; errore che o suppone il panteismo o vi trae.

Dante, invece di porre lo spirito nel corpo, e fare quello risultante dalle forze di questo; fa per contrario dalla vita dello spirito uscire quella del corpo; e, sciolta si la materia terrena, altri elementi da esso spirito adunati, quasi per nuova fecondazione coagulante, atteggiarsi in organi, e al suo cenno ubbidire. La scienza moderna fa raggiare luce e magnetico, calore ed elettrico; il vecchio poeta fa raggiare, con tutti gli organi suoi, dallo spirito intera la vita.

LA VITA.

Acciocchè meglio risalti la molta dottrina nascosta in questo Canto, converrà che alle parole del Poeta, recate quasi alla lettera, s'accompagnino a passo a passo quelle de' filosofi da lui presi a guida: e così tra le autorità sparse per le note precedenti, e tra le ordinate qui, che non rendono però meno necessaria la lettura del trattato di Aristotele intorno alle generazioni degli animali, si vedrà che le antiche opinioni presentivano alcune scoperte della moderna embriologia, e che forse potrebbero farsi germe a qualch'altra nuova scoperta.

I. « *Sangue perfetto, che non passa a circolare nelle vene, non è attratto da loro quasi come assetate* (dacchè *l'attrazione vitale onde s'opera la circolazione, è quasi un'imagine del bisogno e del desiderio indotti dalla sete nell'uomo), e si rimane quasi alimento non consumato, e riposto a usi e tempi migliori.* »

Tra le virtù nutritiva, conservativa e generativa, quest'ultima è la più perfetta; perchè gli è proprio di cosa perfetta il farne altre quale ell'è (1).

Alla potenza generativa servono e la nutritiva e l'accrescitiva; e la nutritiva serve all'accrescitiva (2).

Fine dell'alimento ed effetto è la generazione.

Dell'alimento che di fuori entra ne' luoghi che lo ricevono, si fa l'evaporazione alle vene; e ivi si muta in sangue (3).

Sanguis praeparatus ad conceptum est purior et perfectior alio sanguine (4).

Il sangue non è, in atto, ancora parte del corpo, ma è il tutto in potenza (5).

Quel che in potenza è il tutto, che a produrre il corpo intero ha virtù derivante dall'anima del generante, egli è quello che si genera dall'alimento innanzi che sia compartito in sostanza delle membra (6).

Non può essere germe di nuovo vivente quel ch'è già convertito in sostanza delle membra per una specie d'analisi; perchè, se quel che ha già preso una forma determinata, e un uffizio speciale, non ritenesse punto della natura del generante, sarebbe quasi in via di corruzione, e non avrebbe virtù di convertire altra materia in natura simile alla sua propria:

(1) Arist., de An., II.
(2) Som., 1, 78.
(3) Arist. de Somn. et Vig.
(4) Som., 3, 31.
(5) Arist. de Gen. an., I.
(6) Som., 1, 99.

se poi ritenesse della natura del corpo a cui appartiene, sarebbe limitato a una parte di quello, e non potrebbe nè rappresentare nè infondere l'intera vita (1).

II. « Cotesto sangue, che non è propriamente ancor sangue, prende nel » cuore virtù plastica a formare tutte e ciascuno delle membra umane; e ce » la prende per questo, che, s'egli andasse nella circolazione non servirebbe » che all'incremento della vita di tutte esse membra e di ciascheduno. »

Nel seme è un principio formativo del cuore (2).
Per il moto del cuore si conserva la vita (3).
Gli animali ch'hanno sangue hanno tutti cuore; e di qui è il principio del moto e il principal sentimento (4).
Il capo riceve influenza dal cuore (5).

III. « Cotesto sangue, o piuttosto fiore del sangue, digerito (6) per vasi » suoi proprii, discende verso le parti della generazione; e di lì esce in na- » tural vaso (7), sopra il sangue della femmina. »

Il padre dà il principio attivo nella generazione, la materia è somministrata dalla madre (8).

Foemina materiam ministrat, quod est sanguis menstruus (9).
Materia quam foemina subministrat ad generationem, est sanguis, non quicumque, sed perductus ad quandam ampliorem digestionem per virtutem generativam matris (10).
Sanguines ad locum generationis congruum pervenirent (11).

IV. « Quivi s'accolgono il seme fecondante ed il muco: questo passivo, » quello attivo, siccome espresso dal fiore del sangue, e dal cuore, e però » doppiamente perfetto. »

Foemina materiam ministrat; ex parte maris fit principium activum in generatione (12).

Il corpo è composto di potenza ed atto; e però è agente e paziente: agente in quanto è in atto, e opera su un altro corpo in quanto è in potenza (13).

Tutta la virtù attiva è dalla parte dei maschi, tutta la passiva delle femmine (14).

Nel seme comprendonsi e le virtù attive e le passive (15).

Il principio passivo trasmuta la materia, mosso che sia dal principio attivo che alla sua natura conviene (16).

Il maschio è più nobile (17).

L'agente è più prestante del paziente (18).

Ciò che patisce, è condotto ai termini dell'agente; perchè l'agente assimila a sè quel che patisce, e però è tratto fuori de' termini ne' quali era (19). Alla

(1) Som., 1, 99.
(2) Som., 1, 78.
(3) Som., 1, 1, 18: - 2, 1, 73.
(4) Arist. de Somn. et Vig.; Som., 1, 1, 12.
(5) Som., 3, 8.
(6) Arist. Phys., II, 8: *Digestione del sangue*.
(7) *Vas* è la voce usata anco dalla Somma (2, 2, 154).
(8) Arist., de Gen., an., I.
(9) Som., 3, 32.

(10) Arist., de Gen. an., I.
(11) Som., 3, 33.
(12) Arist., de Gen. an., I.
(13) Som, 1, 103.
(14) Som, 3, 32.
(15) Som., 1, 115.
(16) Som, 3, 33.
(17) Som., 3, 31.
(18) Arist., de An., III. - Aug. in gen. lit., XII.
(19) Som. Sup., 82.

mistione richiedesi l'azione e la passione delle qualità attive e delle passive, e secondo il predominio dell'una o dell'altra, i misti riescono di diversa complessione.

V. « *E così congiunto, il principio attivo, incomincia a operare, conden-
» sando prima queqli elementi che trova nella femmina, e ai quali diede
» consistenza* (1), *siccome a materia dov'esso imprimerà la sua forma.* » —
(Perchè il primo grado nella formazione de' movimenti, anco inanimati, è la condensazione.)

Materia adunata pervenit ad locum generationis (2).

Irritato l'utero per la virtù del principio fecondatore, e per il germe disceso dalle trombe, richiama a sè maggior copia d'umori (3).

È somministrata al germe materia da nutrirsi, e al sacco ovale che lo avvolge, fluido da rigonfiarsi, e all'utero perspirante, un vapore acqueo da ammollirsi e farsi duttile (4).

Il corpo è per l'anima come la materia per la forma (5).

La virtù attiva si contrappone alla materia (6).

Dice un moderno, la matrice affatto attiva ne' primi momenti della concezione, e che diventa in parte passiva quando il suo prodotto abbia acquistato tanto volume che la sua cavità abbia spazio libero in ogni verso.

Quando la materia somministrata dalla femmina incomincia ad attrarre l'alimento, allora ella stessa opera già in atto (7).

VI. « *La virtù attiva del germe si fa a quella materia anima vegetativa,
» qual'è nelle piante. Senonchè nelle piante quella è l'ultima perfezione
» della vita, e nell'animale n'è il primo grado.* » — (Così si dichiara la legge, dai moderni trovata, della graduata successione dall'uno all'altro regno, dall'una all'altra specie di viventi; di che però non consegue la medesimezza delle nature, e quella confusione che taluni travia al panteismo.)

Dall'anima del generante si deriva una virtù attiva al seme dell'animale o della pianta (8).

Nel seme è una virtù attiva maggiore della materia; ed è una sostanza che nella concezione viene trasmutata (9).

La virtù generativa appartiene all'anima vegetabile (10).

Le potenze nutritive sono prima delle sensitive, e a queste preparano un corpo (11).

Le piante dicesi che vivono in quant'hanno in sè il principio d'aumento e di decremento (12).

Le piante tengono l'ultimo grado della vita (13).

L'anima vegetativa è in tutti i corpi viventi; la sensitiva, in soli gli animali (14).

Le piante hanno la nutrizione solo; gli animali, altresì il sentimento (15).

(1) Quest'è il senso latino di *constare:* onde Aristotele (Part. anim.; 1):
Semen genitale quod constiterat...
(2) Som., 3, 33.
(3) Un moderno.
(4) Som., 1, 22.
(5) Un moderno.
(6) Som., 3, 33.
(7) Som., 1, 18.
(8) Som., 1, 118.
(9) Som., 3, 32.
(10) Som.; l. c.
(11) Som., 1, 77.
(12) Som., 1, 1, 18.
(13) Som., l. c.
(14) Arist., de An., III.
(15) Arist., de An., II.

Gli atti dell'anima vegetativa sono i men nobili, e men soggetti all'impero della ragione (1).

VII. « *Seguitando la virtù attiva a operare, quella materia animata si muove e sente, ma il suo moto è tuttavia interiore, come sarebbe di conchiglia o corallo. E qui cominciano a ordinarsi, secondo i varii organi, le potenze della vita che sono nel germe contenute, e pur distinte.* »

Gli animali non solo sono dotati di senso, ma possono eziandio muoversi (2).

Quella virtù attiva ch'è nel seme derivata dall'anima del generante, è quasi un moto impresso dall'anima del generante, nè è anima se non in virtù (3).

Certi animali hanno il senso, non il moto (4).

La virtù che era nel germe non è, essa, che si fa anima sensitiva; perchè la generazione allora sarebbe simile alla nutrizione ed al crescimento, e il generante e il generato sarebbe un ente solo. Ma l'anima sensitiva quando comincia a essere, ella allora, a svolgimento del corpo, opera la nutrizione ed il crescimento (5).

I viventi meno perfetti si muovono per contrazione e dilatazione; come i crostacei, che di poco eccedono il moto della pianta (6).

Nella natura corporea i più perfetti sono i corpi vivi: onde il nome di natura fu traslato dalle cose viventi a tutte le naturali (7).

Altri animali sentono, ma senza muoversi, come le ostriche; altri hanno moto: altri, di più, intelligenza (8).

È ordine naturale che gli enti gradatamente di potenza si deducano ad atto. E così nella generazione quel ch'è da prima imperfetto si viene quindi perfezionando. Or il comune ha relazione al proprio e determinato, come l'imperfetto al perfetto. E però vediamo che nella generazione dell'animale generasi prima l'animale che l'uomo o il cavallo: così l'alimento riceve in prima una virtù comune in rispetto a tutte le parti del corpo, e infine si determina all'una o all'altra parte (9).

VIII. « *La virtù del germe, mossa dal cuore del generante, qui si piega e la si distende, per dare alla materia il crescimento in ampiezza, e il crescimento in rilievo, che si conviene a tutto intero il corpo e a ciascun dei suoi membri; dacchè la natura tutti e ciascuno intende a formare nel cuore siccome principio della vita.* » — (Che se tale virtù formatrice del tutto e delle parti non fosse un'armonia del germe stesso, non gli si potrebbe poi sopraggiungere per isvolgimento. Abbiamo in questi tre versi tre personificazioni: la virtù che si parte dal cuore, e si spiega e si distende sulla materia sottoposta, per ispiegare e stendere quella; la materia, che è lavorata dal germe, quasi da artista che imprime in cera o in argilla l'imagine concepita; e la Natura che nel cuore provvede con attenzione amorosa e intensa a ciascuna parte dell'opera sua futura. E perchè la dichiarazione dottrinale sia ancora più viva e più impressa d'affetto, Stazio intrammezza, ragionando a Dante, la parola *figliuolo*, che qui suona efficace del par che elegante.)

(1) Som., 2, 1, 17.
(2) Arist., de Inc. an.
(3) Som., 1, 118.
(4) Arist., de An., II.
(5) Som., l. c.

(6) Som., 1, 1, 118.
(7) Som., 1, 115. Arist. Met., V: *Natura è ogni principio del moto.*
(8) Arist. Eth., IX, 5.
(9) Som., 1, 99.

CANTO XXV.

Generazione è passaggio da essere ad essere. Ne' viventi più propriamente generazione è l'origine d'un vivente da un principio vivente (1).

Il seme che è principio dell'animale generato dal seme, ha prima di sè l'animale o la pianta ond'è tolto (2).

Nel seme è un moto che si parte dall'anima del padre, e che muove la materia alla forma del vivente che sta per essere concepito (3).

Il generante muove, secondo il luogo, i gravi e i leggieri (4).

I corpi gravi o leggieri son mossi o dal generante che dà la forma, o da un motore che rimuove l'ostacolo (5).

In semine operatur vis formativa ab anima patris derivata (6).

Virtus animae quae est in semine, per spiritum format corpus (7).

Il crescimento si fa per la virtù insita nel corpo che cresce; ma la formazione del corpo si fa per la potenza generativa non del generato ma del generante (8).

Dal supporre che l'anima dell'uomo sia uno svolgersi di quella dell'animale per la virtù stessa del seme, seguirebbe che la generazione fosse un moto continuo procedente a poco a poco dall' imperfetto al perfetto (9).

IX. « *Ma non è ancora detto come il feto, d'animale ch'egli è, divenga anima capace di parola, cioè di ragione.* » — (La moderna embriologia ha dimostrato come nel primo svolgersi della vita nell'embrione, anco degli animali più perfetti, svolgansi per primi quegli elementi ch'eglino hanno comuni coi meno perfetti; e questa è legge universale di tutti gli enti e corporei e ideali e morali e sociali. La dottrina antica diversifica semplicemente nel linguaggio, chiamando anima vegetativa o sensitiva quella che dai moderni dicesi vita, e dicendo che l'anima nello svolgimento del vivente più perfetto, succedendo a quella dell'ente meno perfetto, la assorbe in sè. Nè il linguaggio moderno scansa tutti gli equivoci, nè spiega il mistero più dell'antico; senonchè egli è men figurato, e per ciò stesso altri forse lo potrebbe sospettare men proprio.)

Prima generasi l'animale che l'uomo (10).

Dell'animale primieramente si manifesta la vita, e in esso ultimamente rimane (11).

Gli animali bruti non hanno se non l'anima sensitiva, le cui potenze tutte son atti degli organi corporali (12).

Animale dicesi quel ch' ha natura sensitiva; ragionevole dicesi dalla natura intellettiva. L'intellettivo è al sensitivo come l'atto è alla potenza (13).

Prima vivo, poi animale, poi uomo (14).

Conviene che sia una forma medesima quella per la quale l'ente è animale, e per la quale è uomo (15).

X. » *Questa difficoltà fece errare taluni che dissero, l'intelletto possibile esser disgiunto dall'anima, perchè non era esso intelletto possibile*

(1) Som., 1, 27.
(2) Som., 1, 1, 4.
(3) Arist., de Gen. an.
(4) Arist. Phys., VIII.
(5) Som., 1, 1, 18.
(6) Som., 3, 33. Arist., de Gen. an., I.
(7) Som., 3, 32.

(8) Som., 3, 33.
(9) Som., 1, 118.
(10) Som., 1, 77.
(11) Som., 1, 1, 18.
(12) Som., 2, 2, 95.
(13) Som., 1, 1, 3.
(14) Som., 3, 33.
(15) Som., 1, 74.

DANTE. *Purgatorio.*

« *assunto da alcun organo corporale, come l'auima stessa assume il corpo.* »
— (L'obbiezione si scioglie dal modo stesso del porla; dacché se l'anima non assume tale o tale organo del corpo, ma è la virtù informante di tutto il corpo e degli organi tutti, ne segue che il modo di concepire dell'anima non deve essere assunto da organo, ed è assurdo dividere l'esercizio delle facoltà di lei dalla natura sua stessa.)

La necessità del porre l'intelletto possibile in noi fu per questo, che noi ci sentiamo talvolta intelligenti in potenza e non in atto: onde ci dev'essere una virtù che sia in potenza d'intendere innanzi esso intendere, ma riducesi nell'atto dell'intendere quando conosce, e più oltre quando riflette. La necessità poi del porre l'intelletto agente, fu perchè le nature delle cose materiali che noi intendiamo, non sussistono fuori dell'anima immateriali e intelligibili in atto, ma sono intelligibili solamente in potenza siccome esistenti fuori dell'anima; però ci dev'essere una virtù che le faccia intelligibili in atto (1).

L'intelletto possibile è in potenza a tutte le cose intelligibili, e riducesi in atto per via delle specie intelligibili, che sono certe forme le quali lo compiscono (2).

Siccome la materia corporale è in potenza alla forma sensibile, così l'intelletto possibile è in potenza alla forma intelligibile (3).

L'intelletto possibile ha all'ordine delle cose intelligibili la relazione che ha la materia prima all'ordine delle cose naturali; perché e l'una e l'altra sono in potenza: onde l'intelletto possibile non può operare se non in quanto è attuato da una specie intelligibile d'ente in atto (4).

È proprio dell'intelletto agente fare le specie intelligibili in atto, astraendole (5) da' fantasmi (6).

I fantasmi movono la mente per virtù dell'intelletto agente (7).

Ricevere è proprio dell'intelletto possibile; illuminare, dell'intelletto agente: all'intelletto possibile s'appartiene essere in potenza in rispetto alle cose naturalmente conoscibili, e talvolta passare nell'atto (8).

Dell'intelletto agente è illuminare gli intelligibili in potenza in quanto per via dell'astrazione e' li fa intelligibili in atto (9).

L'intelletto è in potenza e in atto, siccome la luce ha i colori in impotenza, e in atto li fa (10).

L'intelletto agente e il possibile è in noi per comparazione a' fantasmi; che sono all'intelletto possibile come il colore alla vista, all'agente come il colore al lume (11).

XI. « *Or ecco il vero. Tosto come il feto ha perfetti gli organi, e però* » *gli uffizi del cerebro, quello è il momento che l'anima ragionevole è in-* » *fusa in esso.* » — (Così le virtù, come le facoltà d'ogni vita; così i corpi di ciascun uomo, come i corpi delle nazioni; così nel mondo degli affetti, come in quel delle idee, acciocchè uno spirito più perfetto vi penetri, biso-

(1) Somma.
(2) Arist., de An., III.
(3) Som., 3, 9.
(4) Som., 1, 1, 14.
(5) Qui la parola *astrarre* ha senso, come ognun vede, differente da quel che gli danno sovente i moderni.
(6) Som., 3, 9.
(7) Som., l. c.
(8) Arist., de An., III.
(9) Som., 1, 54.
(10) Arist., de An., III.
(11) Arist., l. c.

gna che la materia, gli strumenti, i mezzi di cotesta maggiore perfezione si trovino apparecchiati.)

La circolazione che costituisce la vita del feto non è, durante la gravidanza, sottoposta all'influenze del cervello (1).

Siccome la potenza dell'aumentare richiede certo tempo al suo atto, così la potenza del generare: chè ambedue sono potenze naturali appartenenti all'anima vegetativa (2).

Nella formazione del corpo principalmente l'atto della concezione consiste; il concorso degli elementi al luogo, e l'accrescimento del corpo già animato fannosi graduati nel tempo (3).

L'anima non è creata innanzi il corpo (4).

Non s'infonde l'anima al corpo nel primo istante della sua concezione (5).

Prima è concepita la carne, che venga l'anima razionale. La materia o disposizione è nella via della generazione innanzi che la forma completiva (6).

Il corpo imperfettamente disposto riceve anima imperfetta; poi, disposto più perfettamente, perfetta (7).

La quantità del corpo nel primo atto che gli si infonde l'anima, è proporzionata alla quantità perfetta alla quale il corpo deve, cresciuto, pervenire: onde i corpi degli uomini che riusciranno più grandi, hanno maggiore quantità nella prima animazione (8).

L'anima, siccome ogni forma naturale, richiede una determinata quantità nella materia sulla quale operare (9).

L'anima è la forma del corpo, e ha certe forze che si servono degli organi corporei, le operazioni delle quali conferiscono alcun che anco a quelle opere dell'anima che sono senza i corporei strumenti (10).

XII. « Allora Dio vi spira uno spirito nuovo (11).

Tommaso distingue l'anima dallo spirito, che è l'intelletto (12).

L'anima è ispirata (13) al corpo (14).

Le ragioni seminali sono distinte dalle causali (15).

Se parecchi agenti sono tra loro reciprocamente ordinati, nulla vieta che la virtù dell'agente superiore compia l'ultima forma più perfetta, e le virtù degli agenti inferiori servano solamente a una certa disposizione della materia: come la virtù del seme dispone la materia, e la virtù dell'anima dà la forma nella generazione dell'animale. Tutta la natura corporea opera come strumento della virtù spirituale, e precipuamente della divina: e però nulla vieta che la formazione del corpo venga da qualche virtù corporale, e l'anima intellettiva sia da Dio solo (16).

Nè si fa se non per creazione (17).

(1) Un moderno.
(2) Som , 3, 33.
(3) Som., 3, 33.
(4) Som., 1, 90.
(5) Som., 3, 33.
(6) Som., 3, 6.
(7) Arist , de Gen. an.
(8) Som , 3, 33.
(9) Som., l. c.
(10) Som., 2, 2, 156.

(11) Il passo de' Salmi (XXXII, 15): *Finxit singillatim corda eorum*, il Supplemento alla Somma (69) l'applica alla creazione dell'anima.
(12) Som., 3, 33.
(13 Som., 1, 115.
(14) Leon., Ep. ad Ful.
(15) Som., 3, 33.
(16) Som., 1, 118.
(17) Sem., 1, 90.

La virtù attiva del germe non è quella che produce il principio intellettivo, il quale è creato da Dio (1).

Origene poneva tutte le anime fin dal principio insieme create. Le anime sono create nell'atto dell'essere infuse al corpo (2).

XIII. « *Questo spirito nuovo, quanto nella vita inferiore ritrova d'attivo, lo tira a sè nella propria sostanza; e della vita vegetativa e sensitiva e ragionevole si fa un'anima sola* » — (L'inesattezza sta forse nel dire che lo spirito creato per essere intelligente tiri a sè l'attività sensitiva, e non piuttosto se ne faccia strumento, serbandola distinta da sè; onde siccome la materia inanimata, o che tale apparisce, è organo alla vita vegetativa, e la materia vegetante alla sensitiva, così la facoltà sensitiva co' propri moti sia organo all'anima)

L'embrione dapprima ha un'anima che è soltanto sensitiva; tolta la quale, viene un'anima più perfetta, che è insieme sensitiva e intellettiva (3).

L'anima s'unisce al corpo e formalmente lo perfeziona, sicchè di due nature facciasi una (4).

L'anima sensitiva negli animali costituisce la specie, perchè riguardasi come l'ultima forma; non però negli uomini, sebbene in noi sia più virtuosa e più nobile, e ciò per l'aggiunzione dell'anima ragionevole (5).

Quattro sono le operazioni del vivere, *alimentarsi, sentire, muoversi, intendere* (6).

Aristotele nel II dell'Anima paragona le diverse anime alle varie specie delle figure; che l'una contiene l'altra, come il pentagono contiene e eccede il tetragono. Così l'anima intellettiva contiene nella sua virtù quant'ha l'anima sensitiva de' bruti, e la nutritiva delle piante (7).

Nel quadrato è il triangolo, nella virtù sensitiva la vegetativa (8).

L'anima è nell'embrione; da principio nutritiva, poi sensitiva, e da ultimo intellettiva. Dicono taluni che sopra l'anima vegetabile, che prima c'era, sopravviene un'altr'anima, che è la sensitiva; e sopra quella un'altra, che è l'intellettiva. E così sarebbero nell'uomo tre anime, delle quali una è in potenza all'altra: il che è a riprovare. Altri dicono che quell'anima stessa che in prima fu vegetativa, poi, per l'azione della virtù ch'è nel seme, diventa essa medesima intellettiva, non per la virtù attiva del seme, ma d'un superiore agente, cioè di Dio, illustrante: ma ciò non può stare (9).

Nè due anime diciamo essere in un uomo, come Iacopo Siro ed altri scrivono: una animale, della quale sia animato il corpo e sia mista al sangue; l'altra spirituale che fornisce la ragione; ma diciamo un'anima sola essere nell'uomo che avviva il corpo col suo consorzio, e con la ragione propria sè stessa governa (10).

La forma sostanziale non soffre il più e il meno; ma il sopraggiungersi di perfezione maggiore dà un'altra specie (11).

La generazione dell'uno essendo sempre la corruzione dell'altro, necessario è dire che tanto nell'uomo quanto negli altri animali quando una più

(1) Som., 1, 118.
(2) Som , 3, 6.
(3) Som., 1, 74.
(4) Som., 3, 2.
(5) Som., l c.
(6) Arist., de An., II.
(7) Som., 1, 74.
(8) Arist., de An., II.
(9) Somma.
(10) Eccl. dogm. cit. dalla Somma (1, 74).
(11) Som., 1, 118.

CANTO XXV.

perfetta forma sopravviene, accade corruzione della prima. In modo però che la forma seguente ha quanto aveva la prima, e anco di più: e così per molte generazioni e corruzioni perviensi all'ultima forma sostanziale, e nell'uomo e negli altri animali. Dunque l'anima intellettiva è creata da Dio nel compimento della generazione umana, quale è insieme, e sensitiva e nutritiva, distrutte le preesistenti forme (1).

XIV. « *Quest'anima unica vive e sente, e si riflette in sè stessa.* » — (Il *riflettersi* Dante dice *rigirarsi*, dall'imagine forse del circolo che si compie in sè stesso, o dall'imagine del rivolgersi che inchiude quella di giro, ed è più propria, cioè più varia insieme e più una, che l'imagine del *riflettersi,* la qual parola, suonando *piegare,* denota una specie sola di moto, e sovente difettoso.)

Intelletto non conosce sè stesso se non quant'è in atto (2).

La volontà può infinite volte riflettersi sopra sè stessa; dacchè io posso volere una cosa, e voler di volerla, e così via via (3). (Il simile del pensiero.) L'anima involatasi alle cose esteriori, e fatta signora de' sensi che si sforzano di sviarla, ritorna a sè stessa e sale alla conoscenza divina (4).

Chi sa l'essenza di sè, ritorna a essa essenza con giro compiuto (5).

XV. « *E acciocchè non ti paia strano questo unificarsi della virtù della
» vita vegetante coll'anima intelligente, guarda, per modo d'esempio,
» l'umore che geme dalla vite e che non ha nè il colore nè l'essenza del
» vino, farsi vino sotto il calore del sole che a lui si congiunge.* »

La materia, in quant'è sotto una forma, non perde potenza in altra forma (6).

Nel sole è la somiglianza delle cose che generansi per la virtù del sole (7).

Empedocle stimò che le piante fossero figlie della terra, e i loro frutti nascessero di fuoco e d'acqua. Ateneo (II) cita Euripide, laddove dice che uno de' cavalli del sole matura le uve.

Nota la Somma che dall'uso de' cibi viene al corpo calore, spirito, umore (8); e qui per ispirito intendesi non so che simile a quello che cinquant'anni fa dicevansi gli spiriti animali, e che non è voce priva di senso se s'intenda in conformità, non in contradizione, alle tradizioni della filosofia vera, cioè dell'umano linguaggio.

L'operazione del principio vegetativo si compie mediante il calore, del quale è proprio consumare l'umido: e però a ristorare l'umido perduto, richiedesi la potenza nutritiva per cui l'alimento convertesi nella sostanza del corpo (9).

Conviene che il corpo a cui s'unisce l'anima intellettiva sia temperato più che tutti gli altri ad egualità di complessione: e però l'uomo ha miglior tatto degli altri animali; e tra gli uomini que' ch'hanno tatto più fino, hanno più fino intelletto (10).

XVI. « *E quando è il termine della vita, lo spirito si scioglie dalla carne,
» e in virtù ne porta seco e le facoltà che più tengono dell'umano e quelle
» che del divino* (11).

(1) Som., 1, 118.
(2) Som., 1, 87.
(3) Som., 1, 2, 1.
(4) Basilio.
(5) Arist., delle Cagioni.
(6) Som. Sup., 82.

(7) Som., 1, 1, 4.
(8) Som., 2, 2, 114.
(9) Som., 1, 72.
(10) Som., 1, 74.
(11) Reco il seguente passo per notare la conformità delle espressioni,

In virtù modo scolastico diverso da *in potenza*. — L'intelletto divino si stende in virtù e agli oggetti immateriali e a' materiali (1).

Quando l'anima è sensitiva soltanto, è corruttibile; ma quando col sensitivo ha l'intelletto, ell'è incorruttibile: perchè, sebbene il sensitivo non dia l'incorruzione, non la può togliere all'intellettivo col quale egli è unito (2).

Separasi il perpetuo dal corruttibile, ma le facoltà essenziali non sono separabili (3).

XVII. « *Le altre potenze dell'anima separata, tutte mute* (cioè non « *estinte, ma per allora non operanti, e rimanenti in potenza, comprese,* « *siccome in germe, nelle maggiori): memoria, intelligenza e volontà, nel-* « *l'atto più acute di prima.* »

Distrutta la carne, non rimangono le potenze sensitive (4).

L'atto del sentire non può procedere dall'anima, se non per mezzo d'un organo corporale (5).

Non rimangono le potenze sensitive in atto, ma in virtù, nell'anima, come in loro principio e radice (6).

La memoria appartiene alle potenze sensitive. Ma c'è una memoria che appartiene all'intelligenza, e comprende col passato il presente e l'avvenire (7).

In questo senso la memoria, che è potenza dell'anima sensitiva, rimane anco nell'anima separata dal corpo (8).

Nell'altra vita cessa l'apprendere per fantasmi (9).

Le similitudini delle cose nell'anima separata sono intellettualmente, non imaginativamente (10).

Alcune operazioni esercitansi dall'anima senz'organo corporale, siccome l'intendere e il riflettere e il volere: onde siffatte azioni essendo proprie dell'anima, le potenze che sono principio di queste, non solo saranno nell'anima come in principio, ma come in soggetto (11).

Intendere e volere esercitansi dall'anima anche senza gli organi corporali (12).

Memoria, intelligenza e volontà sono una vita, una mente, una essenza (13).

XVIII. « *L'anima in quel punto stesso se ne va al suo destino o di dan-* « *nazione o di salute. E tosto che un luogo la circoscrive, la virtù forma-* « *tiva* (14) *che è in lei come in imagine del Creatore, e come in quella che ha* « *già attratte e unificate in sè le potenze della vita vegetativa e generativa:* « *questa virtù*, dico, *si spande d'intorno; e, come raggiava nelle membra* « *del corpo vivo, raggia nella medesima qualità e quantità. E come l'aria* « *impregnata di vapori, riflettendo e rifrangendo il raggio del sole, si di-*

non propriamente del pensiero, sebbene la Somma argutamente concilii la propria sentenza con quella d'Agostino: *L'anima si parte dal corpo portandone seco il senso e l'imaginazione, la ragione e l'intelletto, e l'intelligenza, e il concupiscibile e l'irascibile* (Lib. de spir. et an.).

(1) Som., 1, 1, 14.
(2) Som., 1, 74.
(3) Arist., de An., II.
(4) Som., 1, 77; Sup., 70.
(5) Som., l. c.
(6) Som., l. c.
(7) Som. Sup., 70. Arist. Mem.
(8) Som., 1, 77.
(9) Som., 1, 2, 5.
(10) Som. Sup., 70.
(11) Som. Sup., l. c.
(12) Som., 1, 77.
(13) Aug., X.
(14) Som., 3, 33: *Vis formativa*.

» *pinge di colori varìi i quali disegnano le sue forme; così l'aria circo-*
» *stante prende quella forma che l'anima in lei virtualmente imprime, quasi*
» *sigillo di sè.* » — (La scienza moderna ha fatte, e farà, sottilissime indagini sopra il calorico raggiante, e sopra il raggiare di tutti i così detti imponderabili; de' quali non potrà però mai computare per l'appunto il riflettere e il rifrangere e il contemperarsi. Non è cosa assurda, nè anco materialmente parlando, l'indurre che il principio della vita raggi intorno a sè stesso: ed è notabile che qui rincontrisi la stessa parola della scienza moderna, *raggiare*. Che se gli atomi de' corpi sul vetro o sul foglio posto di fronte a un'imagine, si dispongono in forma da disegnare essa imagine; e se l'anima sente sè stessa e la parte del corpo recisa, come se il corpo fosse intero; questi due fatti, e altri consimili, forniscono un valore scientifico alla fantasia del Poeta, fondata del resto nelle tradizioni che danno agli spiriti corpi aerei. Dice Aristotele (Phys., IV): *L'acqua in potenza è aria*; e, in altro modo, *l'aria in potenza è acqua*: che corrisponde alle dottrine moderne sugli elementi di questi due corpi. E potevasi anco di più dedurre che l'aria contenente in sè gli elementi di liquidi, e tanto i liquidi quanto i fluidi aeriformi potendosi condensare e solidificare; nell'aria, atteggiata da un principio vitale, erano imaginabili gli elementi di un corpo che potesse servire agli uffizii d'una più eterea vita.)

Siccome il corpo per sua maggiore o minore gravità tosto si muove verso il luogo suo, se non ne sia impedito; così le anime sciolte dal vincolo della carne, dal quale erano rattenute, tosto conseguono il premio o la pena (1).

Sebbene alle anime separate non siano assegnati corpi de' quali esse siano forme e motori determinati; determinansi, però loro, alcuni luoghi corporali secondo il grado di loro dignità, dove siano quasi in luogo, a quel modo che enti incorporei possono essere in luogo (2).

Le potenze sensitive sono del corpo come congiunto all'anima, e sono dell'anima come di principio influente (3).

L'anima, per l'essenza sua, non già mediante altre potenze, è origine di quelle potenze che mettono in atto gli organi (4).

XIX. « *E siccome la fiamma accompagna il fuoco, così quella forma cor-*
» *porea se ne sta con lo spirito; e in lei vivono, distribuiti per organi, tutti*
» *i cinque sensi.* »

Corpo semplice, cioè d'aria o di fuoco senza il senso del tatto l'animale non lo può avere; ma altri sensorii posson essere oltre all'elemento terreo (5).

Altri filosofi dissero che l'anima intellettiva ha un corpo incorruttibile, a sè naturalmente unito, da cui non è mai separata, e mediante quello si unisce al corpo incorruttibile ; altri, ch'ella s'unisce al corpo mediante lo spirito corporeo; altri, che mediante la luce (6).

Avicenna, che non credeva la risurrezione de' corpi, faceva che le anime separate si servissero, come di organo, d'alcuna parte del corpo celeste. Siccome l'uomo genera l'uomo o il fuoco il fuoco (7)...

(1) Som. Sup., 69. A questo corrisponde per l'appunto il *senza restarsi* di Dante, terz. 29.
(2) Som. Sup., l. c.
(3) Som. Sup., 70.
(4) Som. Sup., l. c.
(5) Arist., de An., III.
(6) Som., 1, 74.
(7) Som., 1, 1, 15.

Il fuoco ha questo di sua natura, che spirito incorporeo gli si possa congiungere, come cosa locata sta in luogo (1).

Il fuoco non opera nell'anima come influente ma come rattenente (3).

Siccome l'anima nell'uomo vivente è congiunta al corpo, e gli dà la vita (sebbene essa sia spirito, e questo materia); così essa è legata al fuoco per riceverne pena (4).

XX. « *Secondo che l'anima sente desiderio o altro affetto, l'ombra del corpo suo lo significa, come in vita faceva.* »

Tristezza e gioia sono nelle anime separate, non secondo l'appetito sensitivo, ma sì secondo l'intellettivo (4).

Non sono cose corporali, ma simili alle corporali, quelle che possono in bene o in male sulle anime spogliate de' corpi.

E questa sentenza dovrebbe insegnarci a usare con parsimonia e intendere con discrezione le imagini materiali che del mondo invisibile ci presenta la Bibbia per adattarsi alla nostra intelligenza, e segnatamente all'intelligenza degli uomini a cui furono quelle parole in prima rivolte. Che se nella lingua originale, illustrata da altre lingue antiche e dalle orientali viventi, e nelle radici prime e ne' sensi più generali cercassersi i significati tutti di que' vocaboli fecondi; troverebbersi certamente meno materiali di quel che paia alla moderna inscienza, o, per dir meglio, negligenza.

(1) Som. Sup., 70.
(2) Som. Sup., l. c.
(3) Aug., de Civ. Dei, XXI.
(4) Rom., 1, 77.

CANTO XXVI.

ARGOMENTO.

S'incontrano coloro il cui vizio, non espiato, in inferno è punito da fiamme pioventi, con coloro la cui sensualità è nel secondo cerchio infernale punita da incessante bufera: e si baciano; e cantano gli uni Gomorra, Pasifae gli altri. Parla il Poeta a Guido Guinicelli e ad Arnaldo Daniello poeti da lui pregiati. Arnaldo risponde in provenzale.

Una canzone abbiamo di Dante nella quale un verso è italiano, uno provenzale, uno latino. Le imagini vive di questo Canto: il sole, la fiamma, l'incontro delle anime, le memorie poetiche, fanno contrapposto alla severità dell'antecedente.

Nota le terzine 1, 2, 4; 10 alla 17; 20, 21, 23, 24, 25; 33 alla 36; 39, 45, 48.

1. Mentre che sì per l'orlo, uno innanzi altro,
   Ce n'andavamo, spesso il buon maestro
   Diceva: — Guarda! giovi ch'io ti scaltro. —
2. Feriami il sole in sull' omero destro;
   Che già, raggiando, tutto l'Occidente
   Mutava in bianco aspetto, di cilestro:
3. Ed io facea, con l'ombra, più rovente
   Parer la fiamma: e pure a tanto indizio
   Vidi molt' Ombre, andando, poner mente.

---

1. (L) *Si:* così. — *Scaltro:* scaltrisco, guidandoti tra la fiamma e l'orlo del precipizio.
   (SL) *Scaltro.* Petr., canz. X. L'origine della voce è *canto*.
2. (L) *Omero:* il sole era più basso.
   (SL) *Destro.* Salito, prese a man destra. Il sole lo ferisce a destra, dunque l'ombra del corpo cadeva sulle fiamme vicine. Quindi la maraviglia. — *Cilestro.* Bocc.: *La luce, il cui splendore la notte fugge, avea già l'ottavo cielo d'azzurrino, in color cilestro mutato tutto.*
3. (L) *Pure:* solo.
   (SL) *Mente.* Nuovo modo a indicare ch'egli era corpo mortale.

4. Questa fu la cagion che diede inizio
   Loro a parlar di me: e cominciársi
   A dir: — Colui non par corpo fittizio. —
5. Poi verso me, quanto potevan farsi,
   Certi si feron, sempre con riguardo
   Di non uscir dove non fossero arsi.
6. — O tu che vai (non per esser più tardo,
   Ma forse reverente) agli altri dopo;
   Rispondi a me che 'n sete ed in fuoco ardo.
7. Nè solo a me la tua risposta è uopo;
   Chè tutti questi n'hanno maggior sete
   Che d'acqua fredda Indo o Etiópo.
8. Dinne com'è che fai di te parete
   Al sol, come se tu non fossi ancóra
   Di mórte entrato dentro dalla rete? —
9. Sì mi parlava un d'essi. Ed io mi fora
   Già manifesto, s'io non fossi atteso
   Ad altra novità ch'apparse allora.
10. Chè per lo mezzo del cammino acceso
    Venne gente, col viso incontro a questa,
    La qual mi fece a rimirár sospeso.
11. Lì veggio d'ogni parte farsi presta
    Ciascun'ombra, e baciarsi una con una
    Senza restar, contente a brieve festa.
12. Così, per entro loro schiera bruna,
    S'ammusa l'una con l'altra formica,
    Forse a spïar lor via e lor fortuna.

4. (L) *Cominciársi:* si cominciarono. — *Fittizio:* d'aria.
5. (L) *Riguardo.* Soffrono, ma vogliono la pena (Purg., XXIII, l. 25).
7. (SL) *Sete.* Psal., LXII, 4: *Sitivit in te anima mea.* — [Acqua. Maometto che scriveva per popoli che avevano ugual sete, promette continuamente un paradiso *dove sono molti ruscelli*. V. il Corano.]
8. (L) *Parete* opaca.
9. (L) *Sì:* così. — *Fora:* sarei.
10. (SL) *Incontro.* Nel XVIII dell'Inferno le due turbe de' mezzani e dei seduttori s'incontrano.
11. (L) *Restar:* fermarsi.
    (SL) *Baciarsi.* In segno d'amore purificato dell'antica libidine.
12. (L) *Fortuna:* preda.
    (SL) *Schiera.* Ovid. Met., VII: *Frugilegas aspeximus agmine longo Grande onus exiguo formicas ore gerentes, Rugosoque suum servantes cortice callem.* — *Bruna.* Æn., IV: *It nigrum campis agmen.* — *Spïar.* [C.] Plin., II: *Quae tunc earum conversatio? quam diligens cum obviis quaedam collocatio atque percontatio?*

13. Tosto che parton l'accoglienza amica,
   Prima che 'l primo passo lì trascorra,
   Sopraggridar ciascuna s'affatica;
14. La nuova gente: « Soddoma e Gomorra; »
   E l'altra: « Nella vacca entra Pasife,
   » Perchè 'l torello a sua lussuria corra. »
15. Poi, come gru ch'alle montagne Rife
   Volasser parte, e parte invêr le arene,
   Queste del giel, quelle del sole schife;
16. L'una gente sen va, l'altra sen viene;
   E tornan lagrimando a' primi canti,
   E al gridar che più lor si conviene.
17. E raccostársi a me, come davanti,
   Essi medesmi che m'avean pregato,
   Attenti ad ascoltar ne' lor sembianti.
18. Io che due volte avea visto lor grato,
   Incominciai: — O anime sicure
   D'aver quando che sia di pace stato,
19. Non son rimase acerbe nè mature
   Le membra mie di là, ma son qui meco
   Col sangue suo e con le sue giunture.

13. (L) *Sopraggridar*: prima che si movan via, gridano a chi più può.
(SL) *Sopraggridar*. Voce potente, nella forma di quelle de' Salmi: *supergaudeant*, *supersperavi* (Psal., XXXIV, CXVIII).
14. (L) *Nuova*: i sopravvenuti. — *L'altra*: i rei di bestiale lussuria. — *Torello*: minotauro. — *Corra*, credendola vacca.
(SL) *Soddoma*. Gen., XVIII. — *Pasife*. Inf, XII, t. 5. Anco in prosa. Æn., *Suppostaque furto Pasiphaë.. Veneris monumenta nefandae*. Buc., VI: *Nivei... amore juvenci*.
15. (L) *Rife*: rifee, in Tracia. — *Parte*. Altre gru che dalla Scizia settentrionale passassero in Etiopia. — *Schife*, fuggendo.
(SL) *Gru*. Cantano *come i gru van cantando lor lai* (Inf., V, t. 16). — *Rife*. Per Rifee, come Tifeo per Tifeo, Inf. XXXI. Lucan., IV: *Riphaeas nives*. Georg., IV: *Arvaque Riphaeis nunquam viduata pruinis*. — III: *Riphaeo tunditur Euro*. — *Giel*. Æn., X:

Qualis sub nubibus atris Strimoniae dant signa grues. fugiuntque Notos.
— *Volasser* Pone cosa che non è: modo nuovo di paragonare che stende la poesia reale nella regione del possibile. — *Arene*. Inf. XXIV, t. 27: *Più non si vanti Libia con sua rena*.
16. (L) *Canti*: cantano la prece, gridano gli esempii.
(SL) *Canti* Purg., XXV, t. 11, 13.
17. (L) *Raccostarsi*: si raccostarono — *Davanti*: prima. — *Pregato* di rispondere. — *Attenti...*: col viso mostravano la voglia.
(SL) *Attenti*. Attenzione negli atti della faccia e degli occhi. Purg, XIII, t. 34: *Aspettava in vista*. [Æn, II: *Intentique ora tenebant*]
18. (L) *Grato*: piacere.
(SL) *Grato*. *Aggrata* per *aggrada* nell' XI dell' Inf., t. 31.
19. (L) *Non*: non son morto, nè vecchio nè giovane. — *Di là*: al mondo.
(SL) *Mature*. Alquanto stentato.

20. Quinci su vo, per non esser più cieco.
Donna è di sopra, che n'acquista grazia,
Perchè 'l mortal pel vostro mondo reco.
21. Ma, se la vostra maggior voglia sazia
Tosto divegna, sì che il ciel v'alberghi
Ch'è pien d'amore, e più ampio si spazia,
22. Ditemi (acciò ch'ancor carte ne verghi)
Chi siete voi, e chi è quella turba
Che sì ne va diretro a' vostri terghi? —
23. Non altrimenti stupido si turba
Lo montanaro, e rimirando ammuta,
Quando rozzo e selvatico s'inurba,
24. Che ciascun'ombra fece in sua paruta.
Ma poi che furon di stupore scarche,
Lo qual negli alti cuor' tosto s'attuta:
25. — Beato te, che delle nostre marche
(Ricominciò colei che pria ne chiese),
Per viver meglio, esperïenza imbarche!
26. La gente che non vien con noi, offese
Di ciò per che già Cesar, trïonfando,
Regina, contra sè, chiamar s'intese.

---

20. (L) *Quinci*: da questa via vo su. — *Cieco*: per sanare i miei errori. — *Donna*: Beatrice. — *Mortal*: corpo.
(SL) *Mortal*. Eterno per l'anima (Purg., V, t. 56.) Petr.: *col mio mortal*.
21. (L) *Voglia*. Desiderio di Dio. — *Ciel*: empireo.
(SL) *Amore*. Conv., II, 4 — *Ampio*. Inf. II, t. 28: *Dall'ampio loco ove tornar tu ardi*.
22. (L) *Verghi*: scriva — *Sì*: così.
23. (L) *Ammuta*: ammutolisce. — *S'inurba*: entra in città.
(SL) *Inurba* Pulci, XXV, 299. Come *inselvarsi* e simili.
24 (L) *Paruta*: vista. — *Attuta*: queta
(SL) *Paruta*. Bart. da S. Concordio e il Caro. — *Atti*. Bocc, *Atti animi*.
(F) *Attuta*. Aug Confess., XIII, 21: *Ignorantia mater admirationis*. Di quella maraviglia ch'è stupore non di quella ammirazione che attende e intende.
25. (L) *Marche*: regioni. — *Chiese* di parlare.

(SL) *Marche*. Purg., XIX, t. 15. — *Imbarche*. L'esperienza è viatico e merce.
26· (L) *Offese*: peccò — *Ciò*: quel fatto per cui Cesare dicevano amasio di Nicomede re di Bitinia.
(SL) *Offese*. Vite de' ss. Padri: *Chiedeva perdono vedendo ch'avea molto offeso*. Frequente in S. Caterina da Siena. Jacobi Epist., II, 10: *Totam legem servaverit, offendat autem in uno* — *Cesar* Cantavano: *Gallias Caesar subegit, Nicomedes Caesarem: Ecce Caesar nunc triumphat:* Svet., Vit J Caes, XLIX: *Octavius.. quidam, valetudine mentis liberius dicax, conventu maximo quum Pompejum regem appellasset ipsum reginam salutavit*. Questo motteggio Dante trasporta al trionfo, dove, nota l'Anonimo, *licito era dire al trionfatore ogni villania a dinotare la libertade del popolo, e l'umanitade del trionfatore*. — *Contra sè*. Non è chiaro, nè pareva necessario: ma forse il titolo di *regina*, da sè, al Ghibellino suonava onore.

27. Però si parton, Soddoma gridando,
Rimproverando a sè, com' hai udito;
E aiutan l'arsura vergognando.
28. Nostro peccato fu ermafrodito:
Ma, perchè non servammo umana legge,
Seguendo, come bestie, l'appetito;
29. In obbrobrio di noi, per noi si legge,
Quando partiamci, il nome di colei
Che s'imbestiò nell'imbestiate schegge.
30. Or sai nostri atti, e di che fummo rei.
Se forse a nome vuoi saper chi semo,
Tempo non è da dire, e non saprei.
31. Farotti ben, di me, volere scemo.
Son Guido Guinicelli: e già mi purgo,
Per ben dolermi prima ch'allo stremo. —
32. Quali, nella tristizia di Licurgo,
Si fèr duo figli a riveder la madre;
Tal mi fec'io (ma non a tanto insurgo),

27. (L) *Aiutan*: la vergogna li fa sfavillare; accrescono con essa il fuoco.
(SL) *Aiutan* Æn., X: *Æstuat ingens Imo in corde pudor* - XII: *Cui plurimus ignem Subjecit rubor, et calefacta per ora cucurrit*. Tasso: *Ech'al rossor del volto un nuovo fuoco Successe che più avvampa e che più coce*. Che l'ardore della vergogna accresca a quel dell'incendio, pare un po' giuoco d'ingegno, ma dice il senso del pudore compresso: che ora si risveglia nel rimorso Ne forse l'*ingens pudor* di Virgilio è bellissimo
28 (L) *Ermafrodito*: di maschio con femmina: ma bestiale per eccesso, onde rammenta Pasifae. — *Servammo*: osservammo.
(SL) *Servammo*. Albertano: *La legge naturale servare Conv: Vuole essere evidente ragione che partire faccia l'uomo, da quello che per gli altri è stato servato lungamente.*
(F) *Seguendo*. Som.: *Bestiae delectationem persequuntur.* — *Bestie.* Psal., XLVIII, 21: *Homo, cum in honore, esset, non intellexit; comparatus est jumentis insipientibus.*
29 (L) *Per*: da. — *Legge*: dice. — *Partiamci*: ci partiamo. — *Schegge*: legni tagliati in forma di vacca.
(SL) *Legge*. Inf, X, t. 23. E qui

può intendersi: lo leggiamo nella nostra memoria, come in libro che ci ricorda i nostri proprii peccati *Imbestiate* pare giuoco: ma esprime il disprezzo. Nè i legni in forma di bestia si possono dire schegge imbestiate, se non per l'uso bestiale fattone dalla regina.
31. (L) *Farotti*: ti dirò chi sono. — *Già ..*: mi pentii prima di morire: pero son già qui.
(SL) *Scemo*. Alquanto contorto, ma *scemo da eximo* non denota propriamente detrazione dannosa. — *Guido* Bolognese, ghibellino, esule nel 1268: uomo retto e valente in iscienza: de' primi a pulire lo stile italiano Lasciò quasi una scuola poetica, che durò poco in Bologna. Conv, IV: *Quel nobile Guido Guinicelli*. È Volg. Eloq, 292, 293: *Maximus ille Guido*. Ott: *Disse leggiadramente in rima nel tempo della più fiorita vita dell'autore*.
32 (L) *Fèr*: fecero — *Tanto gaudio e dimostrazione di quello.*
(SL) *Tristizia* Toante ed Eumenio figli di Giasone e d'Issifile, nella tristizia di Licurgo Trace per la morte del figlio divorato da un serpente, perche Issifile l'aveva mal custodito (Purg. XXII, t. 38). Voleva ucciderla, quando i figli la riconobbero e liberarono. Stat., IV: *Per tela manusque*

33. Quand'io udii nomar sè stesso il padre
   Mio, e degli altri miei miglior che mai
   Rime d'amore usâr dolci e leggiadre.
34. E, senza udire e dir, pensoso andai
   Lunga fiata rimirando lui;
   Nè, per lo fuoco, in là più m'appressai.
35. Poi che di riguardar pasciuto fui;
   Tutto m'offersi pronto al suo servigio,
   Con l'affermar che fa credere altrui.
36. Ed egli a me: — Tu lasci tal vestigio,
   Per quel ch'i' odo, in me, e tanto chiaro,
   Che Lete nol può torre, nè far bigio.
37. Ma, se le tue parole or ver giuraro,
   Dimmi che è cagion perchè dimostri,
   Nel dire e nel guardar, d'avermi caro? —
38. Ed io a lui: — Li dolci detti vostri,
   Che, quanto durerà l'uso moderno,
   Faranno cari ancora i loro inchiostri. —
39. — O frate (disse), questi ch'io ti scerno
   Col dito (e additò uno Spirto innanzi),
   Fu miglior fabbro del parlar materno.

Irruerunt, matremque avidis complexibus ambo Diripiunt flentes, alternaque pectora mutant. Lucan., I: *Aut saevi contorsit tela Licurgi Eumenis.* Ma Dante soggiunge, non tanto essere stato l'impeto in lui della gioja, che non saltò tralle fiamme agli amplessi: nè solo per tema del fuoco, ma e per riverenza; la quale gli rattiene per fin la parola. — *Insurgo. Sorgere* nel linguaggio sacro esprime sovente l'orgoglio; ma qui non ha questo senso e pare ci stia per la rima.

33. (L) *Miei* Italiani.
(SL) *Padre.* Così *padre* è detto Virgilio Padre per lo stile, non già per la lingua: e ve lo provi la lode che segue d'Arnaldo provenzale: dalla qual deducesi che Dante i provenzali anteponeva agl'italiani poeti, non però il provenzale al proprio idioma. Conv., I, 10: *Difendere lui da molti suoi accusatori, li quali dispregiano esso, e commendano gli altri, massimamente quello di lingua d'Oco, dicendo ch'è più bello e migliore quello che questo, partendosi in ciò dalla verità. Che per questo comento la gran bontà del volgare di Sì si vedrà.* — *Dolci.* Hor., poet.: *Non satis est pulchra esse poemata; dulcia sunt,* In Orazio vale le forme dilettevoli che commovono l'animo: in Dante *leggiadre,* l'eleganza; *dolci,* l'armonia.

35. (L) *Con:* giurando.
36. (L) *Vestigio:* memoria. — *Lete,* quando lo passerò per salire a Dio.
(SL) *Vestigio* Som.: *Vestigium praecedentis cogitationis* — *Lete.* Purg., XXXIII, t. 44. — *Bigio.* In questo Canto i modi alquanto ricercati paiono meno infrequenti che in altri.

38. (L) *Uso:* la lingua italiana.
(SL) *Moderno* Ant. comm: *Forse da dugent'anni in qua fu trovato il dettare in volgare.* Il simile nella Vita Nuova.

39. (L) *Frate:* fratello. — *Scerno:* distinguo.
(SL) *Questi.* Arnaldo Daniello. Ne parla nella Volgare Eloquenza, e così di Gerardo. La poesia provenzale era ai nostri famigliarissima. Ruggeri I nel 1180 parlava francese; e nel secolo XIII francese parlavasi

40. Versi d'amore e prose di romanzi
   Soverchiò tutti. E lascia dir gli stolti,
   Che quel di Lemosì credon ch'avanzi.
41. A voce, più ch'al ver, drizzan li volti;
   E così ferman sua opinïone,
   Prima ch'arte o ragion per lor s'ascolti,
42. Così fèr molti antichi di Guittone,
   Di grido in grido pur lui dando pregio,
   Fin che l'ha vinto il ver, con più persone.
43. Or se tu hai sì ampio privilegio,
   Che licito ti sia l'andare al chiostro
   Nel quale è Cristo abate del collegio;
44. Fàgli per me un dir di paternostro,
   Quanto bisogna a noi di questo mondo,
   Ove poter peccar non è più nostro. —
45. Poi, forse per dar luogo altrui, secondo,
   Che presso avea, disparve per lo fuoco,
   Come per l'acqua il pesce andando al fondo

---

alla piccola corte della Marca Trivigiana. — *Materno*. Latino chiamavasi e l'italiano e il provenzale linguaggio, gemelli, e riguardati qui come un solo.

40 (SL) *Prose* Tasso, III, 167: *I romanzi non si scrivevano in versi, ma in prosa*. Non sempre — *Lemosì*. Ant. comm.: *Buoni pensieri trovò ma debile stile*. V. Volg. Eloq., 285, 293, 295. [Petrarca, Trionfo d'Am., IV.]

41. (L) *Voce*: fama. — *Sua*: loro. — *Per*: da.

(SL) *Arte*. La pratica. — *Ragion*. La teoria.

(F) *Opinione*. Arist. Eth., IV: *Il magnanimo cura più il vero che l'opinione*. Boet, de Cons, III: *Molti si rubarono un gran nome per le false opinioni del volgo*. Som: *Opinione è meno di scienza e di fede*. La Somma oppone *verità* a *opinione*, come Cicerone *opinione* a *natura* Conv., IV, 17: *Pericolosissima negligenza è a lasciare la mala opinione prendere piede... Oh come è grande la mia impresa in questa canzone a volere omai così tra foglioso campo sarchiare, come quello della comune sentenzia!*

42. (L) *Lui*: a lui.

(SL) *Più*. Viene il tempo che il vero ha anche il suffragio de' molti: e sempre l'avrebbe se sapessesi interrogare.

(F) *Grido*. Conv., I, 11: *Quegli ch'è cieco del lume della discrezione, sempre va nel suo giudizio secondo il grido o diritto o falso*.

43. (SL) *Abate*. Per capo in genere, ha esempi antichi; ma qui vale proprio *abate di frati* per indicare la comunità e l'uguaglianza, e per contrapporlo a tali abati quale era quel di s Zeno (Purg., XVIII, t. 40). Inf., XXIX: *Chiostra e conversi*. Conv., II, 6: *Iddio senatore celestiale*. Psal., CIV, 4: *Tu sei sacerdote in eterno secondo l'ordine di Melchisedech*. [*Abate* era titolo di gran dignità. L'assumevano i principi; Ugo Capeto s'intitolava *Abate di Parigi*] — *Collegio*. Vita di s. Gir.: *Il collegio de' fedeli*. Som: *Celeste collegio*.

44. (L) *Quanto..* : tranne: *Et ne nos inducas in tentationem*; chè i purganti non peccano.

(SL) *Paternostro*. Purg., XI, 1. — *Nostro*. Buc., III: *Non nostrum inter vos tantas componere lites*.

45. (L) *Altrui*: a un secondo.

46. Io mi feci al mostrato innanzi un poco,
E dissi ch'al suo nome il mio desire
Apparecchiava grazïoso loco.
47. Ei cominciò liberamente a dire:
— *Tan m'abelis vostre cortes deman,*
Ch'ieu non me puesc nim voil a vos cobrire.
48. *Jeu sui Arnautz che plor e vai cantan:*
Consiros vei la passada follor;
E vei jauzen lo joi qu' esper denan.
49. *Aras vos prec, per aquella valor,*
Que us guida al som sens freich e sens calina,
Sovegna vos a temps de ma dolor. —
Poi s'ascose nel fuoco che gli affina.

---

46. (L) *Mostrato:* Arnaldo. — *Desire:* bramavo sapere il suo nome.
47. (L) *Liberamente:* con cortesia pronta. — *Tan:* tanto mi piace vostro cortese dimando, ch' i' non mi posso nè mi voglio a voi coprire. Io sono Arnaldo che ploro e vo cantando: pensoso io veggo la passata follia; e veggo gaudente la gioia che spero dinnanzi (a me). Ora vi prego per quel valore che vi guida al sommo senza freddo e senza caldo: sovvengavi a tempo del mio dolore.

(SL) *Liberamente. Libertà* per *liberalità* e nel Convivio Par., XXXIII, t 6 — *Abelis.* Par., XXVI, t. 44. In un'opera d'Arnaldo è un verso che comincia: *l'so io Arnaldo che.* - *Freddo e caldo* s'oppone al caldo e al gelo d'Inferno Ma il *caldo* accenna alla pena di questo giro del monte (Inf., III, t. 29; Purg., III, t. 11). Seguitiamo quasi in tutto la lezione data dal Raynouard, Journ de Sav., Fév. 1830. — *Affina.* Purg., VIII, t 40:
A' miei portai l'amor che qui raffina.

Quanto il didattico del precedente vince in valore il Canto undecimo dell'Inferno, tanto il presente cede di bellezza al ventiquattresimo del Purgatorio, che ha pur memorie letterarie, ma avvivate da altre ben più cordiali. Questo qui è Canto troppo letterario: se non che bellezza morale anche qui gli è il chiamare padre suo il Guinicelli. E ciò proverebbe che quando nell'undecimo dice *forse nato chi caccerà* Guido Bolognese e Guido Fiorentino *di nido*, Dante non intenda di sè: prova almeno che qui l'animo suo era meglio disposto, secondo che s'addiceva alla dignità dell'ingegno.

Il Canto è men pieno del solito: egli era non so s'io abbia a dire difficoltà o disgrazia il dover toccare di vizi de' quali non si parla ne pensa senza pericolo d'abbassarsi. Ma il cenno di Cesare, dell'uomo la cui morte è nell'Inferno Dantesco vendicata dai denti di Lucifero, dimostra che nè nella storia nè nell'arte nè nella vita civile Dante si compiaceva in quegl'ideali d'accademia e di rettorica scolaresca, che fanno frode o violenza al vero, e, per abbellirlo, lo stornano.

La similitudine del montanaro *stupido, selvatico, rozzo*, che *si turba e ammuta* è bella di suoni, ma impropria alla maraviglia di quell'ombre; e sente della boria e crudeltà cittadina La rozzezza de' ricchi terrazzani e de' letterati e conti di provincia, e l'ignorante sbadataggine di certi marchesi e cortigiani e principi, è cosa più stupida molto L'altra similitudine degli uccelli, notabile perchè chiamata dalle regioni del possibile, nella locuzione è men felice che quella degli uccelli nel Canto vigesimo quarto. Poetico nel principio, in una pennellata, il colore del cielo; e i partiti tratti dalla luce e dalle ombre quasi sempre felici.

OSSERVAZIONI DEL P. G. ANTONELLI.

« *Feriami 'l sol in su l'omero destro.* »

Al principio del Canto precedente, quando i Poeti cominciavano a salire la scala era circa l'ora seconda pomeridiana. Lunga doveva essere la scala, e anche è da credere che con qualche fermata, se Stazio intanto compie il suo lungo ragionamento. Poi erano venuti camminando per la settima cornice, e udendo e vedendo anime nel grande ardore. Tutto considerato si può tenere per probabile che nel momento in cui avverte il Poeta d'essere ferito dal sole sull'omero destro, fosse a un bel circa dopo il mezzodì l'ora quarta. Ciò s'accorda co' due versi seguenti; perciocchè il sole distando circa un'ora e mezza dall'occaso, l'occidente doveva mutare in bianco il cilestro natural colore del cielo. Poste dunque le quattro, il sole feriva alla spalla destra il Poeta, questi si trovava da destra a sinistra per l'appunto nel piano del verticale, in cui era il sole stesso in quell'ora, e perciò aveva camminato da tramontana verso ponente per un numero di gradi uguale all'*azimut* attuale del sole; chiamandosi dagli astronomi azimut di un astro, l'angolo che in un dato punto viene formato dalla meridiana di quel punto e dall'intersezione del piano orizzontale su cui è la meridiana col piano verticale ov'è l'astro. Ma il sole con una declinazione boreale di undici gradi, con un angolo orario di quattro ore e ad una latitudine australe di gradi trentuno e minuti quaranta, aveva un azimut di gradi sessantatre e minuti quarantadue, contato da settentrione; dunque altrettanto aveva girato da quel punto il Poeta, e gli restavano quindi poco più che ventisei gradi di giro per giungere al vero punto di ponente della montagna.

« *Ed io facea coll'ombra* . . . . »

Le fiamme percosse dai raggi solari, dovevano comparire meno splendenti: il Poeta coglie il destro di notare un fatto ovvio, spettante all'ottica; il quale è, che una fiamma comparisce più splendente all'ombra che alla luce: e intanto, dall'impedimento ch'egli poneva col suo corpo al libero passaggio de' raggi solari, trae partito per richiamare a sè l'attenzione di quegli spiriti, che in quella fornace si andavano purificando. Raggiunge con un cenno due intenti.

« . . . . . *che fai di te parete al sole.* »

S'ammiri anco la varietà de' modi co' quali il Poeta significa lo stesso concetto, che un corpo opaco intercetta la luce.

« *Poi come gru......* »

Montagne chiamate oggidì *Schemockouscki*, diramazione occidentale dei monti Urali tra i gradi 57 e 60 di latitudine boreale. La geografia di Tolomeo parla dei monti Rifei alla tavola settima e ottava dell' Europa. La indicazione di queste montagne sta a denotare glaciali regioni, ove talvolta prendono il volo le gru, sdegnose del sole, che di poco si scosta dal mezzodì, ove abbrucia le arene dei deserti equatoriali.

I VIZI DEL SENSO.

Sì nella scelta e sì nel collocamento dei concetti e delle imagini e delle voci, nulla o poco ha che sia casuale il poema; e nella varietà vera e nell'apparente disordine è quasi sempre qui, come nelle vaste opere della natura, ordine severo e meditata unità. La dottrina intorno alla generazione, della quale è materia e strumento la facoltà nutritiva, cade tra il giro dov'è purgato il vizio della gola, e quello dove l'abusato piacere dei sensi.

Lussuria è *non secondo la retta ragione usare la dilettazione del senso* (1). Gli è, dice Tommaso, peccato contro la specie in quanto o impedisce o corrompe o snerva la generazione di quella; risolve le forze del corpo, e lo fa immondo; il che è, più che d'altri, indegno di cristiano, che fa tutt'uno spirito e un corpo col Mediatore supremo e coi più puri corpi e spiriti onde s'onori e abbellisca l'umanità. È anche fallo che offende l'onore debito alla donna, e, come dice la Scrittura, la *umilia* (2), ne fa *ludibrio* (3); e così nuoce alla dignità de' figliuoli e de' congiunti di lei: ledendo la famiglia, lede la nazione. E impedisce inoltre la debita educazione e promozione della prole nata (4); e questo *promuovere*, che dice più e meglio di *progresso*, è spiegato così: Ammaestrare, difendere, ne' beni esterni e interni promuovere. Anco per questa seconda ragione ne segue detrimento alla civiltà; e poi per una terza, che popolo molle disprezza sè stesso nel cospetto d'amici e nemici: *ne quando faciat te in opprobrium venire inimicis* (5). E per lussuria intendevasi talvolta, anco nel medio evo, come dagli antichi Latini, qualunque superfluità (6), dacchè il lusso e del vestire e del

---

(1) Som., 2, 2, 154. Inf., V: *Che la ragion sommettono al talento*. Purg., XXIV: *Non servammo umana legge, seguendo come bestie l'appetito*.
(2) Deut., XXII, 24.
(3) Aug., in XXII Deut.
(4) Som., 2, 2, 154.
(5) Eccli., XLII, 11. Gli è il modo

del V dell'Inferno: *Il biasmo in che era condotta*. In quel Canto abbiamo *lussuriosa* e *peccator carnali*, e *libito fe' lic to*; non mai la parola *libidine* che aveva forse a quel tempo forma troppo latina. *Lascivo*, nel V del Paradiso, ha senso innocente come ai Latini l'aveva.
(6) Glos. in Gal., V.

vivere e del parlare e sino del ben fare, essendo condiscendenza superba alle voglie proprie, o prepara o denota il vizio de' piaceri men nobili, o lo aggrava. Quindi nel XXIV del Purgatorio e nel XV del Paradiso grida il Poeta contro lo sfoggiato e inverecondo vestire, e là chiama sfacciate e svergognate le Fiorentine, qua dice: gli esempi della diffamata Cianghella essere abito comune ai suoi tempi.

Notisi però, che *i peccati carnali sono di minor colpa che gli spirituali* (1); e per questo Dante li pone più su nella via del monte, sebbene destini ad essi l'ardor della fiamma, che è però forse men grave tormento della vergogna (2). E per questo egli pone tra' beati non solo Davide, ma Cunizza e Folchetto che peccarono per soverchio d'amore; e con tanto onore parla di Sordello e dello stesso Brunetto; e non danna Francesca se non perchè morta quasi nell'atto del fallo, e pure nell'interno la ricopre d'un velo di conscia pietà; non tanto perchè amico egli alla famiglia o errante esso stesso per la medesima via, quanto perchè veramente, secondo la dottrina teologica, il vizio in sè, se non aggravato da altri come suole, è men grave che altri parecchi. E notisi anco che i colpevoli di quello il Poeta dissemina per altre bolgie, come Federico, Giasone e Taide e Mirra (3).

La misura del male è data in questa sentenza: *È più difficile resistere alla concupiscenza, per esser quella connaturale all'uomo* (4). *Tale difficoltà d'evitare il peccato scema la gravità di quello, perchè quanto minore è l'impeto della tentazione che fa cadere, tanto il peccato è più grave, come dice Agostino* (5). *La libidine che aggrava il peccato è quella che consiste nella viziosa inclinazione della volontà* (6). Dalla norma pertanto che ogni colpa qualsiasi è *tanto più grave quanto più ripugna a ragione*, apparisce in questo fallo, così come in altri, che le circostanze non tanto estrinseche quanto le intrinseche, giudicabili da sola la coscienza e da Dio, possono attenuare peccato apparentemente gravissimo, e il leggero aggravare. E però badisi al detto del vangelo: *Qui viderit mulierem ad concupiscendum eam, jam maechatus est eam in corde suo* (7), che non dice *viderit* e *concupiverit*, ma nota in un atto di per sè men grave, o anco innocente, l'intenzione del male deliberata.

In questo Canto ritorna la menzione del vizio di cui sono pieni il quindicesimo e il sedicesimo dell'Inferno, e che qui se non si appone a Cesare, gli si dice apposto da' suoi concittadini nel dì del trionfo, a torto forse, quantunque a uomini pagani de' più buoni e illustri il medesimo abito sia notoriamente imputato, a umiliare l'orgoglio della natura umana, e a dimostrare quanto necessaria fosse a rilevarnela la virtù della Redenzione. Anche questo argomento richiama al solito ad alti principii Tommaso, il cui grande lavoro quanto torte riposi sulle sue fondamenta e quanto si levi da terra, ce lo misura il paragone col Supplemento, che è opera d'altra mente. *La gravità del peccato più misurasi dall' abuso della cosa che dalla*

---

(1) Greg. Mor.
(2) Terz. 27.
(3) Nel Purgatorio Manfredi e l'abate, padre naturale d'un altro abate (Purg., III, XVIII).
(4) Arist., Eth., II.
(5) Som., 2, 2, 162.

(6) Som., 2, 2, 154.
(7) Matth., V, 28. Nei Numeri (V, 13) *stupro* usasi per *adulterio*; e ciò spiega il *superbo strupo* nel VII dell'Inferno, che corrisponde a quegli altri passi ove il peccare in genere dicesi adulterare.

omissione del debito uso (1). — Siccome *l'ordine della retta ragione è dall'uomo, così l'ordine della natura è da Dio stesso.* — *È un violare la stessa società, che deve l'uomo avere con Dio, il contaminare con piacere perverso la natura della quale esso Dio è l'autore* (2). — *L'ordine della natura umana è primo e più stabile che ogni altr' ordine sopraggiuntovi.* — *A ciascuno individuo è più intimamente congiunta la natura della sua propria specie che altro individuo di quella* (3).

I Poeti camminano sull'orlo del precipizio, dacchè tutta quasi la via che gira il ripiano del monte è fiamma; a denotare che, in questo più che in altri difetti, angusta è la via, e d'una e d'altra parte pericolo. Non solo il Poeta, ma Stazio, passano tra le vive fiamme; forse per dimostrare che tutti, qual più qual meno, se non di materiale carnalità, di condiscendenza a' sensi che poi si fa occasione e pena di quella, pecchiamo. Anco nell' Eliso di Virgilio... *Sub gurgite vasto Infectum eluitur scelus, aut exuritur igni* (4); ma a questo fallo specialmente pare appropriato il tormento del fuoco, dove *est mollis flamma medullas* (5). — *Come nel medesimo fuoco l'oro riluce e la paglia fuma; sotto il medesimo fuoco il peccatore arde e l'eletto si purga* (6). — *La fornace fa prova delle vasella* (7). — *A purgare le labbra del Profeta viene un Serafino con fuoco ardente* (8) *Domine... ure renes meos, et cor meum* (9). E' costruisce al Paradiso terrestre quella siepe di fiamme che imagina Isidoro (10): *Septus est undique romphaea flammae, ita ut ejus cum coelo pene jungatur incendium.* Il vento viene di sotto dal giro dei golosi: forse a indicare che il digiuno reprime la fiamma del malo amore.

I già macchiati delle diverse maniere di vizio siffatto si rincontrano a schiere, e si baciano ma senza fermarsi, quasi in pena dell' antica dilettazione morosa, e cantano lagrimando, e gridano le memorie del male fatto da' lor pari, e punito di vergogna, se non d'altre pene; e quello sforzarsi a sopraggridare agli altri è vergogna, e dolce e tremenda necessità di coscienza, che dalla confessione ha gastigo insieme ed alleviamento; ed è gentile il voler ricoprire con la memoria de' falli proprii la notizia degli altrui falli.

Qui Dante rincontra il poeta Guinicelli e gli dimostra la sua ammirazione affettuosa (11), egli che poc'anzi aveva detto dello *stupore che negli atti cuor tosto s' attuta* (12); perchè, altro è lo stupore stupido dell' ignoranza o dell'inerzia, altr' è l'ammirazione veggente di chi sente in coscienza le cose grandi (13). Qui il Guinicelli, e tra' golosi il poeta Buonagiunta, e più giù

(1) Som., l. c.
(2) Aug. Confess., III.
(3) Som., l. c.
(4) Æn., VI.
(5) Æn., IV. Hor. Carm., I, 13. *Quam lentis poenitus macerer ignibus.*
(6) Gregorio.
(7) Cipriano.
(8) Isai., VI, 6.
(9) Psal. XXV, 2.
(10) Etym., XI, 3.
(11) *Lunga fiata rimirando lui.* — *Poi che di riguardar pasciuto fui* (Terz. 34, 35) contrapposto al *guarda e passa.*

(12) Terz. 24.
(13) *Di ciò che meno intende, più la moltitudine si maraviglia* (Hieronym.). — *Ammirazione è di cosa nuova ed insolita* (Som., 3, 15) — *L'ammirazione è causata da questo che vedesi l'effetto e ignorasi la causa.* — *Onde l'ammirare non è se non di chi ignora* (Som., l. c.; Arist. Met., I). *Nell'ammirazione ignorasi la causa e si cerca* (Arist. Met., I). — *Nessuno si maraviglia di quello che può fare egli stesso.* — *Il magnanimo non fa soverchio le maraviglie* (Arist. Eth., IV). — *Ammirazione è te-*

Stazio e il poeta Sordello, e un miniatore e un cantore e altri conoscenti e affini e protettori ed amici. Senza voler fare distinzioni forzate che non comporta nè la bella natura nè l'arte vera, pare a me possa dirsi che nella prima Cantica ha più luogo il mondo materiale, e del morale i più materiali effetti; nella seconda, più l'intellettuale e il morale più intimo, che più si distende nella perpetuità de' tempi; nella terza, più lo spirituale e l'ideale supremo ed eterno.

menza da vivo imaginamento (Damasc., de Ort. Fid., II). — *Cristo poteva ammirare non quanto alla scienza divina ma quanto alla sperimentale* (Som., 1. c.) — *E però ammira nel Centurione la fede ferma e creatrice per insegnare anche a noi la nobile ammirazione* (Matth, VIII).

CANTO XXVII.

ARGOMENTO.

Cade il sole: il Poeta passa per le fiamme a purgare le colpe del senso, così come andò curvo con Oderigi per espiar la superbia (Bocc., LXXXI; Pelli, p. 71-75). *Degli altri si purgò per la vista, per l'udita degli esempi, e per contemplazione, e per pentimento. La notte riposano: e' vede in sogno Lia, giovane bella, che coglie fiori, la vita attiva che deve seguire all'espiazione, ed è passo alla contemplativa; quasi vincolo tra il Purgatorio ed il Cielo, tra la politica e la religione, tra Virgilio e Beatrice. — Beatrice muove Virgilio, è mossa da Lucia, Lucia dalla Vergine. — Lucia lo porta al Purgatorio: nel sonno gli apparisce Lia; Matelda lo guida a Beatrice, Beatrice alla Vergine.*

Nota le terzine 2, 3, 5, 6, 9; 10 alla 15; 17, 18, 19; 21 alla 24; 26, 27, 30, 31, 33, 34, 35, 37, 38, 39, 41, 43, 45, 47.

1. Sì come, quando i primi raggi vibra
   Laddove il suo Fattore il sangue sparse
   (Cadendo Ibero sotto l'alta Libra),
2. E 'n l'onde in Gange da nona rïarse;
   Sì stava il sole: onde il giorno sen giva,
   Quando l'Angel di Dio, lieto, ci apparse.

1. (L) *Sì come...*: Il sole si stava come quando nasce in Gerusalemme. — *Fattore*: del sole; Cristo Dio — *Cadendo*: venendo a essere. — *Ibero*: fiume di Spagna. — *Libra*: costellazione.
(SL) *Vibra* Boet.: *Subito vibratus lumine Phaebus.* — *Cadendo.* Cadere qui vale *trovarsi*, corrispondere di posizione; senso usitatissimo della voce. — *Ibéro.* Nominato da Stazio I.

(F) *Quando.* V. nella fine del Canto le belle considerazioni del P. Antonelli.
2. (L) *Riarse:* e vibra i raggi in Gange, ardente per il calore dell'ora meridiana. — *Giva* in Purgatorio.
(SL) *Gange.* Lucan., III: *Qua colitur Ganges, toto qui solus in orbe Ostia nascenti contraria solvere Phaebo Audet.* Nominato in Virgilio (Georg., II; Æn., IX). — *Rïarse.* Georg., IV: *Sitientes Sirius Indos Ardebat,*

CANTO XXVII.

3. Fuor della fiamma stava in sulla riva,
E cantava *Beati mundo corde*,
In voce, assai più che la nostra, viva.

4. Poscia: — Più non si va, se pria non morde,
Anime sante, il fuoco. Entrate in esso,
E al cantar di là non siate sorde. —

5. Sì disse come noi gli fummo presso:
Per ch'io divenni tal, quando lo intesi,
Quale è colui che nella fossa è messo.

6. In sulle man' commesse mi protesi,
Guardando il fuoco, e imaginando forte
Umani corpi già veduti accesi.

7. Volsersi verso me le buone scorte;
E Virgilio mi disse: — Figliuol mio,
Qui puote esser tormento, ma non morte.

8. Ricordati, ricordati! E se io
Sovresso Gerïon ti guidai salvo,
Che farò or che son più presso a Dio?

9. Credi per certo, che, se dentro all'alvo
Di questa fiamma stessi ben mill'anni,
Non ti potrebbe far, d'un capel, calvo.

---

coelo et medium Sol igneus orbem Hauserat: arebant herbae, et cava flumina siccis Faucibus ad limum radii tepefacta coquebant. - III: *Praecipitem Oceani rubro lavit aequore currum.* Lucan., IX: *Fervida tellus Accipit Oceanum demisso sole calentem.*
(F) *Riarse.* Ott.: Quasi dica: ogni dì il sole lo riarde una volta per la sua prossimitade. Il periodo è involuto, e la erudizione troppa: ma dovendo segnare i luoghi e i tempi, quali erano nell'opposto emisfero, e' doveva aiutarsi della scienza: la quale del resto amplia il campo alla stessa fantasia. — *Quando.* Verso notte, ch'è l'ora, dice Pietro, tentatrice del senso, l'Angelo (la coscienza) e Virgilio (la ragione) lo guidano alla vittoria. Psal., XVI, 3: *Probasti cor meum, et visitasti nocte: igne me examinasti.*
3. (L) *Fuor:* il resto della strada era fiamma.
(SL) *Riva.* Par., XXIII, t. 39, del cielo supremo: *L'interna riva,* cioè l'estremità inferiore. V. Purg., XXV, t. 38. — *Beati.* Matth., V, 8. In questo giro acquistasi l'ultima mondezza del cuore.
(F) *Viva.* Caro epiteto. Nella voce è il meglio della vita. Respiro, anima, spirito, erano in antico sinonimi.
4. (L) *Cantar. Venite, benedicti...* (terz. 20).
(SL) *Morde.* Nota Pietro che il Poeta patì delle tentazioni del senso. Ad Corinth, I, III, 15: *Salvus erit, sic tamen quasi per ignem.* — *Cantar.* Purg., XXVII, t. 20.
5. (L) *Sì:* così. — *Per ch':* onde. — *Messo* a capo in giù per morire.
(SL) *Messo.* Inf., XIX, t. 16.
6. (L) *Commesse:* le dita dell'una intrecciate a quelle dell'altra.
(SL) *Man'.* Una delle più belle terzine del poema. — *Forte.* Inf., XXIII, t. 8: *Io gl'imagino sì che già gli sento.*
7. (L) *Scorte:* Virgilio e Stazio.
8. (SL) *Gerïon.* Inf., XVII, t. 33. Se ti salvai dalla Frode, pessimo de' mostri, che conduceva all'infernale malizia, e per l'aria nuotando; come non ora?
9. (L) *Alvo:* seno.
(SL) *Alvo.* Eccli., XL, 31: *In ven-*

10. E se tu credi forse ch'io t'inganni,
   Fàtti vêr lei, e fàtti far credenza,
   Con le tue mani, al lembo de' tuoi panni.
11. Pon giù omai, pon giù ogni temenza:
   Volgiti 'n qua, e vieni oltre sicuro. —
   Ed io pur fermo, e contra coscïenza.
12. Quando mi vide star pur fermo e duro,
   Turbato un poco, disse: — Or vedi, figlio!
   Tra Bëatrice e te, è questo muro. —
13. Come, al nome di Tisbe, aperse il ciglio
   Piramo in sulla morte, e riguardolla,
   Allor che il gelso diventò vermiglio;
14. Così, la mia durezza fatta solla,
   Mi volsi al savio duca, udendo il nome
   Che nella mente sempre mi rampolla.
15. Ond'ei crollò la testa, e disse: — Come
   Volemci star di qua? — Indi sorrise,
   Come al fanciul si fa, ch'è vinto al pome.

tre... ignis ardebit. - LI, 7: *Ventris inferi.* Par., XII, t. 10: *Del cuor dell'una delle luci nuove* Ma meglio intendere alveo come di fiume, in cui scorra la fiamma.
(F) *Calvo.* Luc , XXI, 18: *Pure un capello del capo vostro non perirà.* — Isai., XLIII, 2: *Andando per il fuoco, non arderai.*
10. (L) *Fatti:* mettici un lembo; non brucierà. — *Coscïenza,* che mi diceva: Ubbidisci.
11. (SL) *Pon.* Ovid. Met., XI: *Pone metus;* e altrove. Æn , II: *Deposita... formidine* — *Coscïenza.* Conv. I, 5: *Contro a coscienza parla.*
12. (SL) *Duro.* Se poeta moderno osasse un verso così semplice, il sinedrio rettorico si straccerebbe le vesti, gridando bestemmia. Som. suppl, 1: *Quegli che persiste nel suo sentimento, dicesi. per similitudine, rigido e duro.* — *Muro.* Indica ostacolo qualsiasi. Psal., XVII, 30: *In Deo meo transgrediar murum.* Petr.: *Tra la spiga e la man qual muro è messo?*
(F) *Beatrice.* Sap , I, 4: *La sapienza non abiterà in corpo soggetto a peccato.* Aug., Serm. Dom. in Mont.: *La sesta operazione dello Spirito Santo, che è l'intelletto, conviene ai cuori mondi, che con occhio purgato posson vedere quel che occhio non vide.*

13. (SL) *Tisbe.* Ovid. Met., IV: *Ad nomen Tisbes oculos, jam morte gravatos, Pyramus erexit, visaque recondidit illa.* Ott.: *Il sangue, misto, de' due amanti, bagnò il frutto del moro, che insino a quel tempo era bianco.* — *Vermiglio* Ovid Met., IV: *Arborei faetus adspergine caedis in atram vertuntur faciem: madefactaque sanguine radix Faeniceo tinguit pendentia mora colore.* L'ultimo verso della terzina soprabbonda, a modo di parentesi erudita.
14. (L) *Solla:* cedevole.
(SL) *Solla.* Inf., XVI, t. 10; e Purg., V, t. 6. — *Rampolla.* Verdeggia, fiorisce, fruttifica. Purg., V, t. 6: *Pensier rampolla sovra pensier.*
15. (L) *Volemci:* vogliamo noi starcene. — *Di qua,* se Beatrice è di là? — *Vinto:* con la promessa d'una mela gli fanno fare quel ch'e' non vuole.
(SL) *Sorrise.* Confessione modesta dell'imperfezione propria, Son forse più nel poema i tratti di modestia che d'orgoglio; e certo, anche poeticamente, più belli. — *Pome.* Per pomo, in Semintendi, nell'Ariosto, nell'Alamanni e nel Buonarroti. - Conv., III, 12: *Vedemo li parvoli desiderare massimamente un pomo.*

16. Poi, dentro al fuoco, innanzi mi si mise,
Pregando Stazio che venisse retro,
Che pria per lunga strada ci divise.

17. Com'io fui dentro, in un bogliente vetro
Gittato mi sarei per rinfrescarmi:
Tant'era ivi lo incendio senza metro.

18. Lo dolce padre mio, per confortarmi,
Pur di Beatrice ragionando andava,
Dicendo: — Gli occhi suoi già veder parmi. —

19. Guidavaci una voce che cantava
Di là: e noi, attenti pure a lei,
Venimmo fuor, là ove si montava.

20. *Venite, benedicti Patris mei,*
Sonò dentro un lume che lì era,
Tal che mi vinse, e guardar nol potei.

21. — Lo sol sen va (soggiunse), e vien la sera:
Non v'arrestate, ma studiate il passo,
Mentre che l'occidente non s'annera. —

22. Dritta salìa la via per entro il sasso
Verso tal parte ch'io toglieva i raggi,
Dinnanzi a me, del sol, ch'era già lasso.

16. (L) *Divise:* Stazio veniva tra me e Virgilio.
(SL) *Divise.* Purg., XXVI, t. 6: *Vai... a gli altri dopo.*
(F) *Divise.* Egli è presso alla scienza divina: la scienza umana lo vuole presso a sè più che mai. Virgilio, anche guardato non come simbolo, ma come persona a Dante cara, e ch'è caro a lui, gli si approssima innanzi di separarglisi.

17. (L) *Bogliente:* bollente. — *Metro:* misura
(SL) *Vetro.* Il fuoco cancella il settimo P. — *Metro.* Arios., XXIX, 63: *Forza che passa ogni metro.* La voce greca significa appunto *misura.*
(F) *Incendio.* Aug.: *Il fuoco del Purgatorio sarà più duro di quanto in questo secolo possa mai uomo sentire o vedere o imaginare di pena.* Som. Suppl.: *La minima pena del Purgatorio eccede la massima pena di questa vita.* - [C.] Verecondo: *Hunc esse existimo purgatorium (ignem), qui est januis Paradisi circum septus, ut per ipsum omnes salvandi pertranseant; tantum in unoquoque exacturus, quantum sordeculas invenerit peccatorum.*

19. (SL) *Guidavaci.* In senso opposto, Isai., L, 11: *Ambulate in lumine ignis vestri, et in flammis quas succendistis.* — *Venimmo.* Psal., LXV, 12: *Transivimus per ignem et aquam.* Tra il fuoco, come tra le tenebre, muovono al suon della voce.

20 (SL) *Vinse.* Cic., Somn. Scip.: *Radiis acies vestra sensusque vincitur.*
(F) *Venite.* Le voci degli Angeli son tutte parole di Cristo; perchè questi Angeli raffigurano la facoltà di prosciogliere data da Cristo a Pietro (Par., XXIV; onde quella del Purgatorio è la *porta di san Pietro* (Inf., I). Con queste parole Gesù Cristo chiamerà nel giudizio gli eletti alla gloria.

21. (L) *Studiate:* affrettate.
(SL) *Studiate.* Usa in Toscana. Gr.: σπεύδω. — *Annera.* Di notte non si sale (Purg., VII). I Greci moderni dell'ora dell'imbrunire dicono *annerarsi delle acque.*

22. (L) *Parte:* verso Oriente. — *Toglieva:* l'ombra mia mi cadeva innanzi.
(SL *Salìa.* Psal., CIII, 8: *I monti salgono, e scendono le campagne,*

23. E di pochi scaglion' levammo i saggi,
Che il sol corcar, per l'ombra che si spense,
Sentimmo dietro ed io e gli miei Saggi.

24. E pria che 'n tutte le sue parti immense
Fosse orizzonte fatto d'uno aspetto,
E notte avesse tutte sue dispense;

25. Ciascun di noi d'un grado fece letto;
Chè la natura del monte ci affranse
La possa del salir, più che 'l diletto.

26. Quali si fanno, ruminando, manse
Le capre, state rapide e proterve
Sopra le cime, prima che sien pranse,

Ariosto, sempre men parco: *Una capace... E spaziosa grotta entra nel sasso.* — *Toglieva.* Ovid. Met., V: *Sol erat a tergo ; vidi praecedere longam Ante pedes umbram.* — *Lasso.* Ovidio, del sole nascente: *Recentes... equi* (Met., II), cavalli freschi. — *Dritta.* [Ant.] Dice che quest'ultima via, scavata essa pure nel masso vivo, era diritta; che era battuta dai raggi solari, prossimi a estinguersi; che salendo per essa il Poeta aveva dinnanzi l'ombra del proprio corpo. Era dunque in prospetto dell'occidente questa estrema scalea, e dirigeva a levante.

23. (L) *Levammo:* pochi scalini salimmo. — *Corcar:* coricarsi. — *Spense:* disparve — *Sentimmo:* ci avvedemmo. — *Miei.* Virgilio e Stazio.

(SL) *Levammo.* Buti: *di pochi avemmo esperienzia. Levare il saggio,* che dicevasi nel proprio, nel traslato così, ora parrebbe allettato. — *Corcar.* Adriani: *Il sole si coricò.* — *Spense.* Dell'ombra. L'ombra è un testimonio di luce e di vita: è una specie di colore anch'essa; e dal corpo che si muove, ha movimento. — *Sentimmo.* In questo senso frequente in Virgilio.

(F) *Pochi* [Ant.] Pochi non per rapporto all'unità numerica, ma in senso relativo per rapporto al tempo e alla lunghezza della scala: perciocchè, tramontando il sole in quella stagione tra il punto cardinale di ponente e maestro, e la scala guardando a quel primo, il sole doveva rimanere un poco dalla parte delle fiamme, che i tre Poeti avevano lasciate a sinistra e quindi dovevano essersi elevati al disopra delle fiamme stesse per accorgersi dell'ombra e della sua direzione. Ma a ogni modo, anco se quando l'Angelo li sollecitava a salire, il sole avesse cominciato a coricarsi, in due minuti quanti ne occorrevano per *sentirlo* tramontare dietro a sè avrebbero sempre potuto superare un buon numero di scalini; tanto più che ormai poteva Dante seguir senz'affanno e con diletto quegli spiriti veloci.

24. (L) *Aspetto:* nero. — *Avesse:* si stendesse a tutte le parti del cielo a cui dev'essere dispensata.

(SL) *Orizzonte.* Senza l'articolo appare quasi personificato. — *Dispense.* Conv., I, 3: *Dio dispensatore dell'universo* Modo a noi strano alquanto; ma dipinge il compartire di luce e d'ombre nello spazio e nel tempo. Imagine di morale giustizia, diffusa nel mondo de' corpi.

(F) *Immense.* [Ant.] Richiama l'attenzione del lettore all'ampiezza dell'orizzonte, che a quel luogo eccelso si conveniva, somministrandogli l'idea dell'immensità Prima, dunque, che tutto l'immenso spazio, che di lì dominavasi, o potevasi dominare, fosse fatto d'un medesimo aspetto, cioè oscuro, e perciò prima che la notte avesse dappertutto disteso il suo velo; ciascuno dei tre Poeti si fece letto di un gradino della scala, adagiandovisi.

25 (L) *Letto:* vi si posò. — *Diletto:* salivamo volentieri, ma la legge posta toglieva forza a salire.

(SL) *Letto.* Purg., VII, t 56: *Ha fatto alla quancia. Della sua palma..., letto.* — *Natura.* Æn., X: *Natura loci.* — *Possa* Purg., XVII: *Mi sentiva La possa delle gambe posta in treque.* Men ben. — *Diletto.* Purg., XII: *Fia diletto loro* (a' tuoi piedi) *esser su pinti.*

26 (SL) *Manse:* quete. — *Sien pranse:* mangino.

(SL) *Cime.* Buc., I: *Non ego vos posthac viridi projectus in antro, Dumosa pendere procul de rupe vi-*

27. Tacite all'ombra, mentre che il sol ferve,
Guardate dal pastor, che 'n sulla verga
Poggiato s'è, e lor, poggiato, serve;
28. E quale il mandrïan, che fuori alberga,
Lungo 'l peculio suo queto pernotta,
Guardando perchè fiera non lo sperga;
29. Tali eravamo tutti e tre allotta:
Io come capra, ed ei come pastori;
Fasciati quinci e quindi dalla grotta.
30. Poco potea parer lì del di fuori;
Ma per quel poco vedev'io le stelle,
Di lor solere e più chiare e maggiori.
31. Sì ruminando, e sì mirando in quelle,
Mi prese il sonno; il sonno che sovente,
Anzi che 'l fatto sia, sa le novelle.

---

debo. — *Pranse*. Hor. Sat., I, 6: *Pransus non avide*.
27. (L) *Serve*, guardandole.
(SL) *Serve*. Le regge, ma per bene loro. Quest'emistichio pare in servigio della rima; ma chi vuole può leggerci un trattato di politica, perchè corrisponde al *ministrare* di Cristo pastore.
28 (L) *Mandrian* di pecore. — *Fuori:* all'aperto — *Peculio:* gregge.
(SL) *Mandrian*. Nella prima similitudine riguarda se, nell'altra i due poeti. All'ombra diurna, le capre; tacito nell'ombra notturna il mandriano; manse quelle, egli queto. — *Fuori*. Georg. IV: *Velut stabuli custos in montibus olim, Vesper ubi e pastu vitulos ad tecta reducit.... Considit scopulo medius*. [C] Luc., II, 8: *Pastores custodientes vigilias noctis super gregem suum*. Il greco ha *Fuori alberganti*. — *Peculio*. Buc., I: *Cura peculi*.
29. (L) *Allotta:* allora. — *Fasciati..*: la via è stretta.
(SL) *Capra*. Rammentiamo l'asino d'Omero e gli asini della Bibbia. Psal., LXXVI, 21: *Deduxisti, sicut oves, populum tuum in manu Moysi et Aaron*. V, t. 31. — *Fasciati*. Æn., XII: *Hinc vasta palus, hinc ardua moenia cingunt*. E III: *Myone celsa Gyaroque revinxit* (un'isola). Par., XIX: *Del monte che la fascia* (Navarra).

30. (L) *Parer:* apparire. — *Fuori* del cielo. — *Solere:* solito.
(F) *Solere*. Par., XVIII, t. 19. Basil., Hom. de Parad. terr.: *Locum.... qui, ob situs celsitudinem, nulla tenebrescit caligine, quippe quem orientium siderum splendor illuminat, et undique suo lumine circumfundit.* — *Maggiori*. [Ant] La scala essendo incassata nel sasso, uno che fosse adagiato su quella, poco poteva della volta celeste vedere. Tuttavia egli vedeva le stelle più chiare e maggiori del solito. L'accresciuta chiarezza si spiega coll'aumentata purità e finezza dell'aria in quell'alta regione; e quanto alla parvenza di più grande volume, bisogna dire che il Poeta credesse di aver salito tanto da essersi avvicinato in modo apprezzabile alla sfera stellata, sì che le stelle dovessero comparire più grandi; concetto che per le dottrine di quei tempo sulla distanza di questi astri niente ha di assurdo.
31. (L) *Sì*, così.
(SL) *Ruminando*. Prosegue l'imagine delle gregge. Men bello qui che l'addormentarsi del Canto XVIII, t. ult. del Purgatorio. — Sa. Purg. IX, t. 6.
(F) *Sa*. [C.] Job, XXXIII, 15-16: *Per somnium in visione nocturna, tunc aperit aures virorum, et erudiens eos instruit disciplina.*

32. Nell' ora, credo, che, dell' orïente,
   Prima raggiò nel monte Citerea,
   Che di fuoco d'amor par sempre ardente;
33. Giovane e bella in sogno mi parea
   Donna vedere andar per una landa
   Cogliendo fiori. E cantando dicea:
34. — Sappia, qualunque il mio nome dimanda,
   Ch'i' mi son Lia: e vo movendo intorno
   Le belle mani a farmi una ghirlanda.
35. Per piacermi allo specchio, qui m' adorno:
   Ma mia suora Rachel mai non si smaga
   Dal suo miraglio, e siede tutto giorno.
36. Ell' è de' suoi begli occhi veder vaga,
   Com' io dell' adornarmi con le mani:
   Lei lo vedere, e me l' ovrare, appaga. —

32. (L) *Ora...*: Venere, quand'è perigeo, si leva talvolta due ore prima del sole.
(SL) *Prima*. L'Ottimo intende che il Poeta accenni la prima volta che la stella Venere apparve a Adamo e ad Eva sul monte delle delizie. — *Monte*. Æn, II: *Jugis summae surgebat Lucifer Idae* — *Amor*. Purg, I, t. 7: *Lo bel pianeta che ad amar conforta*.
(F) *Ardente* [Ant.] Già fino dal suo arrivo a piè di questa montagna, notò il Poeta che il pianeta Venere precedeva in oriente l'alba solare: adesso ripiglia quel dato astronomico; e invece di dire che ebbe un sogno o una visione un po' prima del fare dell'aurora, dice che l'apparizione precorritrice di reale e consolante avvenimento, crede accadesse nell'ora che il detto pianeta raggiò dall'oriente nel sacro monte del Purgatorio prima che altrove. E nel verso è notato quel vivace ardore che distingue fra gli altri questo pianeta e che è tutto suo proprio.
33. (L) *Landa:* piano.
(SL) *Bella* La Lia della Genesi non è bella; ma simbolo qui. — *Landa*. Nel Senese un podere ha nome *landola*; nel Bolognese, *landa*.
(F) *Fiori*. Opere, dice Pietro, apparecchiate a far frutto, delle più belle.
34. (SL) *Sappia*. Rammenta la bella intonazione delle Georgiche : *Tum sciat aërias Alpes...* (III). — *Mi*. Bocc.: *Io mi son giovanetta, e volontieri m' allegro e canto*. — *Ghirlanda*. Gioja e premio del ben fare.
(F) *Lia* Pietro : *Le virtù morali sono ordinate alla felicità della vita attiva* Lia *simboleggia la vita attiva della primitiva Chiesa*; Rachele, *la vita attiva della Chiesa novella. Alla vita attiva conviene giungere puro da' vizii* (Greg Epist, I, 5).
35. (L) *Smaga:* stoglie. — *Miraglio:* specchio.
(SL) *Miraglio*. Guitt.: *Del mondo miragli*. — *Tutto giorno* Francese: *Toujours* ; e nel cinquecento in Toscana *tutto giorno che*, per, *sempre che*.
(F) *Specchio* Specchio dell'uomo è la coscienza; della coscienza, Dio. — *Siede*. Rammenta quel che di Marta è narrato (Luc, X. 42). [C.] Girol. Ep., 112 : *Lia et Rachel synagogam ecclesiamque testantur.* - Aug. Cons. Ev., I, 8 : *Illa operatur, haec requiescit, quia illa est in purgatione peccatorum, ista in lumine purgatorum ; illa est in opere bonae conversationis, ista vero magis in Fide, et haud per paucos per speculum in aenigmate, et ex parte in reliqua visione incommutabilis veritatis.* — Lia *interpretatur laborans*, Rachel *autem visum principium*.
36. (L) *De'* : di vedere i suoi proprii occhi. — *Ovrare:* operare.
(F) *Occhi*. Gli occhi di Rachele sono la contemplazione che si riflette in sè stessa. — *Vedere*. Nel Convivio, dice la vita contemplativa più nobile. Così la Somma.

37. E già, per gli splendori antelucani,
Che tanto ai peregrin' surgon più grati
Quanto, tornando, albergan men lontani,

38. Le tenebre fuggían da tutti i lati,
E il sonno mio con esse: ond'io levámi,
Veggendo i gran maestri già levati.

39. — Quel dolce pome che per tanti rami
Cercando va la cura de' mortali,
Oggi porrà in pace le tue fami. —

40. Virgilio inverso me queste cotali
Parole usò; e mai non furo strenne
Che fosser, di piacere, a queste, iguali.

41. Tanto voler sovra voler mi venne
Dell'esser su, che ad ogni passo poi
Al volo mio sentia crescer le penne.

42. Come la scala tutta sotto noi
Fu, corsa, e fummo in sul grado superno;
In me ficcò Virgilio gli occhi suoi;

43. E disse: — Il temporal fuoco e l'eterno
Veduto hai, figlio; e se' venuto in parte
Ov'io, per me, più oltre non discerno.

37. (L) *Men*: più presto vedranno la patria.
(SL) *Peregrin'*. Similitudine d'esule, indarno vicino alla patria. — *Men*. Contrapposto al *novo peregrin* dell'VIII, t. 2 del Purgatorio.
38. (L) *Levámi*: mi levai.
(SL) *Sonno A.n.*, VII : *Nox Ænean somnusque reliquit*. — *Maestri*. Anche Stazio gli è maestro. Più forse che Orazio.
39 (L) *Quel*: quell'albero del bene e del vero — *Cercando*: ricercando e quasi solleticando. — *Cura*: amore sollecito. — *Fami*: appetiti.
(SL) *Pome*. Inf., XVI, t. 21: *Lascio lo fele, e vo pei dolci pomi.* — *Cercando*. Così diciamo che un sentimento piacevole o spiacevole ci ricerca tutte le vene, le fibre
(F) *Pome* Boet., III : *Questo per diversa via i mortali si sforzano d'acquistare: perchè nelle menti degli uomini è naturalmente inserto l'amore del bene vero.* [C.] Apoc., XVIII, 14: *Poma desiderii animae tuae discesserunt a te.* - Deut., XXXIII, 18: *De pomis collium aeternorum.* —

Tanti. Ne' beni varii appetibili all'uomo, il Bene supremo, come per allettamenti amorosi, lo chiama a sè.
40 (L) *Strenne*: ricompense.
(SL) *Strenne*. Buti : *Mance, cioè annunziazioni... fatte la mattina* Ma *strenna*, come *mancia* (Inf., XXXI), aveva già senso meno angusto.
41 (SL) *Venne.* Georg, I: *Venit.... cupido*. Vita Nuova: *Mi venne volontà di dire* — *Passo* Nella potenza di questi particolari è nascosta quella bellezza che risulta sensibile dall'intero, senza che l'animo se ne renda ragione.
(F) *Crescer*. Le cose aspre rende facili e care l'amore.
42. (F) *Ficcò*. La ragione fa l'ultimo suo potere. Ma insieme gli è un atto affettuoso di Virgilio, maestro e padre.
43 (SL). *Temporal*. Som, Suppl.: *Purgatorii poenae temporales.*
(F) *Discerno*. Ne' Decret.: *Fides non habet meritum cui ratio praebet experimentum. Ubi ratio deficit, fides supplet.*

44. Tratto t'ho qui con ingegno e con arte:
    Lo tuo piacere omai prendi per duce:
    Fuor se' dell'erte vie, fuor se' dell'arte.
45. Vedi la 'l Sol, che in fronte ti riluce:
    Vedi l'erbetta, i fiori, e gli arboscelli,
    Che questa terra sol da sè produce.
46. Mentre che vegnan lieti gli occhi belli
    Che lagrimando a te venir mi fenno;
    Seder ti puoi, e puoi andar tra elli.
47. Non aspettar mio dir, più, nè mio cenno.
    Libero, dritto, sano è tuo arbitrio;
    E fallo fora non fare a suo senno.
    Per ch'io te sopra te corono e mitrio. —

44. (L) *Dell'arte:* delle strette.
(SL) *Con arte.* Petr., Trionfo della Morte, II: *Questi fur teco miei 'ngegni e mie arti* Orazio (Poet.) oppone *arte* a *ingegno*. Intendendo per questo il dono da natura quasi generato nell'uomo, onde il francese *genio*. — *Erte.* Non cerca i bisticci, ma non evita gli scontri.
(F) *Piacere.* Eccli., XV, 44: *Reliquit illum in manu consilii sui.* L'uom puro è libero: alta dottrina.
45. (SL) *Sol.* Rammenta il 1 dell'Inferno.
(F) *Fronte.* [Ant.] Se i Poeti avevano il sole alle spalle quando la sera precedente cominciarono a salire la scala, giunti in cima ad essa poco dopo il sorgere di quell'astro, doveva questo esser loro in prospetto, sebbene un poco a sinistra. — *Terra.* Gen., I, 39: *Dixit... Deus: Ecce dedi vobis omnem herbam afferentem semen super terram, et universa ligna quae habent in semetipsis sementem generis sui.* - II. 8: *Plantaverat... Dominus.... paradisum voluptatis.* Georg., I: *Ipsaque tellus liberius, nullo poscente, ferebat.* [Ovid. Met., I: *Per se dabat omnia tellus*]
46. (L) *Mentre:* fin. — *Occhi* di Beatrice. — *Tra:* tra i fiori e gli arboscelli.
(SL) *Occhi.* Inf., II, t. 39: *Gli occhi lucenti, lagrimando, volse; Perchè mi fece del venir più presto.*
47. (L) *Fora:* sarebbe. — *Corono...:* sei re di te stesso. — *Mitrio.* Del tuo spirito prendi tu stesso autorevole cura.
(SL) *Dir.* Virgilio omai più non parla: lo rassegna a Beatrice, e quindi dispare. — *Cenno.* Purg., I, t. 47: *E con parole e con mani e con cenni, Reverenti mi fe' le gambe e 'l ciglio.*
(F) *Libero.* Som.: *Già era prossimo il tempo della perfetta libertà, che totalmente fossero rimessi a libero loro arbitrio nelle cose che men sono necessarie a virtù.* — *Arbitrio.* Ott.: *L'arbitrio è sano... quando elli è rimosso dalle passioni... quand'elli ubbidisce alla ragione.* La dirittura riguarda l'intendere; la sanità, il volere; la libertà, la potenza del veramente volere. Un sacro autore: *L'anima in Grazia, assomigliasi al paradiso terrestre, ameno, fecondo, sicuro.* — *Fallo.* Chi vede il bene e non lo fa francamente, pecca. — *Mitrio.* Ott.: *Te sopra te fo rettore e pastore.* Corona, autorità temporale; mitria, spirituale. Ciascun uomo onesto è in certo senso principe e sacerdote. Conv., II, 1: *Nell'uscita dell'anima del peccato essa si è fatta santa e libera in sua podestade.* Pietro a tutti i fedeli: *Regale sacerdotium, gens sancta* (Epist. I, II, 9).

Lo spavento che lo prende al pur vedere la fiamma e imaginarne il tormento; la stessa comparazione favolosa di Piramo moribondo, la quale ci fa sentire come il Poeta agonizzasse in fantasia, e il nome della sua donna gli fosse vigore di vita; il volere Virgilio che il suo diletto discepolo in questo tragitto ultimo gli sia più accosto, che tien vece di tenero addio; la voce dell'angelo che risuona al di là, e il nome di Beatrice che lo regge intantochè lo spasimo è tale ch' e' si sarebbe, per rinfrescarsi, gettato tra vetri bollenti; le stelle che gli si mostrano dall'angusta scala dov'egli riposa; la visione di Lia; son bellezze che compensano alcuni difetti del Canto, non de' meglio accurati. Dal venticinquesimo in poi, se si tolgano i due be' tratti del vigesimottavo e del trigesimo, non incontri tanta, quant'altrove, la franchezza e lo splendore del verso di Dante,

CONSIDERAZIONI DEL CH. P. G. ANTONELLI.

« *Sì come quando i primi raggi vibra.* »

Nell'annunziarci che il giorno se ne va, mentre sulla sponda alla cornice, su cui camminava, comparve un Angelo (distinto da quello che poi trovano dall'altra parte a piè dell'ultima scala); il Poeta vuole anche darci la posizione che in quel momento aveva il sole rispetto all'orizzonte attuale dei tre Poeti, e dice che questa posizione era quale ivi doveva essere nell'istante in cui dal sole stesso vibravansi i primi raggi, là dove Cristo Signore fu crocifisso, cioè a Gerusalemme; e tal rapporto non qual'è in una stagione qualunque, ma in quella in cui l'ardore meridiano riscalda le acque del Gange, cioè dell'estremo oriente, nel tempo medesimo che la sommità o il mezzo della costellazione della Libra sovrasta all'Ibero, vale a dire all'estremo occidente; il che appunto avveniva allora verso la metà del mese d'aprile. Questo luogo riscontra col principio del II di questa Cantica, ma con baratto di parti, essendo adesso il sole ove là suppone la notte : e il Poeta lo ha fatto anche per non ripetere direttamente la notizia, che il sole era nella costellazione di Ariete. Ma qui deve sorgere una difficoltà in ogni attento lettore. Il Poeta avendoci detto e ripetuto che la nostra montagna e Gerusalemme avevano comunanza d'orizzonte, par chiaro che se in questo momento il sole vibrava i primi raggi sul Sion, avesse dovuto incominciare coll'inferiore suo lembo a discendere sotto il piano dell'orizzonte rispetto al Purgatorio; e che perciò non potessero quivi rimanere che circa *due minuti* di giorno propriamente detto. E pure prima che tramonti il sole e che quindi manchi ai nostri viaggiatori la *possa del salire* (terz. 23), intervengono i fatti seguenti. Il venir de' Poeti all'Angelo che cantava *Beati mundo corde*, e ch'e' dovevano aver visto da lungi, come dal contesto rilevasi; le parole dell'Angelo; lo spavento e l'esitazione del nostro Poeta; la non breve esortazione di Virgilio, e la resistenza dell'impaurito mortale; il cammino per l'ardentissima fornace, il qual deve essere stato non breve, a bene espiare ogni macchia del senso, se Virgilio andava ragionando di Beatrice, e conveniva stare attenti alla voce che li guidava, per uscire a luogo opportuno; il cominciamento della salita su per la scala, dove il Poeta vedeva ancora l'ombra sua dinnanzi a sè, che gli attestava essere il sole presente tuttavia. Ora per compire questi fatti con dignità, quanta ne richiedeva quel Virgilio che si rimorse della subitanea fuga al comparir di Catone mentre Casella cantava, e quanta ne richiedevano le circostanze attuali; sembra evidente che ci volesse non meno di un terzo d'ora. Come dunque conciliasi questo soprappiù di tempo, con quello che pare concesso dalla descrizione astronomica? La risposta a questa domanda farà stupire anche i più caldi ammiratori del divino ingegno del nostro Poeta. Egli ha qui probabilmente tenuto conto del fenomeno delle *rifrazioni atmosferiche*, e certamente ha computato il fatto della *depressione dell'orizzonte*. Anche con quest'ultimo solo, si spiega il caso che il Poeta ha manifestamente supposto, in virtù dell'altezza a cui egli era giunto, e dalla quale procede la detta depressione, non essendo ella altro che l'angolo fatto nel punto da cui si osserva, tra la visuale tangente alla superficie terrestre e la retta parallela all'orizzonte. E non solo risolvesi il quesito, che con grand'arte ci ha proposto l'astronomo nostro, ma col richiamare al fatto geometrico e semplicissimo che a quella soluzione ci guida, egli è venuto anche a somministrarci i dati per calcolare la elevazione, che all'ideato monte del Purgatorio è da lui data a un dipresso! Il come e il quanto, lo serbiamo a discorrerne in nota da sè sopra le dimensioni di questa maravigliosa montagna.

Per ritornare al problema offertoci dal Poeta, cioè che il sole era per affacciarsi all'orizzonte di Gerusalemme, e quindi per toccare quello del Purgatorio, che era tutt'uno coll'altro; e tuttavia i nostri viaggiatori lo vedevano ancora elevato sull'orlo limitare del dì e della notte; osservisi che alla terzina 21 è detto: *lo sol sen va*, mentre prima delle varie avventure incontrate, aveva detto che il giorno sen giva, onde mostra che ora, e non prima, il sole era per nascondersi dietro la gibbosità della terra. Quindi allorchè fu visto il primo Angelo su questo girone, l'astro del dì cominciava a spuntare per Gerusalemme, ma non era ancora al tramonto per i nostri Poeti.

DANTE. *Purgatorio.*

I SUFFRAGI.

Questa Cantica è tutta fondata nella credenza al valore dei suffragi, sottintesa come verità dimostrabile anco per ragion naturale, e accennata sovente con forme che inchiudono una profonda dottrina sotto il velo di un' imagine luminosa. Qui rammenteremo talune delle autorità che comprovano e la ragionevolezza e l'antichità di questa credenza.

Le anime de' defunti prosciolgonsi (1) *o per le offerte de' sacerdoti, o per le elemosine de' loro cari, o per le preci de' buoni* (2), *o per i digiuni de' congiunti* (3). — *Il merito s'appoggia alla giustizia L'orazione alla misericordia* (4) — *Togliere ad alcuno quello che gli si deve ripugna a giustizia, dargli quello che non gli si deve non è contrario a giustizia, ma passa i limiti di quella e diventa liberalità* (5)

I meriti altrui possono all' uomo comunicarsi e per la carità (6) *che di molti fa uno, e per l' intenzione che gli atti altrui applica a me. Anco nella giustizia civile l'uno può soddisfare per l'altro* (7) *La carità che è il vincolo che unisce i membri della Chiesa, non si stende solo a' vivi, ma anche a' defunti che muoiono nella carità; perchè la carità è la vita dell'anima. Siccome l'anima è la vita del corpo, e non ha fine nel sepolcro; similmente i morti vivono nella m morta degli uomini viventi: e però l' intenzione de' viventi si può indirizzare ad essi* (8)

Santo e salutare pensiero è orare per i morti, acciocchè da' peccati siano

---

(1) Purg., III, v. ult.: *Chè qui per quei di là molto s'avanza.*

(2) Purg, XIII, t. 42-43: *Ancor non sarebbe Lo suo dover per penitenzia scemo, Se ciò non fosse, ch' a memoria m' ebbe Pier Pettinagno in sue sante orazioni.*

(3) Greg Decr., XIII, 9. 2. Purg., XXIII, t. 29: *Si tosto m' ha condotto A ber lo dolce assenzio de' martiri La Nella mia col suo pianger dirotto. Con suo' prieghi devoti e con sospiri Tratto m' ha..*

(4) Som. Sup., 71. - Purg., XI, t. 13: *Deh! se Giustizia e Pietà vi disgrevi Tosto.* - Purg., XIII, t. 30: *Se tosto Grazia risolva le schiume Di vostra coscienza.*

(5) Som. Sup., l. c. - Purg., VI, t. 13: *Che cima di giudizio non s'avvalla, Perchè foco d'amor compia in un punto Ciò che dee soddisfar chi qui s'astalla.*

(6) Purg., XIII, t. 43: *A cui di me per caritate increbbe.*

(7) Som Sup., l. c.: *E l'un uomo può da' meriti dell'altro essere giovato:* - *quod deest uni, alter suppleat ; e l'efficacia del merito e della soddisfazione passa d'uno in altro.*

(8) Som. Sup, 71.

prosciolti (1). Il sacerdote divino ora per quelli che piamente vissero e nondimeno ebbero alcune macchie (2) contratte per umana infermità (3). Il sacramento dell'Eucaristia principalmente appartiene alla carità; essendo sacramento d'unione, per contenere in sè Cristo, in cui tutta la Chiesa si unisce e consolida; onde l'Eucaristia è quasi origine e vincolo di carità (4). Non piccola è l'autorità dell'universa Chiesa, che nelle preci del sacerdote all'altare abbia luogo anche la raccomandazione de' morti (5). Dionigi (6) commemora il rito delle orazioni pe' morti nella Chiesa primitiva. — Posero i discepoli del Salvatore e gli apostoli che nei tremendi e vivifici misteri facessesi memoria di quelli che nella fede morirono (7).

I suffragi per uno, è dottrina della Chiesa che giovino a tutti altresì, sebbene più specialmente a quello per cui sono diretti; e giovano a tutti perchè la società cristiana è tutt'un corpo che dal Capo comune ha la vita E la bellezza e grandezza di questa dottrina basterebbe di per sè a dimostrarne la verità. Quanto a quelli che muoiono in colpa grave, siccome è detto che i peccatori Dio non ascolta (8), così non valgono le preghiere fatte per essi da' vivi, i quali li rappresentano in terra per quella virtù sociale che, come è detto, i meriti dell'un'anima comunica alle altre. Ma, non potendo l'uomo sapere l'intrinseca gravità delle colpe altrui, nè se da ultimo il morente le abbia col desiderio, se non cancellate, attenuate tanto da farsi non immeritevole di misericordia, di qui segue che noi dobbiamo orare con fede pe' morti tutti; che già, se non a loro, giova ad altri e a noi la preghiera. E così dell'efficacia de' suffragi fatti da' non degni risolvesi piamente: Avendo i Sacramenti un valore intrinseco, qualunque sia l'uomo che li celebri o amministri, in questo rispetto non può nuocere al suffragio l'indegnità dell'uomo offerente. L'indegno, di per sè, non può veramente giovare nè ad altrui nè a sè stesso; ma può in quanto rappresenta l'intenzione altrui, cioè o di chi gli ordina di pregare, o della Chiesa tutta, nel cui nome, siccome sacerdote, egli adora (9). Così chi adempie, quasi come strumento, il volere altrui, l'opera in questo modo fatta acquista valore dall'intenzione di chi commette di farla; qual sarebbe un'opera di misericordia eseguita in nome del padrone da servitore non degno Se il buono atto è compiuto con animo buono, naturalmente acquista doppio valore: ma anco i non degni sono in certo rispetto esauditi da Dio quando chiedano cosa che gli sia accetta: chè Dio non a' giusti soltanto, ma anco ai peccatori i suoi beni distribuisce (10).

Nelle seguenti sentenze la dottrina de' suffragi è ancor meglio determinata e conchiusa: *Il defunto è da' suffragi giovato, secondochè vivendo me-*

(1) Machab., II, XII, 46.
(2) Purg., XI, t. 12: *Ben si de' loro atar lavar le note Che portàr quinci, si che mondi e lievi Possano uscire alle stellate ruote.*
(3) Dion., de Hier. Ecc., VII.
(4) Som Sup., l. c.
(5) Aut., de Cur. pro mort., I.
(6) Hier., c ult.
(7) Dam , Serm. de suffr. mort.
(8) Joan., IX, 31. Purg , IV: *Se orazione in prima non m'aita Che surga su di cuor che in Grazia viva: L'altra che val, che in ciel non è gradita?* — VIII: *Chè per me chiami Là dove agl'innocenti si risponde* — XI: *Quello spirto... Laggiù dimora... Se buona orazion lui non aita.*
(9) Dion., de Hier. Coel., XII.
(10) Som. Sup., 71 e Matth., V. A quel di Giovanni *che Dio non ascolta i peccatori,* la Glossa soggiunge: *E' parla com'uomo che non vede appieno.*

ritò esser giovato dopo la morte (1). — Non direttamente meritarono quel giovamento; ma pe' meriti precedenti si abilitarono a ricevere i frutti d'essi suffragi (2). — I suffragi giovano a que' che sono mezzanamente tra buoni e cattivi (3). — Anche a quelli pe' quali non furono fatti i suffragi, giovamento ne viene se ne abbisognino (4).

In Virgilio, al sentire dal padre che le anime de' defunti ritorneranno agli uffizii della vita, Enea esclama: *O Pater, anne aliquas, ad coelum hinc ire putandum est Sublimes animas iterumque ad tarda reverti Corpora? Quae lucis miseris tam dira cupido?* Esclamazione tremenda che esce da anima troppo conscia e delle angosce profonde e delle altezze vertiginose della vita. Il padre risponde che ritorneranno nel mondo purgate dalle antiche macchie, e dopo bevuto in Lete il lungo oblio delle cure: altra speranza piena di dolore e di disperazione, che mette la dimenticanza come stimolo al corso arduo della vita. Il Poeta cristiano fa scorrere anch'egli l'acque di Lete ove le anime depongono la memoria delle colpe (5; ma dal medesimo capo deriva l'acqua d'Eunoè, dalla quale è resa la memoria de' beni operati E ha un non so che ripugnante all'ampia indulgenza del Cristianesimo l'opinione che nega una virtù espiatrice di là dai termini della vita Dai passi recati raccogliesi che la dottrina cattolica ha fondamento non solo nelle prime tradizioni cristiane e giudaiche (alle quali potrebbersi aggiungere i riti stessi pagani che non avrebbero celebrate commemorazioni funebri senza una confusa fiducia che queste consolassero i trapassati); non solo nelle tradizioni, dicevo, ma nella ragione stessa Posta da un lato la purità della giustizia dell'Ente che è il fine ultimo dell'umanità, posta dall'altro l'imperfezione dell'uomo e la possente volontà di quell'Ente; ne segue che, per pura che un'anima sia, non può essere fatta di subito degna del pieno godimento di lui, e che una prova di aspettazione più o men dolorosa (nè imaginare tormenti dati per mezzo della materia e di fede; e i predicatori farebbero bene a non ci calcare tanto) concilia i due grandi attributi della giust'zia e della bontà, e salva l'uomo dalle rovine della speranza superba e della superba disperazione, e gli rende meno affannosa la morte, e diffonde il pensiero de' cari suoi, quasi luce avvivatrice, tra le tenebre del sepolcro, e così conforta i viventi e li rende migliori; ed esercitando l'affetto sì nel passato e sì nel tempo avvenire, lo amplia e lo innalza; e fa del mondo visibile e dell'invisibile una vita, e de' viventi e de' morti una sola operosa e cospirante famiglia. I Greci, che pure pregano pe' defunti, e se non credono all'espiazione, non si sa perchè preghino; non è da pensare che tutti e sul serio accolgano per buono argomento contrario quel che la Chiesa insegna del giudizio finale, come se già fin dal punto che la prova mortale è cessata, non sia determinato alle anime il suo destino; come se quel giudizio non s'abbia a intendere per la rivelazione suprema che si farà della storia e de' destini dell'umanità tuttaquanta. Certo è ch'anco filosoficamente considerato il principio della espiazione (e ognun sa che il danaro delle elemosine non è condizione essenziale al principio) e umano e sociale, dimostra qual potenza sia data alla volontà e all'amore dell'uomo che per fede si faccia cooperante alla potenza e all'amore di Dio.

---

(1) Aug., Enchir.
(2) Som. Sup., 71.
(3) Aug., Cath.

(4) Dam., Serm. de dorm.
(5) Inf, XIV; e Purg., XXVIII e XXXIII.

CANTO XXVIII

ARGOMENTO.

Selva amenissima. Vede una donna che canta cogliendo fiori, Matelda; la quale gli spiega dond' esca l' aura che muove la verzura, e donde l' acqua limpida che la irriga, poichè lassù non han luogo vapori. L' aura dal muover del cielo; l' acqua da fontana perenne, come i fiumi del paradiso terrestre, là nella Genesi. L'aria muove le piante, la pianta sparge nell' aria la sua potenza fecondatrice, che, portata nel nostro emisfero, vi genera nuove piante senza seme palese. Il seme vien di lassù.

La dottrina fisica non è buona, ma è poesia · merito che a molte ipotesi manca; ed è vera in questo che pone la necessità d'un germe al nascere d'ogni vita.

Nota le terzine 1 alla 12; 14 alla 17; 19; 21 alla 25; 33, 36, 37, 38, 40, 42, 43, 44, 49.

1. Vago già di cercar dentro e d'intorno
   La divina foresta, spessa e viva,
   Che agli occhi temperava il nuovo giorno;
2. Senza più aspettar, lasciai la riva,
   Prendendo la campagna lento lento;
   Su per lo suol che d'ogni parte oliva.

1. (L.) *Temperava* coll'ombra.
(SL) *Spessa* La spessezza talvolta nuoce alla vita; qui la dimostra e la accresce
(F) *Temperanza* [Ant] A causa della depressione dell'orizzonte, che qui doveva esser la massima, perche siamo al sommo della montagna, il sole era sorto più presto di quello che portava la sua posizione all'orizzonte razionale del Purgatorio; quindi, anco se i Poeti avessero speso mezz'ora a salire la lunga scala, il grand'astro sarebbe stato levato di poco sul piano, in cui di presente trovavasi l'astronomo nostro Quindi, oltre al verdeggiare della viva foresta, e oltre all'ombra di lei, è da dire che temperasse il nuovo giorno anche la parziale occultazione del sole, che dai rami di qualche pianta vicina poteva esser fatta.
2. (L) *Oliva* : olezzava.
(SL) *Oliva.* Bocc., Dec., II, 5: *Di rose, di fiori d'aranci e d'altri odori tutta oliva.*

3. Un'aura dolce, senza mutamento
Avere in sè, mi feria per la fronte
Non di più colpo che soave vento;
4. Per cui le fronde, tremolando, pronte
Tutte quante piegavano alla parte
U' la prim'ombra gitta il santo monte:
5. Non però dal lor esser dritto sparte
Tanto, che gli augelletti per le cime
Lasciasser d'operare ogni lor arte;
6. Ma con piena letizia l'ôre prime,
Cantando, riceveano intra le foglie,
Che tenevan bordone alle sue rime,
7. Tal, qual di ramo in ramo si raccoglie
Per la pineta in sul lito di Chiassi
Quand' Eólo Scirocco fuor discioglie.

3 (L) *Aura* d'oriente, ove il Poeta era volto.
(SL) *Dolce*. Georg, IV: *Dulcis.... aura* — *Avere.* A molti de' moderni poeti nobilissimi, questa frase parebbe prosaica. — *Soave* [C] Simile in Eliod
(F) *Aura* [Ani] Per quello che dirà poi l'atmosfera rotava col cielo da levante a ponente, come se fosse tutta d'un pezzo o una massa solida; il perchè le molecole aeree serbavano sempre fissa la reciproca loro posizione, salvo l'accidentale e momentaneo spostamento per l'incontro di qualche oggetto resistente, come qui per la presenza di un corpo umano sottoposto ancora alla legge dell'impenetrabilità, e per l'ostacolo d'una fronzuta foresta L'aria dunque si moveva, ma senza avere mutamento in sè stessa, cioè senza rimescolamento delle sue particelle tra loro, come avviene pel contrasto delle correnti in bassa regione, allorchè le è rotto il suo moto circolare un'forme da qualche parte (t 55), o per qualche cagione, e si generano i venti propriamente detti. E da avvertire che il Poeta suppone implicitamente, che l'aria sia un corpo grave o pesante; perchè, sebbene in quella grande altura fosse purissima e sottilissima e quindi non contenesse il secco nè ore suscitatore di vento, le attribuisce la potenza di ferire, cioè di percuotere, e piegare le fronde degli alberi dalla parte ove il santo monte gitta ombra, cioè a ponente; perchè il sole spunta a levante, e poi girando ivi per tramontana, vi la girar l'ombra per mezzodì, sicchè solo la prima ombra è a occidente, per dove si fa il movimento delle spere celesti a tenore delle dottrine tolomaiche
4. (L) *U'*: ove (a occidente).
(SL) *Tremolando* Buc, V: *Incertas zephyris motantibus umbras.* Ovid Met. XV: *Tremulaeve cacumine palmae* — Santo Psal XIV, 1: *Requiescet in monte sancto tuo*
5. (L) *Lasciasser..* potevano starci cantando
(SL) *Esser* Modo contorto: pur semplice — [*Augelletti* Boce, Fiammetta, lib IV] — *Arte* Ovid Trist., III 12: *Indocilique loquax gutture vernal avis* Prop, I, 2: *Et volucres nulla dulcius arte canant*
6 (L) *Ore*: aure. — *Bordone*: accompagnavano collo stormire. Bordone la grossa canna della piva, di suono più grave.—*Rime:* canti degli uccelli
(SL) *Ore*. Petr, son. 115 — *Riceveano* Georg, III: *Excipiant. auras.* Sap, VII 3: *Natus accepi communem aerem.* — *Bordone* Buon: *E d'acque Sorgenti e mormoranti che di certe Serrou sonore, ai canti degli angelli.* — *Sue Ponere loro*, e vedrei quanto certi idiotismi siano più nobi i della grammatica — *Rime* Rima per parola Inf, XIII, t 46 *Carmen*, degli uccelli, in Virgilio (Georg IV)
7 (L) *Tal (bordone). raccoglie:* lo stormire — *Chiassi:* Classe vicino a Ravenna
(SL) *Raccoglie.* Æn, X: *Ceu flamina prima Cum deprensa fremunt silvis.* Georg, I: *Nemorum increbrescere murmur.* Il raccogliere ritrae,

8. Già m'avean trasportato i lenti passi
   Dentro all'antica selva tanto, ch'io
   Non potea rivedere on l'i' m'entrassi;
9. Ed ecco, più andar mi tolse un rio,
   Che, invèr sinistra, con sue picciole onde
   Piegava l'erba che 'n su i ripa uscio.
10. Tutte l'acque che son di qua più monde,
    Parrieno avere in sè mistura alcuna
    Verso di quella, che nulla nasconde,
11. Avvegnachè si muova bruna bruna
    Sotto l'ombra perpetüa, che mai
    Raggiar non lascia sole ivi nè luna.
12. Co' piè ristetti, e con gli occhi passat
    Di là dal fiumicello pèr mirare
    La gran variazion de' freschi mai:
13. E là m'apparve (sì com'egli appare
    Subitamente cosa che disvia,
    Per maraviglia, tutt'altro pensare)

e quasi computa, i piccoli elementi del suono che poi si fa tutto un rumore — *Discioglie*. Æn, I: *Et premere, et laxas dare* (ventis) *habenas*. - *Qua data porta ruunt*. - *Rex vinclis et carcere fraenat* — *Scirocco* [A.t] Lo scirocco spira dal punto di mezzo tra ostro e levante, detto in antico anche Euro e Volturno Qu rammenta, per similitudine, quel tuono grave, che più volte deve avere avvertito nella pineta sul lido ravennate, al di là dell'antica Classe. *Fuori*, quando il re de' venti sprigiona scirocco il quale investe quasi direttamente quella selva di pini.
8. (L) *Ond'*: di dove fossi entrato.
(SL) *Trasportato* Purg., XXIV, t. 11 — *Antica* Æn, VI: *Antiquam silvam* — *Entrassi* Altra sgrammaticatura comoda molto Inf, XV, t 5.
9 (L) *Tolse*: mi vietò andar più oltre Inf., II: *Del monte il corto andar li tolse* — *Rio*: Lete
(SL) *Rio* Ovid Met., V: *Sylva coronat aquas, cingens latus omne, suisque Frondibus, ut velo, Phorbeos submovet ictus*. *Frigora dant rami, varios humus humida flores Perpetuum ver est*. — *Erba* Georg, IV: *Tenuis fugiens per gramina rivus*.
(F) *Sinistra*. Lete che toglie la memoria del peccato: però lo pone a sinistra: e e acqua bruna.
10 (L) *Verso*: a paragone. — *Nulla* del fondo.
(SL) *Monde*. Cresc., I, 5: *Acque monte*
11 (L) *Avvegnachè*: benchè.
(SL) [*Ombra*. Tasso, XV, 56: *E sotto l'ombra di perpetue fronde Mormorando sen va gelida e bruna*] — *Perpetua*. Stat, IV: *Undas*. *Secreta nutrit Langia sub umbra* — *Raggiar* Æn, VIII: *Radiantis imagine Lunae*. — *Luna* Il verso col tenne su mo dipinge la cosa Non così bene l'Ariosto (XIV, 92): *Il sole indurno il chiaro dì vi mena*: *Che non vi può mai penetrar co' raggi, Sì gli è la via da' folti rami*.
13 (L) *Mai*: maji, bel ramo o albero che, sovente con varii ornamenti, ponesi o in segno d'amore o di festa Ora *maggio*.
(SL) *Variazion* Æn., VIII: *Variis tequntur arboribus*. Ovid. Met, X: *Varios flores*: meglio che *Dissimili flore* (Fast, IV) — *Mai*. Affettatamente il Tasso, Canz: *Ma con gentil oltraggio, Spogliavano il fiorito e nuovo maggio* Così aprile, la stessa verzura. E t. 17: *Primavera*.
13 (L) *Egli*. Riempitivo. — *Tutt'*: ogni.

14. Una donna soletta, che si gía
    Cantando, e iscegliendo fior da fiore,
    Ond' era pinta tutta la sua via.
15. — Deh, bella donna, ch' a' raggi d'amore
    Ti scaldi (s' i' vo' credere a' sembianti,
    Che soglion esser testimon' del cuore),
16. Vegnati voglia di trarreti avanti
    (Diss' io a lei) verso questa riviera,
    Tanto ch' i' possa intender che tu canti.
17. Tu mi fai rimembrar dove e qual era
    Proserpina nel tempo che perdette
    La madre lei, ed ella primavera. —
18. Come si volge con le piante, strette
    A terra e intra sè, donna che balli,
    E piede innanzi piede appena mette;
19. Volsesi, 'n su' vermigli e in su' gialli
    Fioretti, verso me, non altrimenti
    Che vergine che gli occhi onesti avvalli;
20. E fece i prieghi miei esser contenti,
    Sì appressando sè, chè il dolce suono
    Veniva a me co' suoi intendimenti.

14. (SL) *Pinta*. Buc., II: *Pingit vaccinia caltha*. Ovid Fast., IV: *Picta flore humus*.
(F) *Donna* Matilde contessa, vissuta nel XI secolo. Magnificentissima la dice Pietro e probissima. Dominò buona parte d'Italia. Molte chiese costrusse, molte liberalità fece: e questo indica che la vita attiva, v'essere magnificente. La vita attiva, coll'utile suo movimento, cancella il peccato. Però la chiessa donna tragga Dante per l'acqua di Lete, e colga fiori, e con la sua bellezza lo prepari alla bellezza di Beatrice, dell'altà contemplazione. Altri intende per Matilde molto divota alla Chiesa, l'amore di essa Chiesa, il quale dispone Dante a vederne in questa selva il trionfo. Il Poeta la dice infatti calda de' raggi d'amore, e fa il suo canto simile al canto d'innamorata. Ma le idee dell'amore e della devozione alla Chiesa, e della vita attiva piacevole perchè vita d'amore e della libalità di Matilde, virtù contraria al vizio della *femmina sciolta*, possono in un simbolo solo congiungersi.
16. (L) *Che*: cosa.
17. (L) *Dove*: in Italia. — *qual*: così bella. — *Primavera*: i fiori colti.

(SL) *Proserpina*. Ovid. Met., V: *Quo dum Proserpina luco Ludit, et aut violas, aut candida lilia carpit*. — *Madre* Ovid Met., V: *Et matrem, et comites, sed matrem sarpius ore Clamat Et, ut summa vestem lamarat ab ora, Collecti flores tunicis cecidere remissis Tantaque simplicitas puerilibus adfuit annis: Haec quoque virgineum morit jactura dolorem.* — *Primavera* Buc., IX: *Hic ver purpureum, varios hic flumina circum Fundit humus flores.* Bocc., Fiammetta: *Così ornata, levatami, qual Proserpina allora che Plutone la rapi alla madre, cotale me ne andava per la nuova primavera cantando.*
18. L) *Intra*: pianta a pianta.
19. (L) *Avvalli*: chini.
(SL) *Gialli* Buc., II: *Luteola... caltha.* — *Avvalli* Purg., XIII, t. 21.
20. (L) *Intendimenti*: concetti.
(SL) *Intendimenti* Nel Montaigne *entendement* per pensiero Bocc., Dec., VIII, 89: *Queste parole pensando, e non potendo di esse comprendere nè intendimento nè frutto alcuno.*

CANTO XXVIII.

21. Tosto che fu là dove l'erbe sono
    Bagnate già dall'onde del bel fiume,
    Di levar gli occhi suoi mi fece dono.
22. Non credo che splendesse tanto lume
    Sotto le ciglia a Venere trafitta
    Dal fíglio fuor di tutto suo costume.
23. Ella ridea dall'altra riva dritta,
    Traendo più color' con le sue mani,
    Che l'alta terra senza seme gitta.
24. Tre passi ci facea 'l fiume lontani:
    Ma Ellesponto, là 've passò Xerse
    (Ancora freno a tutti orgogli umani),
25. Più odio da Leandro non sofferse
    Per mareggiare intra Sesto e Abido,
    Che quel da me, perch'allor non s'aperse.

---

21 (SL) *Dono.* Inf., VI, t. 26: *Di più parlar mi facci dono*

22 L) *Costume:* Venere è più amata che l'amante

(SL) *Venere* Amante d'Adone. Ovid Met, X: *Namque, pharetratus dum dat puer oscula matri, Inscius exstanti destrinxit arundine pectus. Laesa manu natum Dea reppulit: altius actum Vulnus erat specie.* — *Splendesse.* Arist.: *Quando si stringe e muove l'occhio, par che un fuoco ci splenda*

23. (L) *Color'*: cogliendo più fiori.

(SL) *Color.* Prop. I, 2: *Quos summittit humus formosa colores — Seme* Ovid Met, I: *Natos sine semine flores* — *Gitta* Georg, II: *Trudit gemmas.* Buc., IX: *Fundit humus flores.*

(F) *Terra* [Ant.] Questa elevatissima regione terrestre conserva, giusta l'opinione del Poeta, la proprietà che il Signore dette alla terra primitiva, di produrre da sè erba verdeggiante che facesse il seme a seconda della sua specie e piante fruttifere (Gen II, 12 del c. I).

24 (L) *Freno:* la rotta del re superbo è esempio che frena, dovrebbe frenare, l'orgoglio de re e de' non re.

(SL) *Ellesponto* [Ant.] Stretto di mare che mette in comunicazione le acque conosciute anticamente e comunemente coi nomi di mare Egeo e di Propontide, e che oggi si chiamano rispettivamente Arcipelago e mar di Marmara Modernamente quel sottil braccio marino si conosce per lo stretto dei Dardanelli. È celebre il passaggio di questo su un ponte di navi, distesovi da Serse. Abido e Sesto erano due città collocate di contro sulle rive di quello stretto, verso la sua metà, e forse nella parte più angusta, la prima sul continente asiano, sull'europeo la seconda.

(Terz 29) L'acqua dissi..

Nel giorno precedente il Poeta aveva inteso da Stazio, che, dalla porta del Purgatorio in su, la montagna non era esposta a meteore nè d'acqua, nè di vento; ma nella sommità vento e acqua trovava, dunque gli pareva che il fatto ripugnasse alla dottrina che teste aveva udita. — *Xerse* Lucan, II: *Tales fama canit tumidum super aequora Xersen Construxisse vias* La rotta di Serse è pur narrata da P Orosio (III), dove l'avrà letta il Poeta.

25 (L) *Odio..*: Leandro, amante d'Ero, e impedito dal mare di vederla, tanto non odio esso mare, quant'io quel fiume che mi vietava ire alla donna

(SL *Sesto* Lucin, II: *Europamque Asiae, Sextonque admovit Abido.* - V. Ovid Her, XVII — *Leandro.* Georg., III: *Quid juvenis, magnum cui versat in ossibus ignem Durus amor? Nempe abruptis turbata procellis Nocte natat caeca serus freta.* — *Aperse.* Purg., XVIII, t. 45: *La gente a cui il mar s'aperse.*

26. — Voi siete nuovi: e forse, perch'io rido
(Cominciò ella), in questo luogo eletto
All'umana natura per suo nido,
27. Maravigliando tienvi alcun sospetto:
Ma luce rende il salmo *Delectasti*,
Che puote disnebbiár vostro intelletto.
28. E tu che se' dinnanzi, e mi pregasti,
Di' s'altro vuoi udir: ch'io venni presta
Ad ogni tua question, tanto che basti. —
29. — L'acqua (diss'io), e 'l suon della foresta,
Impugnan, dentro a me, novella fede
Di cosa ch'io udii contraria a questa. —
30. Ond'ella: — I' dicerò come procede
Per sua cagion ciò ch'ammirar ti face;
E purgherò la nebbia che ti fiede.
31. Lo Sommo Ben, che solo esso a sè piace,
Fece l'uom buono, a bene; e questo loco
Diede per arra a lui d'eterna pace.
32. Per sua diffalta qui dimorò poco;
Per sua diffalta in pianto e in affanno
Cambiò onesto riso e dolce giuoco.

26. (L) *Nuovi* del luogo. — *Natura*: Adamo ed Eva.
(SL) *Nuovi* Inf., IV. t. 18: *Io era nuovo in questo stato*.
27. (L) *Tienvi*: v'occupa. — *Salmo...*: io rido per gioia di questa bellezza, non d'altro.
(SL) *Delectasti*. Psal., XCI, 5-7: *M' hai dilettato, o Signore, nella tua fattura, e nelle opere delle tue mani esultero Quanto grandi sono le opere tue, o Signore! Profondi molto si fecero a me i tuoi pensieri. L'uomo insipiente non conoscerà, nè lo stolto intenderà queste cose* Matelda sorride di gioia celeste alla bellezza del luogo creato da Dio; nè la colpa ivi commessa, per la quale l'umana natura perde quel ricetto, conturba l'altezza della sua gioia serena. *Disnebbiar*. Greg. M r., XXIII: *Veritatem obnubilat menti*.
28. (L) *Question*: domanda. — *Basti* a scioglierla.
(SL) *Ogni* Ne' Bollandisti, Maria a S. Elisabetta: *Io venni a te di grazia speciale: domanda dunque sicuramente; a ogni cosa risponderò*.
(F) *Basti*. Conv., III, 15: *L'uma-*
no desiderio è misurato in questa vita a quella scienza che qui avere si può. E nel Convivio stesso con l'Ecclesiastico (III. 22): *Più alte cose di te non domanderai, e più forti cose di te non cercherai; ma quelle cose che Dio ti comandò, pensa*.
29 (L) *Contraria*: Stazio disse che sul monte vapore non sorge, nè cade pioggia, nè altro.
(SL) *Udii* Purg. XXI. t 16
30 (L) *Dicerò*: dirò — *Per*: da — *Face*: fa — *Fiede*: abbaia la mente.
(SL) *Fiede* Inf., VII, t 21: *Ignoranza*. v'offende Purg., XXV, t 40: *Sanator delle tue magie* — *Procede*. Som: *l'Iae rationes procedunt secundum diversitatem nominis*. — *Purgherò* Æn., I: *Scindit se nubes, et in aethera purgat*
31 (L) *Esso* (Dio) *a sè*: *ipse sibi*. — *A bene*: a fin di bene. — *Loco*: il paradiso. — *Pace*: del cielo.
(SL) *Fece*. Som.: *Nec illud ad quod factus fuit conservavit*.
(F) *Piace* Il sommo Bene non può far cosa che bene non sia.
32 (L) *Diffalta*: colpa. — *Poco*: dall'alba al mezzodì. — *Giuoco*: gioia.

CANTO XXVIII. 395

33. Perchè 'l turbar che, sotto da sè, fanno
L'esalazion dell'acqua e della terra
(Che, quanto posson, dietro al calor vanno),
34. All' uomo non facesse alcuna guerra,
Questo monte salìo vêr lo ciel, tanto;
E libero è da indi ove si serra.
35. Or, pèrchè, in circuito, tutto quanto
L'äer si volge con la prima vòlta,
Se non gli è rotto il cerchio d'alcun canto;
36. In questa altezza, che tutta è disciolta
Nell' äer vivo, tal moto percuote,
E fa sonar la selva, perch' è folta.
37. E la percossa pianta tanto puote,
Che della sua virtute l'aura impregna;
E quella poi, girando, intorno scuote:

(SL) *Poco*. Par., XXVI; Gen , III. *Giuoco*. Petr Tr. d'Am , I: *Assai dolor con breve gioco* Par., XXXI — *Riso*: concerne il diletto della contemplazione; *Giuoco*, dell'azione.
33 (L) *Sotto*: nella parte inferiore del monte — *Calor* del sole.
(F) *Turbar* [Ant.] Il turbamento che nelle basse regioni della terra avviene per le meteore acquose e ventose, attribuiscesi ottimamente dal Poeta all'esalazione dell'acqua e della terra, cioè all'evaporazione; la quale ben dice che, quanto può, va dietro al calore, cioè dal calore dipende, giusta leggi opportune. Acciocchè, poi, quel turbamento non molestasse l'uomo, che doveva, innocente, essere felice anche su questa terra, suppone il Poeta che l'abitazione ai nostri progenitori destinata salisse così grandemente verso il cielo, tanto da non vi esser possibili quei turbamenti.
34 (L) *Uomo* innocente nel Paradiso terrestre. — *Libero* da tali esalazioni. — *Da*: dalla porta del Purgatorio
(SL *Tanto* Dipinge altezza, come nel XXVI de l Inferno, t. 5: *E parvemi alta tanto*.
35. (L) *Prima*: giro del primo cielo. — *Rotto* da vento.
(SL) *Circuito* La terra, secondo l'astronomia d'allora, è ferma: l'aria si gira col primo mobile, e con tutti i cieli di sotto da oriente a ponente. Il primo mobile in ventiquattr'ore si volge intorno alla terra. — *Volge*. Ovid. Met, II: *Assidua rapitur vertigine coelum; Sideraque alta trahit, celerique volumine torquet.* — *Rotto*.

L'aria si muove da oriente a occidente, se i vapori, che fanno il vento, non gli diano altro moto: e allora gira col primo mobile sola quella parte di cerchio d aria che non è rotta da impeto estraneo
(F) *Volta* [Ant] È più naturale qui intendere per *prima volta* la sfera del fuoco, la quale succedeva immediatamente all'oceano aereo o fluido, che il *primo Mobile*; perciocchè è vero che, in fondo, il movimento di tutte le spere dipendeva da questo; ma pare che si dovesse farê per trasmissione, movendosi il secondo dal primo, il terzo dal secondo, e così via Con questa interpretazione si ha un richiamo al *primo giro*, di che nel principio di questa Cantica.
36 (L) *Disciolta*: libera. — *Vivo*: puro
(SL) *Disciolta* Purg, III, t 5: *Poggio che 'n verso 'l ciel, più alto, si dislaga* Così *libero* significa *atto*. — *Vivo* Purezza è vita
(F) *Vivo* [Ant] *Vivo*, perchè puro perfettamente e quindi scevro d'ogni esalazione del basso terreno. La ragi ne poi che assegna al sonar della selva merita considerazione; perchè dimostra che il Poeta conosceva la riflessione e la concentrazione del suono per mezzo delle piante; effetti che si producono dagli alberi quanto più sono fitti, e quanto per questa loro spessezza così torman quasi delle pareti riflettenti. Se valeva in ottica, non era indietro in acustica!
37. (L) *Pianta*. Singolare per plurale. — *Virtute* vegetativa. — *Quella*. L'a-

38. E l'altra terra, secondo ch'è degna
   Per sè o per suo ciel, concepe e figlia
   Di diverse virtù diverse legna.
39. Non parrebbe di là, poi maraviglia,
   Udito questo, quando alcuna pianta
   Senza seme palese vi s'appiglia.
40. E saper déi che la campagna santa
   Ove tu se', d'ogni semenza è piena;
   E frutto ha in sè, che di là non si schianta.
41. L'acqua che vedi, non surge di vena
   Che ristori vapor che gel converta,
   Come fiume che acquista o perde lena;
42. Ma esce di fontana salda e certa,
   Che tanto dal voler di Dio riprende,
   Quant'ella versa, da due parti aperta.
43. Da questa parte con virtù discende
   Che toglie altrui memoria del peccato;
   Dall'altra, d'ogni ben fatto la rende.
44. Quinci Letè, così dall'altro lato
   Eünoè si chiama: e non adopra
   Se quinci e quindi pria non è gustato.

45. A tutt' altri sapori esto è di sopra.
E, avvegna ch' assai possa esser sazia
La sete tua, perch'io più non ti scuopra;
46. Darotti un corollario ancor per grazia:
Nè credo che il mio dir ti sia men caro
Se oltre promission teco si spazia.
47. Quelli che anticamente poetaro
L'età dell'oro e suo stato felice,
Forse in Parnaso esto loco sognaro.
48. Qui fu innocente l'umana radice;
Qui primavera sempre, ed ogni frutto:
Nèttare è questo, di che ciascun dice. —
49. Io mi rivolsi addietro allora tutto
A' miei poeti; e vidi che con riso
Udito avevan l'ultimo costrutto.
Poi alla bella donna tornai 'l viso.

(SL) *Adopra.* Conv.: *Quello che ne' loro cuori poi adopera*
(F) *Adopra* Cancellando coll'espiazione il male commesso, il merito del bene fatto riman puro, e però profittevole a ricordare.
45 (L) *Esto:* questo — *Sete* di sapere. — *Scuopra:* più non parli
(SL) *Sopra* Purg., XXXIII, t 46.
46. (SL) *Corollario* Boezio del Varchi: *Ti darò io come un corollario ovvero quarta* Paulin., Epist., XLIII: *Ne sine corollario mihi rescribas.* La voce ha perduto nella scienza la freschezza dell'origine; ma Dante ci sentiva dentro la ghirlanda che al vero è corona.

47. (SL) *Sognaro,* Pers.: *In bicipiti somniasse Parnasso.* Ovid. Met., I. Boez., trad dall' Ottimo: *Oh felice molto la prima etade*
48 (L) *Radice:* il prim'uomo
. (SL) *Radice* [C] Ezech., XVI, 3: *Radix tua et generatio tua de terra Chanaan* — *Primavera* Ovid.Met , I: *Ver erat aeternum* — *Nettare* Ovid. Met., I: *Flumina jam lactis, jam flumina nectaris ibant*
49 (L) *Riso* del vero nascoso nelle favole loro — *Costrutto:* sentenza. — *Tornai:* volsi.
(SL) *Riso.* Così Dante sorride d'affetto. Purg., XXI.

Nella prima parte del Canto è, qua e là, la freschezza e amenità dell' idillio; e fa contrapposto al ventottesimo dell' Inferno: ma qui appunto sentesi quanto sguaglino certi modi, che il Petrarca, e con più matura arte Virgilio, avrebbe saputi evitare; o piuttosto non gli sarebbero venuti alla mente *Vento per cui le fronde Tutte quante piegavano alla parte u' - Tal, qual di ramo in ramo - Mistura alcuna verso di quella - Avvegnaché - non però.* Nè il *mutamento* e il *mirare,* là dove son collocati; nè le foglie che tengono bordone alle rime degli uccelletti *operanti lor arte;* nè la vergine che *arvalla gli occhi,* nè Matelda che *gli fa dono di levar gli occhi suoi, ne il ristare co' piedi e il passare* cogli occhi il fiume; nè il fiume che *soffre odio da lui:* consuonano ad altre locuzioni che abbelliscono questi versi di schietta eleganza. Tale non direi quella *Vegnati voglia di trarreti avanti;* e molto meno il cenno che precede all'invito, cenno che non pare assai lusinghiero né opportuno: *S'io vo' credere a' sembianti Che sogliom esser testimon del cuore.* Nè l'italianità (notata altrove da me) di Proserpina rende lusinghiero e opportuno il parlar che ne fa un Cristiano nel Paradiso terrestre; e richiama il pensiero al ratto del Dio sotterraneo. Nè l'allusione all'orgoglio di Serse copre in tutto la sconvenienza del paragonarsi che fa il Poeta a Leandro Ma meno conveniente ancora è la comparazione degli occhi di Matelda con quelli di Venere innamorata d'Adone Come le memorie mitologiche, le quali nell'antichità hanno freschezza, nell'imitazione mortifichino la poesia viva; lo dice il verso: *Quand'Eolo Scirocco fuor discioglie*, che stronda o involge di nebbia la bella pineta, e non si conviene con *l'aura dolce* che da nella fronte al Poeta. Senonchè tanto le impressioni più soavi si fanno forti in quest'anima, che *l'aura dolce ferisce lui per la fronte*, e il *soave vento* non viene tanto soave che non sia *colpo* L'altra similitudine *com'egli appare subitamente cosa che disvia, Per maraviglia, tutt'altro pensare;* aggiunge poco alla pittura, se forse non toglie; giacchè il volgersi dalla *gran variazion de' freschi mai* al contemplare la *donna soletta*, non era una maraviglia che dovesse *disviare* i pensieri, ma piuttosto raccoglierli, lietamente portati di bellezza in bellezza. Senonchè in questi stessi, quando pur si voglia e si possa chiamarli difetti, son da notare intenzioni più o meno pensate o spontanee, che manifestano il vero poeta: e, per esempio, *ne' freschi mai* voi vedete ciascuna di quelle tante piante onde è spessa la selva, così ornata come s'addice a festa di primavera e d'amore, e ad esprimere la comune gioia e l'amore segreto.

Il discorso di Matelda, citando il salmo *d-lectasti*, par che tenga in principio del sermone; ma il concetto de' germi che vengono di lontano portati e via via si svolgono, è conforme alla scienza moderna; e pare che accenni all'idea del Rosmini, intravveduta anco da S. Agostino: che i germi delle vite vegetanti e animali possono per lunghissimo incomputabile spazio di tempo rimanersene inerti, e alla fine, quand'è preparato l'ambiente che giovi ad esse e che d'esse si giovi, produrre nuove specie alla luce. Più consapevole a sè de' proprii intendimenti era Dante allorchè faceva di costà scaturire le due simboliche fonti; l'una che toglie all'anima la memoria del peccato commesso; l'altra che gli rende quella del bene operato. Intendeva non gia che l'anima rivivente alla Grazia perda la ricordanza del male, ma si libera dal rimorso e dalla tentazione di quello, e tanto l'ha innanzi a sè quanto giova a nutrirle la riconoscenza e l'amore: intendeva che il bene fatto da lei, misto al male, a lei, rinnovata, apparisce nella sua purità, e la consola insegnandole come negli errori stessi lo spirito umano conservi l'istinto del retto, e come l'obbedire, tuttochè imperfettamente, a siffatto istinto sia merito e cagione a speranza.

LA SELVA ED IL PARADISO.

Appiè del monte *venne una donna e disse: l' son Lucia. Lasciatemi pigliar costui che dorme* (1); e porta il Poeta sin presso all'entrata, e si dilegua ella e il sonno insieme. Ciò rammenta quel della Genesi (2): *Tulit... hominem, et posuit* (3) *eum in paradiso vo'uptatis*; e rammenta il sonno fra il quale Eva nasce. Sulla cima del monte appare altra donna, con ancor più amore dipinta, per apparecchiare ad apparizione più gentile ancora e più alta, dico a Beatrice; dacchè della bellezza vera, così come della virtù, può ripetersi quello de' Salmi: *Ascensiones in corde suo disposuit, in valle lacrymarum, in loco quem posuit... ibunt de virtute in virtutem: videbitur Deus deorum in Sion* (4).

Dante per la divina foresta si fa tanto innanzi che, dice, *non potea rivedere ond' i' m' entrassi* (5): il che rimanda all'entrata dell' oscura e selvaggia selva: *I' non so ben ridir com' io v' entrai* (6). Quando gli tolse andar più innanzi un ruscello piccolo e bello, al contrario della fiera che nell'altra selva *del bel monte il corto andar gli tolse* (7): e di là dal ruscello una donna soletta che cammina sui fiori (8), e coglie fiori; e va come donna che balli (9); preludio delle danze che in cielo vedremo lucenti e armoniose. Questa imagine gli rammenta Proserpina, tradizione italiana di quelle che collegano la civiltà italiana alla greca, e le dimostrano, anzichè l'una figlia all' altra, gemelle.

Anco in Virgilio le anime pie stanno e vannosene *inter odoratum lauri nemus* (10); e dentro alla selva par ch'egli veda un altro boschetto più raccolto: *Seclusum nemus et virgulta sonantia sylvis; Lethaeumque, domos placidas qui praenatat, amnem* (11); come sotterra, laddove è l'origine di tutte le acque vive, Aristeo vede ammirando *lucos... sonantes* (12): e Orazio

(1) Purg., IX, t. 19.
(2) II, 15.
(3) Purg., IX, t. 21: *Qui ti posò.*
(4) Psal. LXXXIII, 6-8.
(5) Terz. 8.
(6) Inf., I, t. 4, e Inf., XV: *Noi eravam dalla selva rimossi Tanto ch' i' non avrei visto dov' era Perch' io indietro rivolto mi fossi.*

(7) Inf., II, t. 40.
(8) Æn., VI: *Tendentem... per gramina ridit Æneam.*
(9) Ivi: *Ia r s pedibus plaudunt choreas, et carmina dicunt.*
(10) Ivi.
(11) Ivi.
(12) Georg., IV.

nella visione poetica: *Audire, et videor pios Errare per lucos, amoenae Quos et aquae subeunt et aurae* (1)

Agostino pone il giardino che fu primo soggiorno dell'uomo, *fructuosis nemoribus opacatum* (2; - *quoniam in nemoribus deliciosa quies hominum esse solet* (3). — Avito: *Quâ perhibent terram confinia jungere coelo, Lucus inaccessa cunctis mortalibus arce* — Luogo risplendente di temperato e purissimo e sottilissimo aere, di piante sempre fiorenti chiomato (4). — Alessandro d'Alessandro dice, « il Paradiso essere in aere quieto e tranquillo, che è sopra a questo nostro inquieto e turbato; ed essere il luogo del Paradiso laddove è il termine delle esalazioni e de' vapori » (5). — In tale sommità non sono nuvole nè piogge nè aria grossa (6) — Alberto Magno: « Lo spazio concavo del cielo lunare dividesi in tre regioni: l'infima è calda ed umida per vapori levati dall'acqua, che sono caldi ed umidi per il riflesso del sole; la media fredda ed umida, per le stelle frigide; la più alta calda e secca, che è più prossima al cielo, e quasi per moto divino si muove: *e anche per la vicinanza del fuoco* »

Il primo mobile, secondo il Poeta, sospinge d'oriente a occidente con uguale soave moto tutta l'aria della foresta, dacchè venti non ci possono a turbare con contrarii avvolgimenti; e l'aria commossa fa suonare la selva nelle spesse sue fronde (7). Quel moto trasporta nel vano i semi delle piante che ivi sono di tutte generazioni; e così spiegasi come nella terra sottoposta pare talvolta che piante nascano senza seme. Ma il vero si è che *Planta et animal ex semine* (8) — Siccome (dice Agostino) *le madri sono pregne del feto, così il mondo è pregno delle cagioni che fanno nascere gli enti* (9). — *In tutte le cose che corporalmente e visibilmente nascono, ascondonsi certi semi in questi corporei elementi mondiali* (10). Esso Agostino dice (11) che il terzo dì furon prodotte le piante non in atto ma in certe ragioni o potenze di seme; *e dopo il sesto dì, in atto*: la quale sentenza potrebbe non essere un semplice immaginare, e adombrare che in una delle grandi epoche della creazione si posassero i germi a covare, e che quindi nuovi mutamenti dell'ambiente e della massa terrestre ne promuovessero lo svolgimento graduato Così forse sarà negli svolgimenti avvenire del globo; così certamente e nel germe delle idee e delle civili istituzioni; la quale analogia conchiude anche per il mondo corporeo.

Siccome nella Genesi quattro fiumi escono del luogo destinato a soggiorno

(1) Hor. Carm. III, 4.
(2) Aug, in Gen., VIII.
(3) Aug, in Gen. Manich., II.
(4) Damasc., de Ort. fid., II - Isid., XIV: *Perpetua aeris temperies*.
(5) Pereiro, in Gen. III.
(6) Aug., de Civ Dei, XV - Purg., XXI: *Non pioggia, non grando, non neve, Non rugiada, non brina, più su cade, Che la scaletta de' tre gradi breve. Nuvole spesso non paion nè rade, Nè coruscar... Secco vapor non surge...* Dice la Somma (1, 102) che taluni innalzavano il Paradiso terrestre insino ai limiti del globo lunare; e riprova l'opinione dalla quale forse avrà Dante tolto l'imagine al volo rapido dal monte alla Luna (Par., I).

(7) Arist. Phys., VIII: *Aer, quum movetur, movet - movens primum, rei quæ movetur habet rationem, aer est.*

(8) Arist, Phys. - Som., 1, 4. Qui pare prevista la dottrina confermata dallo Spallanzani, che ogni vivente è da seme, non nasce da sè.

(9) Aug, de Trin, III. - Purg., XXVIII. t. 38.
(10) Aug., l. c.
(11) In Gen. lit., V.

degli uomini primi (e questo luogo nulla vieta di stenderlo in regione immensa; e nulla vieta supporre che i grandi sconvolgimenti terrestri mutassero il corso de' fiumi, come i piccoli terremoti vediamo che fanno); così nel Paradiso di Dante due fonti escono del principio medesimo quella che spegne la memoria del male; e quella che rende la memoria del bene, *Eunoè*, buona mente, quasi contrario di *Eumenide*, e consonante alla *buona volontà* dell'inno che cantano le anime a ogni volta che una di loro sale libera a' Cieli (1). Le due fonti rammentano le due chiavi aprenti le porte della salute (2); e rammentano, se vuolsi, anco i due strali d'Ovidio, l'uno che dà, l'altro che caccia l'amore, che diventano nell'Ariosto due fonti. Nell'Eliso di Virgilio: *Lucis habitamus opacis, Riparumque toros et prata recentia rivis Incolimus* (3); ma poi anche *Plurimus Eridani per sylvas volvitur amnis*. L'acqua del piccol fiume si muove bruna bruna sotto l'ombra perpetua (4); ma nulla nasconde del fondo, a significare la limpidezza delle anime giuste, vereconda ma schietta E anche quassù, così di fuga, gettasi un accenno politico, quando l'ostacolo opposto dall'acqua al desiderio del Poeta gli fa rammentare Leandro rattenuto dalle acque dell'Ellesponto, dove Serse passò. *Ancora freno a tutti orgogli umani* (5).

Le parole con cui comincia il suo ragionamento la donna (6), così le illustra la scienza: *Lo Sommo ben*. = Dio è sommo bene (7). — *Il nome di buono manifesta per eccellenza tutte le perfezioni di Dio* (8). Dionigi tra i nomi di Dio pone il Bene prima che il Bene (9).

Che solo esso a sè piace. = Ogni cosa per sè ha operato il Signore (10). — *A Dio basta la sua propria bontà, e in lei si contenta* (11).

Fece l'uom buono = *Humanam naturam a Deo bono conditam bonam* (12). — *L'uomo nel paradiso vivea fruendo di Dio, dal quale, buono, era buono* (13). — *L'uomo in istato di natura non corrotta, poteva non peccare anco senza l'aiuto della Grazia abituale* (14).

Fece.. a bene = *Dio non è causa se non di beni* (15) — *L'oggetto e il fine della volontà è il bene* (16). — *L'oggetto della beatitudine è la bontà somma* (17) — *Il bene è diffusivo dell'essere suo* (18).

E questo loco Diede per arra a lui d'eterna pace. = *Paradiso fu luogo competente all'abitazione dell'uomo innanzi il peccato* (19) — *Divina regione* (20) *e degno soggiorno di lui ch'era a imagine di Dio* (21).

Locus ille reclusus impedimentis montium vel marium, vel alicuius aestuosae regionis (22); e Pier Lombardo lo fa anch'egli diviso dalla terra

(1) Purg., XX.
(2) Purg., IX.
(3) Æn., VI.
(4) Georg., IV: *Qua niger humectat flaventia culta Galesus*.
(5) Terz. 24.
(6) Terz. 31.
(7) Som, 1, 6; — 2, 1, 3, e 5; — 3, 1
(8) Dion., Div. nom.
(9) Som., 1, 1, 5.
(10) Prov., XVI, 4.
(11) Som., 1, 1, 19.
(12) Aug.

(13) Aug., de Civ Dei, XIV, 26.
(14) Som, 2, 1, 109.
(15) Som, 1, 2, 9.
(16) Som., 2, 2, 4.
(17) Som, 2. 2. 2.
(18) Dyon, Div. nom, IV.
(19) Som., 2, 2, 164; 1, 192. — Terz. 26: *In questo luogo eletto All'umana natura per suo nido*.
(20) *La divina foresta* (t 1). *La campagna santa* (t. 40)
(21) Damasc., de Ort. fid., II.
(22) Som., 1, 102. Purg., I: *In sul lito diserto Che mai non vide navicar*

DANTE. *Purgatorio*.

oggidì abitata, *et in alto situm* (1) — Ugo da S. Vittore: *In parte orientali fertur esse locus eminentissimus, ut non aquae diluvii ibi pertingere potuissent.* — S. Tommaso (2) lo pone anch'egli nell'Oriente a man destra; perchè la destra è la parte più nobile secondo Aristotele: e *oriente è alla destra del Cielo* (3).

Aveva Isidoro notato già che Paradiso non altro significa che *orto* (4); e Agostino, che la narrazione della Genesi devesi intendere in senso e corporeo e spirituale (5); e Tommaso ci avverte che il *legno di vita simbolicamente significa il libero arbitrio* (6) Pier Lombardo e altri teologi dissero il Paradiso terrestre simbolo della Chiesa: però finge il Poeta che quivi apparisca la Chiesa co' simboli da essa creduti e operati.

Conchiude il Canto con dire che l'età dell'oro favoleggiata, adombrava lo stato dell'uomo innocente: e il verso *Nèttare è questo di che ciascun dice* (7), non è solamente un accenno onorevole ai due poeti presenti, ma vuole indicare che alle tradizioni cristiane consuonano quelle di tutta l'umanità: onde per questo, forse più che per l'onore ad essi fatto, Virgilio e Stazio sorridono. — *Aurea prima sata est aetas, quae, vindice nullo, Sponte sua, sine lege, fidem rectumque colebat. Poena metusque aberant... sed erant sine judice tuti* (8). Senonchè quelle idee di perfezione erano miste di male, come tutti gl'ideali che gli spiriti corrotti si fanno: *Neque mos, neque cultus erat* Virgilio, anima più eletta, parlando degli antichi Italiani, assai meglio: *Saturni gentem, haud vinclo nec legibus aequam, Sponte sua, veterisque Dei se more tenentem* (9): dove nel primo verso è rigettata quella materiale uguaglianza che vincola la libertà, e nella quale non pochi de' moderni la libertà stessa ripongono tirannicamente; e anco quella migliore uguaglianza che è posta seccamente dalle leggi, insufficienti di per sè a costituire società: nel secondo son poste le tre grandi radici della felicità degli Stati; lo spontaneo operare e contenersi, il dettame delle antiche tradizioni religiose, e la potenza delle consuetudini e de' costumi. E la condanna che è nella Genesi all'uomo abusante della sua libertà: *Spinas et tribulos germinabit tibi* (10), rincontrasi nelle Georgiche: *Aspera sylva, Lappeque, tribulique absint* (11). — *In laboribus comedes* (12). *Labor omnia vincit Improbus, et duris urgens in rebus egestas* (13). E non è forse a caso che Virgilio dicesse l'invenzion del grano avvenuta quando già le ghiande stesse e gli altri frutti spontanei cominciavano a venir meno; e certo è pensatissimo questo: *Pater ipse colendi Haud facilem esse viam*

sue acque. - VIII: *Appiè del monte per le lontane acque.* - Inf., XXVI: *Montagna bruna Per la distanza, e parvemi alta tanto Quanto veduta non n'aveva alcuna.*

(1) Pier Lombardo, Sent., l. II, distr 17.
(2) Som., 2, 2, 84. Aug., in Manich., II.
(3) Coel., II.
(4) Eth., XIV.
(5) Aug., de Civ. Dei, XIII. - Som., 2, 2, 164: *Per le cose che sono corporalmente in quel paradiso, è ammae-*

strato di quelle che appartengono al celeste soggiorno.
(6) Som., 1, 102.
(7) Terz. 48.
(8) Ovid. Met., I. l'Anguillara, al solito amplificando le ampiezze ovidiane: *Ch'avesti il core libero e la mente, Questa da' rei pensieri, quel da' tiranni.*
(9) Æn, VII.
(10) Gen., I, 18.
(11) Georg., III.
(12) Gen., I, 17.
(13) Georg., I.

voluit (1). E degne così di poeta, come di pensatore, potente son le parole: *Usus meditando extunderet artes... abstrusum excuderet ignem* (2). E siccome alla donna è imposto per pena il più severo dominio dell'uomo, e all'uomo la prepotenza delle cose di fuori sopra la sua volontà, e la minore docilità loro a essa: così Virgilio: *Subigebant arva — Exercet tellurem... imperat arvis — Arva insequitur — Terram insectabere rastris* (3). Virgilio stesso, di quella età prima: *In medium quaerebant* (4): e Aristotele (5): *Secondo il diritto naturale tutte le cose sono comuni*; e Tommaso, nell'atto stesso del notare che, *moltiplicati i padroni è necessario che facciasi divisione delle possessioni* (6); soggiunge: *In istato d'innocenza le volontà degli uomini così sarebbero ordinate, che senza pericolo di discordia vivrebbero in comune secondo che a ciascheduno competesse; dacchè questo osservasi presso molti galantuomini tuttavia* (7).

(1) Georg., I.
(2) L. c.
(3) L. c.
(4) L. c.
(5) Eth., V.
(6) Som., 1, 98.
(7) Som., l. c.

CANTO XXIX.

ARGOMENTO.

Va con Matelda lungo il fiume: vede una luce, ode una melodia: ecco sette candelubri, i sette sacramenti; ventiquattro seniori, i libri della Bibbia; quattro animali, i Vangelisti; un carro, la Chiesa; tirato da un grifone, Gesù; ulla destra del carro le virtù teologiche, a manca le cardinali; dietro al carro s. Luca e s. Paolo; poscia i quattro Dottori, ultimo s. Bernardo. Così si prepara il trionfo di Beatrice, la sapienza ch'è lume tra la verità e l'intelletto. Le quattro donne e le tre, le vedemmo nelle stelle nel I e nell' VIII di questa Cantica: s. Bernardo lo incontreremo in Paradiso; quel che accadrà del carro vedremo più sotto.

Nota le terzine 1, 2; 6 alla 9; 11, 12, 13, 15, 17, 18; 22 alla 28; 31, 38, 40, 41, 43, 48, 50.

1. Cantando come donna innamorata,
   Continuò col fin. di sue parole:
   Beati quorum tecta sunt peccata.
2. E, come Ninfe che si givan sole
   Per le selvatiche ombre, disïando
   Qual di fuggir, qual di veder, lo sole;

---

1. (L) *Col:* appena finite. — *Tecta:* coperti dal perdono
(F) *Beati* Secondo Salmo penitenziale: *Beati, quorum remissae sunt iniquitates, et quorum tecta sunt peccata* (Psal., XXXI, 1). *Coperti*, spiega il Rosmini, i peccati men gravi; quasi non computati, perchè compensati da qualche bene; i più gravi, rimessi. - Tutti i canti degli Angeli cominciano da *Beati.*

2 (SL) *Ninfe.* Buc., III: *Et fugit ad salices* Ott. Quelle de' monti veggiono volentieri il Sole, quelle delle selve il fuggono Æn., III: *Nymphas agrestes* Georg., IV: *Centum quae sylvas, centum quae flumina servant.*

3. Allor si mosse contra 'l fiume, andando
Su per la riva; ed io pari di lei,
Picciol passo con picciol seguitando.

4. Non eran cento tra' suoi passi e' miei,
Quando le ripe igualmente diêr volta
Per modo ch' a levante mi rendei.

5. Nè anche fu così nostra via molta,
Quando la donna mia a me si torse
Dicendo: — Frate mio, guarda, e ascolta.

6. Ed ecco un lustro subito trascorse
Da tutte parti per la gran foresta,
Tal, che di balenar mi mise in forse.

7. Ma, perchè 'l balenar, come vien, resta,
E quel, durando, più e più splendeva;
Nel mio pensar dicea: « Che cosa è questa? »

3. (L) *Contra*: contra il corso del fiume.
(SL) *Passo* Æn., II: *Sequitur.... non passibus aequis*

4. (L) *Cento*: cinquanta per uno. — *Igualmente*: rimanendo parallele. — *Diêr*: diedero — *Rendei*: andava prima a levante: i passi fatti con Matilde ne l'avevano volto.
(SL) *Volta* Purg., XIII, terz 2: *L'arco* (del monte) *più tosto piega* — *Levante*. Purg., XXVII, t 45; XXVIII, t. 3 — *Rendei*. Æn., VI: *Reddar.* *tenebris* - V: *Fundo redditus imo*
(F) *Levante* [Ant.] Il Poeta, giunto in cima alla scala, aveva in faccia l'oriente, e quindi teneva la parte occidentale di quell'altipiano. *Vago di cercar dentro e dintorno*, è naturale ch'e' si volgesse in varie direzioni, intanto che s'internava nella divina foresta. Per ultimo, tenendo una direzione determinata, incontra un rio, che scorreva a sinistra; il Lete, che esce con l'opposto Eunoe da una stessa fontana, sorgente nel mezzo dell'amenissima selva Ciò posto, il Poeta e venuto a dirci che il Lete, procedendo dalla sua origine verso ponente, aveva delle inflessioni; che il ramo di esso, nel quale egli si era imbattuto, scorreva in direzione settentrionale, e perciò il nostro viaggiatore camminava in precedenza verso oriente; che, quindi, movendosi verso il fiume di pari passo con Matelda, dovette rivolgersi a mezzodì; e che, però trovando una piegatura, per cui si rendeva egli a levante, questa doveva farlo girare a sinistra. Nuovo modo d'indicare geometricamente la variazione d'orientamento d'un viaggiatore, e l'andamento d'un corso d'acqua, che deve irrigare una superficie circolare, senza uscire da essa; imponendosi evidentemente da tal condizione un numero conveniente di svolte e di piegature nel canale, e un assorbimento d'acqua per la nutrizione delle piante in ugual misura di quella che viene somministrata dalla sorgente, giacchè qui non si ammette la evaporazione.

5 (F) *Frate*: fratello.
6 (L) *Lustro*: lume. — *Forse*: dubitai balenasse.
(SL) *Lustro* Virgilio, dell'Eliso: *Campos .. lumine vestit Purpureo* (Æn., VI) — *Trascorse*. Æn., IX: *Nova lux oculis obfulsit, et ingens Visus ab Aurora coelum transcurrere nimbus, Idaeique chori* — *Forse.* Non evidente.

7. (L) *Resta*: cessa subito. — *Quel* lume
(SL) *Che* Zach., IV, 4: *Ajo ad Angelum qui loquebatur in me, dicens: Quid sunt haec?* Marc., I, 27: *Conquirerent inter se dicentes: Quidnam est hoc?*
(F) *Cresceva*. [Ant.] Fiaccole in moto per una selva folta producono il fenomeno che somiglia al lampeggiare, in virtù delle riflessioni di luce, variabili col moto delle fiaccole stesse, che variamente investono le piante. Ma ben presto il Poeta s'accorge della illusione, per la proprietà del lampo, che, appena comparso, sparisce; mentre quella luce durava e si faceva maggiore; e che in bre-

8. Ed una melodia dolce correva
 Per l'aër luminoso: onde buon zelo
 Mi fe' riprender l'ardimento d'Eva,
9. Chè, là ove ubbidía la terra e 'l cielo,
 Femmina sola, e pur testè formata,
 Non sofferse di star sotto alcun velo;
10. Sotto 'l qual se divota fosse stata,
 Avrei quelle ineffabili delizie
 Sentite, prima, e poi lunga fiata.
11. Mentr'io m'andava tra tante primizie
 Dell'eterno piacer, tutto sospeso,
 E desïoso ancora a più letizie;
12. Dinnanzi a noi, tal quale un fuoco acceso,
 Ci si fe' l'aer sotto i verdi rami;
 E il dolce suon, per canto, era già 'nteso.
13. O sacrosante Vergini, se fami,
 Freddi o vigilie mai per voi soffersi,
 Cagion mi sprona ch'io mercè ne chiami.
14. Or convien ch'Elicona per me versi,
 E Urania m'aiuti col suo coro,
 Forti cose a pensar, mettere in versi.

ve, l'aere sotto i verdi rami divenne tanto luminoso, quanto può essere un fuoco acceso, cioè non latente, ma aperto e vivo.
9. (L) *Là*: nel paradiso terrestre. — *Velo* di fede
(SL) *Ubbidía* Qui ha senso pieno, non come nell'Ariosto, men proprio (I, 42), della rosa: *L'acqua, la terra al suo favor s'inchina*
(F) *Velo* Ott: *Il velo si pone in segno d'onestade, e d'ubbidienza e professione*. [C] *Velo* per potestà Ap, I, 'or, 11, Ter', vel. virg. c. 7: *Velamen jugum illarum est*
10. (L) *Avrei ..*: s'ella non peccava, io e tutti gli uomini avremmo goduto il simile.
(SL) *Fïata* Qui se ne vede la differenza da *volta*, che qui denota atto continuato.
11 (L) *Primizie*. Quel luogo era arra del Paradiso.
(SL) *Desïoso .. a*. Psal., XLI, 2: *Desiderat cervus ad fontes*.
12. (L) *Inteso*: si intendeva, quel suono essere canto.

13. (L) *Vergini*: Muse. — *Cagion* giusta. — *Mercè*: aiuto
(SL) *Vergini* L- invocò nel Canto II (t 3), e nel XXXII (t 1) dell'Inferno, e nel Canto I (t. 3) del Purgatorio — *Chiami*. Georg., IV: *Auditque vocatus Apollo*
14. (L) *Aiuti .*: a mettere in versi cose difficili pur a pensare.
(SL) *Or* .En, VII: *Pandite nunc Helicona, Deae, cantusque movete*. — *Versi* Tasso: *Ov- più versi Di sue dolcezze il lusinghier Parnaso Non dovrebb'essere mestier suo la lusinga*, neanco a fin di bene — [*Urania*. Cantando di celesti cose invoca Urania: e il Milton così] — *Aiuti* Inf., XXXII: *Quelle Donne aiutino 'l mio verso* — *Coro* Ovid Fast., V: *Prima sui coepit Calliopea chori*.
(F) *Urania* La contemplazione delle cose celesti Conv, III, 4: *Più ampii sono li termini dell'ingegno a pensare che a parlare... Il pensier nostro,.. è vincente del parlare*.

15. Poco più oltre, sette alberi d'oro
Falsava, nel parere, il lungo tratto
Del mezzo ch'era ancor tra noi e loro.
16. Ma, quando i' fui sì presso di lor fatto,
Che l'obbietto comun, che 'l senso inganna,
Non perdea per distanzia alcun suo atto;
17. La virtù che a ragion discorso ammanna,
Sì com'egli eran candelabri apprese,
E, nelle voci del cantare, *Osanna*.
18. Di sopra fiammeggiava il bello arnese,
Più chiaro assai che luna per sereno
Di mezza notte nel suo mezzo mese.

15. L) *Parere*: parevano falsamente alberi, erano candelabri. — *Mezzo*: distanza.

F) *Alberi*. I candelabri sono i sette ordini del chiericato: prete, diacono, suddiacono, esorcista, accolito, lettore, ostiario. Altri intende le sette Chiese dell'Apocalisse (IV, 5): *Sette lampane ardenti dinanzi al trono*. Del candelabro dell'Arca mosaica vedi il capo XXVI dell'Esodo. Zach. IV, 10: *Septem isti oculi sunt Domini, qui discurrunt in universam terram* - 2: *Ed ecco un candelabro tutto d'oro... e le sette sue lucerne sopra*. Pei candelabri altri intende i sette doni dello Spirito Santo. Altri i sacramenti: e io sto per questi [C.] Il candelabro giudaico era con sei com'rami Plin.: *Il Candelabro dell'Isreuto di Tebe in forma di melo*.

16 (L) *Comun*: indeterminato. — *Atto*: atteggiamento dell'essere e delle sue qualità.

(F) *Presso* [Ant.] Col richiamarci il Poeta al fatto ovvio, che in distanza rilevante vediamo gli oggetti in confuso e nel loro complesso, il perchèspesso li confondiamo con altri che vi abbiano somiglianza, è venuto anche a confermarci che dal punto in cui l'aria si fece accesa, al luogo ove si trovava la sorgente di quella luce, correva un tratto ben lungo, e che quindi, prima di far posa, camminò assai nella foresta, sempre sulla riva sinistra del rio; perchè, come dirà nel ca t. 20, l'alte cose vegnenti si movevano lentissimamente; onde quello spazio dovette percorrerlo quasi tutto da lui e da' suoi compagni - *Comun*. Noi sbagliamo nel prendere una cosa per l'altra, perchè del lontano oggetto vediamo quel ch'egli ha di comune con altri, e non più: ma vedendo poi gli atti, le particolari qualità, riconosciamo allora il vero. Qui l'obbietto comune era la somiglianza tra un albero e un candelabro.

17 (L) *Virtù*..: deducendo cosa da cosa, in che sta il ragionare, in accorsi che gli erano candelabri; e il canto d'*Osanna* me lo confermò.

(SL) *Nelle*. Apprese il simbolo anco d I canto d Osanna Ma il senso più s'indovina di quel che si veda. — *Osanna* Osanna cantano gli Angeli in una canzone giovanile del Poeta, accompagnando al cielo l'anima di Beatrice.

(F) *Virtù*. La stimativa, come la chiama nel XXVI, t. 25, del Paradiso; che, apprendendo la verità delle cose esterne, prepara alla ragione la materia del discorrere, cioè del dedurre e del giudicare. — *Candelabri*. Giovanni nel 1 dell'Apocalisse (v 12) vede sette candelabri d'oro, e nel IV (v. 5) sette lampane risplendenti al divin trono. Dante unisce le lampane ai candelabri; tanto più ha gl'interpreti dicono, i due simboli significare il medesimo Dante, nota il Costa, seguendo le visioni di Giovanni, vede in figura la storia della Chiesa.

18. (L) *Arnese*: candelabri

(SL) *Arnese* aveva senso più generale in antico. *Peschiera, bello e forte arnese* Inf., XX. — *Mezzo* Modo vivo in Corsica Purg., XIV, t. 6: *Per mezza Toscana*.

(F) *Chiaro* [Ant.] In due versi raccoglie le circostanze generali del massimo lume di luna *Per sereno*, cioè limpidezza d'aria, senza nuvoli, nemmeno sottili e trasparenti: *di mezza notte*, quando sono più remoti gli albori mattutini e serali del sole, e quindi la notte più cupa dà più risalto al chiaror della luna: *nel suo mezzo mese*, cioè nel punto che

19. Io mi rivolsi, d'ammirazion pieno,
 Al buon Virgilio; ed esso mi rispose
 Con vista, carca di stupor non meno.
20. Indi rendei l'aspetto all'alte cose,
 Che si movièno incontro a noi sì tardi
 Che foran vinte da novelle spose.
21. La donna mi sgridò: — Perchè pur ardi
 Sì nell'affetto delle vive luci,
 E ciò che vien diretro a lor non guardi? —
22. Genti vid'io allor, come a lor duci,
 Venire appresso, vestite di bianco;
 E tal candor giammai di qua non fùci.
23. L'acqua splendeva dal sinistro fianco,
 E rendea a me la mia sinistra costa,
 S'io riguardava in lei, come specchio, anco,
24. Quand'io dalla mia riva ebbi tal posta,
 Che solo il fiume mi facea distante;
 Per veder meglio, a' passi diedi sosta:
25. E vidi le fiammelle andare avante,
 Lasciando dietro a sè l'aer dipinto;
 E di tratti pennelli avean sembiante:

questo astro raggiunge la opposizione col sole, incominciando il mese lunare dalla congiunzione o luna nnova: che è quanto dire mentre la luna è perfettamente nella fase che *piena* appelliamo

19 (SL) *Carca* Purg., XXVI, t. 21: *Di stupore scarche.*

(F) *Stupor.* La ragion naturale non intende il corso delle cose divine, per sola sè.

20. (L) *Rendei:* riguardai. — *Spose* oneste, e tarde nel lasciare la casa materna

(SL) *Spose.* Comparazione che in varie forme riviene nel Paradiso. [Frezzi Quadrir, lib I. cap. 16 : *E come va per via sposa novella A passi rari e porta gli occhi bassi Con faccia vergognosa, e non favella.*]

21 (SL) *Ardi* Par., III, t. 8: *Ardea negli occhi santi*

22 (L) *Appresso:* dopo. — *Di qua:* nel mondo — *Fùci:* ci fu

(F) *Bianco* Bolland., I. 915: *Il vestire de' santi Apostoli era di colore candido, che metteva raggi d'oro.*

23. (L) *Costa:* lato.— *Anco:* sempre monda.

(SL) *Anco* Arios., Sat : *E lungamente poi me ne dolse anco.*

(F) *Rendea.* [Ant.] La gente vestita di bianco, venendo per la destra ripa del rio, dovea far risplendere l'acqua dalla sinistra del medesimo, ch'era quella su cui seguitava a camminare il Poeta; il quale procedendo in direzione contraria a coloro che scendevano, esponeva al riflesso dell'acqua il suo lato sinistro In quanto poi dice che erasi resa l'immagine di questo lato, se avesse riguardato nell'acqua che pareva uno specchio, viene a significarci che la lucente superficie era tranquilla, cioè l'acqua ivi quasi stagnante, e ch egli era proprio sulla sponda del fiume: altrimenti, non avrebbe potuto vedere quella parte del suo corpo riflessa

21. (L) *Posta:* luogo. — *Distante* al trionfo

(SL) *Posta* Cresc , lib. V: *La qual posta è acconcissima*

25. (L) *Fiammelle:* candelabri. — *Pennelli:* banderuole tese. — *Sembiante:* somiglianza

(SL) *Tratti* Georg., I: *Noctique per umbram Flammarum longo a tergo albescere tractus.* Æn., II: *De*

26. Di ch' egli sopra rimanea distinto
Di sette liste, tutte in que' colori
Onde fa l'arco il sole, e Delia il cinto.

27. Questi stendali, dietro eran maggiori
Che la mia vista; e, quanto a mio avviso,
Dieci passi distavan que' di fuori.

28. Sotto così bel ciel com' io diviso,
Ventiquattro seniori, a due a due,
Coronati venían di fiordaliso.

29. Tutti cantavan: « Benedetta túe
» Nelle figlie d'Adamo! e benedette
» Sieno in eterno le bellezze tue! »

30. Poscia che i fiori e l'altre fresche erbette
A rimpetto di me, dall' altra sponda,
Libere fûr da quelle genti elette;

coelo lapsa per umbras Stella, facem ducens, multa cum luce cucurrit.
(F) *Pennelli.* Questo è il lume delle prime Chiese diffuso nel mondo; e i frutti dello Spirito Santo Ezech., I, 11: *Le facce loro e le penne tese in alto*
26. (L) *Di ch':* onde. — *Eqli:* l'aere. — *Arco* baleno. — *Cinto:* Alone.
(SL) *Delia* Diana in Virgilio (Buc., VII) — *Cinto* Pur., XXVIII, t 8: *Alo cinger la luce che 'l dipigne*
(F) *Colori* [Ant] I colori dell'iride, cioè i sette colori principali, dai quali risulta il candore della luce solare. L'arco baleno è più proprio del sole che della luna; come a questa, meglio che a quello si convene il cinto, la zona o l'alone Quindi anco per questo riguardo, la pittura dichiarativa sta a maraviglia.
27. (L) *Maggiori:* più lunghi. — *Fuori:* la distanza tra i due ultimi era di...
(SL) *Stendali.* Nel Compagni e nel Malespini.
(F) *Stendali* Ezech., I. 23: *Sotto il firmamento, le penne loro, tese, dell'un verso l'altro - X, 16: I Cherubini, levando l'ale loro, s'alzarono da terra dinanzi a me — Dieci* I sette doni dello Spirito, o i sacramenti, brillano nello spazio dei dieci comandamenti della legge mosaica, li compongono, danno più facile il mezzo di compierli.
28 (L) *Diviso* descrivo.
(F) *Ventiquattro.* I libri della Bibbia: così san Girolamo interpreta quel dell'Apocalisse (IV, 4): *Sopra i troni ventiquattro seniori sedenti.* E per ridurli a ventiquattro potrebbersi contare Mosè, Giobbe, Giosuè, Divide, Salomone, i quattro Profeti Maggiori, i dodici Minori; poi, come tre epoche storiche, i Giudici, i Re, i Maccabei; e sotto i primi e i secondi comprendendo le storie di Ruth d'Ester, di Tobia, di Giuditta. — *Fiordaliso* Dottrina pura.
29. (L) *Túe:* tu. — *Nelle:* tra le.
(SL) *Nelle Benedicta tu in mulieribus — Eterno* [C] Giuditta. XIII: *Benedicta es tu prae omnibus mulieribus super terram; et eris benedicta in aeternum — Bellezze* Cant Cantic, IV, 7: *Tota pulchra es., et macula non est in te*
(F) *Benedetta.* Ott — Cantavano la Ave Maria Cant Cantic, II, 2: *Come giglio tra le spine, così l'amica mia tra le giovanette.* Cantano Maria perche mezzo di redenzione, e perche i libri santi son pieni di simboli fi uranti Maria. Altri intende che cantino a Beatrice: e invero a Beatrice piuttosto che altri le parole ch'altri a Maria: *Veni, sponsa* Perche Beatrice è figura della sapienza celeste, che per mezzo di Maria fu fatta sensibile al mondo. Potrebbesi anco intendere della Chiesa, figurata nel Carro.
30 (L) *Genti* andatesene.
(SL) *Libere* Non e forse bello il dire: *Liberi i fiori da quelle genti.* E certo è meno cerimonioso di quello del Petrarca: *Pregan pur che il bel piè li prema o tocchi.* Ma pare che Dante volesse liberi anco i fiori e le erbette, anco da' Seniori.

31. Siccome luce luce in ciel seconda,
    Vennero appresso lor quattro animali,
    Coronati ciascun di verde fronda.
32. Ognuno era pennuto di sei ali;
    Le penne piene d'occhi: e gli occhi d'Argo,
    Se fosser vivi, sarebber cotali.
33. A descriver lor forme, più non spargo
    Rime, lettor; ch'altra spesa mi strigne
    Tanto, che 'n questa non posso esser largo.
34. Ma leggi Ezechiel, che li dipigne
    Come li vide, dalla fredda parte
    Venir con vento e con nube e con igne:
35. E quai li troverai nelle sue carte,
    Tali eran quivi; salvo che, alle penne,
    Giovanni è meco, e da lui si diparte.

31. (L) *Seconda :* segue.
(SL) *Seconda.* Purg., XIV, 1. 46:... *somigliò tonar che tosto segua.*
(F) *Luce.* [Ant.] A dipingere l'ordine, la maestà del movimento, la bellezza e la giocondità dei personaggi che passavano dinnanzi al Poeta, in piccola distanza sull'altra riva, non si poteva scegliere imagine più conveniente di quella del passaggio degli astri ad un cerchio celeste, cui sia rivolto lo sguardo d'esperto osservatore. — *Quattro.* Gli Evangelisti: Matteo l'uomo; Marco il leone; Luca il bue; Giovanni l'aquila. — *Verde* d'eterna vita.
32 (L) *Argo:* occhiuto, custode d'Io, ucciso da Mercurio.
(SL) *Argo.* Ovid Met, I : *Centum luminibus cinctum caput Argus habebat.* Gli occhi erano dunque, e dentro le penne e di fuori, com'Argo li aveva e dinanzi dal capo e di dietro.
(F) *Sei leggi:* Mosaica, profetica, evangelica, apostolica, canonica, naturale. Così Pietro Isaia, VI, 2: *Sei ale all'uno, e all'altro sei ale.* — *Occhi* Dinnanzi e di dietro: veggenti l'avvenire e 'l passato. Le ale mostrano la prontezza al bene; gli occhi, la vigilanza; la mente e l'amore. Ezech., I, 18, 23: *Totum corpus oculis plenum in circuitu ipsarum quatuor .. Unumquodque duabus alis velabat corpus suum.* - X, 12 : *Et omne corpus earum, et colla, et manus, et pennae, et circuli, plena erant oculis in cir-* *cuitu quatuor rotarum.* Dan., VII, 8 : *Oculi, quasi oculi hominis, erant in cornu isto.*
33. (L) *Strigne:* ho altro a dire.
(SL) *Spargo.* Buc., III : *Disperdere carmen.* — *Spesa* Nel Vangelo ritorna sovente l'imagine del talento, del risparmio, e simili. Ma qui non direi che sia bello
34. (L) *Parte:* Aquilone. — *Igne:* fuoco
(SL) *Parte.* Georg., I : *Boreae de parte.*
(F) *Ezechiel* Ezech., I, 4-13: *Vidi: ed ecco un turbine di vento veniva da tramontana, una nuvola grande, e fuoco la rinvolge, e splendore d'intorno : e d'in mezzo a questa, come un'imagine d'elettro ..; e nel mezzo una sembianza di quattro animali; e nell'aspetto loro una similitudine umana: quattro facce e quattro penne a ciascuno .ed erano giunte le penne dell'uno all'altro Andando non tornavano addietro. Quest'era la visione trascorrente per mezzo agli animali.*
35. (L) *Diparte:* sei ale, secondo s. Giovanni; e non quattro, come in Ezechiele
(F) *Giovanni.* Apoc, IV, 8 : *E quattro animali: ciascheduno di loro aveva sei ali; e intorno e dentro le son piene d'occhi.* Le quattro ali in Ezechiele, così gli interpreti, denotano le quattro età corse fino allora; le sei di Giovanni, le sei età, passate le quali, il Redentore apparì.

36. Lo spazio dentro a lor quattro, contenne
    Un carro in su due ruote, trïonfale,
    Che, al collo d'un Grifon tirato, venne.
37. Ed esso tendea su l'una e l'altr'ale,
    Tra la mezzana e le tre e tre liste,
    Sì ch'a nulla, fendendo, facea male.
38. Tanto salivan, che non eran viste.
    Le membra d'oro avea quant'era uccello,
    E bianche l'altre, di vermiglio miste.
39. Non che Roma di carro così bello
    Rallegrasse Africano ovvero Augusto,
    Ma quel del sol saría pover con ello;

36. (L) *Contenne:* il carro era in mezzo. — *Al:* dal.
(SL) *Due.* [C.] Erano con due ruote i carri trionfali di Roma — *Trionfale* Ap., II, Cor. II, 15: *Triumphat in Christo* — *Collo.* Virg. Georg., II: *Equum fumantia solvere colla.* — *Grifon.* F. Giordano: *I Grifoni sono fatti dinanzi a modo d'aguglia e di dietro come leoni; e sono fortissimi.*
(F) *Carro.* Chiesa universale. Psal., LXVII, 18: *Currus Dei decem millibus multiplex* — *Due* I due Testamenti: a destra il nuovo: e di là le virtù teologiche; a manca le cardinali. Ezech., I, 15-19: *Quum .. aspicerem animalia, apparuit rota una super terram, juxta animalia, habens quatuor facies Et aspectus rotarum, et opus earum quasi visio maris... Quumque ambularent animalia, ambulabant pariter et rotae juxta ea* — X, 16: *Quum elevarent Cherubim alas suas, ut exaltarentur de terra, non residebant rotae, sed et ipsae juxta erant* — *Grifon:* Cristo. La parte d'aquila, il divino; di leone, l'umano. Apoc., V, 5: *Vinse il leone della tribù di Giuda,* Gen., XLIX 9: *Catulus leonis Juda*
57 (L) *Esso* Grifone — *Tre...:* tre l'ale di luce d'una parte, tre dall'altra con l'ale non le toccava.
(SL) *Ale* Nel singolare, altri *arlichi* l'hanno. — *Mezzana.* Ott: *La quale è termine tra la divinitade e l'umanità in Cristo.* Chi per le liste *intende i sacramenti,* qui vede l'Eucaristia.
(L) *Sullvan* l'ale.
(SL) *Salivan.* Purg., IV, t. 29: *Il poggio sale Più che salir non posson gli occhi miei.*
(F) *Salivan* Gesù Cristo, come Dio, si toglie al vedere dell'uomo. — Oro. Cant. Cantic., V, 10: *Dilectus meus, candidus et rubicundus.* Ott.: *Come l'oro è più prezioso d'ogni metallo, così la parte... ch'avea a rappresentare la divinitade,... più preziosa, che la parte ch'avea a significare l'umanitade Le parti in che denotava l'umanitade, erano bianche, cioè verginissime,.. e .. miste di vermiglio, cioè di caritade. Il fuoco è attribuito allo Spirito Santo, che è Amore.* [C] D'oro e di legno prezioso era l'Arca. Cant. V, 11: *Caput ejus aurum optimum.*
39. (L) *Roma* Quarto caso. — *Con:* a rispetto di.
(SL) *Africano* Ott.: *Il carro di Scipione: il quale fu ricchissimo sì per la vittoria avuta della nomicissima Cartagine, e potentissimo imperio,.. sì per la smisurata preda, sì per la libertade delli presi cittadini e compagni, li quali Scipione trasse dalle catene d'Africa* — *Augusto.* Svet., XXII: *Menò tre trionfi curuli; di Dalmazia, d'Azio, d'Alessandria.* Æn., VIII: *At Caesar triplici invectus Romana triumpho Moenia* L'Ottimo cita il VI di P Orosio *Anni 725... vincitore del Levante tornando octavo idus Januarii, nella cittade di Roma entrò con tre trionfi Quanto questo avanzasse tutti li altri, si può considerare per la eccellenza delle opere d'Ottaviano; e perocche fu sublimato alla dignitade imperiale di comune consentimento di tutti li Romani, a' quali era sottoposto tutto il mondo.* L'Ottimo se lo credeva.

40. Quel del sol, che, svïando, fu combusto
Per l'orazion della Terra devota,
Quando fu Giove arcanamente giusto.

41. Tre Donne in giro, dalla destra ruota
Venien danzando: l' una tanto rossa,
Ch' appena fora dentro al fuoco nota:

42. L'altra era come se le carni e l'ossa
Fossero state di smeraldo fatte:
La terza parea neve testè mossa.

43. Ed or parevan dalla bianca tratte,
Or dalla rossa; e dal canto di questa
L'altre toglién l'andare, e tarde e ratte.

44. Dalla sinistra, quattro facean festa,
In porpora vestite, dietro al modo
D'una di lor, che avea tre occhi in testa.

45. Appresso tutto il pertrattato nodo,
Vidi due vecchi in abito dispari:
Ma pari in atto d'onestate sodo.

40. (L) *Combusto..:* Fetonte lo svia. La Terra arsa prega a Giove: Giove fulmina il carro
(SL) *Sviando.* Come farà questo poi; quando la Terra preghera, e Iddio sara giusto. Di Fetonte tocca nel XVII dell'Inferno (t 36) nel IV del Purgatorio (t 24), e nel XVII del Paradiso (t. 4) Del carro del Sole, Ovidio, tradotto dall'Ottimo: *Lo carro era d'oro. la piegatura della somma ruota era d'oro; l'ordine d-' razzuoli d'uriento; li crisoliti, e gemme poste secon l'ordine per li gioghi, rendevano chiari lumi* — *Combusto:* Ovid. Met., II: *Currusque suos candescere sentit* - *Ambusinque nubila fumant* — *Devota* La Terra, arsa, a Giove: *Hosne mihi fructus, hunc fertilitatis honorem Officiique refers* (Ovid Met, II) — *Arcanamente.* Torna sovente sulla imperscrutabilità de' giudizii superni — *Giusto* Ovid. Met., II: *Intonat: et dextra libratum fulmen ab aure Misit in aurigam; pariterque animaque rotisque Expulit... Sparsaque sunt late laceri vestigia currus*

41. (L) *Nota:* distinta (la Carità).
(SL) *Giro* Quasi coronavano il carro, danzando in tondo, e pur seguitando il cammino di quello. — *Fuoco.* Par., VIII. t 6:... *come in fiamma favilla si vede.*
(F) *Tre.* Le virtù teologiche della nuova Legge. Ad Cor., I, XIII, 13: *Fede, Speranza e Carità: la maggiore di queste è la Carità.*

43 (L) *Come:* verde (la Speranza). — *Terza:* la Fede. — *Mossa:* scesa dall'alto.
(SL) *Smeraldo* Stat., II: *Arcano florentes igne smaragdos.* Dan. X, 6: *Corpus ejus quasi chrysolithus.* — *Neve* Psal., L 9: *Super nivem dealbabor.* Hor. Carm., I, 35: *Spes et albo. Fides... velata. panno* — Testé Purg. VIII: *Verdi come foglietto pur mo nate*

43 (L) *Toglién:* misuravano Par., XV: *Ond'ella toglie ancora e terza e nona*
(F) *Canto.* S Greg: *Quanto amiamo, e tanto speriamo* L'amore guida alla fede, la fede accende l'amore.

44. (L) *Quattro virtù cardinali.* — *Una:* la Prudenza
(F) *Porpora.* Simbolo d'amore e di dignità — *Occhi.* Senec: *Se prudente è l'animo tuo, comporta sé stesso a' tre tempi: ordina le cose presenti, le future prevede, e delle passate ricorda* Un antico: *Judico prudentem, prius et nunc postique videntem.* La Chiesa e tra le virtù cardinali e le teologiche; tra le verità della ragione e la rivelata.

45 (L) *Appresso:* dopo. — *Nodo:* gruppo intorno al carro.
(SL) *Nodo.* Di una schiera che fa gruppo, Virgilio: *Pugnae nodum* (Æn., X). — *Due.* Luca e Paolo: Luca

CANTO XXIX. 413

46. L'un si mostrava alcun de' famigliari
    Di quel sommo Ippocrăte, che Natura
    Agli animali fe' ch'ella ha più cari;
47. Mostrava l'altro la contraria cura
    Con una spada lucida e acuta,
    Talchè di qua dal rio mi fe' paura.
48. Poi vidi quattro in umile paruta:
    E, diretro da tutti, un veglio solo
    Venir dormendo, con la faccia arguta.
49. E questi sette col primaio stuolo
    Erano abitüati; ma di gigli
    D'intorno al capo non facevan brolo,
50. Anzi di rose e d'altri fior' vermigli.
    Giurato avria poco lontano aspetto,
    Che tutti ardesser di sopra da' cigli.

scrittore degli Atti; Paolo, delle Epistole. Scrissero poi; però vengon dopo — *Sodo* E in più dialetti per *grave*. Altri legge *ed onestato e come temperato*, e simili, che ha forma di participio passivo, e non e. Più contorto [C] Sap, X. Onestà in senso di dignità

(F) *Pari* [C.] Girol.: Dice Luca a Paolo *Peregrinationis comes* Anche *pari* per la proprietà del linguaggio teologico che in entrambi s'ammira.

46. (L) *Alcun* Uno — *Famigliari*: (Luca) medico — *Agli animali:* per ben degli uomini.

(SL) *Ippocrăte*. Ad Coloss, IV, 14: *Lucas medicus*. — *Animali* Arist., de Inc. anim: *Homines maxime secundum naturam inter animalia se habent reliqua.*

47. (L) *Contraria:* non medicare, ma recidere (Paolo).

(F) *Contraria* Misericordia e giustizia; anima e scienza; beni materiali e forza morale: ecco di che vive la Chiesa I beni materiali non per sè ma per esserne larga altrui — *Spada* Della parola: modo biblico Psal. CXLIX, 6: *Gladii ancipites in manibus eorum* Ma la spada di cui Gesù Cristo, divide dal male per negli unire nel bene. Bolland., I, 915: *Paolo tenera un a spada d'oro* [C] Ebr., IV. 12: *Sermo Dei penetrabilior omni gladio ancipiti.*

48. (L) *Paruta:* sembiante. — *Arguta:* ingegnosa, desta.

(SL) *Arguta.* Plin.: *Argutias vul-*

tus. Forse la estenuatezza che vien dal digiuno rende la faccia più spirituale e quindi ingegnosa. — *Solo.* Bernardo contemplante Altri ne' *quattro* vede gli autori delle lettere canoniche: Giacomo, Pietro, Giovanni, Giuda; nel vecchio, Giovanni. Così Giovanni entrerebbe in tre luoghi Troppo E l'umile aspetto meglio si conviene a' Dottori E Bernardo è chiamato *sene* nel XXXI del Paradiso, e, come contemplante, lodato

(F) *Quattro.* Dottori Gregorio, delle cose morali; Agostino, delle dispute domatiche; Ambrogio, del predicare; Girolamo, della storia.

49. (L) *Abitüati:* vestiti come i seniori. — *Primaio:* primo. — *Brolo:* giardino.

(SL) Col. Par., XXXI, t 20: *Vestito con le genti gloriose* — *Brolo.* Così chiama una corona di fiori; come chiamò *primavera* i fiori da Proserpina colti (Purg, XXVIII, t. 17). Æn, VI: *Umbrata, tempora quercu.* Armann.: *Broletta per ramo* Famigliarmente, di chi coglie fiori di molti, o ornarne la persona o le stanze: Spogliare un giardino

50 (L) *Aspetto:* occhio. — *Ardesser,* dal vivo colore de' fio i.

(SL) *Vermigli* d'amore — Giurato Modo e famigliare agl' Italiani e latino, Orazio, d'Alessandro re: *Jaculum in crasso jurares aëre natum* — *Ardesser.* Æn., X: *Ardet apex capiti.*

51. E, quando il carro a me fu a rimpetto,
Un tuon s'udì. E quelle genti degne
Parvero aver l'andar più interdetto;
Fermandos' ivi con le prime insegne.

51. (L) *Insegne:* candelabri.
(SL) *Tuon.* Nell'Ap, cit. dall'Ott., I, 10: *Voce di grande tuono quasi tromba* — *Insegne.* Nelle processioni, primi si fermano i gonfaloni.

Le memorie d'Ippocrate e di Scipione africano nel paradiso terrestre parranno meno strane di quella d'Augusto, che *col suo carro bello rallegra Roma;* e il cenno ai favolosi occhi d'Argo forse non tanto alieno da poesia quanto la circonlocuzione scientifica dell'*oggetto comune,* e del *discorso ammannato* alla ragione; e questa stessa uscita, meno inopportuna della digressione, più lunga che calda, contro la madre del genere umano. Il Poeta chiama ajuto alle Muse, perchè le cose la *mettere in versi* sente *difficili* anco *a pensare:* ma di più difficili ne aveva già dette, e ne dirà, più spedito Qui egli s'impaccia nelle citazioni dell'Apocalisse e d'Ezechiele, e nel segnare le differenze tra le due visioni; avvertendo non, ch'egli sta coll'apostolo Giovanni, ma *Giovanni con lui.* Non è dunque da stupire che cotesta processione la quale egli *divisa,* misurando la distanza che, *per suo avviso,* correva tra candelabro e candelabro, diventi il *pertrattato nodo;* perchè veramente la poesia simbolica, quando è trattazione d'arte, e non attinta per diretto alla rivelazione o alla tradizione di quella, si fa nodo a sè stessa e viluppo.

Ma, trasportati da Dante nella regione del simbolo, forza è seguirlo, e vedere un animale mezzo leone e mezzo uccello, con le membra d'oro là dove è volante, il resto vermiglie e bianche; vedere una donna con tre occhi, e una dalle carni e dalle ossa verdi; e notare come, in virtù dell'idea e dello stile, da siffatta pittura sparisca la mostruosità e la sconcezza. Ch'anzi l'istinto italiano del bello ne fa ad ora ad ora riuscire bellezza elegante, che non detrae all'ideale sopra natura. Così *Giurato avria poco lontano aspetto Che tutti ardesser di sopra da cigli,* denota che que'fiori non erano cosa terrena, erano l'ardore stesso della carità sfavillante da'capi sacri. Per simile: *E tal candor giammai di qua non fuci;* che illustra e fa più risaltare il vermiglio de'fiori, e rammenta quel delle ale del mostro d'Inferno: *vele di mar non vidi io mai cotali;* per il contrapposto guidandoci a misurare di quanto spazio sia con la mente salito il Poeta I solchi lucenti che lasciano, distinti di varii colori, i candelabri nell'aria lontano, si distendono tanto che l'occhio non li misura; ma le ale del mistico uccello che non toccano quelle strisce di fiamma, salgono pur tanto sovr'esse, che tanto lo sguardo non sale Colesta non è imagine che si possa dipingere in tela, ma simbolo e visione. Simbolo più accostevole al senso e là dove il fiume, quasi persona, dà volta verso levante, come per rincontrare la schiera celeste che di là deve giungere. Altra imagine sensibile e gentile è quella dell'acqua, che, non riflette il sinistro lato di Dante lunghesso la riva, ma *glielo rende.* Le *primizie dell'eterno piacere* è d'altro genere, ma non men bello che in Virgilio: *Primitiae juvenis miserae.* L'aria che si fa come fuoco sotto i verdi rami, presenta al vivo il contrapposto de'due colori, e dell'ardore sereno con la fresca verdura; e la *melodia dolce* che corre *per l'aere luminoso,* fa ripensare il principio: *Cantando come donna innamorata.* Al qual verso non pare ponesse mente chi vede in Matelda una donna tedesca nella cui visioni è qualcosa di simile alle visione di Dante. Ma di somiglianze tali i libri ascetici e tutto il medio evo è pieno Morale bellezza è che Matelda chiami Dante *fratello;* e che alla spada di Paolo, la quale a lui fa paura, succedano quattro in *umile* aspetto, e ultimo un vecchio assorto in visione, con la faccia non stupida ma sì *arguta* La paura di Dante non è della spada che lo ferisca di dolore, ma sì di rimprovero del non sapere approfittare per sè di quella potente parola, del non saper degnamente imitare l'apostolo nella caritatevole severità e nello zelo sereno.

IL CARRO E I SENIORI.

Lungo sarebbe pur toccare le cose tutto alle quali pare che possano far cenno le imagini di questi e de' Canti seguenti; ma il principale intendimento n'è il figurare la Chiesa nel suo più ampio concetto, comprendente cioè la congregazione morale e civile degli uomini e delle nazioni, e la storia passata e le condizioni presenti, e le sorti avvenire. Qui toccansi dunque i vincoli dell'anima solitaria con lo spirito sociale, della moralità con la civiltà, della scienza con l'opera, della religione con lo stato, della terra col cielo. Beatrice, la donna bella e innocente amata da Dante con amore che gli era avviamento a meditazione e a virtù, diventa la scienza della verità rivelata in quanto la scienza si fa maestra a bontà e a dignità. Al canto soave di Matelda, alla luce che corre mista con dolce melodia, il Poeta infra la gioia si sente percosso da desiderio amaro de' beni dall'umanità perduti per la colpa prima. *Medio de fonte leporum Surgit amari aliquid, quod in ipsis floribus angat* (1) Mentre che vanno egli e Matilde per la lieta riva del fiume, una luce subita come di baleno trascorre per la grande foresta; ma non fuggevole come baleno; ch'anzi durava e veniva crescendo; e una dolce

---

(1) Lucret., IV. — *Buon zelo Mi fe' riprender l'ardimento d'Eva* (Terz. 8). *Adam non est seductus, mulier autem seducta in praevaricationem fuit* (Ad Tim , 1, II, 14). *Eva in majorem elationem erecta* (Som., 2, 2, 163). Ond'ebbe maggior pena che l'uomo (Som., l. c.). — *Chè, là dove ubbidia la terra e 'l cielo* (Terz. 9). Inobbedienza, nell'Apostolo, il peccato de' primi padri. — *Femmina sola, e pur testè formata* (Terz. 9). Il peccato de' primi parenti ebbe massima gravità, per la perfezione dello stato loro (Som., 2, 2, 163). — *Non sofferse di star sott'alcun velo* (Terz. 9). Nello stato d'innocenza non era oscurità di colpa o di pena. Ma era nell'intelletto dell'uomo certa oscurità naturale in quanto ogni creatura è tenebre, comparata all'immensità del lume divino (Som., 2, 2, 5). — *Sotto 'l qual se divota fosse stata* (Terz 10). Grande fu nel peccare la reità dove tanta era del non peccare l'agevolezza (Aug , de Civ. Dei, XIV). *Avrei quelle ineffabili delizie Sentite prima e poi lunga fiata* (Terz. 10) - Gen , II, 15: *In paradiso voluptatis* - Per l'amenità del luogo dimostrasi la benignità di Dio all'uomo, e quanto l'uomo abbia, peccando, perduto (Som., 1, 102). Il luogo benchè non serva all'uomo in uso, serve in documento a conoscere che per il peccato egli ne va privato (Som., 2, 2, 164) Insomma, il severo uomo anco nella gioia del paradiso terrestre trova fiato da riprendere quella povera donna, egli che tra poco riceverà dalla donna sua una tanto solenne lavata di capo.

melodia correva insieme per l'aria luminosa, la quale si fa come fuoco acceso sotto il verde de' rami : e appariscono in lontananza sette come alberi d'oro, i quali, 'appressatisi appajono candelabri (1). Sotto le fiammelle lun-

(1) In più luoghi del poema il verso misura la distanza e ritrae con dotta evidenza le apparenze dei corpi portate da quella nell'impressione de' sensi. Il passo che qui accenna a questo, richiede interpretazione diffusa: *Ma quando i' fui si presso di lor fatto, Che l'obbietto comun che 'l senso inganna, Non perdea, per distanza, alcun suo atto; La virtù che a ragion discorso ammanna; Sì com'egli eran candelabri, apprese, E, nelle voci del cantare Osanna* (Terz. 16 e 17). — *L'obbietto.* - Ciascun senso giudica del proprio oggetto (Som., 1. 78). *L'uomo, la bestia, la pianta, convengono nella ragione del colore che è l'oggetto della vista* (Som., 1, 1). — *L'obbietto comun* - De' sensibili altro è proprio a ciascheduno senso, altro comune a tutti. Sul proprio non può farsi sbaglio: comuni sono il moto, il r o, il numero, la figura, la grandezza (Arist. de A , II; Som, 1. 78). Le comuni qualità de' corpi l'occhio sente per via de' colori (Arist . de Sens., I. 2) *Non riceverebbero speciali cognizioni delle cose, ma una certa communità e confusione* (Som., 1 1, 89) De' sensibili comuni per accidente può essere un giudizio falso anche nel senso rettamente disposto, perchè il senso non direttamente si riferisce a quegli oggetti, ma per accidente. *La falsità non è propria del senso, perchè il senso non s'inganna circa l'oggetto proprio* (Som , 1, 1, 17). — *L'obbietto comun, che 'l senso inganna.* - *La verità non è nel senso in modo che il senso di per sè conosca la verità* (Som , 1, 17). *Quando dalle cose inferiori vogliamo ascendere alle più alte, primo ci si fa innanzi il senso, poi l'imaginazione, poi la ragione, poi l'intelletto* (Arist , de Spir. An.) *Conoscere la natura delle qualità sensibili non è del senso, ma dell'intelletto* (Som.. 1, 78). — *Non perdea per distanza alcun suo atto.* - *Actus habent species ex objecto* (Som., 2, 2, 7). *Il viso* (la vista) *or vede in atto ora no...*

Secondo l'oggetto è specificato l'atto del vedere (Som., 1, 29) *Gli abiti conosconsi per gli atti, e gli atti per gli oggetti* (Som., 2, 2. 4) — *La virtù, che a ragion discorso ammanna.* - *Non ogni cosa intendere in un atto, ma d'una in altra passare, è la scienza discorsiva propria dell'uomo. Per essa si va dalla causa all' effetto, e dall'effetto alla causa Onde il discorso è successione, e va dal noto all'ignoto* (Som., 1, 1, 14). *Se gli uomini subito nella cognizione stessa d'un principio noto vedessero, come note, tutte le conclusioni che ne conseguono, non avrebbe luogo in essi discorso* (Som., 1, 58) *In Dio è giudizio certo della verità senza verun discorso, per semplice intuito; e però la scienza divina non è discorsiva o di raziocinio, ma assoluta e semplice* (Som., 2, 2, 9). *Il discorso dell' intelletto è in ciò: che una cosa conoscersi per via dell'altra* (Som., 1, 58; 2, 2, 8). *La cognizione sperimentale è discorsiva, perchè di molte imembranze si fa un'esperienza* (Som , 1, 58; Arist. Met., Post. fin) *Quindi dal discorso l'invenzione* (Som, 1 79) *La voce rimase nella lingua assai tempo; ed è danno che sia ita in disuso. - Il naturale discorso* (Bartoli) *Dotato di perfetto discorso* (Pallavicini). - *La nature les soutenant au défaut du discours* (Pascal. Pensées II). — *A ragion discorso ammanna* - I razionali procedono per discorso (Dion.. Div. Nom., VII) *L'uomo non conosce semplicemente la verità, che è propria dell'intelletto; ma per via discorsiva, che è proprio della ragione* (Dion., l. c.) *Intendere è semplicemente apprendere la verità; ragionare è procedere d'una cosa intesa in altra per conoscere la verità* (Som., 1, 79). *Conoscere negli effetti le cagioni* (Som., 1, 58): *Sillogizzare dalle cause agli effetti e dagli effetti alle cause* (Som , l. c.). *Ragionare è ad intendere, come muoversi a posare, e cercare a possedere* (Som., 1, 79). *Intelletto del-*

ghissime, lasciate quasi traccia nell'aria da que' candelabri, procedono ventiquattro seniori, poi quattro animali. All'avvenimento di Beatrice precede un carro mistico, a cui vanno innanzi gli scrittori i quali al mondo annunziarono la verità che lo ha sublimato e lo sublimerà sempre più. Qui s'accenna, tra le altre, alle visioni di Ezechiele e Giovanni; ne è da dimenticare che quella d'Ezechiele incomincia: *Cum essem in medio captivorum juxta fluvium Chobar, aperti sunt coeli, et vidi visiones Dei* (1). A questa memoria della cattività è quasi certo che ripensasse il Poeta; il quale all'ultimo Canto dà principio dal Salmo LXXVIII: *Deus, venerunt gentes in hereditatem tuam;* che è memoria anch'esso di sventura insieme civile e religiosa. Che il carro rappresenti la Chiesa, ce 'l dice anco quello del Paradiso, ove Francesco e Domenico son le due ruote *della biga, In che la santa Chiesa si difese, E vinse in campo la sua civil briga* (2); dove rincontri al solito un'imagine di guerra, che è indivisa dalla natura de'tempi. *Le due ruote del cocchio* (dice Gregorio) *sono le due Leggi* (3) Ne' quattro animali di Daniele (4) furono veduti i quattro imperi, il caldaico, il persiano, il greco e il romano. Le ali de' quattro animali son sei, fors'anco per ciò che quel numero, come doppio del tre, è più perfetto (5) Il Grifone mistico ha le membra d'oro là dove è uccello; e dove leone, candide e vermiglie, anche per ciò che *Cristo era pieno di sapienza e di carità, che è significato per l'oro* (6); e che il *vermiglio è colore di vita* (7). I ventiquattro seniori rammentano, nell'Eliso di Virgilio, *pii vates, et Phoebo digna loquuti* (8); e gli altri ch'hanno le tempie cinte di candida benda, come i seniori corona di gigli. Ultimo viene Bernardo, secondo la preziosa interpretazione di Pietro cui solo ci giova seguire. E anche in una visione de' Fioretti, dietro a Francesco e ad Antonio, dopo altri frati, viene uno trapassato di corto.

Le sette che qui vediamo essere donne, figuranti le tre virtù teologiche e le quattro cardinali, sono Ninfe sul monte, e stelle insieme nel cielo; e la danza loro rammenta le Ninfe amiche ad Euridice, *cum quibus illa choros lucis agitabat in altis* (9): ed Euridice amata da Orfeo, poeta visitante per essa il paese oltremondano, pare sorella in poesia a Beatrice. Il verso: *Noi sem qui ninfe, e nel ciel semo stelle* (10), richiama le trasformazioni tante di persone mortali in costellazioni, il qual mito denota quel che da altri fu detto, che la storia della terra i primi uomini scrivevano ne' cieli, o piuttosto quel che la tradizione pagana adombrò, e che la scienza antica intravvide, e che la tradizione e scienza cristiana illustrarono, cioè che gli spiriti defunti della prova terrena influiscono tuttavia sulle terrene cose, non solo con la luce e il calore delle memorie e degli esempi, ma con altre più intime e meno avvertite e più possenti influenze. In Virgilio rincontriamo la trasformazione di navi in Ninfe: *Quas alma Cybebe Numen habere maris, Nymphasque e navibus esse Jusserat* (11); quasi a significare che, siccome in ogni vita (e ciascun corpo, per morto che paia e informe, o ha una vita o è

l'Angelo; ragione dell'uomo (Som., 1, t. 58) *La stessa potenza intende e ragiona* (Som., 1, 79).
(1) Ezech., I, 1.
(2) Par, XII.
(3) Greg., Hom. in Exod., VI.
(4) Dan., VII. – Ibid., v. 13: *Vidi venire tra le nubi il Figliuol dell'uomo.*

(5) Som., 1, 1, 14.
(6) Som., I, 2, 102.
(7) Som., I c.
(8) Æn., VI.
(9) Georg., IV.
(10) Purg., XXXI. t. 36.
(11) Æn., X.

DANTE. *Purgatorio.*

ricetto di vite), siccome in ogni vita s'asconde un principio distinto dal corpo e maggiore di quello, onde le Driadi e le Naiadi favoleggiate; così dal risolversi e trasformarsi di ciaschedun corpo hanno origine vite novelle, in più ampio giro con forza più sottile operanti.

Le quattro virtù cardinali, prudenza, giustizia, temperanza, fortezza, erano così anco da' Pagani ordinate (1): ma quell'ordine è sapientemente unificato e distinto da Agostino laddove dice che *tutte e quattro rampollano dall'amore* (2). *Sopra quattro virtù si edifica la struttura del bene operare* (3). *Per principii naturali l'uomo è ordinato, secondo i quali l'uomo procede a bene operare giusta la proporzione umana; che l'ordinano alla beatitudine naturale, non però senza aiuto divino* (4). La prudenza in Dante è guida alle altre; e dicevasi *auriga virtutum* (5); onde Tommaso: *Chi opera contro qualsiasi virtù, opera contro la prudenza, senza cui non può esser virtù veruna* (6) — *Temperanza è quella che serba modo e ordine nelle cose e da fare e da dire* (7). — *Giustizia*, al dir di Tommaso, *riguarda le azioni debite tra uguali* (8); e questo c'insegna che, dovendo noi qualcosa agli uomini tutti, di tutti siamo eguali, e tutti a noi; e che misura ed effetto della giustizia è non la materiale ma la razionale e proporzionale uguaglianza. — *Ogni virtù che fa il bene in riguardo alla retta ragione dicesi prudenza; e ogni virtù che fa il bene del retto e'del dovere nelle operazioni, giustizia; e ogni virtù che rattiene e doma le passioni, temperanza; e ogni virtù che fa l'animo fermo contro qualsiasi passione, fortezza. E così molt'altre virtù in esse vengono contenute* (9). Oggetto della prudenza è la ragione segnatamente (e anche per questo la prudenza è più nobile); della giustizia l'operazione; della temperanza e della fortezza la passione del desiderio, del timore, da frenare o da vincere. *Della prudenza è soggetto altresì la ragione; della giustizia la volontà; della temperanza il concupiscibile; della fortezza l'irascibile.* — *Chi può frenare il desiderio del piacere, da questa difficile vittoria è reso abile a raffrenare e il timore e l'audacia ne' pericoli di morte; che è cosa più facile. E così l'uomo forte a' pericoli è più atto a ottenere la fermezza dell'animo contro l'impeto de' piaceri* (10). *Non è vera prudenza quella che non è giusta e forte e temperante; nè è temperanza perfetta quella che non è forte e giusta e prudente; nè fortezza intera quella che non è prudente, temperante e giusta; nè vera giustizia quella che non è forte, prudente, temperante* (11): nelle quali parole è più che un trattato.

Le tre teologiche sono a destra; ed ecco perchè. *Tre sono le virtù teologiche, delle quali è da trattare prima; quattro le cardinali, delle quali poi* (12) *Le virtù per le quali l'uomo si dona a Dio, cioè le teologiche, sono più alte delle virtù morali per le quali abbandona alcuna cosa terrestre a fine di darsi a Dio* (13). —*Le virtù teologiche, che hanno per oggetto l'ultimo*

---

(1) Cic., de Inv., II.
(2) Aug., Mor. eccl.
(3) Greg. Mor., XXVI.
(4) Som., 2, 1, 62.
(5) Som. Sup, II. - Som., 2, 1, 61: *Aliae virtutes a prudentia diriguntur.*
(6) Som., 1, 2, 73.

(7) Ambr., de Off., I.
(8) Som., 2, 1, 61.
(9) Som., 2, 2, Pr.
(10) Som., 2, 1, 62. Cic., de Off., I.
(11) Greg Mor., XXII.
(12) Som., 2, 2, Pr.
(13) Som., 2, 2, 104.

fine, sono le principali (1). *Hanno Dio per oggetto, solo Dio ce le infonde, la rivelazione le insegna* (2).

La fede è come neve, la speranza come smeraldo, la carità come fuoco; ora la fede ora la carità è alle altre guida; la speranza è guidata sempre: ma il canto della carità è sempre quello che dà la misura all'andare Ed ecco perchè. *L'atto della fede precede gli atti di ogni altra virtù* (3). — *La fede è la prima delle virtù* (4) — *La fede genera la speranza* (5). — *La fede opera per via dell'amore* (6). — *Carità è maggiore di fede e speranza* (7). — *Tutte le virtù in qualche modo dipendono da carità* (8).

Innanzi che la visione proceda, il Poeta invoca le vergini sacrosante, come già nel mezzo del Canto le invoca Virgilio: *Pandite nunc Helicona, Deae* (9); ed anche altrove, dove le chiama, e a loro dà la potenza della memoria, debole negli uomini miseri: *Et meministis enim, Divae, et memorare potestis* (10). Meglio in Dante rammentate le fonti ispiratrici e il coro delle ispiratrici deità, che in Orazio, laddove dopo detto *vestris amicum fontibus et choris*, esce con la rimembranza della sua fuga a Filippi (11). A Lucrezio la speranza della lode è ispirazione, *et inducit noctes vigilare serenas*: Dante soffre *vigilie e freddi e fami* (12) non solamente per istinto di gloria, ma e per amore della verità e della rettitudine e della patria, i quali amori e' raccoglie nel nome d'una donna beata. E se *le vigilie e i freddi* non istanno li per la rima, non ci stanno, viva Dio, neanco *le fami*. Per la dolcezza della gloria, dice Dante nella Volgare Eloquenza che dimenticava ogni disagio e l'esilio. *Non curando nè caldo nè freddo, nè vigilie nè digiuni, nè niuno altro disagio, con assiduo studio venne a conoscere della divina essenzia quello che per umano ingegno se ne può comprendere... Nel cibo e nel poto fu modestissimo... Niuno altro fu più vigilante di lui e negli studii e in qualunque altra sollecitudine il pungesse* (13).

Veduta procedere la lunga schiera, si sente un tuono; e tutti si fermano. All'entrar nell'Inferno trema la terra, e balena una luce vermiglia: nel Paradiso, alla memoria di quel che la Chiesa italiana ne' suoi ministri doveva essere e che non era, i Beati fanno un grido sì alto che rende il Poeta attonito più che se tuono fosse (14).

(1) Som., 2, 1, 61.
(2) Som., 2, 1, 62.
(3) Som , 2, 2, 10.
(4) Som., 2, 2, 4.
(5) Som., 2, 2, 7.
(6) Som., 2, 2, 108.
(7) Ad Cor., I, XIII, 13.
(8) Som , 2. 1, 62.
(9) Æn., VII.
(10) Æn. IX.

(11) Hor. Carm., III, 4.
(12) Terz. 13.
(13) Bocc , Vita di Dante.
(14) Anco le locuzioni si rispondono Inf., III, t. 44: *La buia campagna tremò... Una luce... La qual mi vinse ciascun sentimento.* Pur , XXI, t. 47: *E fèro un grido... Nè io lo intesi: sì mi vinse il tuono.*

CANTO XXX.

ARGOMENTO.

Tutti si fermano; Salomone invita Beatrice, la sapienza, a venire. Ella viene tra gli Angeli in lieto trionfo. Virgilio dispare: l'umana scienza dà luogo a quella del cielo. Rimproveri di Beatrice agli errori di Dante. I canti angelici lo consolano: e' piange. Qui, piucchè mai, si conosce la parte simbolica e la storica della visione, la morale e la politica, la divina e l'umana. Vedremo dalla note come i germi della visione già fossero nella Vita Nuova, e nelle poesie giovanili.

Questa è forse la parte del poema ideata per prima da Dante: la tela, poi gli si venne ampliando più e più degnamente.

Nota le terzine 1, 3, 5; 8 alla 13; 15 alla 19; 25 alla 32; 36, 40, 41, 43, 45, 47.

1. Quando 'l settentrïon del primo cielo,
Che nè occaso mai seppe nè òrto,
Nè d'altra nebbia, che di colpa, velo;

1. (L) *Settentrion:* i candelabri. — *Cielo:* Empireo, onde scesero. — *Seppe:* conobbe.
(SL) *Settentrion.* I candelabri paragonati dal Poeta alle sette stelle dell'Orsa maggiore Vengon dalla fredda parte in Ezechiele (I, 4) V Canto precedente. — *Mai.* Perchè sempre immobile, o, come dice altrove, sempre quieto (Par, I) — *Seppe* Psal. CIII, 19: *Sol cognovit occasum suum* La Chiesa: *Dies qui occasum nescit* — *Velo* La colpa ci vela la beatitudine.
(F) *Settentrion.* [Ant] È presa dall'Apocalisse (I) l'idea dei sette candelabri d'oro, e n'è fatta una sintesi magnifica con l'altra delle sette lampade ardenti, che sono i sette spiriti di Dio (IV): perciocchè i sette candelabri qui splendono in alto più che luna nel suo più bello splendore; e sono come animati movendosi di moto proprio, senza che alcuno li porti. E per il numero e per la luce e per il luogo di loro dimora, che e dinnanzi al trono del Signore, e forse anche per l'alto ufficio d'illuminare e indirizzare al bene la mente degli Eletti, come simbolo eziandio dei doni dello Spirito Santo, sono qui appellati il settentrione del primo cielo; cioè non del primo mobile, ma del cielo empireo, per analogia delle sette stelle dell'Orsa maggiore, chia-

2. E che faceva lì ciascuno accorto
Di suo dover, come il più basso face
Qual timon gira per venire a porto,
3. Fermo s'affisse; la gente verace,
Venuta prima tra 'l Grifone ed esso,
Al carro volse sè, come a sua pace.
4. E un di loro, quasi da ciel messo,
Veni, sponsa, de Libano, cantando,
Gridò tre volte: e tutti gli altri appresso.
5. Quale i Beati, al novissimo bando,
Surgeran presti, ognun di sua caverna,
La rivestita carne allevïando;
6. Cotali, in sulla divina basterna
Si levàr cento *ad vocem tanti senis,*
Ministri e messaggier' di vita eterna.

mate i *sette trioni*, d'onde il nome di settentrione alla parte della sfera ove quelle stelle appariscono Riassumendo l'idea, ch'è la fine del Canto precedente, dice: Quando ebbero fatto sosta le prime insegne, cioè i sette candelabri, o, meglio ancora, quando si fermò quel settentrione, che non andò mai soggetto alle vicende del sorgere e del tramontare su verun orizzonte, nè fu celato agli sguardi dell'umano intelletto da altro velo che da quel della colpa, e che li faceva accorto ciascuno di suo dovere, come il settentrione del nostro cielo fa accorto chiunque gira il timone per venire a porto (che è scopo d'ogni navigazione); i ventiquattro seniori, venuti prima tra il Grifone ed esso settentrione, si rivolsero al carro come a sua pace.

2 (L) *Dover:* andare o stare. — *Basso:* l'Orsa maggiore, segno a qualunque timone — *Face:* fa — *Qual:* qualunque.

(SL) *Basso.* Al polo artico è vicino l'Orsa maggiore, volgarmente detta *Carro* — *Timon* Potrebbesi intendere: qualunque nocchiero gira il timone Meglio: qualunque timone gira; personificati in lui la nave e il nocchiero.

(F) *Dover.* I doni dello Spirito Santo e i sacramenti additano all'uomo il bene, e lo confermano in esso.

3. (L) *Gente:* i seniori.
(SL) *Verace.* Purg., XXXII, t. 52: *Terra vera.* Ma qui denota la veracità de' libri ispirati che adombransi ne' Seniori.

(F) *Gente.* I libri del vecchio Testamento confermano il nuovo Così il vecchio del XIV dell'Inferno si volge a Roma siccome a suo specchio.

4 (L) *Appresso:* poi
(F) *Un.* Salomone innamorato della Sapienza (Sap., VIII, 2) come il Poeta di Beatrice; quasi inviato a nome di tutti Cant Cantic, IV, 7, 8: *Tota pulchra es, amica mea, et macula non est in te. Veni de Libano, sponsa mea, veni de Libano, veni: coronaberis... De cubilibus leonum, de montibus pardorum.* - Veni e qui tre volte.

5. (L) *Novissimo:* ultimo della tromba. — *Caverna:* tomba. — *Allevïando* per immortalità
(SL) *Novissimo:* [Cav.] I Cor. 15: *In novissima tuba*
(F) *Allevïando* Aug, de Civ Dei, XII: *Quando questo corpo più non sarà animale ma spirituale, allora sarà all'anima di gloria, che è di peso adesso.* Greg Mor, XIV: *Il corpo glorioso è sottile per effetto della spirituale potenza.* Tasso, Ger, VIII, 30: *Quel corpo in cui già visse alma sì degna; Lo qual con essa ancor, lucido e leve E immortal fatto, riunir si deve* Altri legge: *La.. voce allevïando;* e sarebbe un ablativo assoluto, cioè, che la voce de' Beati direbbe: *Alleluia;* e *il rivestita* non si sa come qui ci cadrebbe Purg., XI: *Mondi e lievi Possano uscire alle stellate ruote.*

6. (L) *Basterna:* cocchio.
(SL) *Basterna.* Carro simile al *pilentum,* ch'era proprio delle matrone (Servio). L'usa Fazio (I, 27). Ba-

7. Tutti diceau: *Benedictus qui venis!*
   E, fior gittando di sopra e d'intorno:
   Manibus o date lilia plenis.
8. Io vidi già, nel cominciar del giorno,
   La parte oriental tutta rosata,
   E l'altro ciel, di bel sereno adorno;
9. E la faccia del Sol nascere ombrata,
   Sì che, per temperanza di vapori,
   L'occhio lo sostenea lunga fïata.
10. Così d'entro una nuvola di fiori,
    Che dalle mani angeliche saliva,
    E ricadeva giù dentro e di fuori,
11. Sovra candido vel cinta d'oliva,
    Donna m'apparve, sotto verde manto
    Vestita di color di fiamma viva.
12. E lo spirito mio, che già cotanto
    Tempo era stato che alla sua presenza
    Non era di stupor, tremando, affranto,

sterna, dice Pietro, carro decorato di panni, secondo Uguccione. Voce gallica. *Sopra una basterna andavano* (dice la cronaca) *Clotilde e Clodoveo.*
(F) *Ministri* Psal., CII, 20, 21: *Angeli... ministri ejus*
7 (SL) *Gittando.* Æn., V: *Purpureosque facit flores — Manibus* Parole che in Virgilio dice Anchise di Marcello nepote. Æn, VI: *Purpureos spargam flores.*
(F) *Benedictus.* Così cantavano gli Ebrei a Gesù entrante in Gerusalemme (Matth., XXI, 9) Così forse i Santi al Grifone, simbolo di Gesù Altri intende detto al Poeta, al quale un Angelo disse già: *Venite, benedicti Patris mei* (Purg., XXVII, t. 20). Non credo
8 (L) *Altro:* rimanente
(SL) *Sereno* Reg, II, XXIII, 4: *Come la luce dell'aurora al nascere del sole da mane senza nubi risplende.*
(F) *Vidi.* [Ant.] Dalla circostanza meteorologica, per la quale vediamo non di rado esser sereno tutto il cielo, fuor che a ponente o a levante, ove uno strato poco denso di vapori s'infiamma ai raggi solari, prende una tinta rosata, e fa velo al grand'astro diurno per modo, da permetterci di rimirarlo senza offesa; leva il Poeta l'imagine di una delle più soavi e felici pitture, ch'egli abbia saputo ideare e che noi possiamo ammirare!
9. (L) *Lunga fiata:* a lungo.

(SL) *Temperanza.* Cresc, X: *Distemperanza del ca do e del sole.*
(F) *Temperanza* Ott.: *Mostra che ella sia velata.. accio che l'occhio, cioè l'intelletto umano, possa, mediante la mistica e figurativa scrittura, sofferire li raggi.*
10. (SL) *Fiori.* Cant. Cantic., II, 5: *Fulcite me floribus*
11. (L) *Sovra:* il velo in capo, e sul velo il ramo.
(SL) *Vel.* Vita Nuova: *Pareami che donne le coprissero la sua testa con un bianco velo* E in una canzone: *Vidi voi, donna, portare Ghirlandetta in fior gentile. Sopra voi vidi volare Angiolei d'amore umile. — Fiamma* In un sogno, vid'egli giovanissimo, Beatrice *arvolta in un drappo sanguigno;* e Amore che la portava per l'alto. E racconta nella Vita Nuova come, all'età di ott'anni, ella gli apparisse *vestita di nobilissimo colore, umile e onesto,... alla guisa che alla sua giovanissima etade si convenia* Altrove: *Mi pareva vedere questa gloriosa Beatrice con quelle vesti sanguigne con le quali apparve prima agli occhi miei; e pareami giovinetta in simile età a quella in cui prima la vidi.*
(F) *Verde.* Alano, della Teologia: *Claudit eam vestis auro perfusa refulgens.* Psal., XLIV, 15: *Circumamicta varietatibus.*
12. (L) *Già...:* da tanto tempo non

13. Senza degli occhi aver più conoscenza,
Per occulta virtù che da lei mosse,
D'antico amor sentì la gran potenza.
14. Tosto che nella vista mi percosse
L'alta virtù, che già m'avea trafitto
Prima ch'io fuor di puerizia fosse;
15. Volsimi alla sinistra, col rispitto
Col quale il fantolin corre alla mamma
Quand'ha paura o quand'egli è afflitto,
16. Per dicere a Virgilio: — Men che dramma
Di sangue m'è rimasa che non tremi.
Conosco i segni dell'antica fiamma. —
17. Ma Virgilio n'avea lasciati scemi
Di sè; Virgilio, dolcissimo padre;
Virgilio, a cui per mia salute diémi.
18. Nè quantunque perdéo l'antica madre,
Valse alle guance nette di rugiada,
Che lagrimando non tornassero adre.
19. — Dante, perchè Virgilio se ne vada,
Non piangere anco; non piangere ancora:
Chè pianger ti convien per altra spada. —

l'aveva veduta: e sebbene il velo la coprisse, sentì...
14. (L) *Vista* delle forme di lei. — *Puerizia*: che è fino ai quattordici anni. — *Fosse*: fossi.
(SL) *Percosse* Georg, II: *Percussus amore* — *Trafitto*. Cant. Cantic, IV, 9: *Vulnerasti cor meum, soror mea sponsa, vulnerasti cor meum in uno oculorum tuorum* Æn., IV: *Tacitum vivit sub pectore vulnus.*
15. (L) *Rispitto*: rispetto.
(SL) *Rispitto Despitto* nel Petrarca. Qui vale modo di riguardare (*respicio*) e di contenersi, non già riverenza. Vale, anco, umile affetto. — *Quale* chi l'avrebbe osato questo *quale* in passo di affetto così delicato? — *Fantolin* [C] Psal. CXXX. 2: *Sicut ablactatus est super matre sua.*
16. (SL) *Dramma* Petr: *Non è in me dramma Che non sia fuoco e fiamma.* Berni: *Io non ebbi mai pelo, Che pur pensasse a ciò, nonch'io 'l facessi.* — *Segni.* Æn. IV: *Agnosco veteris vestigia flammae.* Meglio *segni* Nel leggere il libro della Sapienza avrà Dante riconosciuta alcuna imagine dell'amor suo; e quindi presa idea a fare di Beatrice stessa il simbolo della Sapienza.

17. (L) *Scemi*: erasene ito. — *Diémi*: mi diedi.
(SL) *Scemi.* Inf., IV, t ult.: *La sesta compagnia in duo si scema.* E ivi e qui non so se sia bello. — *Dolcissimo* Sempre lo chiamo dolce padre; ora che lo perde, dolcissimo.
18. (L) *Quantunque*. La vista di quante gioie in quel paradiso Eva perde, non potette fare che io non piangessi. — *Nette di mondana fuliggine*, da cui Virgilio, entrati nel Purgatorio, lo lavò — *Adre*: atre, infoscate da pianto di dolore.
(SL) *Perdéo* Alquanto contorto, dopo la schiettezza di quel che precede. — *Rugiada* Purg., I: *Porsi vèr lui le guance lagrimose* — *Adre.* Ott.: *Quand'uomo piange,.... abbuia.... nel viso...*
19. (L) *Perchè*: per questo che.
(SL) *Dante. Durante* è il nome intero — *Ancora* Ripete, come poi (l. 25): *Ben son, ben son Beatrice.* — *Spa.ta* Luc, II, 35: *Spada di dolore.* Ott.: *Tu hai altro a sofferire, che essere abbandonato dalla ragion filosofica.*
(F) *Piangere*. La Filosofia asciuga a Boezio le lagrime.

20. Quasi ammiraglio che 'n poppa ed in prora
    Viene a veder la gente che ministra
    Per gli alti legni, ed a ben far la incuora;
21. In su la sponda del carro sinistra
    (Quando mi volsi al suon del nome mio,
    Che di necessità qui si registra),
22. Vidi la donna che pria m' apparío,
    Velata, sotto l' angelica festa,
    Drizzar gli occhi vêr me di qua dal rio.
23. Tuttochè 'l vel, che le scendea di testa
    Cerchiato dalla fronde di Minerva,
    Non la lasciasse parer manifesta;
24. Rëalmente, nell' atto, ancor proterva,
    Continuò, come colui che dice
    E 'l più caldo parlar dietro riserva:
25. — Guardami ben. Ben son, ben son Beatrice.
    Come degnasti d' accedere al monte?
    Non sapei tu che qui è l' uom felice? —

20. (SL) *Ministra*. Æn , VI: *Ratem conto subigit, velisque ministrat.* — *Alti*. Æn., VIII: *Puppi sic fatur ab alta*

21. (SL) *Necessità* Ott.: *Convenne che la donna il chiamasse per nome, per due cagioni: l'una, perche certa fosse la persona, intra tante, alla quale drizzava il suo sermone; l'altra, perocchè, come più addolcisce nello umano parlare il nomare la persona per lo proprio nome, in ciò che più d'affezione si mostra; così più pugne la riprensione, quando la persona ripresa dalla riprendente è nomata.*

(F) *Sinistra* Perchè non puro (Purg , XXVIII, 1 9) Ott : *In sulla sinistra, cioè in sul vecchio Testamento, ch'è solamente a quella vita attiva inteso* — *Necessita* Conv , I 2: *Non si concede per li Rettorici, a'cuno di sè medesimo senza necessario cagione parlare . E intra l'altre necessarie cagioni, due sono più manifeste: l'una è quando, senza ragionare di sè, grande infamia e pericolo non si può cessare (per questo parlerà di sè nel XVIII del Paradiso);.. l'altra è quando, per ragionare di sè, grandissima utilità ne segue altrui per via di dottrina. E questa ragione mosse 'Agostino nelle Confessioni a parlare di sè.*

22 (L) *Donna :* Beatrice. — *Drizzar sotto 'l velo*

(SL) *Festa* Gregorio: *Festa degli angeli* chiama la gloria di Dio.

23 (L) *Fronde :* d'oliva.

(SL) *Minerva* Lat.: *Fronde Minervae.*

24 (SL) *Proterva* Aveva senso non sempre di *sfacciato*; e l'indica l'origine o *protero* o *meglio tornus.* Calpurnio dice la *protervia leggera contumelia* Dante la fa cosa da re. — *Riserva* Consiglio ch'e'dà a' dicitori nel Convivio, tratto dal lib. II *Rhetoricorum* di Cicerone.

(F) *Proterva*. Conv , III, 15: *Essa Filosofia parea a me .. fiera, chè non mi ridea, in quanto le sue persuasioni ancora non intendea ; e disdegnosa, che non mi volgea l' occhio, cioè ch' io non potea vedere le sue dimostrazioni E di tutto questo il difetto era dal mio lato*

25 (L.) *Degnasti ..* Ironia. — *Sapei :* sapevi

(SL) *Ben* Ripete tre volte, come sopra Virgilio e piangere (terz. 47 e 49) — *Accedere* Ad Hebr, XI. 6: *Accedentem ad Deum Som.. Accedere al culto divino* — *Felice* Purg , VI, t. 46. *Tu la vedrai di sopra in su la vetta Di questo monte, ridente e felice*. Æn., VI: *Fortunatorum nemorum.*

26. Gli occhi mi cadder giù nel chiaro fonte;
Ma, veggendomi in esso, io trassi all'erba:
Tanta vergogna mi gravò la fronte.
27. Così la madre al figlio par superba,
Com'ella parve a me; perchè d'amaro
Sentì 'l sapor della pietate acerba.
28. Ella si tacque. E gli Angeli cantaro
Di subito: *In te, Domine, speravi:*
Ma oltre *pedes meos* non passaro.
29. Sì come neve, tra le vive travi
Per lo dosso d'Italia, si congela,
Soffiata e stretta dalli venti Schiavi;

(F) *Guardami.* Boet, 1: *Allora, intenta in me con tutto il lume degli occhi. Sei tu, disse, quegli, che già nutricato del mio latte..? È l'arevam date arme tali 'che, se non le gettavi da te, ti difendevano con invitta fermezza. Mi conosci tu? Perchè luci? Per vergogna o stupore? Vorrei, per vergogna. Ma te, come veggo, oppresse stupore E, vedendomi non pure silenzioso, ma mutolo quasi senza lingua.*
26 (SL) *Veggendomi* Buc., II: *Me in litore vidi.* — *Gravò* Par., XVIII, t. 22: *Di vergogna il carco* Purg., XXVI: *Di stupore 'carche* E XXIX: *Vista carca di stupor* Qui più bello.
27 (L) *Acerba:* il rimprovero pio m'era amaro.
(F) *Madre.* Ad Hebr., XII, 6: *Cui ama, Dio gastiga* Eccli, XXX, 1: *Chi ama il figliuol suo, continuo il flagella, acciocchè ultimamente s'allegri*
28 (L) *Passoro* col canto.
(SL) *Passaro.* La rima in aro, e il *passare* accanto a *pedes*, fa questa terzina non delle più delicate.
(F) *Angeli* Intende Pietro i buoni pensieri — *In te.* Psal., XXX, 1-9 : *In te, Signore, sperai, non sarò mai confuso Nella tua giustizia fammi libero.. Accorri. a scamparmi... Mi trarrai fuori da questo laccio che mi tesero.. Nelle tue mani raccomando lo spirito mio M'hai salvato, o Signore di verità. Tu odii que' che badano a vanità senza frutto Ma io nel Signore sperai M'allegrerò e sarò lieto nella misericordia tua... Nè mi rinchiudesti tra le mani del nemico: mettesti in ampio luogo i miei piedi. Poi seguono cose in gran parte non opportune allo stato di* Dante: però,qui gli angeli interrompono il canto. E rispondono cantando, per lui che non può dire. Dico in gran parte non opportune, dacchè parecchie c'è poteva pur recare a sè stesso in isperanza, come: *Benedictus Dominus; quoniam mirificavit misericordiam suam mihi in civitate munita.*

29 (L) *Travi:* piante. — *Dosso:* Appennino — *Stretta:* rappresa — *Venti:* che all'Italia vengono di Schiavonia.
(SL) *Neve* Vita Nuova: *Siccome talora vedemo cadere l'acqua mischiata di bella neve, così mi parea vedere le loro parole mischiate di sospiri.* Affettata la similitudine nella prosa, contorta ne' versi. — *Travi.* En., VI: *Fraxineaeque trabes* Ovid. Met., VIII: *Sylva frequens trabibus.* — *Soffiata* En., 1: *Terras turbine perflant* — *Stretta* Ovid. Met., I: *Ventis glacies adstricta.* — *Schiavi.* Hor Carm., 1, 28: *Illyricis Notus obruit undis*
(F) *Venti* [Ant.] I venti schiavi che stringono la neve tra i rami degli alberi, sono quelli che oggi si direbbero grecali, chiamati in antico *boreali;* perciocchè la Schiavonia è fra levante e tramontana rispetto alla nostra penisola I venti poi Jai quali viene liquefatta la neve, spirano da mezzodì e da ostro, indicato dal Poeta per la terra che perde ombra, proprietà delle regioni tropicali, o della zona torrida, ove due volte all'anno a mezzogiorno il sole tocca lo zenit di ciascun punto; e quindi l'ombra di un corpo opaco, in situazione verticale, cade sulla sua base, onde non comparisce da alcun lato.

30. Poi, liquefatta, in sè stessa trapela,
Pur che la terra che perde ombra, spiri,
Sì che par fuoco fonder la candela;

31. Così fui senza lagrime e sospiri
Anzi 'l cantar di que' che notan sempre
Dietro alle note degli eterni giri;

32. Ma, poi che intesi, nelle dolci tempre,
Lor compatire a me, più che se detto
Avesser: « Donna, perchè sì lo stempre?; »

33. Lo giel che m'era intorno al cor ristretto,
Spirito ed acqua fessi, e con angoscia
Per la bocca e per gli occhi uscì del petto.

34. Ella, pur ferma in sulla destra còscia
Del carro stando, alle sustanzie pie
Volse le sue parole così poscia:

35. — Voi vigilate nell'eterno die,
Sì che notte nè sonno a voi non fura
Passo che faccia il secol per sue vie.

36. Onde la mia risposta è con più cura,
Che m'intenda colui che di là piagne;
Perchè sia colpa e duol d'una misura.

---

30. (L) *Terra*: Africa. — *Spiri* vento.
(SL) *Liquefatta*. Georg., I: *Gelidus canis quum montibus humor Liquitur*. — *Spiri*. Georg. III: *Spirantes frigora Cauri*.

31. (L) *Anzi*: avanti. — *Notan* le loro armonie — *Giri*: i cieli.
(SL) *Notan* Come solfeggiare da solfa, che so o le note del canto, così qui notare per cantare. Platone sentiva l'armonia delle sfere rotanti: il Poeta fa che alte sfere armonizzino i canti degli angeli.

32. (L) *Stempre*: stempri tu co' rimproveri
(F) *Compatire*. Som Suo, 74: Non diminuisce il gaudio degli angeli per questo che diconsi compatire ai mali nostri

33. (L) *Fessi*: si fece sospiro e pianto
(SL) *Spirito*. Æn, XI: *Boreae... spiritus*. Pall.: *Spirito*, cioè aere mortifero. — *Acqua*. Alquanto affettato. [C.] Ps. CXVIII, 136: *Exitus aquarum deduxerunt oculi mei, quia non custodierunt legem tuam*. — *An-*

goscia. Vita Nuova: Li sospiri non potevano disfogare l'angoscia che il cuore sentia.

34. (L) *Alle*: agli angeli.
(F) *Ferma*. Si volse un istante a sinistra per parlare al Poeta; poi torna a destra, e parla agli angeli sempre ferma da questa parte. Ott.: Alla parte diritta del carro, cioè in sul Nuovo Testamento
(F) *Sustanzie*. Som: Le sostanze separate, cioè gli angeli.

35. (L) *Die*: giorno.
(SL) *Die*. [C.] II Petr 3: *In diem aeternitatis*. — *Vie*. Ezech, XXXVI, 17: *Polluerunt eam in viis suis* [C.] Jer., XVIII, 15: *In semitis saeculi*.
(F) *Vigilate*. Dan, IV, 20: *Vigilem et sanctum*. Som: La beatitudine è senza interruzione; ma l'op razione umana sovente è interrotta dal sonno o da alcun'altra occupazione o quiete. — *Sonno* Arist: Nessun animale sempre veglia nè sempre dorme.

36. (L) *Che*: affinchè — *Misura*: il dolore agguagli la colpa.

CANTO XXX. 427

37. Non pur per ovra delle ruote magne
    Che drizzan ciascun seme ad alcun fine
    Secondo che le stelle son compagne;
38. Ma per larghezza di grazie divine
    (Che sì alti vapori hanno a lor piova,
    Che nostre viste là non van vicine),
39. Questi fu tal nella sua vita nuova
    Virtualmente, ch'ogni abito destro
    Fatto averebbe in lui mirabil pruova.
40. Ma tanto più maligno e più silvestro
    Si fa 'l terren col mal seme, e non colto,
    Quant' egli ha più di buon vigor terrestro.
41. Alcun tempo il sostenni col mio volto:
    Mostrando gli occhi giovinetti a lui,
    Meco il menava, in dritta parte vòlto.

37. (L) *Ovra:* opra. — *Ruote:* cieli. — *Seme:* vita — *Alcun.* Vale qui *in fine determinato;* come *alcuna* per *una* nel penultimo verso del XX Inf.
(SL) *Seme.* I semi di queste cose, in me infusi forse dal Cielo, preserò a germogliare.
(F) *Ovra* [Ant.] Attribuisce alle sfere celesti ed alla concomitanza delle costellazioni una qualche influenza sullo svolgersi delle doti dell'animo, delle naturali, come sappiamo che v'influisce il clima, l'alimento, e simili, in virtù della intima relazione tra l'anima e il corpo E però ben lontano dagli errori dell'astrologia giudiziaria e del fatalismo, come è provato da quello che con ogni chiarezza soggiunge. — *Ruote.* Pone quattro influenze: de' cieli, poi de' pianeti, più dirette e miste, poi la Grazia divina, poi gli abiti dell'anima stessa. — *Compagne* Ott: *L'influenza de' pianeti è temperata da quella delle stelle* Ma accompagnare l'una con l'altra influenza, e più poetico.
38 (L) *Alti:* che vengon da luogo inaccessibile persino a occhio umano.
(SL) *Vicine.* Nonche raggiungere, neppur s'avvicinano. Dice *le nostre viste;* non solo le umane, ma e de' Beati e degli Angeli, secondo quel che dira nel XX del Paradiso. *Per grazia che da sì profonda Fontana stilla, che mai creatura Non pinse l'occhio infino alla prim'onda.*
39. (L) *Questi:* Dante — *Virtualmente;* in potenza — *Destro:* buono e fausto — *Pruova:* riuscita.
(SL) *Nuova* Così chiama la gioventù qui e nel libro che ha questo

titolo Inf., XXXIII, t. 30: *Età novella.* — *Destro.* In Virgilio più volte.
(F) *Pruova.* Cic.: *Sono nell'indole nostra semi di virtù innati, i quali se potessero svolgersi tutti, la natura stessa a vita beata ci menerebbe.*
40. (L) *Colto:* coltivato.
(SL) *Maligno.* Georg., II: *Difficiles... terrae; collesque maligni... dumosis arvis.* — *Silvestro.* Frequente usa parole che destano l'idea di selva — *Colto* Hor. Sat. I, 3: *Nam qua tibi vitiorum inseverit olim Natura, aut etiam consuetudo mala; namque Neglectis urenda filix innascitur arvis* — *Vigor.* Georg., 1: *Occultas vires et pabula terrae Pinguia concipiunt.*
(F) *Quant'.* Aug., de Sum Bono: *Siccome il fuoco, quant' ha più legne, e più leva in fiamma, così l'uomo perverso, quanto più abusa della ragione, è a viepeggiore malizia incitato.* Conv., IV 21: *Se questo (l'appetito dell'animo) non è bene culto e sostenuto diritto per buona consuetudine, poco vale la sementa; e meglio sarebbe non essere seminato. E però vuole santo Agostino e ancora Aristotele nel II dell'Etica, che l'uomo s'ausi a ben fare, .. acciocchè questo tallo .. per buona consuetudine induri,... sicchè possa fruttificare, e del suo frutto uscire la dolcezza della umana felicità* Bart S Conc.: *Siccome il campo quantunque da sè sia buono, se non è bene studiato non puote essere fruttuoso, così l'animo senza dottrina.*
41. (SL) *Giovinetti.* Bocc, Vita di Dante: *Era Beatrice assai leggia-*

42. Sì tosto come in sulla soglia fui
　　Di mia seconda etade, e mutai vita;
　　Questi si tolse a me, e diessi altrui.
43. Quando di carne a spirto era salita,
　　E bellezza e virtù cresciuta m'era,
　　Fu' io a lui men cara e men gradita.
44. E volse i passi suoi per via non vera,
　　Imagini di ben seguendo false,
　　Che nulla promission rendono intera.
45. Nè l'impetrare spirazion' mi valse,
　　Con le quali, e in sogno e altrimenti,
　　Lo rivocai: sì poco a lui ne calse.
46. Tanto giù cadde, che tutti argomenti
　　Alla salute sua eran già corti,
　　Fuor che mostrargli le perdute genti.
47. Per questo visitai l'uscio de' morti;
　　E a colui che l'ha quassù condotto,
　　Li prieghi miei piangendo furon porti.
48. L'alto fato di Dio sarebbe rotto
　　Se Lete si passasse, e tal vivanda
　　Fosse gustata senza alcuno scotto

dretta secondo l'usanza fanciullesca, e ne' suoi atti gentile, e piacevole molto, con costumi e con parole assai più gravi e modeste che 'l suo piccolo tempo non richiedeva.. In una canzone il Poeta: Sua beltà piove fiammelle di fuoco Animate d'un spirto gentile Ch'è creatore d'ogni pensier buono; E rompon.. Gl'innati vizii che fonno altrui vile Altrove: Chi veder vuole la salute, Faccia che gli occhi d'esta donna miri.
42. (L) *Etade:* gioventù.
(SL) *Soglia* Conv., I: *All'entrata di mia gioventute* Æn., VI: *Limina vitae.* — *Seconda* Nel Convivio divide la vita in adolescenza, gioventù, senettu, e della prima: *Nullo dubita, ma ciascun savio s'accorda ch'ella duri infino al venticinquesimo anno.* Beatrice morì nel XXVI anno d'età (Bocc., Vita di Dante) — *Mutai Vita* Nuova: *Sì partì l'anima nobilissima* — *Altrui.* Vita Nuova: *S'invaghì di donna gentile che mostrava pietà del suo lungo dolore. Se poi d'altre donne, vorrei dubitare.*
43. (SL) *Salita* Il dì 9 ottobre 1290. — *Gradita.* Dice il pregio dell'affetto; però aggiunge a *cara.*

(F) *Cara.* Qui Beatrice parla come donna, e come simbolo de' sacri studii, e d'ogni virtù. Jer., II, 17: *Non accadde forse cotesto a te, che abbandonasti il Signore Dio tuo nel tempo ch' e' ti guidava in cammino?*
44 (L) *Intera:* non attengon mai bene la promessa
(SL) *False* Æn., I: *Falsis Ludis Imaginibus.* Petrarca, più languido: *O umane speranze cieche e false!*
(F) *Via.* Isai., LXV, 2: *Va, per non buona via, dietro a' suoi pensieri* — *Intera.* Boet, III, 8: *Non è punto dubbio che non ci sia certe vie che dalla beatitudine sviano, e non possono condurre l'uomo là dove promettono* Più sotto: *Che i beni promessi non possono ottenere*
45 (L) *Rivocai* a bene.
46. (L) *Argomenti:* mezzi. — *Corti:* insufficienti.
47. (L) *Colui:* Virgilio
(SL) *Uscio* San., XVI, 13: *Portas mortis.* — *Piangendo.* Inf., II, t. 39.
48. (L) *Vivanda:* il perdono. — *Scotto:* prezzo del mangiare; e fio.
(SL) *Fato.* Inf., IX, t. 33. - Æn, VI, e altrove: *Fata Deûm* — *Scotto.*

Di pentimento che lagrime spanda. —

Voce del tempo usata nel traslato per *fio*. Ma qui *vivanda e scotto* pare giuoco accanto all' *alto fato di Dio*.

(F) Fato. Agostino: *Se alcuno attribuisce le cose umane al fato, intendendo per fato la stessa divina Volontà e potestà, tenga il senso e corregga il linguaggio.* — Boet., Cons., IV: *Fato è disposizione inerente alle cose mutabili, per la quale la Provvidenza congiunge fra sè i proprii ordinamenti*.

L'accoppiare parole del Vangelo con parole dell' Eneide, e farle cantare in Latino ai Padri del vecchio e del nuovo Testamento, parrà meno strano quando si pensi che Virgilio è poeta più religioso di molti verseggiatori Cristiani e Preti; che S Paolo e i dottori della Chiesa accennano a' versi di poeti meno religiosi di lui; che la Chiesa le parole dette dal figliuolo ad Anchise. *Salve, sancte parens*, rivolge alla Vergine madre. Più avrebbesi che ridire sulla *fronde di Minerva* in capo a Beatrice; sebbene Minerva, uscita del capo di Giove, sia simbolo della sapienza, *Patris aeterni generata mente*. *Viva divinum referens imago Lumine lumen*, come canta la Chiesa: e Orazio, dopo nominato Giove con solo il titolo di *Parentis*, *Proximos illi tamen occupavit Pallas honores* Altra citazione latina qui abbiamo, e in forma di citazione erudita: ma oltre *pedes meos non passaro* Queste cose non teme il Poeta che sgualciscano la freschezza de' versi in cui scende la sua gentile tra gli angeli. Ed è di scuola anche l'accenno, che denota però quant' egli avvertisse i segreti dell' arte: *Come colui che dice, E il più caldo parlar dietro riserva* Ne tutti loderanno la modestia della parentesi: *Al suon del nome mio Che di necessità qui si registra* e a taluno potrà parere troppo dotta Beatrice, ragionando agli angeli delle *ruote magne Che drizzan ciascun seme ad alcun fine.*

Ne nel principio la *divina basterna*, e nella fine la vivanda gustata senza scotto *di pentimento* (il quale *spande lacrime*), parranno modi de' belli; ne il *tornar adre delle guance*, nè *sulla destra coscia Del carro stando*... *Volse le sue parole così, poscia; nè nell'atto protervo; ne quella giunta: perchè d' amaro Sentì il sapor della pietate acerba* La similitudine dell' ammiraglio non direi delle sue più felici (se non si scusi coll'istinto de' tempi che sempre tirano a cose di guerra); e troppo ingegnosa l'altra della neve, che *tra le vive travi.. si congela sofiata e stretta da' venti*, con tutto quello che segue, alquanto contorto; sebbene per *lo dosso d' Italia* sia pennellata di franchezza maestra. Ma ben più bello è il far consuonare il canto degli angeli all'uno eterno de' cieli; e che la pietà dagli angeli dimostrata al dolore di lui gli concerta lo sfogo angoscioso del pianto Osservazione vera: che la compassione altrui, nell' atto di consolare i dolenti, gli eccita a più abbandonatamente dolersi. e, se non avvertano, aggrava, aiutando, l'affanno Ma in questo Canto apparisce chiaro, come l' intendimento del Poema sia essenzialmente morale; e come chi ne fa nulla più che una perpetua allusione politica, sconosca l'anima retta e l'ampio ingegno di Dante.

L'ANTICA E LA NUOVA VISIONE.

Nel libro della Sapienza (1) si legge: *Questa ho amata e cercata dalla mia giovanezza,... e vagheggiatore mi feci della bellezza di lei. Ora e il Signore di tutte le cose lei amò ; perch'ell'è insegnatrice della divina disciplina*(2)*... Avrò per lei chiaro nome nelle moltitudini, e onore appresso i seniori io giovane... Temeranno, udendomi, re orrendi* (3) .. *Nell'amicizia* (4) *di lei dilettazione buona... e nella prova del linguaggio di lei, sapienza* (5) .. *Fanciullo ingegnoso ero* (6), *e sortii anima buona* (7). Questo e altri simili luoghi della Scrittura dovevano star nella mente al Poeta ; il quale, vedendo come e nella Cantica e altrove sotto l'ombra dell'amore umano e figurato il divino, che anco nelle carte non rivelate d'Oriente pare istinto di quegli spiriti è istinto della natura umana; e sentendo nella intelligenza propria il vincolo delle cose mortali con le immortali, dagli uomini di quella età sentito più fortemente d'adesso; e provando in coscienza che l'imagine di questa giovanetta pura e puramente diletta gli affinava i pensieri e le affezioni per coltivare in sè questo germe di bene, e per continuare l'educazione che le memorie dànno al cuore e che i morti proseguono verso i vivi; non avrà stimato indegno dell'arte il fare d'essa donna un'altissima idea. E nella prosa eziandio egli la chiama quella *benedetta* (8), e la *gloriosa donna della sua mente* (9); e il primo vederla chiama apparizione; e, dopo incominciato ad amarla, la vede in sogni simili a visione (10). E, una volta tra

---

(1) VIII, 2-19.
(2) Purg., XXXIII, t. 29: *E veggi sua dottrina Come può seguitar la mia parola.*
(3) Par., XVII, t. 45: *Questo tuo grido farà e me vento Che le più alte cime più percuote ; E ciò non fia d'onor poco argomento*
(4) Inf., II, t. 21: *L'amico mio, e non della ventura.*
(5) Inf. II, t. 26: *O Donna di virtù, sola per cui L'umana specie eccede ogni contento Da quel ciel ch' ha minor li cerchi sui.*
(6) Purg., XXX, t. 14: *L'alta virtù,* che *già m'avea trafitto Prima ch'io fuor di puerizia fosse.*
(7) Purg., XXX, t. 39: *Questi fu tal nella sua vita nuova Virtualmente, ch'ogni abito destro Fatto averebbe in lui mirabil pruova.*
(8) Purg., XXIX, t. 29: *Benedetta tue Nelle figlie d'Adamo ; e benedette Sieno in eterno le bellezze tue.*
(9) Par., XXVII, t. 30: *La mente innamorata che donnea Con la mia donna sempre.* - XXVIII, t. 1: *Quella che imparadisa la mia mente.*
(10) *M'addormentai, come un pargoletto battuto, lagrimando. - Mi se-*

l'altre, ella apparisce a sviarlo da nuovo amore (1), come per preparare questo Canto trentesimo che leggiamo. Ma da gran tempo preparava Dante non so che simile a intero poema; dacchè, lei viva, fa dire alla gente: *Questa non è femmina, anzi uno delli bellissimi angeli del cielo*; e fa dire agli angeli *D'un'anima che in fin quassù risplende*; e, morta lei, desidéra *che la sua anima se ne possa gire, a vedere la gloria della sua donna*. E in una canzone, composta vivendo Beatrice, è detto che il cielo a sè la chiama, la domanda a Dio: *E ciascun Santo ne grida mercede*. E quivi pure dice che coloro che scenderanno all'Inferno dopo vedutala, diranno: *I' vidi la speranza de' Beati* (2). Nella Vita Nuova: *Io imaginava di guardare verso il cielo, e pareami vedere moltitudine d'angeli i quali tornassero in suso, ed avessero dinanzi loro una nebuletta bianchissima; e pareami che questi angeli cantassero gloriosamente*. Nella canzone della: *E vedea, che parean pioggia di manna, Gli angeli che tornavan suso in cielo. Ed una nuvoletta avean d'avanti, Dopo la qual gridavan tutti: Osanna*. In un'altra canzone: *D'un'angiola che in cielo è coronata... Che mi par di veder lo cielo aprire, E gli angeli di Dio quaggiù venire Per volerne portar l'anima santa Di questa in cui onor lassù si canta*.

Ascenderò, dice Isaia, *sopra una nuvola leggera* (3): qui Beatrice viene entro una nuvola di fiori che sale dalle mani degli angeli, e ricade dentro e di fuori; cioè e sopra la donna e verso la selva e il Poeta (4): che è più alta imagine ed anche più bella della *pioggia* di fiori, *dolce nella memoria* che scende da' bei rami sul *grembo* di Laura, la qual siede *umile in tanta gloria* (nè ben si vede che merito d'umiltà fosse a lasciarsi cadere in grembo i fiori d'un albero; e le cadono quale sul lembo e quai sulle trecce, che paiono *quel dì oro forbito e perle: senonchè la vera bellezza del quadro è nell'ultimo: Qual si posava in terra e qual sull'onde, Qual con un vago errore Girando parea dir: Qui regna Amore* (5). Il *regno dell'amore*, nè d'altra cosa, non è nella pittura di Dante: ma degno di Dante e dell'amore profondo è quello che segue: *Quante volte diss'io Allor pien di sparento!.. Che è terribilmente comentato da quello del nostro: Amor... Cui essenzia membrar mi dà orrore*.

E sul punto che Dante sta per dividersi da Virgilio, egli non può che non rammenti uno dei passi più memorabili dell'Eliso virgiliano, e ponga in bocca degli angeli, insieme con le parole del Vangelo, le parole d'Anchise: *Manibus date lilia plenis*. Segue: *Purpureos spargam flores* (6), che gli sarà giovato a compire il quadro della sua visione beata: senonchè il pagano

praggiunse un soave sonno, nel quale m'apparve una maravigliosa visione. - Apparve a me una mirabile visione, nella quale io vidi cose.. (Vita Nuova).

(1) Purg., XXX. t. 45: *In sogno e altrimenti, Lo rivoco'i*.
(2) Bolland., I. 997: *Cujus animam Angeli, « Veni, sponsa Christi, recipe coronam quam tibi Dominus praeparavit in aeternum, » cantantes, in coelum deduxerunt*.
(3) Isai., XIX, 1.
(4) *E fior gittando di sop*

torno (terz. 7). L'imagine gli piacque e perchè bella e perchè significante; e però la ripete: *dentro e di fuori*.

(5) Il Rucellai, dispregiato da taluni, con greca eleganza: *O corran chiari, e tremolanti rivi, Nutrendo gigli e violette e rose Che 'n premio dell'umor ricevon ombra Dai fiori, e i fior cadendo infioran anco Grati la madre, e 'l liquido ruscello... Su le spoglie di rose e di viole Di cui Zefiro spesso il rivo infiora.*

soggiunge: *Fungar inani munere,* che nell'animo del poeta cristiano non poteva cadere. In una visione del medio evo sono giardini abitati dai giusti innanzi d'ascendere al cielo, e schiere che procedono con cantici e con melodie (1). Ma qui forse avrà Dante rammentato anco quel della Cantica: *Emissiones tuae paradisus malorum punicorum, cum pomorum fructibus. Cypri cum nardo, nardus et crocus, fistula et cinnamomum, cum universis lignis Libani, myrrha et aloe, cum omnibus primis unguentis. Fons hortorum: puteus aquarum viventium quae fluunt impetu de Libano* (2).

Il verde manto, il velo bianco, la veste rossa sono imagini delle tre Virtù già dipinte (3), onde in Beatrice figurasi la virtù insieme e la scienza. Sopra il velo bianco è la ghirlanda d'ulivo, segno di scienza e di pace: e così in Zaccaria (4) sono due ulivi da diritta e da manca del mistico candelabro. Il contrapposto de' colori varii è di per sè bellezza pittorica, onde in Virgilio: *Aurea purpuream subnectit fibula vestem* (5). - *Ostro Velet honos laeves humeros; ut fibula crinem Auro internectat* (6). - *Viscum Fronde virere nova... Et crocaeo fetu teretes circumdare truncos* (7). - *Aureus ipse: sed in foliis, quae plurima circum Funduntur, violae sublucet purpura nigrae* (8). - *Tibi lilia plenis Ecce ferunt Nymphae calathis: tibi candida Nais Pallentes violas et summa papavera carpens, Narcissum et florem jungit bene olentis anethi; Tum casia atque aliis intexens suavibus herbis, Mollia luteola pingit vaccinia caltha* (9). Ove si noti dolce fluidità di suoni che fa la lingua latina in Virgilio e in Tibullo parere alle volte più molle che l'italiano di Dante, e fin del Petrarca. Ma in Dante la bellezza pittorica de' colori è mistica insieme. E perchè ne' grandi scrittori, piucchè in altri, il men bello è scala a misurare la bellezza più vera, raffrontisi la distinta e regolare composizione del costrutto che comincia: *Io vidi già nel cominciar del giorno, e si compie: Conosco i segni dell'antica fiamma* (10), con quell'altro costrutto nel principio del ventesimo ottavo del Purgatorio da *Un'aura dolce, senza mutamento* a *Quand'Eolo Scirocco fuor discioglie* (11); dove le imagini sono pur belle, ma nè così lucidamente significate ne con si convenente armonia.

Ancorchè velata, la bellezza di Beatrice lo percuote nell'anima e anco nei sensi, ed e' lo dice con modi più nobili e parchi de' virgiliani: *Repente Accepit solitam flammam, notusque medullas Intravit calor, et labefacta per ossa cucurrit* (12). Egli rammenta il suo primo vederla fanciullo: *Quasi dal principio del suo anno nono apparve a me: ed io la vidi quasi al fine del mio*. E questo medesimo dice con perifrasi astronomica, come suole nella Divina Commedia. Onde apparisce che i giri scientifici erano in lui vezzo antico. *In quel punto (che prima vide Beatrice) lo spirito della vita il qual dimora nella segretissima camera del cuore, cominciò a tremar sì fortemente che appariva nelli menomi polsi orribilmente. Mi pareva sentire un mirabile tremore cominciare nel mio petto dalla sinistra parte, e distendersi sì di subito per tutte le parti del mio corpo* (13). Le dolcezze de' teneri affetti

(1) Ozanam, p. 342.
(2) Cant. Cantic., IV, 13-15.
(3) Purg., XXIX.
(4) IV, 3.
(5) Æn., IV.
(6) Æn., VII.
(7) Æn., VI.
(8) Georg., IV.
(9) Buc, II.
(10) Terz. 8-16.
(11) Terz. 3-7.
(12) Æn., VIII.
(13) Vita Nuova

per tempo incominciavano a Dante: ma, perchè nelle anime profonde la gioia stessa è nutrita dal pianto, quasi fiori da rivo corrente; e perchè nel dolore doveva essere sublimata quell'anima; noi vediamo quanto fosse in quest'amore d'arcana mestizia religiosa. Leggasi la Vita Nuova, sì per vedere a quanta dignità ed evidenza e franchezza avesse quest'uomo, prima che la poesia, elevata la prosa italiana; sì perchè gli uomini rari son degni d'attenzione quando parlano de' segreti dell'anima propria. E già fin dal trecento l'Italia aveva un esempio di quelle Confessioni e Memorie che al presente c'inondano.

Nel corpo dei Beati *non del corpo, ma della virtù la bellezza risplende* (1). Della potenza con cui l'anima, attraverso a' sensi, e quasi sorvolandoli, opera sopra l'anima, e quindi da lei di rimbalzo sopra i sensi; di questa potenza, che ora chiamasi magnetica, e se ne vorrebbe fare una scienza innanzi d'osservare e di sperimentare, ritrovansi nell'antica filosofia presentimenti assai chiari. *La causa della fascinazione è da Avicenna assegnata a questo: che la materia corporale è nata a obbedire più alla spirituale sostanza che ai contrarii agenti in natura; e però quando l'anima sarà forte nel suo imaginare, la corporale materia s'immuta a seconda di quella. Ma noi abbiamo dimostrato che la materia corporale non ubbidisce al cenno della sostanza spirituale se non che al Creatore solo: e però meglio è dire, che dal forte imaginare dell'anima s'immutano gli spiriti congiunti al corpo; la quale immutazione degli spiriti si fa massimamente negli occhi, ai quali pervengono gli spiriti più sottili. Or gli occhi influiscono nell'aria mano mano fino allo spazio determinato: e a questo modo gli specchi nuovi e, puri contraggono certa impurità dall'aspetto di donna che sia ne' suoi mestrui, come Aristotele dice* (2) *Così quando un'anima è veementemente commossa a malizia, nelle vecchie segnatamente, l'aspetto di queste si rende nocivo specialmente a' bambini che hanno il corpo tenero e facilmente suscettivo delle impressioni* (3). Lasciamo stare quel che la scienza d'adesso non ammette o perchè lo crede non vero, o perchè non l'ha nè sperimentato, nè osservato, nè pensatoci (che è ragione comodissima di negare), in questo passo abbiamo menzione di spiriti che non sono la sostanza spirituale, e non sono la materia corporale; abbiamo un cenno alla potenza magnetica dello sguardo, il qual cenno condurrebbe a cercare se le operazioni magnetiche da chi le facesse a occhi chiusi abbiano lo stesso valore, e se lo stato e degli occhi e degli altri sensi, abituale o attuale, ne varii l'efficacia; abbiamo un cenno all'influenza della luce riflessa dall'occhio umano sulle cose corporee, che è un principio di scienza del magnetico raggiante.

I rimproveri di Beatrice agli errori di Dante rammentano la visione d'Erma, detto il Pastore: che una fanciulla gli appare, e gli dice d'essere venuta a accusarlo, e soggiunge: *C'è de' pensieri che non nascono nel cuore d'un giusto*. Quanto più delicata e profonda della pagana questa Psiche cristiana, che non è solo un freddo alito dell'anima incalorito dalla passione, ma è il raggio e ardore dell'intima e dell'altissima coscienza! Il passo della Sapienza sopra recato prosegue a proposito: *Venni ad un corpo contaminato... Seppi ch'io non posso essere continente se Dio no'l dia: e questo stesso era*

---

(1) Aug., de Civ. Dei, XXII.
(2) Lib. de Somn. et Vig.

(3) Som., 1, 17.

opera della Sapienza, sapere di chi sia questo dono (1). E quegli angeli che prima cantano benedicendo Beatrice, e poi compatiscono al dolore verecondo e pentito di Dante accorato dalle parole di lei, e con quella pietà lo commuovono a sfogare in sospiri e in lagrime il dolore aggroppato dentro, quegli angeli ricordano il detto soave di Cristo, *che più grande gaudio si farà dagli angeli di Dio per un peccatore facendo penitenza, che per novantanove giusti* (2) E sublimi a consolazione sono le parole d'Agostino: *Tolle morbos, tolle vulnera, et nulla est medicinae causa.*

(1) Sap., VIII, 20, 21.   (2) Luc., XV, 7.

CANTO XXXI.

ARGOMENTO.

E' confessa i proprii falli: rimproverato di nuovo, confessa più chiaro: umiliazione reiterata, a farsi degno dell'alta visione. Matelda lo passa di là da Lete; lo tuffa nell'acqua: ond'egli oblia il male fatto. Le quattro Virtù naturali, danzando, gli passano il braccio sul capo: lo menano di faccia al Grifone e a Beatrice: le tre Virtù cristiane la pregano gli si sveli. Il velo si toglie.

Canto tutto morale; nè a politica lo torceresti senza falsare l'idea del Poeta. È grandezza vera presentare sè confuso e confesso in tanta gioia della terra e del cielo.

Nota le terzine 1, 2, 3, 6, 7, 9, 11, 14, 15, 17, 18, 19, 22, 23, 24, 26, 28; 30 alla 37; 39 alla 42; 45 e 48.

1. — O tu che se' di là dal fiume sacro
   (Volgendo suo parlare a me per punta,
   Che pur per taglio m'era parut' acro,
2. Ricominciò seguendo senza cunta),
   Di', di' se questo è vero. A tanta accusa
   Tua confession conviene esser congiunta. —

---

1. (L) *Punta:* per diritto. — *Taglio:* vòlto agli Angeli. — *Acro:* agro.
   (SL) *Sacro.* Georg. II: *Flumine sacro* (il Tevere). — *Punta.* Purg., XXX, t. 19: *Pianger ti convien per altra spada.* — *Taglio.* Purg., XXX, t. 34.
   2. (L) *Cunta:* dimora. — *Se:* se tu errasti.

(F) *Di'*. La Filosofia costringe Boezio a confessare i suoi falli. Bello vedere questi due sapienti infelici che dal dolore deducono cagione d'umiltà virtuosa e di lagrime sante. — *Conviene.* Jer., III, 13: *Sappi la tua iniquità, perch'hai prevaricato contro il Signore Dio tuo.*

3. Era la mia virtù tanto confusa,
   Che la voce si mosse e pria si spense
   Che dagli organi suoi fosse dischiusa.
4. Poco sofferse; poi disse: — Che pense?
   Rispondi a me: chè le memorie triste
   In te non sono ancor dall'acqua offense. —
5. Confusione e paura, insieme miste,
   Mi pinsero un tal sì fuor della bocca,
   A 'l quale intender fu mestier le viste.
6. Come balestro frange, quando scocca,
   Da troppa tesa, la sua corda e l'arco,
   E con men foga l'asta il segno tocca;
7. Sì scoppia' io sott' esso grave carco,
   Fuori sgorgando lagrime e sospiri;
   E la voce allentò per lo suo varco.
8. Ond'ella a me: — Per entro i miei desiri,
   Che ti menavano ad amar lo Bene
   Di là dal qual non è a che s'aspiri,

---

3. (L) *Virtù:* forza.
(SL) *Virtù.* Petr., Son. II: *Era la mia virtute al cor ristretta.* — *Voce* Æn, III: *Vox faucibus haesit;* più schietto
4 L) *Pense:* pensi — *Memorie* del fallo — *Offense:* spente.
(SL) *Pense* Queste parole Virgilio al Poeta nel V dell'Inferno, quand'egli se ne stava pensoso sopra gli errori dei due amanti e la pena.
5. (L) *Pinsero:* mossero — *Viste:* a intendere il quale *sì*, bisognò guardare le labbra, che non davano suono.
(SL) *Miste* Æn. X: *Mixtus dolor et pudor armat.* - XI: *Laetitia mixtoque metu.*
(F) *Confusione.* Confusione e timore oppongonsi a fortezza.
6 (L) *Frange:* si frange. — *Men:* l'arco rotto, la freccia esce men forte
(SL) *Frange.* Neutro come Inf., VII, t. 5: *L'alber fiacca* Costrutto non chiaro: forse meglio intendere: *Balestro frange la corda e l'arco,* troppo tesi questo e quella, quand'egli scocca il dardo. — *Asta* Pare, della saetta. Onde dicevasi: *Asta della lancia,* per meglio distinguere.
7. (L) *Allentò.* Neutro.
(SL) *Lagrime.* Aug. Confess., IX:

Premevo gli occhi miei, e concorreva nelle mie viscere angoscia grande, e sgorgava in lagrime Æn, XI: *Haeret lacrymansque gemensque; Et via vix tandem voci laxata dolore est* Di sospiri angosciosi e di pentimenti parla anco nella Vita Nuova, quando e' ristà dall'amare la donna che gli piacque dopo morta Beatrice.
(L) *Carco* Som : *Ogni cosa nociva, chiusa dentro, più affligge, perchè più si moltiplica l'intenzione dell'anima in quella cosa; ma quando si spande fuori, l'intenzione dell'anima è quasi disgregata, e così il dolore scema.*
8. (L) *Bene:* Dio. — *A che:* cosa alla quale.
(SL) *Miei.* Desiderii che tu avevi di me; come terz. 48 *nel suo disio.*
(F) *Menavano.* Chi pecca s'allontana da lui nel quale è la ragione dell'ultimo fine, ma nell'intenzione egli mira tuttavia all'ultimo fine falsamente cercato in altre cose. — *Aspiri* Il bene perfetto acqueta totalmente l'appetito; altrimenti, non sarebbe l'ultimo fine, se cosa restasse tuttavia da appetire. Bisogna che l'ultimo fine riempia così tutto l'appetito dell'uomo, che nulla rimanga fuor di lui da appetire.

9. Quai fosse attraversate o quai catene
   Trovasti, perchè del passare innanzi
   Dovessiti così spogliar la spene?
10. E quali agevolezze o quali avanzi
    Nella fronte degli altri si mostraro,
    Perchè dovessi lor passeggiare anzi? —
11. Dopo la tratta d'un sospiro amaro,
    A pena ebbi la voce che rispose,
    E le labbra a fatica la formaro.
12. Piangendo dissi: — Le presenti cose
    Col falso lor piacer volser miei passi,
    Tosto che 'l vostro viso si nascose. —
13. Ed ella: — Se tacessi o se negassi
    Ciò che confessi, non fora men nota
    La colpa tua: da tal giudice sàssi.
14. Ma quando scoppia dalla propria gota
    L'accusa del peccato, in nostra corte
    Rivolge sè contra 'l taglio la ruota.
15. Tuttavia, perchè me' vergogna porte
    Del tuo errore; e perchè altra volta,
    Udendo le Sirene, sie più forte;

9. (L) *Quai:* quali impedimenti.
(SL) *Fosse* Petr., Son XXI: *E se...
Per farvi al bel desio volger le
spalle, Trovaste per la via fossati o
poggi; Fu per mostrar quant' è spinoso calle.* Onde al vero valor convien ch' uom poggi — *Catene.* Sbarra all'entrata delle fortezze e de' ponti e dei porti; e anco di vie. — *Spogliar.* Simile modo in Caterina da Siena.

10. (L) *Avanzi:* utili. — *Fronte:* primo aspetto — *Altri* desiderii mondani. — *Anzi:* passare e ripassare dinnanzi a loro.
(SL) *Avanzi* Bocc., X, 8: *Qua' meriti, quali avanzi avrebbon fatto Gisippo non curar di perdere i suoi parenti* — *Fronte* Senso latino — *Anzi* Come fa innamorato. [C.] Prov., VIII: *Observat ad postes ostii mei.* (Dice la Sapienza.)

11. (SL) *A pena* Boet.: *Tum ego, collecto in vires animo..* — *Formaro* Casa: *Se la Tirannia potesse la sua voce formare* Passavanti: *In niuna maniera poteva formare la parola.*

12. (L) *Nascose:* moriste.
(F) *Dissi.* Mostra la necessità del confessare in parola l'opera mala.

13. (L) *Nota:* sarebbe nota a Dio giudice — *Sàssi:* e saputa.
(F) *Giudice* Psal, VII, 12: *Deus judex justus* — *Sàssi* Beda: *Il signore non interroga come chi non sa, ma acciocchè, confessato il male, la virtù del curante risplenda più cara.*

14. (L) *Gota:* bocca del reo — *Corte* di giustizia — *Ruota:* la pena e tolta. Se la pietra da arrotare si volge contro la costola del coltello, l'arruota; se contro il taglio, lo guasta.
(SL) *Scoppia.* Esprime lo sforzo. — *Gota* Della voce pare strano; ma rammentisi che *bocca* viene da *bucca,* che non e ne os nè *labia*
(F) *Accusa.* Psal, XXXI, 5: *Dissi: confessero a Dio la mia colpa; e tu rimettesti la mia iniquità.*

15. (L) *Me':* meglio — *Porte:* tu porti, senta. — *Sirene:* piaceri. — *Sie:* sii.
(F) *Sirene* Purg., XIX. t. 7. Paulin, Epist XXXVIII: *Gli allettamenti de' desiderii ritraggono in verità quella favola delle Sirene.* Hor.: *Sirenum voces et Circes pocula.*

16. Pon giù 'l seme del piangere, ed ascolta:
Sì udirai, come in contraria parte
Muover doveati mia carne sepolta.

17. Mai non t'appresentò natura od arte
Piacer, quanto le belle membra in ch'io
Rinchiusa fui, e che son terra, sparte.

18. E se 'l sommo piacer sì ti fallío
Per la mia morte, qual cosa mortale
Dovea poi trarre te nel suo disío?

19. Ben ti dovevi, per lo primo strale
Delle cose fallaci, levar suso
Diretro a me, che non era più tale:

20. Non ti dovea gravar le penne in giuso,
Ad aspettar più colpi, o pargoletta,
O altra vanità, con sì breve uso.

21. Nuovo augelletto, due o tre, aspetta;
Ma dinnanzi dagli occhi de' pennuti
Rete si spiega indarno o si saetta. —

22. Quale i fanciulli, vergognando, muti,
Con gli occhi a terra stannosi, ascoltando,
E sè riconoscendo, e ripentuti;

---

16. (L) *Seme*: cagion. — *Contraria*: a Dio.
(SL) *Pon*. Æn., II: *Lacrymas... pelle*. — *Seme*. Psal., CXXV, 5: *Seminant in lacrymis*. Æn, VI: *Semina flammae*. Ma por giù il seme del piangere, non pare bello.

17. (SL) *Mai* In una canzone, di lei vivente: *Che non può mai finir chi le ha parlato*. In questo verso è il germe dell'intera Commedia. — *Terra*. Gen., III, 19: *Pulvis es*. Par., XXV, t. 12: *In terra è terra il mio corpo*.

18. (L) *Fallío*: mancò.
(SL) *Fallío*. Inf., XIII, t. 44: *Gli fallía la lena*.

19. (L) *Strale*: dopo il primo dolore, sperimentate le mondane fallacie, dovevi levarti a Dio. — *Tale*: bene manchevole.

20. (L) *Uso*: godimento.
(SL) *Pargoletta* Non la Lucchese ch' e' conobbe dopo il 1300, ma una in genere; come per denotare la puerilità d'affetti leggieri, che non possono durare, e che infermano il senno. Una sua canzone comincia: *I' mi son pargoletta, bella e nuova*. Famigliarmente tuttavia dicesi bambina a donna. — *Breve*. Petr., Son. I: *Ché quanto piace al mondo, è breve sogno* L'Ottimo abbonda: *Che nè quella giovine la quale elli nelle sue rime chiamò pargoletta, nè quella Lisetta, nè quell' altra montanina, nè quella nè quell' altra gli dovevano gravare le penne delle ale in giù, tanto ch'elli fosse ferito da uno simile, o quasi simile strale*.

21. (L) *Nuovo*: tenero. — *Due o tre volte*.
(F) *Pennuti*. Prov., I, 17: *Frustra... jacitur rete ante oculos pennatorum*. Psal, CXVIII, 110: *I peccatori mi posero un lacciuolo*. Psal, CXXIII, 7: *L'anima nostra, come passero, campò dal lacciuolo degli uccellatori*. Eccl., VII, 27: *Donna è lacciuolo di cacciatori*. Jer. Thr., III, 52: *Venatione ceperunt me quasi avem inimici mei gratis*.

22. (L) *Riconoscendo* del fallo. — *Ripentuti*: ripentiti.

CANTO XXXI.

23. Tal mi stav'io. Ed ella disse: — Quando,
Per udir, se' dolente; alza la barba:
E prenderai più doglia, riguardando. —
24. Con men di resistenza si dibarba
Robusto cerro ovvero a nostral vento,
Ovvero a quel della terra d'Iarba,
25. Ch'io non levai, al suo comando, il mento.
E quando, per la barba, il viso chiese,
Ben conobbi 'l velen dell'argomento.
26. E, come la mia faccia si distese,
Posarsi quelle belle creature
Da loro aspersion, l'occhio comprese.
27. E le mie luci, ancor poco sicure,
Vider Beatrice vôlta in sulla fiera
Ch'è sola una Persona in due nature.
28. Sotto suo velo, e oltre la riviera
Verde, pareami più sè stessa, antica,
Vincer, che l'altre qui quand'ella c'era.

---

23. (L) *Quando:* poichè. — *Per:* nell'.
(SL) *Quando.* Alla latina. Hor. Sat., II, 5: *Quando paupertem... horres, Accipe* — *Prenderai.* Lat: *Dolorem capere.*
(F) *Barba. Barba, idest sapientiae perfectio.*
24. (L) *Nostral:* Borea. — *Terra:* d'Africa.
(SL) *Nostral.* Segneri: *Ghiacci nostrali.* — *Iarba.* Æn, IV. La memoria di lui e congiunta con quella di Didone: però la nomina forse. Ma il vero richiamo è la barba, che qui gli importava fare cospicua nella fine del verso.
(F) *Vento* [Ant] Nell'altro canto toccò de' venti boreali portatori e condensatori di neve, e dei meridionali che la fanno struggere: qui d'altre correnti aeree, dotate d'altre proprietà, specialmente per quel ch'è della terribile lor potenza. Il vento nostrale è il tramontano principalmente; quel della terra di Iarba (già re di Numidia, o di Getulia come altri vogliono) è l'Africo, oggi Libeccio, suscitatore di tempeste e di fulmini.
25. (L) *Barba...*: rimprovera a lui, non più imberbe, le follie puerili.
(SL) *Barba.* Juv., VIII: *Quaedam cum prima resecentur crimina barba.*

Buc., I: *Libertas: quae sera, tamen respexit inertem, Candidior postquam tondenti barba cadebat.* La libertà, di cui Catone nel Purg., è anco morale.
26. (L) *Distese* in alto — *Comprese:* vidi gli Angeli cessare dallo spargere fiori.
(SL) *Creature.* Purg., XII, t. 30, di un Angelo: *Creatura bella.* — *Aspersion.* Voce solenne de' riti sacri. significa il mondare dal peccato. Perchè meglio veda le cose che seguono e l'attenzione sua si raccolga, cessano gli angeli da spargere fiori. — *Comprese.* Non evidente.
27. (L) *Fiera:* Grifone.
(SL) *Su* Ell'era sul carro, il Grifone tirava il carro. E confessiamo che l'atto non è degno gran cosa del Cristo liberatore. — *Fiera.* Anco d'animale che non sia belva. In Fedro e in Virgilio: *Ferus* il cervo.
(F) *Vôlta* La Teologia, dice Pietro, dal nuovo Testamento in poi, *speculatur divinitatem et humanitatem Christi.*
28. (L) *Vincer:* più bella di quand'era viva — *Qui:* in terra.
(SL) *Velo* Purg., XXIX, t. 9. — *Antica.* Men chiaro; ma lo compensa la bella semplicità di quel che segue: *quand'ella c'era.*

29. Di pentér sì mi punse ivi l'ortica,
   Che di tutt'altre cose, qual mi torse
   Più nel suo amor, più mi si fe' nimica.
30. Tanta riconoscenza il cuor mi morse,
   Ch'io caddi vinto. E quale allora fêmmi,
   Sálsi colei che la cagion mi porse.
31. Poi, quando il cuor virtù di fuor rendemmi,
   La donna ch'i' avea trovata sola,
   Sopra me vidi; e dicea: — Tiemmi, tiemmi —
32. Tratto m'avea nel fiume infino a gola;
   E tirandosi me dietro, sen giva
   Sovresso l'acqua, lieve come spola.
33. Quando fui presso alla beata riva,
   Asperges me, sì dolcemente udîssi,
   Ch'i' nol so rimembrar, nonch'io lo scriva.
34. La bella donna nelle braccia aprissi,
   Abbracciommi la testa, e mi sommerse:
   Ove convenne ch'io l'acqua inghiottissi.

29. (L) *Nimica*: quella cosa che più mi svió da lei, più mi divenne odiosa.
(SL) *Nel* La cosa che lo torce nel suo amore, cioè il bene minore che attrae Dante all'amore di sè, e qui modo ambiguo: ma il torcersi nell'amore non degno, ha pure potenza, e dice in uno perversione e sforzo
(F) *Ortica* Bocc: Ortica d'amore. Metafora non bellissima, ma simile ai triboli, da cui venne tribolazione. Psal, XXXI 4: *Conversus sum in aerumna mea dum configitur spina*. Jer. XXXI, 19: *Mi confusi e arrossii; chè sofferisi l'obbrobrio della mia giovanezza* - 21: *Statue tibi speculam, pone tibi amaritudines*.
30 (L) *Riconoscenza*: pentimento. — *Femmi*: mi fei. — *Sálsi*: sel sa Beatrice
(SL) *Riconoscenza*; Vill, VI. 89: *I peccatori si riconoscono* Vitess Padri: *La tribolazione fa l'uomo riconoscere sè medesimo* Eflino ai tempi del Bossuet (Disc sur l'hist. univ.) *se connaître valeva pentirsi*. Profonda eleganza!
31 (L) *Rendemmi*: virtù venuta da lei mi rende il cuore. — *Donna*: Matelda.
(SL) *Cor*: *Redire ad cor* nella Bibbia, *rientrare in sè*. — *Virtù*. Ambiguo. — *Rendemmi* Dan, IV. 31: *Sensus meus redditus est mihi*. — *Sola*. Purg., XXVIII, t. 44: *Una donna soletta*.

32. (L) *Spola*: fatta come barchetta: da tessere
(SL) *Gola* Passavanti: *Entrare nel fiume insino a gola*. — *Tirandosi*. Dipinge e con la parola e col suono.
— *Lieve* Æn., I: *Rotis summas levibus perlabitur undas*. - V: *Per summa levis volat aequora*
(F) *Fiume*. Fatto il proponimento del bene, e pentito del male, può l'uomo dimenticare il passato in quanto la memoria gli è tentazione.
33. (SL) *Beata* Æn., VI: *Sedes .. beatas* — *Dolcemente* Purg., II, t. 38: *Sì dolcemente, Che la dolcezza ancor dentro mi suona*.
(F) *Asperges* Psalm, L, 9, 10: *Asperges me hyssopo, et mundabor: lavabis me, et super nivem dealbabor Auditui meo dabis gaudium et laetitiam: exultabunt ossa humiliata*. A che risponde la fine della Cantica (Purg., XXXIII, t. 48): *Rifatto sì come piante novelle*. Questa antifona cantasi le domeniche, mentre il sacerdote asperge il popolo di acqua benedetta
34. (L) *Sommerse* per togliere la memoria del male.
(SL) *Aprissi*. Semint: *Aprendosi per gittare la lancia* (stendendo le braccia)
(F) *Acqua*. Vedi i lavacri comandati nell'Esodo (XL, 12), nel Levitico (I, 13), nei Numeri (VIII, 7), nel Deuteronomio (XXIII, 11).

CANTO XXXI. 441

35. Indi mi tolse, e, bagnato, m'offerse
Dentro alla danza delle quattro belle:
E ciascuna col braccio mi coperse.

36. — Noi sem qui Ninfe, e nel ciel semo stelle.
Pria che Beatrice discendesse al mondo,
Fummo ordinate a lei per sue ancelle.

37. Merremti agli occhi suoi; ma, nel giocondo
Lume ch'è dentro, aguzzeran li tuoi
Le tre di là, che miran più profondo. —

38. Così cantando cominciaro: e poi
Al petto del Grifon seco menàrmi,
Ove Beatrice vòlta stava a noi.

39. Disser: — Fa che le viste non rispiarmi.
Posto t'avém dinanzi agli smeraldi
Onde Amor già ti trasse le sue armi. —

35. (F) *Belle.* Purg., XXIX, 1, 44. Le Virtù cardinali sono, dice s. Tommaso, infuse in noi quando sono veramente efficaci: dacché le non ci ordinano di per sè al fine supremo. Qui siamo ninfe, inlusioni; nel cielo, stelle, essenze, principii. Salomone (Sap., VIII, 7): *Sobrietatem .. et prudentiam docet, et justitiam, et virtutem* (la fortezza), *quibus utilius nihil est in vita hominibus.*

36. (L) *Sem:* siamo.
(F) *Ninfe.* Purg., I, 8; VIII, 31. Ninfe nella selva beata, umanamente operanti; stelle nel cielo, raggianti da Dio Aug., in Ep. 156: Gli atti delle virtù sono in via, la virtù è nella patria: quivi il premio di lei: qui in opera, là in mercede; qui in officio, là in fine [Ant.] Oltre il noto concetto teologico che il Poeta qui accenna, a tenore della dottrina di s. Tommaso e di s. Agostino, potrebbe vedersi accennato quest'altro, che ogni stella, e in genere ogni astro, sia un corpo preseduto o anche animato da qualche spirito, al modo che avviene tra il corpo di un animale e il principio che informa esso corpo. Ipotesi non dimostrabile scientificamente, ma vagheggiata anche da altri. — *Pria.* Prima che la Rivelazione venisse, le virtù naturali erano ancelle mandate a prepararle la via, tenevano il luogo delle virtù Teologali. Sap., VII, 29: *Ell'è più cospicua del sole, e comparata, all'ordine e alla luce di tutte le sfere, trovasi essere prima.* Nato Gesù Cristo, le dette virtù hanno condotti gli uomini dall'idolatria a contemplare nuovi misteri. Intendi ancora, che le quattro virtù furono ancelle a Beatrice come simbolo.

37. (L) *Merremti:* ti menererno. — *Dentro agli occhi.* — *Tre.* Virtù teologali, a destra.
(F) *Merremti.* Purg. VII: *Merrò per menerò;* come il comune *verrò* da *venire.* — *Giocondo.* En VI: *Coeli jucundum lumen.* — *Aguzzeran* Par., XXXI, t 33: *Chè veder lui t'acuirà lo sguardo, Più, a montar per lo raggio divino.* — Tre Purg., XXIX, t. 41. — *Miran.* Bor Sat, I, 5: *Cernis acutum.*

38. (L) *Menarmi:* mi menarono.
(F) *Menarmi.* Gli atti di virtù menano alla cognizione della virtù rivelata.

39. (L) *Rispiarmi:* aguzza l'ingegno e l'affetto. — *Smeraldi:* occhi. — *Ond':* di dove. — *Trasse:* scoccò.
(SL) *Fa.* Dante, Rime: *Faccia che gli occhi d'esta donna miri — Rispiarmi.* Tuttora in Toscana — *Smeraldi.* Plin.: *Nullius coloris adspectus jucundior est ..* Disse sopra: *Giocondo lume.* Anco perchè gli occhi di lei erano d'azzurro chiaro Ott: *Li uccelli Grifoni, li materiali smeraldi guatano Ismeraldo... rende imagine a modo di specchio.* [Antichi poeti inglesi e francesi hanno dato l'epiteto di verdi agli occhi; e anche Shakspeare.] — *Armi,* Dante, Rime: *Lo fin piacer di quell'adorno viso Compose il dardo che gli occhi lanciàro Dentro dallo mio cor* Altrove: *Degli occhi suoi... Escono spirti d'amore infiammati, Che feron gli occhi a qual che allor gli guati, E passan sì che 'l cor ciascun ritrova.*

40. Mille disiri, più che fiamma caldi,
 Strinsermi gli occhi agli occhi rilucenti,
 Che pur sovra 'l Grifone stavan saldi.

41. Come in lo specchio il sol, non altrimenti
 La doppia fiera dentro vi raggiava,
 Or con uni or con altri reggimenti.

42. Pensa, lettor, s'io mi maravigliava
 Quando vedea la cosa in sè star queta;
 E nell'idolo suo si trasmutava.

43. Mentre che, piena di stupore e lieta,
 L'anima mia gustava di quel cibo
 Che, saziando di sè, di sè asseta;

44. Sè dimostrando del più alto tribo
 Negli atti, l'altre tre si fêro avanti,
 Danzando al loro angelico caribo.

41. (L) *Reggimenti:* atti.
(SL) *Reggimenti.* Conv.: *Gli atti, che reggimenti e portamenti soglion essere chiamati.*
(F) *Specchio.* Sap., VII, 26: *Specchio senza macchia della maestà di Dio, e imagine della bontà di lui.* — *Dentro.* Bolland., I, 493: *Videbat quod oculi Dei respiciebant eam, in quibus oculis anima respiciebat.* — *Altri.* Gesù Cristo è veduto dalla Teologia, or Dio, or uomo e Dio — *Reggimenti* Sap., VII, 24: *Omnibus... mobilibus mobilior est sapientia.*

42. (L) *Cosa:* Gesù Cristo — *Idolo:* imagine. — *Trasmutava* negli occhi.
(F) *Cosa* Nel filosofico senso di *res,* il reale, contrapposto al soggettivo, ch'è l'idolo — *Idolo* Negli occhi, dov'era l'imagine di Gesù Cristo, varie si facevano le forme di lui; perchè vario per debolezza è l'umano ingegno: e non può tutta in uno sguardo comprendere la virtù di cosa nessuna (onde il senso filosofico di *discorso*); e perchè in Gesù Cristo si può considerare ora la divina ora l'umana natura. Ott. *Se noi ponemo uno specchio dal destro della cosa specchiata, l'idolo parrà in altro modo da chi lo ponesse dal sinistro* Idolo da εἶδος.— *Trasmutava* [Ant.] Per effetto del suo moto apparente, il sole raggia in un fermo specch'o per modo che il riflesso della sua imagine viene continuamente per necessità variando direzione. Ora il Poeta si maraviglia che gli occhi di Beatrice stando pur fermi sovra il Grifone, e questo rimanendo quieto in sè stesso, avvenisse trasmutamento nel l'imagine sua, da quei vivi specchi riflessa, come, avviene in quella del sole, senza però che fosse nel misterioso animale il moto di quest'astro, nè ver in altro spostamento. *Trasmutare* parrebbe dunque che significhi semplicemente mutamento di luogo in contrapposto dello *star queta* la cosa. Ma quando volesse unirvisi l'idea di trasformazione, ossia mutazione anche di forma, non si farebbe che accrescere la ragione della sorpresa, in chi tal prodigio osservava. Il Poeta qui mostra quant'egli fosse sottile indagatore dei naturali fenomeni; e quanto profondamente vedesse nelle soprannaturali regioni; dipingendoci con una pennellata da maestro, uno dei più sublimi misteri teologici, dico la immutabilità di Dio e la molteplicità dei rapporti che in lui discopriamo, secondo la diversità degli aspetti, ne' quali per noi si contempla.

43. (F) *Asseta* Greg Hom., XVI (de' beni dello spirito): *Saturitas appetitum parit.*

44. (L) *Tribo:* tribù, schiera celeste. — *Caribo:* accompagnavano la danza coll'angelico canto leggiadro.
(SL) *Più* La grazia sovrana degli atti le dimostrava consorti de' più alti ordini celestiali E forse queste che nel XXXII dirà *dee,* egli le fa sostanze angeliche, come la Fortuna nel VII Inf. posta fra *gli altri dei,* cioè spiriti; e come nel Paradiso i tre ordini della prima gerarchia dirà *le tre dee.* — *Tribo.* L'Ottimo più volte. — *Caribo.* Grazia, garbo. Da χάρις. Alcuni codici *garibo.* A Genova dicon

CANTO XXXI.

45. Volgi, Beatrice, volgi gli occhi santi
    (Era la sua canzone) al tuo fedele,
    Che per vederti ha mossi passi tanti.
46. Per grazia, fa noi grazia, che disvele
    A lui la bocca tua, sì che discerna
    La seconda bellezza che tu cele. —
47. O isplendor di viva luce eterna,
    Chi pallido si fece sotto l'ombra
    Sì di Parnaso, o bevve in sua citerna,
48. Che non paresse aver la mente ingombra
    Tentando a render te, qual tu paresti
    Là dove, armonizzando, il ciel t'adombra,
    Quando nell'aere aperto ti solvesti?

---

tuttavia *garbo* e *garibo* per *garbo*; e da *garibo*, *garbo*, come da *carico*, *carco*. Bocc., Ameto, XLIII: *Operato sia degno caribo* (ringraziamento) *a così alti effetti*. Può intendersi e, *danzando con angelica grazia, e, seguitando con la danza l'angelico canto delle altre, o, il proprio*.

45. (L) *Sua*: loro.
    (SL) *Fedele* Inf. II, l. 53. Fedele d'amore e di desiderio, se non d'opera.
46. (L) *Noi*: a noi — *Disvele*: tu disveli. — *Seconda*: più intima. — *Cele*: Celi.
    (SL) *Grazia*. Non aveva Dante alcun merito — *Bocca*. Per *viso*, come os ai Latini. Poi, gli occhi e'vedeva già; non restava che il viso. La seconda bellezza è la bocca, e dice nel Convivio, che *gli occhi e la bocca la natura massimamente adorna*.
    (F) *Cele*. Ott.: *Gli integumenti e mistiche figure*. Il velo è qui simbolico, e vale che l'uomo errante non vede la verità rivelata così chiaro come l'uomo pentito.
47. (L) *Pallido* dallo studio. — *Citerna*: fonte.
    (SL) *Pallido*. Orazio in altro senso: *Pindarici fontis qui non expalluit haustus* (Epist., l. 3). E Poet.: *Sudavit et alsit*. Par., XXV, l. 1: *M'ha fatto per più anni macro*. — *Citerna*. Pers., prol.: *Nec fonte labra prolui Caballino*. La cisterna pare indichi l'ispirazione raccolta con arte. Ma non so se sia bello; e a me rammenta la terra d'Iarba.
    (F) *Isplendor*. La Sapienza da Salomone è detta: *Candor... lucis aeternae* (VII, 26). E nel Convivio, della Sapienza divina (III, 15): *Essa è candore*

dell'*eterna luce, specchio, senza macola, della maestà di Dio*.

48. (L) *Ingombra*: grave, e non pura. Non è parola che arrivi la bellezza divina — *Adombra*: gli angeli, cantando, l'adombravano in nube di fiori. — *Solvesti*; apristi.
    (SL) *Armonizzando*. Conv.: *L'armonia dell'occhio*. Som.: *La cosa veduta corrompe l'armonia dell'organo visivo*. Notisi questo senso per chi intende che qui *armonizzando* non si reca al canto degli Angeli, ma a tutte insieme le armoniche bellezze di questa visione celestiale. — *Aperto*. En. 1: *Scindit se nubes, et in aethera purgat apertum*. Nella Trasfigurazione una nube avvolge gli apostoli (Luc., IX). — *Solvesti*. In senso d'aprire. Georg. IV: *Fatis ora resolvit*.
    (F) *Ciel Pura*, XXX, 31: *Notan sempre Dietro alle note degli eterni giri*. Nel Convivio parla dell'armonia delle sfere, e per esse intende le scienze. Or Beatrice è la scienza divina; e tutte armonizzano intorno a lei. [Ant.] Le difficoltà, qui incontrate dai Commentatori, io credo che vengano dall'aver preso *adombrare* in significato di far ombra, offuscare, nascondere; ma questa significazione è esclusa dalla sintassi e dall'idea principale che vuolsi esprimere dal Poeta. Ponendosi egli nella condizione di chi narra un fatto passato, di cui però ha viva rimembranza, e dicendo *qual tu paresti quando nell'aere aperto ti solvesti*, per indicare il luogo ove ciò avvenne, avrebbe dovuto dire, posto quel significato, *adombrava*; perché Beatrice non aveva quel luogo per sua residenza, quasi vi si trovasse anche nel momento

in cui descrivesi l'avvenuta rivelazione. Poi, lasciando a parte l'inconvenienza del pensiero che dal cielo o dagli Angeli possa generarsi ombra, o provenire oscuramento a checchessia, mi sembra che il concetto sarebbe contradittorio al fatto principale, il quale è la compiuta manifestazione di Beatrice. Già sin da quando il Poeta con gran pena volse gli occhi a quella celestiale creatura, si accorse che le *sustanzie pie* avevano cessato dalla loro aspersione, che producevano un nuvolo continuo di fiori (XXX, t. 10; XXXI, t. 26); non rimaneva che il candido velo a nascondere le bellezze della donna immortale; e, questo rimosso, e apparso *uno splendore di viva luce eterna*; come ci sta un benché minimo offuscamento per parte di oggetto qualsiasi circostante? Mi pare dunque evidente, che *adombrare* debba qui assumersi in significazione figurata per *simboleggiare*, rappresentare e simili; e allora, non solo sparisce ogni contradizione, ma ne emerge un concetto sublime, qual'è quello di far simboleggiare Beatrice dal cielo del paradiso terrestre, armonizzante con le sfere superne e con la terra; dichiarando così essa medesima un paradiso; e ciò mentre che il Poeta reputa inetti i più potenti ingegni a ritrarre le bellezze della trasumanata e più che angelica sua compagna di puerizia Dunque direbbe: O splendore di viva ed eterna luce, che tra i più cari alle Muse non parrebbe aver confusa e inferma la mente, se tentasse descriverti, qual tu paresti, quando nell'aperto aere ti sveliasti, là dove il cielo armonizzando con la terra dell'innocenza, appena con la sua bellezza rende imagine di tue bellezze divine?

L'amenità del Paradiso terrestre, la dolce vista di Matelda e di Beatrice, la fiorita e i canti degli Angeli, non isvestono di imagini di guerra il pensiero e la dicitura del poeta, che sente, nel *parlare acro volto a* lui, *il taglio e la punta;* che vede nella giustizia di Dio, commisurata alla misericordia, *rivolgersi contro il taglio la ruota* Il prorompere della sua angoscia è assomigliato ad *arco che si rompe*, ad *asta che tocca con men foga il segno* Dagli occhi di Beatrice *Amore gli trasse le sue armi* Il primo strale *delle cose fallaci* doveva levare in alto il suo volo; perchè *dinnanzi ai pennuti saettasi indarno.* Gli ostacoli al bene sono *fosse e catene* che alla via *s'attraversano* Il pentimento, poi, è ortica *che lo punge;* il pentimento lo *morde.* Egli scoppia *sotto il carco* del a sua vergogna, e *l'accusa del suo peccato gli scoppia di bocca* Più belle di queste locuzioni a me sono le altre de' versi, con armonia migliore temprati: *O tu che se' di là dal fiume sacro — Quando fui presso alla beata riva — Sovresso l'acqua, lieve come spola — Ch'i' nol so rimembrar, nonch'io lo scriva;* verso che prenunzia felicemente gli accenni, non tutti felici, ma taluni degnissimi del soggetto, accenni alle cose ineffabili che vedrà in Paradiso. Altro simile accenno, che molto fa pensare più che non dica, è: *Quale allora fêmmi, Sálsi colei che la cagion mi porse; che rammenta: disfecemi Maremma: Sálsi colui...*

La confusione che precede all'umile confessione del fallo (ed è bello vedere questo spirito altero umiliarsi dinnanzi alla bellezza innocente; ed è bella, se non ne' suoni, ne' sentimenti di ciascuna parola la similitudine del fanciullo); questa confessione è tutta notabile per efficacia e verità: *la voce si spense — Appena ebbi la voce che rispose un sì che fu non sentito ma visto* Ed è, negli argomenti di Beatrice, eloquenza: *Quai fosse attraversate?.. E quali agevolezze?. E se il sommo piacer ti fallio. ;* dove, dicendo che *natura o arte mai non gli aveva presentato più alto piacere che la bellezza di lei,* vince non poche delle lodi che le darà in Paradiso, è quella segnatamente, che nella locuzione somiglia ma fa ripensare con desiderio a questa, più semplice ed elegante: *Che se natura o arte fe pasture Da nigliare occhi, per aver la mente, In carne umana o nelle sue pinture; Tutte adunate, parrebber niente Verso il piacer divin che mi rifulse Quando mi volsi al suo viso ridente* Ma qui stesso il Poeta non rifugge da quella calzante famigliarità ch'è il suo fare; e non teme chiamare *velen dell'argomento,* il motto che inchiude tutti i rimproveri e richiama l'imagine dei *pennuti: alza la barba* Ed egli lo sente tanto, che il sollevare un po' il viso gli pare più grave atto che svellere con le radici un cerro da terra. A chi queste cose paressero troppo dure (e veramente in questo canto rincontransi più negligenze di stile che in altri), legga piuttosto: *mille desiri più che fiamma caldi*; e ripensi quel verso, men lucido ma pregno di senso, ove dice che in un atto del suo pentimento, tutte le cose che lo traviarono, gli vennero in odio a un tratto, e quelle più, che più lo fecero errante. Ripensi l'altra espressione, non limpida nè anch'essa, ma delle più alte di tutto il poema: *pareami più sè stessa, antica, Vincer, che l'altre qui quand'ella c'era*. E sebbene il verso che fa intorno a Beatrice *armonizzare* non solo gli angeli ma i cieli, mossi (secondo l'idea del poeta) dalla loro virtù, sia de' più degni di lui: nondimeno più fecondo di bellezza e teologica e psicologica e poetica l'altro, che dice l'oggetto reale della contemplazione, quieto dinnanzi all'anima e uno, nell'*idolo* della mente trasmutarsi tuttavia e variare.

DELLA CONTESSA MATILDE,

PERCHÈ COLLOCATA DA DANTE ACCANTO ALLA SUA BEATRICE.

La vita di Matilde è soggetto degno di storia, e, qua e là, di poema. Non credo che il Parmigianino traesse da' libri antichi l'imagine a cui diede il nome dell'alta donna: e a me giova imaginarla, quale Donizone l'accenna, dotata di forme belle. La vera forza e rettitudine della mente e dell'animo più sovente si trova ne' corpi ben fatti che ne' deformi. Che Matilde, a quindici anni guerriera, non fosse di tempera forte, ma soggetta a frequenti infermità, questo è contrapposto non rado, che la rende più amabile a me. Nè dee parer cosa maravigliosa, che donna usa all'armi, fosse pure umana di sensi e ne' modi piacevole. Cesare e Napoleone, e il Catinat e il Clemente de' Paoli, e tanti altri, fuori della battaglia erano ben altro che fieri. Non robusta di corpo e occupata alle cure del governare e del combattere, e circondata da gravi pericoli, e pia nell'anima, e altera, e congiunta con mariti disavvenenti o superbi, stranieri all'Italia, stranieri alle ardenti credenze di lei; non è punto maraviglia che in tempi corrotti e non molli, in mezzo a esempi famosi di castità difficile, e di più difficile continenza, ella sia potuta vivere, quasi vergine nel fatto, se non vergine, come vuole il Fiorentini, per voto. Il primo marito doveva, non tanto con la bruttezza svogliarla di sè, quanto con le sue pertinaci ire contro papa Gregorio, da Matilde venerato, e come pontefice e come grand'uomo, e con le arti abiette da esso marito usate per vincerlo. N'era svogliata; non l'odiava però, come forse egli lei; che a marito e straniero e meno autorevole non poteva non dispiacer forte la ferma volontà di Matilde; e la coscienza ch'ell'aveva e dimostrava d'avere della sua grandezza esteriore e della sua propria dignità. Mortole quel marito, Matilde raccomandava l'anima di lui alle preghiere di papa Gregorio, e quello spirito severo, dimenticando i torti gravi di lui non disperava della sua eterna salute, e ne ragionava con pacate parole. Chi raffronta quest'onesto linguaggio con le infami imprecazioni che scaglia nella Stuarda l'Alfieri contro il marito della sua donna; da questo solo indizio, lasciando stare ogni altro, s'avvede che tra il vecchio papa e Matilde non era tresca d'amore, siccome i preti scismatici andavano piamente spacciando; i quali dalle loro simonie e dalle loro concubine avevano l'imaginazione così viziata, che non sapevano dar fede alle pure e nobili cose. Nè, se tresca vi fosse, Matilde si sarebbe mai allontanata da' luoghi dove dimorava Gregorio, nè egli avrebbe avuto coraggio o cura di tanto dire e far tanto contro i preti conviventi con femmine. Quando si offrono due maniere di giudicare un fatto, un'intenzione, un'anima umana, ell'è cosa onesta e pia, ed onorevole ancora più al giudice che al giudicato, attenersi alla parte più pura e più generosa massime dove trattisi d'anime singolari. Del resto, Matilde s'è dimostrata non meno fervente difenditrice de' papi che vennero dopo Gregorio ; e nessuno ha pensato che di tutti cotesti papi ella fosse l'amica nel turpe senso odierno.

Ma non servilmente devota alla sede pontificia era Matilde: e quando Rangerio vescovo di Lucca, intrinseco di lei, riprese liberamente nel pubblico Concilio il pontefice, che non reggesse abbastanza Anselmo, l'illustre italiano, contro il re d'Inghilterra, Matilde non cessò dall'avere a consigliero fidato esso vescovo, il cui zelo fu, come nota il Fiorentini cautamente, *per avventura indiscreto*. E chi sa quanti schietti chnsigli e arditi ella avrà dati a Gregorio stesso ; ed egli da lei (nobilmente affezionatagli, ed esperta delle arti del governare e del resistere e del vincere, esperta delle nature italiane e delle straniere), senza rossore accettati ? Queste cose la storia non narra, perchè la storia non penetra oltre alla corteccia de'fatti ; e quand' entra a toccare le intenzioni, dà sovente in congetture fantastiche e in giudizi temerarii. Pur tuttavia dalla storia sappiamo che Matilde intercesse per Enrico IV imperatore presso lo sdegnato pontefice. Nè cotesta era commedia preparata; che quelli non erano tempi di politica rappresentativa, e di diplomazia tragicomica: nè Gregorio era uomo da lasciare a Matilde la lode e il merito della clemenza, tenendo per sè l'odiosità di crudele rifiuto, se egli avesse voluto essere sin dalle prime indulgente di suo proprio movimento. Ma a Gregorio pareva, e forse era vero, che non minore fermezza, non minore durezza si richiedesse a rompere quelle che il buon Fiorentini chiama *insolenze d'Alemagna*: e quattro o cinque volte ripete questa parola *insolenze*. Coloro che condannano gli atti di Gregorio VII come stranamente arroganti, non pensano con che strane e dure teste egli avesse a combattere; non pensano che senz'esso l'Italia diventava otto secoli prima una provincia dell'impero ; non pensano che a quella resistenza violenta essa deve le sue repubbliche ajutatrici di civiltà a tutta Europa. Fatto è che Matilde con l'armi, con l'oro, col cuore, col senno, fu di quella resistenza gran parte. Onde Enrico V, nel venire in Italia, disprezzò gli altri potentati; ma lei con rispetto onorò; nè poco valse a conciliarle stima negli occhi di lui il parlare ch'ella faceva il tedesco come un Tedesco. Ella sapeva il francese altresì, e al suo servigio aveva Francesi, Inglesi, Sassoni, Russi ; che poi tennero uomini italiani a meno onorato servigio. Era più dotta de' vescovi (dice un uomo del suo tempo), e combatteva co' vescovi, e quel di Parma fece prigione; e ruppe ai marchesi lombardi le corna. Notabile che i più acri nemici a Gregorio fossero i vescovi di Lombardia: della terra che portò il Tamburini, e che aveva preti un po' giansenisti. Venezia le era amica, Venezia, potentato e ne' difetti e nelle virtù, intimamente italiano, il più italiano di tutti ; che seppe essere altamente credente e franco insieme dalle soverchierie della corte di Roma, prima che le insegnasse le sue fratesche impertinenze il troppo lodato Servita. Se l'Italia contava parecchi reggitori della mente e dell'animo di Matilde, non sorgevano forse le guerre civili che la deturparono e fiaccarono; guerre aizzate da signorotti vilmente ambiziosi, e mantenute come strumento di sminuzzata miserabile potestà. I coetanei di Matilde avevano un senso confuso, ma, forte di questo, se nella morte di lei fu scritto : « Adesso le sette cominceranno. » Nessuna donna regnante, ch'io sappia, ebbe lode più desiderabile nè più meritata. Perchè Matilde veramente era l'arra e come il preludio dell'italiana unità; di quell'unità che non soffocasse le libere forze de' popoli, che li tenesse sottomessi ad un' autorità suprema, ma non soggiogati; di quella unità, che i Ghibellini due secoli dopo dovevano malauguratamente chiedere altrui, come elemosina, sempre promessa e sempre negata, parte per noncuranza, parte per provvida impotenza. E per questo non è maraviglia che Dante, non ghibellino pretto, ma Bianco, e nato guelfo: e guelfo sempre nell'anima, collocasse Matilde al sommo del monte, onde gli spiriti umani volano al cielo. Dante, leale e generoso com'era, non poteva non amare il leale e generoso coraggio di questa donna amata e tremenda; nemico com'era dell'avarizia principesca, della benefica ed elegante liberalità lodatore, non poteva non ammirare quant'ella fece a pro e degli studi e delle leggi, del culto sacro, e delle arti più nobili e più sontuose. Quell'imparzialità che l'indusse a mettere Costantino, l'autore della favoleggiata donazione, su in cielo, molto più volonterosa doveva farlo a dipingere con sì freschi colori la donna *soletta*, al cui guelfo zelo dovette Firenze la sua popolana grandezza, e senza la quale egli, Dante, non avrebbe forse su quasi tutti i poeti d'Europa levato il suo canto.

Chiamare tal donna, come altri fece, l'Elisabetta dei secoli di mezzo, è ingiuria immeritata: chè Elisabetta non ebbe di Matilde nè il guerriero coraggio, nè il senno civile, sereno ne' pericoli e proprio suo; nè la fede umilmente salda, nè l'anima ardente, nè il nome puro; fu invidiosa, rabbiosa, vana, falsa, crudele, ipocrita, tradita, infelice. Piuttosto, con un uomo del suo tempo, vorrei assomigliare Matilde a Debora; senonchè i meriti di Matilde furono nella storia dell'umanità più difficili ad acquistare e più grandi. E più degna di poesia e di pittura mi par questa donna, o ch'io l'imagini, tutta armata, levarsi l'elmo di capo, e inginocchiarsi agli altari; o arrestare la lancia contro il petto di un vescovo fellone; o accogliere, modestamente dignitosa e severamente leggiadra, i ricchi presenti dell'imperatore Comneno; o, romita in sè, meditare gli anni della giovanezza fuggiti senza gioia d'amore; richiamare alla mente l'imagine lontana, e pur viva e luminosa, di qualche povero ma animoso guerriero, che piacque agli occhi di lei vergine combattente; più degna, dico, che non la regina di Saba, la quale viene a cavallo di un dromedario via per il deserto, a far la pedante col re Salomone, e proporgli Dio sa che indovinelli da giornale, o che domande spropositate sul cedro e l'isopo.

CANTO XXXII.

ARGOMENTO.

Si move il carro e la santa schiera a man destra. Vengono ad un albero altissimo, ignudo: il Grifone lega all'albero il carro; onde quello rinverde e s'infiora. Cantano: il Poeta s'addormenta: si desta: vede Beatrice seduta appiè dell'albero, e le sette donne co' candelabri, intorno di lei. Scende un'aquila dall'albero al carro, e lo ferisce: viene una volpe, e Beatrice la scaccia: riscende l'aquila, e dona al carro delle sue penne: esce un drago, e strappa del fondo del carro; le penne coprono esso carro, che mette fuori sette teste cornute: sovr'esso una meretrice e un gigante.

Nota le terzine 1, 2; 4 alla 11; 14; 18 alla 23; 26, 28, 30, 31; 37 alla fine.

1. Tanto eran gli occhi miei fissi e attenti
    A disbramarsi la decenne sete,
    Che gli altri sensi m'eran tutti spenti.
2. Ed essi quinci e quindi avén parete
    Di non caler: così lo santo riso
    A sè traéli con l'antica rete.
3. Quando per forza mi fu vòlto il viso
    Vèr la sinistra mia da quelle dee,
    Perch'io udia da loro un: « Troppo fiso. »

---

1. (L) *Decenne:* Beatrice morì nel 1290.
(SL) *Sete.* Tasso, più ricercato, congiungendo due imitazioni insieme: *Dell'amor la sete . Spegner nell'accoglienze oneste e liete.*
2. (L) *Essi* occhi. — *Caler:* non mi importava d'altro; mi chiudeva i sensi a altre imagini. — *Traéli:* li traeva.

(SL) *Parete.* Affettato un poco; nè si convengono i traslati di *sete* e *rete* e *parete.*
3. (L) *Viso:* vista. — *Dee:* Virtù teologali e cardinali. — *Fiso* tu miri.
(SL) *Dee.* Le disse già *Ninfe.* Non con la solita gentilezza il Petrarca, Tr. Morte, 1: *Vattene in pace, o vera mortal dea.*
(F) *Troppo.* La mente che troppo,

DANTE. *Purgatorio.*

4. E la disposizion ch'a veder ée
   Negli occhi pur testè dal sol percossi,
   Sanza la vista alquanto esser mi fee.'
5. Ma poi ch'al poco il viso riformossi
   (Io dico, al poco, per rispetto al molto
   Sensibile, onde a forza mi rimossi);
6. Vidi, in sul braccio destro esser rivolto
   Lo glorïoso esercito, e tornarsi
   Col sole e con le sette fiamme al volto.
7. Come sotto gli scudi, per salvarsi,
   Volgesi schiera, e sè gira col segno,
   Prima che possa tutta in sè mutarsi;
8. Quella milizia del celeste regno,
   Che procedeva, tutta trapassonne,
   Pria che piegasse 'l carro il primo legno.

e innanzi d'esserne degna, s'affisa nella rivelazione, ne rimane abbagliata.

4. (L) *Veder*: come chi è abbagliato dal sole, non vedev'altro. — *Ée*: è. — *Fee*: fece.
(SL) *Disposizion*. Som : *La disposizione dell'organo - Se l'aria ha a ricevere la forma del fuoco, dev'essere a ciò disposta per qualche disposizione.* — *Sol*. Vita Nuova : *Nostro intelletto s'abbia a quelle benedette anime, come l'occhio nostro debole al sole.* — *Percossi*. Galli : *Percossi dal sole ardentissimo.* — *Vista.* Par., XXVI, t. 2. — *Alquanto.* [Ant.] Per darci un'idea di quanto splendessero gli occhi di Beatrice, il Poeta dice che quando fu tolto dalla contemplazione di quelli si volse a sinistra, si accorse che gli occhi suoi erano come se li avesse sin allora tenuti rivolti al sole, perchè in sulle prime non vide niente, siccome accade allorchè da quella vivissima luce si passa a rimirare oggetti men chiari. E si che da quella parte si trovavano le tre Dive, il glorioso esercito, dove taluni portavan corone che facevano i corpi loro parere ardenti; le sette fiamme dei candelabri, e più in alto anche il sole!

5. (L) *Poco...*: avvezzatomi a vedere il minor lume, grande in sè, ma poco a paragone di Beatrice. — *Sensibile*, sost., oggetto. — *Mi rimossi* per le parole delle tre.
(SL) *Dico*. Virgilio (Æn., II) più snello: *Ad coelum tendens ardentia lumina frustra: Lumina, nam tene-*ras arcebant vincula palmas. Il Caro fa: *Io dico gli occhi.*

6 (L) *Tornarsi*: volgersi. — *Fiamme:* candelabri.
(SL) *Tornarsi.* Purg., XXVIII, t. 50. Il carro veniva finora verso ponente. Dante camminò verso oriente (Purg., XXVII, t. 45): ora il carro si volge, è verso oriente s'indirizzano tutti.
(F) *Destro.* Prima si muove la ruota del Nuovo Testamento. — *Sole.* [Ant.] Se pongasi mente ai fatti narrati in questa giornata, dal salire della scala sin qui, ne indurremo che in questo punto dovevano ivi essere circa le ore dieci della mattina. Nel voltarsi dunque la maestosa processione in sul braccio destro, faceva un semicerchio da ponente a levante per tramontana, e quindi i personaggi che la componevano erano feriti al volto dai raggi solari, sebbene un poco in disparte sulla sinistra quando il cambiamento di direzione fu compiuto, e ripresero la via sulla destra del rio, a ritroso della corrente.

7. (L) *Salvarsi* da' colpi. — *Segno:* bandiera. — *In:* sopra. — *Mutarsi:* voltar direzione.
(SL) *Segno.* Georg., IV : *Vellere signa.*

8. (L) *Milizia:* milite valeva cavaliere (Par., XXX) — *Legno:* che il timone piegasse il carro O carro può reggere il costrutto, e intendersi ch'e' si piegasse nel limone, volgesse quasi animato il timone proprio.
(F) *Pria.* Alla Chiesa precedono la legge e i profeti; sua milizia.

9. Indi alle ruote si tornàr le donne;
E 'l Grifon mosse il benedetto carco,
Sì che però nulla penna crollonne.

10. La bella donna che mi trasse al varco,
E Stazio ed io, seguitavam la ruota
Che fe' l'orbita sua con minore arco.

11. Sì passeggiando l'alta selva, vòta
(Colpa di quella ch'al serpente crese),
Temprava i passi un'angelica nota.

12. Forse in tre voli tanto spazio prese
Disfrenata saetta, quanto eràmo
Rimossi, quando Beatrice scese.

13. Io sentii mormorare a tutti: « Adamo! »
Poi cerchiaro una pianta, dispogliata
Di fiori e d'altra fronda in ciascun ramo.

14. La chioma sua, che tanto si dilata
Più, quanto più è su, fora dagl'Indi
Ne' boschi lor, per altezza, ammirata.

---

9. (L) *Carco:* carro.
(SL) *Ruote.* Purg., XXIX, t. 44. — *Carco.* Ovid. Heroid., VI, e altrove: *Dulce onus.*
(F) *Crollonne.* Con pace procedette la fede cristiana; e pace è indizio di forza.

10. (L) *Varco:* passo del fiume. — *Fe':* a destra svolge il carro; dunque l'orbita della destra dev'esser minore.
(SL) *Orbita.* Stat., Achill., I.[Orbita del carro tratto da delfini. — *Minore.*
[Ant.] Essendosi volta la processione sul destro lato, la ruota del carro, che dovette fare più lungo giro, fu la sinistra; onde l'altra ne fece uno minore; e quindi il Poeta rimase dalla parte delle tre Virtù teologali, tra il carro e la ripa del fiume.
(F) *Donna.* Purg., XXXI, t. 31. Matelda, la virtù attiva: Stazio, la filosofia naturale e morale — *Minore.* Il Nuovo Testamento, che in meno tempo fa più cammino. Legge degli umani progressi.

11 (L) *Sì:* così. — *Vuota* d'uomini abitatori — *Quella:* Eva. — *Crese:* credè — *Nota:* gli Angeli cantano.
(SL) *Alta Æn,* XII: *Nemora alta.* — *Crese.* In Romagna e in Toscana (Gen., III, 43). — *Nota.* Par., XIV, t. 9: *Mira nota.*

12 (L) *Voli:* tiri d'arco. — *Scese* dal carro.

(SL) *Voli.* Psal., XC, 6: *Sagitta volante.*

13. (L) *Mormorare* con dolore. — *Fronda:* e i rami fioriti e i pure verdi.
(SL) *Dispogliata.* Ambr.: *Cupressus... nulli venti eam crinis sui honore despoliunt.*
(F) *Pianta.* Simbolo dell'ubbidienza dovuta alla verità rivelata. Altri la intende per l'Impero romano, spettante di diritto, dice l'Allighieri, al popolo romano (Mon., II; Conv, IV, 5); e stabilito per sede della cattolica Chiesa (Inf., II). E lo fa altissimo a questo fine, e nella voluta da Dio unità ed universalità d'esso impero a pro della Chiesa, colloca la misteriosa cagione del divieto ad Adamo fatto di non cogliere da quest'albero frutto (Purg., XXXIII, t. 24). Ecco perchè da quell'albero venga l'aquila a stracciare il carro e ad implumarlo, e perchè il carro sia quivi legato, e il gigante ne lo stacchi traendo la sede in Francia. L'idea del doppio simbolo forse gli venne dall'albero che Nabucco sognò figurante il suo regno (Dan., IV)

14. (L) *Fora:* sarebbe.
(SL) *Chioma.* Æn., VII: *Laurus... sacra comam.* — *Dilata.* Ezech., XXXI, 7-9: *Erat pulcherrimus... in dilatatione arbustorum suorum... Cedri non fuerunt altiores illo in paradiso Dei...*

15. « Beato se', Grifon, che non discindi
» Col becco d'esto legno dolce al gusto;
» Poscia che mal si torse il ventre quindi. »
16. Così d'intorno all'arbore robusto
Gridaron gli altri; e l'animal binato:
« Sì si conserva il seme d'ogni Giusto. »
17. E, vòlto al têmo ch'egli avea tirato,
Trasselo al piè della vedova frasca;
E quel, di lei, a lei lasciò legato.
18. Come le nostre piante, quando casca
Giù la gran luce mischiata con quella
Che raggia dietro alla celeste Lasca,

aemulata sunt eum omnia ligna voluptatis, quae erant in paradiso Dei. — *Su* Ha suo nutrimento dal cielo, ed è fatta per esso. Purg., XXII, t 45. — *Indi.* Georg., II: *Aut quos Oceano propior gerit India lucos. Extremi sinus orbis? ubi aëra vincere summum Arboris haud ullae jactu potuere sagittae*
(F) *Altezza.* Dan, IV, 7, 8: *Ecce arbor in medio terrae, et altitudo ejus nimia.. Et proceritas ejus contingens coelum*
15. (L) *Discindi:* strappi. — *Mal:* a suo danno ne gostò l'uomo.
(SL) *Discindi.* Georg., II: *Plantas... abscindens* - XII: *Discindit — Legno* Prov., III, 18: (Sapienza) è *legno di vita a chi la apprende.* E del carro mistico, Ezech., I, 20: *Era spirito di vita nelle ruote.* — *Torse.* Matth., VIII, 6: *Male torquetur;* altri intende forse meglio: di qui venne che a male si torse l'umano appetito: stentato a ogni modo.
(F) *Beato.* Ad Philip., II, 8: *Fatto obbediente infino a morte.* Altri intende: Beato Gesù che non toccò l'impero; ma dice: *Reddite... quae sunt Caesaris, Caesari* (Matth, XXII, 21). Altri: Beato che non fai come i tuoi successori che rompono di quest'albero dell'impero Gioacchino calabrese, rammentato da Dante come profeta (Par., XII, dice che per il legno della scienza del bene e del male adombrasi il patrimonio temporale: *Nunc necesse est ut summus pontifex ex eorum manibus spoliatus effugiat.*
16 (L) *Binato:* Gesù Cristo. — *Sì:* così. — *Giusto:* giustizia; o piuttosto, uomo giusto.
(SL) *Robusto.* Dan, IV, 8: *Albero sublime e robusto, la cui altezza arriva al cielo, e la vista di lui per tutta la terra.*

(F) *Binato.* Purg., XXIX, t. 36. Ott.: Una ante saecula, l'altra quando prese carne Psal., CIX, 3: *Ante luciferum genui te* — *Seme.* Non toccando il poter sacro il profano, giustizia si conserva L'ubbidienza che gli antichi espositori nell'albero simboleggiano debita a Dio, e l'ubbidienza all'impero ordinato da Dio. Si congiungono i due simboli in uno.
17. (L) *Temo:* timone. — *Frasca:* albero ignudo — *Legato:* co' suoi rami stessi più teneri avvoltigli intorno
(SL) *Vedova* Hor. Carm., II, 9:... *Foliis viduantur orni.* — *Frasca.* Par., XXIII, t 3: *In su l'aperta frasca.* — *Legato* Cristo lega la Chiesa militante all'albero dell'ubbidienza, ch'è quel della scienza Congiunge la Chiesa all'impero, non li confonde Letteralmente lasciò legato alla pianta quel carro ch'era di lei, la Chiesa, ch'era figlia d'ubbidienza. Ovvero: lo legò a lei co' rami di lei: legò la Chiesa all'ubbidienza de' divini decreti Il Costa: legò a Roma imperatrice del mondo quel *ch'era di lei,* destinato *per lei, la Chiesa novella.* Può anco intendersi: alla pianta (all'ubbidienza spirituale e temporale; ubbidienza a Dio ed all'impero) legò il carro, in quanto era di lei, in quanto la potestà spirituale dev'essere legata all'impero Quel *di lei* tradurrebbe il *quae sunt Caesaris...quae sunt Dei* (Matth, XXII, 21). Dan, IV, 11-12: *Succidite arborem...: Verumtamen germen radicum ejus in terra sinite: et alligetur vinculo ferreo et aereo*
18. (L) *Nostre:* di questa terra. — *Luce* solare. L'Ariete segue a' Pesci; e quand'il sole è in Ariete abbiam primavera. — *Lasca:* pesce lucente.
(SL) *Lasca.* Semint. (Met. d'Ovidio): *Quante volte la primavera caccia il*

19. Turgide fansi; e poi si rinnovella
 Di suo color ciascuna, pria che 'l sole
 Giunga li suoi corsier sott'altra stella;
20. Men che di rose e più che di viole
 Colore aprendo, s'innovò la pianta,
 Che prima avea le ramora sì sole.
21. Io non l'intesi, nè quaggiù si canta,
 L'inno che quella gente allor cantaro;
 Nè la nota soffersi tutta quanta.
22. S'io potessi ritrar come assonnaro
 Gli occhi spietati udendo di Siringa,
 Gli occhi a cui pur vegghiar costò sì caro;
23. Come pintor che con esemplo pinga,
 Disegnerci com'io m'addormentai;
 Ma qual vuol sia che l'assonnar ben finga:

verno, ed il montone succede all'acquidoso pesce. I Toscani: *Sano come una lasca*, quel che altrove *come un pesce* [Ant.] Nel moto apparente delle spere celesti la costellazione de' Pesci precede l'Ariete. La gran luce pertanto, cioè la solare, si troverà mischiata con quella che raggia dall'Ariete, quando il sole appariva in questa costellazione, cioè quando per noi sarà primavera, quando le piante si fanno turgide per il dilatarsi delle loro gemme, e poi ciascuna si riveste di fronde e di fiori, prima che il sole attacchi al Carro del dì i suoi corsieri sotto altra costellazione, cioè avanti di aver percorso tutta quella dell'Ariete e così prima che passi un mese di tempo.
 (F) *Luce*. Cristo redentore fece rifiorire l'albero della scienza.
19. (L) *Turgide* d'umore. — *Giunga:* passi a altro segno.
 (SL) *Turgide.* Georg., I: *Frumenta in viridi stipula lactentia turgent.* — *Giunga.* Æn., I: *Nec tam aversus equos Tyria sol jungit ab urbe.* Ovid Met., II: *Jungere equos Titan velocibus imperat Horis.* Semint.: *Comanda alle veloci ore che giungano i cavalli*
20. (L) *Ramora:* rami.
 (SL) *Viole* Georg., IV: *Violae sublucet purpura nigrae* (che vale rosso scuro). — *Ramora*. In Toscana vive *pratora* per *prati*. — *Sole*. Rammenta il *vedova*. terz. 17.
 (F) *Rose*. Unita l'umanità all'ubbidienza evangelica, unita la Chiesa all'impero, l'ubbidienza è feconda e l'impero fiorisce. Il colore de' detti fiori è colore di sangue chiaro, quale uscì dal costato di Cristo. Bern., De Pass. Dom., I, 41: *Inspicite lateris aperturam, quia nec illa caret rosa quamvis ipsa subrubea sit propter mixturam aquae* — *Innovò*. Appena la Chiesa fu legata all'albero della scienza da Cristo, *quello sole*, dice l'Ottimo, *che tutto allumina e che a ogni cosa visibile e invisibile dà essere e fruttare*. [C.] Ezech., XVII, 24: *Siccavi lignum viride, et frondere feci lignum aridum.*
21. (L) *Soffersi*, vinto dalla dolcezza.
 (SL) *Cantaro*. Tib., IV, 4: *Dicent pia turba*. G. Vill.: *Arezzo si ribellarono.* — *Soffersi*. Purg., II, t. 13: *L'occhio... noi sostenne* Purg, IX, t. 27: *Tal nella faccia ch'io non lo soffersi.*
22. (L) *Spietati:* a' danni d'Io. Mercurio addormenta Argo narrandogli di Siringa, e l'uccide.
 (SL) *Assonnaro*. Ovid. Met., I: *Ille tamen pugnat molles evincere somnos: Et quamvis sopor est oculorum parte receptus, Parte tamen vigilat. - Vidit Cyllenius omnes Succubuisse oculos* — *Occhi*. Ovid. Met, I: *Junctisque canendo Vincere arundinibus servantia lumina tentat.* — *Siringa* Ovid, Met, 1: *Naias una fuit: Nymphae Syringa vocabant... Talia verba refert, restabat verba referre.* In questo, Argo s'addormenta, e Mercurio lo spegne.
23. (L) *Pintor:* pittore. — *Esemplo:* modello sott'occhio — *Qual:* cit.
 (SL) *Pinga*. Basilio: *Non puo così perfettamente esprimere l'imagine*

24. Però trascorro a quando mi svegliai;
E dico ch'un splendor mi squarciò 'l velo
Del sonno, e un chiamar: « Surgi: che fai? »
25. Quali, a veder de' fioretti del melo
Che del suo pomo gli Angeli fa ghiotti,
E perpetüe nozze fa nel cielo,
26. Pietro e Giovanni e Iacopo condotti,
E vinti, ritornaro alla parola
Dalla qual furon maggior' sonni rotti;
27. E videro scemata loro scuola
Così di Moïsè come d'Elia,
E al maestro suo cangiata stola;
28. Tal torna' io: e vidi quella pia
Sovra me starsi, che conducitrice
Fu de' miei passi, lungo il fiume, pria.
29. E, tutto in dubbio, dissi: — Ov'è Beatrice? —
Ed ella: — Vedi lei sotto la fronda
Nuova sedersi, in sulla sua radice.

del corpo un pittore, come gli oscuri segreti dell'anima espongono e dichiarano le parole.
(F) *Addormentai.* Psal., III, 6: *Ego dormivi, et soporatus sum, et exsurrexi, quia Dominus suscepit me.* Forse figura la pace della fede ubbidiente a Dio e all'imperial potestà.
25 (L) *Quali...*: si fecero rapiti in estasi, poi riavutisi i tre, condotti a veder Gesù Cristo trasfigurato quasi saggio della sua gloria, e non trovarono Mosè nè Elia; così riavuto, io non trovai Beatrice. — *Fioretti:* miracoli — *Melo:* Gesù Cristo
(F) *Quali.* Marc., IX, 1: Luc, IX, 28. - Matth, XVII, 1: *Prese Gesù Pietro e Jacopo e Giovanni, e li condusse su un monte alto. E si trasfigurò innanzi a loro. E risplendè come sole... gli apparvero Mosè ed Elia.* Conv., II, 1: *Quando Cristo salito lo monte per trasfigurarsi, che delli dodici apostoli ne menò seco li tre.* — *Melo.*Cant. Cantic, II, 3: *Sicut malus inter ligna sylvarum, sic dilectus meus.* Fiori di lui sono i miracoli, e le opere e le parole, non minimo dei miracoli; pomo, la gloria del cielo [C.] Deut, XXXIII: *Poma desiderii animae suae.* — *Nozze.* [C.] Apoc., XIX, 9: *Nuptiae Agni.*
26 (L) *Vinti* dalla gloria. — *Ritornaro in sè.* — *Parola di* Gesù Cristo. — *Sonni* di morte.
(F) *Parola:* Alle voci: *Quest'è il mio figlio diletto* (Matth, XVII, 5), caddero; alle voci: *Sollevatevi e non temete* (l. c., v. 7), ritornarono in sè. — *Sonni.* Luc., VIII, 52; Matth., IX, 24: *Non è morta la giovanetta, ma dorme.* Joan, XI, 11: *Lazzaro l'amico nostro dorme: ma io vo per destarlo dal sonno.*
27. (L) *Suo:* loro. — *Cangiata:* non più trasfigurato.
(SL) *Scemata* Inf, IV, t. 50: *La sesta compagnia in duo si scema.* — *Stola.* Veste, Inf, XXIII, t. 50. Qui per corpo, ed è modo biblico. Eccli., VI, 32; XV, 5; XLV, 9 Par., XXV.
28. (L) *Pia:* Matelda.
(F) *Pia.* La vita attiva sta ritta sopra lui desto appena: e riprende, per l'unione delle due ubbidienze, potere sugli uomini.
29. (L) *Nuova:* nata d'ora.
(SL) *Fronda* In singolare, Virgilio, Buc, I: *Fronde super viridi.* Georg., II: *Frondi nemorum.* Guido Guinicelli: *Come l'augello in fronda alla verzura.*
(F) *Radice* La scienza rivelata siede sulle radici dell'ubbidienza e s'appoggia alla salda pianta ch'esce di loro.

CANTO XXXII.

30. Vedi la compagnia che la circonda:
Gli altri dopo il Grifon sen vanno suso
Con più dolce canzone e più profonda. —

31. E se fu più lo suo parlar diffuso,
Non so: perocchè già negli occhi m'era
Quella ch'ad altro intender m'avea chiuso.

32. Sola sedeasi in sulla terra vera,
Come guardia lasciata lì del plaustro
Che legar vidi alla biforme fiera.

33. In cerchio le facevan di sè claustro
Le sette Ninfe, con que' lumi in mano
Che son sicuri d'Aquilone e d'Austro.

34. — Qui sarai tu, poco tempo, silvano:
E sarai meco, senza fine, cive
Di quella Roma onde Cristo è Romano.

35. Però, in pro del mondo che mal vive,
Al carro tieni or gli occhi; e quel che vedi,
Ritornato di là, fa che tu scrive. —

36. Così Beatrice: ed io, che tutto a' piedi
De' suoi comandamenti era devoto,
La mente e gli occhi, ov'ella volle, diedi.

---

30. (L) *Compagnia*: le sette Virtù, gli Angeli.
(SL) *Vanno*. Simile salita nel XXII del Paradiso. Ezech., XI, 22, 23: *Levarono i cherubini le ale, e le ruote levaronsi con essi... E ascese la gloria del Signore di mezzo alla città*.
31. (L) *Quella:* Beatrice. — *Chiuso:* distolto dall'attendere ad altro.
(SL) *Negli*. Æn., X: *In ipsis Omnia sunt oculis*. — *Chiuso* Inf., VI: *Al tornar della mente, che si chiuse*.
32. (L) *Vera:* più vera madre che le abitate da noi — *Plaustro:* carro che vidi legato dalla fiera.
(F) *Vera*. Il suolo ove posa la verità rivelata è il più fermo Par., III: *Sopra il vero.. lo piè non fida, Ma te rivolve... a vuoto*. Jer., II, 21: *Vigna eletta, ogni seme vero*. — *Guardia* La scienza guarda la Chiesa.
33. (L) *Cerchio:* in giro tutt'intorno. — *Lumi:* candelabri.
(SL) *Lumi*. Purg., I, t. 28: XXIX, t. 15.
(F) *Claustro*. Le virtù difendono la scienza e limitandola provvidamente, la assicurano.
34. (L) *Silvano:* abitatore di selve. — *Cive:* cittadino.

(SL) *Romano*. Virgilio fa d'un'alveare una Roma: *Regem parvosque Quirites sufficiunt* (Georg., IV).
(F) *Silvano* Conv: *Selva erronea di questa vita*. Torna sempre all'imagine morale e politica della selva. — *Cive*. Ad Ephes., II, 19: *Concittadini de' santi*. Dal chiamar Roma il cielo, vedasi che alta idea gli sedesse in mente di Roma.
35. (L) *Di là:* al mondo. — *Scrive:* scriva.
(SL) *Tieni* Æn., V: *Oculosque sub astra tenebat*.
(F) *Scrive*. Modo profetico. Ott.: *Qui si dimostra la finale cagione di questa opera, cioè l'utile comune dei mortali*. Greg. Dial., IV, 38: *Animae adhuc in corporibus positae aliquid de spiritualibus vident, quod quibusdam vero contingere ad aedificationem audientium, solet*.
36. (L) *Diedi:* volsi.
(SL) *Piedi*. I piedi del comando somigliano alle *ginocchia della mente* (Petr.). A alle *mani della sua grazia* (Bocc). E alle *orecchie del cuore* (Gerson). L'ultimo è il meno sconveniente. [C.] Ps. XXXV, 12: *Pes super-*

37. Non scese mai con sì veloce moto
   Fuoco di spessa nube, quando piove
   Da quel confine che più è remoto,
38. Com'io vidi calar l'uccel di Giove
   Per l'arbor giù, rompendo della scorza,
   Nonchè de' fiori e delle foglie nuove.
39. E ferì 'l carro di tutta sua forza;
   Ond' ei piegò come nave in fortuna,
   Vinta dall'onde, or da poggia or da orza.
40. Poscia vidi avventarsi nella cuna
   Del trïonfal veicolo una volpe
   Che d'ogni pasto buon parea digiuna.

biae. — *Diedi*. Purg., III, t. 5: *Diedi 'l viso mio.*
37. (L) *Spessa*: condensata. L'elettricità scoppia più veemente.
(SL) *Fuoco*. Æn., I: *Crebris micat ignibus aether.* - III: *Ingeminant abruptis nubibus ignes.* — *Remoto.* Buc., VI: *Altius atque cadant submotis nubibus imbres.*
(F) *Remoto*. Aristotele (Met., II), e san Tommaso (nel Comm a quel luogo), e Seneca (Qu II, 11), tengono, i fulmini non cadere, se non quando le nuvole s'alzino presso la sfera del fuoco, si ch'esso fuoco in loro s'imprigioni. Non dice già che i fulmini cadano quando piove, ma quando sta per piovere: quando le nuvole pregne di pioggia s'alzano fin lassù. [Ant.] La velocità del volo dell'aquila era più che d'un fulmine, quando cade la pioggia da quell'estremo confine superiore, nel quale può questa formarsi giacchè egli ci ha detto esserci regioni aeree a grande altezza sui bassi lidi, nelle quali non avvengono meteore di pioggia, di vento e simili. La ragione poi che questa circostanza nell'intendimento del Poeta par debba accrescere la velocità del fulmine, potrebb'essere questa, che quando piove dalle più remote regioni pluviali, e però vengono ivi a formarsi nuvole, queste si trovano nel massimo avvicinamento alla supposta sfera del fuoco, la quale credevasi potesse influire su quelle, nel far loro concepire e concentrare maggior copia di calore; il perchè il divampare di questo in luce e fuoco, e quindi il precipitare del fulmine, fosse in tal caso e più fragoroso e più violento, in ragione appunto di quel più grande concentramento per cui doveva prodursi quella che oggi diremmo straordinaria tensione.- Tale interpretazione pare che possa confermarsi e illustrarsi dalla terz. 11 del XXIII del Paradiso:

Come fuoco di nube si disserra,
Per dilatarsi, sì che non vi cape,
E fuor di sua natura in giù s'atterra,

ov'è da vedere accennato il concetto delle esplosioni; e il Poeta non poteva ignorare il ritrovato e le esperienze del celeberrimo fra Ruggero Bacone intorno alla polvere pirica, o da schioppo, o da mine; il quale insigne dottore precedette di mezzo secolo il nostro Allighieri.
38. (L) *Uccel*: aquila.
(F) *Uccel*. Æn, I: *Jovis ales.* Ezech., XVII, 3, 4: *Aquila grandis magnarum alarum, longo membrorum ductu, plena plumis.. venit ad Libanum, et tulit tullum cedri. Summitatem frondium ejus avulsit et transportavit eam, in terram Chanaan, in urbe negotiatorum posuit illam.* Nell'aquila figuransi le dieci persecuzioni della Chiesa sotto gl'imperatori romani. — *Scorza.* Le persecuzioni offesero l'ubbidienza spirituale e la temporale; e nocquero all'impero stesso.
39. (SL) *Vinta*. Æn., I: *Navim .. Vicit hyems.*
40. (L) *Cuna*: dove si siede.
(SL) *Cuna*. Per principio. Æn., III: *Gentis cunabula.*
(F) *Volpe* L'eresia. E ogni errore, frodolento e meschino sempre; e che secondato, porterebbe divisioni e nelle anime singole e negli Stati, e quindi impotenza e timidità. Psal, LXII, 11: *Partes vulpium erunt.* Aug. in Psal, LXXX: *Vulpes insidiosos maximeque haereticos fraudolentos significat.* Un chiosatore: *Vulpis, idest dolosi schismatici.* Cristo chiamò volpe Erode (Luc, XIII, 32) Ambr, Ep. XIV: *Christi vineam exterminant*

CANTO XXXII.

41. Ma, riprendendo lei di laide colpe,
 La donna mia la volse in tanta futa
 Quanto sofferson l'ossa senza polpe.
42. Poscia, per indi ond'era pria venuta,
 L'aguglia vidi scender giù nell'arca
 Del carro, e lasciar lei di sè pennuta.
43. E qual esce di cuor che si rammarca,
 Tal voce uscì del cielo, e cotal disse:
 « Oh navicella mia, com' mal se' carca! »
44. Poi parvè a me che la terra s'aprisse
 Tr'ambo le ruote; e vidi uscirne un drago,
 Che, per lo carro su, la coda fisse;
45. E, come vespa che ritragge l'ago,
 A sè traendo la coda maligna,
 Trasse del fondo; e gissen vago vago.

---

vulpes (Cant. Cantic., II, 15). — *Parea*. La magrezza e lo squallore della pelle dimostrano che l'animale è pasciuto di tristo alimento. L'errore non fa scegliere quel che nutrisce lo spirito; e anche il cibo sano, mal digerito, fa non buoni pasti.

41. (L) *Futa*: fuga. — *Polpe*: quanto poteva, così leggiera, fuggire.
 (SL) *Futa* Veget.: *Non della battaglia, ma della futa*. La montagna ch'è sulla via da Firenze a Bologna vuolsi detta della *futa* per la fuga ivi seguita de' Ghibellini. Il francese *fuite*, dal frequentativo *fugito*; come dotta per paura da *dubito*.
 (F) *Ossa* L'errore è leggiero e futile. Ott.: *La divina Scrittura, questa eretica pravitade... appalesando, lo suo sozzissimo peccato discaccia.. della Chiesa, nella quale s'era gittata, per imbolare l'anime de' fedeli*.

42. (L) *Indi*: per di là d'onde. — *Aguglia*: aquila. — *Pennuta*: coprirla delle sue penne.
 (L) *Per indi*. Caro: *Per onde immacchiata s'era*. — *Arca*. Ha senso e di sacra custodia e di custodia di danari.
 (F) *Pennuta* Donazione di Costantino (Inf. XIX, t. 59). Ricchezza, vana qual piuma. Dante, de Mon., III: *Nec Ecclesia recipere per modum possessionis, nec ille conferre per modum alienationis poterat* Ott.: *Lo imperio dopo la persecuzione ed assalti fatti nella Chiesa, entro lasciò nella Chiesa l'eresia detti suoi adornamenti*.

43. (L) *Cotal*: così. — *Com'r come*.

(F) *Voce*. Ezech., I, 25: *Cum fieret vox super firmamentum quod erat super caput eorum*. Il comento di Pietro: *Legitur hanc vocem auditam in aere Romae: hodie infusum est venenum in Ecclesia Dei* Una voce nell'Apocalisse (XVIII, 4) esce dal cielo, voce di rammarico, appunto nella visione della femmina fornicante co' re.

44. (F) *Drago*. Il demonio. O l'avidità de' sacerdoti non buoni *qui adoraverunt imaginem ejus* (bestiae). (Apoc., XVI, 2) Una leggenda satirica del tempo d'Urbano VI lo dipingeva sotto la forma d'un drago alato, con capo umano, con coda, con spada infocata: al suo venire gli uccelli fuggono, cadono le stelle. E nell'Apocalisse (XII, 3, 4): *Ed ecco il grande drago rosso, che ha sette teste e dieci corna: e la coda sua traeva la terza parte delle stelle del cielo, e misele in terra*. Dopo i doni profani, vien la ferita del diavolo; dopo la ferita, il carro si copre della piuma maligna. Altri nel drago vede Maometto; altri Fozio. Meglio· Ogni scissura, più promossa e fatta più grave da che parte della potestà imperiale toccò al sacerdozio, e parte della sacerdotale fu arrogata da' Principi.

45. (L) *Ago*: pungiglione. — *Del*: parte del. — *Vago*: se n'andò altero.
 (SL) *Ago* In senso simile l'ha il Machiavelli e il Bucellai. Rammenta *aculeo*. — *Vago*. Par., XIX, t. 12: *Muove la testa, e con l'ale s'applaude, Voglia mostrando, e facendosi bello*.

46. Quel che rimase, come di gramigna
    Vivace terra, della piuma, offerta
    Forse con intenzion casta e benigna,
47. Si ricoperse; e funne ricoperta
    E l'una e l'altra ruota e 'l têmo, in tanto
    Che più tiene un sospir la bocca aperta.
48. Trasformato così 'l dificio santo,
    Mise fuor teste per le parti sue;
    Tre sovra 'l têmo, e una in ciascun canto.
49. Le prime eran cornute come bue;
    Ma le quattro un sol corno avean per fronte.
    Simile mostro, in vista, mai non fue.
50. Sicura, quasi rocca in alto monte,
    Seder sovr'esso una puttana sciolta
    M'apparve, con le ciglia intorno pronte.

46. (L) *Casta:* pura.
(SL) *Casta.* Inf., XIV, t 52: *Sotto 'l cui rege fu già 'l mondo casto.* E anco per contrapposto alla meretrice.
47. (L) *In:* in men d'un sospiro.
48. (L) *Dificio:* edificio, macchina.
(SL) *Dificio.* De' candelabri. Nel Canto XXIX, t. 48: *Il bello arnese.* Inf., XXXIV. *Dificio,* le ali di Satana, che parevano un mulino a vento.
(F) *Teste.* Dalla ricchezza, superbia e altri peccati Ezech , I , 45 , 46: *Rota una... habens quatuor facies. Et aspectus rotarum, et opus earum, quasi visto maris.* Dan , VII, 4, 6: *Quattro teste aveva la bestia, e potestá era in lei... ali aveva d'aquila.* — *Tre.* Sette peccati mortali: i bicorni sono l'avarizia, la superbia, l'invidia; il Costa: superbia, ira, avarizia. Ma nel VI dell' Inferno dice Dante: *Superbia, invidia e avarizia sono Le tre faville ch' hanno i cuori accesi.* E chiama i Fiorentini *Gente avara, invidiosa e superba* (Inf., XV). L'invidia dic' egli co' Padri, stimolò la superbia di Lucifero (Par., IX), e dal superbo e invidioso Lucifero dice fondata Firenze, dalla quale uscì il maledetto danaro che ha fatto il pastore lupo: e all' avarizia nel I dell' Inferno e' dà istigatrice l' invidia, la qual diparti dall' Inferno la lupa. Perchè l'avaro è invido, e l' invido è una sorte d' avaro, è un superbo vigliacco. Notisi come quelle sette teste che nel XIX dell' Inferno sonó sacramenti, qui diventan peccati: quel ch' era bestia nell' Inferno qui è prima carro, poi bestia; la donna quivi siede sull' acque, qui sul carro come rocca sul monte. Ott.: *Tre* (teste) *sopra il temone... significano li tre principali vizii che più offendono l' anima, e però sono in sulla principale parte del carro. E però dice, che ciascuna avea due corna, che sono sei; a denotare che sono contro a' sei comandamenti: e l' altre quattro significano li altri quattro peccati mortali, che sono circa li beni corporali, lascivia, gola, avarizia ed accidia. E però dice che ciascuno aveva un solo corno per testa; a denotare che sono contro a' quattro comandamenti della legge.* Il March. Franzoni vede ne' bicorni i tre antipapi ligii a Arrigo III, che duraronopiù; negli unicorni, i quattro d' Arrigo IV, che più tosto vennero meno.
49. (F) *Cornute.* Dan., VII, 7: *Habebat cornua decem.* — *Fue.* In Daniele (VII) una leonessa, un orso, un pardo e una bestia con dieci corna: due delle fiere rincontrate sul primo da Dante, e la bestia mostro è il medesimo che la lupa: e lupa vale meretrice ne' Latini e nei Segneri.
50. (L) *Sciolta:* discinta
(SL) *Rocca.* Purg., V: *Sta come torre.* Simile imagine ne' Salmi. — *Sciolta,* Dante Rime: *Donne andar per via disciolte.*
(F) *Una.* I pastori malvagi e avari. Le ricchezze chiama nel Convivio *false meretrici.* Apoc , XVII, 1-3; 18, XVIII, 2: *La gran meretrice.... colla quale fornicarono i re della terra, e s' inebriarono coloro che abitano la terra del vino della prostituzione sua... E vidi una donna sedente sopra una bestia di rosso co-*

CANTO XXXII.

51. E, come perchè non gli fosse tolta,
    Vidi di costa a lei dritto un gigante:
    E baciavansi insieme alcuna volta.

52. Ma, perchè l'occhio cupido e vagante
    A me rivolse, quel feroce drudo
    La flagellò dal capo insin le piante.

53. Poi, di sospetto pieno, e d'ira crudo,
    Disciolse il mostro, e trassel per la selva,
    Tanto, che sol di lei mi fece scudo
    Alla puttana e alla nuova belva.

lore..., *avente sette capi e dieci corna...* È *la femmina che tu vedesti è la grande città, la quale ha il regno sopra i re della terra... Babilonia la grande, fatta imitazione di demonii, e guardiana d'ogni immondo spirito, e d'ogni sozzo uccello e orribile.* Jer., II, 16: *Filii... Mempheos et Taphnes constupraverunt te usque ad verticem... - III, 1, 3: Fornicata es cum amatoribus multis.. Frons mulieris meretricis facta est tibi, noluisti erubescere. - V, 7: Saturavi eos, et maechati sunt, et in domo meretricis luxuriabantur.* Ricorre frequente nella Bibbia questa imagine. Nahum, III, 4: *Multitudinem fornicationum meretricis speciosae, et gratae..... quae vendidit gentes in fornicationibus suis.* Ezech., XVI, 8-39: *Et ecce tempus tuum, tempus amantium... Et habens fiduciam in pulchritudine tua, fornicata es in nomine tuo... Et sumens de vestimentis tuis, fecisti tibi excelsa hinc inde consuta: et fornicata es super eis .. Et post omnes abominationes tuas, et fornicationes, non es recordata dierum adolescentiae tuae, quando eras nuda... Et fornicata es cum filiis Aegypti vicinis tuis magnarum carnium.... Ecce ego extendam manum meam super te..et dabo te in animas odientium te... Fabricasti lupanar tuum in capite omnis viae, et excelsum tuum fecisti in omni platea.. Propterea, meretrix, audi verbum Domini Dabo te in manus eorum, et denudabunt te vestimentis tuis, et auferent vasa decoris tui. - XXIII, 3-44: Fornicatae sunt in Aegypto... ibi subacta sunt ubera earum .. Insanivit in amatores suos, in Assyrios propinquantes... juvenes cupidinis, universos equites... In omnibus in quos insanivit, in immunditiis eorum polluta est... Propterea tradidi eam in manus amatorum suorum... ipsi discooperuerunt ignominiam ejus... Insanivit super eos concupiscentia ocu-* *lorum suorum... et recessit anima mea ab ea... Adulteratae sunt, et sanguis in manibus earum, et cum idolis suis fornicatae sunt.... Attrita es in adulteriis... Et ingressi sunt ad eam quasi ad mulierem meretricem.* — Sciolta. Osea, II, s: *Ne forte expoliem eam nudam, et statuam eam secundum diem nativitatis suae.*

51 (SL) *Gigante.* Re di Francia: voleva governare Bonifazio, riluttante, e voleva invece d'Arrigo VII essere re de' Romani. L'Ottimo intende per il drudo, Bonifazio stesso, non legittimo, secondo l'opinione di molti (*Dio sa il vero*).. il quale l'amava per li guadagni che traeva della sua fornicazione.

52. (SL) *Flagellò*. Strazio di Bonifazio L'Ottimo intende che Bonifazio per avere la Chiesa guardato a Dante, la strascina se lontano, geloso ch'ella avesse guardato a uomo buono. Meglio intendere che l'avere la corte romana, fatto vista d'avere riguardo ad altro che i voleri di Filippo, e, in generale, de' prepotenti del mondo, ne fosse, in pena delle ambiziose condiscendenze sue, flagellata. Qui Dante a cui la donna si volge non è proprio la persona del Fiorentino, ma un partito migliore, o altro comechesia, di quel di Filippo o dei prepotenti.

(F) *Cupido*. La donna dal cupido sguardo rammenta la *lupa di tutte brame* (Inf., I, t. 47); e l'occhio vagante, la *bestia senza pace* (Ivi, t 20); e il mostro, lei della cui vista usciva paura (Ivi, t. 48); e il vizio, in forma di bestia, l'imbestiarsi del carro (Purg., XXXII, t. 48).

53 (L) *Disciolse dall'albero.* — *Lei*: della selva. — *Scudo*, ch'io non vidi. — *Belva*: carro con sette capi.

(SL) *Scudo* Varchi: Facendosi scudo d'uno sgabello L'imagine par tratta a forza per la rima; ma altri potrebbe dire che quell'amara vista faceva all'animo di Dante tale assalto di guerra, da poter lui chiamare quasi scudo la selva che involava al suo sguardo tanta vergogna.

(F) *Trassel*. La corte romana sotto Clemente V, nel 1305, tratta oltremonte. Isai., LVII, 17: *Propter iniquitatem avaritiae ejus iratus sum, et percussi eum; abscondi a te faciem meam, et indignatus sum: et abiit vagus in via cordis sui.* — *Alla.* Conv.: *Questi adulteri al cui condotto vanno li ciechi.* Som.: *Può dirsi ch'anco per la bellezza spirituale alcuno possa commettere fornicazione, in quanto di quella insuperbisce, secondo quel d'Ezechielto: Si levò il tuo cuore nella tua bellezza; perdesti nella tua bellezza il senno* (Ezech., XXVIII, 17).

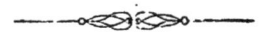

Nel principio segnatamente pare che il Canto non corrisponda al concetto. E come l'arte non sempre in Dante s'agguagli alla scienza, lo dice quel verso che ha un alto senso simbolico, del Grifone che muove il carro benedetto: *Sì che però nulla penna crollonne* Quanto ci corre da questi suoni alla Virgiliana armonia: *Celeres neque commovet alas.* Ma bello (tanto più che fa contrapposto con *quella che al serpente cresce*): *Temprava i passi un'angelica nota*. E ancora più bello: *Sen vanno suso Con più dolce canzone, e più profonda*. Quest'ultimo aggiunto non lo poteva forse trovare Virgilio. E se meno accorato dell' *Hector ubi est?* suona però tenerezza d'affetto: *E tutto in dubbio dissi: ov'è Beatrice?* Più tenero ancora nel Paradiso, senza profferire il suo nome: *Ed ella ov'è, di subito diss'io*.

SENSO MORALE E CIVILE E RELIGIOSO

DELLA VISIONE.

Dal vensettesimo all'ultimo Canto è un'azione che fa come il nodo dell'intero Poema: e di quest'azione le circostanze non interrotte da parlate nè dalle minori particolarità, giova raccorre acciocchè s'illustrino insieme.

Escono i tre poeti della fiamma che purga l'ultimo vizio, e un Angelo grida: *Venite, o benedetti del Padre mio*, ad annunziare la prova compiuta. Scende la notte; e Dante nel sonno vede in forma di Lia la virtù attiva che sta facendosi una ghirlanda di fiori. Il sole sorge; e Virgilio, già non più guidatore, lascia Dante al suo proprio arbitrio, sanato e purificato, che vada da sè per la selva odorata di fiori. Quand'egli è tant'oltre che più non vede di dove egli entrasse, un ruscelletto gli toglie l'andare più innanzi; e di là dal ruscello vede Matilde, l'imagine della virtù attiva insieme e religiosa e civile, che coglie fiori cantando; e la prega d'appressarsi tanto da fargli intendere quel ch'ella canta E Matilde viene laddove il ruscello la divide da Dante di soli tre passi, e gli rende ragione delle cose ch'egli vede lassù; e canta poi: *Beati di chi son coperte da perdono le colpe*. Poi cammina contro il corso del fiume, ella dall'una riva, dall'altra Dante; e, fatti cento passi, svoltano secondo lo svoltare dell'acqua, e si trovano col viso a levante. Poco vanno così, ed ecco un lume quasi di lampo che cresce e viene con un'onda di canto: e il lume, fattosi più presso, appariscono quasi sette alberi d'oro, che poi vedonsi essere sette candelabri, i sette doni dello Spirito, i sette sacramenti, e ogni perfezione di luce e immortale e mortale adombrata in quel numero. Dante aveva il ruscello a diritta, e quando si trovò tanto sull'orlo del margine che sola l'acqua lo dipartiva dalle cose vedute di là, si fermò, e vide i candelabri procedere lasciandosi dietro una striscia come lunghissima iride che si perdeva al di là della vista: e tra la prima e la settima di quelle fiammelle colorate correvano dieci passi: altro numero simbolico in parecchi precetti e riti. Sotto a queste iridi venivano ventiquattro seniori, i profeti coronati di gigli, cantando: *Benedetta Beatrice*, cioè la suprema Verità, e la scienza e coscienza di quella. Poi vengono quattro animali coronati di verde, gli Evangelisti nunzii della speranza; ciascuno con sei ale, come nella visione del Profeta, a indicare la forza del volo dell'umanità, essendo il numero delle due ale moltiplicato per la triade misteriosa; e piene d'occhi le penne, a significare la intensione del volo; sicura e, aiutata dalla memoria che è fondamento di fede, la previdenza dello spazio da misurare volando. Tra i quattro è un carro, la Chiesa, tirato da un grifone, simbolo dell'Uomo-Dio, il qual tende l'ale, altissime, da vincere lo sguardo umano, fra le tre iridi d'una e le tre d'altra parte, rimanendo sopra il capo suo quella di mezzo, sì che le ale non toccavano veruna delle sette, perch'egli venne non a sciogliere ma ad adempiere. Dalla destra del carro, più splendido che quello del sole, tre donne danzano, Fede e Speranza e Carità, l'una tutta neve, l'altra tutta smeraldo, la terza tutta fiamma, e or Fede, or Carità va innanzi; ma il canto della Carità è che guida la danza. A sinistra le quattro Virtù cardinali vestite di porpora manto di luce e di regno vero; e Prudenza con tre occhi le guida. Dietro al carro procedono Luca e Paolo, l'uno scrittore e l'altro in gran parte attore degli atti apostolici; poi i quattro Dottori umili in sembiante, perchè l'umiltà è condizione di scienza vera; e dietro ad essi Bernardo, solo, in atto di chi dorme e contempla, solo e perchè visse solitario e perchè già nel concetto di Dante, non ha la Chiesa Dottori da pareggiarsi a que' primi. Di Luca e Paolo e de' Dottori, siccome de' Profeti, l'abito è bianco sopra ogni candore terreno; ma questi sette hanno ghirlanda, non gigli, sì rose e altri fiori di color vivo che fan quasi ardere di luce la fronte, indizio del sangue sparso, della carità, dello zelo. Quando il carro fu rimpetto al Poeta tuona dall'alto, e i candelabri si fermano, e tutti. I Profeti si volgono al carro, e un di loro, re Salomone (che nel Paradiso vedremo lodato come sapientissimo non tra tutti, ma solo tra i re), canta tre volte: *Vieni, sposa, dal Libano*, le sue parole di mistico amore: e a quel canto scendono intorno al carro divino cento Angeli, dicendo: *Benedetto che vieni* (nè senza perchè dice *benedetto*, e non parla di donna), e gettano fiori e su in alto e d'intorno; tra fiori apparisce sul carro a Dante Beatrice, coperta di velo candido e sul velo una ghirlanda d'uliva, e sopra una veste di porpora un verde manto: i colori delle tre Virtù teologiche, coronate di ghirlanda di pace, di quella pace in cui Dante poneva e la beatitudine celeste ed il bene terreno, quella che nell'esiglio egli andava cercando, e al cui servigio desiderava che l'impero venisse. Senza veder Beatrice nel viso, e' sente l'antica virtù di lei, l'antica fiamma, e si volge per dirne a Virgilio: ma il poeta dell'umana civiltà era sparito all'apparire della ragione divina e della civiltà religiosa. Dante ne piange, e Beatrice per prima parola d'amore gli promette altre lagrime. Poi, soggiunge un rimprovero d'ironia simile a quello che nella Genesi è volto ad Adamo. A quel suono, il Poeta china gli occhi, e vede l'imagine sua nel ruscello, e come Adamo, si vergogna, e non osa riguardarsi più a lungo, e si trae indietro: come fa l'uomo errante che, non ancora pentito, non osa affrontare l'esame di sè. Gli Angeli allora cantano un salmo e di dolore e di speranza; e a quel canto, l'affanno di Dante, che era ristretto intorno al cuore, esce in lagrime e in singhiozzi. Beatrice che, per parlargli, s'era volta alla sinistra del carro, rimessasi alla diritta, la parte migliore, si volge agli Angeli per raccontare quel che Dio ed ella fecero a fine di nobilitare l'anima del Poeta, e com'egli mal corrispondesse a quegl'inviti d'amore sereno e severo. Volte agli Angeli queste parole come a giudici e come non degnando di volgerle a lui stesso, richiede quindi da esso la confessione del fallo. Egli risponde appena, sì; ed ella per avere confessione più piena, e umiliazione e pentimento più salutare, gli domanda quante difficoltà lo stornarono dal seguire il bene, quante agevolezze al male lo invogliarono. Dante dice, che dopo la morte di lei, il piacer falso delle cose presenti lo traviò. Beatrice gli dimostra il suo errore; egli lo riconosce e tace vergognoso. Ella gli fa alzare il viso; e allora e' vede la pioggia de' fiori ristata, e Beatrice riguardare al Grifone, si bella negli atti, ancorchè velata la faccia, che, preso da pentimento, egli cadde. Riavutosi, si trova entro al ruscello, e Matilde, che le acque passava intatta con piede leggero (forse e' correva quivi più largo che tre passi), tenervelo immerso infino a gola, e quando fu presso alla riva di là, tuffargli la testa dentro sì ch'egli bevesse dell'acqua che fa dimenticare la trista dolcezza del male; e poi togliernelo e collocarlo fra le quattro donne danzanti, che avevano, intanto ch'ei passava il ruscello (o esse sole, o con l'altre tre, o con gli Angeli, o insieme tutti), cantato quello del salmo di penitenza: *M'aspergerai, e sarò mondo e candido più che neve*. Ciascuna delle quattro Virtù, in cui si raccolgono tutte le altre umane, gli passa il braccio sopra la testa, con miglior senso che le danzanti non sogliono, a proteggerlo e benedirlo; e lo conducono dinnanzi al Grifone, e però a Beatrice. Dante mira fiso in lei, che mirava nella mistica fiera, e negli occhi di lei l'imagine ferma e una dell'Uuomo-Dio venivasi variando. Allora le tre Virtù teologiche si fanno innanzi cantando, e la pregano di mostrare a Dante gli occhi suoi senza velo; che è opera di virtù sovrumana lo scoprire l'altissima verità. Ella si svela. Il lungo fiso mirarla di Dante è interrotto dall'ammonire delle tre a sinistra di lui, che lo invitano a riguardare le altre cose d'intorno, come per dirgli ch'anco la contemplazione del bene maggiore può farsi importuna se ne consegua noncuranza de' beni minori. A lui, abbagliato dagli occhi di Beatrice, quell'altra luce sì viva par come buia; ma poi acconciatosi a quella la vista, vede la schiera rivolgersi a diritta, e avere il sole di faccia; e dopo svoltati tutti, alla fine muoversi il carro e le donne tornare al luogo di prima, e il Grifone tirarlo senza scuotere penna dalle sue ali. Matilde e Stazio e Dante venivano dietro alla destra del carro; e Angeli cantavano in alto. Fatto di via quanto un gettar di tre dardi, Beatrice scende là dov'era una pianta senza fiori nè foglie, altissima, e più larga più su. Tutti la circondavano mormorando il nome d'Adamo, e dicendo beato il Grifone che non ne tocca. E questi lega il carro all'albero co' rami suoi stessi, perchè la Chiesa, sebbene d'istituzione divina, e creata a fine di rilevare l'umanità, non distrugge però la natura d'essa umanità, e nè anco tutti i germi del male che sono in lei decaduta. E l'albero si veste di fiori tra punicei e vermigli, come-di sangue. Al canto di tutti il Poeta è preso da sonno; e svegliatosi a un nuovo chiarore e a una voce, vede Matildo pressogli... e Beatrice seduta sotto l'albero e intorno ad essa le sette donne co' candelabri; e il Grifone, con gli Angeli, e gli altri, salire in alto cantando più dolce e profondo. Beatrice è per la coscienza del vero lasciata a guardia della Chiesa, sotto quell'albero che per l'ubbidienza di Cristo rifiorì, inaridito già dalla colpa, e dilatantesi in vetta, perchè questo è il proprio della virtù che s'amplia ascendendo. Qui comincia la storia della Chiesa e della civiltà cristiana, dopo salito al cielo Gesù, e dileguati dalla terra i primi banditori della sua verità. Un'aquila come folgore percuote nel carro; i tiranni persecutori: e lo fa barcollare come nave in fortuna. Poi nel bel mezzo di quello s'avventa una volpe magra, l'errore degli avversi alla Chiesa, più sottile che solido e più malizioso che forte. Ma Beatrice la fa fuggire riprendendola di laide colpe, perchè la doppiezza e l'inonestà sono indizii palpabili della falsità e dell'ignoranza trista. Poi viene da capo l'aquila da alto, e ricopre il carro di penne, i beni temporali donati o lasciati prendere; ond'esce di cielo una voce che suona dolore. Poi s'apre tra le ruote la terra, e n'esce un drago, e col pungiglione della coda fitto nel carro, ne trae parte di sotto: che significa forse non solamente Maometto, ma quanti tolsero alla Chiesa famiglie di seguaci, e Ario segnatamente, il quale appunto del tempo di Costantino fece una divisione che toglieva il fondamento divino alla fede, minacciava la cristianità tutta quanta; e prenunziava lo scisma d'oriente, il quale scisma alla barbarie maomettana agevolò la vittoria e il dominio rafermò. Le penne dell'aquila, i beni temporali, ricoprono in men d'un sospiro e trasformano il carro, che si fa mostro, e mette tre teste dinnanzi con due corna ciascuna, e quattro dalle bande con un corno ciascuna; a significare i tre vizii, superbia, invidia, avarizia; e gli altri quattro capitali, che tutti insieme si contrappongono al numero delle virtù date ancelle all'altissima sapienza. Sul carro, in luogo di Beatrice, siede una donna svergognata e arruffata, e accantole un gigante, il potere profano dei re, che la bacia; ma poi vedendola rivolgere l'occhio a Dante amico di Beatrice, la flagella dal capo alle piante, e nel sospetto e nell'ira crudele scioglie il carro dall'albero, e lo trae per la selva. Le donne intorno a Beatrice, a tre e a quattro, cantano un salmo che piange gl'infortunii d'Israele: e Beatrice levatasi in piè dà parole di vicina speranza. Poi, precedendo le sette Virtù, s'avvia, e accenna a Dante, a Matilde e a Stazio che seguano. E fatti dieci passi, si volge al Poeta perchè venga di pari seco, e gli dà animo a dire: e gli prenunzia la pena che toccherà a' violatori della Chiesa e l'avvenimento di chi ucciderà la rea donna e il gigante, e gl'insegna che non solo il perseguitare essa Chiesa con violenze, ma il derubare de' suoi veri diritti dandole in cambio diritti non veri, è bestemmia di fatto. E perchè Dante si duole di non poter tutta comprendere la parola di lei, ed ella risponde questa essere colpa della scuola terrena, ch'egli ha seguitata: il Poeta che non si rammenta d'avere deposto il passato nell'acqua di Lete, dice che de' proprii errori non ha memoria o rimorso. Intanto è l'ora di mezzogiorno; e le sette donne si fermano all'ombra di grandi alberi, di dove escono due fiumi; de' quali il Poeta, immemore di quanto Matilde gli disse di Lete e d'Eunoè, interroga Beatrice: ed ella si volge a Matilde che conduca lui e Stazio a bere d'Eunoè, il qual ravviva con la memoria tutte le virtù dell'anima e del pensiero e del sentimento. Egli quindi ritorna rinnovellato e disposto a salire alle stelle.

In questi sei ultimi Canti son anco bellezze e d'affetto e di stile notabili; ma nè di questo nè di quello tante al parer mio quante in altri. Forse che nel comporre questi Canti, il Poeta, o stanco dalla prolungata meditazione che toglie freschezza all'ingegno, o mal disposto del corpo o dell'animo, e volendo pur procedere verso la meta della sua visione pensiero e conforto di lunghi affannosi anni, non si sia trovato in quel felice temperamento di forze e d'affetti, d'umiltà e di fiducia, che richiedesi alle sovrane creazioni dell'arte.

CANTO XXXIII.

ARGOMENTO.

Beatrice annunzia l'avvento di chi libererà la Chiesa e l'Italia dal giogo de' re tristi e de' vizii tiranni. Giungono ad Eunoè. Stazio e Dante ne bevono: ond' e' si sente rinnovellato.

Si noti varietà nel Purgatorio più che nell'Inferno e nel Paradiso: il regno tra la materia sozza e lo spirito, lo spirito inarrivabile con parole, è più degnamente descritto dall'uomo in cui lo spirito e la materia si congiunsero con tempre sì forti. Guardisi varietà tra il I e il XXXIII, il II e il XXXII, il III e il XXX, e così il rimanente.

Nota le terzine 1, 2, 3; 5 alla 15; 18, 20, 23; 26 alla 31; 34, 35, 38, 39, 44, 45, 48.

1. *Deus, venerunt gentes:* alternando,
    Or tre or quattro, dolce salmodia,
    Le donne incominciaro, lagrimando;
2. E Beatrice, sospirosa e pia,
    Quelle ascoltava, sì fatta, che poco
    Più, alla croce, si cambiò Maria.

---

1. (L) *Quattro:* le virtù teologiche e le cardinali.
    (SL) *Deus.* Applica allo stato della Chiesa le querele del Salmo sui mali del popolo eletto, e alla traslazione della Sede in Francia. Comento di Pietro: *Vera profezia dello stato presente della Chiesa*
    (F) *Tre.* Psalm, LXXVIII, 1-10: *Deus, venerunt gentes in haereditatem tuam.., posuerunt Jerusalem in pomorum custodiam Effuderunt sanguinem eorum tamquam aquam, in circuitu Jerusalem: et non erat qui sepeliret. Facti sumus opprobrium vicinis nostris: subsannatio et illusio his qui in circuitu nostro sunt. Usquequo, Domine, irasceris in finem, accendetur, velut ignis, zelus tuus?... Comederunt Jacob, et locum ejus desolaverunt... Adjuva nos, Deus salutaris noster, et.... libera nos;... Ne forte dicant in gentibus: ubi est Deus eorum?* Ne solamente religioso ma politico senso avevano queste parole nel pensiero di Dante, nel quale di continuo si cantavano simili irate querele.
    2. (L) *Fatta:* commossa. — *Cambiò* di dolore.
    (F) *Maria.* Lo strazio della Chiesa rinnova lo strazio di Gesù.

DANTE. *Purgatorio.*

3. Ma poi che l'altre vergini dier loco
   A lei di dir; levata dritta in piè,
   Rispose, colorata come fuoco:
4. — *Modicum, et non videbitis me:
   Et iterum,* sorelle mie dilette,
   Modicum, et vos videbitis me. —
5. Poi le si mise innanzi tutte e sette:
   E dopo sè, solo accennando, mosse
   Me, e la Donna, e il Savio che ristette.
6. Così sen giva. E non credo che fosse
   Lo decimo suo passo in terra posto
   Quando con gli occhi gli occhi mi percosse;
7. E con tranquillo aspetto: — Vien più tosto,
   Mi disse, tanto, che, s'io parlo teco,
   Ad ascoltarmi tu sie ben disposto. —
8. Sì come i' fui, com'io doveva, seco;
   Dissemi: — Frate, perchè non t'attenti
   A dimandare omai, venendo meco? —
9. Come a color che troppo reverenti,
   Dinnanzi a suo' maggior', parlando, sono,
   Che non traggon la voce viva a' denti,
10. Avvenne a me; che senza intero suono
    Incominciai: — Madonna, mia bisogna
    Voi conoscete, e ciò che ad essa è buono. —
11. Ed ella a me: — Da tema e da vergogna
    Voglio che tu omai ti disviluppe,
    Sì che non parli più com'uom che sogna.

3. (L) *Fuoco* d'amore.
(SL) *Fuoco* Æn., XII: *Cui plurimus ignem Subjecit rubor, et calefacta per ora cucurrit.*
4. (L) *Modicum*: un poco, e non mi vedrete; e anche un poco, e voi mi vedrete.
(F) *Modicum.* Joan., XVI, 16, 20: Dopo le recate parole soggiunge Gesù: *In verità dico a voi: che vi dorrete e piangerete; il mondo godrà, e voi sarete contristati: ma la tristezza vostra sarà volta in gioia.* Così agli Apostoli annunzia la sua risurrezione e la loro. Dante spera tra breve il ritorno della Sede in Italia e dell'onore perduto, e che la scienza divina ravviverà gli spiriti singoli e la nazione.

5. (L) *Donna*: Matilde. — *Savio*: Stazio.
(SL) *Savio.* Purg., XXX, t. 17.
6. (SL) *Decimo* Dieci passi distavano tra loro le fiamme de' candelabri (Purg., XXIX, terz. 27). — *Percosse.* Purg., XXX, t. 11: *Nella vista mi percosse L'alta virtù.*
8. (L) *Frate*: fratello.
9. (L) *Suo'*: loro.
(SL) *Denti* Simile modo in Omero.
11. (SL) *Disviluppe.* Inf., II, t. 17: *Da questa tema... ti isolve.* Tema e vergogna (come nel Canto XXXI. Confusione e paura insieme miste) fanno un viluppo tra sè, e aviluppano il sentimento e il pensiero, e quindi la parola di Dante. Bartoli: *Da questo laccio lo sviluppò.*

12. Sappi che il vaso che 'l serpente ruppe,
Fu, e non è. Ma chi n'ha colpa, creda
Che vendetta di Dio non teme suppe.
13. Non sarà tutto tempo senza reda
L'aguglia che lasciò le penne al carro,
Perch'e' divenne mostro, e poscia preda.
14. Ch'io veggio certamente (e però 'l narro)
A darne tempo già stelle propinque,
Sicuro d'ogn'intoppo e d'ogni sbarro,
15. Nel quale un Cinquecento Diece e Cinque,
Messo di Dio, anciderà la fuia,
E quel gigante che con lei delinque.

12. (L) *Vaso:* carro. — *Suppe:* false espiazioni non cura.
(SL) *Vaso.* Purg., XXXII, t. 15. La Chiesa rotta ne' membri suoi da mondane cupidità. — *Suppe.* Era costume fiorentino, l'uccisore mangiare o focaccia o zuppa di pane con vino sulla sepoltura dell'ucciso nel termine di otto o nove dì; e credevano espiata la colpa. Forse dalla frantesa tradizione dell'Agape, o del convito da fare insieme i nemici riconciliati. Ma Dio, dice Dante, non teme nè soffre inciampi alla pena giusta. Dice *non teme,* quasichè la violenza umana voglia fare forza alla giustizia di Dio, e lottare seco. Onde Par., XXVII, la giustizia di Dio e della *difesa* Bocc.: *Questa usanza arrecò Carlo di Francia; che quand'egli prese Corradino con gli altri baroni della Magna, e fece loro tagliare la testa in Napoli; e poi dice che fecìono fare le zuppe, e mangiaronle sopra que' corpi morti Carlo cogli altri suoi baroni, dicendo che mai non se ne farebbe vendetta.* Ma siccome le colpe di Carlo furon punite; così, dice Dante, saranno le nuove; e par che minacci pena simile a' Vespri. Iacopo della Lana trae la superstizione di Grecia; il Postillatore Cassinense la dice vivente a' suoi tempi. Benvenuto: *E questo fecero molti Fiorentini famosi, siccome il signore Corso Donati.* In Grecia tuttavia pongono offerta di vivande sulle sepolture de' morti
(F) *Fu.* Apoc., XVII, 8: *La bestia ch'hai veduta, fu e non è.* La bestia dell'Apocalisse e del Purgatorio, e la donna del Purgatorio e del XIX dell'Inferno, sono il medesimo.
13. (L) *Tutto tempo:* sempre. — *Reda:* erede. — *Aguglia:* aquila. — *Preda:* al gigante.
(SL) *Reda.* Verrà imperatore degno dell'Italia. — *Mostro.* Un comento inedito antico: *Mostro, ne' beni temporali della Chiesa, i quali beni, re, principi, signori, tiranni, ognuno l'avolterarà per questi avere.* — *Preda.* In questo verso è tutta una dottrina storica.
14 (L) *Propinque:* vicine a darci tempo sicuro. — *Sbarro:* ostacolo.
(SL) *Stelle* Pietro intende una vera congiunzion de' pianeti, e colloca la risurrezione d'Italia nel 1344 o nel 1345. Scriveva egli nel 1340 — *Propinque.* Matth., III, 2: *Appropinquavit in vos regnum.* — *Sbarro.* L'intoppo ritarda, lo sbarro ferma
(F) *Sicuro.* Judic., V, 20: *Le stelle tenendosi nell'ordine e corso loro combattettero contro Sisara.* Dan., XII, 12: *Beato chi aspetta e arriverà fino a dì mille trecentotrentacinque.* Che alcuni intendevano per gli anni dell'Era di Cristo.
15. (L) *Un.* DVX (duce). — *Fuia:* ladra, lupa
(SL) *Un.* Apoc., XIII, 18: *Numerus ejus sexcenti sexaginta sex:* alla qual cifra gl'interpreti attribuiscono vario senso: qui il numero di Dante è *DXV*, che, trasportato, dà *DUX*. Questi non è Arrigo, già morto, ma Cane capitano della lega ghibellina (Par., XVII). Cane, è vero, fu capitano nel 1318, non prima: ma chi dice a noi che dopo il 1318 non abbia il Poeta ritoccata la Cantica? Ove sono le prove? Forse perchè promette che il duce ucciderà quel gigante? Ma nel gigante non è figurato soltanto Filippo il Bello, come non è nella Chiesa tale o tal papa; bensì la potenza sacrilega de' re francesi e di tutti i re della terra. Nè Cane o altro duce italiano poteva materialmente uccider Filippo, nè la corte di Roma nè l'avarizia d'essa corte, ma sturbare la tresca de' principi profani co' sacri. — *Messo.* Arrigo nella famosa lettera

16. E forse che la mia narrazion, buia
    Qual Temi o Sfinge, men ti persuäde,
    Perchè, a lor modo, lo 'ntelletto attuia.
17. Ma tosto fien li fatti le Naiáde
    Che solveranno questo enigma forte
    Sanza danno di pecore o di biade.
18. Tu nota, e, sì come da me son pórte
    Queste parole, sì le insegna a' vivi
    Del viver ch'è un correr alla morte.
19. Ed aggi a mente, quando tu le scrivi,
    Di non celar qual hai vista la pianta
    Ch'è or due volte dirubata quivi.
20. Qualunque ruba quella o quella schianta,
    Con bestemmia di fatto offende Dio,
    Che solo all'uso suo la creò santa.

è chiamato ministro di Dio, figliuol della Chiesa — *Anciderà* Inf., I, t 34: *La farà morir di doglia.* — *Fuia.* Purg., XX, l 4: *Che più che tutte l'altre bestie hai preda.* Inf., XII, t. 30: *Anima fuia. Bestia nera*, e modo quasi proverbiale. Inf., XXI: *Un diavol nero*; XXIII: *Gli angeli neri*; VI: *Anime nere.*
(F) *Messo.* Joan., I, 6: *Missus a Deo.* L'Ottimo cita l'Apocalisse (XX, 1): *Viddi uno Agnolo discendente di cielo, che aveva grande potestade; e la terra è illuminata della gloria sua; e gridò nella fortitudine della voce sua: Cadde la grande Babilonia ... E piagneranno se sopra lei li re della terra che con lei fornicarono; e li mercatanti della terra piagneranno sopra quella, perocchè le loro mercatanzie .. neuno comprerà più.*
16 (L) *Temi.* A lei vanno dopo il diluvio Deucalione e Pirra; ella risponde buio. — *Modo:* come quegli oracoli. — *Attuia:* confonde
(SL) *Temi.* Ov. Met., l: *Fatidicamque Themin, quae tunc oracla tenebat.* — *Attuia* Forse nel senso che danno certi dialetti a ottuso per iscarso di lume. O da attutare, stutare; e i Veneti dicono *stuar*, lo spegnere.
17. (L) *Forte:* difficile.
(SL) *Naiade.* Ovid Met, VII: *Carmina Naiades non intellecta priorum Solvunt ingeniis: et praecipitata jacebat Immemor ambagum, vates obscura, suarum Scilicet alma Themis non talia linquit inulta. Protinus Aoniis immittitur altera Thebis Pestis; et exitio multi pecorumque suoque Ruricolae pavere feram.* Dice Ovidio

che le Naiadi avevano oracoli, di che Temi irata mandò contro Tebe una belva che si pasceva di bestiame e di messi. Ma sebbene abbiansi Ninfe che rendono oracoli (Paus., Boet), e sebbene in Virgilio (Buc., X) le Naiadi si collochino sul Parnaso o sul Pindo o lungo Aganippe; pur meglio lesse l'Einsio: *Laiades solverat*, cioè il figliuolo di Laio Edipo Dice *Naiàde* non perchè l'*alpha* greco sia comune, ma perche, non sapendo forse Dante dividere la voce *Naiades*, e fare d'ai due brevi, dovette per legge del metro leggere: *Carmina Najádes.* — *Forte.* Dante, Canz.: *Tanto lor parli faticosa e forte.*
18 (L) Sì: così.
(SL) *Pórte.* Inf., II, t. 45: *Vere parole che ti porse.* — *Insegna.* Un antico commento inedito: *Sì dice il poeta che dee venire uno imperatore il quale dee torre ai pastori di santa Chiesa tutti questi beni mondani* (Riccardiana di Firenze, cod. 1037; Magliabechiana, classe I, cod. 47, 49) E un codice inedito della Laurenziana (XL, 9): *Riformerà lo stato della Chiesa e de' fedeli Cristiani* — *Correre.* Petr., Canz. 49: *I dì miei più correnti che saetta.*
(F) *Morte.* Cic., Somn. Scip.: *La vostra che si dice vita è una morte.* Ad Corinth., I, XV, 31: *Muoio ogni dì.* Girol: *Noi moriamo ogni istante* [C] Greg. Om.: *Ipse quotidianus defectus corruptionis, quid est aliud, quam quaedam prolixitas mortis?*
19. (L) *Due volte:* dall'aquila, dal gigante.
20 (SL) *Ruba.* Bocc, XLII: *Rubando ciascuno.*

CANTO XXXIII.

21. Per morder quella, in pena e in disío
Cinquemil' anni e più l'anima prima
Bramò Colui che 'l morso in sè puníò.
22. Dorme lo 'ngegno tuo se non istima,
Per singular cagione essere eccelsa
Lei tanto, e sì travolta nella cima.
23. E, se stati non fossero acqua d'Elsa
Li pensier' vani intorno alla tua mente,
E 'l piacer loro un Piramo alla gelsa;
24. Per tante circostanzie, solamente,
La giustizia di Dio, nello 'nterdetto,
Conosceresti all'alber, moralmente.
25. Ma, perch' io veggio te nello 'ntelletto
Fatto di pietra, ed in peccato tinto,
Sì che t'abbaglia il lume del mio detto;
26. Voglio anche, e se non scritto, almen dipinto
Che 'l ti ne porti dentro a te, per quello
Che si reca il bordon di palma cinto. —

21. (L) *Prima:* Adamo. — *Colui:* Gesù Cristo.
(SL) *Anni.* Tra i 930 di sua vita, e que' che alla se Gesù Cristo nel Limbo. La vita gli fu pena, e pena nel Limbo l'aspettazione. Inf., IV, t. 14: *Senza speme vivemo in desio.* — *Prima.* Par., XXVI, terz. 28. Volg. Eloq., I, 6.
22. (L) *Cagione:* per mostrare che è a uso di beni divini. — *Travolta:* più larga più in su.
(F) *Eccelsa.* Purg., XXXII, t. 14: *Merito dell'obbedire.* L'Ottimo: *Da sè fugge le mani delli disubbidienti.* — *Travolta.* Se non si veda il fine del comando, l'ubbidienza a Dio è più meritoria.
23 (L) *Se..*: se il peccato non t'avesse indurata la mente e tinta l'anima.
(SL) *Elsa.* Mette in Arno tra Pisa e Firenze. Copre d'un tartaro petrigno le cose che vi s'immergono (Targioni Tozzetti, Viaggio in Toscana, t. V). — *Vani.* Psal., XCIII, 11: *Cogitationes hominum... vanae sunt.* — *Piramo.* Andò per vedere Tisbe e morì e tinse il gelso di sangue. Purg., XXVII. — *Gelsa.* Affettato: ma dice a qualche modo, che gli smodati affetti sono perdizione e macchia: e l'altra imagine dice che le tenerezze vane istupidiscono e indurano.
24. (L) *Moralmente:* nel divieto di mangiare dell'albero, conosceresti la giustizia divina; e l'albero, anche, essere la Chiesa inviolabile ai re. Le circostanze della visione sono tante, che di per sè sole, senza intendere più a fondo, ti spiegano il senso di quella

(F) *Circostanzie.* Arist. Eth., III: *Le circostanze sono particolari condizioni di singoli atti* Som.: *Quante condizioni sono fuori della sostanza dell'atto, e tuttavia in qualche modo toccano l'atto umano, diconsi circostanze.* — *Moralmente.* Un de' sensi ne' quali si possono intendere le scritture è, dice Dante nel Convivio (II, 1), *il senso morale,* che viene innanzi l' anagogico.
25 (SL) *Pietra.* Ezech, XXXVI, 26: *Toglierò il cuor di pietra .. e vi darò un cuore di carne.* — *Tinto.* Sam.: *Tinctum aqua propriae voluntatis.* — *Abbaglia.* Non istà colla pietra e col *tingere*; ma gli scrittori più corretti hanno esempi di tali trapassi non imitabili.
26. (L) *Dipinto:* per figure simboliche, non in caratteri di lettere chiare. — *Che 'l:* il detto mio. — *Quello* fine. Per saggio di ciò che vedesti.
(SL) *Palma.* Vita Nuova: *Chiamansi palmieri in quanto vanno oltremare, là onde molte volte recano la palma.* Nel XXX del Paradiso paragona il suo viaggio a peregrinazione divota.
(F) *Scritto.* Purg., II, t. 15: *Parea beato per iscritto.* Ad Rom., II. 15:

27. Ed io: — Sì come cera da suggello,
Che la figura impressa non trasmuta,
Segnato è or da voi lo mio cervello.

28. Ma perchè tanto sovra mia veduta
Vostra parola disïata vola,
Che più la perde quanto più s'aiuta? —

29. — Perchè conoschi (disse) quella scuola
Ch'hai seguitata; e veggi, sua dottrina
Come può seguitar la mia parola;

30. E veggi, vostra via dalla divina
Distar cotanto, quanto si discorda
Da terra il ciel che più alto festina. —

31. Ond'io risposi lei: — Non mi ricorda
Ch'io stranïassi me giammai da voi,
Nè honne coscïenzia che rimorda. —

32. — E, se tu ricordar non te ne puoi
(Sorridendo rispose), or ti rammenta
Siccome di Letéo beesti ancoi.

33. E se dal fummo fuoco s'argomenta,
Cotesta oblïvion chiaro conchiude
Colpa nella tua voglia, altrove attenta.

Scritto ne' cuori. Som: *L'anima è tavola su cui scrive le cognizioni.*
27. (F) *Cera*. Bart. da S. Conc.: S. Girolamo nel prologo della Bibbia dov'egli assomiglia il naturale ingegno alla molle cera la quale, avvegnaché, per virtude sua, sia tanto acconcia quanto esser può, nientemeno abbisogna del maestro che forma le dea. — *Segnato*. Conv, I, 8: *L'utilità sigilla la memoria dell'imagine del dono.* — *Ciel*. [Ant.] Il cielo che più velocemente ruota, è il *primo mobile*, secondo il sistema di Tolomeo. Per impulso di questo, tutti i cieli inferiori movendosi insieme uniformemente, è chiaro che il più alto o più remoto dal centro comune sarà il più veloce.
28. (L) *Aiuta* a intenderla.
29. (L) *Scuola* umana.
(SL) *Dottrina* Som.: *La teologia che appartiene alla sacra dottrina.*
30. (L) *Terra*: spazio. — *Ciel*: primo mobile. — *Festina*: corre.
(SL) *Via*. Segneri: *La scienza delle due vie.* — *Discorda*. Col sì in Semintendi — *Festina*. Par., I, l. 41: *Quel ch'ha maggior fretta.*
(F) *Distar*. Isai., LV, 9: *I pensieri miei non sono i pensieri vostri, nè le vie vostre le mie, dice il Signore. Perchè siccome si levano i cieli da terra, così si levano le mie vie al disopra delle vie vostre, e i miei pensieri da' vostri.* Psal., CII, 11, 12: *Secundum altitudinem coeli a terra .., longe fecit a nobis iniquitates nostras ..*
31. (L) *Lei*: a lei. — *Stranïassi*: facessi strano. — *Honne*: ne ho.
(SL) *Stranïavsi*. Albertano, I, 23: *Lo debito strania da te lo debitore.* — *Me Posposto*, ha efficacia; e gioverebbe che sapessero usarlo i moderni.
32. (L) *Letéo*: Lete. — *Ancoi*: oggi.
(SL) *Beesti*. Æn., VI: *Oblivia potant*
33. (L) *Fuoco*: dall'effetto la causa. — *Conchiude*: prova che tu peccasti: se no, sapresti il passato.
(F) *Fummo*. Som.: *Il segno corporale può essere, effetto della cosa di cui egli è segno; siccome il fumo significa il fuoco, sua causa.* [C.] Eccli., XXII, 30: *Ante ignem camini vapor et fumus ignis.* — *Conchiude*. Som.: *Ratio illa concludit quod homo non indigeat alia abituali gratia.*

CANTO XXXIII. 471

34. Veramente oramai saranno nude
Le mie parole, quanto converrassi
Quelle scovrire alla tua vista rude. —
35. E più corusco e con più lenti passi,
Teneva 'l sole il cerchio di merigge,
Che qua e là, come gli aspetti, fassi;
36. Quando s'affisser (sì come s'affigge
Chi va dinnanzi a schiera per iscorta,
Se trova novitate in sue vestigge)
37. Le sette donne al fin d'un'ombra smorta,
Qual, sotto foglie verdi e rami nigri,
Sovra suoi freddi rivi l'Alpe porta.
38. Dinnanzi ad esse, Eùfrates e Tigri.
Veder mi parve uscir d'una fontana,
E, quasi amici, dipartirsi pigri.

Arist. Phys., 1: *Non omnia diluere convenit; sed ea tantum quae ex principiis demonstrando falsa concludunt.* L'usa in una lettera il Guidiccioni.

34 (L) *Veramente:* ma. — *Nude:* schiette. — *Rude:* non esperta dall'altissima verità.

(SL) *Oramai.* Altre due volte abbiamo omai in questo Canto. Ripetizione forse a caso, ma non senza senso. — *Rude.* Georg., II: *Rudis... campus;* non coltivato. Hor., Carm., III, 2: *Rudis agminum sponsus;* imperito di guerra. *Rudes* nella Somma vale *indotto.* I rozzi non idonei a intendere, nella somiglianza, il vincolo delle idee.

(F) *Nude.* Vita Nuova: *Denudare le mie parole da cotal vesta.* Eccli., IV, 21: *Denudabit absconsa sua illi.* Ad Haebr., IV, 13: *Omnia... nuda et aperta sunt oculis ejus.* Som.: *Insegnare nudamente o in figura.* — *Scovrire.* S. Tommaso distingue nelle Scritture il senso storico o letterale, l'allegorico, il tropologico o morale, l'anagogico Som.: *Prima viene la visione sopramondana, ma corporale per mezzo del senso, come vide Daniele la mano dello scrivente sulla parete; poi viene la visione imaginaria, come quella di Isaia e di Giovanni nell'Apocalisse; poi più alta la visione intellettuale.* — *Quella profezia è più eccellente nella quale rivelasi la nuda intelligibile verità.*

35. (L) *Fassi.* V. in fine le osservazioni del P. Antonelli.

(SL) *Lenti.* Par., XXIII, t. 4: *La plaga, Sotto la quale il sol mostra men fretta.*

36 (L) *Affisser:* fermarono. — *Vestigge:* cammino.

(SL) *Fin* dove finiva di stendersi la lunga ombra degli alberi grandi. Dipinge. — *Iscorta.* Purg., XXIV, t. 52: *Qual esce... Lo cavalier di schiera che cavalchi.* — *Vestigge.* Per via Virg.: *In se sua per vestigia volvitur an.ius.*

37. (L) *Smorta.* Contrapposto alla luce circostante. — *Qual* ombra (quarto caso).

(SL) *Donne.* Rimangono modeste, nell'ombra. — *Nigri.* Æn., VIII: *Nigra... abjete.* Buc, VI: *Ilice sub nigra.* Æn., IX: *Lucus... NigrantI picea.. obscurus.* Georg., III: *Nigrum Illicibus crebris sacra nemus accubet umbra* — *Porta.* Georg., II: *Gerit India lucos.* - *Nec vero terrae ferre omnes omnia possunt.*

(F) *Qual.* [Ant.] Col richiamarci per similitudine ai freddi ruscelli della grande catena alpina, che limita l'Italia dalla parte settentrionale, dipingendoceli coperti di abeti e d'altre piante di rami scuri e verdi foglie, che da una riva all'altra si toccano; ha forse inteso il Poeta di ricordarci che faceva cammino sulla riva destra del Lete, per preparare l'attenzione del lettore a un'inattesa veduta.

38. (SL) *Tigri,* Lucan, III: *Quaque caput rapido tollit cum Tigride magnus Euphrates...* Simile in Ovidio. La Genesi (II, 10-14) dice che il fiume irrigante il Paradiso terrestre *dividitur in quatuor capita Nomen uni*

39. — O luce, o gloria della gente umana,
Che acqua è questa che qui si dispiega,
Da un principio, e sè da sè lontana? —
40. Per cotal prego, detto mi fu: — Prega
Matelda che 'l ti dica. — E qui rispose
(Come fa chi da colpa si dislega)
41. La bella donna: — Questo, e altre cose
Dette gli son per me: e son sicura
Che l'acqua di Letéo non gliel nascose. —
42. E Beatrice: — Forse maggior cura
(Che spesse volte la memoria priva)
Fatto ha la' mente sua negli occhi oscura.
43. Ma vedi Eünoè che là deriva:
Menalo ad esso, e, come tu se' usa,
La tramortita sua virtù ravviva. —
44. Com' anima gentil che non fa scusa,
Ma fa sua voglia della voglia altrui
Tosto com' è per segno fuor dischiusa;
45. Così, poi che da essa preso fui,
La bella donna mossesi, e a Stazio
Donnescamente disse: — Vien'- con lui. —

Phison... Et nomen fluvii secundi Gehon... Nomen vero fluminis tertii, Tygris... Fluvius autem quartus, ipse est Euphrates. Alcuni interpreti fanno i due primi derivare dall'Eufrate e dal Tigri (Pererius, in Gen., t. III: de Par., I). [Boetius, de Consolat. Phil., lib. V, m. 1 : *Tygris et Euphrates uno se fonte resolvunt*] [Ant.] Due celebri fiumi dell'Asia interiore, che hanno vicine le sorgenti nei monti dell'Armenia, comune la foce nel golfo Persico e comprendenti fra loro la famosa terra della Mesopotamia. — *Amici.* L'Acqua d'Arno agli Aretini *disdegnosa torce 'l muso* (Purg., XIV, t. 46). Inf., V, t. 33: *Il Po discende* (nel mare) *Per aver pace.* Nel Convivio (III, 5) delle piante non bene trasposte: *Vivono quasi triste, siccome cose disgiunte dal loro amico.*
39. (L) *O:* o Beatrice. — *Dispiega:* svolge — *Lontana,* scendendo.
(SL) *Luce* Purg. VI, t. 15 Inf., II, t. 26 : *Per cui L'umana specie eccede ogni contento.* — *Che.* Æn., VI: *Quae sint ea flumina porro.* — *Dispiega.* Lucano, del Gange: *Ostia nascenti contraria solvere Phoebo* (Phars, III).

(F) *Sè.* A significare l'unità nel progresso.
40. (L) *Detto* da Beatrice. — *Dislega:* scusa.
(SL) *Matelda.* Qui finalmente dice il nome.
41. (L) *Donna:* Matelda. — *Per:* da.
(SL) *Dette.* Purg., XXVIII, t. 41.
42. (L) *Cura* di veder me. — *Priva* di sua virtù. — *Oscura:* all'impressione del senso non rispose la memoria, essendo il pensiero ad altro.
(SL) *Cura.* Æn., VI: *Securos latices.*
(F) *Memoria.* [C.] Plin.: *In Baestia duo fontes quorum alter memoriam, alter oblivionem affert, inde nominibus inventis.* — *Oscura.* Dice l'attività dell'anima sopra il senso.
43. (SL) *Eünoè.* Εὖ e νόος. Conv, II, 4 : *La prima Mente, la quale li Greci dicono Protonoe* — *Deriva.* Cic., de Off : *Derivationes fluminum.*
45 (L) *Donnescamente:* signorilmente. — *Vien:* anco Stazio ne bee.
(SL) *Donnescamente.* Bocc.: *Donnescamente dicendo.*
(F) *Vien.* Stazio, anima già pervenuta al suo fine, non abbisogna di guida.

CANTO XXXIII.

46. S'i' avessi, lettor, più lungo spazio
Da scrivere, io pur canterei 'n parte
Lo dolce ber che mai non m'avria sazio.
47. Ma, perchè piene son tutte le carte
Ordite a questa Cantica seconda,
Non mi lascia più ir lo fren dell'arte.
48. Io ritornai dalla santissim' onda,
Rifatto sì come piante novelle
Rinnovellate di novella fronda,
Puro, e disposto a salire alle stelle.

46. (SL.) *Spazio*. Georg., IV: *Verum haec ipse equidem spatiis exclusus iniquis Praetereo, atque aliis post me memoranda relinquo. — Conterei.* Georg, IV: *Extremo ni jam sub fine laborum Vela traham.. canerem.*
47. (L) *Piene* : compiuti trentatrè canti.
(SL) *Fren* Georg., II: *Sed nos immensum spatiis confecimus aequor, Et jam tempus equum fumantia solvere colla.*
48 (SL) *Rifatto*. En., XII: *Animis refecti* Georg., III: *Saltus reficit jam roscida Luna...* Davanz, Ann, III, 73: *Rifatto con aiuti* (guerrieri).
— *Fronda*. En., VI: *Fronde virere nova.* — *Stelle* Una notte e un giorno in Inferno: e una notte e un giorno dal centro all'altro emisfero. In Purgatorio quattro giorni. Il primo al Canto II; il secondo al IX; il terzo al XIX; il quarto al XXVII. Al mezzogiorno è alla fontana; sarà in Paradiso col sole novello.
(F) *Rinnovellate*. Psal. CII, 5: *Renovabitur ut aquilae juventus tua.* Psal, L, 12: *Spiritum rectum innova in visceribus meis.* Ad Ephes., IV, 23: *Renovamini.. spiritu mentis vestrae.* Ezech., XXXVI. 25, 26 : *Spargerò sopra voi acqua monda, e sarete mondati da tutte le sozzure vostre... Vi darò un cuore nuovo, e un nuovo spirito porrò in voi.* [C] Aug., Serm., CLVII: *Terminata Sacramentorum solemnitate, vos alloquimur novella dermina sanctitatis, regenerata ex aqua et Spiritu Sancto; germen pium, examen novellum, flos nostri honoris et fructus laboris, gaudium et corona mea.*

Al verso che nomina col nome di più volgare dispregio la donna meretrice, succede il latino del salmo di Davide: *Deus* Il penultimo canto finisce con la *nuova belva;* l'ultimo con le *piante novelle*, e col verso che, tuttochè posato sulla settima, vola per salire alle stelle. Al cenno doloroso del salmo tengono dietro altre parole latine, che fanno un verso per verità non di *dolce salmodia*, dette nel Vangelo da esso Gesù, confortanti a speranza, per contrapposto all'imagine di Beatrice che ascolta il lamento dell'Italia e della Chiesa umiliata con poco meno accorato pallore che a piè della Croce Maria. La quale comparazione ramменta l'altra, più potente, nell'alto del Paradiso, quando per la sdegnosa pietà della Chiesa straziata, Beatrice, *trasmuta sembianza*, e la luce dei celesti spiriti si scolora d'eclissi simile a quella che fu nella morte di Cristo. Le quali imagini manifestano quanto il Poeta considerasse in sul serio queste cose, e come dal sentirle altamente in sè gli venisse la forza del Canto In Beatrice egli vede la virtù contemplante, e con lei s'immedesima per riconoscere nella presente Chiesa Cristo stesso che patisce e quasi agonizza; e a piè del legno dov'egli è riconfitto, seco agonizza la madre.
Alla severità teologica e alla sopr abbondanza dell'affetto congiungesi in modo singolare l'esattezza aritmetica e matematica: onde egli conta i dieci passi che fece lungo il fiume Beatrice: e segue narrando com'ella lo conforti col nome di fratello; e come, con più soave vergogna di quella di prima, egli, senza

ben profferire la parola, risponda schiettamente: *Madonna, mia bisogna Voi conoscete, e ciò che ad essa è buono:* che rammenta tra le altre, la risposta affettuosa di lui a Virgilio: *tu se' signore; e sai ch' io non mi parto Dal tuo volere, e sai quel che si tace;* siccome gli aveva già detto dal primo: *or va, ch' un sol volere è d'amendue: Tu duca, tu signore, e tu maestro.* Del suo non più rammentarsi degli errori riparati. Beatrice sorride; come già d'un suo errore d'ignoranza sorrise Matelda, e d'un altro *pueril coto* Piccarda sorriderà, e del suo errore circa le macchie della luna Beatrice stessa. E siccome Virgilio prega Stazio che sani lui d'un errore intorno al commercio tra gli spiriti e i corpi; così Beatrice fa ch'egli preghi Matelda, lo conduca a bere con Stazio insieme dell'acqua vivificante i pensieri degni di vivere eterni.

Oltre alle notate similitudini, di Maria a piè del figlio morente, e delle piante che si rinnovellano a vita novella; abbiamo quella del pellegrino ritornante col bordone cinto di palma, che rammenta *il messagger che porta olivo,* e altre di pellegrini e di viandanti; e quella dell' *uomo che sogna,* che rammenta le altre del quindicesimo del Purgatorio e del trentesimo dell'Inferno: e della cera *che la figura impressa non trasmuta,* imagine che in forme varie ritorna, più o meno felici; e dei fiumi che dalla fonte comune paiono lenti a dividersi *come amici.*

Potente, nell'apparente stranezza, è l'espressione dell'acqua *che sè da sè lontana;* e della *mente* che, lucida in se, è fatta oscura *negli occhi* perchè un altro pensiero le vela gli oggetti da conoscere, e la ecclissa quasi a se stessa, e dell' *ingegno che dorme,* e della *virtù* tramortita da dover *ravvivare* Ma, sebbene la *bestemmia di fatto* sia una delle locuzioni più valide del Poema, valida perchè vera; a me piace fermare il pensiero *Nell'anima gentil che non fa scusa, Ma fa sua voglia della voglia altrui;* e nell' unica parola *donnescamente,* che suona signorile gentilezza nella grazia femminile. Ed è a me bellezza tanto più cara quanto più vereconda le *altre vergini;* con che sulla fronte alla moglie di Simone e'ripone, meglio che l'uliva e il candido velo, la verginale ghirlanda.

OSSERVAZIONI DEL CH. P. ANTONELLI

ALLA TERZINA 35.

Eccovi al mezzodì del quarto giorno dall'ingresso del Poeta agli antipodi. Nel darci quest'annunzio, adesso che trovasi nella parte centrale del Paradiso terrestre, nota due particolarità riguardanti il sole nel meridiano, le quali essendo comparative, dovranno recarsi alla stessa contingenza di solare posizione nei tre giorni precedenti, non avendo omesso il Poeta di segnare in ognun di essi l'ora meridiana, siccome abbiamo avvertito alla fine del IV, sulla metà del XII e tra il XXII e il XXIII Canto. Dice dunque che il sole teneva il cerchio del mezzogiorno, cioè vi passava allora con più splendore e con moto più lento che nei dì precedenti. La prima specialità trova riscontro in ciò che il Poeta ha detto ai versi 89 e 90 del XXVII, ove notava comparirgli le stelle più chiare e maggiori di lor solere; e in sostanza doveva risultare nella mente del Poeta, per la dottrina de' suoi tempi, da queste considerazioni: 1.° dall'avere il sole minor massa d'aria da attraversare co' suoi raggi, in virtù della maggiore elevazione cui era l'osservatore pervenuto; 2.° dall'essere quest'aria tanto più pura, quanto più prossima alle sue più alte regioni; 3.° dal trovarsi l'aere stesso più vicino alla creduta sfera del fuoco; 4.° dal maggiore effetto che doveva produrre nella impressione degli splendori solari il cupo fondo della sacra foresta.

La seconda specialità, della maggior lentezza, par chiaro dover procedere da questo, che il sole in aprile va facendosi più boreale ogni giorno, in virtù dell'apparente suo moto annuo: se più boreale diviene, più si discosta dall'equatore, e quindi men celere il suo movimento diurno, perchè fatto su parallelo più prossimo al polo. Soltanto in questo modo può spiegarsi la minore velocità del sole nel meridiano in quest'ultima giornata: perciocchè le ragioni che adducono i comentatori, desumendole dalle apparenze e dalle ombre che sono più corte, e dall'altezza del sole, per la quale è sottratto al confronto di oggetti fissi, quali appariscono i terrestri, non possono stare, essendochè primieramente qui non si tratta di apparenza ma di effettivo scemamento di moto, affermando il Poeta che con più lenti passi teneva il sole il cerchio di mezzogiorno; e poi, se è vero che nel meriggio il sole non guadagna nè perde sensibilmente in altezza, presenta però la massima velocità da oriente a occidente, nella quale direzione è il movimento principale diurno; sicchè le ombre hanno minima e costante lunghezza, ma in egual tempo hanno altresì più grande spostamento angolare sull'orizzonte nell'ora meridiana, che nelle altre ore o di mattina o di sera nella stessa giornata. È dunque evidente, che il rapporto di quella maggior luce e di quella maggior lentezza deve farsi non con altre ore di quel medesimo giorno, ma con la stessa ora meridiana dei dì precedenti, come abbiamo avvertito; altrimenti avrebbe dovuto dire a rovescio, parlando in generale del moto diurno del sole.

Per ciò infine che riguarda l'ultimo verso di questa terzina, pare che il pronome *che*, se dev'essere un pronome, debba riferirsi a meriggio. Con gli avverbi *qua* e *là* intenderei (piuttosto che più qua o più là, in diversi luoghi, e simili), *in questo emisfero, ove narro, e nell'altro, ove vidi*, con manifesto richiamo agli stessi modi espressi coi noti versi:

> *Qui* è da man, quando di *là* è sera:
> Vespro *là*, e *qui* mezza notte era:
> Fatto avea di *là* mane, e di *qua* sera.

La parola *aspetti* convengo doversi prendere in significato astronomico, che propriamente indica differenze di longitudine tra due astri, ma che nella significazione più astratta, e perciò più estesa, che possa avere, può esprimere *relazioni di posizione*.

Quel verso direbbe dunque così: « Il quale meriggio si fa in questo e nell'altro emisfero secondo le relazioni di posizione; » il che, invero, non ci dice niente di nuovo, avendoci già insegnato il Poeta opportunamente più volte questa dottrina.

Ho detto se la particella *che* dev'essere un pronome, perchè potrebbe anche intendersi *perciocchè*. In tal caso il verso avrebbe una importanza molto maggiore, perchè richiamerebbe l'attenzione di chi legge a considerar bene quelle due particolarità relative, che in principio ha notate rispetto al sole nel meridiano, siccome quelle che non sono poste là a caso, ma provengono da profonda dottrina su rapporti di posizione, come abbiamo veduto. Allora esprimerebbe questo concetto: « E il sole teneva il cerchio di meriggio con più splendore e con più lenti passi che nei dì precedenti; perciocchè in questo e nell'altro emisfero si fa (avviene) secondo le relazioni di posizione; quando... ecc. ».

IL CARRO E IL DUCE.

Quando nella dichiarazione dell'enimma, poco meno enimmatica dell'enimma stesso, Dante pronunzia e colloca in luogo cospicuo la parola *moralmente;* c'insegna come abbiansi a intendere questi ultimi canti e l'intero poema. Siccome nella sua propria vita egli vuole rappresentata non tanto la vita dell'ingegno e dell'arte, quanto quella dell'anima umana; così nella storia di Firenze e di Roma, due quasi poli dell'orbe italiano, egli vede la storia non solo di tutta Italia, ma eziandio della Chiesa. Il suo carro è la Chiesa, più luminoso, nonchè del cocchio d'Augusto, del carro del sole; il suo albero, che in su si dilata, è l'umanità, e l'alta legge che la governa, d'astinenza e d'espiazione, di rierescimento e di rinnovellamento immortale. *La giustizia di Dio nello interdetto Conosceresti.* L'aquila che rompe dell'albero, è quella stessa che fa coi doni suoi mostro del carro: un serpente fece all'uomo dall'albero coglier la morte; un serpente rompe il carro e lo sfonda Beato il Grifone (esemplare d'ubbidienza infino alla morte, morte sull'albero della Croce), che lascia l'albero intatto; ma chi lo schianta o lo ruba è bestemmiatore di fatto, e par che dica nelle opere: Dio non è. E chi lo lascia derubare a potestà profana e rapire in luogo profano, è consorte della bestemmia. Dio creò quella pianta *all'uso suo,* non de' re; che devono sotto l'ombra sua sacra posarsi co' poveri della terra non appiattarsi fra il verde come serpenti

Dante vede venire chi ucciderà la donna svergognata e il gigante; l'ucciderà non col ferro ma con la virtù e la sapienza e l'amore: perchè quella donna è la passione umana mal ricoperta di veli sacri (e però la dipinge *sciolta*); e quel gigante è l'orgoglio dei forti che delle cose sacre fanno a sè arme e trastullo Egli *vede certamente le stelle vicine* a recare il tempo della liberazione; e prenunzia che tosto i fatti sveleranno l'arcano. E così S Pietro udiremo in Paradiso predire *soccorrà tosto.* Ma l'Apostolo beato, più prudente dell'esule, accortamente soggiunge: *com' io concipio.*

DIMENSIONI DELLA MONTAGNA DEL PURGATORIO,

SECONDO GLI ACCENNI DELLA DIVINA COMMEDIA.

CONSIDERAZIONI DEL P. G. ANTONELLI.

I.

Sebbene da oltre cinque secoli si vada studiando questa opera immortale, e uomini insigni anche per dottrine matematiche ed astronomiche si sian posti a illustrarla di buon proposito; nessuno ha sospettato che l'Allighieri abbia dato della montagna del Purgatorio un' idea determinata quanto alle sue dimensioni per ogni lato. S'è fatta in varii tempi qualche congettura, ma vaga: e in un recente scritto, sulle misure dell'Inferno, del Purgatorio e del Paradiso, del signor Gregoretti, stampato in Venezia, si leggono queste parole: « Rispetto al Purgatorio e al Paradiso, il Poeta ne indica il sito e la » forma, ma tace interamente quanto alla grandezza. Dice unicamente del » Purgatorio nel canto X, v. 24, che la larghezza del primo girone sarebbe » misurata in tre volte da un corpo umano. » Così pareva anco a me quando incominciai lo studio per le illustrazioni astronomiche, sebbene io abbia ignorato per quasi un anno il lavoro citato: ma, considerando la potenza dell'intelletto di Dante, l'arte e l'amore con che aveva condotto l'ammirarabile sua visione, i dati offerti per le dimensioni supposte all'Inferno, e l'aver lui rimesso quelle del Paradiso in parte all'Astronomia, in parte all'immensità, dubitavo: e, mosso anche dalle interrogazioni del signor Tommaséo, procedevo con più viva attenzione, procurando che non mi sfuggisse nulla di ciò che a qualche scoperta potesse guidarmi.

Non ero giunto alla fine delle mie osservazioni sulla seconda Cantica, che con mio stupore e contento vidi un filo per venire a capo della ricerca sulle dimensioni della santa Montagna: ne tenni conto; e in fine mi parve di aver trovato più di quello che avessi osato sperare.

Nelle note, segnatamente ai Canti XXV, XXVI, e XXVII, ho accennato qualche cosa, indicando i fondamenti del ragionamento che ora verrò facendo per modo che tutti gl'intelligenti lettori si formino una chiara idea della cosa; le persone iniziate negli elementi delle scienze matematiche ed astronomiche possano verificare i calcoli; e tutti rendano gloria a quel Dio e a quella fede che hanno ispirati concetti di bellezza così sapiente.

II.

Annunziando misure del Purgatorio dantesco, non intendo già dire che il Poeta le abbia date con precisione matematica; ma far vedere che ce le ha somministrate per modo indiretto e dentro a' limiti d'approssimazione, non essendo neppure conveniente che fosse venuto a numeri precisi in cosa di sua fantasia. Nel monte d'espiazione veggo la forma, intesa da tutti, di un cono retto troncato a basi parallele, risultando questa forma dalle descrizioni del Poeta con molta evidenza. Dunque è da cercare se questi abbia posti i dati quantitativi della massa e delle fondamentali dimensioni di questa mole.

III.

Per ciò che spetta alla quantità, la mi pare bastantemente indicata nell'ultimo dell'Inferno, quando Virgilio fa supporre che la terra attraversata da Lucifero nella sua caduta dalla superficie al centro, per fuggire questo mostro e ogni contatto di lui, lasciasse vuoto quel lungo tratto per cui tornarono i Poeti a rivedere le stelle, e sotto quello emisfero e fuor d'acqua apparisse, e su ricorresse per formare la prominenza della quale adesso parliamo. Rammentando la colossale dimensione attribuita al re dell'abisso, nel supposto che una statura gigantesca fosse media proporzionale tra quella nel nostro Allighieri e un braccio della creatura che ebbe il bel sembiante, rammentando lui convenire più con un gigante, che un gigante con le braccia di Satana; ci porta a dover credere anche maggiore la statura di questo mostro, sì che nella mente del grande Compositore dovesse computarsi un buon miglio. Considerando che sarebbe piccolezza di concetto il supporre che per l'appunto fuggisse la terra a precisa misura dell'estensione della bruttissima tra le creature; si troverà conforme al fare grandioso del Poeta nostro la supposizione, che dalla superficie al centro terrestre, dalla parte dov'esso precipitò, la terra fuggisse da ogni lato, rispetto alla linea di caduta, per due terzi di miglio, lasciando così da una parte a fondo un vuoto cilindrico di un miglio e un terzo di diametro, per ricorrere su a formare la prominente isola della espiazione. Tal supposizione è conforme e quanto poi dice nel Canto citato, allorchè parla del luogo, noto non per vista ma per suono di un ruscelletto, che ivi discende con giro tortuoso e poco pendente: onde, ammesso il raggio della terra miglia 5500 di sessanta al grado, o di metri 1850 l'uno prossimamente, alquanto maggiore di ciò che sappiamo di presente essere quel raggio, perchè un poco maggiore in quel tempo si supponeva; col noto rapporto di 7 a 22 tra il diametro e la circonferenza di un circolo, troveremo, per il volume della terra accorsa a formare il monte del Purgatorio, miglia cube 4888,889, equivalenti a chilometri cubi 30955, essendo un chilometro cubo, com'è noto, mille milioni, ossia un *miliardo* di metri cubi.

IV.

Ben ragguardevole è dunque la quantità di materia che il Poeta, con quell'ardito pensiero, e con gli antecedenti sulle forme materiali di Lucifero, è venuto a indicarci per la composizione della sua maravigliosa montagna: ma per le dimensioni di questa sarebbe poco un tal dato, se fosse solo, potendo in infiniti modi disporsi quella massa medesima nella stessa figura di cono tronco, a cagione della indeterminazione di due de' tre elementi (le due basi e l'altezza), dai quali dipende la misura di questo. Bisogna dunque rintracciare altri dati, sia per la grossezza del monte, sia per l'altezza di esso, sia per le inclinazioni degli apotemi, a fine di compiutamente determinare il problema.

V.

In varii luoghi il Poeta ci dà indizio di ragguardevole estensione diametrale della montagna, siccome abbiamo avvertito in parecchie illustrazioni alla seconda metà della Cantica. Ma il punto dove egli stabilisce una vera base per effettiva misurazione di un diametro del cono ad una data regione del medesimo, è al verso 7 del Canto XV. Dicendosi dal Poeta, che in quel sito del secondo girone in cui camminando si trovava, egli era ferito dai raggi solari per mezzo al naso, viene a dirci che aveva il sole per l'appunto di faccia. Ma, facendo egli circolare cammino su quella cornice, non poteva avere per l'appunto di fronte quell'astro se questo non si fosse trovato nel piano verticale tangente alla cornice medesima: quindi, se coll'ora delle due pomeridiane, indicata nei versi precedenti di quel canto, con la latitudine di 31° 40′ australe, assegnata dal Poeta al Purgatorio come antipodo a Gerusalemme, e con la declinazione di 11° boreale dovuta al sol enel di 11 aprile del 1300 in quel luogo, giusta l'ipotesi che muove il viaggio poetico nel plenilunio pasquale ecclesiastico di quell'anno, si calcoli l'azimut del sole; avremo maniera di determinare precisamente a qual distanza in arco si trovasse in quel punto e da settentrione e da oriente. Fatto il calcolo si trova 39 gradi in numero intero e molto prossimo per l'azimut del sole, contato da tramontana a ponente; quindi altrettanto per la distanza del Poeta da levante e gradi 51 per l'arco rimanente tra il Poeta e il punto cardinale di settentrione. Ma poco dopo questa osservazione astronomica singolare, il Poeta trova l'Angelo appiè della terza scala, ascende alla terza cornice; e da indicazioni sempre riguardanti il sole, si raccoglie ch'egli ebbe sempre in faccia quest'astro fin presso il tramonto suo all'orizzonte razionale del Purgatorio; nella quale circostanza di tempo il nostro viaggiatore s'incamminò per la quarta scala: dunque egli aveva girato intorno al monte quanto l'astro diurno; e, qualche minuto prima di toccare quell'orizzonte in quel dì, il sole avendo un azimut di 76 gradi, sarebbe stato di 37 l'arco percorso dal Poeta tra il momento della detta osservazione sulla seconda cornice, e l'altro in cui trovarono la scala pel quarto girone. Supponiamo adesso che delle tre ore e un quarto circa, scorse tra que' due momenti, solo due ore e mezzo egli spendesse a camminare sulla terza cornice, percorrendovi un arco di 36 gradi; e che, andando di buon passo senza sostare, come raccogliesi dalla narrazione, il Poeta avesse camminato intorno a miglia cinque e due terzi: essendo questa la misura lineare di un arco di 36 gradi, se ne dedurrà immediatamente, che il nostro Geometra è venuto a supporre una circonferenza di miglia circa 57 alla terza cornice, e quindi un diametro di miglia 18 alla medesima; e che per conseguenza altrettanto faceva la grossezza del monte all'altura di quel terzo girone.

VI.

È questo un prezioso risultato di cui ci varremo; ma, non riferendosi a veruno dei due estremi del nostro cono, ci lascia ancora lontani dal termine delle nostre ricerche. Delle quali, facendo scopo adesso l'altezza, comincceremo dall'osservare che già fino dal XXVI dell'Inferno ce ne dava un'idea generale, assai cospicua, facendo dire ad Ulisse, che erano scorsi cinque mesi di navigazione dal di della partenza.

> Quando n'apparve una montagna, bruna
> Per la distanzia; e parvemi alta tanto,
> Quanto veduta non n'aveva alcuna;

intendendosi da quàsi tutti i comentatori accennata qui la montagna del Purgatorio. E bene a ragione: perciocchè l'isola Atlantide, alla quale vorrebbe alcuno che il Poeta potesse accennare, era supposta da Platone e da altri antichi nell'Oceano atlantico in faccia allo stretto di Gades o di Gibilterra, e così al disopra dell'equatore. E intanto il nostro insigne Cosmografo traccia una via diversa, dicendo che la nave d'Ulisse acquistava sempre dal lato mancino; il che, per chi esce dalle Colonne d'Ercole, e si volge a ponente, vuol dire scostarsi continuamente dalla direzione di quel parallelo, e guadagnar sempre a mezzodì, mirando per conseguenza a libeccio con obliquo cammino. Fa pervenire quella nave alla linea equinoziale, cioè all'equatore, tocco dai naviganti allorchè hanno il polo sull'orizzonte marino. Non discoprono i venturieri la montagna altissima che dopo questo passaggio. Senza recarci a quell'ardimento del più sagace tra gli eroi della Grecia, resterebbe oscuro e privo d'importanza il terzetto penultimo del Canto I del Purgatorio:

> Venimmo poi in sul lito diserto
> Che mai non vide navicar sue acque
> Uom che di ritornar sia poscia esperto.

Questa dichiarazione è tanto più opportuna, in quanto corregge l'inesattezza corsa alla nota del verso 126 d'esso Canto XXVI, ove l'acquisto continuo a sinistra è recato al meridiano anzichè al parallelo di Gades. Quel concetto di via per giungere al Purgatorio può stare in teorica, ma sarebbe erroneo praticamente; perchè da quello stretto al sito della nostra montagna è molto più facile e brevé tragitto prendendo la direzione di libeccio, per trovare così la parte opposta del meridiano di Gerusalemme, che ripiegare tra mezzodì e levante per ricondursi al meridiano medesimo dalla sua parte superiore: e il Poeta ha veramente indicato il cammino migliore per giungere all'antipodo del monte Sion, come avrebbe potuto farlo il più esperto navigatore e il più dotto piloto.

DANTE. *Purgatorio*.

VII.

Nella seconda Cantica poi ci dispone in più modi ad intendere una elevazione inaudita per superficie terrestre, destinata ad abitazione dell'uomo innocente. Infatti, sul principio del canto III dice che s'incamminò direttamente al poggio

> Che 'n verso 'l ciel, più alto, si dislaga;

cioè più alto d'ogni altro del globo: al v. 40 del IV ci annunzia che

> Lo sommo era alto, che vincea la vista;

e poi, che il poggio saliva più che salir non potessero gli occhi suoi: al Canto IX fa venire Santa Lucia a prenderlo mentre egli dorme; e in più di due ore di salita è portato in su, tanto, che in visione gli pare di essere rapito fino alla sfera del fuoco: nel XXI fa dire a Stazio, che, dalla porta del Purgatorio in su non possono avvenire meteore di pioggia, di grandine, di neve, di rugiada, di brina, di nuvoli, di lampi, d'iride, di venti: nel XXVIII introduce la santa donna Matelda (simbolo forse delle scienze naturali o umane, come Beatrice delle divine) a dichiarare che il non vi essere simili meteore dopo la cinta del Purgatorio, procedeva dall'essere salito il monte verso il ciel tanto, da non essere più possibili quelle, perchè l'altezza era tutta *disciolta nell'aer vivo.*

VIII.

Ma, se queste indicazioni sono sufficienti ad ingenerare un vasto concetto dell'altezza di che trattiamo, non bastano a fornircene un'idea concreta per comparazione alle nostre misure; e se il Poeta non ci avesse almeno posti sulla via di una numerica determinazione, saremmo rimasti nell'incertezza. L'Allighieri non ha dimenticato di essere non meno geometra che poeta; e al principio del XXVII ci offre un graziosissimo problema, tanto bello quanto elementare nella scienza; tanto facile a sciogliersi, inteso quanto difficile ad avvertirsi, per l'artificio con cui è presentato; con che si perviene all'intento nostro, ed insieme al discoprimento di una grandezza intellettuale nel nostro sommo Fiorentino, quale per avventura non vorrà credersi, neppure dopo fattane rivelazione. È il problema della depressione dell'orizzonte, già da noi avvertito alle illustrazioni astronomiche del Canto or citato: è il fatto ovvio naturalissimo, che il sole, tramontando, perdesi di vista molto prima dalle basse pianure che dalle alte cime dei monti; come, nascendo, molto prima si discuopre da queste. Il Poeta ci aveva di già prevenuti su questo fatto allorchè, nel dì precedente, uscendo dalla nebbia degl'iracondi sul terzo girone, notava che i raggi solari, da' quali era ivi tuttora percosso, eran già *morti nei bassi lidi;* e faccio questa osservazione perchè viemeglio si ammiri l'armonia delle varie parti col tutto, e delle parti principali co' relativi elementi in un dramma che ha veramente del sovrumano.

Dice il Poeta in principio del ricordato Canto XXVII che il sole era giunto in quel dì e in quel luogo a tal posizione, che spuntava a Gerusalemme, e quindi toccava all'occaso l'orizzonte razionale del Purgatorio, quando l'Angel di Dio lieto gli apparve Quest'apparizione dovette farsi qualche centinaio di metri di distanza, perchè abbiamo veduto che il monte avea una bella grossezza anco all'altura de' gironi, e quindi le cornici un raggio di parecchie miglia, e perciò non grande curvatura, sì che assai di lontano i nostri viaggiatori potevano vedere l'Angelo. E ciò sembra chiaramente indicato col verso

<blockquote>Si disse, come noi gli fummo presso;</blockquote>

tanto più che, quando dapprima egli vide l'Angelo, e l'intese cantare *Beati mundo corde*, in voce viva assai più della nostra; ond' egli doveva cessare dal canto, prima di rivolgere la parola ai vegnenti. All'intimazione di entrare nel fuoco e di camminare per esso scortati dalla voce di un altro Angelo, che odono cantare più in là dalla riva opposta, segue lo spavento del Poeta, la non breve esortazione di Virgilio, i conforti del dolce Padre, che andava ragionando di Beatrice al sofferente figliuolo, e finalmente l'uscita da quel martirio a piè dell'ultima scala, ove un Angelo esorta a studiare il passo, perchè il so'e è presso al tramonto, ma non sì che impedisca al Poeta di vedere l'ombra sua nel salir della scala; la quale ombra da ultimo, nascondendosi il sole, si spegne. Posto che a compiere degnamente in modo naturale tutti questi atti, che hanno offerto materia per mezzo canto, debba occorrere non meno di un terzo d'ora, oltre a poco più che due minuti, quanti volevansi perchè il sole si immergesse sotto dell'orizzonte; quel prolungamento di giorno sarebbe effetto della rammentata depressione; perciocchè la refrazione atmosferica, la quale ha pure una piccola parte nell'aumento del dì, era sospettata in quei tempi, e anche nei precedenti; ma fu solo nel 1585 che Ticone tentò per primo di misurarla. Oltre di che, dee notarsi che il Poeta non dice che il sole *appariva, ma stava sì come quando* ecc : il che fa manifesto, accennare il Poeta stesso a una posizione reale, e non ad una di mera parvenza.

Ora con la solita latitudine geografica del Purgatorio, e con la declinazione del sole in quel dì, espressa da 11 gradi e 20 primi boreale, si trova che il sole tramontava all'orizzonte razionale di quel luogo con un angolo orario di 82 gradi e 54 minuti: dunque, cambiando in arco i 20 minuti di tempo da doversi concedere per le suddette ragioni; all'orizzonte del Poeta sul settimo girone il sole sarebbe tramontato con un angolo orario di 87 gradi e 54 minuti. Ma con questo dato, con la rammentata latitudine, e con la declinazione adesso riferita, si trova che il sole in quest'ultima contingenza avrebbe dovuto ristare dallo zenit del Poeta 94 gradi e 10 minuti: dunque la depressione avvenuta è da ritenersi per 4 gradi e 10 minuti, non distando un astro da quel punto culminante che di gradi 90, quand'è all'orizzonte razionale.

IX.

Trovata così la depressione dell'orizzonte reale dell'Astronomo nostro, ci sarà non meno facile ottenere l'altezza della situazione del medesimo, alla quale quell'elemento si riferisce. Assumendo infatti miglia 3500 pel raggio terrestre alla superficie marina al punto in cui la visuale del Poeta vi risultava tangente; dal triangolo rettangolo formato da questo punto, dal centro della terra e dalla stazione del nostro osservatore, si ha con molta agevolezza, che quella stazione o la settima cornice del Purgatorio doveva essere elevata sulla detta superficie di livello *nove miglia* e quasi *un terzo* di miglio, il che equivale ad oltre metri 17200, che è circa il doppio della elevazione de' più alti picchi, noti oggidì sulle montagne terrestri.

Questo risultamento conduce a supporre che il Poeta abbia voluto attribuire alla sommità del suo monte, sulla quale colloca il paradiso terrestre, l'altezza di dieci miglia sul mare che circonda l'isola del Purgatorio; perchè rimaneva ancora la salita dal settimo girone alla divina foresta; salita che può ben ammettersi di circa due terzi di miglio: sicchè da quella sublimissima specula su cui oggi sappiamo non poter vivere un uomo nella condizione del tempo, avrebbe avuta una depressione d'orizzonte per *quattro gradi* e quasi *venti* minuti; cioè gli sarebbe rimasta scoperta la terra per 260 miglia all'intorno; e il suo conico orizzonte avrebbe avuto alla base 520 miglia di diametro, e oltre a miglia 1600 di giro; la depressione dell'orizzonte per un dato luogo essendo equivalente anche all'arco di circonferenza massima terrestre, il quale resta compreso fra la verticale di quel luogo e il punto di tangenza della visuale sulla circonferenza medesima.

X.

Qui non istà il tutto per la determinazione del nostro cono montano; e fa di mestieri indagare il modo o la misura con cui s'è voluto dal Poeta distribuire quella straordinaria altezza tra le varie parti che la montagna istessa costituiscono. A tale oggetto osserveremo primieramente ch'egli ha detto e ripetuto, esser la porta del Purgatorio al disopra delle regioni atmosferiche nelle quali possono avvenire meteore acquose, ventose e simili: e poichè sapeva benissimo che sulle Alpi hanno luogo queste meteore, come ha egregiamente accennato nei primi due terzetti del XVII; è da credere che abbia supposto quell'ingresso ad altezza considerabilmente maggiore di queste eminenze. In secondo luogo è da notare che per ascendere dalla valletta del riposo al cinghio del Purgatorio, egli ha fatto ricorso a mezzi soprannaturali, intervenendo Lucia, nemica di ciascun crudele: rispetto al qual soccorso è da considerare attentamente ciò ch'egli fa dire a Virgilio:

> Ella ti tolse; e, come il dì fu chiaro,
> Sen venne suso, ed io per le sue orme.
> Qui ti posò; e pria mi dimostraro
> Gli occhi suoi belli quell'entrata aperta;
> Poi ella e 'l sonno ad una se n'andaro.

Da questi versi e dalla dichiarazione fatta poco innanzi, cioè che il sole era alto già più di due ore quando il Poeta si svegliò, si raccoglie limpidamente che la Santa aveva portato in su il dormiente pel cammino di due ore intere per lo meno: il perchè, stimando al solito lo spazio per mezzo del tempo, com'era di regola in quelle età anco presso i dotti geografi, e supponendo pure che avessero camminato i due spiriti per modo naturale a noi congiunti al corpo, senza però che desse lor noia la salita; ne dedurremo che questa miracolosa ascensione non dovesse essere men di sei miglia. Dunque, ammettendo che il Poeta si levasse d'un miglio nel dì precedente dalla marina al convegno di Nino Visconti, si potrà tenere con molta probabilità che il Poeta intendesse di collocare la cinta del Purgatorio all'altezza non minore di miglia sette, e così ne attribuisse tre al rimanente fra quel recinto e la sommità, che doveva percorrere con naturale maniera, e che è sempre una elevazione ragguardevole, superando d'assai quella del Monte Bianco sul mare.

Or ponendo mente:

1.° che le circostanze di moto, di agevolezza, di cammino, e di tempo, conducono a computare molto ragionevolmente per miglia quattro la distanza del piè del monte dall'orlo marino;

2.° che la costa dell'erta roccia era assai più superba che lista o traguardo, da mezzo quadrante al centro, cioè che determinava coll'orizzonte un angolo maggiore di quarantacinque gradi;

3.° che le scale per salire alle cornici del Purgatorio si facevano sempre più agevoli col procedere più in alto, come si raccoglie dal verso 100 e seguenti del XII e dal verso 36 del XV;

4.° che dall'estendersi de' colloqui tenuti su per le scale salendo, nonché dalla cresciuta agevolezza di quelle e dalla scemata gravezza del Poeta, di mano in mano che se gli scancellava un P dalla fronte, rilevasi che le cornici tanto più distavano l'una dall'altra quanto più in alto si procedeva; o in altri termini, che le scale erano più agevoli, ma molto più lunghe, e facevano quindi guadagnare sempre maggiore altezza da uno ad altro girone: tutto questo considerato in aggiunta ai dati fondamentali rinvenuti, non mi è stato difficile pervenire alle dimensioni seguenti per la montagna del Purgatorio e per le principali sue parti:

Raggio dell'isoletta alla marina	. . . .	Miglia 20,00;	diametro 40,00;	altezza Miglia 0,000
alla base del monte	. .	» 16,00;	» 32,00;	» 0,100
alla valletta del riposo	. .	» 15,44;	» 30,28;	» 1,000
alla cinta del Purgatorio	. .	» 10,00;	» 20,90;	» 7,000
alla 1.ª cornice	. .	» 9,75;	» 19,50;	» 7,150
alla 2.ª »	. .	» 9,42;	» 18,84;	» 7,350
alla 3.ª »	. .	» 9,00;	» 18,00;	» 7,600
alla 4.ª »	. .	» 8,50;	» 17,00;	» 7,900
alla 5.ª »	. .	» 7,87;	» 15,74;	» 8,280
alla 6.ª »	. .	» 7,08;	» 14,16;	» 8,750
alla 7.ª »	. .	» 6,12;	» 12,24;	» 9,330
alla sponda del Paradiso terrestre	. .	» 5,00;	» 10,00;	» 10,000

XI.

In virtù di queste determinazioni è facile stabilire la direzione e la quantità del cammino fatto dal Poeta su per la montagna, nonchè la posizione delle diverse scale che danno accesso alle varie cornici del Purgatorio. Ma per procedere con la maggior chiarezza possibile, importa soffermarci un poco ad esaminare uno dei più profondi problemi geometrici ed astronomici che il Poeta ci abbia proposti.

Nella mattinata del primo giorno, visitando egli l'antipurgatorio, ha più volte dichiarato che la via tenuta e per giungere al monte e per cominciarne la salita, era esposta a levante. Dopo mezzodì dipartitosi da Belacqua, prende cura di avvertire che continua a salire nella direzione di prima, facendoci in bel modo sapere che l'ombra del suo corpo andava a sinistra: e quando è affollato dalla schiera dov'è Buonconte e la Pia, si trova sempre investito dagli splendori solari, e seguita di buon passo le orme di Virgilio, il quale non vuol ch'e' s'arresti. Lasciate quelle sante anime, e inteso che in cima al monte avrebbe visto Beatrice, lume tra il vero e l'intelletto; il Poeta desidera camminare più a fretta, e porta per motivo il declinare del dì, notando che ormai la montagna gettava ombra, coprendosi già il sole della costa, sì che il Poeta stesso non ne faceva più rompere i raggi. Egli è qui pertanto dove con bell'arte e con altissimo ingegno ci mette innanzi una magnifica questione: o egli era tuttavia a perfetto levante della montagna; e in tal caso, nel momento che il sole, avente nota declinazione, si nascondeva dietro al poggio di nota forma, occultato da una costa di nota pendenza, in un luogo di nota latitudine, quale ora diurna correva? O il Poeta, pel contesto della sua narrazione, specialmente co' versi 43 e 85 del VII, ci dice l'ora corrente; e qual'era la posizione di lui sulla ripa del monte? Per l'una e per l'altra ricerca fa di mestieri trovare una relazione tra l'angolo d'inclinazione dell'apotema del cono sulla base del medesimo alla regione del nostro osservatore; l'angolo analogo determinante l'altezza del sole e formato ad un punto della circonferenza di essa base dall'estremo raggio solare, radente l'apotema che viene determinato dal piano verticale del cono, il qual piano sia normale al verticale del sole: e l'arco della base medesima, compreso fra quell'apotema e quel raggio estremo. Detti rispettivamente α e β que' due angoli, ed ω quell'arco, si trova la relazione semplicissima

$$\tang. \frac{1}{2} \omega = \frac{\tang. \beta}{\tang. \alpha};$$ e per conseguenza, se è data l'ora corrente, per le formole astronomiche si conosce l'altezza β corrispondente del sole; e quindi, pel rapporto qui rinvenuto, si ha ω, e con ω la posizione dell'osservatore: se poi fosse dato ω, la stessa nostra elegantissima formola farebbe conoscere β, e con questo elemento sapremmo l'ora. Ma il caso proprio del nostro Poeta è ch'egli era a levante, e non ci dà nè ω nè β. Si sa, però, che in tal contingenza è necessario che ω sia l'azimut del sole, contato da tramontana verso ponente: allora si fa intervenire la relazione tra l'azimut, l'altezza, la declinazione δ dell'astro e la latitudine L del luogo; la quale relazione è pel caso nostro $$\cos. \omega = \frac{\sen. L \sen. \beta + \sen. \delta}{\cos. L \cos. \beta}.$$ Con que-

sta e con la nuova formola qui ritrovata si hanno due equazioni e due incognite; il problema può risolversi: e, venendo ai numeri, si trova che il sole si doveva celare al Poeta, dietro alla costa del poggio, qualche minuto dopo le tre pomeridiane.

XII.

L'accordo mirabile di questa determinazione con quanto il Poeta ci ha narrato dal momento del mezzodì, in cui stava seduto a udire la lezione di sfera dal suo inclito Duce, fino a quello in cui veggono l'anima di Sordello, e con quanto egli narra poi fino all'ingresso dell'amena valletta; dimostra che i nostri viaggiatori avevano fatto cammino sempre in opposizione all'oriente, finchè Sordello guidavali a destra, a destra di lui che naturalmente doveva volgere le spalle alla ripa, la faccia al vasto orizzonte, e perciò un poco verso mezzodì, a conversare e riposare nella ridente sinuosità, che dovea piegare alquanto a occidente, per ciò che deducesi dalla osservazione delle tre stelle, fatta di prima sera dall'Astronomo nostro.

Nè Santa Lucia nè Virgilio avendo bisogno di tenere obbliquo sentiero per alleviare l'asprezza della salita, è naturale il supporre che dalla valle ascendessero que' due Spiriti per diritta via al balzo su cui sorgeva la cinta del Purgatorio; e che per conseguenza il Poeta fosse posato sul balzo medesimo, tanto discosto dal punto cardinale dell'oriente della montagna verso ostro, quanto era per quel verso l'abbandonata valletta. Non essendo ivi sinuosità che all'occhio impedisse il libero giro d'orizzonte, nè essendo molto remoto il levante della montagna medesima, s'intende come il Poeta avesse in prospetto la marina, il sole già alto più di due ore, e la porta del Purgatorio, che dal lato del sole stesso, cioè un poco a sinistra dell'atterrito riscosso, par conveniente di ammettere; e così siamo condotti con tutta naturalezza a supporre esposta a perfetto oriente la detta porta e il flessuoso sentiero che alla prima cornice menava. Se questo aveva la larghezza di tre uomini, ossia di metri 5 1/2; il Poeta, stando sull'estremo esteriore della medesima, ne avrebbe scorto per un arco di gradi 2 e quasi 50 minuti, tanto a destra che a sinistra; il che equivale a un'occhiata di metri 890 dall'una e dall'altra parte, cioè per quasi un miglio in tutto. Su questo primo girone camminò intorno a 18 gradi; arco percorso in due ore circa, ed equivalente in lunghezza a miglia 3 e 636 diecimillesimi; in virtù del diametro di miglia 19 1/2 assegnatogli.

A questo punto avrebbe dunque trovato la scala pel secondo girone sul quale, dopo camminato per gradi 21, fece la memoranda osservazione di azimut alle ore 2 pomeridiane; e, percorso un altro grado, trovò l'Angelo appiè della terza scala, dal qual fu guidato alla terza cornice. L'Arco percorso sulla seconda sarebbe quindi 22 gradi; miglia 3 con 619 millesimi lo spazio corrispondente, e il tempo spesovi, circa due ore.

Già vedemmo che sul terzo girone camminò il Poeta per un arco di 35 gradi e per lo spazio di miglia 5 2/3, o più precisamente miglia 5,6581 nel tempo di circa ore 2 1/2: quindi è da concludere adesso che nel primo giorno della visita del Purgatorio, dacchè ve lo ammise il *cortese portinaio*, il Poeta avrebbe girato il monte dal punto cardinale di levante verso tramontana, seguitando il giro del sole a quella latitudine, per gradi 76; e avrebbe percorso miglia 12 1/3 sulle prime cornici, miglia 1 1/2 verso l'asse del cono, a tanto sommando le piante delle prime quattro scale, e salendo per nove decimi di miglio al di sopra della porta santa.

XIII.

Se pertanto appiè della quarta scala egli aveva il sole di faccia, che era presso al tramonto; torna bene che nella mattina susseguente, proseguendo il cammino con la destra sempre di fuori, e perciò nella stessa direzione d'ieri, il Poeta avesse il sole alle reni, perchè aveva l'occidente di fronte: e poichè non ebbe incontri nel procedere su quella quarta cornice, e presto trovò l'Angelo a scancellargli il quarto P, e ad indicargli la quinta scala, ci sembra evidente ch'egli abbia voluto collocar questa a settentrione, il qual punto non distava che di 11 gradi dalla precedente; e così debba tenersi, che in un'ora circa facesse miglia 2,0776.

Considerando adesso con attenzione quanto abbiamo notato a suo luogo, cioè: 1.° che un'ora avanti il mezzodì erano giunti in cima alla sesta scala; 2.° che cominciavano a salire la settima verso le ore 2 pomeridiane; 3.° che intorno alle 4 ebbevi un'altra determinazione di posizione, mediante l'azimut del sole; 4.° che la scala ottava, conducente al Paradiso terrestre, guardava l'occidente; ne dedurremo:

Che sul quinto girone il Poeta camminò, in circa tre ore di tempo, per gradi 25, e perciò miglia 5,435;

Che, in ore 3 1/2 circa, percorse un arco di gradi 35 sul sesto, e quindi di miglia 4,396, avuto sempre riguardo ai rispettivi raggi che abbiamo ritrovato potersi assegnare alle cornici;

Che finalmente sulla settima avrebbe percorso 30 gradi, e così miglia 3,2058, in circa ore 2 3/4 di tempo.

Nella seconda giornata del Purgatorio avrebbero dunque terminato i Poeti di girare il poggio per tutto il semicircolo da levante a ponente per tramontana, percorrendo 101 gradi in tutto sulla cornice 4.ª, 5.ª, 6.ª e 7.ª, facendo un cammino di miglia 13,0111 sulle cornici stesse, e miglia 2,38 in pianta salendo le tre scale 5.ª, 6.ª e 7.ª ed elevandosi circa un miglio e mezzo sul quarto girone.

XIV.

Restava alla terza giornata, che è la quarta dall'ingresso nell'isola, gran parte dell'ultima scala, avente miglia 1,12 di pianta, e miglia 0,67 di altezza, e il raggio del piano supremo del cono, che è detto essere di miglia 5; essendo naturale il supporre che la grande fontana dalla quale sgorgavano da opposta parte i due fiumi del terrestre paradiso, fosse verso il centro di quel mirabile altipiano; e così accenna il nostro Poeta. Importa dir questo; perchè oggi stesso da comentatori valenti si pone quella fontana in sugli estremi del piano verso occidente: il che dimostra che non han posto ben mente ai versi in sulla fine della Cantica:

> Dinnanzi ad esse Eufrates e Tigri
> Veder mi parve uscir d'una fontana;

nè alla direzione del Lete in quel tronco che primo si offerse agli occhi de Poeta. Il perchè raccomandiamo riveggasi l'illustrazione nostra al verso 12 del XXIX.

XV

Data dichiarazione della via tenuta da Dante nel salire, e della posizione dei sentieri e delle scale, e della quantità del giro e del viaggio d'intorno ad essa, e delle dimensioni della medesima, ci resta da confrontare il volume per rispetto a quello che dovette erompere dalle viscere della terra secondo che il Poeta accenna, e già per noi, nel principio dello scritto presente, si computava. Per questo mi rimane soltanto da avvertire che il Poeta, prima di dire l'origine della montagna sul fine della Cantica precedente, avendoci detto che nel luogo ove poi sorse il monte del Purgatorio, la terra per paura di Belzebù si fece velo del mare, e venne all'emisfero nostro; ragion vuole che la materia uscita dal gran pozzo colmasse da prima un bel tratto dell'oceano per formare una base conveniente sottomarina al cumulo che ne sarebbe emerso gigante.

Ho quindi supposto una profondità media di metri seicento in quelle acque, e un eccesso di due miglia nel raggio radente il fondo marino, rapporto a quello della riva a fior d'acqua; la quale supposizione apparirà accettabile a chi pensi la grande operazione di cui in questa vicenda del globo si tratta. Ciò premesso, e per amore di chiarezza e di concisione, rappresentando con R il raggio della base inferiore, con r quello della superiore, e con a l'altezza dei varii tronchi di coni che ci occorre di misurare; ecco il prospetto de' volumi elementari in miglia cube, costituenti il volume del nostro monte.

Zoccolo base sott' aqua	R = M.ᵃ	22; r = 20; a = 0,2343	Volume 449,804
Eho incl lato dalla marina a piè del monte	R = »	20; r = 16; a = 3,4	» 102,243
ha fino alla cinta del Purgatorio .	R = »	16; r = 10; a = 6,9	» 3729,943
Tronco della detta cinta alla 1.ᵃ cornice .	R = »	10; r = 9,75; a = 0,45	» 45,974
» dalla 1.ᵃ alla 2.ᵃ cornice . . .	R = »	9,75; r = 9,42; a = 0,20	» 57,754
» dalla 2.ᵃ alla 3.ᵃ	R = »	9,42; r = 9,00; a = 0,25	» 66,659
» dalla 3.ᵃ alla 4.ᵃ	R = »	9,00; r = 8,50; a = 0,30	» 72,207
» dalla 4.ᵃ alla 5.ᵃ	R = »	8,50; r = 7,87; a = 0,83	» 80,050
» dalla 5.ᵃ alla 6.ᵃ	R = »	7,87; r = 7,08; a = 0,47	» 82,613
» dalla 6.ᵃ alla 7.ᵃ	R = »	7,08; r = 6,12; a = 0,58	» 79,544
» dalla 7.ᵃ alla cima » . . .	R = »	6,12; r = 5,00; a = 0,67	» 65,345

Volume totale del monte del Purgatorio   M.ᵃ C.ᵉ 4832,106

della terra fuggita nella caduta di Lucifero   » 4888,889

Perdite per l'azione del mare   M.ᵃ C.ᵉ 56,783

XVI.

Chiunque di discreta intelligenza dotato, si faccia a considerare l'armonia delle parti con un complesso così magnifico, quale (lasciando il poco più, il poco meno) si deduce dai dati diretti e indiretti, espliciti ed impliciti, somministrati dal nostro Poeta; e ponga mente all'arte con che li porge; alla maestria con che li viene svolgendo; ai problemi sorprendenti da' quali li faceva dipendere, al tesoro che stava nascosto *sotto il velame de' versi strani;* credo che resterà stupefatto meco di tanto ingegno, di tanta nuova grandezza, quale per avventura non avremmo ardito pensare; e meco proverà un sentimento confuso di raccapriccio, di compassione e di magnanimo sdegno per gli infelicissimi, anco tra i nipoti di quell'eccelso, che vorrebbero l'uomo originato da una schifosissima scimmia, e non dal soffio onnipotente e amoroso di un Dio creatore.

FINE DEL PURGATORIO.

INDICE
DEL VOLUME SECONDO.
IL PURGATORIO

DISCORSI AGGIUNTI A CIASCUN CANTO.

Le Muse. — Il Purgatorio . . . . . Canto I	pag.	15
Catone. — Casella . . . . » II	»	28
Annotazioni astronomiche del prof. G. Antonelli. . . . . » »		31
Manfredi. — Il perdono di Dio . . . » III	»	42
Annotazioni astronomiche del prof. G. Antonelli. . . . . » »		45
Le potenze dell'anima . . . . . » IV	»	55
Annotazioni astronomiche del prof. G. Antonelli. . . . . » »	»	58
Le potenze dell'aria . . . . . » »		68
La Pia . . . . » »		71
Annotazioni astronomiche del prof. G. Antonelli. . . . . » »		72
Beatrice. — Sordello. — L'Italia . . » VI	»	82
Annotazione astronomica del prof. G. Antonelli . . . . » »		87
La valle fiorita. . . . . » VII	»	97
Annotazioni astronomiche del prof. G. Antonelli. . . . . » »	»	100
Le battaglie invisibili. — Il velo del vero . » VIII	»	110
Annotazioni astronomiche del prof. G. Antonelli . . . . » »	»	112
Le visioni. — Lucia . . . . . . » IX	»	123
Penitenza e correzione . . . . . » »		127
Annotazioni astronomiche del prof. G. Antonelli. . . . . » »	»	130
La via e le sculture. . . . . . » X		141
Annotazione astronomica del prof. G. An-		

Umiltà	Canto XI	pag.	154
Osservazioni astronomiche del prof. G. Antonelli.	» »	»	159
Superbia	» XII	»	168
Invidia	» XIII	»	182
Osservazioni del prof. G. Antonelli, sul corso dell'Arno	» XIV	»	197
Il consorzio del bene, ...	» »	»	199
Osservazioni astronomiche del prof. G. Antonelli	» XV	»	209
La fantasia	» »	»	212
La legge	» XVI	»	226
L'amore e l'ordine.	» XVII	»	239
Osservazioni astronomiche del prof. G. Antonelli	» XVIII	»	253
Libero arbitrio	» »	»	254
Avarizia	» XIX	»	268
Pena e vendetta	» XX	»	283
Stazio	» XXI	»	295
Il prodigo. — I due eccessi	» XXII	»	309
La gola	» XXIII	»	322
I due alberi. — Le visioni del Purgatorio. — La dottrina del cuore	» XXIV	»	335
La vita	» XXV	»	349
Osservazioni astronomiche del prof. G. Antonelli.	» XXVI	»	369
I vizi del senso	» »	»	370
Considerazioni astronomiche del prof. G. Antonelli	» XXVII	»	384
I suffragi	» »	»	386
La selva ed il Paradiso	» XXVIII	»	399
Il carro ed i seniori	» XXIX	»	415
L'antica e la nuova visione	» XXX	»	430
Della contessa Matilde, perchè collocata da Dante accanto alla sua Beatrice . .	» XXXI	»	446
Senso morale e civile e religioso della visione	» XXXII	»	461
Osservazioni astronomiche del prof. G. Antonelli	» XXXIII	»	475
Il carro e il duce	» »	»	477
Dimensioni della montagna del Purgatorio, secondo gli accenni della divina Commedia. Considerazioni del professore G. Antonelli		»	478